개발자가 행복한 세상 아나토미 레전드

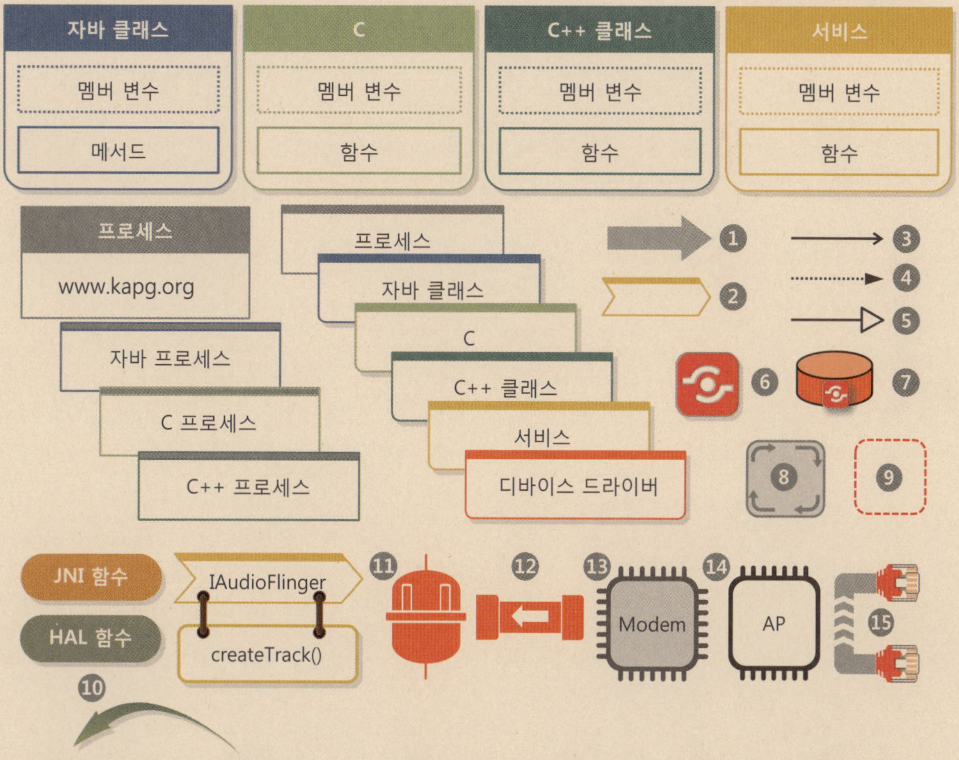

자바 클래스	C	C++ 클래스	서비스
멤버 변수	멤버 변수	멤버 변수	멤버 변수
메서드	함수	함수	함수

프로세스 — www.kapg.org
자바 프로세스
C 프로세스
C++ 프로세스

프로세스
자바 클래스
C
C++ 클래스
서비스
디바이스 드라이버

JNI 함수
HAL 함수
IAudioFlinger
createTrack()

Modem   AP

① : 데이터 흐름　② : 바인더 IPC　③ : 호출　④ : 반환　⑤ : 상속　⑥ : 공유
⑦ : 공유 메모리　⑧ : 쓰레드　⑨ : 설명 영역　⑩ : 콜백　⑪ : 소켓　⑫ : 파이프
⑬ : 모뎀　⑭ : 애플리케이션 프로세스　⑮ : 브로드캐스트 인텐트

아나토미 색상표

	Java	C	C++	Service	Driver	Process	JNI	HAL	Server
R	0	140	0	240	255	166	235	119	178
G	125	210	166	195	40	166	128	147	141
B	214	70	66	0	0	166	0	60	79

Copyright © 2013 by 개발자가 행복한 세상

안드로이드 하드웨어 서비스
Android Hardware Service

김대우 박재영 문병원 지음

안드로이드 하드웨어 서비스

지은이 김대우, 박재영, 문병원

펴낸이 정권 | 표지디자인 아이디어 스토리지

펴낸곳 개발자가 행복한 세상 | 주소 서울시 중랑구 면목동 72-20 1층

전화 02-6225-0330 | 팩스 02-6499-2003

초판발행 2013년 7월 20일

등록번호 제 306-2011-04호 | 등록일자 2010년 08월 20일

홈페이지 http://www.kapg.org | 전자우편 kapg@kapg.org

ISBN : 978-89-966031-3-9 13000

Android Hardware Service

Korean Edition Copyright © 2013 by Developerware

「이 도서의 국립중앙도서관 출판시도서목록(CIP)은 서지정보유통지원시스템 홈페이지(http://seoji.nl.go.kr)와 국가자료공동목록시스템(http://www.nl.go.kr/kolisnet)에서 이용하실 수 있습니다.(CIP제어번호: CIP2013011432)」

이 책은 신 저작권법에 의해 한국 내에서 보호를 받는 저작물이므로 무단 전재와 복제를 금합니다.

이 책의 내용에 대한 추가 지원과 문의는 개발자가 행복한 세상 커뮤니티 www.kapg.org나 전자우편 kapg@kapg.org를 이용해 주시기 바랍니다.

안드로이드
하드웨어 서비스

안드로이드 하드웨어 서비스 목차

01 장 안드로이드 하드웨어 서비스 1

1.1 안드로이드 하드웨어 서비스의 소개 2

- 1.1.1 안드로이드의 등장 3
- 1.1.2 모바일 디바이스의 하드웨어 구조 7
- 1.1.3 안드로이드 하드웨어 서비스의 개요 15
- 1.1.4 본서의 서술 방향 21

1.2 IPC(Inter-Process Communication) 23

- 1.2.1 안드로이드의 프로세스 24
- 1.2.2 프로세스(Process)의 fork() 및 exec() 함수 26
- 1.2.3 리눅스 커널의 IPC 29
- 1.2.4 리눅스 파이프(Pipe) 30
- 1.2.5 인터넷 소켓(Socket) 33
- 1.2.6 유닉스 도메인 소켓(Unix domain Socket) 41

1.3 I/O 멀티플렉싱 45

- 1.3.1 서버/클라이언트 모델 46
- 1.3.2 select() 함수를 이용한 I/O 멀티플렉싱 49
- 1.3.3 select() 함수의 예제 52

1.4 ITC(Inter-Thread Communication) 54

- 1.4.1 멀티 쓰레드(Multi-Thread) 55
- 1.4.2 안드로이드의 ITC 모델 59
- 1.4.3 메시지(Message) 63
- 1.4.4 루퍼(Looper) 67

1.4.5 핸들러(Handler) 74

1.4.6 핸들러 쓰레드(HandlerThread) 82

1.5 데몬 서비스 분석 85

1.5.1 일반적인 데몬 프로그램의 구조 85

1.5.2 init 프로세스의 데몬 서비스 생성 88

1.5.3 데몬 프로세스와 멀티-클라이언트 간 통신 98

02 장 RIL 105

2.1 RIL(Radio Interface Layer)의 소개 106

2.1.1 RIL 소개 106

2.1.2 AP와 모뎀 간 상호 작용 107

2.1.3 AP와 모뎀 간의 통신: RIL 명령 109

2.2 RIL의 구조 113

2.2.1 안드로이드 텔레포니 스택 113

2.2.2 안드로이드 RIL의 모뎀 제어 모델 116

2.3 RIL 데몬의 구조 117

2.3.1 RIL 데몬의 구성요소 118

2.3.2 RIL 이벤트 120

2.3.3 RIL 이벤트 스케줄러 121

2.4 RIL 데몬 초기화 130

2.4.1 데몬의 시작 130

2.4.2 RIL 데몬 초기화 과정 134

2.4.3 벤더 RIL 라이브러리 동적 로딩 135

2.4.4 RIL 이벤트 스케줄러 생성 137

2.4.5 벤더 RIL 초기화 144

2.4.6 벤더 RIL의 Radio 제어 함수 등록 및 I/O 이벤트용 소켓 생성 149

2.5 RIL 이벤트 처리 메커니즘 154

2.5.1 RIL 이벤트 스케줄러의 동작 원리 154

2.5.2 RIL 이벤트 처리 콜백 함수 163

2.5.3 RIL req 처리 메커니즘 177

2.5.4 RIL resp 처리 메커니즘 185

2.5.5 RIL ind 처리 메커니즘 192

03 장 텔레포니 프레임워크 201

3.1 텔레포니 프레임워크의 개요 202

3.1.1 텔레포니 프레임워크의 기능 202

3.1.2 텔레포니 프레임워크의 제공 서비스 205

3.2 텔리포니 프레임워크의 구조 206

3.2.1 텔레포니 프레임워크의 계층별 구성요소 207

3.2.2 PhoneApp 클래스 209

3.2.3 PhoneProxy 클래스 211

3.2.4 Phone 인터페이스 213

3.2.5 Radio 인터페이스 216

3.2.6 state tracker 클래스 219

3.2.7 CallManager 클래스 220

3.2.8 텔레포니 프레임워크의 버전별 변경사항 (1.5~4.2) 223

3.3 텔레포니 프레임워크의 초기화 225

3.3.1 Phone 애플리케이션의 생성 227

3.3.2 텔레포니 프레임워크의 초기화 229

3.3.3 RIL^{Java}의 초기화 237

3.4 텔레포니 프레임워크의 서비스 모델 242

3.4.1 텔레포니 프레임워크의 서비스 구조 243

3.4.2 텔레포니 프레임워크의 서비스 req/resp 처리 메커니즘 244

3.4.3 텔레포니 프레임워크의 서비스 ind 처리 메커니즘 254

3.5 RIL^{Java}의 RIL req 처리의 예제 275

3.5.1 Phone 애플리케이션의 텔레포니 프레임워크 API 호출 276

3.5.2 RIL^{Java}의 Radio API 호출 278

3.5.3 RIL^{Java}의 RILRequest 객체 생성 282

3.5.4 RILRequest 객체를 RILSender 쓰레드로 전송 284

3.5.5 RILSender 쓰레드의 RIL req 발송 287

3.6 RIL^{Java}의 RIL resp 처리의 예제 290

3.6.1 RIL 데몬으로부터 RIL resp 수신 291

3.6.2 RILReceiver 쓰레드의 서비스 resp 메시지 발송 294

3.6.3 클라이언트 객체 핸들러의 서비스 resp 메시지 처리 298

3.7 RIL^{Java}의 RIL ind의 처리의 예 299

3.7.1 Subscriber 객체의 서비스 ind 등록 300

3.7.2 RILReceiver 쓰레드의 RIL ind 수신 302

3.7.3 RILReceiver 쓰레드의 notifyRegistrant() 메서드 호출 304

3.7.4 Subscriber 객체 핸들러의 서비스 ind 메시지 처리 307

04 장 USIM 311

4.1 USIM 소개 312

4.1.1 스마트카드란 무엇인가? 314

4.1.2	스마트카드의 부팅 과정	314
4.1.3	APDU를 이용한 스마트카드 통신	316
4.1.4	USIM의 유래	318
4.1.5	USIM의 주요 기능	319

4.2 USIM의 데이터 구조 및 동작 324

4.2.1	USIM의 데이터 구조	324
4.2.2	USIM의 이동 통신 관련 EF들	326
4.2.3	APDU를 통한 EF 읽기 과정	330

4.3 안드로이드 USIM 소프트웨어 구조 332

4.3.1	모뎀	333
4.3.2	RIL	333
4.3.3	텔레포니 프레임워크	334
4.3.4	안드로이드 애플리케이션	338

4.4 안드로이드 USIM 초기화 및 동작 340

4.4.1	UICC 초기화와 UICC 관련 객체 생성	340
4.4.2	시스템 부팅 후 모뎀 전원 인가	347
4.4.3	SIM_READY 상태로의 진입	356
4.4.4	USIM 상태 확인 및 EF 읽기 실행	360
4.4.5	텔레포니 프레임워크의 EF 읽기 분석	363

4.5 안드로이드 USAT 초기화 및 동작 374

4.5.1	USAT 초기화	375
4.5.2	Display Text를 통한 Proactive Command 분석	380
4.5.3	안드로이드의 Proactive Command 처리	388

05 장 안드로이드 파워 매니지먼트 397

5.1 파워 매니지먼트의 개요 400
5.1.1 파워란 무엇인가? 400
5.1.2 배터리의 이해 401
5.1.3 기본적인 파워 상태 402
5.1.4 안드로이드 파워 매니지먼트의 역할 404

5.2 안드로이드 파워 매니지먼트의 구조 406
5.2.1 안드로이드 파워 매니지먼트의 계층 구조 407
5.2.2 파워 매니저 409
5.2.3 파워 매니저 서비스 410
5.2.4 네이티브 영역 412
5.2.5 커널 영역 415
5.2.6 안드로이드 파워 매니지먼트의 주요 메서드 호출 과정 417

5.3 파워 매니저 서비스의 초기화 418
5.3.1 파워 매니저 서비스의 클래스 구조 및 메서드 418
5.3.2 파워 매니저 서비스 생성 및 등록 421
5.3.3 파워 매니저 서비스 초기화 : init() 메서드 426
5.3.4 파워 매니저 서비스 초기화 : systemReady() 메서드 444

5.4 파워 매니저 서비스의 주요 동작 447
5.4.1 파워 매니저 서비스 상태 447
5.4.2 파워 매니저 서비스 상태의 결정 452
5.4.3 화면 밝기 시간의 구성 462
5.4.4 화면 밝기 시간에 의한 화면 밝기 제어 467
5.4.5 화면 밝기 전환의 구성 요소 470

5.4.6	화면 밝기 전환 동작	471
5.4.7	Wake Lock 플래그와 태그	482
5.4.8	Wake Lock 생성	485
5.4.9	Wake Lock 획득	491
5.4.10	Wake Lock 해제	504

5.5 파워 매니저 서비스의 간접 이용 505

5.5.1	파워 매니저 클래스가 제공하는 메서드	505
5.5.2	파워 매니저 클래스의 객체화 및 획득	507
5.5.3	Wake Lock 획득 : PARTIAL_WAKE_LOCK	509
5.5.4	Wake Lock 획득 예제 : PARTIAL_WAKE_LOCK	511
5.5.5	Wake Lock 획득 : 화면 밝기 제어 플래그	514
5.5.6	Wake Lock 획득 예제 : FULL_WAKE_LOCK	516
5.5.7	Wake Lock 획득 : ACQUIRE_CAUSES_WAKEUP	518
5.5.8	Wake Lock 해제 : PARTIAL_WAKE_LOCK	522
5.5.9	Wake Lock 해제 : 화면 밝기 제어 플래그	525
5.5.10	Wake Lock 해제 : ON_AFTER_RELEASE	527

5.6 파워 매니저 서비스 직접 이용 529

5.6.1	화면 밝기 설정	530
5.6.2	Poke Lock	531

5.7 파워 매니저 서비스를 이용하지 않는 Wake Lock 533

06 장 안드로이드 커널 파워 매니지먼트 537

6.1 리눅스 커널 파워 매니지먼트 540

6.1.1	APM과 ACPI	540
6.1.2	디바이스 파워 매니지먼트	544

6.2 안드로이드 커널 파워 매니지먼트 ... 545

6.2.1 안드로이드 커널 수정 내용 ... 545
6.2.2 kobject와 sysfs 파일 시스템 ... 546
6.2.3 파워 매니지먼트를 위한 sysfs 파일 생성 ... 550

6.3 파워 매니지먼트 초기화 ... 553

6.4 Early Suspend ... 558

6.4.1 Early Suspend 구조체와 등록 ... 559
6.4.2 Early Suspend 동작 ... 563

6.5 Wake Lock ... 566

6.5.1 Wake Lock 구조 ... 567
6.5.2 Wake Lock 생성 ... 570
6.5.3 Wake Lock 활성화 ... 572
6.5.4 Wake Lock 비활성화 ... 575

6.6 Suspend ... 576

6.6.1 Suspend 실행 ... 577
6.6.2 Suspend 준비 ... 579
6.6.3 Suspend 진입 ... 580

6.7 Resume ... 584

6.7.1 Early Resume ... 585
6.7.2 디바이스 Resume ... 587
6.7.3 Resume 완료 ... 588

6.8 Late Resume ... 589

6.9 서피스 플링어와 커널 사이의 상호 동작 ... 592

6.9.1 스크린 On 상태에서 Off 상태로의 변경 594

6.9.2 스크린 Off 상태에서 On 상태로의 변경 598

x

저자 서문

김대우

    길고 길었던 2년 반의 집필의 과정이 끝났다. 정말 힘들었다. 회사와 가정과 집필 생활을 병행하기에는 항상 시간은 부족했고 예전과 같지 않은 체력과 건강은 집필 마무리에 발목을 잡았다. 그냥 이대로 접을까도 수십 번을 생각하고 '왜 이리 고생을 사서 하는 것일까?' '왜 나는 이런 것일까?' 수백 번을 고민했다. 잦은 야근과 주말 근무로 인해 집필 시간을 확보하기 어려웠고 아이가 태어나면서 그 시간은 더 줄어들었다. 그래도 하루에 한 줄이라도 작성하자는 마음으로 원고를 업데이트해나갔다. 그렇게 포기하지 않은 결과로 『안드로이드 하드웨어 서비스(개발자가 행복한 세상, 2013)』를 세상에 내놓게 되었다. 만일 포기하였다면 평생을 후회했을 것이다.

    안드로이드의 버전은 필자가 처음 안드로이드에 입문했던 컵케익(1.5)을 시작으로 벌써 젤리빈 플러스(4.2)까지 업데이트되었다. 그동안 안드로이드는 눈부신 발전을 거듭하여 현재 스마트폰 OS 중에서 가장 많은 사용자를 확보하였다. 안드로이드가 최초로 공개되었을 때는 관련 자료를 구하기 힘들었다. 더군다나 안드로이드를 실무차원에서 다루는 사람들 또한 소수에 불과하였다. 필자도 구글링을 하며 안드로이드 관련 자료를 검색하였지만, 원론 수준 이상의 정보를 얻지 못하였다. 물론 지금도 정작 필요한 자료를 찾기 어렵기 때문에 스스로 해결해야 하는 문제는 여전하다. 그때부터 개발에 필요한 자료를 직접 만들기 시작하였다. 그리고 언젠가는 어떤 형태로든 공개하여 자료 부족에 골머리를 썩던 개발자들에게 도움이 되길 희망하였다. 그러던 중 우연한 기회에 필자를 구한다라는 인터넷의 구인 게시물을 보고 필자로 참여한 뒤, 같은 팀에서 가장 영향을 많이 받았던 선배 사원 박재영 책임님과 안드로이드 플랫폼에 관심이 많던 문병원님이 합류하면서 현재의 안드로이드 아나토미: 하드웨어 서비스가 탄생하게 되었다.

    혹시 말콤 글래드웰이 아웃라이어에서 언급한 "만 시간의 법칙"에 대해서 들어본 적이 있는가? "만 시간의 법칙"이란 어떤 분야에서 전문가의 경지에 도달하기 위해 최소한 만 시간을 투자해야 한다는 법칙이다. 그렇다면 만 시간은 무엇으로 채워져야 할까? 단순히 노동 시간의 합산으로 만 시간을 넘긴다면 그 분야의 전문가라 인정받을 수 있을까? 주 40시간을 기준으로 1년을 노동하면 약 2,000시간 정도 일을 하게 되고 5년간 같은 일에 종사하게 되면 한 분야에서 만 시간의 경력을 채울 수 있게 되므로 전문가로 인정받을 수 있어야 한다. 하지만 개발 업무에 5년 이상 종사한 개발자도 시스템 설계는커녕 디버깅하는 것도 벅찬 것이 우리의 현실이다. 그렇다. "만 시간의 법칙"은 단순한 노동시간의 총합을 의미하는 것이 아니라 현재 자신의 실력을 개선하기 위해 투자한 시간의 총합을 의미하는 것이다. 이 책 또한 나 자신의 실력을 업그레이드하기 위한 과정의 산물이라고 생각한다. 책을 쓰기 위해서 독자에게 어떻게 하면 잘 설명할 수 있을지 어떻게 이해시키는 것이 좋을지 고민하는 과정에서 더 많은 공부가 된 것 같다. 이러한 고민이 실제로 유용한 경험 및 지식이 되어 개발 현장에서 많은 문제를 해결할 수 있었다.

이젠 안드로이드 초장기에 비해 인드로이드 개발자는 엄청나게 불어났지만, 안드로이드의 진입 장벽도 그만큼 낮아졌다고 할 수 있을까? 오픈 소스의 장점은 마치 오픈 북 시험의 장점에 비유할 수 있다. 오픈 북 시험은 누구에게나 동등한 기회를 제공하지만 제한된 시간 내에 실시되는 시험의 결과는 사람마다 모두 다르고 오히려 기본 지식을 잘 이해하는 사람이 더 좋은 성적을 얻을 수 있다. 안드로이드도 또한 오픈 소스의 장점으로 인해 많은 사람들이 안드로이드 플랫폼의 코어까지 접근할 수 있지만 이러한 소스 접근의 자유가 안드로이드의 진입 장벽까지 낮추지는 못한다. 그렇다면 왜 아직도 현장의 개발자는 안드로이드 개발에 어려움을 느끼는 것일까? 안드로이드의 릴리즈 속도가 다른 스마트폰용 OS에 비해 변화의 속도를 따라가지 못하는 것일까? 아니면 안드로이드가 아직 성숙되지 않은 것일까? 아니면 MSDN과 같은 강력한 개발자 매뉴얼이 미비한 때문일까?

물론 위에 나열한 이유도 안드로이드 개발을 저해하는 요소겠지만, 필자는 열악한 개발환경을 원인으로 꼽고 싶다. 짧은 프로젝트 기간, 잦은 야근, Man-Month에 의존하는 인력 투입, 개발자 교육 시스템의 미비 등의 열악한 개발환경으로 인해 안드로이드는 개발자의 호기심을 반감시키고 오히려 자신을 괴롭히는 대상으로 변질되어 버린다. 이러한 개발환경에서는 버그가 발생하지 않도록 근본적인 대책을 수립하는 일보다 빨리 버그를 수정하여 버그 트래킹 시스템의 문제를 닫는 일이 가장 큰 미덕이 된다. 필자가 안드로이드 개발을 시작한 지 얼마 되지 않아 안드로이드 관련 참고 서적을 읽고 있는 동안 동료 연구원이 다가와 "개발할 시간도 없는데 책 볼 시간이 어디 있느냐?"라는 질문을 받은 적이 있다. 그때 필자는 "개발을 잘하려면 공부를 해야 하는데. 개발만 하니 공부할 시간이 없다." 라고 대답했던 기억이 난다. 필자는 안드로이드의 깊은 이해를 가진 엔지니어가 실제로 엔지니어 10명 이상의 몫을 한다고 믿는다. 마지막으로 개발 현장에도 충분한 휴식과 smart work가 정착되어 개발자들이 각자의 능력을 마음껏 펼칠 수 있도록 "몸"이 아닌 "머리"로 개발하는 세상이 오길 희망한다.

이 책이 나오기까지 많은 사람의 도움이 있었다. 가장 먼저 개발자가 행복한 세상 출판사의 정권 사장님 그리고 『인사이드 안드로이드(위키북스, 2010)』, 『안드로이드 아나토미: 시스템 서비스(개발자가 행복한 세상, 2011)』 그리고 『안드로이드 미디어 프레임워크(개발자가 행복한 세상, 2012)』의 저자이신 김태연님이 없었다면 이 책은 세상에 나오지 않았을 것이다. 정권 사장님. 믿고 계속 기다려주셔서 정말 감사합니다. 태연님 많은 조언 감사드립니다. 그리고 공저자인 박재영 책임님, 문병원님 그동안 원고 마감 때문에 정말 고생 많이 하셨습니다. 하드웨어 관련 지식을 전수해주신 윤현 선임님, 멋진 리더 김승민 수석님, 성실하게 베타 리딩을 해주신 김동욱 선임님과 이성신 연구원, 같은 프로젝트를 했던 이정호 연구원, 박지영 연구원, 그리고 Call/SMS/MMS 팀원들, 개발 현장에서 동고동락했던 윤상호 선임님, 입사 동기 유현 선임에게 감사의 말을 전하고 싶다. 또한 항상 바쁘신 가운데 격려를 아끼지 않으셨던 르네사스 모바일의 김진형 본부장님, 류인환 부장님, 이정구 부장님, 여성구 부장님, 이강훈 차장님, 이환승 차장님, 송영륜 차장님, 이상경 차장님, 탁태훈 차장님, 김동근 과장님 모두 감사합니다.

마지막으로 이 책은 사랑하는 아내 김빛나리와 사랑하는 아들 김하림의 배려가 없었다면 결코 완성할 수 없었을 것이다. 이젠 집필로 인해 주말에 많은 시간을 같이 지내지 못한 만큼 원고 업데이트에 대한 걱정 없이 주말에 가족들과 많은 시간을 갖고 싶다. 그리고 이 자리를 빌려 가족들에게 사랑한다는 말을 꼭 전하고 싶다.

첫 집필이 마무리되었지만, 왠지 모를 아쉬움이 남는다. 다음 집필은 좀 더 개발자와 밀접하면서 가벼운 주제를 다루고자 한다. 다음 책은 좀 더 짧은 시간에 마칠 수 있을 것 같다. 개발을 일로서 한다면 참 힘든 일이지만 취미로 한다면 이것만큼 즐거운 일도 없는 것 같다.

박재영

피쳐폰 개발만 7년이 넘어가던 2010년 봄으로 기억한다.

아이폰의 광풍에 LG, 삼성 등 세계적인 휴대폰 제조사들은 스마트폰이라는 흐름을 따라잡기 위해 고군분투 하던때였고, 회사 내부에서도 안드로이드 폰을 개발하기 위해 모든 역량을 집중하던 시기였다. 나도 지겹게 반복돼오던 피쳐폰 개발에서 싫증이 나 있던 시기였는데 마침 회사 내부에서 안드로이드 기반 태블릿 개발자를 모집한다는 소문에 한 치의 망설임 없이 바로 지원하게 되었다.

태블릿 개발을 하며 안드로이드 플랫폼에 대한 호기심과 탐구 열망이 극대화되었을 그 당시 내가 가장 좋아하고 아끼는 후배인 김대우 선임으로 부터 달콤한 제안을 받게 된다.

"박책임님 같이 책 한번 써 보실래요?" 이렇게 집필은 시작되었다.

하지만 피쳐폰에서의 경험과 자신감만으로는 안드로이드 플랫폼이라는 녀석은 쉽게 나에게 그 비밀의 문을 열어 주지 않았다. 커널부터 해서 프레임워크까지 기존 피쳐폰에서는 경험하지 못했던 운영체제와 프로그래밍언어는 안드로이드 플랫폼을 더욱 이해하기 힘들게 만들었고, 과연 내가 책의 단 한 줄이라도 쓸 수 있을지 여러 번 시험에 들게 만들었다.

시간이 지날수록 초조함과 압박감은 커져만 가고 어디서부터 시작해야 할지 그리고 무엇을 해야 할지 마치 암흑 속에서 커다란 코끼리를 손으로 만지는 느낌이었다. 하지만 이 모든 것은 우리가 알고 있는 지극히 뻔한 사실이 해결해 주었다.

"꾸준함은 천재를 극복한다."

매일매일 회사 업무가 바쁘더라도 조금이라도 시간이 허락하면 코드를 보며 테스트하고 디버깅하였고 매주 우리는 종로 스터디 룸에서 한 장의 집필 혹은 하나의 그림을 완성하기 위해 하루를 투자하기도 하였다. 회사 업무로 인해 도저히 집필 진도가 안 나갈 때에는 개인 휴가를 쓰고 학교 도서관에서 마치 내일 중간고사라도 있는 날처럼 집필에 몰두하기도 하였다. 이렇게 1년이 흐르자 단 한 줄도 쓰기 힘들었던 집필 노트는 어느새 100장, 200장이 넘어가고 있었다. 물론 뿌옇던 안드로이드의 세계에도 차츰 햇살이 비추기 시작했다.

하지만 어느 정도 집필 속도가 붙어 집필량이 늘어나자 안드로이드 버전이 변경되었다. 집필의 시작은 GB였으나 중간에 ICS로 변경하는 작업을 하였고 또 작년 말부터는 JB로 변경하는 작업을 하였다. 물론 구조적인 측면에서 보자면 크게 바뀐 것은 없었지만, 코드 한 줄 변수 하나라도 정확히 설명하려면 수정 작업량이 적지는 않았다.

이렇게 3년이라는 시간 동안 수십 번의 리뷰와 수정 과정을 거쳐 안드로이드 하드웨어 서비스가 탄생한 것이다. 물론 지금도 JB MR 내용을 반영하지 못함이 못내 아쉽지만, 여전히 JB 버전이 많은 디바이스에 탑재되는 이 시점이 안드로이드 하드웨어 서비스가 필요한 시점이라고 생각한다.

이 책이 나오기까지 많은 사람의 도움이 있었다.

칠흑같이 어두운 밤하늘을 비추는 등대와 같이 3년 동안 집필의 목적과 방향 그리고 모범이 되어준 『인사이드 안드로이드(위키북스, 2010)』, 『안드로이드 아나토미: 시스템 서비스(개발자가 행복한 세상, 2011)』 그리고 『안드로이드 미디어 프레임워크(개발자가 행복한 세상, 2012)』의 저자이신 김태연님. 감사합니다. 공저자인 김대우 선임, 문병원 연구원. 끝까지 정말 고생 많이 했습니다.

회사 업무로 인해 스마트한 곳에서 주중을 보내고 주말 시간을 이용해서 처음으로 원고 리뷰를 해 준 박효선임. 감사합니다. 두 번씩이나 종로 스터디 룸에서 하루 종일 원고 리뷰를 해 준 김성진 주임, 이만수 연구원, 전판기 연구원. 감사합니다. 최종 원고 교정 작업을 흔쾌히 허락해 준 문화일보 편집부 전지면 기자, 또한 전지면 기자를 소개해 준 서울대병원 강남센터 권혁태 교수. 감사합니다. 또한, 3년이라는 긴 시간 동안 묵묵히 참고 기다려주신 개발자가 행복한 세상 출판사의 정권 사장님. 감사합니다. 출판사 이름처럼 저 또한 개발자가 행복한 세상이 되길 기원합니다.

마지막으로 3년간 주중에는 야근한다고 늦게 들어가고 주말에는 스터디한다고 하루 종일 혼자서 범주와 함께 고생한 나의 소울 메이트이자 영원한 사랑, 최은정에게 사랑하고 고맙다는 말을 전하고 싶습니다.

문병원

3년 전, 회사 동기인 태연이형에게 책을 한번 써보지 않겠냐는 제안을 받았다. 형은 이미 『인사이드 안드로이드(위키북스, 2010)』라는 책을 쓴 상태였고, 중간 중간 저술에 대한 이야기를 들은 상태였기 때문에 나 역시 흥미가 집필 활동에 흥미가 있었다. 단숨에 제안을 받아들였고, 집필을 함께할 김대우님과 박재영님을 만났다. 그리고 3년이라는 시간이 흘러서 그동안의 노력의 결과가 이렇게 한 권의 책으로 나오게 되었다.

세 명의 저자 모두 저술이라는 활동에 대해 미숙한 부분들이 많아서 여러 번의 시행착오와 내 외부의 문제점들이 우리를 힘들게 했지만, 시간은 지나갔고 결국 책은 마무리되었다. 책을 쓰는 과정에서 저자들 사이의 끝없는 논쟁이 있었다.

그 주제는 항상 하나, "이 내용을 독자가 쉽게 이해하고 도움을 얻을 수 있는 것인가?" 였다.

그 기준에 부합하지 않았던 수많은 원고는 삭제되었고, 그보다 많은 양의 원고가 송두리째 다시 쓰여졌다. 최근 애플의 광고에서 하나의 Yes를 위해 천 번의 No가 필요하다고 했는데, 하나의 책이 나오는데도 수많은 자기비판과 반성이 필요하다는 사실을 알 수 있었다.

저명한 개발자이자 코치인 제럴드 와인버그는 그의 저서 『테크니컬 리더(인사이트, 2013)』에서 어려운 문제를 다룰 때 사용하는 특별한 방법을 소개했다. 그 방법은 다음과 같다.

"어떤 주제를 학습하고 싶다면, 그 주제로 강의를 준비한다. 그 과정을 다 가르치고 충분히 학습한 다음에는, 그 주제로 책을 쓴다."

제럴드 와인버그의 말을 읽은 것은 최근의 일이지만, 제가 책에 담겨 있는 내용들을 학습하는 과정에서도 비슷한 방식을 사용했음을 알 수 있었다. 회사에서 강의를 준비해서 발표를 했었고, 학습한 이후에는 책을 쓴 것이었다. 그 과정에서 공부를 통해 배울 수 있는 것보다 더 많은 것들을 배울 수 있었다.

이 책에 담겨있는 내용들은 그와 같이 저자들이 공부하고 배우고 글을 쓰면서 알게 된 것들을 최대한 이해하기 쉽게 정리해서 모아둔 것이다. 부디 이 책을 읽는 독자들이 새롭고 유익한 것을 얻을 수 있었으면 한다.

감사의 말

집필 과정에서 큰 도움을 주셨던 많은 분들께 감사하고 싶습니다. 길었던 집필 기간 동안 한결같이 편집장의 역할과 저자의 역할을 모두 훌륭하게 수행해주신 김대우님, 저자들의 맏형으로 항상 성실의 모범이 되어주신 박재영님, 원고를 직접 편집해주시고 집필 작업의 마무리에 함께 참여해주신 출판사의 정권 사장님 감사드립니다. 그리고 꼼꼼하게 원고를 리뷰 해준 20년 지기 친구 지훈이, 집필을 시작할 수 있는 기회를 준 태연이형에게도 감사의 말을 하고 싶습니다. LG 전자에 입사한 이후 하나하나 가르쳐주신 동완이형, 성훈이형, 주옥선임님, 세혁주임님, 형석선임님 그리고 제가 속했던 팀의 모든 분들께 감사드립니다. 덕분에 많은 것들을 배우고 성장할 수 있었습니다. 길었던 집필 기간 동안 격려해주고 누구보다 많은 힘이 되어준(원고까지 교정해준!) 사랑하는 아내 아름과 배 속에 있는 아들 별이에게 사랑의 말을 전하고 싶습니다.

VIII

01
안드로이드 하드웨어 서비스
Android Hardware Service

안드로이드는 모바일 디바이스용 소프트웨어 플랫폼으로 다양한 하드웨어를 지원하며 하드웨어 제어를 위한 상위 수준의 API를 제공한다.

1장은 기본적인 안드로이드 하드웨어의 구조를 살펴보고 안드로이드가 제공하는 하드웨어 서비스의 종류와 하드웨어 제어 방법을 설명한다. 또한, 안드로이드가 제공하는 프로세스 간의 통신(Inter-Process Communication 이하 IPC)과 쓰레드 간의 통신(Inter-Thread Communication 이하 ITC) 방법에 대해서 소개한다. 안드로이드의 데몬 프로세스는 IPC를 위해 리눅스가 제공하는 기본 IPC 방법인 유닉스 도메인 소켓을 사용하며 안드로이드의 자바 프로세스는 ITC를 위해 구현된 메시지 통신 방법을 사용한다.

안드로이드(Android)는 구글이 개발한 모바일 디바이스용 리눅스 기반 플랫폼으로 OS와 미들웨어, 사용자 인터페이스(UI), 각종 사용자 애플리케이션 등을 제공한다.

안드로이드는 기본적으로 ARM 아키텍처에 포팅되어 있으며 MIPS와 x86 아키텍처에도 포팅이 되어있다. 코어를 이루는 네이티브 라이브러리는 C 언어와 C++ 언어로 작성되며 그 외 애플리케이션 프레임워크, UI 및 애플리케이션은 자바로 작성된다. 자바를 애플리케이션 작성 언어로 채택하면 특정 아키텍처용 애플리케이션을 만들 필요없이 하나의 애플리케이션으로 멀티 플랫폼에서 실행시킬 수 있는 이점이 있다. 컴파일된 자바 바이트코드는 자바 VM이 아닌 구글에서 자체 개발한 Dalvik VM에 의해 실행된다.

안드로이드는 SDK(Software Development Kit)를 제공하며 사용자 애플리케이션을 개발하기 위한 각종 API와 개발도구(디버거와 애뮬레이터 등)를 제공한다. 안드로이드의 운영체제는 리눅스 커널을 사용하며 다양한 안드로이드 시스템 구성 요소에서 사용되는 C 언어와 C++ 언어의 라이브러리들을 포함하고 있다. 안드로이드는 개발자가 애플리케이션이 C 언어와 C++ 언어로 작성된 네이티브 모듈을 호출할 수 있도록 NDK(Native Development Kit)를 제공한다.

1.1 안드로이드 하드웨어 서비스의 소개

안드로이드는 모바일 폰, 태블릿, 네비게이션, 카메라, TV 및 생활 가전까지 다양한 모바일 디바이스에 이식되고 있다. 안드로이드는 오픈 소스 라이선스인 아파치 v2 라이선스로 배포하고 있어 모든 칩셋 벤더들이 참여할 수 있는 길을 열어두었다. 안드로이드의 OS로 사용되는 리눅스 커널의 경우 GPL 라이선스를 따르므로 모든 개발 업체가 리눅스 커널 소스를 공개해야 할 의무가 있다. 하지만 아파치 v2 라이선스를 따르는 안드로이드 플랫폼 코드는 개발 코드를 공개할 의무가 없으며 안드로이드를 사용하기 위해 라이선스 비용을 지불할 필요가 없기 때문에 칩셋 벤더와 휴대폰 제조사가 쉽게 안드로이드 디바이스를 만드는데 진입할 수 있다. 또한, 각 제조사는 안드로이드의 새로운 기능 업데이트에 발맞춰 최신 트렌드의 하드웨어 기술을 접목시킬 수 있으므로 성능을 혁신적으로 발전시킬 수 있는 장점도 갖는다.

안드로이드의 OS인 리눅스 커널은 매우 다양한 하드웨어를 지원하므로 다른 플랫폼에 비해 최신 하드웨어 및 다양한 하드웨어 아키텍처를 빠르게 상용화하여 제품을 출시할 수 있다.

안드로이드는 기존의 리눅스 커널이 지원하지 않는 모바일 디바이스를 위한 파워 매니지먼트 및 LMK(Low Memory Killer), 알람, 커널 디버거/로거, 바인더 등을 새로 구현하여 추가하였다. 또한, 유연한 구조로 인해 PMP와 같은 단순한 디바이스로부터 하이엔드용 플래그쉽 폰 디바이스를 만들 수 있다. 이러한 안드로이드의 최신 하드웨어에 대한 지원은 개발자에게 다양한 UX 및 최신 기능의 애플리케이션을 개발할 수 있는 토양을 제공한다.

안드로이드는 새로운 API 버전을 릴리즈할 때마다 최신 하드웨어를 지원하기 위한 API를 제공하여 최신 하드웨어 기술을 반영한 새로운 개념의 애플리케이션이 등장하도록 유도하여 사용자의 니즈를 충족시키고 있다. 본 장에서는 안드로이드 하드웨어 서비스를 이해하는 데 필요한 배경 지식에 대해서 소개한다.

1.1.1 안드로이드의 등장

과거 임베디드 리눅스나 LIMO와 같이 리눅스 기반 플랫폼으로 스마트폰을 개발하려는 많은 시도가 있었지만 번번이 실패하였다. 여러 가지 실패의 이유가 있지만, 공통 개발 환경의 부재 및 개발자들을 위한 에코 시스템(생태계)을 만들어 플랫폼을 지속적으로 발전시키기 위한 시도가 실패하였기 때문이다. 하지만 안드로이드는 2007년 첫 공개 이후 개발자의 확보와 구글 플레이 스토어와 같은 안드로이드 앱 마켓, 많은 제조사의 안드로이드 채택과 같은 선순환 구조를 구축하는 데 성공함으로써 안드로이드를 둘러싼 에코 시스템을 토대로 모바일 OS 경쟁에서 우위를 점령할 수 있었다.

그림 1-1은 안드로이드의 연혁을 정리한 것이다. 안드로이드의 역사는 2003년에 앤디 루빈(Andy Rubin), 리치 마이너(Rich Miner), 닉 시어스(Nick Sears) 그리고 크리스 화이트(Chris White)가 Android Inc.를 설립하면서 시작된다. 구글은 미국 캘리포니아의 작은 소프트웨어 회사였던 Android Inc.를 2005년 7월 인수 합병하였다. 이후 2007년 11월 구글을 포함한 각 국가의 여러 사업자들이 모바일 디바이스에서 활용 가능한 표준형 OS 개발을 목표로 오픈 핸드셋 얼라이언스(OHA) 컨소시엄을 구성했다.

이렇게 탄생한 안드로이드는 2008년 10월 22일 HTC가 제조를 맡은 세계 최초 안드로이드폰인 "G1"이 공개되었다. HTC "G1"을 시작으로 이후 발전을 거듭하면서 여러 휴대폰 제조사의 디바이스에 탑재되기 시작하였다. 2008년 9월 안드로이드 1.0 버전을 시작으로 2013년 6월까지 젤리빈 플러스(4.2)가 공개되었으며 차세대 버전으로 키라임 파이(Key Lime Pie)가 공개될 예정이다.

구글은 안드로이드의 모든 소스 코드를 오픈 소스 라이선스인 아파치 v2 라이선스로 배포하고 있어 기업이나 사용자는 각자 안드로이드 프로그램을 독자적으로 개발하여 탑재할 수 있다. 또한, 응용 프로그램을 사고팔 수 있는 구글 플레이를 제공하고 있으며, 이와 동시에 각 제조사 혹은 통신사별 응용 프로그램 마켓이 함께 운영되고 있다. 마켓에서는 유료 및 무료 응용 프로그램이 제공되고 있다.

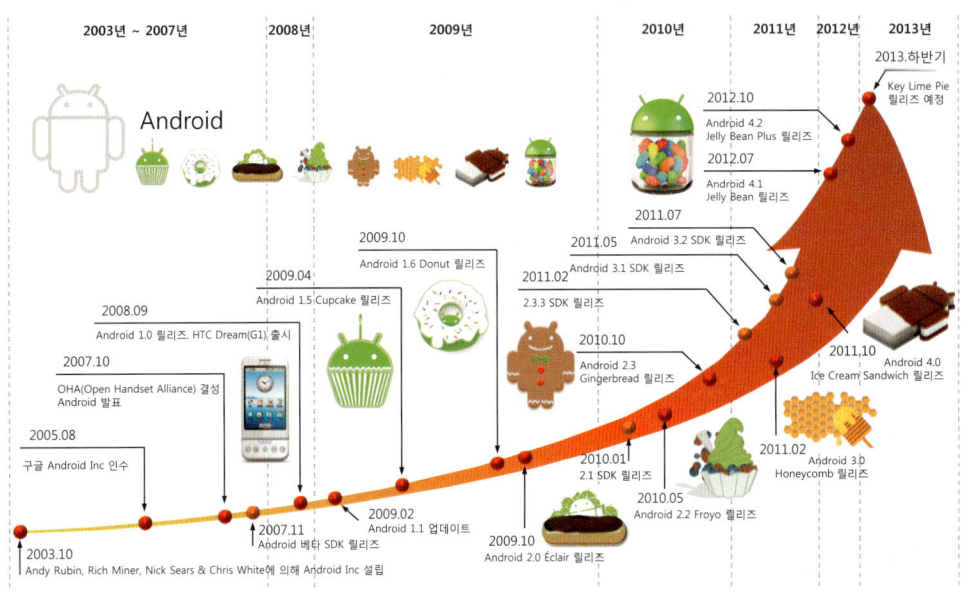

그림 1-1 안드로이드의 주요 연혁

안드로이드는 기존의 리눅스 커널을 기반으로 동작하였던 임베디드 리눅스와 LIMO의 실패와 달리 스마트 디바이스에서 확실한 우위의 플랫폼이 될 수 있었다. 그렇다면 그 성공 요인은 무엇일까?

1. 애플리케이션을 위한 에코 시스템의 구축

기존의 피처폰은 범용 OS가 아닌 RTOS가 사용되었으며 휴대폰 제조사의 UI 플랫폼은 모두 달라 애플리케이션 마켓이 활성화될 수 없었다. 그나마 임베디드 리눅스의 경우 리눅스 커널을 OS로 사용하긴 하였으나 공통 UI 플랫폼의 부재로 사용자가 사용할만한 정도의 애플리케이션은 존재할 수 없었다. 이러한 문제를 극복하기 위해 안드로이드는 리눅스 커널에서 동작하는 자바 플랫폼과 애플리케이션을 제작할 수 있는 SDK를 공개하였고 프로그래머는 SDK API를 이용하여 안드로이드 플랫폼을 사용하는 모든 디바이스에서 실행될 수 있는 안드로이드 애플리케이션을 개발할 수 있게 되었다.

안드로이드 디바이스의 경우 CTS(Compatibility Test Suite)라는 인증 과정을 거쳐야 출시할 수 있다. CTS를 통과한 안드로이드 디바이스는 구글 플레이 스토어의 애플리케이션과 호환성을 보장하여 디바이스에 따라 실행이 되지 못하는 문제점을 보완하고 있다.

2. 구글의 강력한 지원

안드로이드의 등장 이전에 LIMO가 차세대 플랫폼으로 각광을 받을 때도 있었지만, LIMO는 그 기대에 부응하지 못하고 시장에서 사라졌다. LIMO는 리눅스 커널을 기반으로 만들어진 플랫폼으로 다양한 업체가 참여하였지만 각 업체의 이해관계가 맞물려 소프트웨어 개발에 대한 리더쉽이 불분명하고 시장에 빠르게 대응하지 못하는 모습을 보이며 모바일 OS로서의 지위를 획득하는 데 실패하고 결국은 좌초되고 말았다. 바다 OS 또한 새로운 모바일 OS로 등장하였지만 큰 성과를 얻지 못하고 TIZEN과 합쳐진 뒤, 역사의 뒤안길로 사라지고 말았다. 새로운 플랫폼이 정착되기 위해서는 끈기와 자본이 필요하다. 하위 호환성과 플랫폼을 개선하고 컨셉에 따라 플랫폼을 꾸준히 업데이트해야 한다.

구글은 2005년 그 당시 벤처회사에서 개발 중이던 안드로이드를 인수하여 꾸준한 버전 업데이트와 혁신적인 기능 그리고 에코 시스템을 구축하여 지금의 안드로이드를 만들어 내었다. 구글의 강력한 리더쉽이 아니었다면 안드로이드 또한 이와 같이 발전하지 못하였을 것이다.

3. 오픈 소스

플랫폼의 가장 강력한 우군은 개발자일 것이다. 처음부터 오픈 소스로 공개된 안드로이드는 오픈 소스 커뮤니티의 지원을 받으며 급격히 성장할 수 있었다. 개발자의 자발성은 플랫폼이 성공하기 위한 가장 큰 자산이다. 개발자의 자발성은 새로운 플랫폼에 대한 호기심과 새로운 기회에 대한 기대로부터 촉발된다.

안드로이드는 오픈 소스로 개방되어 많은 칩셋 벤더와 OEM 업체가 참여할 수 있도록 유도하였고 OS로 채택한 리눅스 커널이 제공하지 못하는 표준 HAL들을 정의하여 배포함으로써 칩셋 벤더와 OEM 업체 모두가 하드웨어 제어를 위한 공통 인터페이스를 이용하여 개발할 수 있게 되어 리눅스가 지원하는 다양한 디바이스를 손쉽게 이용할 수 있다. 또한, 안드로이드는 오픈 소스 커뮤니티의 지원을 받을 수 있으며 구글 외 많은 오픈 소스 커뮤니티의 개발자가 문제를 리포팅하거나 수정사항을 commit할 수 있다.

4. 공통 UX의 제공

안드로이드 이전의 임베디드 리눅스와 같은 플랫폼은 공통 UX를 제공하는 데 실패하였다. 각 임베디드 리눅스도 UX 플랫폼을 제공하였지만, 제조사마다 서로 다른 방식의 UX(QT, GTK, 또한 제조사의 Custom GUI 등)를 채택하는 관계로 공통 UX 환경을 제공할 수 없어 전용 애플리케이션을 제작해야 하는 문제가 발생하였다. 따라서 같은 임베디드 리눅스 플랫폼이지만 UX 플랫폼에 따라 애플리케이션이 호환 되지 않는 문제는 결국 임베디드 리눅스의 보급에 걸림돌이 되고 말았다.

5. 표준화된 개발 환경의 제공

새로운 플랫폼이 등장할 때, 개발자들에게 보급하기 위해 가장 공을 들이는 것 중 하나가 바로 개발자를 위한 통합 개발 환경(Integrated Development Environment. 이하 IDE)의 지원이다. MS는 개발 편의성과 생산성을 높일 목적으로 Visual Studio와 같은 IDE 툴을 제공하여 많은 수의 윈도우 개발자를 확보할 수 있었다.

안드로이드 이전까지 임베디드 리눅스 환경은 쓸만한 IDE가 제공되지 않아 vim으로 소스를 편집하고 command 창에서 make와 gcc를 이용하여 소스를 빌드해야 하는 어려움을 겪고 있었다. 따라서 안드로이드는 이클립스와 같은 오픈 소스 IDE와 함께 소스 빌드를 위한 표준화된 환경을 제공하여 개발자의 개발 편의성 및 생산성을 개선하였다. 실제로 표준화된 소스 빌딩 환경이 제공되지 않는다면 제조사마다 소스 빌드를 위한 방법이 표준화되지 않게되고 각 개발 환경이 바뀔 때마다 소스 빌드 방법을 배워야 한다.

개발자는 실제로 프로그램을 설계하고 코딩하는 시간만큼이나 디버깅을 하기 위해 많은 시간을 소요한다. 안드로이드는 adb(Android Debugging Brigde)와 ddms(Dalvik Debug Monitor Server)같은 표준된 디버깅 툴을 제공하여 애플리케이션 디버깅 환경을 개선하였다. 과거에는 각 제조사 또는 솔루션 벤더마다 디버깅 방법이 달라 개발 환경을 배우는데 많은 시간이 소모되었다. 하지만 안드로이드는 표준 디버깅 방법을 제공하므로 개발환경에 따라 디버깅 방법을 배워야 하는 어려움은 사라졌다.

> **TIP - 새로운 안드로이드 IDE: Android Studio**
>
> 2013 Google IO에서 구글은 기존 이클립스와 ADT 환경을 대체할 수 있는 새로운 IDE인 Android Studio[1]를 발표하였다. Android Studio는 JetBrains의 IntelliJ IDEA 소프트웨어를 기반으로 안드로이드에 특화된 IDE로서 2013년 6월 사용자들에게 Early Access 형태의 Preview 버전이 공개되었다.
>
>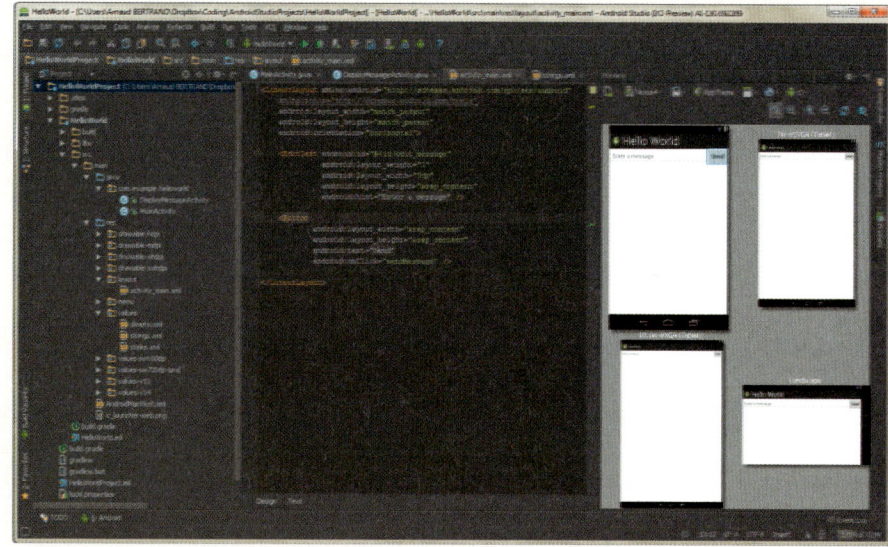
>
> 그림 1-2 Android Studio

1.1.2 모바일 디바이스의 하드웨어 구조

모바일 디바이스의 하드웨어는 다양한 요소들로 구성되어 있다. LCD 혹은 OLED로 표현하는 화면, 입력도구인 터치스크린, 마이크와 스피커, 카메라, 안테나, 배터리, 그리고 PCB와 다양한 IC가 바로 그것이다. 따라서 다양한 사양의 부품들을 조합하여 다양한 모바일 디바이스를 설계할 수 있다. 스마트폰으로의 변화는 AP의 성능발전에 의존하게 되고, 이는 모뎀과 AP로 구성되는 플랫폼으로 발전하고 있다. 모뎀은 통신 기능만을 담당하고 그 이외 대부분의 작업은 AP가 담당한다. 본 절에서는 모바일 디바이스의 주요 하드웨어인 모뎀, AP 등의 역할과 구조를 알아보고 그 트렌드에 대해 설명한다.

---

1 http://developer.android.com/sdk/installing/studio.html#download

● AP(Application Processor)

과거 피쳐폰 플랫폼에서는 하나의 프로세서가 모뎀과 사용자 애플리케이션을 모두 실행하였다. 이것이 가능한 이유는 음성통화나 SMS와 같은 통신이 주된 기능이었으며 PC 기반 OS와 달리 멀티-태스킹을 지원하지 않아 멀티미디어 기능이 크게 중요하지 않았다. 그러나 스마트폰 플랫폼이 등장하면서 음성통화나 SMS와 같은 전통적인 기능보다 컴퓨터로서의 기능이 더 강조되면서 하나의 프로세서가 모뎀과 AP 역할을 동시에 담당할 수 없는 수준의 고성능 컴퓨팅 파워를 필요로 하게되었다. 스마트폰 플랫폼은 표 1 1과 같은 다양한 애플리케이션을 동시에 수행하는 멀티-태스킹을 지원한다.

표 1-1 스마트폰 애플리케이션의 종류

분야	설명
음성통화/SMS	폰북, SMS 및 MMS 애플리케이션, 다이얼러, Phone 애플리케이션 등
멀티미디어	고화질의 영화 감상, 실시간 스트리밍 VOD, 음악 감상, 고해상도의 이미지 뷰어, 고화질 카메라 등
인터넷	웹 브라우저(크롬), SNS 애플리케이션(페이스북, 트위터), 인스턴트 메시징 프로그램(카카오톡) 등
게임	레이싱 게임, 소셜 네트워크 게임, 증강 현실 게임, 아케이드 게임, 전략 시뮬레이션 게임 등
GMS(Google Mobile service)	지도, 메일, 스트리트뷰, 메신저, Youtube, 음성 인식, 달력 등

이와 같이 스마트폰 플랫폼은 고성능의 컴퓨팅 파워를 필요로 하므로 애플리케이션의 구동을 담당하는 AP와 통신을 담당하는 모뎀으로 발전하게 된다. 모든 AP는 프로세서를 내장하고 있을 뿐만이 아니라 그래픽을 담당하는 GPU(Graphic Processing Unit), 비디오와 이미지 압축 및 해제를 처리하는 멀티미디어 프로세서 등을 통합하여 SoC(System on a Chip) 형태로 제공된다.

AP 코어 설계 업체는 ARM, Intel, MIPS 계열 등이 존재한다. 이 중 ARM은 유연한 설계 구조와 저전력 소모를 강점으로 내세워 모바일 디바이스 시장 내 95%의 점유율을 보유하고 있다. 실제 모바일 AP의 구조를 설명하기 위해 그림 1-3과 같은 르네사스 모바일의 MP5232 칩셋을 소개한다.

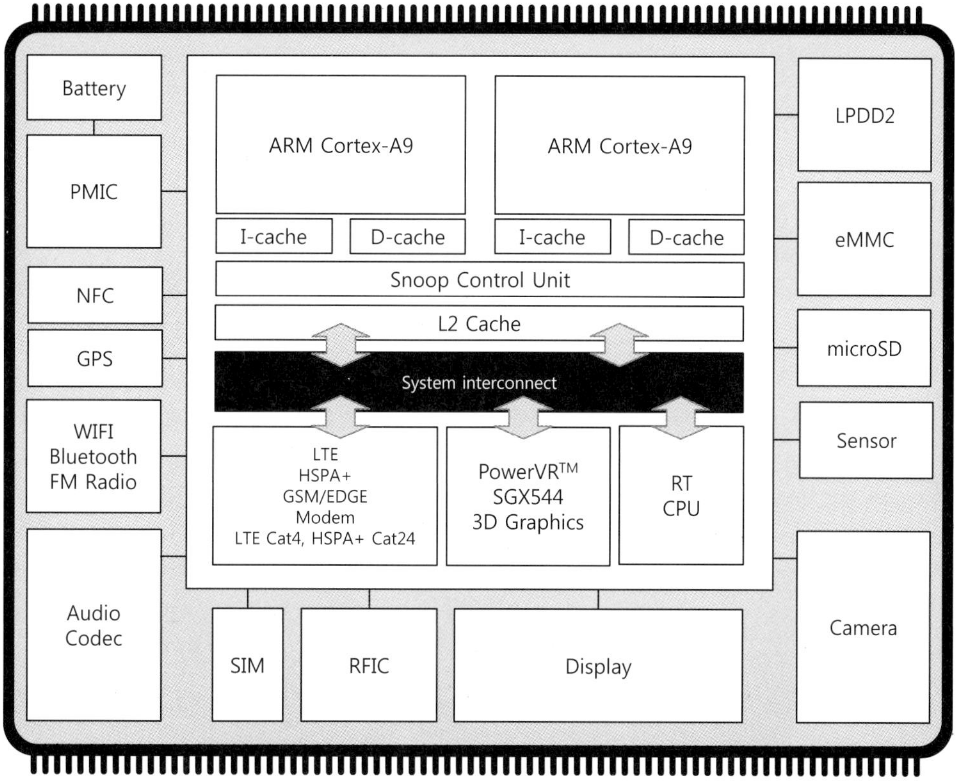

그림 1-3 르네사스 모바일 MP5232(EOS2)의 구조

현재 AP 설계 트렌드는 고성능의 칩셋을 디자인하기 위해 AP의 클럭 속도의 증가와 멀티 코어의 채택이다. ARM[2] 코어는 아키텍처의 진화(Cortex A8→A9→A15)와 함께 클럭 속도가 1GHz→1.2GHz→1.5GHz→2.0GHz→2.5GHz로 지속적으로 발전할 전망이 우세하다. 하지만 데스크톱 CPU가 발열 및 전력 소모로 인해 한계 클럭 속도에 봉착하였듯이 AP 또한 같은 이유를 감당하기 힘든 상황에 도달하고 있다. 따라서 칩셋 벤더는 멀티 코어에서 해법을 모색하고 있다.

멀티 코어(Multi-Core)란 여러 개의 코어에 작업처리를 효율적으로 분산시켜 싱글 코어에 비해 저전력을 구현하면서도 동영상과 음악 컨텐츠 감상, 앱 실행 등 다양한 작업수행을 빠르게 처리하는 기술이다. 멀티 코어는 싱글 코어(1)→듀얼 코어(2)→쿼드 코어(4)→옥타

---

2 현재 Cortex 코어는 아래와 같은 세 개의 제품군으로 구분된다.
   A(Application Processor): 하이엔드급 제품으로 OS와 애플리케이션 환경에 적합한 프로세서 코어
   R(Real-time Processor): 실시간성이 요구되면서 성능을 우선시하는 제품에 적합한 프로세서군
   M(Micro-Controller): 사용하기 쉽고 가격 대비 높은 성능을 제공

코어까지(8) 발전하였다. 이론상 코어 개수가 늘면 전력소모도 같이 증가하나 코어가 모두 가동되는 경우가 아니라면 싱글 코어와 동일한 작업 수행 시 오히려 소비전력이 감소하는 결과를 얻게 된다. 이와 같은 결과의 근거는 싱글 코어가 높은 클럭 속도를 사용하는 반면, 멀티 코어의 코어는 상대적으로 낮은 클럭 속도를 사용한다는 것이다.

 TIP - ARM의 big.LITTLE 아키텍처

고성능과 파워 소모는 비례관계에 있어 모바일 디바이스의 성능이 높아질 수록 배터리의 소모 또한 점점 늘어나게 된다. 이러한 파워 소모로 인해 고성능의 CPU 코어는 그 한계가 결정이 되는 문제에 봉착할 수밖에 없다. 따라서 ARM은 고성능과 저전력을 함께 구현하기 위해 big.LITTLE 프로세싱을 도입하였다. big.LITTLE 프로세싱은 고성능 CPU 코어(big)와 저전력 CPU(LITTLE)를 조합하여 ARM 코어의 파워 소모를 줄이는 기술이다. 그림 1-4는 big.LITTLE 프로세싱의 기본 개념이다.

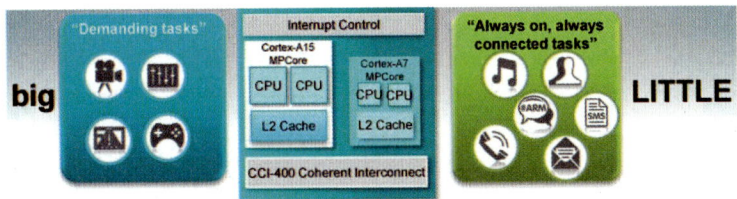

그림 1-4 big.LITTLE 프로세싱의 기본 개념

단일 CPU 프로세싱 구조로는 고성능과 저전력이라는 두 가지의 목표를 모두 달성할 수 없기 때문에 서로 다른 종류의 CPU, 즉 big 코어와 LITTLE 코어를 조합하는 것이 big.LITTLE의 기본 개념이다. big.LITTLE 은 고성능 CPU 코어(big 코어)와 저전력 CPU 코어(LITTLE 코어)의 이종결합으로 멀티미디어, 게임 등과 같은 높은 부하를 필요로 하는 작업은 big 코어로 처리하여 사용자에게 고성능을 제공하고 이메일, 음성통화, SMS, MP3 재생 등과 같이 낮은 부하를 필요로하는 작업은 LITTLE 코어로 처리하여 전력 소모를 최대로 낮춘다. 최초의 big.LITTLE 조합의 예는 Coretex-A15와 Cortex-A7의 조합이며 향후 Cortex-A57과 Cortex-A53이 조합될 것으로 전망된다.

● **모뎀(Modem)**

모뎀은 스마트폰에서 음성 혹은 데이터를 송·수신할 때 사용하는 프로세서로 변조(Modulation), 복조(Demodulation)와 DSP 등 통신과 관련된 기능을 가진다. 과거 피쳐폰 플랫폼에서 사용하였던 모뎀은 ABB(Analog Baseband)와 DBB(Digital Baseband)로 구성되었으며 통화와 간단한 데이터 통신만을 지원하여 매우 단순한 구조를 가졌다[3].

그러나 휴대폰이 GSM 혹은 CDMA와 같은 2G 네트워크만 사용하던 때와 달리 현재는 WCDMA나 LTE를 사용하는 휴대폰이 많아지고 VoLTE 등의 기능이 추가됨에 따라 모뎀의 역할이 커지고 복잡해졌다. 또한 AP에서 처리 가능한 기능 한계를 넘어서는 경우, 일부 기능을 모뎀에서 제어할 수 있도록 연결하여 설계하기도 한다. 그림 1-5는 음성 통신과 관련된 모뎀의 구조에 대한 설명이다.

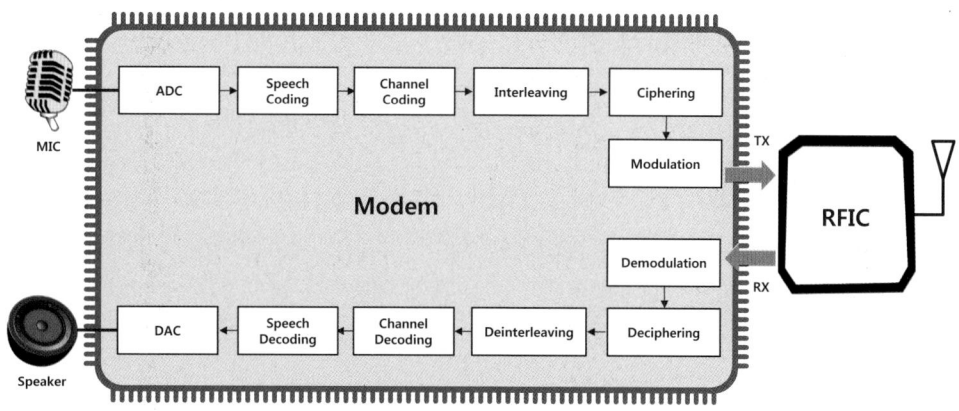

그림 1-5 모뎀의 구조 (음성 통신 관점)

1. 음성데이터의 TX 과정

마이크를 통해 전달된 음성신호는 아날로그 신호의 형태로 생성된다. ADC(Analog-to-Digital Converter)는 아날로그 신호를 8KHz로 샘플링하며 디지털 신호로 변환된 음성 데이터는 음성 코더(Speech Coder)에 의해 압축 및 코딩된다. 음성 코딩된 음성 데이터는 채널 코딩(Channel Coding) 과정을 거치는데 채널 코딩이란 송신과정에서 발생하는 에러를 줄이기 위해 일정한 규칙에 따라 비트를 추가하여 코딩하는 것을 말한다. 채널 코딩된 음성 데이터는 인터리빙(Interleaving) 과정을 통해 에러가 집중되는 구간에서 데이터의 손실을 막기 위해 데이터를 분산시킨다. 인터리빙 이후 보안을 위해 암호화(Ciphering)를 진행한다. 마지막으로 음성 데이터는 변조화를 통해 신호를 송신하기 적합한 형태로 재변형된다. GSM 모뎀의 경우, GMSK 방식으로 변조된 신호는 RF 회로를 거쳐 증폭된 이후 안테나를 통해 공기로 전송된다.

---

3 ABB는 변조화, 복조화, 아날로그와 디지털 신호 간의 전환을 맡으며, 오디오 신호와 RF 신호를 생성하고 받아들이는 역할을 한다. 반면 DBB는 DSP가 내장되어 디지털 신호를 처리 및 제어하며 DBB의 프로세서는 프로토콜 스택이 실행되며 애플리케이션을 구동하는데 사용되었다.

2. 음성데이터의 RX 과정

음성 데이터의 Rx 과정은 Tx 과정과 정반대의 과정을 거치게 된다. 안테나를 통해 RF 신호를 수신하면 RF 회로는 수신한 RF 신호의 적정 주파수 대역만을 필터링한다. 수신된 신호는 복조를 거치고 복호화(Deciphering)를 통해 암호화된 신호를 해제한다. 복호화가 끝난 디지털 신호는 디인터리빙(Deinterleaving)을 진행하여 분산 배치된 신호를 다시 모으고, 채널 디코딩을 통해 채널 코딩된 신호를 디지털 음성 신호로 복원한다. 이렇게 복원된 디지털 신호는 음성 디코딩 과정을 거친 후, DAC(Digital-to-Analog Converter)를 통해 아날로그 신호로 변환되고 스피커를 통해 재생된다

⦿ Discrete AP(Thin Modem) VS Integrated AP(Fat Modem)

AP의 설계방식은 모뎀 중심으로 AP를 통합한 구조인 Integrated AP(Fat Modem) 구조와 모뎀을 따로 구분하고 AP 위주인 Discrete AP(Thin Modem) 구조로 구분할 수 있다. Discrete AP 구조는 모뎀과 AP가 분리되어 있어 모뎀은 통신 기능만을 담당하고 그 이외 대부분의 작업은 AP에서 담당한다. 그림 1-6은 Discrete AP 구조의 특징에 대한 설명이다.

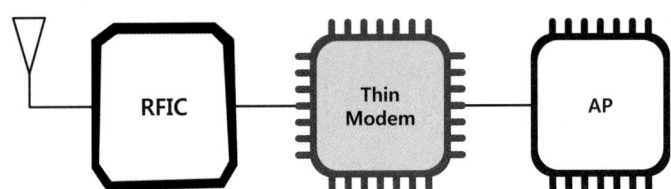

그림 1-6 Discrete AP (Thin Modem)의 구조

AP는 모뎀 칩셋에 비해 성능의 발전속도가 빠르다. 따라서 discrete AP는 모뎀에 독립적인 구조이므로 AP 설계 당시 가장 최신 기술을 접목 시킬 수 있으며 AP의 성능을 극대화할 수 있다. 또한, Discrete AP 구조는 모뎀이 분리되어 있으므로 스마트폰 제조사가 다양한 벤더의 모뎀을 사용할 수 있는 유연성을 제공한다. 게다가 태블릿 디바이스의 등장 이후, Discrete AP는 스마트폰뿐만 아니라 태블릿 제조사도 선호하는 솔루션이다. 왜냐하면 , 태블릿 중에서 3G와 LTE 통신 없이 WIFI만을 제공하는 디바이스도 존재하기 때문에 모뎀을 제거함으로써 단순하게 설계할 수 있기 때문이다.

반면 그림 1-7과 같이 모뎀과 AP를 하나의 칩으로 설계하면 Integrated AP 구조라고 한다. integrated AP 구조는 모바일 기기 내에서 칩이 차지하는 실장 면적을 줄이기 위해서 AP와 모뎀을 SoC 형태로 같은 칩셋에 집적한다. 따라서 Integrated AP 구조는 Discreted AP에 비해 모바일 디바이스 내부의 공간을 적게 차지하므로 제품을 소형화시키거나 늘어난 여유공간을 배터리 용량을 위한 공간으로 사용하여 좀 더 대용량의 배터리를 장착할 수 있는 등 다양한 방면에서 활용된다. 또한, 모뎀과 AP를 One-Chip화 하면 주변 Peripheral의 개수를 줄일 수 있어 저전력화에 유리하다.

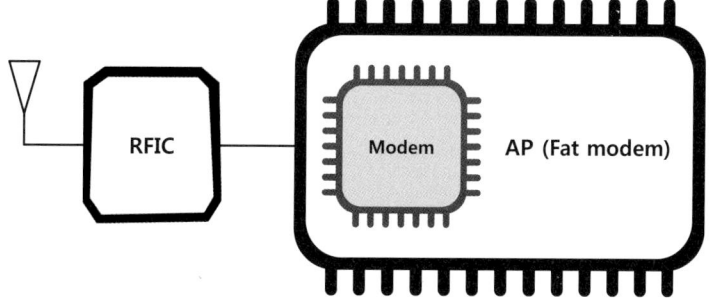

그림 1-7 Integrated AP(Fat modem)

◉ GED(Google Experience Device)

GED(Google Experience Device)[4]는 구글에서 하드웨어와 소프트웨어 플랫폼의 사양을 모두 결정하는 안드로이드 기반 단말을 의미하며 말 그대로 구글 서비스를 경험할 수 있는 장치로 구글 서비스를 경험하는 데 최적화되어 있다. GED의 제조는 기존 단말 제조사에 맡기지만 기본적으로 내장되는 소프트웨어는 모두 구글이 결정하는 그대로 탑재된다. GED 단말은 도입국가의 법적 이슈를 제외한 지역별, 제조사 및 사업자 특화 기능을 탑재하지 않는 특징이 있다.

표 1-2는 구글이 직접 제작한 GED 폰의 사양에 대한 설명이다. GED 폰의 사양의 발전을 비교하면 안드로이드 디바이스의 성능 발전을 체감할 수 있다.

---

4 흔히 레퍼런스폰이라고도 불리지만 GED가 더 정확한 표현이다.

표 1-2 구글 안드로이드 GED의 사양[5]

	넥서스원	넥서스S	갤럭시 넥서스	넥서스4
그림				
출시일	2010. 01	2010. 12	2011. 10	2012.10
제조사	HTC	삼성전자	삼성전자	LG전자
무게	130g	129g	135g	139g
OS	V2.1(Éclair)	V2.3 (Gingerbread)	V4.0 (Icescream Sandwitch)	V4.2 (Jelly Bean)
칩셋	Qualcomm QSD8250 Snapdragon	Hummingbird	TI OMAP 4460	Qualcomm APQ8064 Snapdragon
모뎀U	1GHz Scorpion	1GHz Cortex-A8	1.2GHz Cortex-A9	Quad-core 1.5GHz Krait
코어 개수	싱글 코어	싱글 코어	듀얼 코어	쿼드 코어
GPU	Adreno 200	PowerVR SGX540	PowerVR SGX540	Adreno 320
내장 메모리	512MB	16G	16/32GB	8/16GB
RAM	512MB	512MB	1GB	2GB
디스플레이	AMOLED 16M 컬러 3.7 인치	Super AMOLED 16M 컬러 4.0 인치	Super AMOLED 16M 컬러 4.65 인치	True HD IPS Plus 16M 컬러 4.7 인치
해상도	480 x 800	480 x 800	720 x 1280	768 x 1280
네트워크 (2G)	GSM 850 / 900 / 1800 / 1900	GSM 850 / 900 / 1800 / 1900	GSM 850 / 900 / 1800 / 1900	GSM 850 / 900 / 1800 / 1900

---

[5] 출처: www.gsmarenea.com

네트워크 (3G)	HSDPA 900 / 1700 / 2100	HSDPA 900 / 1700 / 2100	HSDPA 850 / 900 / 1700 / 1900 / 2100	HSDPA 850 / 900 / 1700 / 1900 / 2100
	HSDPA 850 / 1900 / 2100 (AT&T, 로저스 와이리스)			
네트워크 (4G)	N/A	N/A	LTE 700	N/A
카메라	5 MP, 2560x1920 pixels, autofocus, LED flash	5 MP, 2560 x 920 pixels, autofocus, LED flash	5 MP, 2592x1936 pixels, autofocus, LED flash	8 MP, 3264x2448 pixels, autofocus, LED flash
전면 카메라	No	Yes	Yes	Yes
트랙볼	Yes	No	No	No
쿼티 키보드	No	No	No	No
센서	Accelerometer Compass Proximity	Accelerometer Compass Proximity Barometer Gyro	Accelerometer Compass Proximity Barometer Gyro	Accelerometer Compass Proximity Barometer Gyro
WIFI	802.11 a/b/g	802.11 b/g/n	802.11 a/b/g/n	Wi-Fi 802.11 a/b/g/n
블루투스	v2.1	v2.1	v3.0	V4.0
USB	microUSB v2.0	microUSB v2.0	microUSB v2.0	microUSB (SlimPort) v2.0
NFC	No	Yes	Yes	Yes
GPS	Yes(A-GPS)	Yes(A-GPS)	Yes(A-GPS)	Yes(A-GPS, GLONASS)
배터리	1400 mAh	1500 mAh	1750 mAh	2100 mAh

1.1.3 안드로이드 하드웨어 서비스의 개요

1.1.2절에서 모바일 하드웨어의 구조에 대해 살펴보았다. 본 절에서는 안드로이드의 애플리케이션이 어떻게 안드로이드 하드웨어를 제어할 수 있는지에 대해 설명한다. 안드로이드의 애플리케이션은 동작 중에 자주 하드웨어를 제어해야 하는 경우가 발생한다. 그림 1-8은 Phone 애플리케이션이 모뎀과 PMIC를 제어에 대한 예제이다.

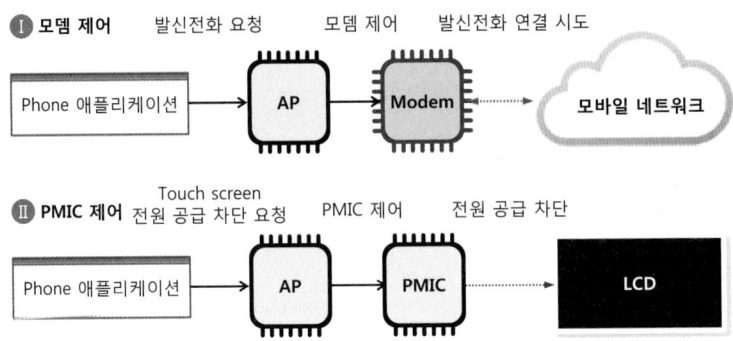

그림 1-8 Phone 애플리케이션의 모뎀 및 PMIC 제어 예제

❶ 모뎀 제어

사용자가 상대방에게 발신 전화를 걸면 Phone 애플리케이션은 모뎀에 발신전화를 요청한다. Phone 애플리케이션은 AP에서 실행되고 있으므로 발신요청을 받은 AP는 IPC(Inter-Processor Communication)를 이용하여 발신요청을 모뎀에 전달한다. 발신전화 요청을 받은 모뎀은 모바일 네트워크와 통신하여 상대방과 Call 연결이 성공적으로 셋업되면 음성 데이터를 송·수신한다.

❷ PMIC 제어

터치스크린을 장착한 스마트폰은 통화 중에 사용자의 얼굴이 터치스크린에 접촉할 경우 오동작을 일으킨다. 이를 방지하기 위해 근접센서를 터치스크린 상단에 장착하여 터치스크린과 사용자의 얼굴이 제한 거리 이하로 가까워지면 Phone 애플리케이션은 PROXIMITY_SCREEN_OFF_WAKE_LOCK 플래그를 가진 Wake Lock을 활성화함으로써 근접 센서에 의해 터치스크린 및 LCD 등의 전원이 제어되도록 한다. 사용자의 얼굴이 제한 거리 이하로 가까워지면 파워 매니저 서비스에 의해 시스템의 파워 상태는 Early Suspend 상태로 진입함으로써, PMIC에 의해 제어되는 디바이스들의 전원은 Off 된다. PMIC는 전자기기에 공급하는 전력을 해당 전자기기에 적합하게 변환, 배분 및 제어해 주는 시스템 반도체이다.

모뎀 제어 및 PMIC 제어 예제에서 Phone 애플리케이션이 직접 하드웨어를 제어하지 않고 안드로이드가 제공하는 하드웨어 제어를 위한 API를 사용한다. 안드로이드의 하드웨어 제어 API는 개발자에게 다음과 같은 세 가지 이점을 제공한다.

첫째, 개발자에게 하드웨어를 추상화시켜 하드웨어를 제어할 수 있는 방법을 제공한다. 모뎀 제어를 위한 API가 제공되지 않는다면 Phone 애플리케이션 개발자는 모뎀 제어를 위한 디바이스 드라이버를 직접 구현해야 하므로 대단히 많은 시간과 노력을 투자해야 가능하다. 하지만 안드로이드의 텔레포니 프레임워크는 모뎀제어를 위한 표준화된 API를 제공하여 Phone 애플리케이션 개발자는 모뎀 제어에 대한 깊은 지식이 없어도 모뎀 제어를 위한 API를 호출하여 모뎀을 제어할 수 있다.

둘째, 각 애플리케이션이 무분별하게 하드웨어에 접근하여 발생하는 시스템 크래쉬를 방지할 수 있다. 하드웨어는 모든 애플리케이션이 같이 사용하는 공유자원이다. 다수의 애플리케이션이 직접 하드웨어에 접근한다면 잘못된 하드웨어의 사용 및 동시 접근과 같은 문제점으로 인해 시스템의 안정성을 보장하기 힘들다. 또한, 특정 애플리케이션이 하드웨어 자원을 독점한다면 다른 애플리케이션은 하드웨어에 접근하지 못하고 하드웨어 제어에 실패한다. 이와 같은 문제점을 방지하기 위해 안드로이드는 하드웨어를 제어하기 위한 하드웨어 서비스 프레임워크를 구현하였다. 애플리케이션이 하드웨어를 직접 제어하는 것이 아니라 서비스 프레임워크가 제공하는 API를 통해서만 하드웨어를 제어하도록 하여 잘못된 하드웨어 제어로 인한 시스템 크래쉬 및 특정 애플리케이션이 하드웨어를 독점하는 일을 미연에 방지할 수 있다.

셋째, 애플리케이션이 하드웨어 변경에 따라 수정되어야 하는 문제를 방지한다. 하드웨어는 벤더마다 하드웨어를 제어하는 구현 방식이 모두 다르다. 애플리케이션이 직접 하드웨어를 제어한다면 하드웨어가 변경될 때마다 애플리케이션 코드 또한 이에 맞게 포팅되어야 하므로 코드의 재활용이 거의 불가능하게 된다. 안드로이드는 하드웨어에 따른 의존성을 최소화하기 위해 하부 HAL 레벨의 인터페이스를 정의함으로써 하드웨어의 변경에 따라 안드로이드 플랫폼 또는 애플리케이션이 수정되어야 하는 문제를 해결한다. 애플리케이션은 하드웨어 서비스 프레임워크가 제공하는 API를 사용한다면 하부 하드웨어 변경에 관계없이 하드웨어 서비스 프레임워크로부터 원하는 하드웨어 제어 요청이 가능하게 된다.

그렇다면 하드웨어 서비스는 어떠한 과정을 통해 생성하고 애플리케이션에 하드웨어 제어를 위한 API를 제공하는 것일까? 하드웨어 서비스를 이해하기 위해 가장 먼저 하드웨어 서비스가 생성되는 과정에 대한 설명이 필요하다.

그림 1-9는 init 프로세스가 네이티브 데몬과 시스템 서비스를 생성하는 과정에 대한

설명이다[6]. 네이티브 데몬은 C 언어와 C++ 언어로 작성된 프로그램으로 안드로이드가 실행될 때부터 실행되어 백그라운드에서 클라이언트 프로세스로부터 서비스 요청을 처리한다. 시스템 서비스는 패트릭 브레이디의 구글 I/O 2008의 안드로이드 아나토미의 분류에 따라 크게 네이티브 시스템 서비스와 자바 시스템 서비스로 분류되며 자바 시스템 서비스는 다시 하드웨어 서비스와 코어 플랫폼 서비스로 구분된다. 본서는 네이티브 데몬과 시스템 서비스 중 하드웨어 서비스에 대해 다룬다.

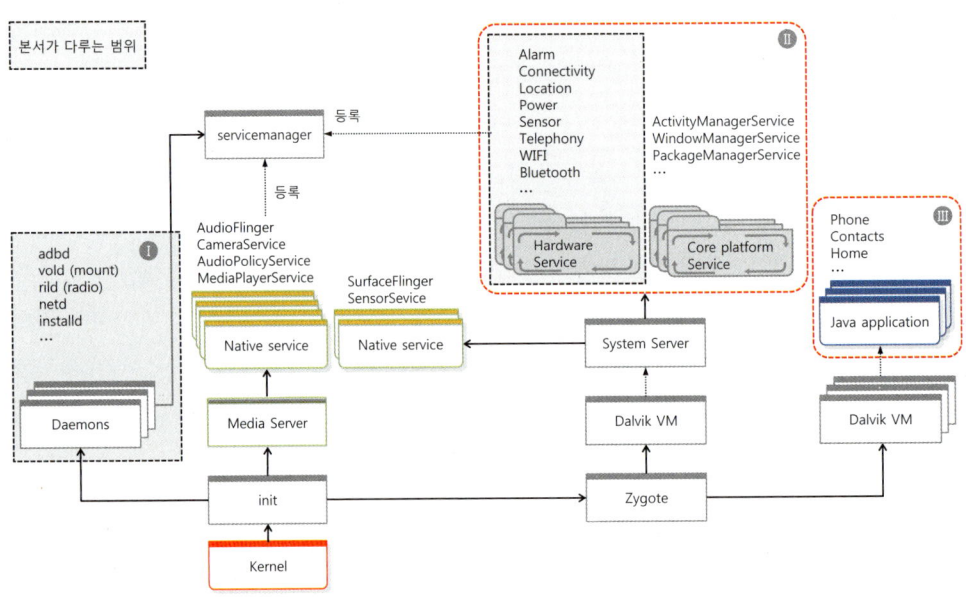

그림 1-9 init 프로세스의 프로세스 생성

1-10 네이티브 데몬의 생성

init 프로세스가 실행되면 init.rc로부터 서비스 섹션을 읽어 네이티브 데몬을 실행한다. 네이티브 데몬은 서버 프로세스로 동작하며 일반적으로 클라이언트 프로세스와의 통신을 위해 유닉스 도메인 소켓을 사용한다. init 프로세스는 네이티브 데몬 프로세스를 생성할 때 클라이언트 프로세스와 통신을 위해 유닉스 도메인 소켓을 생성한다. init 프로세스가 네이티브 데몬을 생성하는 과정은 1.5절에서 좀 더 자세히 설명한다.

표 1-3에서 init 프로세스에 의해 생성되는 네이티브 데몬 서비스의 종류를 정리하였다.

---

6 init 프로세스가 시스템 서비스를 생성하는 과정은 안드로이드 미디어 프레임워크(개발자가 행복한 세상. 2012)의 2장을 참고하길 바란다.

표 1-3 네이티브 데몬 서비스의 종류

데몬	기능
vold	vold(Volume Daemon)는 새로운 디바이스 이벤트를 모니터링한다. Vold는 저장 장치를 관리하며 볼륨을 auto-mount, 디바이스상의 파티션을 포맷하는 역할을 수행한다. 안드로이드의 리눅스 커널에 /etc/fstab이 없으므로 /system/etc/vold.fstab의 내용을 참고한다.
netd	netd(Network Daemon)는 Bluetooth, WIFI, USB 등의 다양한 네트워크 연결을 관리하며 새로운 연결의 감지 및 테더링 설정에 관련된 동작을 수행한다.
installd	Installd(Intall Daemon)는 패키지 설치와 제거를 담당하며 패키지의 무결성을 확인한다. 또한, 네이티브 라이브러리를 시스템상에 설치한다.
rild	rild(Radio Interface Layer Daemon)는 텔레포니 스택의 근간이 되는 네이티브 데몬으로 Phone 애플리케이션이나 그 밖의 클라이언트 프로그램으로부터 모뎀 제어 요청을 받아 모뎀에 전달한다.
adbd	adbd(Android Debugging Bridge)는 안드로이드의 디버거이다. adbd (Adb Daemon)는 안드로이드 상에서 실행되는 파일전송 agent로 PC상의 adb 프로그램에 시작되는 adb 서버와 통신하며 사용자가 안드로이드를 디버깅할 수 있는 환경을 제공한다.

1-10 하드웨어 서비스 생성

자바 시스템 서비스는 하드웨어 서비스와 코어 플랫폼 서비스로 분류된다. 하드웨어 서비스와 코어 플랫폼 서비스는 시스템 서버 프로세스에 의해 생성되며 쓰레드 형태로 실행된다. 자바 시스템 서비스는 애플리케이션으로부터 서비스 요청을 기다리고 있다가 애플리케이션의 서비스 요청을 처리한 뒤 그 결과를 애플리케이션에 반환한다.

안드로이드 시스템 서비스에 대한 자세한 내용은 안드로이드 미디어 프레임워크(개발자가 행복한 세상. 2012)의 2장을 참고하길 바란다.

표 1-4는 안드로이드가 제공하는 대표적인 하드웨어 서비스에 대한 설명이다. 하드웨어 서비스는 애플리케이션에 하드웨어 제어 서비스를 제공한다. 본서에서는 하드웨어 서비스 중 텔레포니 서비스와 파워 매니지먼트 서비스를 위주로 하드웨어 서비스가 하드웨어를 제어하는 원리에 대해 설명한다.

표 1-4 하드웨어 서비스의 종류

서비스	기능	관련 하드웨어
Alarm	애플리케이션이 타이머를 세팅한 뒤 세팅된 시간이 지나면 AlarmManager는 Wake Lock을 잡고 해당 애플리케이션에 인텐트를 전송하여 타이머가 타임아웃 되었음을 알린다.	RTC

Connectivity	ConnectivityManager는 네트워크 연결(ex. WIFI, 3G/LTE 네트워크 등)에 우선순위를 설정해놓고 하나의 네트워크 연결이 끊어질 경우 다른 네트워크로 전환될 수 있도록 다양한 네트워크 연결을 관리한다. 또한, 지원하는 네트워크가 연결되거나 단절될 때 그 상태를 시스템에 알리는 역할을 한다.	WIFI, GSM 모뎀
Location	위치기반 서비스를 제공한다. 디바이스의 지리적인 위치를 gps 또는 3G/LTE 네트워크로부터 얻어오며, 애플리케이션의 요청 시 현재 위치를 업데이트해준다. 특정 영역 내에 디바이스가 위치하게 되면 이를 알려준다.	GPS
Power	애플리케이션에 디바이스의 전원 상태를 제어할 수 있는 방법을 제공한다.	PMIC
Sensor	디바이스의 센서로부터 측정되는 데이터를 애플리케이션에 제공한다. Sensor 서비스가 지원하는 센서의 종류는 가속, 중력, 자이로스코프, 밝기, 압력, 근접, 온도, 자기장, 상대 습도, 방향, 회전 센서 등이 있다. 디바이스에 따라 장착된 센서의 종류가 다르므로 제공하는 센서 서비스의 종류는 디바이스마다 다르다.	Sensor
Telephony[7]	네이티브 데몬인 rild와 통신하면서 Call, SS(부가 서비스), 데이터 서비스, 네트워크 서비스, UICC, SMS 서비스 등을 Phone 애플리케이션에 제공한다.	GSM 모뎀
WIFI	무선 AP(Access Point)를 스캔하여 사용 가능한 연결 선택 기능을 제공한다. 또한, 무선망을 이용한 핫스팟 기능은 공유기로서의 기능도 제공한다.	WIFI
Bluetooth	인증된 블루투스 무선 장비와 상호작용을 지원한다. 즉, 상대 디바이스 검색 및 연결, 무선 헤드셋, 핸즈 프리, 파일 전송 등의 기능을 사용할 수 있는 상위 수준의 인터페이스를 제공한다.	Bluetooth

1-10 자바 애플리케이션 생성 (Phone 애플리케이션)

본서에서 설명할 텔레포니 서비스는 하드웨어 서비스임에도 불구하고 시스템 서버가 아닌 Phone 애플리케이션 프로세스에 의해 시작된다. 텔레포니 서비스는 다른 하드웨어 서비스와 달리 Phone 애플리케이션에 의해 생성되고 Phone 애플리케이션 내에서 실행된다. 텔레포니 서비스와 Phone 애플리케이션이 하나의 프로세스에서 실행되는 이유는 네트워크로부터의 응답을 예측할 수 없기 때문이다. Phone 애플리케이션과 텔레포니 서비스가 각기 다른 프로세스에 동작한다면 Phone 애플리케이션은 네트워크로부터의 응답이 올 때까지 아무런 동작을 하지 못하고 대기해야 한다. 따라서 Phone 애플리케이션과 텔레포니 서비스 간의 비동기 통신을 지원하기 위해 루퍼를 이용한 메시지 통신을 사용한다. 메시지 통신은 같은 프로세스 안에서만 가능하므로 안드로이드는 텔레포니 서비스를 Phone 애플리케이션에 결합한 형태로 디자인하였다.

---

7 실제로 텔레포니 서비스는 system_process 내의 하드웨어 서비스로 존재하는 것이 아니라 Phone 애플리케이션에서 실행되고 있다.

그림 1-10은 텔레포니 서비스 프레임워크와 Phone 애플리케이션과의 관계에 대한 설명이다.

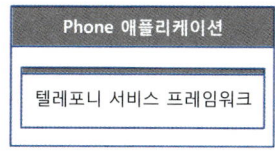

그림 1-10 텔레포니 서비스 프레임워크와 Phone 애플리케이션과의 관계

1.1.4 본서의 서술 방향

안드로이드 아나토미 시리즈는 패트릭 브레이디의 구글 I/O 2008의 안드로이드 아나토미를 바탕으로 한다. 본서는 기존에 출간된 안드로이드 아나토미 : 시스템 서비스(개발자가 행복한 세상. 2011)와 안드로이드 미디어 프레임워크(개발자가 행복한 세상. 2012)를 계승하고 있다. 전편인 시스템 서비스와 미디어 프레임워크가 오디오 플링어 서비스, 서피스 플링어 서비스, 카메라 서비스, 미디어 플레이어 서비스 등을 다루고 있다면 본서는 전편이 다루지 않은 하드웨어 서비스를 다루고 있다. 그중에서 본서는 하드웨어를 제어하는 대표적인 서비스인 파워 매니지먼트 서비스와 텔레포니 서비스를 다루고 있다. 그림 1-11은 본서의 각 장별 서술 레이어에 대한 설명이다.

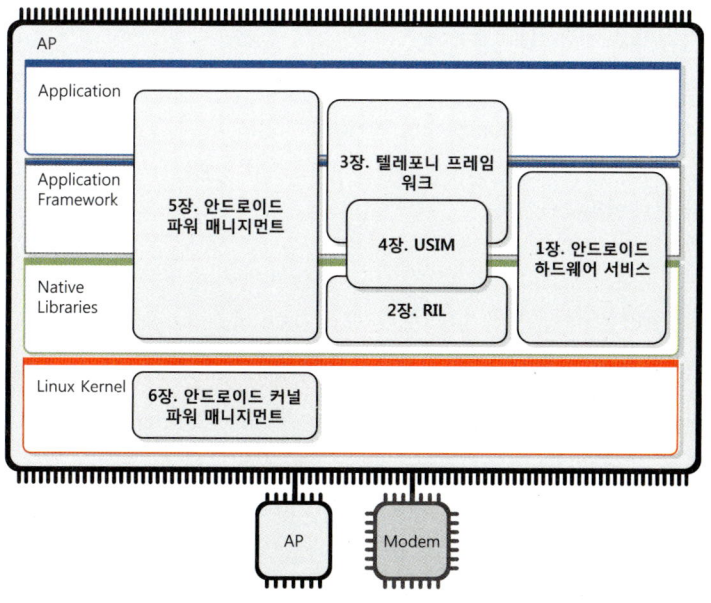

그림 1-11 안드로이드 아나토미: 하드웨어 서비스의 각 장별 서술 레이어

1장: 안드로이드 하드웨어 서비스

안드로이드는 애플리케이션이 하드웨어를 직접 제어할 필요가 없이 애플리케이션 프레임워크의 API를 이용하여 하드웨어에 접근할 수 있도록 하드웨어 서비스를 제공한다. 하드웨어 서비스는 애플리케이션 개발자가 하드웨어에 대한 자세한 지식이 없어도 하드웨어를 제어할 수 있는 상위수준(High-Level)의 API를 제공한다. 따라서 애플리케이션은 하드웨어가 제공하는 API를 호출하여 안드로이드 하드웨어를 제어할 수 있다. 1장에서는 안드로이드 하드웨어의 주요 컴포넌트와 안드로이드의 하드웨어 서비스의 종류에 대해서 설명한다. RIL 데몬과 텔레포니 프레임워크는 서로 다른 프로세스에서 실행되고 있으므로 프로세스 간 통신을 위한 IPC가 필요하다. 안드로이드는 RIL 데몬과 텔레포니 프레임워크 간의 통신을 위해 유닉스 도메인 소켓을 사용한다. 그리고 유닉스 도메인 소켓을 이용한 프로세스 간 통신을 설명하며 텔레포니 프레임워크에서 쓰레드 간 비동기 통신을 지원하기 위해 제공되는 메시지, 핸들러, 루퍼, 메시지 큐 등에 대해서 소개한다.

2장: RIL

RIL은 모뎀을 안드로이드로부터 추상화시키는 일종의 HAL로 안드로이드 RIL은 다양한 모뎀 벤더를 지원하기 위해 모뎀제어를 위한 표준 방법을 정의하였다. RIL은 RIL 데몬과 모뎀 제어를 위한 벤더 RIL로 크게 구분할 수 있다. RIL 초기화 시 RIL 데몬은 벤더 RIL를 동적으로 로딩한다. 2장에서는 각종 클라이언트의 I/O 이벤트나 타임아웃 이벤트를 효율적으로 처리하기 위한 RIL 데몬의 RIL 이벤트 스케줄러에 대해 설명하고 RIL 이벤트 스케줄러가 RIL 이벤트를 스케줄링하는 메커니즘과 모뎀으로부터 전달된 RIL resp와 RIL ind를 RIL 데몬이 처리하는 방법에 대해서 소개한다.

3장: 텔레포니 프레임워크

텔레포니 프레임워크는 자바 애플리케이션 프레임워크로 상위 Phone 애플리케이션에 텔레포니 관련 API를 제공한다. 텔레포니 프레임워크는 Phone 애플리케이션에 의해서 초기화되며 Phone 애플리케이션에서 실행된다. 네트워크의 특성상 네트워크로부터 전달되는 응답이 올 시점을 예측하기 어려우므로 비동기 방식의 통신 방법이 필요하다. Phone 애플리케이션은 텔레포니 프레임워크에 서비스 req를 보낸 후 서비스 resp를 받기까지 대기하는 것은 비효율적이므로 루퍼를 기반으로 메시지 통신을 사용한다. 3장에서는 텔레포니 프레임워크가 1장에서 서술한 메시지, 핸들러, 루퍼, 메시지 큐 등을 어떻게 사용하는지에 대한 설명을 담고 있다.

4장: USIM

USIM(Universal Subscriber Identity Module)은 가입자 정보를 저장하고 이를 제공하는 독립적인 시스템이다. 휴대 전화는 USIM과의 통신을 통해 필요한 정보를 요청하거나 저장한다. 4장에서는 USIM이 무엇인지 그리고 USIM과 휴대 전화와의 통신은 어떤 방식으로 진행되는지 살펴본다. 더불어 USAT(USIM Application Toolkit)이라 불리는 USIM과 함께 UICC(Universal Integrated Circuit Card)에 설치되어 동작하는 시스템에 대해서 알아보도록 한다.

5장: 안드로이드 파워 매니지먼트

안드로이드의 유저 영역에서 파워 매니지먼트의 주요 동작은 화면 밝기 제어와 Sleep 방지이다. 유저 영역에서 파워 매니지먼트의 주요 동작은 파워 매니저 서비스에 의해 구현되며, 애플리케이션 및 서비스는 파워 매니저 서비스를 이용해서 화면 밝기 제어와 Sleep 방지 동작을 수행한다. 5장에서는 기본적인 파워 상태와 배터리의 설명을 시작으로 안드로이드 파워 매니지먼트의 계층 구조 및 클라이언트와 서비스 관점에서 파워 매니지먼트를 설명한다. 또한, 화면 밝기 제어 동작, 유저 영역에서 Wake Lock의 종류에 따른 동작, 그리고 파워 매니저 서비스를 이용하지 않는 Wake Lock의 동작 등을 예제와 더불어 설명한다.

6장: 안드로이드 커널 파워 매니지먼트

안드로이드의 커널은 리눅스 커널을 기반으로 동작하며 모바일 환경을 위해 전통적인 리눅스 커널의 Suspend 및 Resume 동작 외에 Suspend 동작과 Resume 동작을 각각 두 단계로 나누어 Early Suspend 동작과 Late Resume 동작을 리눅스 커널에 추가하였다. 또한, 특정 모듈 혹은 특정 장치가 Suspend 상태로 진입하지 않고 동작하게 하기 위해 즉, CPU 리소스를 사용하기 위해 Wake Lock 기능을 새로이 추가하였다. 6장에서는 전통적인 리눅스 커널의 파워 매니지먼트 방식인 APM과 ACPI의 설명을 시작으로 안드로이드 커널에서의 Suspend, Early Suspend, Late Resume, Resume 동작과 Wake Lock 동작을 설명한다.

1.2 IPC(Inter-Process Communication)

프로세스는 독립된 실행 객체들로 서로 다른 프로세스는 서로 다른 주소공간에서 실행된다. 따라서 프로세스 간에 영향을 받지 않는 장점이 있지만 주소 공간이 독립되어 있는 만큼 별도의 프로그래밍 장치가 없이 서로 간의 통신이 어렵다. 리눅스 커널은 프로세스 간의 통신을 위해서 다양한 IPC 메커니즘을 제공한다.

안드로이드는 프로세스 간 통신을 위해 안드로이드 고유의 IPC인 바인더를 사용하지만, 아직도 여러 부분에서 전통적으로 리눅스 커널이 제공하는 IPC를 사용하고 있다. 본 절에서는 안드로이드 네이티브 데몬 서비스에서 주로 사용하는 리눅스 커널 IPC인 파이프와 유닉스 도메인 소켓을 소개하고 select() 함수를 이용하여 멀티 클라이언트를 지원하는 방법을 설명한다. 그 외 바인더 IPC와 관련된 설명은 안드로이드 미디어 프레임워크(개발자가 행복한 세상. 2012)의 3장 고급 바인더 IPC 등을 참고하길 바란다.

1.2.1 안드로이드의 프로세스

안드로이드에서 실행되고 있는 프로세스는 ps 명령을 통해 알 수 있다. 안드로이드의 데몬 프로세스 또한 간단한 ps 명령을 통해 확인할 수 있다. ps 명령어는 사용자에게 프로세스에 대한 정보를 알려준다. ps 명령에서 pid와 ppid를 확인하면 프로세스 간에 부모-자식 관계를 확인할 수 있다. 그림 1-12는 ps 명령을 통해 보는 init 프로세스와 데몬 프로세스 간의 관계이다.

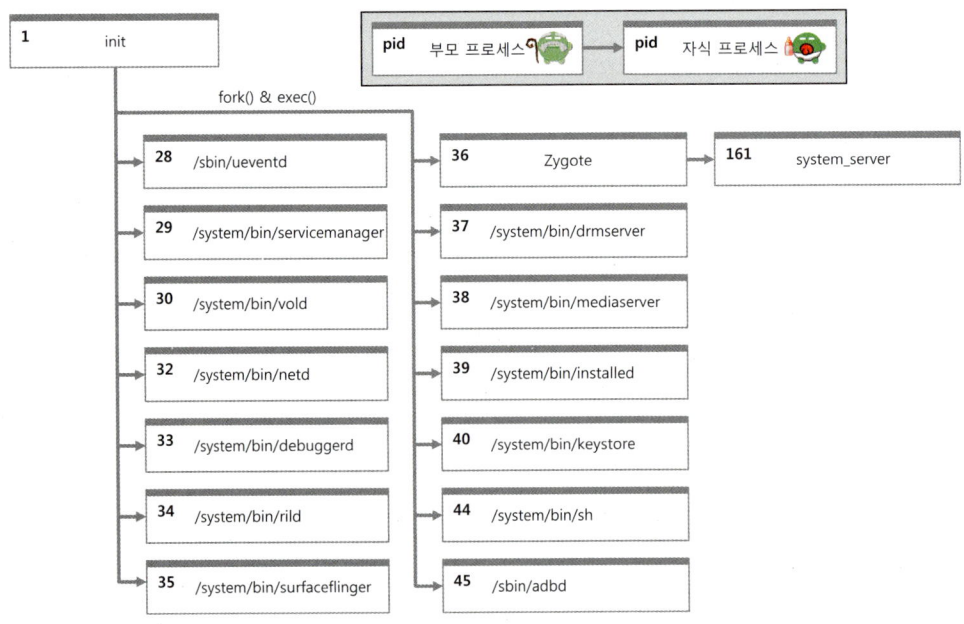

그림 1-12 init 프로세스와 데몬 프로세스 간의 관계

init 프로세스는 ps 명령어의 출력 결과 중에 pid가 1인 프로세스이다. 반면 ppid가 "1"인 프로세스는 init 프로세스에 의해 생성된 데몬 프로세스이다. 데몬 프로세스는 init 프로세스가 fork() 함수 및 exec() 함수를 호출하여 새로운 데몬 프로세스를 만든다. init 프로세스는 시스템에 필요한 네이티브 데몬 프로세스를 실행하고 Zygote 프로세스를 실행한다.

그림 1-13은 zygote 프로세스와 자바 애플리케이션 프로세스 간의 관계에 대한 설명이다. Zygote 프로세스는 시스템 서버를 생성하고 각종 자바 애플리케이션을 생성한다.

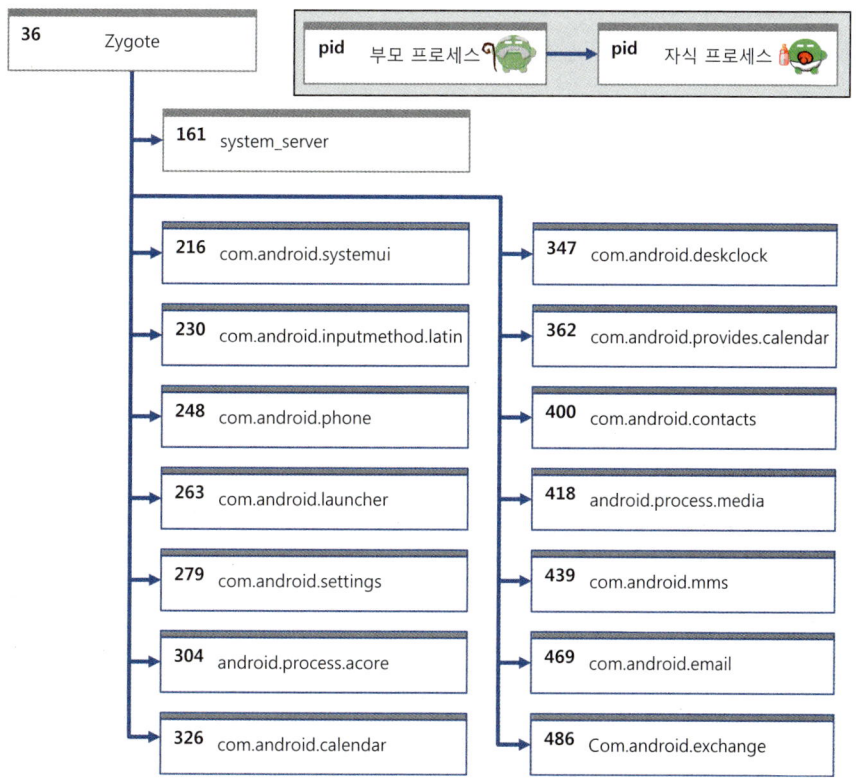

그림 1-13 Zygote 프로세스와 자바 애플리케이션 프로세스 간의 관계

init 프로세스는 모든 시스템에서 항상 고정된 pid 값(pid=1)을 갖지만, 나머지 프로세스들은 부팅 시 시스템에 따라 부여되는 pid 값이 다르다.

1.2.2 프로세스(Process)의 fork() 및 exec() 함수

그림 1-12와 그림 1-13을 통해 리눅스의 백그라운드에는 여러 개의 프로세스가 실행되고 있음을 설명하였다. 유닉스와 리눅스에서 새로운 프로세스를 만드는 함수는 fork() 함수가 유일하다. fork() 함수는 주로 두 가지 경우에 사용된다.

- 서버 프로세스가 클라이언트 프로세스의 요청을 처리하기 위해 자신을 복사하여 worker 프로세스를 만들 때 사용된다. 주로 네트워크 서버에서 사용되는 방법이다.

- 새로운 프로그램을 생성할 때 사용된다. 리눅스에서 새로운 프로세스를 생성하기 위한 방법은 오직 fork() 함수를 호출하는 것이다. 부모 프로세스가 fork() 함수를 호출하여 생성된 자식 프로세스는 자기 자신이 exec() 함수를 호출하여 새로운 프로그램으로 교체된다.

그림 1-14는 부모 프로세스에 의해 fork된 자식프로세스가 exec() 함수를 통해 새로운 프로그램으로 교체되는 과정에 대한 설명이다.

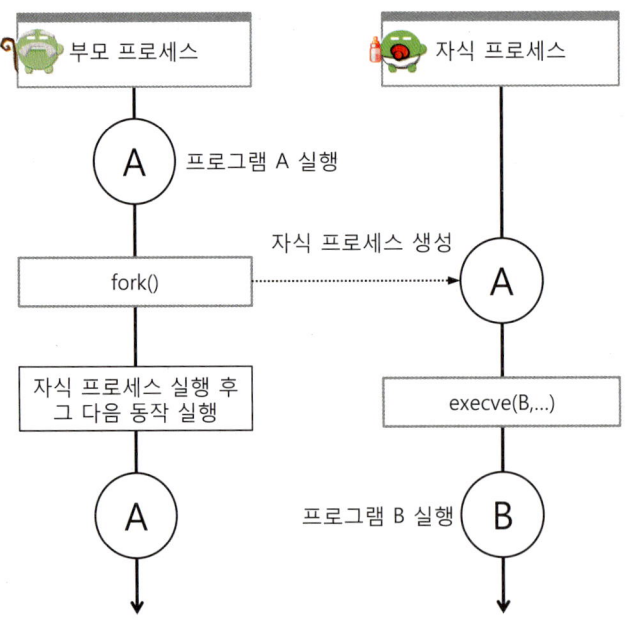

그림 1-14 fork() 함수와 exec() 함수

부모 프로세스인 프로그램 A는 fork() 함수를 호출하여 자식 프로세스를 생성한다. 자식 프로세스는 exec() 함수를 호출하기 전까지 프로그램 A의 코드를 실행하지만, exec() 함수가 호출된 후 프로그램 B가 실행된다.

fork() 함수의 특징은 부모 프로세스의 데이터 영역을 복사하여 프로세스를 메모리에 할당해준다. exec() 함수는 현재 프로그램의 텍스트, 데이터 등의 스택 영역에 exec() 함수의 인자로 전달된 프로그램의 텍스트, 데이터 등의 스택 영역을 오버라이트하는 함수이다. 즉, exec() 계열 함수는 새로운 프로세스를 현재 프로세스에 덮어쓰는 함수라고 이해하면 된다.

◉ 새로운 프로세스의 생성(fork() 함수)

리눅스에서 새로운 프로세스를 생성하는 유일한 방법은 fork() 함수를 호출하는 것이다. 코드 1-1은 fork() 함수에 대한 설명이다.

```
#include <unistd.h>
pid_t fork(void);
반환 값: 성공 시 부모 프로세스에는 자식 프로세스의 pid를 반환, 자식 프로세스에는 0이 반환됨,
실패 시 -1 반환
```

코드 1-1 fork() 함수

fork() 함수의 실행이 끝나면 부모 프로세스로부터 자식 프로세스가 생성되는데 각 프로세스에는 서로 다른 pid가 반환된다. 부모 프로세스는 자식 프로세스의 pid인 pid=550을 자식 프로세스는 pid=0을 받는다. 즉 fork() 함수의 실행이 끝난 후에 자식 프로세스는 부모 프로세스와 동일한 코드를 실행하지만 pid가 다르므로 부모 프로세스와 다른 실행 흐름을 가질 수 있게 된다. 따라서 fork 후에 pid에 의해서 자식 프로세스의 실행 흐름과 부모 프로세스의 실행 흐름을 제어해야 한다.

그림 1-15는 부모 프로세스가 fork() 함수를 호출한 후 부모 프로세스의 실행 흐름과 자식 프로세스의 실행 흐름에 대한 설명이다. fork() 함수가 호출되면 부모 프로세스의 텍스트, 데이터, BSS 세그먼트, 힙 등의 유저 스택은 자식 프로세스의 가상 메모리 공간에 똑같이 복사된다. 하지만 부모 프로세스와 새롭게 생성된 자식 프로세스 간의 가장 분명한 차이는 서로 다른 pid를 갖는다는 점이다.

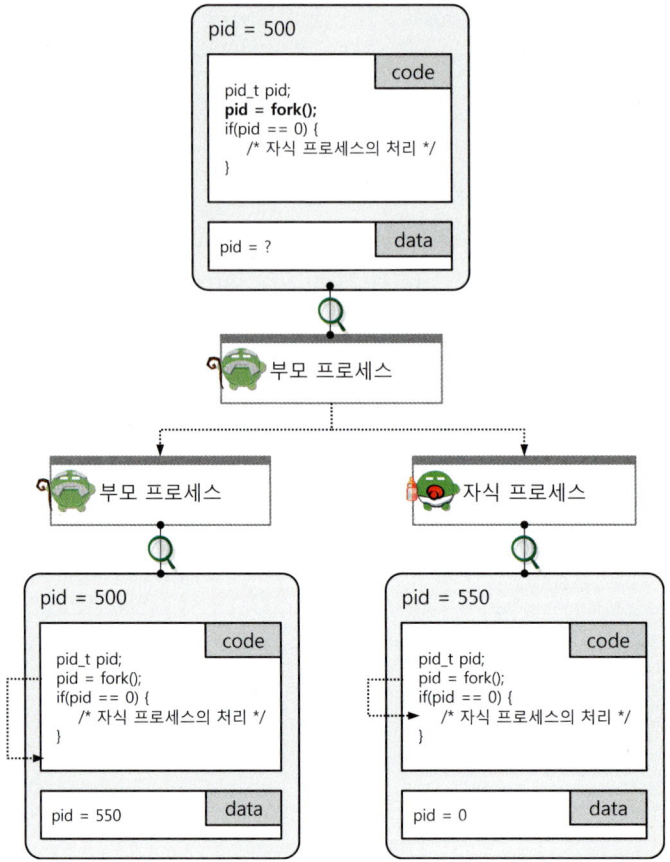

그림 1-15 fork() 함수의 호출 후 부모 프로세스와 자식 프로세스의 동작

◉ 새로운 이미지 로드(exec() 함수)

exec() 함수는 현재 실행되는 프로세스의 이미지를 새로운 프로그램 파일로 교체하며 새로운 프로그램은 main() 함수를 실행한다. 새로운 프로그램이 로딩될 때 pid는 변경되지 않는다. 코드 1-2는 exec() 계열 함수에 대한 소개이다.

```
#include<unistd.h>
int execl(const char *path, const char *arg, …);
int execlp(const char *file, const char *arg, …);
int execle(const char *path, const char *arg,…, char * const envp[]);
int execv(const char *path, char *const argv[]);
int execvp(const char *file, char *const argv[]);
```

```
int execve(const char *path, char *const argv[], char *const envp[]);
```
반환 값: 성공 시 exec() 함수는 반환되지 않고, 실패 시 -1을 반환하며 errno 값을 설정한다.

코드 1-2 exec() 계열 함수

exec() 계열 함수는 각 함수의 인자에 따라 구별된다. 표 1-5는 인자에 따른 exec() 계열 함수의 분류이다. v를 포함하는 execv() 계열(execv(), execvp(), execve()) 함수는 NULL로 종료되는 스트링의 포인터의 배열을 인자로 받는다. 반면 l을 포함하는 execl() 계열(execl(), execlp(), execle()) 함수는 C 언어의 인자 메커니즘에서 사용되는 인자 리스트를 받는다.

표 1-5 execl() 계열 함수와 execv() 계열 함수

execl() 계열 함수	execv() 계열 함수	설명
execl()	execv()	'p'가 포함되지 않는 exec() 함수는 로딩해야 할 프로그램의 전체 경로를 명시해야 한다.
execlp()	execvp()	'p'를 포함하는 exec() 계열(exevp(), execlp()) 함수는 현재 실행 경로에서 새로 로딩할 프로그램을 찾는다.
execle()	execve()	e를 포함하는 exec() 계열 (execve(), execle()) 함수는 환경 변수의 배열을 추가적으로 인자로 받는다. 환경 변수의 배열은 "변수=값" 스트링의 포인터의 배열 형태여야 한다.

1.2.3 리눅스 커널의 IPC

서버와 클라이언트 모델에서 서버 프로세스는 클라이언트 프로세스의 서비스 요청을 처리하고 그 결과를 프로세스에 반환한다. 프로세스는 서로 독립된 메모리 공간에서 실행되므로 통신을 위해 OS 레벨의 데이터 교환 메커니즘이 필요하다. IPC란 바로 서로 다른 프로세스 간의 통신 방법을 정의한다. 리눅스는 IPC를 위해 다양한 통신 방법을 제공한다.

표 1-6은 리눅스 커널이 제공하는 주요 IPC에 대한 설명이다.

표 1-6 리눅스 커널의 IPC 종류[8]

IPC 종류	설명
Pipe	파이프는 두 개의 프로세스를 연결하는데 하나의 프로세스는 읽기만 가능하고 다른 하나의 프로세스는 쓰기만 가능하여 한쪽 방향만으로 데이터를 전달할 수 있다. (반이중 통신) 파이프를 이용하여 두 프로세스 간에 전이중 통신을 하려면 두 개의 파이프가 필요하다.

Message Queue	메시지 큐는 프로세스 간에 메시지를 교환하는데 사용된다. 프로세스가 메시지 큐에 메시지를 쓰면 다른 하나의 프로세스는 메시지 큐부터 메시지를 읽는다.
Shared Memory	공유 메모리는 커널에 의해 관리되며 프로세스 간에 메모리 영역을 공유하는 하는 것을 허용한다. 프로세스가 커널에 공유 메모리 할당을 요청하면 다른 프로세스들은 할당된 공유 메모리에 접근할 수 있다. 공유 메모리는 직접 메모리에 접근할 수 있으므로 매우 빠른 동작이 가능하다.
Memory Map	메모리 맵은 열린 파일을 메모리에 대응시켜 프로세스 간 메모리를 공유한다.
Semaphore	다른 IPC 설비가 대부분 프로세스 간 데이터 전송이 목적이지만 세마포어는 프로세스 간 데이터를 동기화하고 자원에 대한 접근을 제어하기 위해 사용된다.
Socket	인터넷 소켓은 원격의 컴퓨터상의 프로세스들 간의 통신을 지원하고 유닉스 도메인 소켓은 동일한 시스템 내의 프로세스 간의 통신을 위한 방법을 제공한다. 소켓은 다른 IPC에 비해 범용적으로 사용 가능하다.

안드로이드는 리눅스 커널이 제공하는 IPC 중 주로 파이프와 소켓을 사용하고 있다. 파이프는 RIL 데몬의 RIL 이벤트 스케줄러를 트리거하기 위해 사용되며, 소켓의 일종인 유닉스 도메인 소켓은 데몬 프로세스와 클라이언트 프로세스 간의 통신을 위해 주로 사용한다.

1.2.4 리눅스 파이프(Pipe)

파이프의 기본 개념은 유닉스 시스템에서 가장 오래된 IPC 방법이다. 파이프는 구조가 간단하여 사용하기 쉽지만 반이중(Half-Duplex) 통신만을 제공하므로 하나의 프로세스는 단지 데이터의 송신만 가능하고 다른 프로세스는 데이터의 수신만 가능하다. 따라서 파이프를 이용하여 전이중(Full-Duplex) 방식의 통신을 하려면 두 개의 파이프를 사용해야 하므로 전이중 통신이 필요한 경우, 파이프를 사용하는 예는 드물다.

코드 1-3은 pipe() 함수에 대한 설명이다.

```
#include <unistd.h>
int pipe(int filedes[2]);
반환 값: 파이프 생성 시 0, 실패 시 -1
```

코드 1-3 pipe() 함수

---

[8] http://www.chandrashekar.info/articles/linux-system-programming/introduction-to-linux-ipc-mechanims.html

pipe() 함수를 성공적으로 수행하면 리눅스 커널은 두 개의 파일 기술자를 함수의 인자 int형 배열을 통해 프로세스에 반환한다. filedes[0]은 읽기용 파일 기술자이며 fildes[1]은 쓰기용 파일 기술자이다.

코드 1-4는 fork() 함수를 이용하여 자식 프로세스를 생성하고 파이프를 이용하여 부모 프로세스에서 자식 프로세스로 특정 스트링을 전달하는 예제이다.

```c
#include <unistd.h>
#include <unistd.h>
#include <stdlib.h>
#include <stdio.h>
#include <string.h>
int main() {
    int pipe_fd[2];
    int readFd,writeFd;
    const char data[] = "ABCDEF";
    char buffer[10];
    pid_t pid;

    if (pipe(pipe_fd) == 0) {                         ❶
        readFd = pipe_fd[0];
        wrieteFd = pipe_fd[1];
        pid = fork();                                 ❷
        if (pid == 0) {
            read(readFd, buffer,sizeof(buffer));      ❸
            return 0;
        } else {
            write(writeFd, data, strlen(data));       ❹
        }
    }
    return 0;
}
```

코드 1-4 pipe() 함수를 호출하여 파이프 생성 예제

❶ 파이프 생성

pipe() 함수를 호출하여 파이프를 생성한다. pipe() 함수 호출이 성공하면 읽기용 파일

기술자(pipe_fd[0])와 쓰기용 파일 기술자(pipe_fd[1])를 획득한다.

1-4 ❷ 자식 프로세스 생성

부모 프로세스는 fork() 함수를 호출하여 자식 프로세스를 생성한다.

1-4 ❸ 자식 프로세스의 동작

자식 프로세스는 read() 함수를 호출하여 읽기용 파일 기술자(readFd)로 데이터가 수신되는 것을 기다린다.

1-4 ❹ 부모 프로세스의 동작

fork() 함수 호출 이후, 자식 프로세스가 생성되면 부모 프로세스는 write() 함수를 호출하여 스트링 "ABCDEF"를 쓰기용 파일 기술자(writeFd)에 쓴다.

그림 1-16은 파이프를 이용한 부모 프로세스로부터 자식 프로세스 간 IPC 과정에 대한 설명이다.

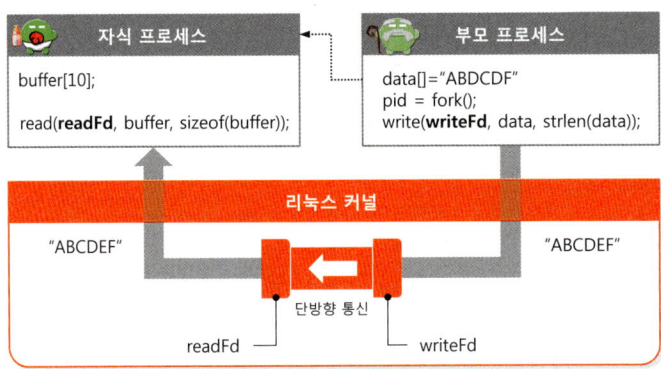

그림 1-16 파이프 생성 후 파이프를 이용한 Read 및 Write 동작

파이프는 부모 프로세스와 자식 프로세스 간의 통신 또는 동일한 부모를 갖는 프로세스 간의 통신에서만 사용이 가능한 한계가 있다. 왜냐하면 파이프의 파일 기술자는 다른 프로세스와 공유할 수 없고 오직 부모 프로세스와 자식 프로세스 간의 관계와 같이 파일 기술자를 공유할 수 있는 특수한 상황에서만 가능하기 때문이다.

1.2.5 인터넷 소켓(Socket)

소켓 인터페이스는 1980년대 초기 UC 버클리의 개발자에 의해 개발되었다. 이러한 이유로 흔히 버클리 소켓이라고 알려져 있는데 1983년 개발된 4.2 BSD 유닉스 운영체제에서 최초로 구현되었다. UC 버클리의 개발자들은 하위 프로토콜에 상관없이 동작할 수 있는 소켓 인터페이스를 개발하여 컴퓨터 네트워킹에 필요한 모든 함수를 포함하고 있다. 소켓은 동일한 시스템상의 프로세스들 간의 통신이나 네트워크상에 연결된 프로세스 간의 통신을 위한 프로그래밍 인터페이스를 제공한다. 간단히 말하면 소켓의 목표는 두 프로세스가 동일한 시스템상에 있든지 서로 다른 시스템상에 있든지 간에 관계없는 일반적인 IPC 수단을 제공하는 것이다.

⦿ 서버-클라이언트 모델

현대의 네트워크 환경은 대부분 서버-클라이언트 모델을 기반으로 동작한다. 인터넷에서 정보를 주고받는 것은 매우 복잡한 동작을 동반하므로 개발자가 이를 쉽게 이용할 수 있도록 리눅스 커널은 소켓 프로그래밍 인터페이스를 제공한다. 개발자는 리눅스 커널이 제공하는 인터넷 연결, 종료, 데이터 전송, 도메인 이름 변환, 주소 변환 등과 관련된 소켓 함수를 이용해 인터넷 애플리케이션을 개발할 수 있다. 그림 1-17은 인터넷 환경에서 원거리에 있는 서버와 클라이언트 간의 소켓을 이용하여 통신하는 과정에 대한 설명이다.

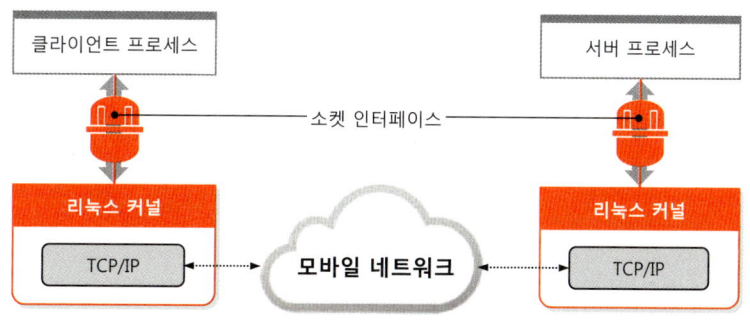

그림 1-17 인터넷 환경에서 서버-클라이언트 모델

⦿ 서버 프로그램의 처리 흐름

그림 1-17은 그림 1-16에서 설명한 인터넷 소켓 인터페이스를 이용하여 인터넷상에 있는 서버 프로세스-클라이언트 프로세스 간의 통신을 하는 방법에 대한 설명이다.

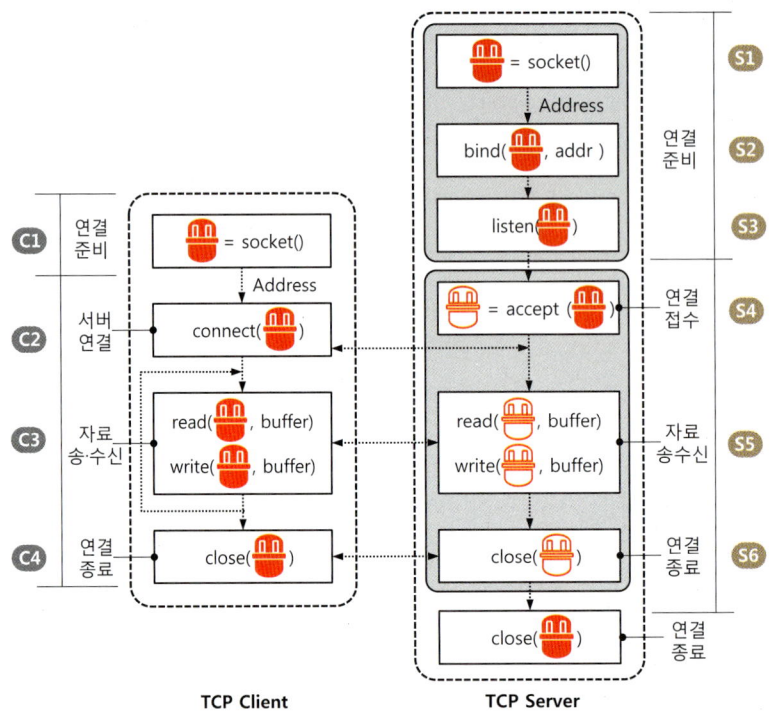

그림 1-18 소켓의 TCP 서버와 TCP 클라이언트 모델

S1 서버 소켓 생성

클라이언트 프로그램과 서버 프로그램은 인터넷을 통해 통신하기 위해서 가장 먼저 소켓을 생성해야 한다. socket() 함수를 이용하여 소켓을 생성하면 리눅스 커널은 인터넷 통신을 위한 종점(End-Point)에 해당하는 소켓 기술자를 반환한다. 프로그램은 소켓 기술자가 지정하는 소켓을 통해 원격지의 프로그램과 통신할 수 있다.

코드 1-15는 socket() 함수에 대한 설명이다.

```
#include <sys/types.h>
#include <sys/socket.h>
int socket(int domain, int type, int protocol)
반환 값: socket 생성 시 0 이상의 값, 실패 시 -1
```

코드 1-5 socket() 함수

socket() 함수가 성공적으로 수행되면, 리눅스 커널은 해당 소켓의 파일 기술자를 반환한다. 소켓 기술자라고 불리는 이 핸들은 다른 소켓 API 함수들을 호출하거나 해당 소켓을 지정할 때 사용된다.

표 1-7는 socket() 함수를 호출할 때 사용되는 인자에 대한 설명이다.

표 1-7 socket() 함수의 인자

인자	설명
domain	소켓의 프로토콜 패밀리를 결정한다. 소켓을 만들 때 소켓이 사용될 환경을 고려해 프로토콜을 설정해 주어야 한다. • PF_UNIX: 지역 통신. 유닉스 도메인 소켓을 생성할 때 사용한다. • PF_INET: IPv4 인터넷 프로토콜 기반의 TCP/IP 프로토콜 • PF_INET6: IPv6 인터넷 프로토콜 기반의 TCP/IP 프로토콜
type	소켓의 타입을 결정한다. • SOCK_STREAM: 신뢰성 있는 바이트 스트림 전송을 위한 소켓 • SOCK_DGRAM: 신뢰성을 보장하지 못 하는 패킷의 전송을 위한 소켓 • SOCK_RAW: raw 데이터를 위한 소켓
protocol	종단 간 프로토콜을 나타낸다. 파라미터를 0으로 지정하면 지정된 프로토콜 패밀리 및 타입을 위한 디폴트(Default) 종단 간 프로토콜을 사용한다.

 TIP - PF_XXX VS AF_XXX

소켓 생성 시 domain 인자에 AF_XXX를 사용하는 책이 있는 반면 PF_XXX를 사용하는 책이 존재한다. PF_XXX는 프로토콜 체계(Protocol Family)이고, AF_XXX 주소 체계(Address Family)로 같은 상숫값을 갖는다. socket() 함수를 호출할 때는 PF_XXX를 이용하는 것이 적합하고 struct socketaddr_in 구조체에 주소 체계를 지정할 때는 AF_XXX를 이용하는 것이 적합하다.

소켓에 주소 및 포트 번호 할당

클라이언트가 서버에 접속하기 위해서 서버의 소켓은 지정된 내부 주소와 포트를 가지고 있어야 한다. 따라서 서버 소켓의 IP와 포트 번호를 리눅스 커널에 등록해야 하는데 이 작업은 bind() 함수에 의해 수행된다. 클라이언트가 서버의 주소를 connect() 함수에 의해 제공하는 반면, 서버는 bind() 함수를 통해 자신의 주소와 포트 번호를 지정한다.

코드 1-6은 bind() 함수에 대한 설명이다. bind() 함수 호출에 성공한 경우 소켓 기술자가 나타내는 소켓에 주소와 포트를 결합한다.

```
#include <sys/type.h>
#include <sys/socket.h>
int bind(int sockfd, const struct sockaddr *addr, socklen_t addrlen);
반환 값: 성공 시 0, 실패 시 -1 반환
```

코드 1-6 bind() 함수의 사용법

표 1-8은 bind() 함수 호출에 필요한 인자에 대한 설명이다.

표 1-8 bind() 함수의 인자

인자	설명
sockfd	socket() 함수에 의해 반환된 소켓 기술자
addr	소켓에 주소와 포트 번호를 할당하기 위해 sockaddr_in 구조체를 이용
addrlen	socketadd_in의 길이, 즉 sizeof(struct socket_in)가 전달됨

S3 연결 대기열 만들기

bind() 함수에 의해서 소켓에 주소와 포트 번호가 할당되면 클라이언트의 연결 요청을 기다리도록 서버 소켓을 설정해야 한다. listen() 함수는 bind() 함수에 의해 설정된 주소와 포트 번호를 통해 클라이언트로부터 연결 요청을 기다리도록 리눅스 커널의 TCP/IP 스택에 알려준다.

코드 1-7은 listen() 함수에 대한 설명이다.

```
#include <sys/type.h>
#include <sys/socket.h>
int listen(int sockfd, int backlog);
반환 값: 성공 시 0, 실패 시 -1 반환
```

코드 1-7 listen() 함수

표 1-9에서 보는 것과 같이 listen() 함수의 인자는 소켓 기술자(sockfd)와 클라이언트의 최대 연결 대기 개수(backlog)이다. 하나의 클라이언트가 TCP로 접속하여 3-웨이 핸드쉐이크를 하는 도중에 또 다른 클라이언트가 접속을 한다면 어떻게 될까? 현재 연결설정이 끝날 때까지 대기하였다가 연결요청을 처리하면 된다. bind() 함수의 backlog 개수란 대기열에 연결 처리를 기다리는 클라이언트 연결 요청의 최대 개수를 의미한다.

표 1-9 listen() 함수의 인자

인자	설명
sockfd	socket() 함수에 의해 반환된 소켓 기술자
backlog	연결 요구 개수의 최댓값을 지정

S4 연결 대기열에서 클라이언트 요청 가져오기

accept() 함수는 listen() 함수를 통해 만들어진 대기열의 클라이언트 연결 요청을 처리하기 위해 새로운 연결 소켓을 만든다. 대기열에 클라이언트의 연결 요청이 없다면 accept() 함수는 연결요청이 있을 때까지 블록된다. socket() 함수에 의해 생성된 소켓은 클라이언트로부터의 연결 요청을 수신하는 데 사용하고 accept() 함수에 의해 생성된 소켓은 서버와 클라이언트 간 통신을 위해 사용된다.

코드 1-8은 accpt() 함수에 대한 설명이다.

```
#include <sys/types.h>
#include <sys/socket.h>
int accept(int sockfd, struct sockaddr *addr, socklen_t *addrlen);
반환 값: 성공 시 새로운 소켓 기술자 반환, 실패 시 -1 반환
```

코드 1-8 accept() 함수의 정의

표 1-10은 accept() 함수의 인자에 대한 설명이다. accept() 함수가 성공적으로 실행되면 클라이언트와 통신할 수 있는 새로운 소켓 기술자를 반환한다.

표 1-10 accept() 함수의 인자

인자	설명
sockfd	socket() 함수에 의해 반환된 소켓 기술자
addr	클라이언트의 주소 정보를 채운 sockaddr 구조체의 포인터를 반환
addrlen	실제 클라이언트 주소를 위해 사용된 바이트 수를 반환

05 데이터 송·수신

accept() 함수가 성공적으로 실행되면 클라이언트와 서버 간의 연결이 성립되어 데이터를 주고받을 수 있게 된다. 인터넷 소켓은 클라이언트와 서버 간 연결을 이용하여 데이터를 송·수신할 수 있도록 send() 함수 및 recv() 함수를 제공한다.

코드 1-9는 데이터 송신을 위해 사용하는 send() 함수에 대한 설명이다.

```
#include <sys/types.h>
#include <sys/socket.h>
ssize_t send(int sockfd, const void *buf, size_t len, int flags);
반환 값: 실제 전송된 데이터 바이트를 반환. 실패 시 -1 반환
```

코드 1-9 send() 함수의 정의

send() 함수는 연결지향 소켓에 사용할 수 있으며, buf에 있는 데이터를 len 바이트만큼 송신하는 데 사용한다. 표 1-13에서 send() 함수의 인자를 정리하였다.

표 1-11 send() 함수의 인자

인자	설명
sockfd	accept() 함수에 의해 반환된 소켓 기술자
buf	송신할 데이터를 저장한 버퍼의 포인터
len	데이터 버퍼의 사이즈
flags	0 (플래그 없음) 또는 선택적 플래그(플래그에 대한 자세한 정보는 man 페이지를 참고할 것)

그럼 소켓을 통해 전송된 데이터는 서버 또는 클라이언트에 의해 어떻게 수신할 수 있을까? recv() 함수를 이용하면 소켓을 통해 전달된 데이터를 수신할 수 있다.

코드 1-10은 데이터 수신을 위해 사용하는 recv() 함수에 대한 설명이다.

```
#include <sys/types.h>
#include <sys/socket.h>
ssize_t recv(int sockfd, void *buf, size_t len, int flags);
반환 값: 실제 수신된 데이터 바이트를 반환. 실패 시 -1 반환
```

코드 1-10 recv() 함수의 정의

recv() 함수는 send() 함수와 마찬가지로 연결지향 소켓이 수신한 데이터를 수신하는데 사용된다. 해당 소켓이 Non-Blocking 속성으로 설정되어 있지 않다면 소켓에 데이터가 전달될 때까지 recv() 함수는 수신 대기상태에 있으며 리턴 되지 않는다. 또한, 수신한 데이터의 길이가 데이터 수신을 위한 버퍼의 길이(len)를 초과할 경우, 소켓의 타입에 따라 초과된 데이터 길이만큼 손실될 가능성이 있다.

표 1-12는 recv() 함수의 인자를 정리한 것이다.

표 1-12 recv() 함수의 인자

인자	설명
sockfd	accept() 함수에 의해 반환된 소켓 기술자
buf	수신할 데이터를 저장할 버퍼의 포인터
len	데이터 버퍼의 크기
flags	0 (플래그 없음) 또는 선택적 플래그[9]

S6 소켓 해제

서버와 클라이언트 프로그램은 더 이상 해당 소켓 기술자를 사용하지 않는다면 close() 함수를 호출하여 소켓을 종료할 수 있다. close() 함수를 호출하면 리눅스 커널의 하부 프로토콜 스택에 통신을 종료하기 위한 처리를 요청하고 소켓과 관련된 자원을 모두 회수한다. close() 함수 호출 시 필요한 인자는 socket() 함수에 의해 반환된 소켓 기술자이다.

---

9 좀 더 자세한 recv의 플래그의 사용을 알고 싶다면 리눅스의 man recv 페이지를 참고할 것

코드 1-11은 close() 함수에 대한 설명이다. close() 함수는 닫기 원하는 소켓 기술자를 인자로 필요로 한다.

```
#include <unistd.h>
int close(int fd);
반환 값: 성공 시 0, 실패 시 -1을 반환
```

코드 1-11 close() 함수의 정의

⦿ 클라이언트 프로그램의 처리 흐름

클라이언트 프로그램은 서버 프로그램에 비해 상당히 단순하다.

❶ 클라이언트 소켓 생성

클라이언트 프로그램 또한 서버 프로그램과 통신하기 위해서 소켓을 생성해야 한다. 클라이언트용 소켓을 생성하는 방법은 서버용 소켓을 생성하는 방법과 동일하다.

❷ 서버에 연결요청

클라이언트가 생성한 소켓이 TCP 소켓이라면 소켓을 통해 데이터를 보내기 전에 반드시 서버 소켓과 연결되어야 한다. 클라이언트 프로그램은 서버에 연결 요청을 하기 위해 connect() 함수를 호출한다. connect() 함수는 연결 요청이 성공적으로 수행되거나 에러가 발생할 때까지 블록된다. 성공한다면 소켓 기술자는 쓰기 및 읽기가 가능한 상태가 된다.

코드 1-12는 connect() 함수에 대한 설명이다.

```
#include <sys/types.h>
#include <sys/socket.h>
int connect(int sockfd, const struct sockaddr *addr, socklen_t addrlen);
반환 값: 성공 시 0, 실패 시 -1을 반환
```

코드 1-12 connect() 함수의 정의

표 1-13은 connect() 함수의 호출 시 필요한 인자를 설명한다. connect() 함수는 서버에 연결 요청을 시도하기 위해 서버 주소와 포트 번호를 알아야 한다.

표 1-13 connect() 함수의 인자

인자	설명
sockfd	socket() 함수에 의해 반환된 소켓 기술자
addr	서버의 주소 및 포트 번호를 포함하는 sockaddr_in을 가리키는 포인터
addrlen	socketadd_in의 길이, 즉 sizeof(struct socket_in)가 전달됨

❸ 데이터 송·수신

서버 소켓의 send() 함수 및 recv() 함수와 동일하다.

❹ 소켓 해제

서버 소켓의 close() 함수와 동일하다.

1.2.6 유닉스 도메인 소켓(Unix domain Socket)

소켓은 인터넷뿐만이 아니라 동일한 시스템 내의 IPC를 위해 사용된다. 유닉스 도메인 소켓(Unix Domain Socket)은 소켓 API의 수정이 필요 없이 동일한 시스템 내의 파일시스템을 이용하여 내부 프로세스 간의 통신을 위해 사용할 수 있다. 유닉스 도메인 소켓은 내부 프로세스 간 통신을 위한 소켓이다. 따라서 기존의 소켓 API를 프로세스 간 IPC를 위해 사용할 수 있어 매우 편리하다.

유닉스 도메인 소켓은 파일을 통해서 통신하며, 커널 내부에서 메시지를 관리한다는 점에서 FIFO와 매우 유사한 면을 보여주지만, FIFO와는 달리 양방향 통신이 가능하다는 특징을 가지고 있다. 그러므로 다중의 클라이언트를 받아들이는 서버/클라이언트 모델을 만들기가 매우 쉽다. 많은 경우 약간 복잡한 내부프로세스 간 통신을 해야 한다면 유닉스 도메인 소켓을 많이 사용한다.

그림 1-19는 인터넷 소켓과 유닉스 도메인 소켓을 서로 비교한 것이다.

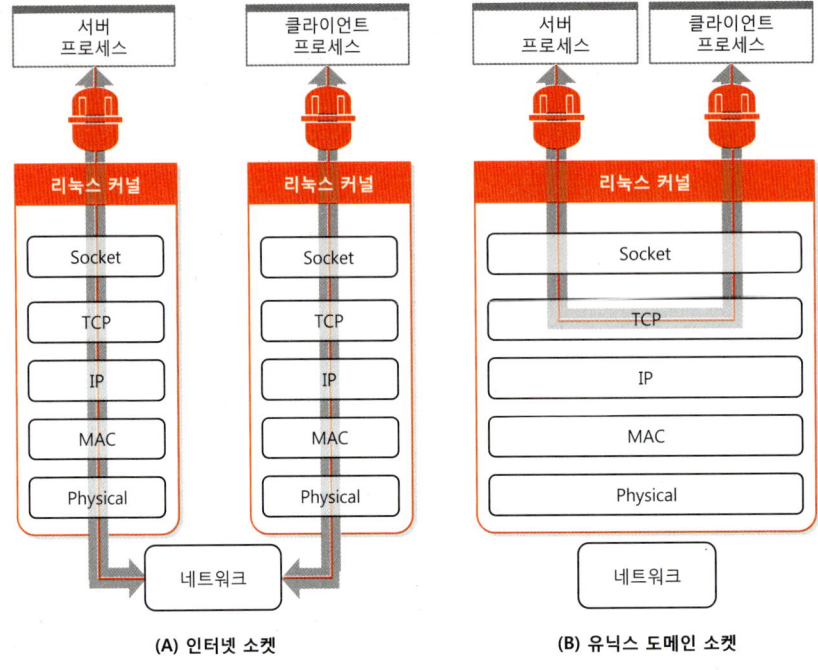

그림 1-19 인터넷 소켓과 유닉스 도메인 소켓 비교

  인터넷 소켓이 TCP/IP 4계층을 모두 통과하여 네트워크로 전달되는 것과 달리, 유닉스 도메인 소켓은 애플리케이션 계층에서 TCP 계층까지만 메시지가 전달되고, 다시 곧바로 애플리케이션 계층으로 메시지가 전달되므로 인터넷 소켓에 비해 속도가 빠르다. 유닉스 도메인 소켓은 IP 주소와 포트 번호 대신 파일을 공유한다. 공유되는 파일에 실제로 읽고 쓰는 동작이 발생하지는 않고 커널이 이를 대신 중계해 준다.

  코드 1-13은 유닉스 도메인 소켓을 이용한 서버 프로그램의 주소 바인딩에 대한 설명이다.

```
#define SOCK_PATH "/tmp/socket"
int main(void) {
    int s, s2, t, len;
    struct sockaddr_un local, remote;
    char str[100];

    if ((s = socket(PF_UNIX, SOCK_STREAM, 0)) == -1) {      ①
        perror("socket");
        exit(1);
```

```
    }
    memset(&local, 0, sizeof(struct sockaddr_un));
    local.sun_family = AF_UNIX;                                           ──❷
    strcpy(local.sun_path, SOCK_PATH);                                    ──❸
    unlink(local.sun_path);                                               ──❹

    if (bind(s, (struct sockaddr *)&local, sizeof(struct sockaddr_un)) == -1) {  ──❺
        perror("bind");
        exit(1);
    }
    ...
}
```

server.c

코드 1-13 서버 프로그램의 주소 바인딩

❶ 유닉스 도메인 소켓 생성

프로토콜 패밀리를 PF_UNIX로 지정하여 유닉스 도메인 소켓을 생성할 수 있다. 이때 유닉스 도메인 소켓의 타입은 SOCK_STREAM 또는 SOCK_DGRAM으로 지정 가능하다.

❷ socketaddr_un의 sun_family 설정

유닉스 도메인 소켓은 인터넷 주소를 위한 sockaddr_in 구조체 대신에 유닉스 도메인 소켓을 위한 sockaddr_un 구조체를 사용하며 socketaddr_un의 sun_family를 AF_UNIX로 설정한다.

❸ sockaddr_un의 sun_path 설정

서버가 사용할 파일명이 "/tmp/socket"이라면 sockaddr_un의 sun_path를 "/tmp/socket"으로 설정한다. 유닉스 도메인 소켓의 파일 경로는 절대 경로로 지정되어야 한다.

❹ 이전 파일 삭제:

이전에 사용된 /tmp/socket 파일이 여전히 남아있다면 unlink() 함수를 이용하여 삭제한다.

❺ "/tmp/socket" 파일을 생성:

유닉스 도메인 소켓은 데이터를 송·수신하기 위해 파일을 이용한다. 유닉스 도메인 소켓에서 bind() 함수를 호출하면 "/tmp/socket" 파일이 생성되고 이를 이용하여 통신할 수 있다.

코드 1-14는 유닉스 도메인 소켓을 이용하여 클라이언트 프로그램이 서버 프로그램에 연결 요청하는 과정에 대한 예제이다.

```c
#define SOCK_PATH "/tmp/socket"
int main(void) {
    int s, t, len;
    struct sockaddr_un remote;
    char str[100];

    if ((s = socket(AF_UNIX, SOCK_STREAM, 0)) == -1) {        ❶
        perror("socket");
        exit(1);
    }
    memset(&remote,0,sizeof(struct sockaddr_un));
    remote.sun_family = AF_UNIX;                              ❷
    strcpy(remote.sun_path, SOCK_PATH);                       ❸

    if (connect(s, (struct sockaddr *)&remote,sizeof(struct sockaddr_un)) == -1) {  ❹
        perror("connect");
        exit(1);
    }
    ...
}
```

client.c

코드 1-14 클라이언트 프로그램의 연결요청

❶ 유닉스 도메인 소켓 생성

클라이언트 프로그램을 위한 SOCK_STREAM 타입의 유닉스 도메인 소켓을 생성한다.

❷ socketaddr_un 구조체의 sun_family 설정

socketaddr_un의 sun_family를 서버 프로그램과 동일하게 AF_UNIX로 설정한다.

❸ sockaddr_un 구조체의 sun_path 설정

서버 프로그램에 의해 바인딩된 파일이 "/tmp/socket"이라면 클라이언트 프로그램도 동일한 "/tmp/socket"으로 지정한다.

❹ 연결 요청

❷, ❸에서 설정한 서버 주소정보를 이용하여 서버 프로그램에 연결 요청을 시도한다.

그림 1-20은 서버(server.c)와 클라이언트(client.c)가 유닉스 도메인 소켓을 이용하여 상호 간 통신에 대한 개괄적인 설명이다.

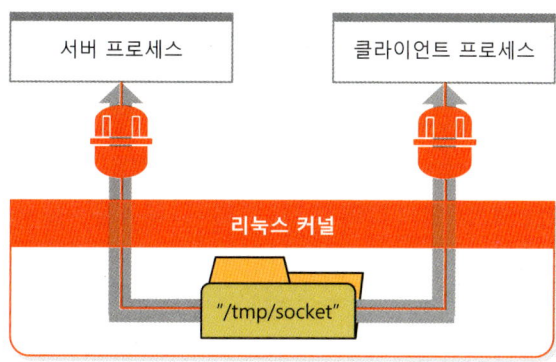

그림 1-20 유닉스 도메인 소켓

1.3 I/O 멀티플렉싱

유닉스 도메인 소켓을 IPC로 사용하는 서버/클라이언트 모델을 가정해보자. 하나의 서버와 멀티 클라이언트가 통신을 하려면 서버와 클라이언트마다 유닉스 도메인 소켓이 필요하다[10]. 멀티 클라이언트가 서버에 동시에 접속한다고 하면 서버는 어떻게 멀티 클라이언트의 서비스 요청에 대응할 수 있을까? 일반적으로 서버/클라이언트 모델은 크게 세 가지 처리 방식, 멀티 프로세스, 멀티 쓰레드 그리고 I/O 멀티플렉싱 방법이 존재한다. 본 절에서는 서버/클라이언트 모델과 그중 select() 함수를 이용한 I/O 멀티플렉싱에 대해 설명한다.

---

10 그 이유는 1.2.6절에서 설명하였다.

1.3.1 서버/클라이언트 모델

 일반적으로 멀티 프로세스나 멀티 쓰레드를 이용하는 방식으로 프로세스 또는 쓰레드가 한 개 이상의 클라이언트와 통신하며 서비스 요청을 처리한다. 이 방식은 직관적이나 프로세스 및 쓰레드의 동기화를 위해 IPC나 뮤텍스를 사용하므로 프로세스나 쓰레드의 수가 늘어나면 프로그래밍의 복잡도가 급격히 커진다. 또한, 프로세스와 쓰레드를 생성하려면 많은 자원이 필요하다. 그림 1-21과 그림 1-22은 각 멀티 프로세스와 멀티 쓰레드 모델에 대한 설명이다.

◉ 멀티 프로세스 모델

 멀티 프로세스 모델은 클라이언트로부터 연결 요청을 수신하면 fork() 함수를 호출하여 연결 요청을 처리할 새로운 프로세스를 생성한다. 일반적으로 fork는 유닉스나 리눅스 환경에서 하나의 프로그램이 자기 자신을 복제하여 동시에 여러 개의 작업을 처리하기 위한 방법으로 많이 사용된다. fork() 함수를 사용하여 새로운 프로세스를 생성하는 프로세스를 부모 프로세스라고 하고 부모 프로세스에 의해 생성된 프로세스를 자식 프로세스라고 한다.

 그림 1-21은 서버의 멀티 프로세스 모델에 대한 설명이다. 서버 프로세스는 각 클라이언트에 대한 연결 요청에 대해 새로운 worker 프로세스를 생성하여 처리한다. worker 프로세스는 클라이언트의 서비스 요청을 병렬로 처리한다.

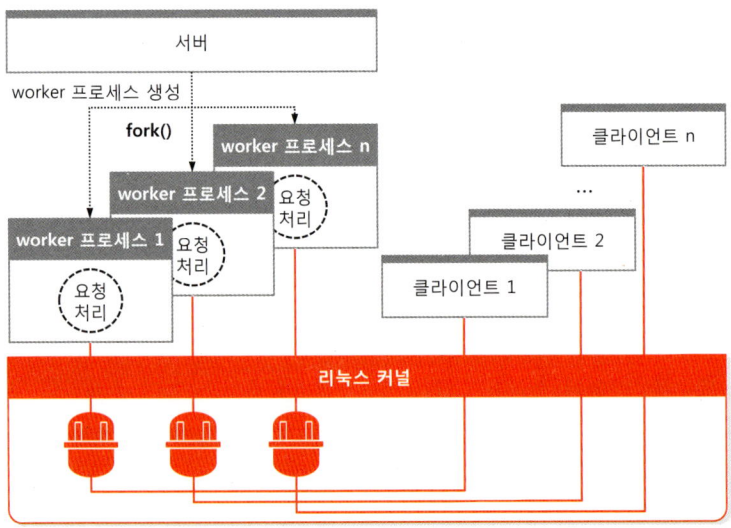

그림 1-21 멀티 프로세스 모델

◉ 멀티 쓰레드 모델

멀티 프로세스 모델은 fork를 통해 새로운 프로세스를 생성하고 부모 프로세스 내의 모든 자료 구조를 새로운 메모리 영역에 생성하고 복사해야 하는 Heavy-Weight 모델이다. fork() 함수를 호출하여 프로세스를 생성하는 것은 OS의 많은 자원을 소모하는 동작이며 멀티 프로세스는 서로 독립적인 메모리 공간에서 실행되므로 프로세스 간 IPC가 필요하므로 프로그래밍이 복잡해지는 단점이 존재하기도 한다. 반면 멀티 쓰레드는 새로운 프로세스를 생성하지 않고 프로세스의 대부분 리소스를 공유하고 쓰레드를 위한 자료구조(지역변수, 레지스터 저장을 위한 공간, stack, PC 등)만 필요한 Light-Weight 모델이다. 따라서 이러한 멀티 프로세스 모델의 문제점을 해결하면서 병렬처리가 가능한 멀티 쓰레드를 사용한다. 멀티 쓰레드를 사용하면 멀티 쓰레드의 생성 및 컨텍 스위칭 비용이 적어 빠르고 별도의 IPC가 없이 리소스 공유를 통해 통신을 할 수 있다. 마지막으로 각각의 쓰레드는 각기 다른 코어에서 병렬적으로 동작할 수 있으므로 멀티 코어 환경에서 매우 유용하다.

이러한 멀티 쓰레드 모델도 단점이 존재하는데 하나의 쓰레드가 죽으면 그 쓰레드를 포함한 프로세스 전체에 심각한 영향을 미치고 각 쓰레드 중 어떤 것이 먼저 실행될지 그 순서를 예측하기 힘들기 때문에 디버깅하기 힘들다.

그림 1-22는 서버 프로세스의 멀티 쓰레드 모델에 대한 설명이다. 서버 프로세스는 클라이언트의 연결 요청이 들어올 때마다 새로운 쓰레드 생성하거나 쓰레드 풀에 대기하고 있는 쓰레드를 사용하여 각 클라이언트의 서비스 요청을 처리하도록 한다.

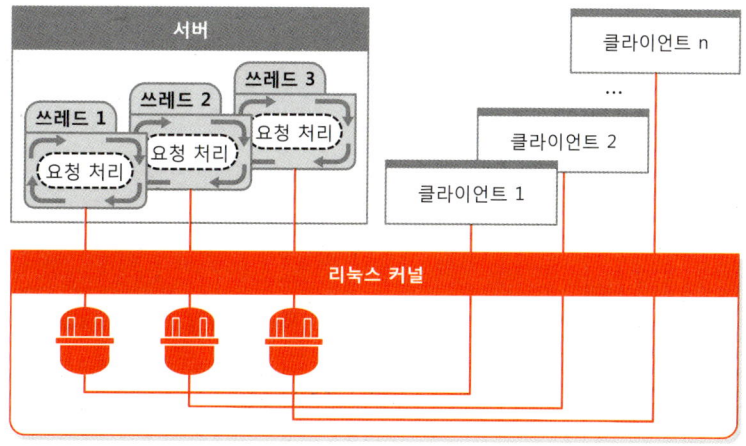

그림 1-22 멀티 쓰레드 모델

⦿ I/O 멀티플렉싱 모델

I/O 멀티플렉싱 모델은 단일 프로세스 또는 쓰레드를 이용해서 멀티 클라이언트에 서비스를 제공한다. I/O 멀티플렉싱 모델에서는 대표적으로 select() 함수를 이용한다.

select() 함수는 여러 개의 I/O 이벤트를 처리하기 위해 파일 기술자의 집합(fd_set)을 모니터링 한다. 파일 기술자 집합 중 특정 파일 기술자에 I/O 이벤트(ex. 읽기, 쓰기, 에러 등)가 발생하면 파일 기술자의 집합 중 해당 파일 기술자의 비트가 변경된다. 이러한 파일 기술자 비트의 변화를 감지한 select() 함수는 대기상태에서 반환되며 해당 파일 기술자의 읽기 및 쓰기 동작을 수행한다. select() 함수는 기본적으로 I/O 이벤트가 발생했다는 것을 알려줄 뿐 정확하게 몇 번째 파일 기술자에서 I/O 이벤트가 발생했는지는 알려주지 않는다. 따라서 루프를 돌면서 파일 기술자 집합의 몇 번째 파일 기술자 비트에서 I/O 이벤트가 발생했는지를 찾는 과정이 반드시 필요하다.

그림 1-23은 I/O 멀티플렉싱의 개념에 대한 설명이다. I/O 멀티플렉싱은 프로세스의 생성을 동반하지 않고, 멀티 클라이언트 프로세스의 서비스 요청을 처리한다.

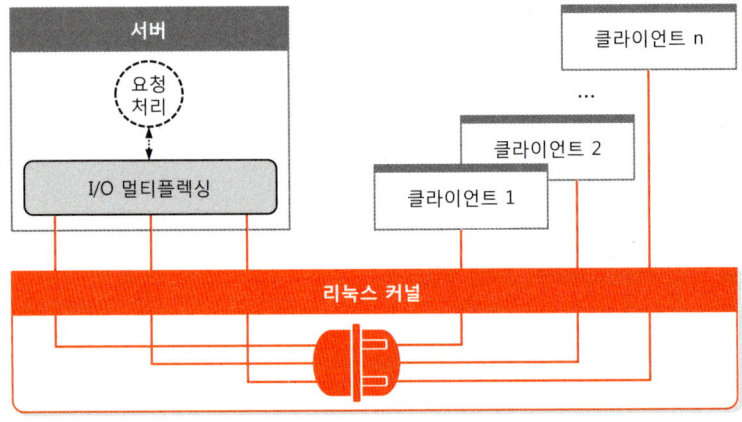

그림 1-23 I/O 멀티플렉싱 모델

표 1-14는 멀티 프로세스와 쓰레드 모델 그리고 I/O 멀티플렉싱 모델에 대한 비교 설명이다.

표 1-14 멀티 프로세스 모델 VS 멀티 쓰레드 모델 VS I/O 멀티플렉싱 모델

모델명	장점	단점
멀티 프로세스	• 어떠한 프로세스가 다른 프로세스의 메모리를 침범했을 때 OS 차원에서 해결해준다. • 어떠한 프로세스가 에러로 인해 크래쉬가 발생하더라도 해당 프로세스만 죽으므로 전체 시스템에 영향을 미치지 않는다. • 멀티 코어환경에서 멀티 코어를 최대한 활용하기 좋다. • 멀티 쓰레드에 비해 이해하기 쉬워 디버깅하기 좋다.	• 서버가 처리해야 할 작업의 수만큼 프로세스를 생성해야 하므로 부담이 크다. • 서버 프로세스가 fork() 함수를 호출하여 새 프로세스를 생성하는 동작이 쓰레드에 비해 훨씬 느리다. • 프로세스가 많으면 메모리 사용량이 증가하고 OS의 프로세스 스케줄링 횟수가 많아지므로 프로그램 성능이 떨어진다. • 프로세스 간 통신(IPC)이 필요하므로 프로그램 구현이 어려워진다.
멀티 쓰레드	• 같은 프로세스에서 생성된 쓰레드들은 스택을 제외한 이미지 영역을 공유하므로 프로세스가 생성되는 데 필요한 메모리량보다 적다. • 쓰레드 생성시간이 매우 짧으며 쓰레드 간 스케줄링도 프로세스 간 스케줄링보다 빠르다. • CPU 이용률을 극대화하여 자원을 효율적으로 운영할 수 있다.	• 쓰레드 하나가 죽으면 프로세스에 심각한 영향을 준다. • 공유 자원을 보호하기 어렵고 공유 자원을 서로 사용하기 위해 Race Condition이 발생할 수 있다. • 실행순서가 보장되지 않아 어떠한 쓰레드가 실행될지 예측하기 힘들어 디버깅하기 어렵다.
I/O 멀티플렉싱 모델	• 여러 개의 소켓 연결에 대하여 하나의 프로세스 또는 하나의 쓰레드 내에서 모든 것을 처리할 수 있다. • 비교적 구조가 간편하며 개발이 빠르고 디버깅이 용이하다. • 데이터 처리 과정이 긴 서비스보다 짧은 서비스에 적합하다.	• fd_set의 제한으로 인해 무한정 많은 연결을 관리할 수 없다. • 하나의 fd로부터 데이터를 읽고 처리하는 동안 다른 fd는 처리될 때까지 대기하고 있어야 한다. 따라서 다수의 연결 요청이 들어오면 응답성이 떨어진다. • 멀티 코어 환경에서 멀티 코어를 제대로 활용하기 어렵다.

1.3.2 select() 함수를 이용한 I/O 멀티플렉싱

리눅스는 I/O 멀티플렉싱을 지원하기 위해 select(), poll(), epoll() 함수 등을 지원한다. 본서에서는 가장 기본적인 I/O 멀티플렉싱 방식인 select() 함수를 설명한다. select() 함수는 지정된 파일 기술자 집합을 감시하고 있다가 I/O 이벤트가 발생하면 반환한다. I/O 멀티플렉싱은 여러 개의 파일 기술자를 처리하기 위해서, 파일 기술자의 집합으로 관리한다. 파일 기술자의 집합은 읽기 전용 파일 기술자 집합, 쓰기 전용 파일 기술자 집합 그리고 에러 전용 파일 기술자 집합으로 분류된다.

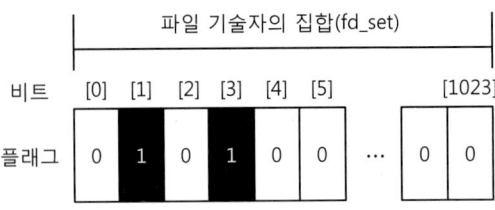

그림 1-24 파일 기술자의 집합 (fd_set)

그림 1-24는 파일 기술자의 집합을 나타내는 fd_set 구조체에 대한 설명이다. fd_set 구조체는 1,024개의 비트 플래그를 포함하고 있다. I/O 이벤트가 발생하는지 감시하고 싶은 파일 기술자를 파일 기술자의 집합(읽기, 쓰기, 에러 등) 플래그에 포함시키면, I/O 이벤트가 발생한 파일 기술자에 대응되는 파일 기술자의 플래그가 "1"로 세팅된다. 코드 1-15는 select() 함수에 대한 설명이다.

```
#include <sys/time.h>
#include <sys/types.h>
#include <unistd.h>
int select (int nfds, fd_set *readfds, fd_set *writefds, fd_set *exceptfds,
    ↪ struct timeval *timeout);
반환 값: 성공 시 0 이상, 오류 발생 시 -1 반환
```

코드 1-15 select() 함수

0을 반환하는 경우에는 타임아웃에 의해 반환, 0보다 큰 경우는 I/O가 ready 상태가 된 파일 기술자를 반환한다. 표 1-17에서 select() 함수의 인자를 정리하였다.

표 1-15 select() 함수의 인자

인자	설명
nfds	파일 기술자 집합에서 가장 높은 파일 기술자 번호 +1로 지정한다. 이것은 모든 가능한 파일 기술자를 검색하는 것을 피할 수 있다. 예를 들어, 파일 기술자 집합에서 파일 기술자가 0, 3, 5로 지정되어 있다면 select() 함수가 고려해야 할 기술자의 수는 6이다. 즉 최대 파일 기술자 5보다 1이 큰 값이다.
readfds	select() 함수는 세 가지 종류의 파일 기술자의 집합을 감시하며 각각 다른 I/O 이벤트를 기다린다. fd_set는 실제로 비트 배열 구조체이며 리눅스의 경우 최대 파일 기술자의 값은 1,024이다. 파일 기술자의 집합 중 데이터 읽기가 가능한 파일 기술자를 감시하기 위한 fd_set이다. NULL로 설정하면 readfds 파일 기술자를 감시하지 않고 무시한다.

writefds	파일 기술자의 집합 중 데이터 쓰기가 가능한 파일 기술자를 감시하기 위한 fd_set이다. NULL로 설정하면 writefds 파일 기술자를 감시하지 않고 무시한다.
exceptfds	파일 기술자의 집합 중 예외상황이 발생한 파일 기술자를 감시하기 위한 fd_set이다. NULL로 설정하면 exceptfds 파일 기술자를 감시하지 않고 무시한다.
timeout	select() 함수가 얼마나 오랫동안 fd_set에 등록된 파일 기술자들의 데이터 변경을 기다릴 것인지를 결정한다. timeout은 timeval 구조체를 가리키는 포인터이다. timeout을 NULL로 하면, 파일 기술자 집합에 데이터 변경이 발생할 때까지 무한정 기다리고 tv_sec와 tv_usec 값 모두를 0으로 지정하면 select() 함수는 즉시 반환하여 파일 기술자 집합들을 폴링할 수 있다.

파일 기술자 집합 fd_set은 직접 조작하는 대신 코드 1-16과 같은 매크로를 이용하여 관리한다.

```
#include <sys/time.h>
#include <sys/types.h>
#include <unistd.h>
void FD_CLR(int fd, fd_set *set);
int FD_ISSET(int fd, fd_set *set);
void FD_SET(int fd, fd_set *set);
void FD_ZERO(fd_set *set);
```

코드 1-16 fd_set 조작 매크로

표 1-16은 fd_set 조작 매크로의 사용법에 대한 설명으로 FD_CLR(), FD_ISSET(), FD_SET(), FD_ZERO() 등과 같은 네 가지 매크로가 존재한다.

표 1-16 fd_set 조작 매크로

매크로	설명
FD_CLR()	지정된 fd_set에 해당 파일 기술자 fd를 제거
FD_ISSET()	지정된 fd_set에 해당 파일 기술자 fd가 소속되어 있는지 검사. 파일 기술자가 fd_set에 소속되어 있으면 0이 아닌 정수를 반환하고 소속되지 않다면 0을 반환
FD_SET()	지정된 fd_set에 해당 파일 기술자 fd를 추가
FD_ZERO()	지정된 fd_set 초기화

select() 함수는 파일 기술자 집합의 플래그 값을 검사하는 것으로 여러 개의 I/O를 처리할 수 있게 된다. 그림 1-26은 select() 함수의 I/O 멀티플렉싱 모델에 대한 설명이다.

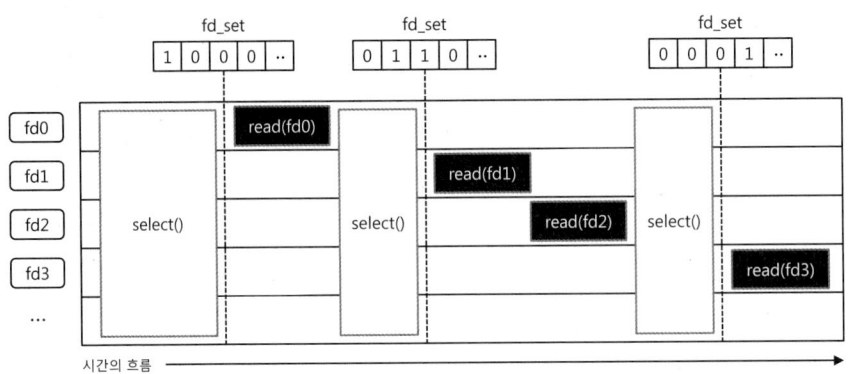

그림 1-25 select() 함수의 I/O 멀티플렉싱 메커니즘

1.3.3 select() 함수의 예제

코드 1-17은 select() 함수를 이용한 I/O 멀티플렉싱의 예제로 stdin으로 들어오는 입력을 기다리고 5초 동안 stdin이 없으면 리턴한다. 실제로 I/O 멀티 플렉싱을 수행하지는 않지만, select() 함수의 특징을 이해할 수 있는 예제이다.

```
#include <stdio.h>
#include <stdlib.h>
#include <sys/time.h>
#include <sys/types.h>
#include <unistd.h>

Int main(void) {
    fd_set rfds;
    struct timeval tv;
    int retval;

    FD_ZERO(&rfds);                            ❶
    FD_SET(0, &rfds);                          ❷

    tv.tv_sec = 5;                             ❸
    tv.tv_usec = 0;

    retval = select(1, &rfds, NULL, NULL, &tv);   ❹
```

```
        if (retval == -1)
            perror("select()");                      ─❺
        else if (retval)
            printf("Data is available now.\n");      ─❻
        else
            printf("No data within five seconds.\n"); ─❼

        exit(EXIT_SUCCESS);
    }
```

example-select.c

코드 1-17 select() 함수의 예제[11]

❶ 파일 기술자 집합 rfds 초기화

파일 기술자 집합 rfds는 읽기 전용 파일 기술자 집합으로 FD_ZERO 매크로를 이용하여 모든 플래그를 0으로 클리어한다.

❷ stdin을 파일 기술자 집합 rfds에 추가

파일 기술자 집합 rfds에 STDIN(0)을 추가한다. 커맨드 라인으로부터 입력이 있을 경우 select() 함수는 반환될 것이다.

❸ 타임아웃 시간을 설정

5초 동안 stdin이 없으면 select() 함수가 반환되도록 설정하기 위해 timeval 구조체를 설정한다.

❶ 파일 기술자 집합 rfds 초기화

파일 기술자 집합 rfds는 읽기 전용 파일 기술자 집합으로 FD_ZERO 매크로를 이용하여 모든 플래그를 0으로 클리어한다.

❹ select() 함수 호출

select() 함수가 호출되면 파일 기술자 집합 rfds를 감시하고 있다가 5초 이내에 stdin이 입력되면 반환될 것이다. 반면 select() 함수는 타임아웃을 5초로 설정하였으므로 5초 동안 stdin이 없으면 자동적으로 반환된다.

---

11 리눅스 man 페이지 중 select함수 페이지에 포함된 예제를 인용하였다.

❺ select() 함수의 반환 값: -1인 경우

select() 함수가 실패한다면 -1을 반환한다.

❻ select() 함수의 반환 값: 0 보다 큰 경우

5초 이내에 stdin이 입력되어 select() 함수가 반환되는 경우이다.

❼ select() 함수의 반환 값: 0인 경우

5초 이내에 stdin이 입력되지 않아 select() 함수가 타임아웃에 의해 자동으로 반환되는 경우이다.

1.4 ITC(Inter-Thread Communication)

안드로이드의 프로세스 간 통신은 바인더, 소켓, 파이프 등을 사용할 수 있다. 그렇다면 쓰레드 간의 통신은 어떤 방식으로 이루어질 수 있을까? 가장 손쉬운 방법으로 쓰레드의 공유 객체를 이용하는 방법이 있을 것이다. 안드로이드는 멀티 쓰레드를 지원하므로 자바 프로세스 안에 여러 개의 쓰레드가 실행되고 있다. 한 프로세스 내의 쓰레드들은 다른 제어 흐름에 의해 실행되지만, 프로세스와 달리 여타 쓰레드와 프로세스 내의 메모리를 공유하므로 어떤 변수나 데이터를 서로 공유하기 편리하다. 안드로이드에서 쓰레드를 사용하는 이유는 다음과 같다.

- UI 작업은 main 쓰레드에서 그 이외의 시간이 오래 걸리는 작업은 worker 쓰레드에서 처리하여 main 쓰레드가 블록 상태에 빠져 ANR이 발생하는 것을 방지한다.
- 쓰레드는 프로세스의 자원을 공유하지만, 독립적으로 실행되므로 여러 가지 작업이 동시에 실행되어야 하는 경우 각 작업을 쓰레드에 분담시켜 동시에 처리할 수 있다.
- 멀티 코어 환경에서 멀티 쓰레드 프로그램은 멀티 코어의 이용률을 최대화할 수 있어 병렬처리 성능을 향상시킨다.

안드로이드의 자바 애플리케이션은 멀티 쓰레드를 지원한다. 멀티 쓰레드 간 통신을 위해 안드로이드는 핸들러(Handler)와 루퍼(Looper)를 제공한다. 안드로이드에서 자바 쓰레드 간 통신은 프로세스 간의 IPC와 달리 루퍼 기반의 핸들러를 이용하여 통신을 할 수 있다. 하나의 핸들러는 단 하나의 루퍼에 연결될 수 있다. 반대로 루퍼는 여러 개의 핸들러를 가질 수 있으며 메시지를 정확하게 목적지 핸들러에 전달할 수 있다.

본 절에서는 안드로이드가 쓰레드 간의 통신을 위해 제공하는 메시지 큐(Message Queue), 루퍼(Looper), 핸들러(Handler) 그리고 메시지(Message)에 대해 소개하고 이들을 이용한 쓰레드 간 통신 메커니즘에 대해서 설명한다.

1.4.1 멀티 쓰레드(Multi-Thread)

안드로이드의 자바 애플리케이션은 멀티 쓰레드를 지원한다고 설명하였다. 실제로 자바 애플리케이션의 멀티 쓰레드는 ddms 툴을 이용하여 자바 프로세스 내의 멀티 쓰레드를 관찰할 수 있다.

코드 1-18은 가장 기본적인 HelloWorld 자바 프로그램이다.

```java
package com.example.HelloWorld;
import android.app.Activity;
import android.os.Bundle;
import android.util.Log;
public class MyActivity extends Activity {
    @Override
    public void onCreate(Bundle savedInstanceState) {
        super.onCreate(savedInstanceState);
        setContentView(R.layout.main);
    }
}
```

📁 HelloWorld.java

코드 1-18 HelloWorld 자바 프로그램

그림 1-26은 HelloWorld 자바 프로그램을 안드로이드 애뮬레이터(4.1.2)에 설치한 다음 실행시킨 결과로 ddms상에 보이는 com.example.HelloWorld 프로세스가 HelloWorld 자바 프로그램이다. com.example.HelloWorld 프로세스는 기본적으로 멀티 쓰레드로 동작한다.

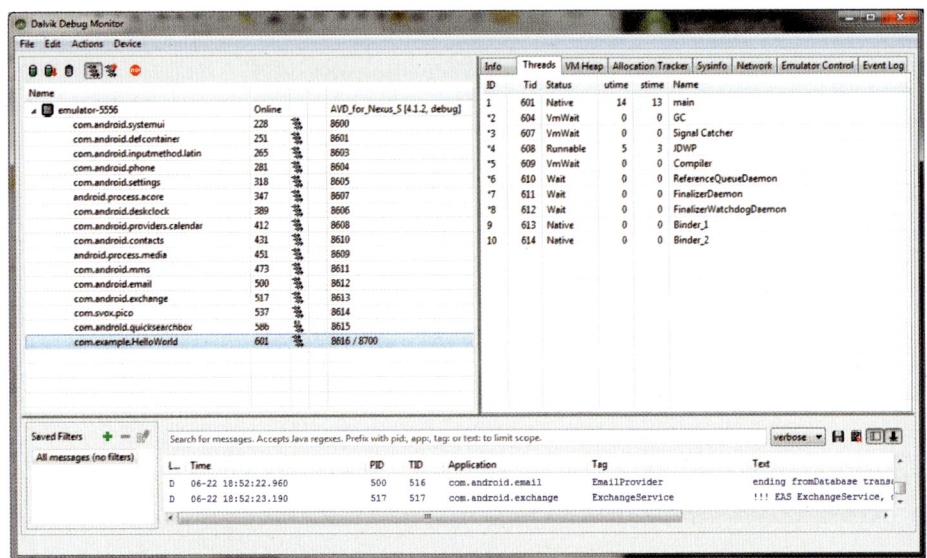

그림 1-26 ddms를 통해 본 HelloWorld 자바 프로그램의 멀티 쓰레드 모델

표 1-17은 안드로이드에서 실행되는 자바 애플리케이션의 멀티 쓰레드 모델에 대한 설명이다.

표 1-17 안드로이드 자바 애플리케이션의 멀티 쓰레드 모델

쓰레드	설명
Main	자바 애플리케이션을 실행하기 위한 가장 기본적인 쓰레드로 모든 이벤트를 처리한다. UI 쓰레드라고도 불린다.
GC	Dalvik상에서 가비지 콜렉션 관련 작업을 수행하는 쓰레드이다.
Signal Catcher	시그널을 수신하여 해당 시그널을 처리한다. 예를 들어, 에러 관련 시그널이 발생되면 Dump 파일 생성한다.
JDWP (Java Debugging Wire Protocol)	Dalvik VM 과 디버거 간 통신을 위한 프로토콜이다. 디버거(ddms)와의 통신 기능을 제공한다.
Compiler	런타임 시간에 자바 프로그램의 바이트 코드를 최적화된 네이티브 코드로 변환해주는 역할을 담당한다. 안드로이드 자바 프로세스는 프로요(2.1) 버전부터 JIT(Just-In-Time) Complier를 포함한다.
Daemon	Java.lang.Object 클래스는 finalize() 메서드가 존재하며, 가비지 컬렉터(GC)가 레퍼런스를 잃은 클래스의 인스턴스를 가비지 컬렉션할 때 호출된다. 안드로이드는 GC를 위한 데몬 쓰레드 (ReferenceQueueDaemon, FinalizerWatchdogDaemon, FinalizerDaemon)가 존재한다.
Binder	외부의 프로세스와 RPC 작업을 수행하기 위해 준비되는 쓰레드이다.

자바 애플리케이션이 실행되면 안드로이드 시스템은 main 쓰레드를 생성한다. main 쓰레드는 UI 쓰레드라고도 불리는데 UI로부터 전달되는 이벤트를 디스패치하여 처리하는 역할을 하는 가장 중요한 쓰레드이다. main 쓰레드에서 네트워크 I/O와 같은 오랜 시간이 걸리는 동작을 직접 실행하면 반응성이 떨어지게 되고 5초 동안 반응하지 않으면 ANR이 발생한다. 따라서 안드로이드는 오랜 시간이 걸리는 동작을 main 쓰레드에서 직접 실행시키는 것이 아니라 worker 쓰레드를 생성하여 이를 처리하도록 하고 그 결과를 main 쓰레드로 하여금 받아 처리하도록 구현할 것을 권고한다. 그림 1-27은 자바 애플리케이션 내의 main 쓰레드와 worker 쓰레드에 대한 설명이다.

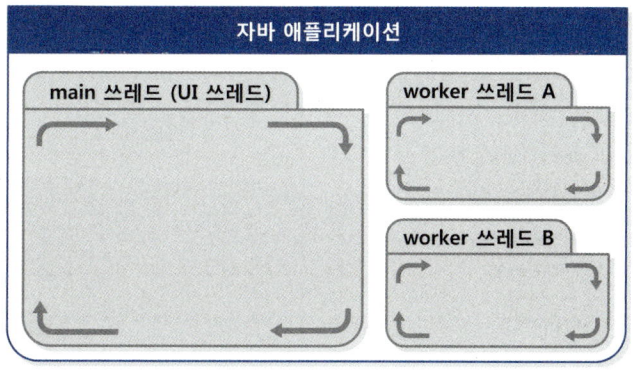

그림 1-27 자바 애플리케이션의 main 쓰레드와 worker 쓰레드

안드로이드에서 쓰레드를 생성하는 방법은 크게 두 가지로 Thread 클래스를 상속하는 방법과 Runnable 인터페이스를 구현하는 방법이 있다. 표 1-18은 안드로이드에서 쓰레드를 생성하는 두 가지 방법을 설명한다.

표 1-18 쓰레드를 생성하는 두 가지 방법

Thread 클래스 상속	Runnable 인터페이스 구현

class A extends Thread {
  public void run() {
 	
  }
}
 	
A mA = new A();
mA.start()
	Class B implements Runnable {
	  public void run() {
	
	  }
	}
	B mb = new B();
	Thread t = new Thread(mb);
	t.start()

TIP - ddms를 이용한 쓰레드 검색하기

그림 1-9에서 보는 것과 같이 시스템 서버에 생성되는 서비스의 존재는 어떻게 알 수 있을까? 안드로이드의 자바 프로세스에서 실행되는 쓰레드는 ddms를 이용하여 검색할 수 있다. 시스템 서버 프로세스에서 동작하고 있는 서비스 쓰레드의 리스트는 그림 1-28과 같이 ddms를 이용하여 확인할 수 있다.

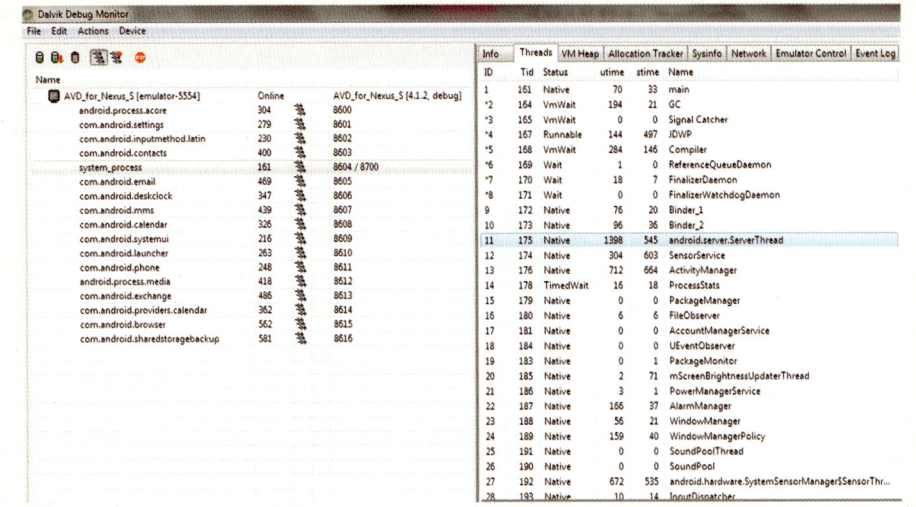

그림 1-28 ddms를 이용하여 프로세스에서 실행되는 쓰레드 검색하기

ddms의 쓰레드 리스트는 표 1-19과 같은 컬럼을 표시하여 사용자에게 현재 각 자바 애플리케이션에서 실행 중인 쓰레드의 정보를 제공한다. ddms는 자바 프로세스의 쓰레드 정보만을 출력하므로 네이티브 데몬 프로세스에서 동작하는 쓰레드의 정보를 얻기 위해서는 ps -t 명령을 이용해야 한다.

표 1-19 ddms의 쓰레드 리스트의 각 컬럼에 대한 설명

설명	설명
ID	VM 내의 쓰레드 ID. 앞의 별표는 데몬(daemon) 쓰레드
Tid	쓰레드 ID. main 쓰레드의 tid는 프로세스의 PID와 일치 ex) system_server의 pid가 161이면 main 쓰레드의 tid 또한 161이다.
utime	사용자 코드 누적 실행시간
stime	시스템 코드 누적 실행시간
Name	쓰레드의 이름

설명	설명
Status	쓰레드의 상태 • runnable: 애플리케이션 코드를 실행 중인 상태 • sleeping: Thread 클래스의 sleep() 함수가 호출된 상태 • monitor: 모니터 락을 획득하기 위해 기다리는 상태 • wait: Object 클래스의 wait() 함수가 호출된 상태 • native: 네이티브 코드를 실행 중인 상태 • vmwait: VM 리소스를 기다리는 상태 • zombie: 프로세스가 죽을 때 쓰레드의 상태 • init: 쓰레드가 초기화되고 있는 상태(실제로 볼 수 없는 상태) • starting: 쓰레드가 시작 중인 상태(실제로 볼 수 없는 상태)

1.4.2 안드로이드의 ITC 모델

1.4.1절에서 안드로이드의 main 쓰레드는 시간이 오래 걸리는 작업은 worker 쓰레드를 사용해야 한다고 설명하였다. 그렇다면 main 쓰레드와 worker 쓰레드 간에 데이터를 어떻게 교환할 수 있을까? 쓰레드는 서로 독립적으로 실행되므로 데이터를 주고받을 때 동기화 문제가 발생한다. 그림 1-29의 예제는 송신자와 수신자 간의 동기 데이터 전송에 대한 설명이다.

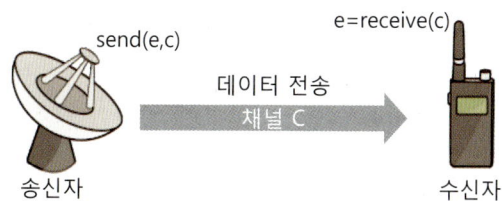

그림 1-29 동기 이벤트 전송

송신자는 채널을 통해서 이벤트를 보낸 이후 수신자가 이벤트를 수신할 때까지 블로킹된 상태를 유지한다. 수신자 또한 송신자가 이벤트를 언제 보낼지 모르기 때문에 수신자는 이벤트가 수신될 때까지 블로킹 상태에 있다. 이처럼 동기 데이터 전송은 이벤트 송·수신을 위해 블로킹되어야 하는 문제점이 있어 효율성이 떨어진다. 반면 그림 1-30의 예제는 비동기 데이터 전송에 대한 설명으로 동기 데이터 전송과 달리 수신자에 이벤트 큐가 추가되었다.

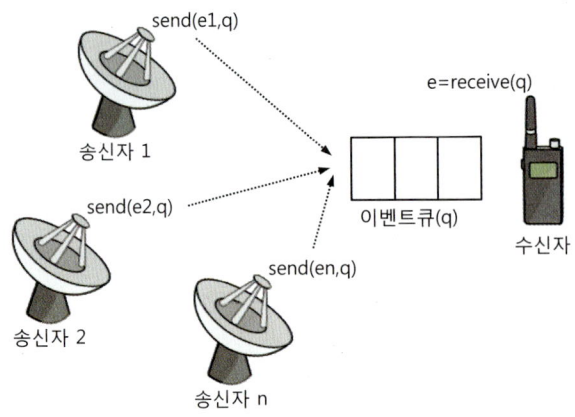

그림 1-30 비동기 이벤트 전송

송신자들은 수신자에 직접 이벤트를 전송하는 대신 수신자의 이벤트 큐에 이벤트를 전송한다. 따라서 송신자는 수신자가 이벤트를 받을 때까지 블로킹될 필요 없이 이벤트를 전송한 후 바로 다른 작업을 할 수 있다[12]. 수신자는 각각의 송신자들의 이벤트를 기다리면서 블로킹될 필요가 없이 이벤트 큐로 도착하는 이벤트에 대해서 처리할 수 있다. 수신자는 이벤트 큐를 도입함으로써 동기 데이터 전송과 달리 다수의 송신자로부터 이벤트를 수신할 수 있으므로 many-to-one 통신이 가능하다.

◉ 안드로이드의 ITC 모델

안드로이드는 쓰레드 간의 통신을 위해 비동기 이벤트 전송을 기반으로 ITC 모델을 구현하였다. 다음은 안드로이드의 ITC 모델을 구현하기 위해 구현된 메시지, 메시지 큐, 루퍼, 메시지 핸들러 등의 소개이다.

- 메시지: 메시지는 데이터를 전송하기 위한 컨테이너(Container)이다. 메시지는 전송할 데이터는 물론 어떤 핸들러에 전송할지 명시하고 있다.

- 메시지 큐: main 쓰레드의 UI 객체가 worker 쓰레드와 통신하기 위해서 메시지를 worker 쓰레드와 연관된 메시지 큐에 전송한다. 송신된 메시지는 FIFO 방식의 메시지 큐에 쌓이게 되며 worker 쓰레드의 루퍼에 의해 메시지 큐의 가장 앞자리의 메시지가 가장 먼저 처리된다.

---

[12] 흔히 Fire&Forget이라고 한다.

- 루퍼: 루퍼는 메시지 큐에 도착한 메시지를 꺼내는 디스패쳐의 역할을 수행한다. 일반적으로 무한 루프를 돌면서 메시지가 메시지 큐로 도착할 때까지 대기하며 메시지가 도착했을 때 해당 메시지가 처리되어야 할 핸들러로 디스패치한다. 루퍼는 쓰레드당 하나만 존재할 수 있다.
- 메시지 핸들러: 루퍼에 의해서 디스패치된 메시지는 메시지에 명시된 핸들러에 보내진 다음, 핸들러에 의해서 처리된다.

안드로이드는 ITC를 위해 표 1-20과 같은 클래스를 구현하였다.

표 1-20 안드로이드의 메시지 처리 관련 클래스

메시지 처리 관련 클래스	파일 경로
메시지(Message)	📁 frameworks/base/core/java/android/os/Message.java
메시지 큐(MessageQueue)	📁 frameworks/base/core/java/android/os/MessageQueue.java
루퍼(Looper)	📁 frameworks/base/core/java/android/os/Loooper.java
핸들러(Handler)	📁 frameworks/base/core/java/android/os/handler.java

그림 1-31은 main 쓰레드와 worker 쓰레드 간 메시지 통신 모델에 대한 설명이다.

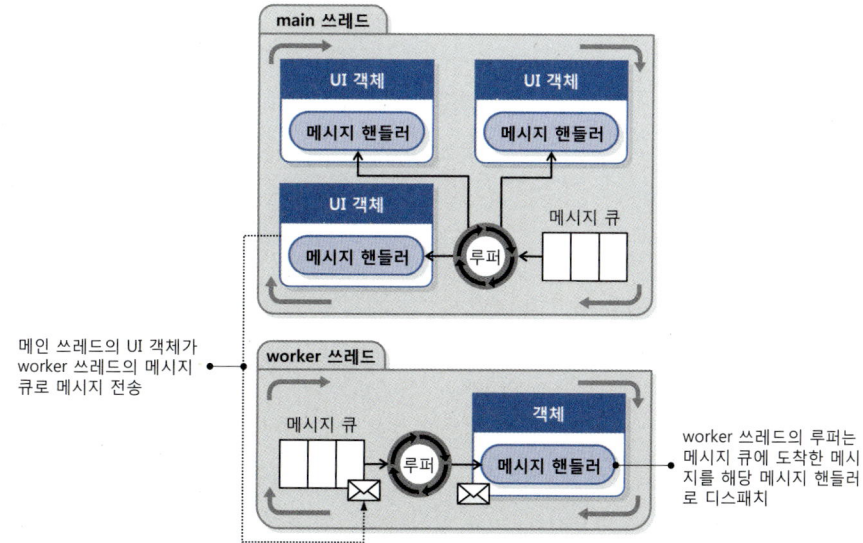

그림 1-31 안드로이드의 쓰레드 간 메시지 통신 모델

쓰레드 간 통신은 메시지를 매개체로 이루어진다. main 쓰레드는 worker 쓰레드에 메시지를 이용하여 필요한 데이터를 전송하거나 Runnable 객체를 보내 worker 쓰레드가 특정 작업을 대신하도록 명령할 수 있다. 일례로 main 쓰레드가 worker 쓰레드에 메시지를 보내는 과정은 다음과 같다. main 쓰레드가 worker 쓰레드의 메시지 큐에 메시지를 삽입하면 메시지 큐를 모니터링하는 worker 쓰레드의 루퍼가 메시지를 읽어 worker 쓰레드의 핸들러에 디스패치한다.

worker 쓰레드의 핸들러는 main 쓰레드가 보낸 메시지를 받아 처리하면서 main 쓰레드와 worker 쓰레드 간의 통신은 완료된다. 역으로 worker 쓰레드 또한 main 쓰레드의 메시지 큐에 전달하고 싶은 메시지를 삽입하여 main 쓰레드에 메시지를 보낼 수 있다.

 TIP - ANR(Application Not Responding)이란?

안드로이드의 액티비티 관리자와 윈도우 관리자는 백그라운드에서 실행하면서 애플리케이션의 반응성을 감시하고 아래와 같은 경우 ANR 팝업을 발생시키고 프로그램을 강제로 종료시킨다.

- ▶ 1) 애플리케이션이 5초 이상 사용자의 입력 이벤트에 반응하지 않는 경우
- ▶ 2) 브로드캐스트 리시버가 10초 이내에 리턴하지 않은 경우

안드로이드의 애플리케이션은 기본적으로 main 쓰레드가 모든 일을 처리하는 싱글 쓰레드 구조이므로 위의 조건을 충족시키지 못하는 경우가 발생하여 ANR이 발생할 수 있다. 예를 들어, 인터넷에서 파일을 다운로드하는 작업을 main 쓰레드에서 직접 처리하도록 구현하였다고 가정해보자. 현재 네트워크의 전송속도가 충분히 나오지 않아 파일을 다운로드 받는데 1분이 걸린다면 파일의 다운로드가 종료될 때까지 main 쓰레드는 사용자의 입력 이벤트에 반응할 수 없는 상태에 놓이게 된다. 따라서 애플리케이션이 Freezing되어 아무런 반응을 할 수 없는 상태가 된다면 시스템에 큰 악영향을 미치게 된다.

안드로이드는 이런 최악의 상황에 빠지는 것을 방지하기 위해 main 쓰레드가 5초 이상 반응하지 않을 때에는 ANR 팝업을 발생시켜 사용자가 애플리케이션을 강제 종료할 수 있도록 유도하는 것이다. 따라서 ANR을 방지하기 위해서는 장시간 걸리는 작업을 분리하여 쓰레드에서 실행하도록 해야 한다.

- ▶ main 쓰레드를 블록 시키는 일을 분리
- ▶ main 쓰레드를 블록 시키는 일이라면 worker 쓰레드를 만들어야 한다.

1.4.3 메시지(Message)

쓰레드 간에 데이터를 전송하거나 작업을 요청하기 위해서는 이를 전달하는 객체가 필요하다. 안드로이드는 쓰레드 간 통신을 위해 메시지 전달 방식을 이용하여 쓰레드 간의 데이터와 Runnable 객체를 전달할 수 있는 방법을 제공한다. 이것이 바로 메시지이며 전달된 메시지는 메시지 큐에 저장된 후, 루퍼가 메시지를 디스패치하여 메시지의 타겟인 핸들러에 전달한다. 그림 1-32에서 보는 것과 같이 Message 클래스는 Parcelable 인터페이스를 구현한다.

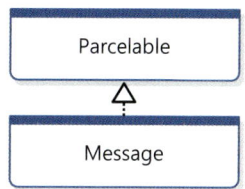

그림 1-32 Messge 클래스

표 1-21은 Message 클래스의 주요 멤버 변수들의 정리이다.

표 1-21 메시지(Message) 클래스의 주요 멤버 변수

멤버 변수	설명
what	메시지를 수신하는 핸들러가 식별할 수 있는 사용자 정의 메시지 ID. 핸들러는 이 멤버 변수를 참조하여 어떠한 처리를 요청하는 메시지인지 구별할 수 있다.
arg1, arg2	간단한 정수값을 저장할 수 있는 멤버 변수. 메시지 클래스는 두 개의 정수를 저장할 수 있는 arg1, arg2를 포함한다.
obj	메시지를 수신하는 목적지 핸들러에 보낼 임의의 객체. ex) 메시지를 이용하여 서비스 요청에 대한 응답 결과를 보낼 때, AsyncResult 객체에 응답 결과를 저장하고 obj 멤버 변수가 AsyncResult 객체를 참조한다.
target	메시지가 전달될 목적지 핸들러
callback	핸들러에 의해 처리될 때 실행되어야 할 Runnable 객체

◉ 메시지 생성 방법

안드로이드는 쓰레드 간에 통신을 하기 위해 메시지를 이용한다. 그림 1-33은 main 쓰레드의 UI 객체가 메시지를 worker 쓰레드에 보내는 과정이다.

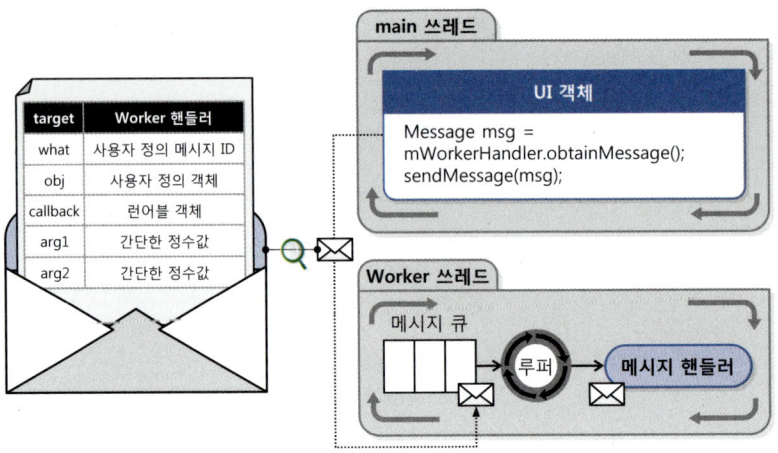

그림 1-33 main 쓰레드로부터 worker 쓰레드로 메시지 전송의 예제

메시지를 생성하는 방법은 표 1-22와 같이 모두 세 가지 방법이 있다. 이 중에 메시지를 생성하기 위해 Message 클래스의 생성자를 직접 호출하는 방법 1보다 방법 2와 방법 3과 같이 Message 클래스의 obtain() 메서드나 Handler 클래스의 obtainMessage() 메서드를 이용하는 것이 좋다. 왜냐하면 이미 생성된 메시지 풀로부터 메시지를 획득하므로 메시지가 필요할 때마다 생성하는 것보다 생성 속도가 훨씬 빠르므로 좀더 효율적이다.

표 1-22 메시지 생성을 위한 세 가지 방법

메시지 생성 방법	코드 예제	설명
방법 1	Message msg = new Message();	Message 객체를 직접 생성하여 획득
방법 2	Message msg = Message.obtain();	메시지 풀에서 Message 객체를 획득
방법 3	Handler mHandler = new Handler();mHandler.obtainMessage();	메시지를 전송하려고 하는 핸들러로부터 메시지를 획득

코드 1-19는 Message 클래스의 obtain() 메서드에 대한 설명으로 obtain() 메서드는 정적 메서드로 어떠한 객체에서도 호출이 가능하다. 안드로이드는 쓰레드 간 통신을 위해 메시지를 빈번하게 사용하므로 메시지가 필요할 때마다 메시지를 생성하는 것보다 메시지 풀에서 메시지를 획득하는 것이 빈번한 Message 객체 생성으로 인해 소요되는 시간을 줄일 수 있다.

```
Public final class Message implements Parcelable {
```

```
Private static final Object sPoolSync = new Object();
private static Message sPool;
private static int sPoolSize = 0;
public static Message obtain() {
    synchronized (sPoolSync) {
        if (sPool != null) {
            Message m = sPool;
            sPool = m.next;
            m.next = null;
            sPoolSize--;
            return m;
        }
    }
    return new Message();
}
```

❶

❷

📁 frameworks/base/core/java/android/os/Message.java

코드 1-19 Message 클래스의 obtain() 메서드

1-19

❶ 메시지 풀로부터 Message 객체 반환

메시지 풀은 메시지의 링크드 리스트 형태로 메시지를 보관하고 있으며 메시지를 필요로 하는 객체에 메시지를 제공하고 메시지 풀의 링크드 리스트로부터 해당 메시지를 삭제한다. 즉 메시지 풀은 현재 사용되지 않는 메시지들이 보관되어 있는 곳이다.

그림 1-33는 송신 객체가 메시지 풀로부터 메시지를 획득하는 과정이다.

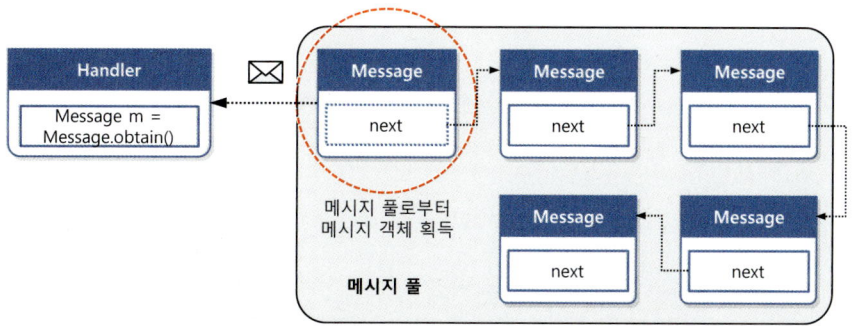

그림 1-34 메시지 풀(Message Pool)로부터 메시지 획득

❷ 메시지 풀에 메시지가 없다면 Message 객체 생성

메시지 풀에 Message 객체가 없다면 Message 클래스의 생성자를 이용하여 Message 객체를 새로 생성하여 반환한다.

◉ 메시지 재사용(Recycle)

Message 클래스의 obtain() 메서드를 사용하여 Message 객체를 획득하였다면 나중에 메시지 풀에 Message 객체를 반납해야 재사용이 가능하다. 코드 1-20은 recycle() 메서드가 Message 객체를 초기화한 후 메시지 풀에 다시 반납하는 과정에 대한 설명이다. 어떠한 객체가 메시지를 사용한 후 더 이상 메시지를 필요로 하지 않는다면 Message 객체의 recycle() 메서드를 호출하여 미사용 메시지를 반납해야 한다.

```
Public final class Message implements Parcelable {
    private static final int MAX_POOL_SIZE = 50;
    public void recycle() {
        clearForRecycle();                          ──❶
        synchronized (sPoolSync) {
            if (sPoolSize < MAX_POOL_SIZE) {        ──❷
                next = sPool;                       ──❸
                sPool = this;                       ──❹
                sPoolSize++ ;                       ──❺
            }
        }
    }
}
```

📁 frameworks/base/core/java/android/os/Message.java

코드 1-20 Message 클래스의 recycle() 메서드

❶ 메시지 초기화

clearForRecycle() 메서드를 호출하여 사용한 메시지의 모든 멤버 변수를 초기화한다.

❷ 메시지 풀에 존재하는 Message 객체를 비교

메시지 풀에 저장되는 Message 객체의 수(MAX_POOL_SIZE)는 총 50개이다.

sPoolSize는 현재 메시지 풀에 존재하는 Message 객체의 개수를 저장한다. 그 이상의 Message 객체는 메시지 풀에 유지되지 않는다.

❸ 메시지를 메시지 풀에 반납

어떠한 객체가 더 이상 메시지를 필요하지 않는다면 recycle() 메서드를 호출하여 메시지 풀에 해당 객체를 메시지 풀의 링크드 리스트에 연결하여 재사용 가능한 상태로 유지한다.

그림 1-35는 다 사용한 메시지를 메시지 풀에 반납하는 과정에 대한 설명이다.

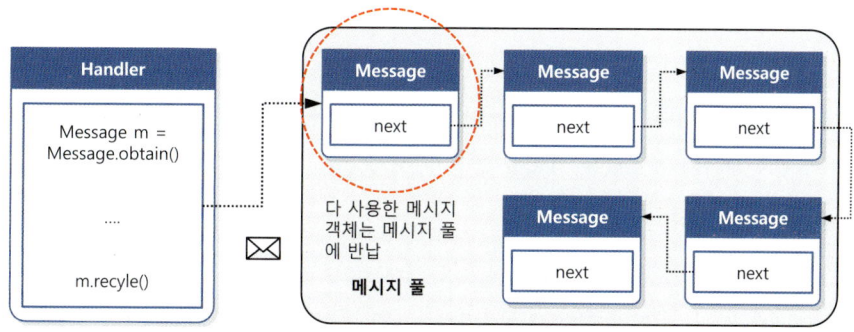

그림 1-35 재사용을 위해 메시지 풀에 메시지 반납

❹ sPoolSize를 1만큼 증가

메시지 풀에 재사용할 수 있는 Message 객체 하나가 증가하였으므로 sPoolSize를 1만큼 증가시킨다.

1.4.4 루퍼(Looper)

메시지는 핸들러에게 보내진다고 해서 곧바로 처리되지 않는다. 핸들러에 보내진 메시지는 쓰레드의 메시지 큐에 저장되고 메시지 큐에 있는 메시지는 무한 루프를 돌며 메시지 큐에 메시지가 도착하는 것을 모니터링하는 루퍼에 의해 메시지 큐로부터 디스패치되어 처리된다. 루퍼는 이벤트 루프와 메시지 큐의 레퍼런스를 가지고 있는 클래스로 쓰레드가 메시지 큐에 접근할 수 있는 수단을 제공한다. 루퍼 클래스는 한 쓰레드당 오직 한 개만 존재할 수 있으며 이후 그 관계가 바뀌거나 끊어질 수 없다. 쓰레드에 루퍼가 만들어진 경우 다시 루퍼를 생성하고자 하면 런타임 예외를 발생시킨다.

표 1-23은 루퍼 클래스가 가진 멤버 변수에 대한 설명이다.

표 1-23 Looper 클래스의 멤버 변수

멤버 변수	설명
mQueue	루퍼가 생성될 때 메시지 큐를 생성한다. 루퍼는 메시지 큐에 저장된 메시지를 디스패치하여 처리하는 역할을 수행한다.
mThread	루퍼를 생성한 쓰레드 객체
sThreadLocal	쓰레드의 TLS(Thread Local Storage)

worker 쓰레드가 생성된 후 main 쓰레드와 메시지 통신을 하기 위해서는 반드시 루퍼를 생성해야 한다. 코드 1-21은 전형적인 루퍼를 가진 worker 쓰레드 구현의 예제이다. 루퍼의 가장 큰 특징은 메시지 리스트를 가지고 있는 메시지 큐를 유지하며 루퍼를 생성한 쓰레드와 결합되어 있다는 점이다.

```java
class LooperThread extends Thread {
    public Handler mHandler;
    public void run() {
        Looper.prepare();                    ― ❶
        mHandler = new Handler() {           ― ❷
            @Override
            public void handleMessage(Message msg) {
                // process incoming messages here
            }
        };
        Looper.loop();'                      ― ❸
    }
}
```

📁 LooperThread.java

코드 1-21 루퍼를 가진 쓰레드 구현의 예

1-21
❶ 루퍼의 생성

쓰레드는 정적 메서드인 Looper의 prepare() 메서드를 호출하여 현재 쓰레드에 루퍼를 생성해야 한다. prepare() 메서드가 정적 메서드인 이유는 쓰레드에 단 한 개의 루퍼만이 존재해야 하기 때문이다.

코드 1-22는 Looper의 prepare() 메서드가 쓰레드에 어떻게 새로운 Looper 객체를 생성하고 TLS 영역에 저장하는지에 대한 설명이다.

```
static final ThreadLocal<Looper> sThreadLocal = new ThreadLocal<Looper>();
public static void prepare() {
    if (sThreadLocal.get() != null) {
        throw new RuntimeException("Only one Looper may be created per thread");   ―①-1
    }
    sThreadLocal.set(
        new Looper()        ―①-2
    );                      ―①-3
}
```

📁 frameworks/base/core/java/android/os/Looper.java

코드 1-22 Looper의 prepare() 메서드를 이용하여 Looper 객체 생성

1-22
①-1 런타임 예외상황 발생

Looper 객체가 이미 생성된 쓰레드에서 Looper의 prepare()메서드를 다시 호출하면 "Only one Looper may be created per thread"와 같은 런타임 예외상황이 발생된다. 이렇게 런타임 예외상황을 발생시켜 한 개의 쓰레드에 한 개의 루퍼만 존재하도록 제한하고 있다.

1-22
①-2 Looper 객체의 생성

Looper 클래스의 생성자는 코드 1-23과 같으며 Looper 객체가 생성되면 MessageQueue 객체도 함께 생성된다. 루퍼와 메시지 큐가 결합되면서 쓰레드 간에 메시지를 송·수신할 수 있는 기반이 마련된다.

```
private Looper() {
    mQueue = new MessageQueue();
    mRun = true;
    mThread = Thread.currentThread();
}
```

📁 frameworks/base/core/java/android/os/Looper.java

코드 1-23 Looper 클래스의 생성자

그림 1-36은 Looper의 생성자가 실행된 후의 LooperThread 쓰레드의 모습에 대한 설명이다. LooperThread 쓰레드 내에 메시지 큐와 루퍼가 생성되었지만 메시지를 처리할 메시지 핸들러는 아직 생성이 되지 않았다.

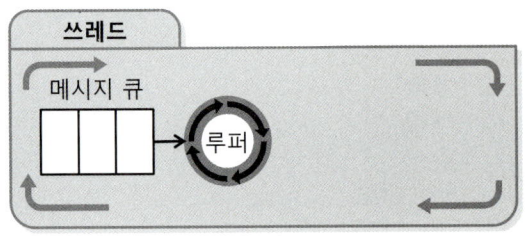

그림 1-36 루퍼와 메시지 큐의 생성

1-22
❸ 생성된 Looper 객체를 TLS 영역에 저장

생성된 루퍼 객체는 루퍼를 생성한 쓰레드의 TLS(Thread Local Storage) 영역에 저장된다. 쓰레드들은 인스턴스 변수를 서로 공유하지만 쓰레드 각자의 정보를 저장하기에는 부적합하다. 자바는 쓰레드별로 개별적인 인스턴스를 생성하고 접근할 수 있는 ThreadLocal이라는 클래스를 제공한다. 따라서 생성된 Looper 객체는 쓰레드당 개별적인 인스턴스를 생성하고 접근되어야 하므로 ThreadLocal 객체에 저장된다.

1-21
❷ 쓰레드의 핸들러 생성

쓰레드는 메시지 큐로부터 전달된 메시지를 처리하기 위해 핸들러를 생성한다. 핸들러의 기본 handleMessage() 메서드는 코드 1-24와 같이 미구현 메서드이므로 메시지를 수신하기 위해서는 항상 각 쓰레드에 맞도록 메서드 오버라이드가 필요하다. 여기서 주의해야 할 점은 Looper의 prepare() 메서드를 실행한 후에 쓰레드의 핸들러를 생성해야 한다. Looper의 prepare() 메서드를 실행하지 않고 쓰레드의 핸들러를 생성한다면 "Can't create handler inside thread that has not called Looper.prepare()"와 같은 런타임 예외상황이 발생하게 될 것이다. 이러한 이유는 메시지를 메시지 큐로부터 디스패치하는 루퍼가 없으면 핸들러를 생성해도 아무런 메시지를 받을 수 없기 때문이다.

```
public class Handler {
    ...
    public void handleMessage(Message msg) {
    }
}
```

📁 frameworks/base/core/java/android/os/Handler.java

코드 1-24 Handler 클래스의 기본 handleMessage() 메서드

1-21
❸ 메시지 큐로부터 메시지를 디스패치하는 동작을 시작

Looper의 loop() 메서드를 실행하면 루퍼는 무한 루프를 돌면서 메시지 큐에 메시지가 수신될 때마다 메시지를 꺼내와 개별적으로 처리한다. 메시지 큐에 메시지가 없다면 블록된 상태로 새로운 메시지가 도착할 때까지 대기한다.

그림 1-37은 쓰레드 간의 통신을 위해 존재하는 루퍼와 메시지 큐, 메시지 핸들러 간의 관계에 대한 설명이다.

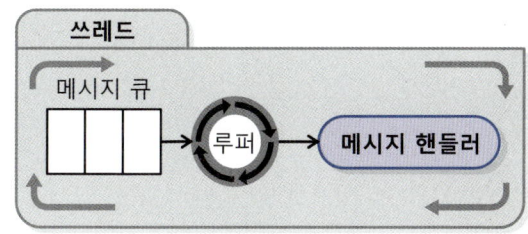

그림 1-37 쓰레드, 메시지 큐, 루퍼 그리고 메시지 핸들러의 관계

코드 1-25의 Looper의 loop() 메서드를 통해 실제 루퍼가 어떠한 역할을 하는지 살펴보도록 하자.

```
public static void loop() {
    Looper me = myLooper();                                          ─3-1
    if (me == null) {
        throw new RuntimeException(
            "No Looper; Looper.prepare() wasn't called on this thread.");  ─3-2
    }
```

```
        MessageQueue queue = me.mQueue;                          ―③-3
        while (true) {
            Message msg = queue.next();                          ―③-4
            if (msg != null) {
                if (msg.target == null) {
                    return;
                }
                msg.target.dispatchMessage(msg);                 ―③-5
                msg.recycle();                                   ―③-6
            }
        }
    }
```

📁 frameworks/base/core/java/android/os/Looper.java

코드 1-25 Looper 클래스의 loop() 메서드

③-1 루퍼 객체 반환

❶에서 생성된 루퍼 객체는 ThreadLocal에 저장된다고 설명하였다. myLooper() 메서드는 코드 1-26과 같이 ThreadLocal에서 현재 실행 중인 쓰레드에 연관된 루퍼 객체를 반환한다.

```
public static Looper myLooper() {
    return sThreadLocal.get();
}
```

📁 frameworks/base/core/java/android/os/Looper.java

코드 1-26 Looper 클래스의 myLooper() 메서드

③-2 런타임 예외상황 발생

③-1에서 생성된 루퍼가 없다면 쓰레드 내에 메시지를 디스패치할 루퍼와 메시지를 수신할 메시지 큐가 없는 상황이므로 "No Looper; Looper.prepare() wasn't called on this thread."와 같은 런타임 예외상황이 발생한다.

3-3 메시지 큐 획득

루퍼는 메시지 큐로부터 메시지를 꺼내 실행하는 역할을 수행한다. 현재 실행중인 쓰레드와 연관된 루퍼 객체의 메시지 큐를 획득한다.

3-4 메시지 큐 모니터링

루퍼는 메시지 큐에 메시지가 도착할 때까지 블록된 상태로 대기하고 있다. 메시지 큐에 메시지가 도착하면 리턴하여 메시지를 처리하기 시작한다.

3-5 메시지 디스패치

루퍼에 의해 메시지 큐로부터 디스패치된 메시지는 메시지를 수신할 타켓이 지정되어 있다. 루퍼는 메시지의 target 멤버 변수를 참조하여 어떤 핸들러가 처리해야 할지 결정한 후, 메시지를 수신할 핸들러의 dispatchMessage() 메서드를 호출하여 메시지 수신 핸들러가 메시지를 처리할 수 있도록 트리거한다.

3-6 메시지 재사용

사용된 메시지는 다시 메시지 풀에 반납해야 한다고 설명하였다. 루퍼에 의해 디스패치된 메시지는 더 이상 필요하지 않을 때 Message 클래스의 recycle() 메서드를 호출하여 메시지 풀에 반납한다.

코드 1-27은 코드 1-21에서 정의된 LooperThread 쓰레드를 사용하는 방법에 대한 설명이다. LooperThread 쓰레드가 생성되었다면 반드시 쓰레드 클래스의 start() 메서드를 실행시켜야 LooperThread 클래스의 run() 메서드에 구현된 루퍼 객체를 실행시킬 수 있다.

```
LooperThread looperThread = new LooperThread();
looperThread.start();
```

코드 1-27 LooperThread 쓰레드 사용의 예

루퍼는 이제 쓰레드의 생명이 다할 때까지 메시지 루프를 돌며 메시지를 처리한다. 루퍼를 멈추기 위해서는 quit() 메서드를 호출하는데 프로그램을 종료할 때를 제외하곤 루퍼를 멈추는 일은 없다. 그림 1-38은 main 쓰레드가 보낸 메시지를 worker 쓰레드의 루퍼가 처리하는 과정에 대한 설명이다.

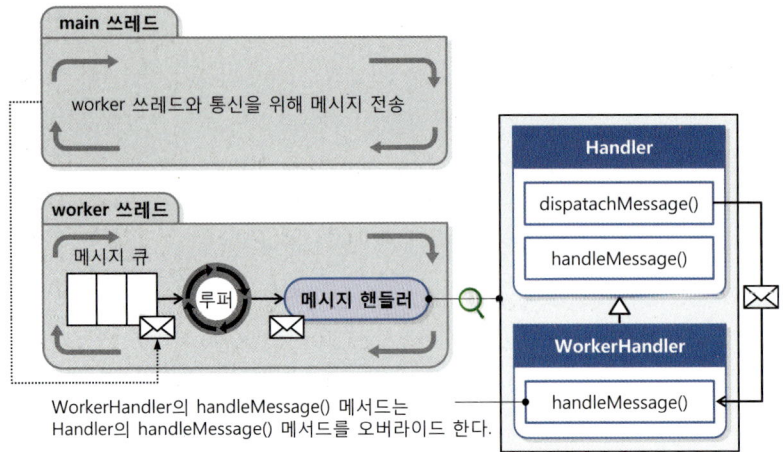

그림 1-38 worker 쓰레드 핸들러의 메시지 처리 과정

루퍼에 의해 디스패치된 메시지는 worker 쓰레드의 핸들러에 의해 처리된다. 디스패치된 메시지를 처리하는 핸들러는 1.4.5절에서 설명하도록 한다.

1.4.5 핸들러(Handler)

핸들러는 안드로이드에서 비동기적인 메시지를 처리하기 위해 사용되며 worker 쓰레드와 main 쓰레드가 통신을 할 수 있는 방법을 제공한다. 핸들러 인스턴스를 생성할 때 핸들러 인스턴스는 현재 쓰레드에 소속되어 있는 루퍼의 레퍼런스를 알고 있다.

핸들러가 처리하는 대상은 메시지와 런어블(Runnable) 객체이며 단일 쓰레드에 단 하나의 루퍼와 메시지 큐가 존재하지만, 핸들러는 다수 존재 가능하다.

◉ 핸들러의 생성

안드로이드에서는 크게 두 가지 방법으로 핸들러를 생성한다. 하나는 Handler 클래스를 상속하는 방법이며 다른 하나는 new 연산자를 이용하여 핸들러 객체를 생성하는 방법이다.

표 1-26에서 핸들러를 생성하는 두 가지 방법을 정리하였다.

표 1-24 핸들러를 생성하는 두 가지 방법

핸들러 생성 방법	코드 예제	설명
방법 1	```class A extends Handler {
@Override
public void handleMessage(Message msg) {
/* 메시지 처리 */
}
}```	Handler 클래스를 상속하여 핸들러를 생성한다. Handler 클래스 이외 상속해야 할 클래스가 없을 때 주로 사용하는 방식으로 Handler의 기본 handleMessage() 메서드를 오버라이드한다.
방법 2	```class B extends Activity {
Handler mHandler = new Handler() {
@Override
public void handleMessage(Message msg) {
/* 메시지 처리 */
}
};
}```	Handler 클래스가 아닌 다른 클래스를 상속하는 클래스에서 Handler를 사용하기 위해 new 연산자를 이용하여 Handler 객체를 생성하면서 handleMessage() 메서드를 오버라이드한다.

Handler 클래스는 다양한 Handler 생성자를 제공한다. 코드 1-28은 Handler의 생성자 중 가장 기본적인 생성자에 대한 설명이다.

```
public Handler() {
    mLooper = Looper.myLooper();         ──❶
    if (mLooper == null) {
        throw new RuntimeException(
            ↳ "Can't create handler inside thread that has not called Looper.prepare()");
    }
    mQueue = mLooper.mQueue;             ──❷
    mCallback = null;
}
```

📁 frameworks/base/core/java/android/os /Handler.java

코드 1-28 Handler의 생성자

1-28
❶ 핸들러의 연관 루퍼 획득

Looper 클래스의 정적 메서드인 myLooper() 메서드를 이용하여 현재 쓰레드와 연관된 루퍼 객체를 얻을 수 있다. 쓰레드와 연관된 루퍼가 존재하지 않다면 핸들러 또한 메시지를 처리할 수 없으므로 "Can't create handler inside thread that has not called Looper.prepare()"와 같은 런타임 예외상황이 발생한다.

❷ 핸들러의 연관 메시지 큐 획득

❶에서 루퍼 객체를 획득하였다면 루퍼와 연관된 메시지 큐의 획득이 가능하다. 이때 획득한 메시지 큐에 메시지를 삽입하여 다른 핸들러와 메시지 통신이 가능하게 된다.

◉ 메시지 획득

핸들러는 메시지 풀로부터 메시지를 얻을 수 있는 방법을 제공한다. 쓰레드 간의 통신을 위해서 메시지가 필요하다면 코드 1-29와 같은 핸들러의 obtainMessage() 메서드를 사용할 수 있다. Handler 클래스가 제공하는 obtainMessage() 메서드는 각 메서드에 따라 what, arg1, arg2, obj 등을 초기화할 수 있는 기능을 제공한다.

```
public final Message obtainMessage();
public final Message obtainMessage(int what);
public final Message obtainMessage(int what, Object obj);
public final Message obtainMessage(int what, int arg1, int arg2);
public final Message obtainMessage(int what, int arg1, int arg2, Object obj);
```

📁 frameworks/base/core/java/android/os /Handler.java

코드 1-29 Handler 클래스의 obtainMessage() 메서드

◉ 메시지의 전송

핸들러는 원하는 핸들러로 메시지를 보낼 수 있도록 메시지 전송 메서드를 제공한다. Handler 클래스의 메시지 전송 메서드인 sendMessage() 메서드를 실행하면 핸들러는 루퍼와 연관된 메시지 큐의 인스턴스를 가지고 있으며 메시지 큐에 메시지를 삽입한다.

```
public final boolean sendMessage(Message msg);
public final boolean sendEmptyMessage(int what);
public final boolean sendEmptyMessageDelayed(int what, long delayMillis);
public final boolean sendEmptyMessageAtTime(int what, long uptimeMillis);
```

```java
public final boolean sendMessageDelayed(Message msg, long delayMillis);
public boolean sendMessageAtTime(Message msg, long uptimeMillis);
public final boolean sendMessageAtFrontOfQueue(Message msg);
```

📁 frameworks/base/core/java/android/os /Handler.java

코드 1-30 Handler 클래스의 메시지 전송 메서드

가장 기본적인 메시지 전송 메서드인 sendMessage() 메서드를 예제로 메시지를 메시지 큐에 넣는 동작을 살펴보도록 하자. 코드 1-31은 Handler 클래스의 sendMessage() 메서드에 대한 설명이다.

```java
public final boolean sendMessage(Message msg) {
    return sendMessageDelayed(msg, 0);                                              ❶
}
public final boolean sendMessageDelayed(Message msg, long delayMillis) {
    return sendMessageAtTime(msg, SystemClock.uptimeMillis() + delayMillis);        ❷
}
```

📁 frameworks/base/core/java/android/os /Handler.java

코드 1-31 Handler 클래스의 sendMessage() 메서드

1-31
❶ sendMessageDelayed() 메서드 호출

sendMessage() 메서드는 메시지를 메시지 큐에 Delay 시간 없이 바로 삽입하는 동작이다. sendMessageDelyed() 메서드는 메시지가 메시지 큐에 삽입되는 시각을 delyMillis를 이용하여 조절할 수 있다. Delay 시간 없이 바로 삽입하려면 delayMillis를 0 msec로 지정한다.

1-31
❷ sendMessageAtTime() 메서드 호출

sendMessageDelayed() 메서드는 sendMessageAtTime() 메서드를 이용하여 메시지 큐에 메시지를 전송할 수 있다. 코드 1-32의 sendMessageAtTime() 메서드는 uptimeMillis 파라미터를 제공하여 메시지 큐에 메시지가 처리되어야 할 시각을 지정할 수 있다. SystemClock 클래스의 uptimeMillis() 메서드는 시스템이 부팅한 이후의

시간을 msec 단위로 카운트하며 시스템이 Deep Sleep 상태로 진입하면 카운트를 정지한다. sendMessageDelayed() 메서드는 sendMessageAtTime() 메서드를 호출할 때, uptimeMillis 파라미터를 SystemClock.uptimeMillis() + delayMillis로 지정하여 delayMills 시간만큼의 딜레이 후에 메시지가 처리되도록 메시지 처리 시각을 조절할 수 있다.

```
public boolean sendMessageAtTime(Message msg, long uptimeMillis) {
    boolean sent = false;
    MessageQueue queue = mQueue;                          ─ 2-1
    msg.target = this;                                    ─ 2-1
    sent = queue.enqueueMessage(msg, uptimeMillis);       ─ 2-1
    return sent;
}
```

📁 frameworks/base/core/java/android/os /Handler.java

코드 1-32 Handler 클래스의 sendMessageAtTime() 메서드

2-1 쓰레드의 메시지 큐를 획득

코드 1-28와 같이 핸들러가 생성될 때 핸들러는 루퍼의 메시지 큐의 레퍼런스(mQueue)를 얻는다. sendMessageAtTime() 메서드는 메시지 큐의 레퍼런스로부터 핸들러와 연관된 메시지 큐를 획득한다.

2-2 메시지의 target을 지정

메시지를 처리할 핸들러로서 자기 자신을 지정한다.

2-3 메시지 큐에 메시지 삽입

메지시 큐의 enqueueMessage() 메서드를 호출하여 메시지를 메시지 큐에 삽입하고 uptimeMillis 이후에 메시지가 디스패치되도록 한다.

● 런어블(Runable) 객체의 전송

런어블 인터페이스는 쓰레드에 의해서 실행되길 원하는 인스턴스를 구현할 수 있도록 한다. post() 메서드는 메시지 대신 Runnable 객체를 메시지 큐에 전달할 수 있다. 코드 1-33는

Runnable 객체를 전송할 수 있는 post() 메서드에 대한 설명이다. sendMessage() 메서드와 달리 메시지를 컨테이너로 이용하여 Runnable 객체를 전송할 수 있음을 알 수 있다.

```
public final boolean post(Runnable r);
public final boolean postAtTime(Runnable r, long uptimeMillis);
public final boolean postAtTime(Runnable r, Object token, long uptimeMillis);
public final boolean postDelayed(Runnable r, long delayMillis);
public final boolean postAtFrontOfQueue(Runnable r);
```

📁 frameworks/base/core/java/android/os /Handler.java

코드 1-33 Handler 클래스의 런어블 전송 메서드

post() 메서드가 Runnable 객체를 메시지 큐에 전달하는 방법은 코드 1-34와 같이 Runnable 객체를 메시지의 callback 멤버 변수로 저장 후 그 메시지를 sendMessageDelayed() 메서드를 통해 루퍼의 메시지 큐에 전송하는 것이다. 메시지 큐에 도착한 메시지는 루퍼에 의해서 스케줄링 된 후 연관된 핸들러에 의해 메시지에 포함된 Runnable 객체가 실행된다. getPostMesssage() 메서드는 Runnable 객체를 메시지화 하는 역할을 담당한다.

```
public final boolean post(Runnable r) {
    return sendMessageDelayed(getPostMessage(r), 0);
}

private static Message getPostMessage(Runnable r) {
    Message m = Message.obtain();
    m.callback = r;
    return m;
}
```

📁 frameworks/base/core/java/android/os /Handler.java

코드 1-34 Handler 클래스의 post() 메서드

Runnable 객체는 코드 코드 1-35와 같은 형식으로 생성 가능하며 실제로 실행해야 하는 코드를 run() 메서드에 구현한 뒤 메시지를 통해 루퍼의 메시지 큐에 전달할 수 있다.

```
Runnable r = new Runnable() {
    public void run() {
    /* Runnable 객체의 실제 실행 코드 */
    }
};
```

코드 1-35 Runnable 객체의 생성

◉ 메시지의 처리

루퍼는 메시지 큐로부터 Runnable 객체와 메시지 객체를 디스패치하여 해당 핸들러에 전달한다. 루퍼는 코드 1-25에서 보는 것과 같이 메시지를 통해 전달된 target 핸들러의 dispatchMessage() 메서드를 호출하여 Runnable 객체 및 메시지를 처리한다. 코드 1-36은 dispatchMessage() 메서드가 Runnable 객체와 메시지를 처리하는 과정에 대한 설명이다.

```
public void dispatchMessage(Message msg) {
    if (msg.callback != null) {
        handleCallback(msg); ──❶
    } else {
        if (mCallback != null) {
            if (mCallback.handleMessage(msg)) {
                return;
            }
        }
        handleMessage(msg); ──❷
    }
}
```

📁 frameworks/base/core/java/android/os /Handler.java

코드 1-36 Handler 클래스의 메시지 디스패치

1-36

❶ Runnable 객체 실행

handleCallback() 메서드는 메시지를 통해 전달된 Runnable 객체를 실행하는 역할을 한다.

코드 1-37은 Handler 클래스의 handdleCallback() 메서드에 대한 설명이다. handleCallback() 메서드는 전달된 메시지로부터 Runnable 객체의 run() 메서드를 실행시켜 Runnable 객체를 시작한다.

```
private final void handleCallback(Message message) {
    message.callback.run();
}
```

📁 frameworks/base/core/java/android/os /Handler.java

코드 1-37 Handler 클래스의 handleCallback() 메서드

❷ 메시지 처리

Runnable 객체가 아닌 메시지가 전달된다면 handleMessage() 메서드를 호출하여 메시지를 처리한다. Handler 클래스의 handleMessage() 메서드는 더미 메서드로 실제 메시지를 처리하는 handleMessage() 메서드는 Handler 클래스를 상속한 자식 클래스에서 구현되어야 한다.

코드 1-38은 SubClass가 Handler 클래스를 상속하고 Handler 클래스의 handleMessage() 메서드를 오버라이드하는 방법에 대한 예제이다. handleMessage() 메서드는 메시지의 what 필드를 참고하여 어떠한 처리가 필요한 이벤트인지 인지하고 처리할 코드를 결정한다.

```
class SubClass extends Handler {
    public static final int EVENT_GET_OPERATION   = 1;
    public static final int EVENT_SET_OPERATION   = 2;
    ….
    public void handleMessage (Message msg) {
        switch (msg.what) {
            case EVENT_GET_OPERATION :
            // EVENT_GET_OPERATION를 처리하는 코드
            break;
            case EVENT_SET_OPERATION :
            //EVENT_SET_OPERATION를 처리하는 코드
            break;
            ….
```

            }
        }
    }
```

코드 1-38 handleMessage() 메서드의 오버라이딩

## 1.4.6 핸들러 쓰레드(HandlerThread)

Java.lang.Thread는 기본적으로 메시지 큐와 루퍼를 포함하지 않기 때문에 안드로이드는 루퍼를 포함한 쓰레드를 만드는 방법을 제공하는데 이것이 바로 HandlerThread 클래스이다. 그림 1-39에서 보는 것과 같이 HandlerThread 클래스는 Thread의 자식 클래스로 HandlerThread 생성 시 루퍼를 자동적으로 생성하고 실행한다.

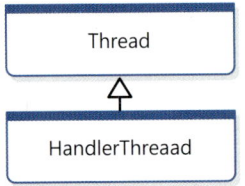

**그림 1-39 HandlerThread 클래스**

핸들러 쓰레드는 주로 worker 쓰레드를 생성하기 위해 사용되며 순차적으로 전달되는 메시지를 기다린다. 코드 1-39는 핸들러 쓰레드를 사용하여 루퍼를 가진 쓰레드를 생성하는 방법에 대한 설명이다.

```java
class WorkerHandler extends HandlerThread {
    public WorkerHandler(Looper myLooper) {
        super(myLooper);
    }
    public void handleMessage(Message msg) {
        // handleMessage
    }
}

HandlerThread workerThread = new HandlerThread("WorkerThread");   ❶
workerThread.start();                                              ❷
```
```

```
Looper mLooper = workerThread.getLooper();                    ──❸
WorkerHandler workerHandler = new WorkerHandler(mLooper);     ──❹
```

코드 1-39 HandlerThread 클래스의 사용 예제

❶ HandlerThread 객체생성

사용자는 핸들러 쓰레드를 이용하여 루퍼를 가진 쓰레드를 생성할 수 있다. new 연산자를 이용하여 "WorkerThread"라는 이름의 HandlerThread 객체를 생성한다.

❷ HandlerThread 객체의 메시지 루프 실행

❶에서 생성된 HandlerThread 객체는 start() 메서드를 호출하여 쓰레드를 실행시킨다. 이때 HandlerThread 객체의 run() 메서드가 실행되면서 루퍼와 메시지 큐는 메시지 수신을 기다리는 상태가 된다.

코드 1-40은 HandlerThread 클래스의 run() 메서드가 어떻게 구현되었는지에 대한 설명이다.

```
public class HandlerThread extends Thread {
    public void run() {
        mTid = Process.myTid();
        Looper.prepare();                        ──2-1
        synchronized (this) {
            mLooper = Looper.myLooper();         ──2-2
            notifyAll();
        }
        Process.setThreadPriority(mPriority);
        onLooperPrepared();
        Looper.loop();                           ──2-3
        mTid = -1;
    }
}
```

📁 frameworks/base/core/java/android/os /HandlerThread.java

코드 1-40 HandlerThread 클래스의 run() 메서드

❷-1 루퍼의 생성

HandlerThread 객체는 다른 쓰레드와 통신을 위해서 루퍼를 생성해야 한다. HandlerThread 클래스의 run() 메서드는 루퍼를 생성하기 위해 Looper의 prepare() 메서드를 호출한다.

❷-2 생성된 Looper 객체를 획득

❷-1에서 핸들러 쓰레드에 루퍼가 생성되었으므로 Looper 클래스의 myLooper() 메서드를 호출하여 핸들러 쓰레드와 연관된 Looper 객체를 획득한다. 이렇게 획득된 루퍼 객체는 나중에 WorkHandler와 루퍼를 연관시킬 때 사용된다.

❷-3 루퍼의 메시지 수신 시작

Looper의 loop() 메서드를 실행시켜 생성된 루퍼가 메시지 큐로부터 메시지를 수신할 수 있는 상태가 된다. loop() 메서드에 대한 자세한 설명은 코드 1-25를 참고하길 바란다.

❸ 핸들러 쓰레드의 루퍼 획득

핸들러 쓰레드의 루퍼와 메시지를 처리하는 핸들러를 연관시키기 위해서 핸들러 쓰레드의 루퍼를 알아야 한다. 핸들러 쓰레드와 연관된 루퍼를 획득하기 위해 HandlerThread 클래스의 getLooper() 메서드를 호출한다.

❹ 핸들러 생성

루퍼가 디스패치한 메시지를 처리할 핸들러를 생성한다. 핸들러의 생성자에 ❸에서 획득한 루퍼의 객체를 전달하여 루퍼와 핸들러를 연결시킨다. 이제 루퍼로 수신된 메시지는 루퍼에 의해서 디스패치되고 WorkerHandler의 handleMessage() 메서드에 의해서 처리된다.

코드 1-39 예제의 핸들러 쓰레드가 생성된 후 초기화되면, 그림 1-40과 같이 wokerThread에 루퍼와 메시지 큐가 생성되고 루퍼에 의해 디스패치된 메시지는 WorkerHandler의 handleMessage() 메서드에 의해서 처리된다.

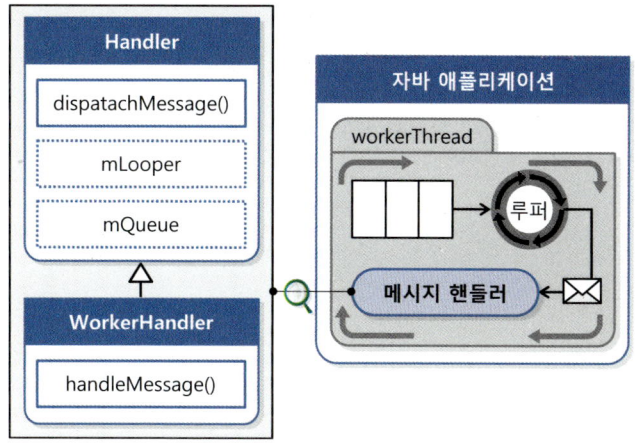

그림 1-40 workerThread와 WokerHandler의 관계

1.5 데몬 서비스 분석

데몬 프로세스는 여러 클라이언트의 요청을 처리하기 위해 백그라운드에서 실행하는 서버 프로그램이다. 일반적인 백그라운드 프로그램은 터미널에 의한 제어가 가능하지만, 데몬 프로그램은 터미널을 가지지 않는다. 따라서 사용자가 터미널을 통해 데몬 프로세스를 제어하는 것은 불가능하다. 또한, 모든 데몬 프로그램은 공통적으로 부모 프로세스의 ppid는 1번이므로 init 프로세스가 부모 프로세스이다. 데몬 프로세스의 가장 큰 특징은 사용자가 로그인을 하여 굳이 실행하지 않아도 OS 부팅 시에 실행될 수 있다는 것이다. 데몬 프로세스의 특징은 다음과 같이 정리할 수 있다.

- 데몬은 시스템 시작 시 생성되고 데몬은 시스템이 셧다운될 때까지 실행된다.
- 데몬은 백그라운드에서 동작하며 터미널을 통해 제어하지 못한다.

1.5.1 일반적인 데몬 프로그램의 구조

데몬 프로그램의 구조에 대해서 알아보도록 하자. 데몬 프로그램의 구현이 여타 다른 프로그램의 구현과 다른 점은 터미널을 갖지 않으며 부모 프로세스가 init 프로세스인 프로세스를 만든다는 것이다. 이를 위해서 fork() 함수를 호출하여 자식 프로세스를 생성한 다음, 부모 프로세스를 종료한다. 왜 fork() 함수 호출 후 부모 프로세스를 종료시키는 것일까? 유닉스와 리눅스 환경에서 fork() 함수를 호출하여 자식 프로세스를 생성한 후 부모 프로세스가 종료된다면 자식 프로세스의 ppid는 그대로 유지할 수 없다. 따라서 유닉스와 리눅스는 자식 프로세스의 ppid를 1로 지정하여 자식 프로세스의 부모 프로세스를 init 프로세스로 변경한다. 코드 1-41은 전형적인 데몬 프로그램을 구현한 예제이다.

```
#include <stdio.h>
#include <stdlib.h>
#include <unistd.h>
#include <sys/types.h>
#include <sys/stat.h>
#include <string.h>

int main(void) {
    pid_t pid;
    pid=fork();                     ──❶
    if(pid < 0) {
        exit(1);
    } else if (pid !=0) {
        exit(0);                    ──❷
    }
    setsid();                       ──❸
    chdir("/");                     ──❹
    umask(0);                       ──❺

    close(STDIN_FILENO);
    close(STDOUT_FILENO);           ──❻
    close(STDERR_FILENO);

    while (1) {                     ──❼
        /* 클라이언트의 요청 처리 */
    }
}
```

코드 1-41 데몬 프로그램의 구현 원리

1-41
❶ fork() 함수를 이용하여 자식 프로세스 생성

자식 프로세스를 생성하기 위해 fork() 함수를 호출한다. fork() 함수 호출에 성공할 경우,

부모 프로세스에는 자식 프로세스의 pid가 반환되며 자식 프로세스에는 0을 반환한다. 실패하면 -1을 반환한다.

❷ 부모 프로세스를 종료

자식 프로세스의 부모 프로세스가 init 프로세스가 되도록 부모 프로세스를 종료한다. fork() 함수 호출 후에 부모 프로세스에는 자식 프로세스의 pid가 반환되므로 0보다 큰 값이 반환된다. 이렇게 반환 값을 기준으로 exit() 함수를 호출하여 부모 프로세스를 종료시킬 수 있다.

그림 1-41은 데몬 프로세스와 init 프로세스의 관계를 나타낸다.

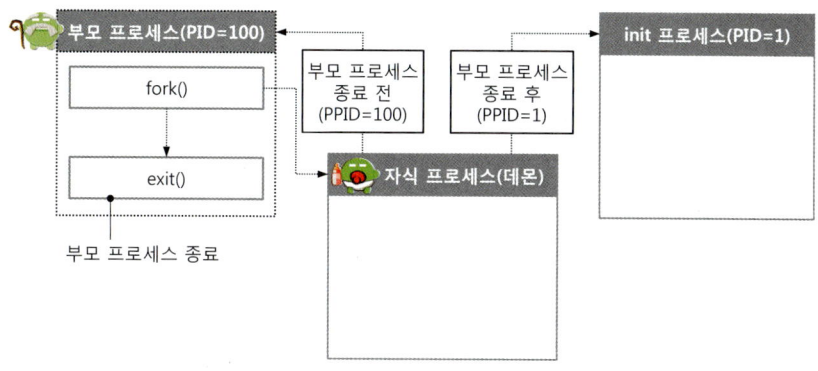

그림 1-41 데몬 프로세스와 init 프로세스의 관계

❸ 자식 프로세스의 세션 ID를 생성

세션은 하나 이상의 프로세스 그룹의 집합이다. setsid() 함수를 호출하는 프로세스가 프로세스 그룹의 리더가 아니면 새로운 세션을 생성한다.

❹ 현재 자식 프로세스가 실행되는 디렉터리를 루트 디렉터리로 변경

chdir() 함수를 이용하여 데몬 프로세스의 현재 디렉터리를 루트 디렉터리로 변경한다. 이와 같이 구현하는 것은 부모 프로세스의 작업 디렉터리는 자식 프로세스인 데몬 프로세스에 상속되므로 부모 프로세스가 죽은 뒤, 데몬 프로세스의 작업 디렉터리가 소속된 파일 시스템을 OS가 언마운트하려고 시도할 때 데몬 프로세스가 해당 작업 디렉터리를 사용하고 있어 언마운트에 실패하는 경우가 발생하기 때문이다. 이를 방지하기 위해 데몬 프로세스가 생성될 때 현재 작업 디렉터리를 루트 디렉터리로 설정하여 언마운트되지 않는 곳으로 옮긴다.

❺ 파일 모드 생성 매스크를 0으로 변경

umask() 함수는 새로 만들어질 파일과 디렉터리의 권한을 설정할 때 사용된다. umask(0)을 호출하면 새롭게 만들어질 파일과 디렉터리의 접근 권한은 "rxwrxwrwx"로 설정되므로 open() 함수 및 create() 함수 등의 호출을 수행할 수 있도록 한다.

❻ 표준 파일 기술자(STDIN, STDOUT 그리고 STDERR)를 닫음

데몬 프로세스는 사용자와의 상호 대화가 필요가 없으므로 표준입력(STDIN), 표준출력(STDOUT) 그리고 표준에러(STDERR)를 닫는다.

❼ 무한 루프에 돌며 데몬 프로세스화 됨

데몬 프로세스는 시스템이 셧다운될 때까지 무한 루프를 돌며 클라이언트의 서비스 요청을 처리하거나 서비스 요청을 대기한다.

1.5.2 init 프로세스의 데몬 서비스 생성

유닉스와 리눅스 환경에서 데몬 프로그램은 일반적으로 'd'로 끝난다. 안드로이드가 부팅 시에 생성하는 데몬 프로세스의 리스트는 안드로이드 폴더의 system/core/rootdir/init.rc의 Service 섹션을 보면 알 수 있다. init 프로세스는 init.rc의 Service 섹션을 파싱하여 데몬 프로세스를 생성한다. 그림 1-42는 init 프로세스가 데몬 서비스를 실행하는 과정에 대한 설명이다. init 프로세스는 해당 데몬 프로세스가 생성되면 다른 프로세스와의 IPC를 위해 유닉스 도메인 소켓을 생성한다. 데몬 프로그램은 생성 시 소켓 이름과 소켓 기술자(fd)의 매핑 테이블을 데몬 프로세스의 환경변수에 저장한 후 실행되며 나중에 환경변수에서 유닉스 도메인 소켓 기술자를 찾아 사용할 수 있다.

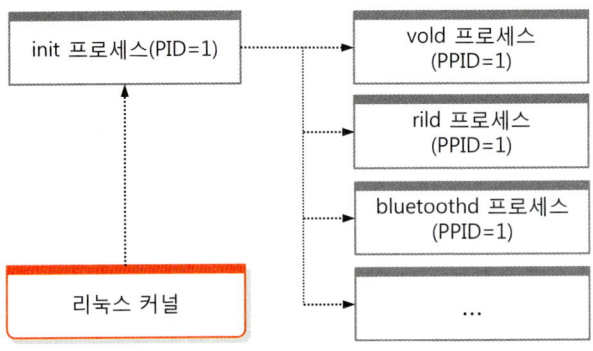

그림 1-42 데몬 프로세스의 생성 과정

본 절은 init 프로세스가 init.rc에서 RIL 데몬의 섹션을 읽은 후 RIL 데몬 프로세스를 생성하고 클라이언트와의 통신을 위해 유닉스 도메인 소켓을 생성하는 과정을 설명한다.

⦿ init.rc 의 Service 섹션

안드로이드는 /system/core/rootdir/init.rc 스크립트를 통해 데몬 프로세스를 생성할 수 있으며 생성된 데몬 프로세스와 다른 프로세스의 IPC를 위한 유닉스 도메인 소켓 또한 생성할 수 있다. 안드로이드의 init 문법은 Action, Command, Service, Option 등으로 구성되어 있으며 Service 섹션은 init 프로세스가 생성하는 프로그램을 지정할 수 있다.

Service 섹션은 코드 1-42와 같은 형태로 기술된다. 서비스 섹션의 첫 번째 라인은 실행되어야 하는 서비스(데몬 프로세스 또는 프로그램)의 이름과 실행 경로를 지정한다. 서비스 섹션의 두 번째 라인부터 option이 시작되는데 option은 init 프로세스가 언제, 어떻게 서비스할지 기술한다.

```
service <name> <pathname> [<argument>]*
    <option>
    <option>
```

코드 1-42 init.rc의 서비스 섹션의 문법

코드 1-43은 init.rc의 RIL 데몬 섹션의 예제로 init 프로세스가 init.rc에 서술된 Service 섹션을 읽고 데몬 프로세스와 소켓을 생성하는 방법에 대한 설명이다.

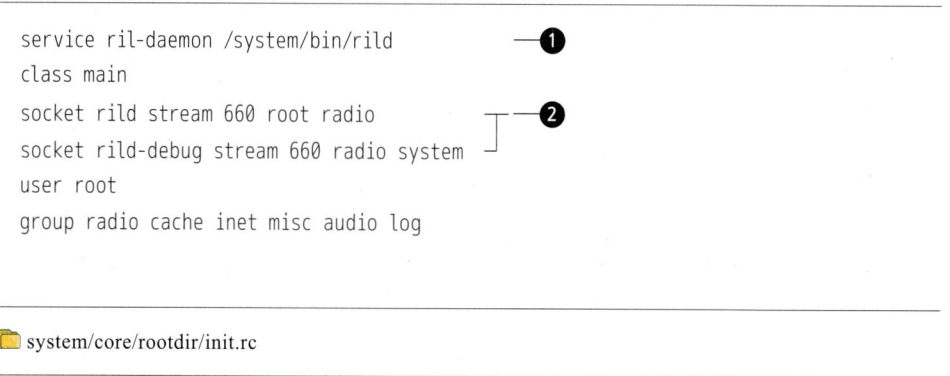

📁 system/core/rootdir/init.rc

코드 1-43 init.rc의 RIL 데몬 생성

❶ Service 섹션의 시작

/system/bin/rild는 ril-daemon이라는 서비스 이름으로 init 프로세스에 의해 생성된다.

❷ option: 유닉스 도메인 소켓 생성

socket 옵션은 유닉스 도메인 소켓의 생성과 속성을 정의한다. socket 옵션은 코드 1-44와 같은 문법으로 작성할 수 있다.

```
socket <name> <type(dgram|stream)> <perm> [uid] [gid]
```

코드 1-44 socket 옵션의 문법

코드 1-43의 RIL 데몬 프로세스는 두 개의 유닉스 도메인 소켓(rild, rild-debug)을 가지고 있다. 표 1-25는 유닉스 도메인 소켓 rild와 rild-debug의 속성을 정리하였다.

표 1-25 유닉스 도메인 소켓 rild와 rild-debug의 속성

Name	Type	Perm	User	Group
rild	stream	660	root	radio
rild-debug	stream	660	radio	system

유닉스 도메인 소켓을 위한 파일은 그림 1-43에서 보는 것과 같이 /dev/socket에서 확인할 수 있다.

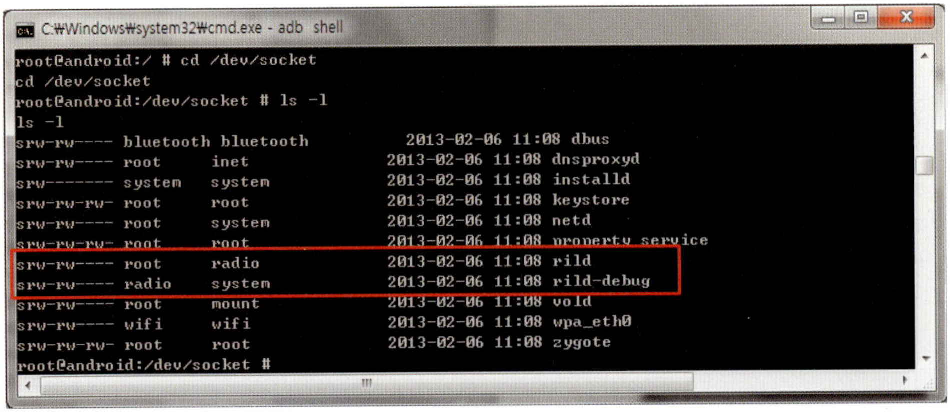

그림 1-43 /dev/socket의 예

생성된 /dev/socket의 rild와 rild-debug 파일 속성을 보면 코드 1-43에서 정의된 rild와 rild-debug 파일의 속성과 동일한 것을 알 수 있다.

⦿ init 프로세스의 데몬 프로세스 생성

init 프로세스는 새로운 프로세스를 fork하며 새롭게 생성된 자식 프로세스는 exec() 계열 함수의 호출을 통해 새로운 바이너리 이미지를 프로세스에 올린다.

그림 1-44는 init 프로세스의 데몬 프로세스 생성 방법에 대한 설명이다.

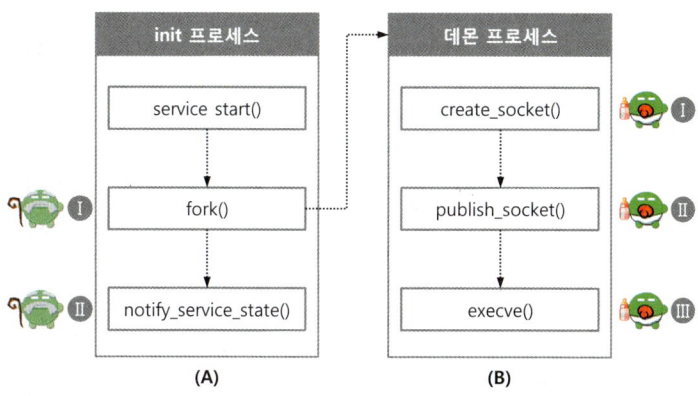

그림 1-44 init 프로세스의 데몬 프로세스 생성

그림 1-44의 (A)는 init 프로세스의 실행 흐름을, (B)는 자식 프로세스(이후 데몬 프로세스)의 실행 흐름을 개괄적으로 보여준다. init 프로세스는 init.rc에서 파싱된 Service 섹션의 데몬 프로세스를 생성하기 위해 service_start() 함수를 호출한다.

코드 1-45는 service_start() 함수에서 실제 init 프로세스의 실행 코드에 대한 설명이다.

```
void service_start(struct service *svc, const char *dynamic_args) {
    pid_t pid;
    ...
    pid = fork();                                        ❶

    if(pid == 0) {
        // 자식 프로세스의 처리
    }
```

```
    if (pid < 0) {
        ERROR("failed to start '%s'\n", svc->name);
        svc->pid = 0;
        return;
    }
    ...
    if (properties_inited())
        notify_service_state(svc->name, "running"); ──❷
}
```

📁 system/core/init/init.c

코드 1-45 init 프로세스의 service_start() 함수

❶ fork() 함수 호출

init 프로세스는 fork() 함수를 호출하여 init.rc의 Service 섹션에 기술된 프로세스를 생성한다. 이렇게 생성된 프로세스는 execve() 함수를 호출하여 새로운 프로그램을 실행한다. fork() 함수의 반환 값이 -1이라면 ❷의 과정을 생략하고 service_start() 함수의 실행을 멈춘다.

❷ notify_service_state() 함수 호출

fork() 함수를 호출한 후 부모 프로세스에 반환된 값이 정상적이라면(즉, 0보다 큰 값이 반환되었다면) 자식 프로세스가 무사히 실행되었으므로 프로퍼티의 값을 변경하여 데몬 서비스의 상태를 "running" 상태로 변경한다.

그림 1-45는 adb shell getprop 명령을 이용하여 RIL 데몬 서비스(ril-daemon)의 상태를 확인하는 방법에 대한 설명이다.

그림 1-45 데몬 서비스의 상태

● execve() 함수를 이용한 데몬 프로세스의 실행

코드 1-46은 service_start() 함수에서 init 프로세스가 fork() 함수를 호출한 후 자식 프로세스의 실행 코드에 대한 설명이다. fork() 함수가 성공적으로 실행된다면 자식 프로세스에 반환되는 pid는 0이므로 service_start() 함수 내 자식 프로세스의 실행 흐름을 구분할 수 있다.

```
void service_start(struct service *svc, const char *dynamic_args) {
    pid_t pid;

    // 자식 프로세스 생성
    pid = fork();

    if (pid == 0) {
        struct socketinfo *si;
        ...

        for (si = svc->sockets; si; si = si->next) {
            int socket_type = (!strcmp(si->type, "stream") ? SOCK_STREAM :
                    (!strcmp(si->type, "dgram") ? SOCK_DGRAM : SOCK_SEQPACKET));
            int s = create_socket(si->name, socket_type,
                    si->perm, si->uid, si->gid);                        ─❶
            if (s >= 0) {
                publish_socket(si->name, s);                            ─❷
            }
        }

        ...

        if (!dynamic_args) {
            if (execve(svc->args[0], (char**) svc->args, (char**) ENV) < 0) {  ─❸
                ERROR("cannot execve('%s'): %s\n", svc->args[0], strerror(errno));
            }
        } else {
            ...
        }
        _exit(127);
    }
    ...
```

}

📁 system/core/init/init.c

코드 1-46 자식 프로세스의 service_start() 함수

1-46
❶ 🐢 유닉스 도메인 소켓 생성

자식 프로세스는 service_start() 함수의 인자인 svc로부터 소켓의 종류, 이름, 그룹 ID, 유저 ID 등을 전달받아 해당 속성을 갖는 유닉스 도메인 소켓을 생성한다.

코드 1-47은 자식 프로세스가 유닉스 도메인 소켓을 생성하기 위해 사용하는 create_socket() 함수에 대한 설명이다.

```
int create_socket(const char *name, int type, mode_t perm, uid_t uid, gid_t gid) {
    struct sockaddr_un addr;
    int fd, ret;

    fd = socket(PF_UNIX, type, 0);                                          ── 1-1 🐢

    memset(&addr, 0 , sizeof(addr));
    addr.sun_family = AF_UNIX;
    snprintf(addr.sun_path, sizeof(addr.sun_path), ANDROID_SOCKET_DIR"/%s", name); ── 1-2 🐢

    ret = unlink(addr.sun_path);                                            ── 1-3 🐢
    ret = bind(fd, (struct sockaddr *) &addr, sizeof (addr));               ── 1-4 🐢
    chown(addr.sun_path, uid, gid);                                         ── 1-5 🐢
    chmod(addr.sun_path, perm);                                             ── 1-6 🐢

    return fd;
}
```

📁 system/core/init/util.c

코드 1-47 자식 프로세스의 create_socket() 함수

1-1 유닉스 도메인 소켓 생성

socket() 함수의 domain 인자를 PF_UNIX로 설정하여 유닉스 도메인 소켓을 생성한다. 또한, socket() 함수의 type 인자는 코드 1-43과 같이 init.rc의 RIL 데몬 섹션에서 SOCK_STREAM, SOCK_DGRAM 등의 타입으로 지정할 수 있다.

1-2 유닉스 도메인 소켓용 파일 설정

유닉스 도메인 소켓용 파일을 설정한다. ex) /dev/socket/rild

1-3 예전 유닉스 도메인 소켓용 파일을 삭제

프로세스가 재시작하는 경우를 고려하여 이전에 사용했던 유닉스 도메인 소켓을 위해 사용하는 파일을 unlink() 함수를 호출하여 삭제한다.

1-4 유닉스 도메인 소켓용 파일을 주소로 바인딩

❶에서 생성된 유닉스 도메인 소켓과 **❷**에서 작성된 유닉스 도메인 소켓용 파일을 결합하기 위해 bind() 함수를 호출한다.

1-5 유닉스 도메인 소켓의 소유권 변경

그림 1-43에서 /dev/socket/rild의 uid(root), gid(radio)의 예와 같이 유닉스 도메인 파일의 uid, gid를 변경한다.

1-6 유닉스 도메인 소켓의 퍼미션 변경

그림 1-43에서 /dev/socket/rild의 퍼미션이 660인 것과 같이 유닉스 도메인 파일의 퍼미션을 변경한다.

❷ 생성된 유닉스 도메인 소켓을 저장하기

❶의 creat_socket() 함수에 의해 생성된 유닉스 도메인 소켓은 데몬 프로세스가 어떻게 사용할 수 있을까? 안드로이드는 프로세스가 생성될 때 유닉스 도메인 소켓을 환경변수에 저장하여 나중에 필요할 때 환경변수로부터 유닉스 도메인 소켓을 가져오는 방법을 사용한다.

코드 1-48의 publish_socket() 함수는 유닉스 도메인 소켓의 이름과 파일 기술자를 파라미터로 받아 "key=value"의 형태로 환경 변수의 리스트를 만드는 역할을 수행한다. 이를 위해서 publish_socket() 함수는 add_environment() 함수를 호출하며 ENV[]에 유닉스 도메인

소켓의 이름과 실제 유닉스 도메인 소켓의 파일 기술자(fd)를 "key=value" 형태로 저장한다.

```c
static void publish_socket(const char *name, int fd) {
    char key[64] = ANDROID_SOCKET_ENV_PREFIX;
    char val[64];

    strlcpy(key + sizeof(ANDROID_SOCKET_ENV_PREFIX) - 1,
        name,
        sizcof(key) - siof(ANDROID_SOCKET_ENV_PREFIX));    — 2-1
    snprintf(val, sizeof(val), "%d", fd);                  — 2-2
    add_environment(key, val);                             — 2-3
    fcntl(fd, F_SETFD, 0);                                 — 2-4
}
```

📁 system/core/init/init.c

코드 1-48 자식 프로세스의 publish_socket() 함수

1-48

2-1 key 스트링 생성

유닉스 도메인 소켓의 이름(xxx)을 "ANDROID_SOCKET_xxxx"과 같은 형태의 스트링으로 만든다. (ex. "ANDRROID_SOCKET_rild")

1-48

2-2 val 스트링 생성

환경변수는 모두 스트링으로 저장되기 때문에 정수형인 유닉스 도메인 소켓의 파일 기술자를 스트링 형태로 만든다.

1-48

2-3 add_environment() 함수 호출

add_environment() 함수는 포인터의 배열 ENV에 "key=value" 스트링 형태로 유닉스 도메인 소켓의 이름과 파일 기술자를 저장한다.

그림 1-46은 add_environment() 함수에 의해 "key=value" 스트링 형태로 저장되는 RIL 데몬의 유닉스 도메인 소켓의 이름과 파일 기술자를 보여준다.

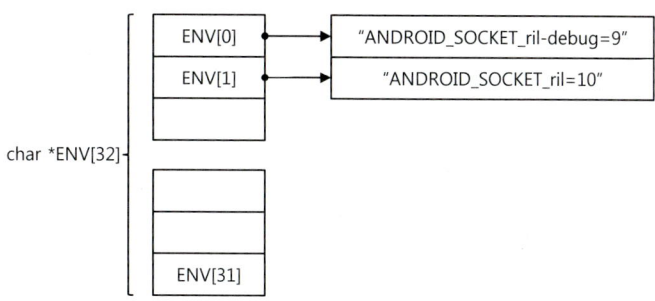

그림 1-46 add_environement() 함수의 기능

2-4 파일 기술자의 모든 플래그를 클리어

fcntl() 함수를 이용하여 유닉스 도메인 소켓 파일 기술자의 플래그를 모두 클리어한다.

③ execve() 함수를 이용하여 새로운 프로세스 실행하기

init 프로세스가 자식 프로세스를 생성한 후 자식 프로세스는 execve() 함수를 호출하여 실행되길 원하는 새로운 프로세스의 이미지로 변환한다. 즉 현재 자식 프로세스의 메모리를 새로운 프로세스가 사용하게 된다.

코드 1-49는 execve() 함수에 대한 설명이다.

```
#include <unistd.h>
int execve(const char *path, char *argv[], char * envp[]);
반환 값: 실패 시 -1을 반환하고 errno를 설정한다.
```

코드 1-49 execve() 함수

execve() 함수는 path에 지정된 파일을 실행하며 argv와 envp를 인자로 전달한다. argv 인자와 envp 인자는 "key=value" 형태로 구성된 스트링을 포인터의 배열 형태로 전달하며 배열의 마지막은 항상 NULL 문자를 저장해야 한다. argv 인자는 주로 명령행의 인자들을 전달하는 역할을 한다. exec 계열 함수 중에 evecve() 함수는 특이하게 envp 인자에 "key=value"형태의 환경 변수를 전달할 수 있으며 이렇게 전달된 환경 변수는 /proc/$pid/environ에 업데이트된다. 이후 프로세스는 리눅스의 getenv() 함수를 이용하여

자신의 환경변수들 중에 key 값에 해당하는 value를 획득할 수 있다. execve() 함수가 path에 지정된 실행 파일을 메모리에 로딩하고 실행하면 그림 1-47과 같이 유저 스택을 설정한 다음, 실행 파일의 main() 함수를 호출한다. main() 함수의 세 인자 argc, argv 그리고 envp는 그림 1-47과 같이 유저 스택에 저장된 상태로 전달된다.

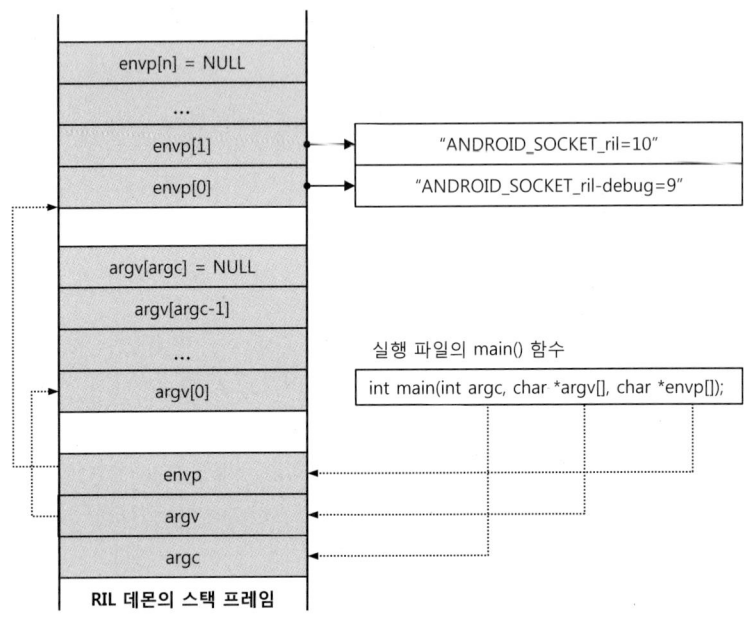

그림 1-47 RIL 데몬이 실행될 때 스택 프레임의 구조의 예

1.5.3절에서 execev() 함수의 envp 인자에 전달된 환경 변수가 어떻게 사용되는지 좀 더 자세히 설명한다.

1.5.3 데몬 프로세스와 멀티-클라이언트 간 통신

안드로이드 부팅 시 init 프로세스는 init.rc를 읽어 특정 데몬 프로세스를 위한 유닉스 도메인 소켓을 생성하였다. 생성된 유닉스 도메인 소켓은 데몬 프로세스와 다른 프로세스 간의 IPC를 위해 사용된다. 데몬 프로세스가 유닉스 도메인 소켓을 이용하여 다른 프로세스와 통신하기 위해선 인터넷 소켓과 달리 다음과 같이 멀티 클라이언트에 대해 고려되어야 한다.

◉ 서버와 클라이언트 간 1대1 통신을 위한 전용 소켓 경로

인터넷 소켓의 경우, IP 프로토콜의 Source IP 주소 필드를 통해 클라이언트 주소를 알아낼 수 있다. 즉, 멀티 클라이언트 환경에서도 서버는 IP 프로토콜을 이용하여 어떤 클라이언트가 패킷 데이터를 보내는지 알 수 있다. 하지만 유닉스 도메인 소켓은 기본적으로 클라이언트를 어드레싱할 수 있는 주소가 없으므로 서버는 단지 클라이언트와 데이터를 교환할 수 있는 파일 경로만을 가지고 있을 뿐이다.

클라이언트가 패킷 데이터에 클라이언트를 어드레싱할 수 있는 정보를 보낸다고 하더라도 해당 클라이언트에 응답하기 위해 패킷 데이터를 보낼 수 있는 수단이 없다. 유닉스 도메인 소켓은 IP 계층이 없으므로 주소에 따라 해당 클라이언트로 패킷 데이터를 라우팅할 수 있는 기능이 아예 존재하지 않기 때문이다. 따라서 유닉스 도메인 소켓을 이용해 통신을 하는 서버는 클라이언트마다 1대1 통신을 위한 서버-클라이언트 간 전용 소켓을 생성해야 한다. 즉 서버가 멀티 클라이언트 N개와 통신하려면 N개의 유닉스 도메인 소켓이 필요하다.

◉ 서버와 클라이언트 간 전용 소켓 경로

인터넷 소켓과 달리 유닉스 도메인 소켓을 이용하는 서버는 멀티클라이언트를 지원하기 위해 서버-클라이언트 간의 통신을 위한 전용 소켓 파일 경로를 미리 예약해야 한다. 서버와 클라이언트 모두 각각의 종단점(End-Point)를 향해 패킷을 보내는 것이 아니라 전용 파일 경로를 이용하여 패킷을 주고받으므로 서버와 클라이언트는 사전에 어떠한 전용 파일 경로로 통신을 할지 정해야 한다. 일반적으로 서버와 같은 시스템상에 있는 클라이언트의 개수는 한정되어 있기 때문에 클라이언트마다 서버와 통신할 수 있는 전용 소켓 경로를 지정하여 해결한다.

데몬 프로세스는 서버 프로그램의 일종으로 멀티 클라이언트 프로그램과 유닉스 도메인 소켓을 이용하여 통신을 한다. 1.5.2절에서 데몬 프로세스의 유닉스 도메인 소켓은 init.rc의 Service 섹션의 option에 따라 init 프로세스에 의해서 생성됨을 알 수 있다. 따라서 데몬 프로세스가 직접 유닉스 도메인 소켓을 생성하지 않기 때문에 전용 소켓 경로에 해당하는 파일 기술자를 알지 못한다. 그러면 여기서 데몬 프로세스는 특정 프로세스와 IPC가 필요할 때 어떻게 해당 유닉스 도메인 소켓을 찾을 수 있을까?

안드로이드는 소켓 이름으로 유닉스 도메인 소켓을 찾기 위한 도구로 android_get_control_socket()[13] 인라인 함수를 제공한다. 코드 1-50은 RIL 데몬이 인라인 함수 android_get_control_socket() 함수를 이용하여 Phone 애플리케이션과 통신을 위한 유닉스 도메인 소켓의 파일 기술자를 찾는 방법에 대한 예제이다.

```
#define SOCKET_NAME_RIL "rild"                                          ①
static int s_fdDebug = -1;
extern "C" void RIL_Register(const RIL_RadioRunctions *callbacks) {
    ...
    s_fdListen = android_get_control_socket(SOCKET_NAME_RIL);           ②
    ...

}
```

📁 hardware/ril/liril/ril.cpp

코드 1-50 RIL 데몬과 Phone 애플리케이션 간의 소켓 획득

1-50
❶ SOCKET_NAME_RIL

SOCKET_NAME_RIL 매크로로 정의된 "rild"는 RIL 데몬과 Phone 애플리케이션 간 통신을 위해 생성된 소켓 파일명이다. 사용되는 소켓 파일은 그림 1-54에서 보는 것과 같이 /dev/socket/rild에 위치한다.

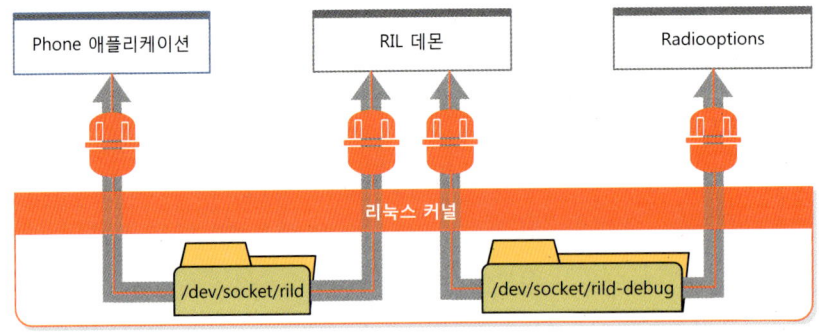

그림 1-48 /dev/socket/rild 파일

13 · system/core/include/cutils/Sockets.h

❷ 유닉스 도메인 소켓 기술자의 획득

android_get_control_socket() 함수를 이용하여 RIL 데몬과 Phone 애플리케이션 간 통신을 위해 사용할 유닉스 도메인 소켓 기술자를 획득한다. RIL_Register() 함수에 대한 설명은 2장에서 자세히 설명한다.

코드 1-51은 android_get_control_socket() 인라인 함수에 대한 설명이다.

```c
#define ANDROID_SOCKET_ENV_PREFIX    "ANDROID_SOCKET_"

static inline int android_get_control_socket(const char *name) {
    char key[64] = ANDROID_SOCKET_ENV_PREFIX;
    const char *val;
    int fd;

    strlcpy(key + sizeof(ANDROID_SOCKET_ENV_PREFIX) - 1,
            name,
            sizeof(key) - sizeof(ANDROID_SOCKET_ENV_PREFIX));    ── ❷-1

    val = getenv(key);                                            ── ❷-2
    if (!val)
        return -1;

    errno = 0;
    fd = strtol(val, NULL, 10);                                   ── ❷-3
    if (errno)
        return -1;

    return fd;                                                    ── ❷-4
}
```

📁 system/core/include/cutils/socket.h

코드 1-51 android_get_control_socket() 함수

❷-1 key 값 스트링 생성

환경변수 리스트에 "key=value" 형태로 저장된 유닉스 도메인 소켓 기술자를 찾기 위해 먼저 유닉스 도메인 소켓용 key 값 스트링을 만든다. key 값은 key 값을

위한 배열에 "ANDROID_SOCKET_<name>"과 같은 이름으로 저장된다. (ex. "ANDROID_SOCKET_rild")

2-2 해당 Key 값에 매핑되는 유닉스 도메인 소켓 기술자 획득

프로세스는 환경 변수 리스트에서 원하는 변숫값을 얻기 위해 코드 1-52와 같은 getenv() 함수를 사용한다.

```
#include<stdlib.h>
char *getenv(const char *name);
```

코드 1-52 getenv() 함수

getenv() 함수는 환경 변수의 리스트로부터 해당 key 값에 대응하는 value를 반환한다. 예를 들어, getenv() 함수의 인자로 "ANDROID_SOCKET_<name>"를 입력하면 getenv() 함수는 현재 프로세스의 환경 변수 리스트로부터 name 값(key)에 매핑되어 있는 유닉스 도메인 소켓 기술자(value)를 찾아 반환한다. 이와 같은 방법으로 데몬 프로세스는 getenv() 함수를 이용하여 init 프로세스가 생성한 유닉스 도메인 소켓을 찾을 수 있다. 그림 1-49는 getenv() 함수가 환경 변수 리스트로부터 key 값에 대응하는 값을 검색하는 방법에 대한 예제이다.

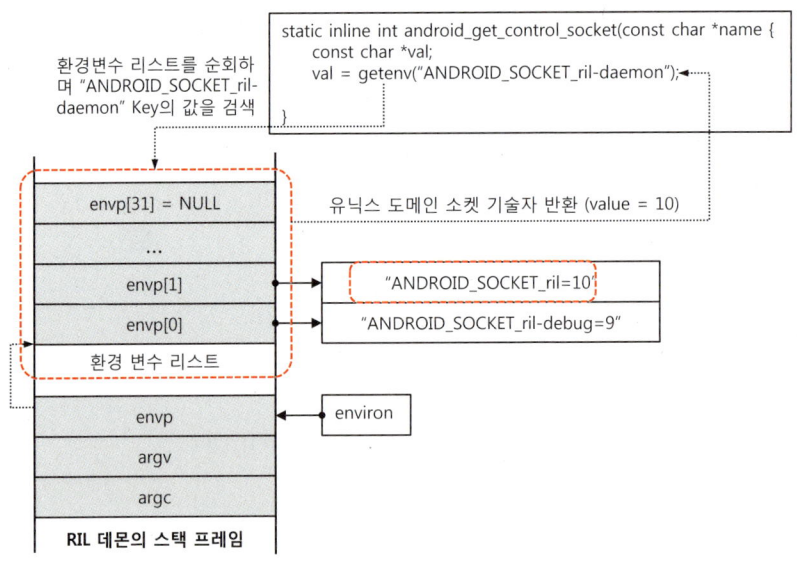

그림 1-49 getenv() 함수의 동작

2-3 파일 기술자 스트링을 10진수로 변환

2-2에서 획득한 유닉스 도메인 소켓 기술자는 정수값이 아닌 스트링 값으로 실제로 유닉스 도메인 소켓을 사용하기 위해서는 strtol() 함수를 이용하여 정수값으로 변환해야 한다.

2-4 유닉스 도메인 소켓 기술자를 반환

android_get_control_socket() 함수를 호출하면 최종적으로 소켓 이름과 매핑되는 유닉스 도메인 소켓 기술자를 반환한다.

> TIP - /proc 디렉터리에서 데몬 프로세스의 유닉스 도메인 소켓의 파일 기술자 찾기
>
> ▶ 1. PS를 이용하여 데몬 프로세스의 pid를 찾는다.
>   ex)RIL 데몬의 pid
>
> ▶ 2. /proc/<데몬 pid>/environ 파일을 읽는다.
>   ex) cat /proc/<RIL 데몬의 pid>/environ
>
> ▶ 3. ANDROID_SOCKET_*에 매핑되어 있는 유닉스 도메인 소켓의 파일 기술자를 찾는다.
>   ex) ANDROID_SOCKET_rild-debug=10, ANDROID_SOCKET_rild=11
>
> 그림 1-50은 실제 RIL 데몬의 환경 변수의 리스트로부터ANDROID_SOCKET_rild-debug=10, ANDROID_SOCKET_rild=11를 찾는 과정에 대한 예제이다.
>
>
>
> 그림 1-50 /proc/<pid>/environ 파일

02
RIL
Radio Interface Layer

　RIL(Radio Interface Layer)은 모뎀을 안드로이드로부터 분리하고 모뎀을 제어하는 표준 인터페이스를 안드로이드에 제공하는 일종의 HAL이다. RIL은 크게 안드로이드가 제공하는 RIL 데몬과 모뎀 벤더가 제공하는 벤더 RIL 라이브러리로 구성되어 있다.

　RIL 데몬은 벤더 RIL을 동적으로 로딩하여 모뎀을 제어하고 모뎀으로부터 응답을 수신한다. 본 장에서는 안드로이드 RIL의 구조, RIL 데몬의 초기화 그리고 RIL 이벤트 스케줄러의 RIL 이벤트 처리 메커니즘에 대해서 소개한다.

안드로이드 폰은 크게 모바일 네트워크와 통신하는 기능을 담당하는 모뎀(Modem)[1]과 안드로이드를 구동하는 AP(Application Processor)로 구성되어 있다. AP에서 동작하는 안드로이드 애플리케이션은 모바일 네트워크를 통해 발신 전화를 걸거나 인터넷에 접근하기 위해서 모뎀의 도움을 받아야 한다. 이를 위해 AP는 모뎀에 서비스를 요청하고 그에 대한 응답을 처리할 수 있는 메커니즘이 필요하다. 다음은 안드로이드에서 AP가 모뎀을 제어하기 위해 고려해야 할 사항이다.

첫째, 안드로이드는 특정 AP와 모뎀에 의존하지 않고 하드웨어 독립적인 플랫폼을 구현하기 위한 HAL(Hardware Abstraction Layer)이 필요하다.

둘째, 안드로이드는 GSM 또는 CDMA 네트워크의 종류에 관계없이 AP가 모뎀을 제어하기 위해 공통적인 제어 방법을 제공해야 한다.

안드로이드의 RIL은 AP와 모뎀 사이에 존재하는 HAL로써 AP가 모뎀을 제어하는 방법을 제공한다. 본 장에서는 안드로이드의 RIL이 모뎀을 어떻게 추상화하며 모뎀을 제어하기 위해 어떤 메커니즘을 제공하는지 설명하도록 한다.

2.1 RIL(Radio Interface Layer)의 소개

안드로이드 RIL은 말 그대로 AP가 모뎀을 제어할 수 있도록 Radio 인터페이스를 제공하는 HAL이다. 안드로이드 RIL은 텔레포니 프레임워크와 모뎀 간의 HAL을 제공하며, 안드로이드 플랫폼과 모뎀을 분리하여 다양한 모뎀에 손쉽게 포팅할 수 있도록 한다.

2.1.1 RIL 소개

RIL은 모뎀을 추상화시켜 안드로이드 플랫폼이 모뎀에 따라 변경되는 것을 최소화한다. 안드로이드의 RIL은 모뎀에 관계없이 안드로이드에게 공통적인 인터페이스를 제공한다. 즉 안드로이드 플랫폼과 모뎀의 의존성을 최소화한다. 예를 들어, 그림 2-1에서 퀄컴의 모뎀이나 르네사스 모바일의 모뎀처럼 각기 다른 모뎀을 사용하여 모바일 폰을 개발하는 경우에도 각 벤더에서 안드로이드 표준 RIL에 맞는 벤더 RIL을 제공해 주면 안드로이드 플랫폼은 모뎀

---

1 모뎀의 또 다른 명칭으로 CP(Communication Processor) 또는 Baseband Processor를 사용하기도 한다. 본서에서는 모뎀으로 통일하였다.

벤더에 큰 영향을 받지 않는다. 또한, 안드로이드 RIL은 GSM, WCDMA, LTE, CDMA 등 모뎀 디바이스가 지원하는 네트워크에 상관없이 공통의 라디오 인터페이스를 안드로이드에 제공한다.

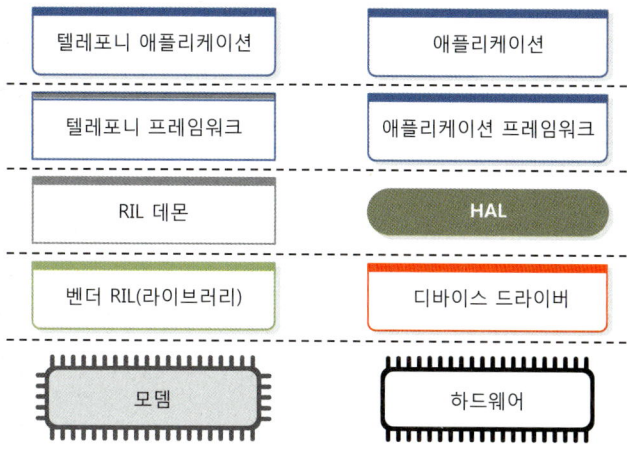

그림 2-1 안드로이드의 라디오 인터페이스 레이어

2.1.2 AP와 모뎀 간 상호 작용

AP와 모뎀 간 상호 작용은 AP의 모뎀 서비스 요청에 의해서 모뎀 서비스 응답이 오는 요청 및 응답 방식과 모뎀이 자발적으로 AP에 통지하는 통지 방식이 있으며 각각 Solicited 명령과 Unsolicited 명령으로 나눌 수 있다.

그림 2-2는 AP와 모뎀 사이에 Solicited 명령(RIL req 및 RIL resp) 방식과 Unsolicited 명령(RIL ind) 방식에 대한 설명이다.

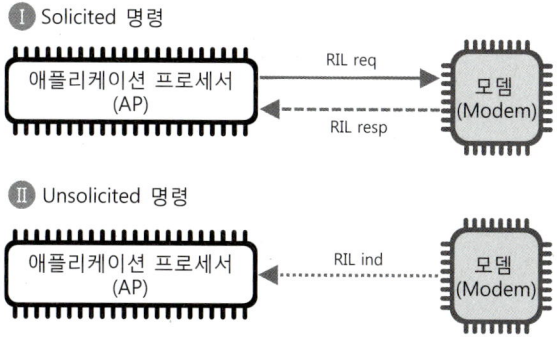

그림 2-2 Solicited 명령 방식과 Unsolicited 명령 방식의 차이

❶ Solicited 명령 (RIL req 및 RIL resp)

AP가 모뎀에 서비스를 요청하는 동작을 Solicited 명령이라고 하며 모뎀은 Solicited 명령에 대한 응답을 AP에 보내는데 이것을 Solicited 응답이라고 한다. 본서에서는 AP가 모뎀에 서비스를 요청하는 동작을 RIL req, 모뎀이 서비스 요청에 대한 응답을 RIL resp로 정의한다.

❷ Unsolicited 명령 (RIL ind)

AP의 서비스 요청이 없어도 모뎀이 스스로 모뎀 상태의 변경 및 네트워크 상태의 변경을 AP에 알리는 동작을 Unsoclited 명령 또는 Unsolciited 응답이라고 한다. 본서에서는 모뎀이 AP에 자발적으로 통지하는 동작을 RIL ind로 정의한다.

그림 2-3에서 보는 것과 같이 AP에서 실행되는 안드로이드는 통신 관련 텔레포니 스택을 구현하여 각종 애플리케이션에 셀룰러 네트워크를 이용한 서비스를 제공한다. 하지만 안드로이드는 모뎀 제어에 대한 인터페이스만 정의하고 GSM, UMTS 및 LTE 네트워크와 통신하기 위한 프로토콜 스택은 모뎀 내에 구현된다. 실제 모뎀은 셀룰러 네트워크와 통신하여 Call 제어, SMS, 각종 SS(Supplementary Service), Data 서비스 등을 수행한다.

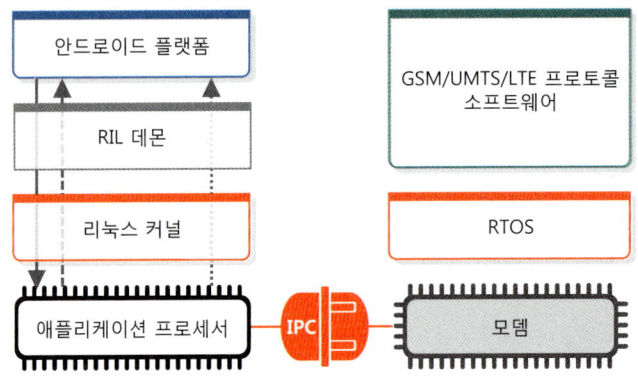

그림 2-3 AP의 안드로이드 플랫폼과 모뎀의 프로토콜 소프트웨어

모뎀은 AP로부터 각종 서비스 요청을 받아 그 처리 결과를 AP의 안드로이드 텔레포니 스택에 전달하는 역할을 담당한다. 모뎀의 프로토콜 스택 관련 구현 사항은 모뎀 벤더에 따라 다르며 모뎀 벤더의 고유 자산이므로 공개되지 않는다. 본서에서는 벤더 RIL을 제외한 안드로이드 텔레포니 스택의 구현을 중심으로 서술한다.

2.1.3 AP와 모뎀 간의 통신: RIL 명령

안드로이드의 RIL은 AP가 모뎀을 제어하기 위해 RIL 명령을 제공한다. 안드로이드의 RIL 명령은 ril.h[2]에 정의되어 있다. ril.h는 각 RIL 명령마다 모뎀의 요청 및 응답을 구체적으로 정의하고 있다.

◉ RIL 명령의 정의

RIL 명령은 텔레포니 프레임워크와 RIL에 각각 정숫값으로 정의되어 있으며, RIL 명령은 텔레포니 프레임워크와 RIL에 모두 같은 값으로 정의되어야 한다. 새로운 RIL 명령을 추가하려면 텔레포니 프레임워크의 RILConstants.java와 RIL의 ril.h에 동일하게 추가해야 한다. 안드로이드의 RIL은 젤리빈 플러스(4.2) 버전에서 108개의 Solicited RIL 명령 과 36개의 Unsolicited RIL 명령을 제공한다[3].

```
/**
 * RIL_REQUEST_DIAL
 *
 * Initiate voice call
 *
 * "data" is const RIL_Dial *
 * "response" is NULL
 *
 * This method is never used for supplementary service codes
 *
 * Valid errors:
 *  SUCCESS
 *  RADIO_NOT_AVAILABLE (radio resetting)
 *  GENERIC_FAILURE
 */
#define RIL_REQUEST_DIAL 10
...
/**
 * RIL_UNSOL_SIGNAL_STRENGTH
 *
```

---

2 /hardware/ril/include/telephony/ril.h
3 초창기 버전인 컵케익(1.5) 버전의 Solicited RIL 명령은 103개, Unsolicited RIL 명령은 29개였다.

```
 * Radio may report signal strength rather han have it polled.
 *
 * "data" is a const RIL_SignalStrength *
 */
#define RIL_UNSOL_SIGNAL_STRENGTH   1009
...
```

📁 hardware/ril/include/telephony/ril.h

코드 2-1 ril.h의 RIL 명령

코드 2-1의 ril.h는 RIL req(Solicited) 명령을 RIL_REQUEST_*로 RIL ind(Unsolicited) 명령을 RIL_UNSOL_*과 같은 이름으로 정의하며 RIL 명령마다 유일한 ID를 부여한다.

안드로이드 텔레포니 프레임워크는 모뎀에 서비스를 요청할 때 위와 같은 ID로 각 서비스를 구별한다. RIL 명령은 표 2-1과 같은 몇 개의 세부 그룹으로 구분할 수 있다.

표 2-1 RIL 명령의 세부 그룹

RIL 명령	세부 그룹
RIL req(Solicited) 명령	• SIM PIN, IO, IMSI/IMEI • Call Control (dial, hangup, answer 등) • Network 상태 질의 • Network 설정(Barring, Forwarding, Waiting 등) • SMS • PDP 연결 • Supplementary Service(부가 서비스) • 그 밖에 벤더 및 OEM 제조사 정의 명령 등
RIL ind(Unsolicited) 명령	• 네트워크 상태의 변화 • 새로운 SMS 알림 • 새로운 USSD 알림 • 신호세기 • NITZ 등 • 그 밖에 벤더 및 OEM 제조사 정의 명령 등

◉ RIL 명령과 AT 명령 간의 관계

AP가 모뎀과 통신하려면 모뎀 제어를 위한 통신 프로토콜이 정의되어야 한다. 3gpp는 AP와 모뎀 간에 통신을 위해서 3gpp TS 27.004 문서에 모뎀 제어를 위한 AT 명령어를 정의하였다. 3gpp의 GSM, WCDMA 및 LTE 프로토콜을 구현한 모뎀은 기본적으로 AT 명령어를 지원해야 한다.

> **TIP - AT 명령어란?**
>
> AT 명령어는 미국 헤이즈 마이크로 컴퓨터(Hayes Microcomputer products)의 스마트 모뎀 및 그 호환 모뎀을 제어하기 위한 명령이었지만 현재는 사실상의 표준(De Facto)이 되어 거의 모든 모뎀 제어에 사용되고 있다. 모뎀은 수신된 모든 AT 명령에 대한 응답을 보내기로 되어 있다. 응답의 포맷은 ASCII 문자열 또는 숫자이며 응답 타입은 명령에 따라 바뀔 수 있다.

안드로이드 플랫폼 입장에서 AT 명령은 모뎀을 제어하기 위한 방법으로 적합하지 않다. 왜냐하면, GSM 모뎀이나 CDMA 모뎀에 따라 사용하는 AT 명령이 다르고 모두 축약어 형태로 되어 있기 때문에 사용자가 사용하기엔 불편한 점이 많다. 이를 해결하기 위해 안드로이드는 모뎀 제어를 위해 RIL 명령을 정의한다. 즉, 안드로이드는 모뎀을 제어하기 위해서 직접 AT 명령을 사용하지 않고 AT 명령에 대응하는 RIL 명령만 정의한다. 그러면 각 모뎀 벤더는 안드로이드 RIL 명령에 대응하는 벤더 RIL을 제공한다[4]. 따라서 안드로이드가 RIL 명령, 모뎀 동작, 요청 및 응답 포맷을 정의하면 물리적으로 모뎀이 바뀌거나 모뎀의 구현이 수정되더라도 벤더 RIL에서 해당 명령만을 추가 또는 수정한다면 모뎀에 따라 안드로이드 플랫폼의 수정이 필요 없게 된다.

RIL 명령과 AT 명령 간의 관계를 이해하기 위해 안드로이드의 RIL 명령과 AT 명령을 이탈리아 레스토랑의 메뉴판에 비유해 보자.

그림 2-4는 이탈리아 요리(파스타)의 메뉴판을 표현한 것이다. 이탈리아 레스토랑에서 이탈리아어를 잘 모르는 사람들이 "아치니 디 페페"라는 요리를 주문하고 싶다면 이탈리아 요리의 이름을 발음하는데 어려움을 느낄 것이다. 이러한 사람들을 위해 메뉴판에 요리 이름과 매핑되는 메뉴 번호가 제공된다. 따라서 고객은 요리 이름 대신 요리 이름과 대응하는 메뉴 번호 8번을 레스토랑 종업원에게 알려줌으로 자신이 먹기 원하는 "아치니 디 페페"를 주문할 수 있다.

---

[4] 실제로 모뎀 제조사마다 제공하는 모뎀 서비스의 구현 내용이 다르며, 안드로이드가 제공하는 RIL 명령 이외에도 모뎀 제조사가 자체적으로 제공하는 RIL 명령이 추가된다.

메뉴번호	요리이름
1	투루스 처스저
2	탈리에리니
⋮	⋮
7	오키 디 루포
8	아치니 디 페페
⋮	⋮

RIL 명령 → 메뉴번호
AT 명령 → 요리이름

그림 2-4 이탈리아 레스토랑의 메뉴판

 실제로 안드로이드 플랫폼에서 RIL 명령과 AT 명령의 매핑 관계는 그림 2-4와 유사하다. RIL 명령 중에서 발신 전화를 거는 RIL_REQUEST_DIAL 명령을 살펴보자.

 표 2-2는 발신 전화를 거는 RIL 명령과 이에 대응하는 AT 명령을 명령어, 파라미터, 응답 등으로 분류하여 나타낸다. RIL_REQUEST_DIAL 명령은 AT 명령어의 ATD에 대응한다.

 전화 거는 명령은 상대방 전화번호와 CLIR 활성화 여부를 파라미터로 가지며, 이는 AT 명령어의 〈number〉와 〈I〉 옵션에 대응한다. 응답 역시 RIL_REQUEST_DIAL과 AT 명령의 "OK" 응답이 대응한다.

표 2-2 RIL 명령과 AT 명령의 대응관계

	RIL 명령	AT 명령
명령어	RIL_REQUEST_DIAL + 파라미터	ATD〈number〉[〈I〉][;]
파라미터	• String address : 전화번호 • int clirMode : CLIR 활성화 또는 비활성화	• 〈number〉 : 전화번호 또는 GSM 코드 • 〈I〉 : "I"는 CLIR 활성화, "i"는 CLIR를 비활성화
응답	RIL_REQUEST_DIAL + 파라미터	"OK"

2.2 RIL의 구조

안드로이드 RIL은 기본적으로 RIL 데몬과 벤더 RIL 두 개의 모듈로 구성되어 있다. 텔레포니 프레임워크는 네트워크 접근, 착신 전화, SMS 송·수신 및 데이터 연결 등을 필요로 하는 애플리케이션에 텔레포니 API를 제공한다. 애플리케이션의 서비스 요청은 결국 모뎀으로 전달되는데 모뎀은 서비스 요청에 대한 응답을 텔레포니 프레임워크를 통해서 애플리케이션에 전달한다. 모뎀은 실제로 GSM 및 CDMA 프로토콜 스택을 구현하고 네트워크와 통신하여 네트워크에 요청과 그에 상응하는 응답을 주고받는다.

2.2.1 안드로이드 텔레포니 스택

그렇다면 실제로 안드로이드 텔레포니가 모뎀과 어떻게 통신을 하는 것일까? 안드로이드는 안드로이드 텔레포니 프레임워크와 모뎀 사이에 존재하는 RIL이 안드로이드 텔레포니 프레임워크와 모뎀 간의 다리와 같은 역할을 하게 된다. RIL은 텔레포니 프레임워크로부터 들어오는 모든 서비스 요청과 관련된 데이터를 받아 모뎀에 전달한다. RIL은 모뎀으로부터 자발적으로 전달되는 RIL ind와 텔레포니 프레임워크의 RIL req에 대한 RIL resp를 텔레포니 프레임워크에 전달한다. 그림 2-5는 안드로이드 텔레포니 스택의 구조에 대한 설명이다.

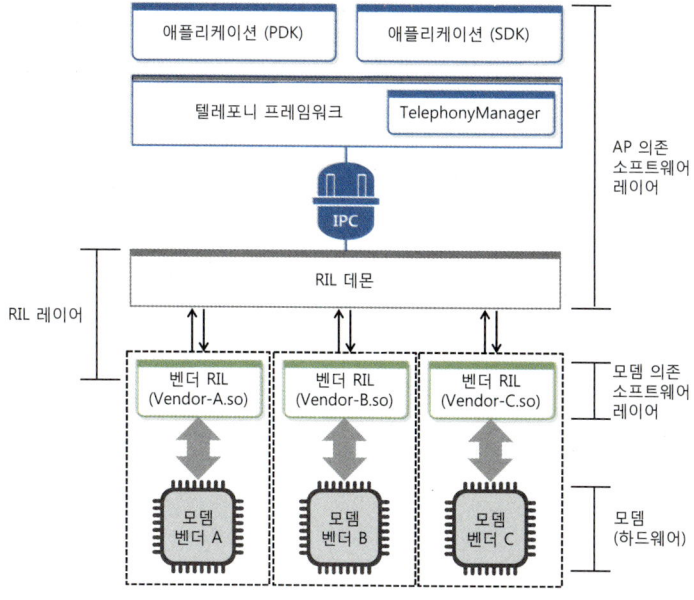

그림 2-5 안드로이드 텔레포니 스택

안드로이드의 텔레포니 스택은 총 네 개의 레이어(애플리케이션, 텔레포니 프레임워크, RIL 그리고 벤더 RIL)로 이루어져 있다. 안드로이드의 텔레포니 프레임워크는 자바 프로세스이고 RIL 데몬과 통신하기 위해 IPC 방법으로 유닉스 도메인 소켓을 이용한다[5]. 텔레포니 프레임워크는 RIL 데몬에게 RIL 명령을 전송하고 RIL 데몬으로부터 RIL 응답을 수신한다.

표 2-3은 안드로이드 텔레포니 스택의 레이어별 구성 요소의 역할에 대한 정리이다. 안드로이드는 모뎀 HAL인 RIL을 제공하여 안드로이드 플랫폼과 모뎀 의존적인 벤더 RIL을 분리하여 물리적인 모뎀의 변경으로 인해 안드로이드 플랫폼이 변경되는 일이 없도록 한다.

표 2-3 안드로이드 텔레포니 스택의 레이어별 구성요소

레이어	설명
애플리케이션	자바 애플리케이션은 텔레포니 프레임워크에서 제공하는 API를 이용하여 모뎀에 접근한다. PDK 애플리케이션은 주로 Phone 애플리케이션, MMS 애플리케이션 등이 있다. SDK로 작성된 애플리케이션은 TelephonyManager를 통해서 안드로이드의 텔레포니 프레임워크에 접근이 가능하다.
텔레포니 프레임워크	텔레포니 프레임워크는 애플리케이션에 Call, SMS, UICC 및 데이터 서비스 관련 API를 제공한다. 애플리케이션이 텔레포니 프레임워크에 서비스를 요청하면 텔레포니 프레임워크는 소켓을 통해서 RIL이 정의한 RIL req를 RIL 데몬에 전달한다. 텔레포니 프레임워크는 또한 RIL 데몬으로부터 전달된 RIL resp 및 RIL ind를 처리하여 그 결과를 애플리케이션에 전달한다.
RIL 데몬	RIL은 안드로이드가 정의한 모뎀 HAL이다. RIL 데몬은 안드로이드와 모뎀 서비스를 연결해 주는 다리와 같은 역할을 한다. RIL 데몬은 송·수신되는 RIL 명령 및 디버깅 요청 등을 모니터링하여 적절히 처리될 수 있도록 RIL 이벤트 스케줄러를 포함한다. RIL 데몬은 벤더 RIL을 이용하여 모뎀을 제어한다.
벤더 RIL	벤더 RIL은 모뎀을 제어하는 소프트웨어로 모뎀 벤더에서 제공한다. 벤더 RIL은 모뎀 벤더에 따라 벤더 의존적인 IPC 방법을 이용하여 모뎀과 실제로 통신하는 역할을 담당한다. 벤더 RIL은 안드로이드가 제공하는 표준 모뎀 제어 인터페이스를 구현한다.

◉ RIL 명령의 전달 경로

그림 2-6은 코드 2-1에서 ril.h의 RIL 명령이 AP의 RIL 데몬으로부터 모뎀에 전달되는 경로에 대한 설명이다. 텔레포니 프레임워크는 모뎀에 발신 전화를 요청하기 위해 발신 전화와 매핑되는 RIL_REQUEST_DIAL(ID=10) 명령을 RIL 데몬에 전달한다. RIL 데몬은 RIL_REQUEST_DIAL을 벤더 RIL에 전달한다.

---

5 이후 본문에 언급하는 소켓은 유닉스 도메인 소켓이라 명시하지 않더라도 소켓은 모두 유닉스 도메인 소켓을 의미한다.

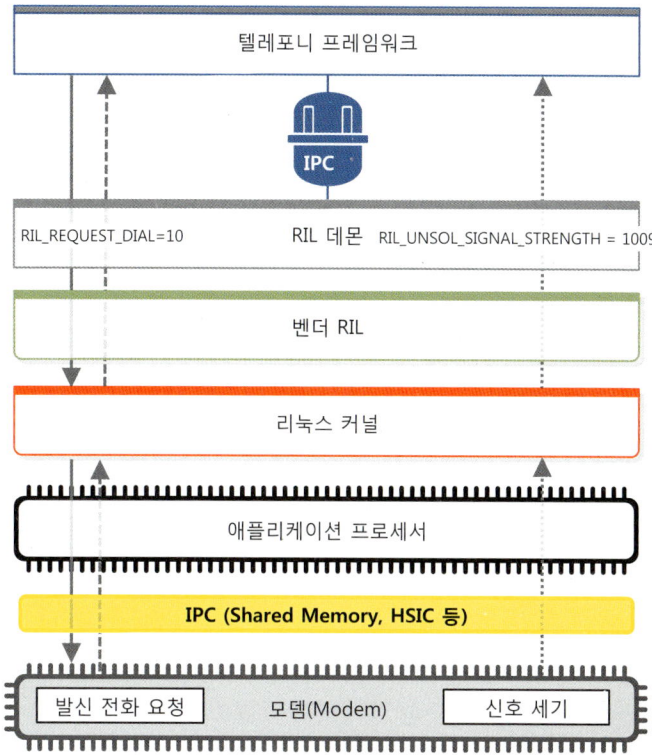

그림 2-6 RIL_REQUEST_DIAL(ID=10)과 RIL_UNSOL_SIGNAL_STRENGTH(ID=1009)

벤더 RIL은 벤더 의존적인 IPC(Inter-Process Communication)를 이용하여 RIL_REQUEST_DIAL에 해당하는 모뎀 제어 명령을 모뎀에 보낸다. 모뎀은 RIL_REQUEST_DIAL과 매핑된 모뎀 제어 명령을 처리하고 그 결과를 IPC를 통해 벤더 RIL에 전달한다. 벤더 RIL은 다시 RIL_REQUEST_DIAL에 대한 응답을 RIL 데몬에 보내고 RIL 데몬은 벤더 RIL로부터 수신한 RIL_REQUEST_DIAL에 대한 응답을 다시 텔레포니 프레임워크에 보낸다.

벤더 RIL은 모뎀으로부터 현재 네트워크의 신호세기를 수신하면 RIL 데몬으로 신호세기에 매핑하는 RIL_UNSOL_SIGNAL_STRENGH(ID=1008) 명령을 전달한다. RIL 데몬은 네트워크의 신호세기를 알리기 위해 RIL_UNSOL_SIGNAL_STRENGH를 텔레포니 프레임워크에 전송한다.

2.2.2 안드로이드 RIL의 모뎀 제어 모델

RIL 데몬은 텔레포니 프레임워크로부터 RIL req를 받아 벤더 RIL을 제어하여 최종적으로 모뎀을 제어하는 역할을 담당한다. RIL 데몬이 모뎀을 제어하려면 다음과 같은 요구 사항이 있다.

- 다중의 프로세스로부터 모뎀 제어 요청을 처리할 수 있어야 한다.
- 다양한 벤더의 모뎀을 지원하며 벤더의 구현에 관계없이 공통 인터페이스를 제공해야 한다.
- 안정적인 AP와 모뎀 간의 통신을 보장해야 한다.

안드로이드는 이러한 요구 사항을 반영하기 위해 모뎀 제어를 위한 데몬 프로그램, 즉 RIL 데몬[6]을 구현하였다. RIL 데몬은 텔레포니 프레임워크와 벤더 RIL에 의해 발생되는 RIL 이벤트를 수신한다. RIL 이벤트는 RIL 데몬의 작업 처리 단위로 그것이 처리되어야 할 시점이 되면 이벤트 스케줄러에 의해 처리된다. 다음은 RIL 데몬의 구현에 대한 설명이다.

1. 데몬의 구조

    RIL 데몬은 모뎀 서비스를 원하는 애플리케이션의 서비스 요청을 받아 처리해야 한다. RIL 데몬은 백그라운드에서 실행하면서 애플리케이션의 서비스 요청을 받아 벤더 RIL을 제어하여 모뎀 서비스를 요청한다. 또한, RIL 데몬은 모뎀으로부터의 서비스 응답을 받아 모뎀 서비스를 요청한 애플리케이션으로 전달한다.

2. RIL 데몬과 애플리케이션 간의 통신

    애플리케이션은 RIL 데몬에 모뎀 서비스를 요청한다. 이때 애플리케이션은 RIL 데몬과 어떻게 통신할 수 있을까? RIL 데몬과 애플리케이션은 각기 다른 프로세스이므로 프로세스 간의 통신을 위해 적합한 IPC 방법을 사용해야 한다.

    안드로이드는 바인더와 같은 IPC 메커니즘을 제공하지만 RIL 데몬은 리눅스에서 제공하는 유닉스 도메인 소켓(Unix Domain Socket)을 프로세스 간 IPC 방식으로 채택하였다. 유닉스 도메인 소켓은 프로세스 간 통신을 위해 사용되는 고전적인 IPC 방식이다.

---

6 /system/bin/rild

3. 벤더 RIL을 이용한 모뎀 제어

   벤더 RIL은 *.so 형태의 공유 라이브러리로 존재한다. RIL 데몬은 안드로이드가 부팅할 시점에 실행되어 데몬 프로세스화된다. RIL 데몬이 실행될 때 가장 먼저 수행하는 동작은 벤더 RIL을 동적 로딩하고 벤더 RIL을 초기화하는 것이다. 이렇게 동적 로딩된 벤더 RIL은 모뎀과 통신을 통해 모뎀을 제어할 수 있다. 안드로이드의 RIL은 RIL데몬과 벤더 RIL 간의 Radio 제어 인터페이스와 Radio 응답 인터페이스를 정의하고 있다.

4. RIL 이벤트의 스케줄링

   RIL 데몬은 애플리케이션의 모뎀 서비스 요청을 이벤트 단위로 처리하고 이를 RIL 이벤트로 정의한다. RIL 이벤트의 종류로는 서비스 요청을 위한 RIL req 이벤트와 RIL ind가 전달되었을 때 AP가 켜진 상태로 유지하다가 일정 시간 이후 AP를 sleep 상태로 전환시키는 타임아웃 이벤트 등이 있다. RIL 데몬은 각 RIL 이벤트마다 처리되어야 할 시점이 각각 다르므로 RIL 이벤트를 스케줄링하는 작업이 필요하다. RIL 데몬은 RIL 이벤트를 처리하기 위한 스케줄링 정책을 정의한다.

5. 서비스 요청과 서비스 응답의 동시 처리

   모뎀은 서RIL req와 RIL resp를 동시에 처리 가능하다. RIL 데몬 또한 RIL req와 RIL resp의 동시 처리를 지원해야 하므로 독립적인 실행을 위한 쓰레드를 생성한다.

RIL 데몬과 벤더 RIL은 AP와 모뎀 간의 통신을 위해 다양한 요구 사항을 만족해야 한다. 이제부터 RIL 데몬과 벤더 RIL의 구체적인 구현에 대해 알아보도록 하자.

2.3 RIL 데몬의 구조

RIL 데몬은 RIL 이벤트를 모니터링하고 있다가 RIL 이벤트가 발생되면 RIL 이벤트가 적절한 시점에 처리될 수 있도록 스케줄링하는 역할을 담당한다. RIL 데몬은 다음과 같이 크게 네 가지의 역할을 수행한다.

- 첫째, 텔레포니 프레임워크가 RIL 데몬에 RIL req를 요청하면 RIL 데몬은 RIL req를 스케줄링할 수 있는 단위인 RIL 이벤트로 변경한다. RIL 데몬은 즉각 RIL 이벤트의 종류를 확인하고 RIL 이벤트 스케줄링을 시작한다.

- 둘째, RIL 데몬은 텔레포니 프레임워크로부터 전달된 RIL 이벤트가 처리되어야 할 시점을 계산한 후 RIL 이벤트 큐에 저장한다.

- 셋째, RIL 이벤트가 처리되어야 할 시점이 되면 RIL 데몬은 RIL 이벤트 큐로부터 저장된 RIL 이벤트를 꺼내 벤더 RIL의 Radio 제어 함수를 호출하여 해당 RIL req를 모뎀에 전달한다.
- 넷째, 벤더 RIL은 모뎀으로부터 RIL req에 대한 응답인 RIL resp와 자발적으로 전송되는 RIL ind를 RIL 데몬의 Radio 응답 함수를 통해서 RIL 데몬으로 전송한다. RIL 데몬은 벤더 RIL로부터 수신한 RIL resp와 RIL ind를 텔레포니 프레임워크에 전송한다.

본 질은 RIL의 기본적인 구조와 구성요소의 동작 및 RIL req의 스케줄링 단위인 RIL 이벤트에 대해서 설명한다.

2.3.1 RIL 데몬의 구성요소

RIL 데몬은 앞에서 설명한 네 가지 역할을 수행하기 위해 그림 2-7과 같이 모두 다섯 가지 요소로 구성되어 있다.

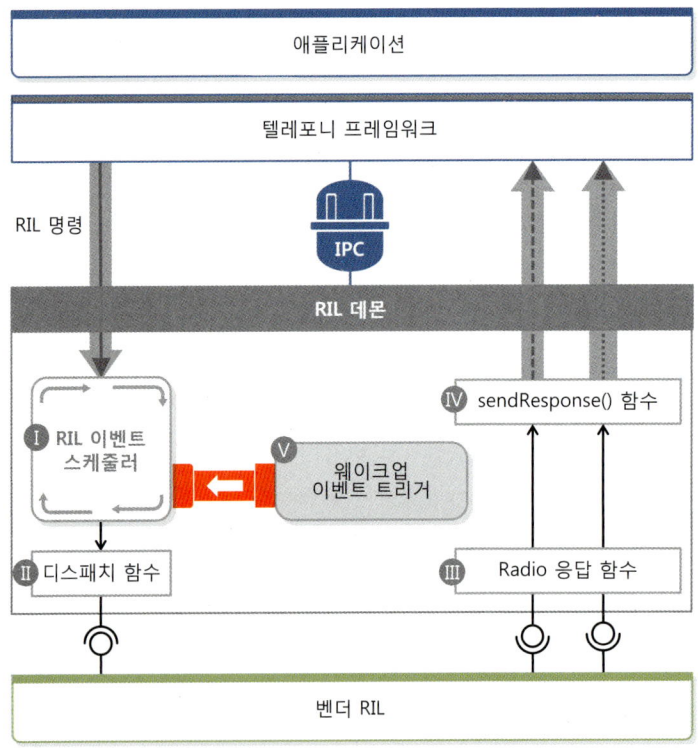

그림 2-7 RIL 데몬의 다섯 가지 구성요소

❶ RIL 이벤트 스케줄러

RIL 데몬은 수신한 RIL req를 스케줄링할 수 있는 단위인 RIL 이벤트로 변경한다. RIL 이벤트는 RIL 데몬 내의 RIL 이벤트 스케줄러에 의해 처리된다. RIL 이벤트가 발생되면 RIL 이벤트 스케줄러는 발생된 RIL 이벤트를 바로 처리를 하거나 타임아웃이 발생할 때까지 RIL 이벤트 큐에 대기시킨 후 처리한다.

RIL 이벤트 스케줄러의 RIL 이벤트 스케줄링 알고리즘은 2.3.3절에서 설명한다.

❷ 디스패치(dispatch) 함수

RIL req 이벤트는 벤더 RIL이 제공하는 Radio 제어 함수를 호출하여 벤더 RIL에 전달된다. RIL req 이벤트 디스패치 함수는 RIL 이벤트 스케줄러에 의해 스케줄링된 RIL req 이벤트를 RIL req의 ID에 따라 적절한 데이터 형식으로 처리한 후 Radio 제어 함수를 호출하여 벤더 RIL에 전달하는 역할을 담당한다.

❸ Radio 응답 함수

RIL 데몬은 벤더 RIL 초기화 시 벤더 RIL에 Radio 응답 함수를 제공한다. 벤더 RIL은 모뎀으로부터 RIL resp 또는 RIL ind를 수신했을 때 그 결과를 RIL 데몬으로 전달하기 위해 RIL 데몬의 Radio 응답 함수를 호출한다.

❹ sendResponse() 함수

벤더 RIL로부터 수신된 RIL resp 및 RIL ind는 텔레포니 프레임워크로 전달되어야 한다. RIL 데몬의 Radio 응답 함수는 ril.cpp[7]의 sendResponse() 함수를 호출하여 RIL resp와 RIL ind를 유닉스 도메인 소켓을 통해 텔레포니 프레임워크에 전송한다.

❺ 웨이크업 이벤트 트리거

Timer_list에 타임아웃 이벤트가 추가되거나 watch_table에 RIL 이벤트 처리 콜백 함수가 등록되는 경우, RIL 이벤트 스케줄러는 이 사실을 스스로 인지할 수 없다. 웨이크업 이벤트 트리거는 RIL 이벤트 스케줄러를 강제로 스케줄링하기 위해 웨이크업 이벤트를 발생시킨다.

---

7 hardware/ril/libril/ril.cpp

2.3.2 RIL 이벤트

RIL 이벤트 스케줄러가 스케줄링 가능한 최소 단위는 RIL 이벤트이다. 외부로부터 RIL 데몬으로 요청되는 모든 이벤트와 RIL 이벤트 스케줄러를 운영하는 데 필요한 이벤트는 모두 적절한 시점에 처리될 수 있도록 스케줄링 된다. RIL 데몬이 스케줄링하는 RIL 이벤트는 크게 두 개의 이벤트, 즉 I/O 이벤트와 타임아웃 이벤트로 구분할 수 있다. 그림 2-8은 RIL 이벤트의 종류이다.

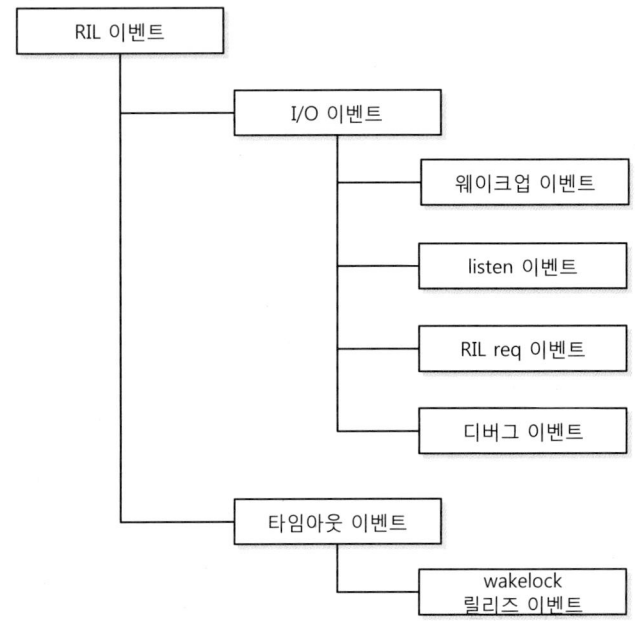

그림 2-8 RIL 이벤트의 종류

◉ I/O 이벤트

I/O 이벤트는 세부적으로 웨이크업 이벤트, listen 이벤트, RIL req 이벤트 그리고 디버그 이벤트로 구성되어 있다. I/O 이벤트는 필요에 따라서 새로 추가될 수 있다. 표 2-4는 RIL 이벤트 중 I/O 이벤트에 대한 정리이다. I/O 이벤트를 처리하는 방법을 기술한 I/O 이벤트의 ril_event 구조체는 RIL 이벤트 스케줄러의 시작과 함께 watch_table에 등록된다. I/O 이벤트가 발생되면 RIL 이벤트 스케줄러에 의해 스케줄링되며 I/O 이벤트는 해당 ril_event 구조체에 정의된 I/O 이벤트 처리 콜백 함수에 의해 처리된다.

표 2-4 I/O 이벤트의 종류

이벤트	설명
웨이크업 이벤트	RIL 이벤트 스케줄러가 스케줄링을 시작하도록 트리거하기 위해 사용되는 이벤트이다.
listen 이벤트	텔레포니 프레임워크로부터 최초의 접속 요청이 왔을 때 발생하는 이벤트이다.
RIL req 이벤트	소켓을 통해 텔레포니 프레임워크로부터 RIL 데몬으로 RIL req 명령이 도착하면 발생하는 이벤트이다.
디버그 이벤트	radiooptions 프로그램에 의해 발생하는 디버그용 이벤트이다.

◉ 타임아웃 이벤트

타임아웃 이벤트는 I/O 이벤트와 달리 watch_table에 등록되지 않으며 타임아웃 이벤트가 발생할 때마다 timer_list에 추가된다. 타임아웃 이벤트는 지정된 시간 이후에 타임아웃 되며 RIL 이벤트 스케줄러에 의해 타임아웃 ril_event 구조체의 콜백 함수가 호출된다. 주로 일정 시간 후 어떠한 동작을 실행시킬 때 사용하는 이벤트이다. 표 2-5는 타임아웃 이벤트 중 wakelock 릴리즈 이벤트에 대한 정리이다.

표 2-5 타임아웃 이벤트의 종류

이벤트	설명
wakelock 릴리즈 이벤트	RIL 데몬은 벤더 RIL로부터 RIL ind를 수신하였을 때, RIL ind를 처리하는 동안 AP에 전원이 공급되도록 partial Wake Lock을 잡는다. partial Wake Lock은 RIL ind가 처리된 후 릴리즈되어야 AP가 다시 sleep 상태로 진입할 수 있다. RIL ind가 수신되면 partial Wake Lock의 처리를 위해서 timer_list에 wakelock 릴리즈 이벤트를 추가한다. wakelock 릴리즈 이벤트는 1초 후에 RIL 이벤트 스케줄러에 의해 스케줄링 되며 wakelock 릴리즈 이벤트 처리 콜백 함수에 의해 partial Wake Lock을 릴리즈한다.

2.3.3 RIL 이벤트 스케줄러

RIL 데몬은 외부 또는 내부로부터 발생되는 RIL 이벤트를 처리해야 한다. RIL 이벤트는 텔레포니 서비스의 특징상 대부분 예측 불가능한 시점에 발생하며 서로 다른 발생 주체에 의해 동시에 발생할 수 있다. 이러한 특징을 고려하여 안드로이드는 RIL 이벤트를 적시에 처리하기 위해 RIL 데몬에 RIL 이벤트 스케줄러를 구현하였다. RIL 이벤트 스케줄러는 다음과 같은 특징을 가지고 있다.

- 전용 쓰레드(eventLoop 쓰레드)를 통한 RIL 이벤트 처리

  RIL 데몬은 RIL 이벤트를 동시에 처리할 수 있도록 RIL 이벤트 스케줄러를 구현한다. RIL 이벤트 스케줄러는 RIL 데몬과 별도의 독자적인 실행 흐름으로 RIL 이벤트를 처리하기 위해 전용 쓰레드인 eventLoop 쓰레드로 구성되어 있다. eventLoop 쓰레드는 RIL 이벤트를 수신하여 RIL 이벤트가 처리되어야 할 시점을 스케줄링한다.

- RIL 이벤트 스케줄링

  RIL 이벤트 스케줄러는 I/O 이벤트 및 웨이크업 이벤트를 동시 처리해야 한다. RIL 이벤트 스케줄러는 하나의 eventLoop 쓰레드로 여러 개의 RIL 이벤트를 동시 처리해야 하므로 I/O 멀티플렉싱을 사용한다. 이를 위해 RIL 이벤트 스케줄러는 리눅스의 select() 시스템 함수를 이용해 I/O 멀티플렉싱을 구현하였다[8].

⊙ RIL 이벤트 스케줄러의 자료 구조

RIL 이벤트 스케줄러는 RIL 이벤트 단위로 스케줄링이 가능하다. 이를 위해 I/O 이벤트 및 타임아웃 이벤트를 표현할 수 있는 자료 구조인 ril_event 구조체를 정의한다. 또한, RIL 이벤트 스케줄러는 RIL 이벤트가 발생하였을 때, RIL 이벤트 스케줄링 되어 처리될 때까지 RIL 이벤트를 저장하는 리스가 필요하다. 그림 2-9는 RIL 이벤트 스케줄러의 자료 구조를 보여준다.

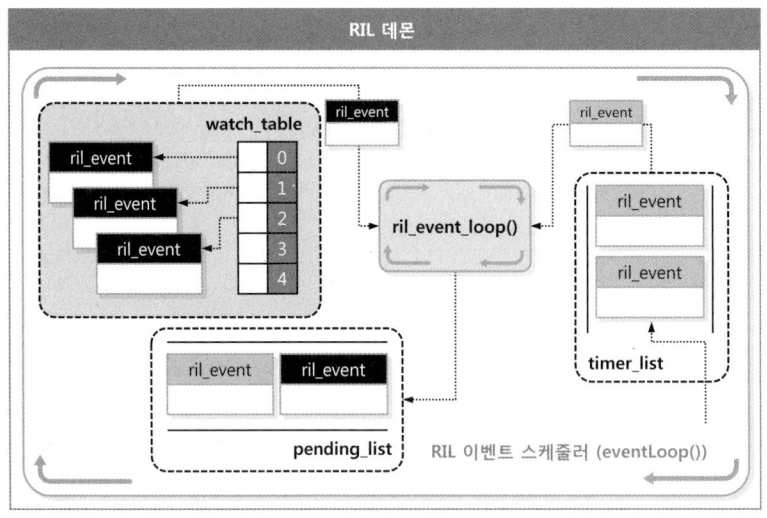

그림 2-9 RIL 이벤트 스케줄러의 자료 구조

---

8 select() 함수의 사용은 1장과 3장의 I/O 멀티플렉싱 부분에서 자세히 설명하였다.

RIL 이벤트 스케줄러의 자료 구조는 hardware/ril/libril/ril_event.h의 ril_event 구조체로 정의되어 있다. 표 2-6은 ril_event 구조체의 변수가 담당하는 역할에 대한 설명이다. RIL 이벤트 스케줄러는 I/O 이벤트와 타임아웃 이벤트를 저장하기 위해 ril_event 구조체를 사용한다.

표 2-6 ril_event 구조체의 변수

변수	설명
next	링크드 리스트를 위한 next 포인터
prev	링크드 리스트를 위한 prev 포인터
fd	I/O 이벤트가 수신된 파일 기술자. RIL 이벤트 스케줄러는 이 값을 이용하여 어떤 파일 기술자에서 입·출력이 발생했는지 알 수 있다.
index	I/O 이벤트인 경우 저장된 watch_table 배열의 인덱스
persist	RIL 이벤트 중 영구적으로 처리해야 할 RIL 이벤트를 위해 설정된다. 1. persist=false일 경우: RIL 이벤트 스케줄러에 의해 단 한 번 처리된 후 watch_table로부터 제거되는 이벤트에 사용된다. (ex. listen 이벤트) 2. persist=true일 경우: watch_table로부터 제거되지 않고 RIL 이벤트 스케줄러에 의해 계속 처리되어야 할 RIL 이벤트에 사용된다. (ex RIL req 이벤트)
timeout	타임아웃 이벤트인 경우 타임아웃 시간을 설정한다. 설정된 타임아웃이 지나면 RIL 이벤트 스케줄러가 콜백 함수를 호출한다.
func	RIL 이벤트를 처리할 콜백 함수를 지정한다. 이 함수는 RIL 이벤트 스케줄러가 RIL 이벤트를 처리할 때 호출한다.
param	콜백 함수에 전달될 사용자 정의 파라미터를 지정할 때 사용한다.

I/O 이벤트와 타임아웃 이벤트를 저장하기 위한 ril_event 구조체를 정의하였다면 RIL 이벤트 스케줄러는 RIL 이벤트가 수신된 뒤 스케줄링을 거쳐 해당 RIL 이벤트가 처리될 때까지 대기해야 할 자료 구조가 필요하다. RIL 이벤트 스케줄러가 사용하는 자료구조는 코드 2-2와 같이 hardware/ril/libril/ril_event.c에 선언되어 있다.

```
static struct ril_event * watch_table[MAX_FD_EVENTS];
static struct ril_event timer_list;
static struct ril_event pending_list;
```

📁 hardware/ril/libril/ril_event.c

코드 2-2 ril_event.c의 watch_table, timer_list, pending_list

표 2-7은 RIL 이벤트 스케줄러의 자료 구조인 watch_table, timer_list 및 pending_list에 대한 설명이다.

표 2-7 RIL 이벤트 스케줄러의 자료 구조

RIL 이벤트 스케줄러의 자료 구조	설명
와치 테이블(watch_table)	I/O 이벤트를 처리할 때 사용하는 룩업 테이블(Lookup Table)이다.
타이머 리스트(timer_list)	타임아웃을 기다리는 타임아웃 이벤트를 저장하는 리스트이다.
펜딩 리스트(pending_list)	RIL 이벤트 중 RIL 이벤트 스케줄러에 의해 처리 대기 상태인 RIL 이벤트를 보관하는 리스트이다.

◉ RIL 이벤트 스케줄러의 RIL 이벤트 처리 함수

RIL 이벤트 스케줄러는 RIL 이벤트를 생성하고 생성된 RIL 이벤트를 관리하기 위해 코드 2-3과 같은 RIL 이벤트 처리 helper 함수를 사용한다.

```
void ril_event_init();                                                  ─❶
void ril_event_set(struct ril_event * ev, int fd, bool persist, ril_event_cb func,
        ↳ void * param);                                                ─❷
void ril_event_add(struct ril_event * ev);                              ─❸
void ril_timer_add(struct ril_event * ev, struct timeval * tv)          ─❹
```

📁 hardware/ril/libril/ril_event.h

코드 2-3 RIL 이벤트 처리 helper 함수

2-3
❶ ril_event_init() 함수

ril_evenet_init() 함수는 eventLoop 쓰레드가 시작될 때 호출되며 watch_table, timer_list 및 pending_list를 초기화한다. 코드 2-4는 ril_event_init() 함수가 RIL 이벤트 스케줄러 내의 자료 구조를 초기화하는 방법에 대한 설명이다.

```
static struct ril_event * watch_table[MAX_FD_EVENTS];
static struct ril_event timer_list;
static struct ril_event pending_list;
void ril_event_init() {
```

```
    FD_ZERO(&readFds);                              ①-1
    init_list(&timer_list);                         ①-2
    init_list(&pending_list);                       ①-2
    memset(watch_table, 0, sizeof(watch_table));    ①-3
}
```

📁 hardware/ril/libril/ril_event.cpp

코드 2-4 ril_event_init() 함수

①-1[2-4] RIL 이벤트 스케줄러가 감시할 파일 기술자 정보를 0으로 초기화한다.

①-2[2-4] timer_list와 pending_list를 init_list() 함수를 이용하여 초기화한다.

①-3[2-4] watch_table을 모두 NULL로 초기화한다. watch_table은 최대 여덟 개의 RIL 이벤트를 저장할 수 있다.

❷[2-3] ril_event_set() 함수

ril_event_set() 함수는 ril_event 구조체를 초기화한다.

코드 2-5는 ril_event_set() 함수가 ril_event 구조체를 초기화하는 과정이다.

```
void ril_event_set(struct ril_event * ev, int fd, bool persist, ril_event_cb func,
        ↳ void * param) {
    memset(ev, 0, sizeof(struct ril_event));
    ev->fd = fd;
    ev->index = -1;
    ev->persist = persist;
    ev->func = func;
    ev->param = param;
    fcntl(fd, F_SETFL, O_NONBLOCK);
}
```

📁 hardware/ril/libril/ril_event.cpp

코드 2-5 ril_event_set() 함수

RIL 이벤트 스케줄러는 ril_event 구조체를 사용하여 RIL 이벤트의 처리 방법을 정의한다. ril_event_set() 함수는 함수 호출 시 첫 번째 인자로 ril_event 구조체의 포인터을 넘기는데 이 ril_event 구조체에 ril_event_set() 함수의 나머지 인자 fd, persist, cb, param 등을 저장한다.

그림 2-10은 RIL 이벤트 스케줄러가 ril_event_set() 함수를 이용하여 웨이크업 ril_event 구조체(s_wakeupfd_event)를 초기화하는 과정에 대한 설명이다.

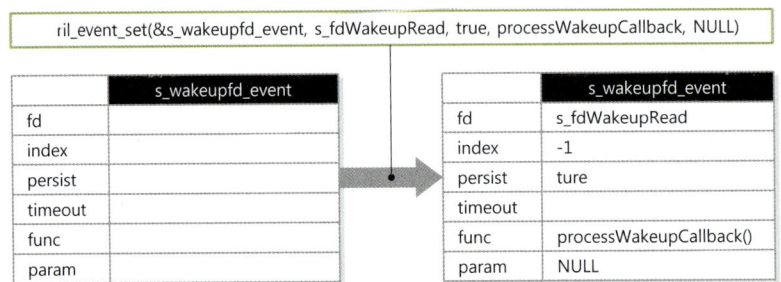

그림 2-10 RIL 이벤트 스케줄러의 ril_event_set() 함수 사용 예

웨이크업 이벤트가 발생되면 RIL 이벤트 스케줄러에 의해서 스케줄링 되고 적절한 시점에 웨이크업 이벤트 처리 콜백 함수인 processWakeupCallback() 함수에 의해서 처리된다.

2-3
❸ ril_event_add() 함수

RIL 이벤트 스케줄러 초기화 시 I/O 이벤트 처리를 위한 I/O 이벤트 처리용 ril_event 구조체는 watch_table에 등록되어야 한다. watch_table은 I/O 이벤트가 발생할 때 RIL 이벤트 스케줄러가 이것을 어떻게 처리해야 할지 알려주는 일종의 룩업(Look-up) 테이블과 같은 역할을 한다. 즉, watch_table은 I/O 이벤트가 수신되었을 때 어떤 RIL 이벤트 처리 콜백 함수를 호출할지 미리 정의되어 있다.

RIL 이벤트 스케줄러는 watch_table에 I/O 이벤트의 처리를 정의한 ril_event 구조체를 등록하기 위해 ril_event_add() 함수를 사용한다.

코드 2-6은 ril_event_add() 함수가 I/O 이벤트 처리를 위한 ril_event 구조체를 watch_table에 등록하는 과정에 대한 설명이다. ril_event_add() 함수는 watch_table의 빈 슬롯에 I/O 이벤트 처리용 ril_event 구조체를 등록할 수 있다.

```
static fd_set readFds;
static int nfds = 0;
void ril_event_add(struct ril_event * ev){
    for (int i = 0; i < MAX_FD_EVENTS; i++) {      ─ 3-1
        if (watch_table[i] == NULL) {
            watch_table[i] = ev;                    ─ 3-2
            ev->index = i;
            FD_SET(ev->fd, &readFds);               ─ 3-3
            if (ev->fd >= nfds) nfds = ev->fd+1;    ─ 3-4
            break;
        }
    }
}
```

📁 hardware/ril/libril/ril_event.cpp

코드 2-6 ril_event_add() 함수

3-1 MAX_FD_EVENTS는 8이므로 watch_table은 최대 여덟 개의 I/O 이벤트 처리 ril_event 구조체를 저장할 수 있다. ril_event_add() 함수는 0~7번 슬롯을 순회하면서 빈 슬롯을 찾는다.

3-2 인자로 전달된 I/O 이벤트 처리 ril_event 구조체를 watch_table의 빈 슬롯에 등록한다.

3-3 전달된 I/O 이벤트의 파일 기술자를 fd_set 타입의 readFds에 설정하여 RIL 이벤트 스케줄러가 해당 파일 기술자를 모니터링하도록 설정한다.

3-4 watch_table에 등록된 입·출력 RIL 이벤트의 파일 기술자 중 가장 큰 값 +1을 nfds 변수에 저장한다. nfds 변수는 RIL 이벤트 스케줄러의 select() 함수에서 사용한다.

그림 2-11은 그림 2-10의 ril_event_set() 함수에 의해 초기화된 웨이크업 ril_event 구조체(s_wakeupfd_event)를 ril_event_add() 함수를 이용하여 watch_table에 등록하는 과정이다.

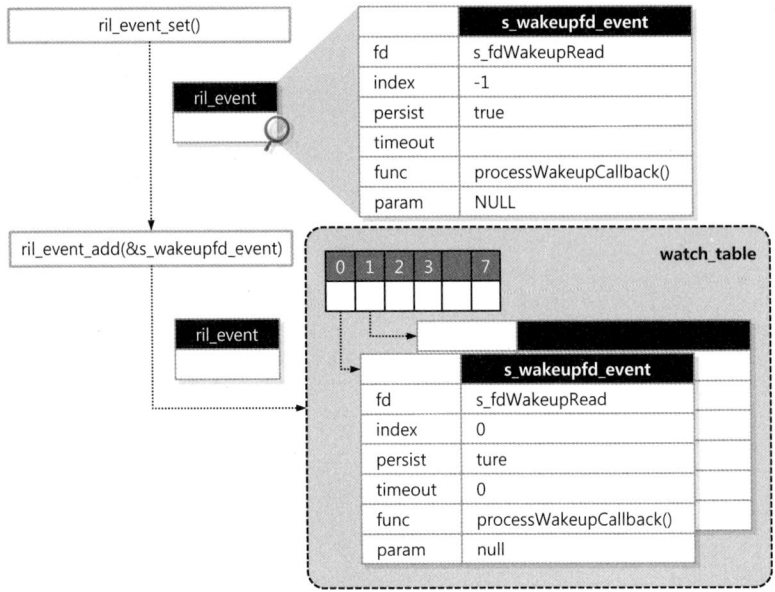

그림 2-11 ril_event_add() 함수를 이용하여 watch_table에 ril_event 구조체를 등록하는 과정

2-3
❹ ril_timer_add() 함수

RIL 이벤트 스케줄러가 벤더 RIL로부터 RIL ind를 수신하면 타임아웃 이벤트가 생성된 후 ril_timer_add() 함수를 이용하여 timer_list에 등록한다.

```
static struct ril_event timer_list;
void ril_timer_add(struct ril_event * ev, struct timeval * tv){
    struct ril_event * list;
    if (tv != NULL) {
        list = timer_list.next;                             ──4-1
        ev->fd = -1;                                        ──4-2

        struct timeval now;
        getNow(&now);
        timeradd(&now, tv, &ev->timeout);                   ──4-3

        while (timercmp(&list->timeout, &ev->timeout, < )   ──4-4
                && (list != &timer_list)) {
            list = list->next;
        }
        addToList(ev, list);                                ──4-5
```

            }
    }

📁 hardware/ril/libril/ril_event.cpp

코드 2-7 ril_timer_add() 함수

2-7 4-1 timer_list의 가장 첫 번째 RIL 이벤트를 참조한다.

2-7 4-2 RIL 이벤트의 파일 기술자 값을 -1로 설정한다. 즉, 타임아웃 이벤트 처리 시 I/O 이벤트와 다르게 파일 기술자를 사용하지 않는다.

2-7 4-3 timeradd() 함수는 현재 시각에 1초를 더해 타임아웃 ril_event 구조체의 timeout 변수에 저장한다. 즉 타임아웃 이벤트는 현재로부터 1초 후에 스케줄링 된 후 처리된다.

2-7 4-4 timer_list에는 타임아웃 시점이 빠른 순서대로 타임아웃 이벤트가 정렬되어 있다. 따라서 타임아웃 이벤트가 timer_list에 새롭게 추가될 때마다 타임아웃이 빠른 순서대로 정렬된다.

2-7 4-5 addToList() 함수를 호출하면 초기화된 웨이크업 ril_event 구조체를 timer_list에 추가한다.

그림 2-12는 웨이크업 ril_event 구조체를 RIL 이벤트 스케줄러의 timer_list에 추가하는 과정에 대한 설명이다. triggerEvLoop() 함수는 타임아웃 이벤트가 timer_list에 추가되었음을 RIL 이벤트 스케줄러에 알리기 위해 호출된다.

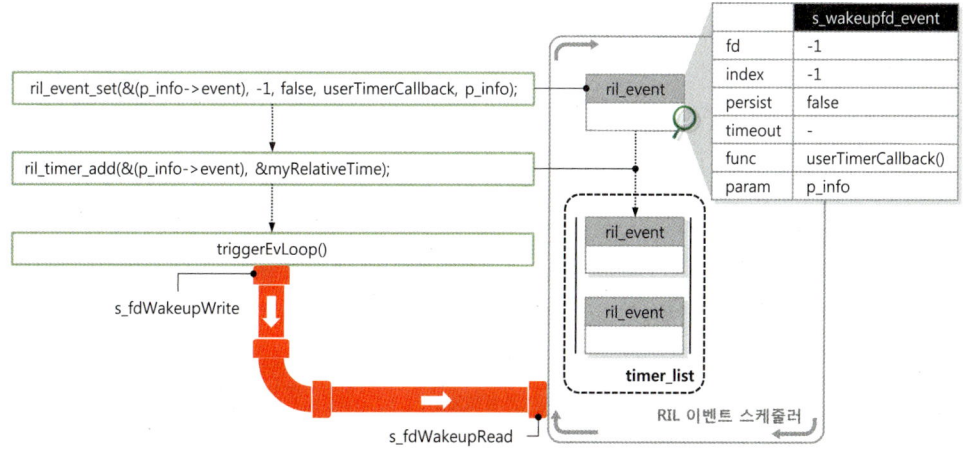

그림 2-12 ril_timer_add() 함수와 triggerEvLoop() 함수

2.4 RIL 데몬 초기화

안드로이드의 init 프로세스는 부팅 시 init.rc에 있는 Service 섹션 중 RIL 데몬 섹션을 읽어 RIL 데몬을 실행한다. RIL 데몬이 실행되면 벤더 RIL을 초기화하고 데몬 프로세스화된다. RIL 데몬이 실행되면 가장 먼저 벤더 RIL을 동적으로 로딩하고 벤더 RIL은 RIL 데몬으로부터 RIL resp와 RIL ind를 처리할 수 있는 Radio 응답 함수의 함수 포인터를 얻는다. 또한, RIL 데몬은 벤더 RIL로부터 RIL req를 처리할 수 있는 Radio 제어 함수의 포인터를 얻는다. 이 과정이 종료되면 비로소 RIL 데몬은 벤더 RIL을 이용하여 모뎀을 제어할 수 있다.

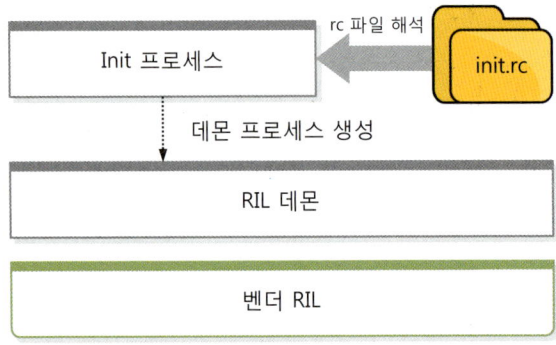

그림 2-13 init 프로세스에 의한 RIL 데몬 실행

2.4.1 데몬의 시작

RIL 데몬을 시작하는 방법은 크게 정적인 방법과 동적인 방법 두 가지가 있다. 정적인 방법은 init 프로세스가 RIL 데몬을 실행시키는 것이며, 동적인 방법은 런타임 중에 안드로이드의 리눅스 쉘에서 RIL 데몬을 실행시키는 것이다.

◉ RIL 데몬의 정적 실행

init 프로세스는 부팅 시 시동 스크립트 init.rc를 읽고 RIL 데몬을 시작시킨다. 시동 스크립트 init.rc는 코드 2-8과 같다.

```
service ril-daemon /system/bin/rild
    socket rild stream 660 root radio
    socket rild-debug stream 660 radio system
```

```
    user root
    group radio cache inet misc audio
```

📁 system/core/rootdir/init.rc

코드 2-8 init.rc 스크립트 내 RIL 데몬 서비스 선언

init 프로세스가 실행되면서 init.rc의 서비스 리스트를 읽고 /system/bin/rild를 실행시킨다. init 프로세스는 RIL 데몬과 함께 텔레포니 프레임워크와 통신하기 위해 사용될 소켓(/dev/socket/rild)과 RIL 디버그용 소켓(/dev/sockert/rild-debug)을 생성한다[9]. RIL 데몬은 이를 이용하여 텔레포니 프레임워크 및 radiooptions 프로그램과 통신할 수 있다. RIL 데몬은 백그라운드에서 동작하는 데몬 프로세스로 ps 명령을 이용하여 RIL 데몬의 프로세스의 상태가 sleep 상태인 것을 확인할 수 있다. 그림 2-14는 ps 명령을 이용하여 RIL 데몬의 프로세스 상태를 확인하는 방법에 대한 설명이다.

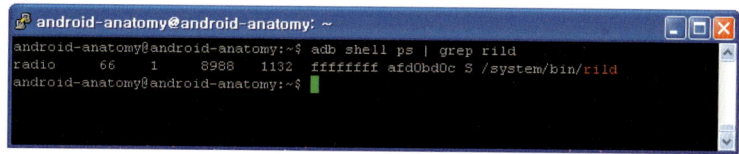

그림 2-14 RIL 데몬의 프로세스 상태 확인 방법

시스템 프로퍼티인 rild.libpath는 동적 로딩해야 할 벤더 RIL의 위치를 지정한다. RIL 데몬의 정적 실행 방법은 rild.libpath에 지정된 벤더 RIL의 경로를 검색하여 벤더 RIL을 동적으로 로딩한다. 실제로 넥서스원의 rild.libpath는 그림 2-15와 같은 adb shell getprop 명령어로 검색이 가능하다. getprop 명령을 이용하면 rild.libpath에 지정된 벤더 RIL의 경로를 검색할 수 있다.

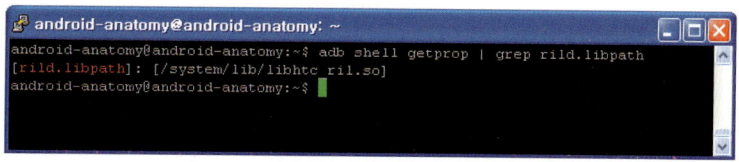

그림 2-15 넥서스원의 rild.libpath 값 검색

---

9 · init 프로세스가 데몬 프로세스를 위해 유닉스 도메인 소켓을 생성하는 과정은 1장에서 자세히 설명하였다.

ddms의 파일 검색기를 이용하여 넥서스원의 벤더 RIL을 검색하면 그림 2-16과 같이 /system/lib/libhtc_ril.so가 있음을 확인할 수 있다. 넥서스원의 벤더 RIL의 이름은 libhtc.ril.so임을 확인할 수 있다.

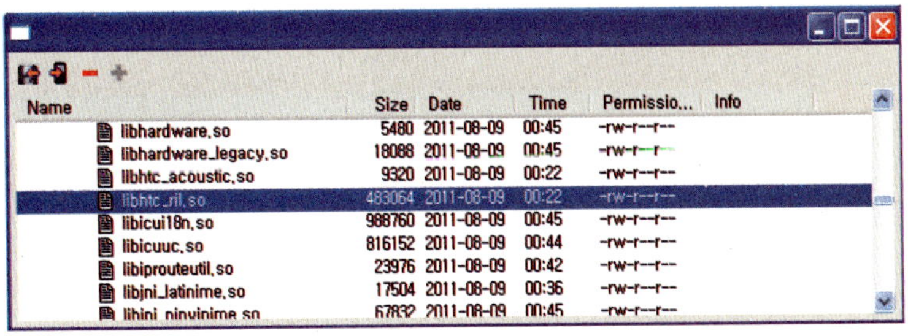

그림 2-16 ddms의 파일 검색기를 이용한 넥서스원의 벤더 RIL의 검색 결과

⦿ RIL 데몬의 동적 실행

동적인 방법은 런타임 중에 RIL 데몬을 실행시키는 것이다. 다음은 동적 방법으로 RIL 데몬을 실행시키는 과정이다. RIL 데몬의 실행파일 이름은 rild이며 파일 위치는 /system/bin/rild이다.

```
$ adb shell
$ rild -h
Usage: rild -l <ril impl library> [-- <args for impl library>]
$ rild -l /system/lib/libhtc.ril.so -d /dev/smd0
```

이와 같이 RIL 데몬을 동적으로 로딩하는 경우, 주로 벤더 RIL을 테스트할 때 사용될 수 있다. 즉 여러 버전의 벤더 RIL을 테스트할 경우 명령행에 파라미터를 입력하여 동적 방법으로 RIL 데몬을 재시작할 수 있다. 표 2-8은 rild를 adb shell 창에서 동적으로 실행할 때 필요한 옵션에 대한 정리이다.

표 2-8 rild의 명령행 옵션

옵션	설명
-l	벤더 RIL의 라이브러리 경로 지정. (ex. -l /system/lib/libhtc_ril.so . 벤더 RIL의 경로는 /system/lib/libhtc_ril.so이다.)
--	벤더 RIL의 파라미터 지정 (ex. -d /dev/smd0. "-d" 옵션 뒤에는 디바이스 경로(/dev/smd0)를 지정한다.)

◉ RIL 데몬의 빌드 옵션

앞서 RIL 데몬은 벤더 RIL을 동적으로 로딩할 수 있다고 하였다. RIL 데몬은 빌드 옵션에 따라 벤더 RIL을 동적으로 로딩할지, RIL 데몬과 벤더 RIL이 정적으로 결합될지 결정된다. 코드 2-9는 레퍼런스 벤더 RIL의 Android.mk의 예를 통해 벤더 RIL이 공유 라이브러리 형태로 빌드되는 방법에 대한 설명이다.

```
LOCAL_PATH:= $(call my-dir)
include $(CLEAR_VARS)
...
ifeq (foo,foo)
#build shared library
LOCAL_SHARED_LIBRARIES += \
libcutils libutils
LOCAL_LDLIBS += -lpthread
LOCAL_CFLAGS += -DRIL_SHLIB
LOCAL_MODULE:= libreference-ril
include $(BUILD_SHARED_LIBRARY)
else
#build executable
LOCAL_SHARED_LIBRARIES += \
libril
LOCAL_MODULE:= reference-ril
include $(BUILD_EXECUTABLE)
endif
```

📁 Hardware/ril/reference-ril/Android.mk

코드 2-9 RIL 데몬의 Android.mk의 예

LOCAL_CFLAGS := -DRIL_SHLIB가 설정되어 있다면 레퍼런스 벤더 RIL은 공유 라이브러리 형태로 빌드된다. 반면에 RIL_SHLIB가 설정되어 있지 않다면 레퍼런스 벤더 RIL은 실행 파일 형태로 빌드될 것이다.

일반적으로 벤더 RIL은 공유 라이브러리 형태로 빌드되며 RIL 데몬이 벤더 RIL을 필요로할 때 동적으로 로딩하는 방식을 채택하고 있다.

> **TIP - RIL 데몬의 정지, 시작 및 재시작 방법**
>
> 안드로이드의 데몬 서비스는 setprop ctl.start, stop 및 restart 명령을 이용하여 시작하거나 정지시킬 수 있다. 잠시 모뎀과의 통신을 끊거나 RIL 데몬을 재시작해야 하는 경우 사용한다.
>
> ```
> $ adb shell
> $ setprop ctl.stop ril-daemon       # RIL 데몬 정지
> $ setprop ctl.start ril-daemon      # RIL 데몬 시작
> $ setprop ctl.restart ril-daemon    # RIL 데몬 재시작
> ```

2.4.2 RIL 데몬 초기화 과정

RIL 데몬이 실행되면 RIL을 초기화하는 과정을 수행한다. RIL 초기화는 그림 2-17과 같은 과정을 통해 완료된다.

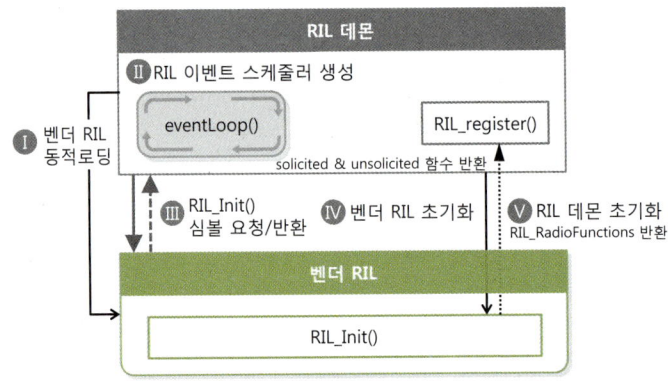

그림 2-17 RIL 데몬 초기화 과정

❶ 벤더 RIL 동적 로딩

RIL 데몬이 모뎀을 제어하기 위해선 필수적으로 벤더 RIL이 필요하다. 일반적으로 벤더 RIL은 공유 라이브러리(*.so) 형태로 존재하므로 RIL 데몬은 모뎀을 제어하기 위해 벤더 RIL을 동적 로딩한다.

❷ RIL 이벤트 스케줄러 생성

RIL 데몬은 각종 RIL 이벤트를 스케줄링하기 위해서 RIL 이벤트 스케줄러가 필요하다. RIL 데몬은 RIL 이벤트를 스케줄링하기 위해 eventLoop 쓰레드를 생성한다. 이렇게

생성된 eventLoop 쓰레드는 RIL 이벤트 스케줄러 역할을 담당하게 된다.

Ⅲ 벤더 RIL 초기화를 위한 RIL_Init() 함수의 심볼 획득

Ⅰ에서 동적 로딩된 벤더 RIL은 아직 초기화되지 않은 상태이다. 벤더 RIL은 자신을 초기화할 수 있는 RIL_Init() 함수를 제공한다. RIL 데몬은 dlsym() 함수를 이용하여 RIL_Init() 함수의 함수 포인터를 찾는다[10].

Ⅳ 벤더 RIL 초기화

Ⅲ에서 획득한 RIL_Init() 함수의 함수 포인터를 이용하여 벤더 RIL을 초기화하기 위한 RIL_Init() 함수를 호출한다. 벤더 RIL은 RIL 데몬으로부터 RIL resp 및 RIL ind를 처리하기 위한 Radio 응답 함수의 포인터를 전달받아 벤더 RIL 도메인에 등록한다. 벤더 RIL은 초기화가 끝난 후 RIL 데몬에 RIL req를 벤더 RIL에 전달할 수 있도록 Radio 제어 함수를 반환한다.

Ⅴ RIL 데몬의 초기화

벤더 RIL의 초기화가 종료되면 RIL 이벤트 스케줄러를 초기화하고 RIL 데몬 도메인에 벤더 RIL의 콜백 함수를 등록한다. RIL 데몬 초기화가 완료된 후 RIL 데몬은 데몬 프로세스화 되어 백그라운드에서 동작하면서 RIL 명령을 처리한다.

2.4.3 벤더 RIL 라이브러리 동적 로딩

RIL 데몬이 실행되고 모뎀을 제어하기 위해서 벤더 RIL 라이브러리가 필요하다. 벤더 RIL은 특정 path에 저장되어 있으므로 RIL 데몬은 가장 먼저 특정 path에 벤더 RIL 라이브러리가 존재하는지 확인하여 벤더 RIL 라이브러리가 존재한다면 동적으로 로딩한다. 코드 2-10은 RIL 데몬이 벤더 RIL을 동적으로 로딩하는 방법에 대한 설명이다.

```
#define LIB_PATH_PROPERTY    "rild.libpath"

int main(int argc, char **argv) {
    const char * rilLibPath = NULL;
    char **rilArgv; // 동적으로 실행 시 옵션들
    void *dlHandle;
```

---

[10] 공유 라이브러리의 동적 로딩 관련 설명은 안드로이드 아나토미: 시스템 서비스(개발자가 행복한 세상, 2011)를 참고하라.

```
    char libPath[PROPERTY_VALUE_MAX];

    if ( 0 == property_get(LIB_PATH_PROPERTY, libPath, NULL)) {   ―❶
        goto done;
    } else {
        rilLibPath = libPath;
    }

    dlHandle = dlopen(rilLibPath, RTLD_NOW);                      ―❷
    ...

    done:
    while(1) {
        sleep(0x00ffffff);
    }
}
```

📁 hardware/ril/rild/rild.c

코드 2-10 RIL 데몬 main() 함수 - 벤더 RIL 동적 로딩

❶ 벤더 RIL 라이브러리 경로 검색

RIL 데몬은 벤더 RIL 라이브러리를 동적으로 로딩하기 위해 벤더 RIL 라이브러리의 경로를 검색한다. 이 경로는 property_get() 함수를 이용하여 시스템 프로퍼티에서 rild.libpath에 설정된 값을 읽어 획득한다. RIL 데몬이 rild.libpath에 설정된 값을 찾는 데 성공한다면 ril.libpath에 지정된 벤더 RIL 라이브러리의 경로를 libPath 배열에 저장하고 포인터 rilLibPath에 libPath 배열의 주소를 설정한다. 반면 rild.libpath에서 벤더 RIL의 경로를 찾는 데 실패한다면 RIL 데몬은 RIL 초기화를 종료하고 goto 문에 의해 sleep 상태로 빠진 후 아무런 동작도 하지 않는다.

❷ 벤더 RIL 동적 로딩

벤더 RIL의 동적 로딩은 dlopen() 함수에 의해 실행된다. RIL 데몬은 dlopen() 함수를 이용하여 rild.libpath가 지정한 경로의 벤더 RIL 라이브러리를 동적으로 로딩한다. rild.libpath에 지정된 값은 그림 2-15와 같은 명령을 실행시켜 벤더 RIL 라이브러리의 경로를 확인할 수 있다. dlopen() 함수는 벤더 RIL 라이브러리 로딩에 성공하면 벤더 RIL 라이브러리의 핸들을 반환한다.

2.4.4 RIL 이벤트 스케줄러 생성

RIL 데몬은 RIL 이벤트를 효율적으로 처리하기 위해 RIL 이벤트 스케줄러를 생성한다. RIL 이벤트 스케줄러는 I/O 이벤트와 타임아웃 이벤트를 입력받아 실행 시점을 스케줄링하고 해당 RIL 이벤트 처리 콜백 함수를 호출한다. 코드 2-11은 RIL 데몬이 RIL 이벤트 스케줄러를 생성하는 과정이다. RIL 데몬은 ril.cpp의 RIL_startEventLoop() 함수를 호출하여 eventLoop 쓰레드를 생성한다.

```
extern void RIL_startEventLoop();
int main(int argc, char **argv) {
    ...
    RIL_startEventLoop(); ─❸
}
```

📁 hardware/ril/rild/rild.c

코드 2-11 RIL 데몬의 RIL_startEventLoop() 함수

2-11

❸ RIL 데몬의 RIL_startEventLoop() 함수 호출

실제 RIL 이벤트 스케줄러의 역할은 eventLoop 쓰레드가 수행한다. eventLoop 쓰레드는 RIL 이벤트 스케줄러를 초기화하고 RIL 이벤트를 스케줄링하는 중요한 역할을 수행한다.

코드 2-12는 eventLoop 쓰레드가 POSIX pthread의 pthread_create() 함수에 의해 생성되는 것을 보여준다.

```
extern "C" void RIL_startEventLoop(void) {
    ret = pthread_create(&s_tid_dispatch, eventLoop, NULL); ─❸-1
}
```

📁 hardware/ril/libril/ril.cpp

코드 2-12 eventLoop 쓰레드 생성

eventLoop 쓰레드가 생성되면 코드 2-13과 같이 RIL 이벤트 스케줄러를 초기화하고 RIL 이벤트 스케줄링을 시작한다.

```
static int s_fdWakeupRead;
static int s_fdWakeupWrite;

static void *eventLoop(void *param) {
    ril_event_init();                                         ③-1-1
    ret = pipe(filedes);                                      ③-1-2
    s_fdWakeupRead = filedes[0];
    s_fdWakeupWrite = filedes[1];
    fcntl(s_fdWakeupRead, F_SETFL, O_NONBLOCK);               ③-1-3
    ril_event_set (&s_wakeupfd_event, s_fdWakeupRead, true, processWakeupCallback,
            NULL);                                            ③-1-4
    rilEventAddWakeup (&s_wakeupfd_event);                    ③-1-5
    ril_event_loop();                                         ③-1-6
    return NULL;
}
```

📁 hardware/ril/libril/ril.cpp

코드 2-13 RIL 이벤트 스케줄러 초기화

③-1-1 RIL 이벤트 스케줄러 자료 구조 초기화

RIL 이벤트 스케줄러가 시작되면 가장 먼저 RIL 이벤트 스케줄링을 위해 사용되는 자료 구조인 테이블, timer_list 및 pending_list를 초기화한다. ril_event_init() 함수는 2.3.3절에서 설명하였다.

③-1-2 웨이크업 이벤트용 파이프 생성

RIL 이벤트 스케줄러는 필요에 따라 RIL 이벤트 스케줄링을 강제로 트리거하는 동작을 필요로 한다. 대표적으로 웨이크업 이벤트가 발생하였을 때 RIL 이벤트 스케줄러가 강제로 웨이크업 이벤트를 스케줄링해야 한다. RIL 이벤트 스케줄러는 I/O 멀티플렉싱을 위해서 select() 함수를 사용한다. select() 함수는 파일 기술자의 집합(fd_set) 중에 입·출력 Ready 상태가 되면 리턴하고 입·출력 Ready 상태가 된 파일 기술자로부터 입·출력 동작을 수행한다. 따라서 RIL 이벤트 스케줄러가 스케줄링

동작을 시작하도록 하기 위해서 파일 기술자 집합에 RIL 이벤트 스케줄러를 강제로 트리거할 수 있는 파일 기술자를 지정하는 것이 중요하다. RIL 이벤트 스케줄러는 이러한 기능을 지원하기 위해서 파이프를 생성한다. 이렇게 생성된 파이프에 웨이크업 이벤트를 써서 RIL 이벤트 스케줄러를 강제로 트리거 할 수 있다.

그림 2-18은 파이프 생성 후 쓰기용 파일 기술자(s_fdWakeupWrite)와 읽기용 파일 기술자(s_fdWakeupRead)를 보여준다.

그림 2-18 웨이크업 이벤트용 파이프 생성

RIL 이벤트 스케줄러가 파이프를 생성하면 두 개의 파일 기술자가 생성되며 쓰기용 파일 기술자와 읽기용 파일 기술자로 구분하여 각각 s_fdWakeupWrite 변수와 s_fdWakeupRead 변수에 저장한다.

쓰기용 파일 기술자와 읽기용 파일 기술자는 다음과 같은 목적을 가지고 있다.

⦿ 쓰기용 파일 기술자(s_fdWakeupWrite)

s_fdWakeupWrite는 말 그대로 RIL 이벤트 스케줄러를 깨우기 위한 웨이크업 이벤트를 발생하기 위해 사용된다. 코드 2-14는 triggerEvLoop() 함수가 RIL 이벤트 스케줄러를 트리거하는 동작에 대한 설명이다. triggerEvLoop() 함수는 s_fdWakeupWrite에 공백 문자(' ') 1byte를 써서 RIL 이벤트를 기다리고 있는 select() 함수를 리턴시켜 RIL 이벤트 스케줄러가 강제로 스케줄링을 시작하도록 유도한다.

```
static void triggerEvLoop() {
    int ret;
    if (!pthread_equal(pthread_self(), s_tid_dispatch)) {
        do {
            ret = write (s_fdWakeupWrite, " ", 1);
        } while (ret < 0 && errno == EINTR);
    }
}
```

📁 hardware/ril/libril/ril.cpp

코드 2-14 RIL 이벤트 스케줄러를 트리거하기 (triggerEvLoop() 함수)

triggerEvLoop() 함수가 호출될 때는 RIL 이벤트 콜백 구조체가 watch_list에 등록할 때와 RIL ind가 수신되어 웨이크업 이벤트를 스케줄링할 때 호출된다. 표 2-9는 triggerEvLoop() 함수를 호출하여 웨이크업 이벤트를 발생시키는 경우에 대한 설명이다.

표 2-9 triggerEvLoop() 함수에 의해 웨이크업 이벤트가 발생되는 두 가지 경우

웨이크업 이벤트가 필요한 경우	설명
watch_table에 ril_event 구조체를 등록	RIL 데몬이 RIL 초기화를 할 때 RIL 이벤트 스케줄러의 watch_table에 ril_event 구조체를 등록한다. ril_event 구조체는 I/O 이벤트를 처리하기 위한 콜백 함수를 정의하고 있다. 이때 RIL 데몬은 RIL 이벤트 스케줄러에 watch_table에 ril_event가 등록되었음을 알리기 위해 강제로 RIL 이벤트 스케줄러를 깨우는 방법이 필요하다. 이를 위해 RIL 이벤트 스케줄러는 웨이크업 이벤트를 제공하여 RIL 데몬이 필요에 따라 RIL 이벤트를 스케줄링할 수 있도록 한다.
timer_list에 타임아웃 이벤트를 추가	RIL 이벤트 스케줄러에 RIL ind가 수신되어 타임아웃 이벤트가 time_list에 추가되었음을 알리는 역할을 수행한다. 타임아웃 이벤트가 timer_list에 추가되었음을 RIL 이벤트 스케줄러에 알리기 위해서 웨이크업 이벤트를 발생시켜 RIL 이벤트 스케줄러를 강제로 깨워 타임아웃 이벤트를 스케줄링하도록 한다.

◉ 읽기용 파일 기술자(s_fdWakeupRead)

RIL 이벤트 스케줄러는 RIL 이벤트 스케줄러를 트리거하기 위해 발생된 웨이크업 이벤트를 수신하면 processWakeupCallback() 함수를 실행시킨다. processWakeupCallback() 함수는 s_fdWakeupRead로부터 RIL 이벤트 스케줄러를 트리거하기 위해 쓰여진 공백 문자 1바이트를 읽기 위해 사용된다. 코드 2-15는 processWakeCallback() 함수가 공백 문자를 읽는 과정에 대한 설명이다.

```
static void processWakeupCallback(int fd, short flags, void *param) {
    char buff[16];
    int ret;
    do {
        ret = read(s_fdWakeupRead, &buff, sizeof(buff));
```

```
    } while (ret > 0 || (ret < 0 && errno == EINTR));
}
```

📁 hardware/ril/libril/ril.cpp

코드 2-15 웨이크업 이벤트 처리하기

모니터링하는 파일 스크립트 리스트에 다음과 같은 목적으로 사용할 파일 기술자를 추가한다.

3-1-3 읽기용 파일 기술자 속성 변경

fcntl() 함수를 이용하여 파이프 읽기용 파일 기술자(s_fdWakeupRead)를 Non-Blocking 모드로 설정한다.

3-1-4 웨이크업 ril_event 구조체 초기화

ril_event_set() 함수를 이용하여 watch_table에 웨이크업 ril_event 구조체(s_wakeupfd_event)에 processWakupCallback() 함수를 등록한다. RIL 이벤트 스케줄러가 모니터링할 파일 기술자는 s_fdWakeupRead이며, 웨이크업 이벤트가 처리되기 위해 호출되는 이벤트 핸들러는 processWakeupCallback() 함수이다.

표 2-10은 ril_event_set() 함수를 실행한 후 초기화된 웨이크업 이벤트의 구조체(s_wakeupfd_event)의 구체적인 멤버 변수에 대한 설명이다.

표 2-10 웨이크업 ril_event 구조체의 초기화 후 ril_event 구조체의 파라미터 상태

파라미터	설정 값	설명
fd	s_fdWakeupRead	읽기용 파이프의 파일 기술자 triggerEvLoop()함수에 의해 쓰기용 파이프의 파일 기술자(s_fdWakeupWrite)에 공백 문자가 쓰여지면 RIL 이벤트 스케줄러는 읽기용 파이프의 파일 기술자(s_fdWakeupRead)가 Ready 상태가 된다.
index	0	watch_table 내의 웨이크업 ril_event 구조체의 인덱스를 나타낸다.
persist	true	persist=true이므로 웨이크업 RIL 이벤트는 watch_table로부터 제거되지 않고 스케줄링 된다.

timeout	0	타임아웃 값을 0으로 설정하여 웨이크업 RIL 이벤트가 즉시 스케줄링 되도록 한다.
func	processWakeupCallback()	s_fdWakeupRead가 Ready 상태가 되면 RIL 이벤트 스케줄러가 깨어나게 되고 triggerEvLoop() 함수에 의해 쓰여진 공백 문자를 처리하기 위한 콜백 함수이다. 코드 2-15와 같이 공백 문자를 처리하는 동작 이외에는 다른 동작은 하지 않는다.
param	NULL	사용자를 위한 파라미터를 지정하지 않는다.

3-1-5 웨이크업 ril_event 구조체 등록 (2-13)

3-1-4(2-13)에서 초기화된 웨이크업 ril_event 구조체는 watch_table에 등록되어야 웨이크업 이벤트를 처리할 수 있다. RIL 이벤트 스케줄러는 rilEventAddWakeup() 함수를 호출하여 웨이크업 이벤트 ril_event 구조체를 watch_table에 등록하고, triggerEvLoop() 함수를 호출하여 RIL 이벤트 스케줄러에 모니터링해야 할 새로운 파일 기술자(s_fdWakupRead)가 있음을 알린다.

코드 2-16은 rilEventAddWakeup() 함수의 구현 코드이다.

```
static void rilEventAddWakeup(struct ril_event *ev) {
    ril_event_add(ev);      3-1-5-1
    triggerEvLoop();        3-1-5-2
}
```

📁 hardware/ril/libril/ril.cpp

코드 2-16 rilEventAddWakeup() 함수

3-1-5-1 웨이크업 ril_event 구조체를 watch_table에 등록 (2-16)

ril_event_add() 함수를 이용하여 웨이크업 ril_event 구조체를 watch_table에 등록한다. 이때부터 RIL 이벤트 스케줄러는 웨이크업 이벤트를 모니터링할 수 있는 준비가 된다. 따라서 웨이크업 이벤트의 파일 기술자(s_fdWakupRead)를 모니터링할 수 있도록 RIL 이벤트 스케줄러에 이 사실을 알려야 한다.

3-1-5-2 웨이크업 이벤트의 콜백 함수 실행

triggerEvLoop() 함수를 호출하여 s_fdWakeupWrite에 쓰기 작업을 수행하면 s_fdWakeupRead 파일 기술자의 입·출력 상태가 준비 상태로 변경된다. 웨이크업 이벤트의 파일 기술자는 s_fdWakeupRead이다. 그러면 s_fdWakeupRead를 모니터링하던 RIL 이벤트 스케줄러가 깨어나 웨이크업 이벤트를 스케줄링하기 시작한다.

그림 2-19는 웨이크업 이벤트의 핸들러를 실행하는 과정이다.

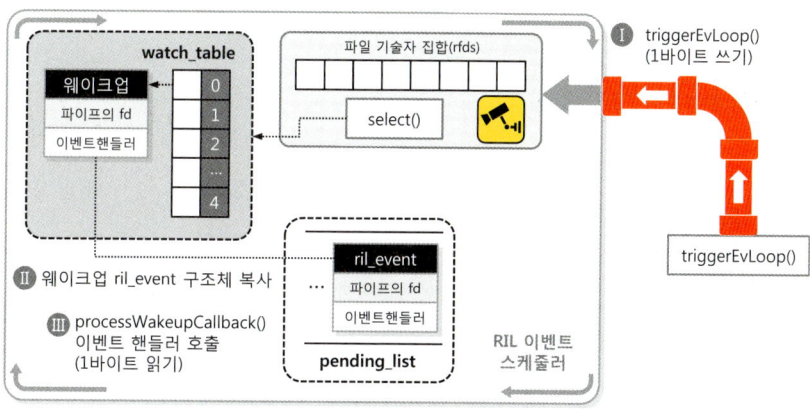

그림 2-19 웨이크업 이벤트 핸들러의 실행 과정

❶ triggerEvLoop() 함수는 파이프의 쓰기용 파일 기술자(s_fdWakeupWrite)에 1바이트의 공백 문자를 쓴다. 그러면 RIL 이벤트 스케줄러가 감시하고 있는 읽기용 파일 기술자(s_fdWakeupRead)는 Ready 상태가 되므로 깨어난다.

❷ RIL 이벤트 스케줄러는 웨이크업 이벤트를 처리하기 위해 watch_table에 등록되어 있는 웨이크업 ril_event 구조체를 pending_list로 복사한다. pending_list에 복사된 웨이크업 ril_event 구조체는 특정 시점에 RIL 이벤트 스케줄러에 의해서 처리된다.

❸ RIL 이벤트 스케줄러는 pending_list에 대기 중인 웨이크업 이벤트를 처리하기 위해 웨이크업 ril_event 구조체의 웨이크업 이벤트 처리 콜백 함수(processWakeupCallback())를 호출한다. processWakeupCallback() 함수는 단순히 파이프에 쓰여진 1바이트의 공백 문자를 읽는다.

> **TIP - 웨이크업 이벤트가 eventLoop 쓰레드 생성 시 가장 먼저 등록되는 이유는?**
>
> 다른 RIL 이벤트에 비해 웨이크업 이벤트가 가장 최초로 초기화되는 것은 무슨 이유일까? 그 이유는 웨이크 이벤트가 RIL 이벤트 스케줄러를 강제로 깨워 RIL 이벤트 스케줄링을 트리거하기 때문이다.
> RIL 이벤트를 처리하기 위해 각 RIL 이벤트의 ril_event 구조체를 watch_table에 등록한 후 triggerEvLoop() 함수를 호출하여 대기 상태의 RIL 이벤트 스케줄러를 깨워야 한다. 그 이유는 ril_event 구조체를 watch_table에 등록한 후, FD_SET() 매크로에 의해서 readFds에 감시해야 할 파일 기술자가 추가되게 되므로 select() 함수를 다시 실행시켜야 추가된 ril_event 구조체의 파일 기술자에 들어오는 RIL 이벤트를 스케줄링할 수 있기 때문이다.
> watch_table에 ril_event 구조체를 등록한 후, triggerEvLoop() 함수를 실행하지 않으면 watch_table에 새로운 ril_event 구조체가 등록되었다고 하더라도 새롭게 감시해야 할 파일 기술자가 readFds 집합에 추가되었음을 RIL 이벤트 스케줄러가 알지 못한다.

3-1-6 RIL 이벤트 스케줄러 실행

RIL 이벤트 스케줄러를 실행한다. ril_event_loop() 함수에 대한 설명은 2.5절에서 자세하게 설명한다.

2.4.5 벤더 RIL 초기화

RIL 데몬은 RIL 이벤트 스케줄러를 생성한 후, 동적으로 로딩한 벤더 RIL을 초기화한다. 이를 수행하기 위해 벤더 RIL은 RIL_Init() 함수를 제공해야 한다. 각 모뎀 제조사마다 벤더 RIL의 구현이 다르므로 벤더 RIL의 초기화 역시 각 벤더 RIL에 따라 다르다. 일반적인 벤더 RIL의 초기화를 설명하기 위해 안드로이드가 벤더 RIL의 레퍼런스 디자인으로 제공하는 레퍼런스 벤더 RIL(reference-ril)[11]을 기준으로 벤더 RIL의 초기화 과정을 설명한다. 레퍼런스 벤더 RIL의 초기화 과정은 다음과 같은 작업을 수행한다.

- RIL 데몬의 콜백 함수를 벤더 RIL에 설정:

- mainLoop 쓰레드 및 readerLoop 쓰레드를 실행:

- 벤더 RIL의 콜백 함수를 RIL 데몬에 반환:

---

11 /hardware/ril/reference-ril/reference-ril.c

코드 2-17은 RIL 데몬이 벤더 RIL 라이브러리를 동적으로 로딩하여 벤더 RIL 라이브러리가 제공하는 RIL_Init() 함수를 호출하는 과정에 대한 설명이다.

```c
static struct RIL_Env s_rilEnv = {
    RIL_onRequestComplete,
    RIL_onUnsolicitedResponse,
    RIL_requestTimedCallback
};

int main(int argc, char **argv) {
    const RIL_RadioFunctions *(*rilInit)(const struct RIL_Env *, int, char **);
    const RIL_RadioFunctions *funcs;
    ...
    dlHandle = dlopen(rilLibPath, RTLD_NOW);  ─❹
    rilInit = (const RIL_RadioFunctions *(*)(const struct RIL_Env *, int, char **))
              ↳ dlsym(dlHandle, "RIL_Init");  ─❺
    funcs = rilInit(&s_rilEnv, argc, rilArgv);  ─❻
}
```

📁 hardware/ril/rild/rild.c

코드 2-17 RIL 데몬의 벤더 RIL 초기화

❹ 벤더 RIL 라이브러리의 동적 로딩

RIL 데몬은 dlopen() 함수를 이용하여 변수 rilLibPath에 지정되어 있는 경로로 부터 벤더 RIL 라이브러리를 동적으로 로딩한다. 동적으로 로딩된 벤더 RIL 라이브러리는 RIL 데몬과 같은 프로세스 주소 공간에 위치한다.

❺ 벤더 RIL의 "RIL_Init" 심볼 검색

RIL 데몬은 벤더 RIL를 초기화하기 위해 dlsym() 함수를 이용하여 RIL_Init() 함수를 검색한다. dlsym() 함수는 dlopen() 함수에 의해 반환된 벤더 RIL 라이브러리 핸들을 이용하여 "RIL_Init" 심볼을 찾아 그것의 함수 포인터를 반환한다.

❻ 벤더 RIL의 RIL_Init() 함수 호출

RIL 데몬은 반환된 RIL_Init() 함수의 함수 포인터를 호출하여 벤더 RIL의 초기화를 실행한다.

코드 2-18은 reference-ril.cpp의 RIL_Init() 함수가 레퍼런스 벤더 RIL을 초기화하는 과정이다.

```
static const struct RIL_Env *s_rilenv;
const RIL_RadioFunctions *RIL_Init(const struct RIL_Env *env, int argc, char **argv) {
    s_rilenv = env;                                          ― 6-1
    pthread_create(&s_tid_mainloop, &attr, mainLoop, NULL);  ― 6-2
    return &s_callbacks;                                     ― 6-3
}
```

📁 hardware/ril/reference-ril/reference-ril.cpp

코드 2-18 reference-ril.cpp의 RIL_Init() 함수

2-18
6-1 RIL 데몬 콜백 함수 설정

RIL 데몬으로부터 전달된 RIL_Env 구조체 포인터를 s_rilenv 정적 변수에 저장한다. RIL 데몬이 벤더 RIL에 전달한 Radio 응답 함수들은 표 2-11에서 보는 것과 같이 RIL_Env 구조체에 함수 포인터 형태로 저장되어 있다. 벤더 RIL은 모뎀으로 수신한 RIL resp와 RIL ind를 RIL 데몬에 전달하기 위해 s_rilenv를 참조하여 RIL 데몬의 RIL_onRequestComplete() 함수와 RIL_onUnsolicitedResoponse() 함수를 호출한다.

그림 2-20은 벤더 RIL의 RIL_Init() 함수를 호출할 때 벤더 RIL에 RIL 데몬의 Radio 응답 함수를 전달하는 과정에 대한 설명이다.

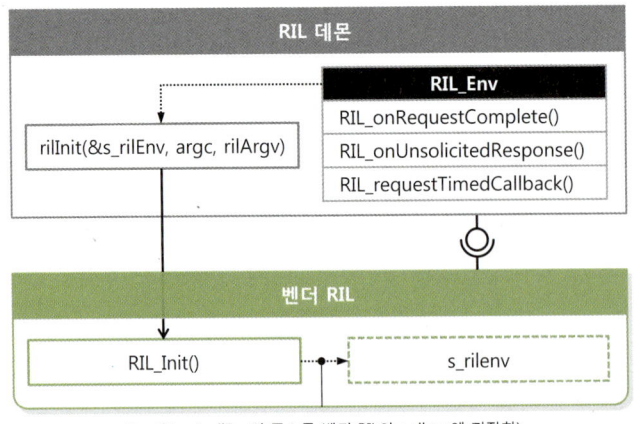

그림 2-20 RIL 데몬이 벤더 RIL에 Radio 응답 함수를 전달하는 과정

표 2-11은 RIL_Env 구조체의 변수를 나타낸다. RIL_Env 구조체는 벤더 RIL이 RIL 데몬으로 RIL resp와 RIL ind를 전달하기 위한 콜백 함수의 포인터를 포함하고 있다.

표 2-11 RIL_Env 구조체의 함수 포인터

콜백 함수	설명
Void (*OnRequestComplete)(RIL_Token t, RIL_Errno e, void *response, size_t responselen);	RIL resp를 RIL 데몬으로 전달하기 위해 사용되는 콜백 함수를 지정하기 위한 함수 포인터이다. • t: RIL req와 매칭시키기 위해 사용되는 RIL resp의 token 정보 • e: 에러의 종류(RIL req가 정상적으로 처리되었다면 RIL_E_SUCCESS가 반환된다.) • response: RIL 데몬에 전달될 RIL resp 데이터 • responselen: RIL 데몬에 전달될 RIL resp 데이터의 사이즈
void (*OnUnsolicitedResponse)(int unsolResponse, const void *data, size_t datalen);	RIL ind를 RIL 데몬으로 전달하기 위해 사용되는 콜백 함수를 지정하기 위한 함수 포인터이다. • unsolResponse: RIL ind의 ID • data: RIL 데몬에 전달될 RIL ind 데이터 • datalen: RIL 데몬에 전달될 RIL ind 데이터의 사이즈
void (*RequestTimedCallback)(RIL_TimedCallback callback, void *param, const struct timeval *relativeTime);	타임아웃 이후 실행되어야 할 RIL_TimedCallback 콜백 함수를 지정하기 위한 함수 포인터이다. relativeTime이 명시되었다면, 그것은 콜백이 발생해야 하는 상대적인 시각을 명시한다. relativeTime이 NULL이거나 0으로 채워진 구조체에 대한 포인터라면, 콜백은 최대한 빨리 발생한다.

6-2 레퍼런스 벤더 RIL의 mainLoop 쓰레드 생성

pthread_create() 함수를 이용하여 레퍼런스 벤더 RIL의 mainLoop 쓰레드를 생성한다.

그림 2-21은 mainLoop 쓰레드의 역할 및 AT 명령 응답을 수신하기 위한 readerLoop 쓰레드를 생성하는 과정에 대한 설명이다.

mainLoop 쓰레드가 생성되면 모뎀 디바이스를 열고 AT 명령을 송신하기 위해 readerLoop 쓰레드를 생성한다. mainLoop 쓰레드는 AT 채널이 끊어지거나 AT 명령을 송신한 후 AT 응답이 오지 않는 경우, Radio 상태가 RADIO_STATE_UNAVAILABLE 상태로 변경되었다고 판단하여 mainLoop 쓰레드를 초기화한다. readerLoop 쓰레드는 무한 루프를 돌며 AT 채널로부터 AT 명령의 응답을 수신하면 수신된 응답이 Solicited 타입 또는 Unsolicited 타입인지 따라 AT 응답을 처리한다.

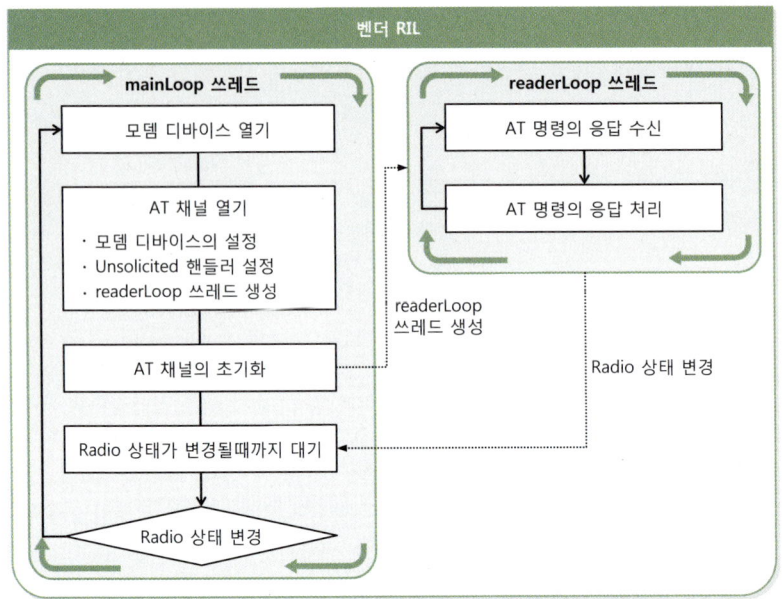

그림 2-21 레퍼런스 벤더 RIL의 mainLoop 쓰레드 와 readerLoop 쓰레드의 생성과정

2-18
6-3 벤더 RIL 콜백 함수를 RIL 데몬에 반환

벤더 RIL은 Radio 제어 함수의 포인터(RIL_RadioFunctions)를 RIL 데몬으로 전달한다. RIL 데몬은 Radio 제어 함수를 이용하여 모뎀 제어를 할 수 있다.

표 2-12는 RIL_RadioFunctions 구조체의 변수에 대한 설명이다. RIL_RadioFunctions 구조체는 벤더 RIL에 RIL req를 전달할 수 있는 RIL_RequestFunc 함수 포인터와 벤더 RIL의 Radio 상태를 요청할 수 있는 RIL_RadioStateRequest 함수 포인터 등을 포함하고 있다.

표 2-12 RIL_RadioFunctions 구조체의 함수 포인터

반환 값	콜백 함수
void (*RIL_RequestFunc) (int request, void *data, size_t datalen, RIL_Token t);	RIL_RequestFunc 함수 포인터는 Solilcited 명령을 위한 RIL 진입점이다. 이 함수는 RIL_REUEST를 가진 ril.h에 정의된 RIL Solicited 명령을 처리할 수 있어야 한다. • request : RIL_REQUEST_* • data : RIL_REQUEST_*을 정의한 데이터의 포인터 • datalen : 데이터의 길이 • t : token 값을 저장한 RequestInfo 구조체의 포인터

RIL_RadioState (*RIL_RadioStateRequest)();	RIL_RadioStateRequest 함수 포인터는 동기적으로 현재 라디오 상태를 반환한다.
int (*RIL_Supports)(int requestCode);	RIL_Supports 함수 포인터는 특정 RIL_Request 명령을 지원하면 "1"을, 지원하지 않으면 "0"을 반환한다.
void (*RIL_Cancel)(RIL_Token t);	RIL_Cancel 함수 포인터는 즉시 리턴하고 취소가 될 때까지 기다리지 않는다.
const char *(*RIL_GetVersion) (void);	벤더 RIL의 버전을 반환한다.

2.4.6 벤더 RIL의 Radio 제어 함수 등록 및 I/O 이벤트용 소켓 생성

RIL 데몬은 벤더 RIL이 제공한 Radio 제어 함수들을 이용하여 모뎀 제어를 한다. 벤더 RIL은 벤더 RIL의 초기화가 끝나면 2.4.5절에서 설명한 RIL_RadioFunctions 타입의 Radio 제어 함수를 RIL 데몬에 반환한다. RIL 데몬은 벤더 RIL이 반환한 Radio 제어 함수를 RIL 데몬 도메인에 저장한다. 이때부터 RIL 데몬은 벤더 RIL의 Radio 제어 함수를 이용하여 벤더 RIL에 RIL req 명령을 요청할 수 있다. 코드 2-19는 RIL 데몬이 벤더 RIL의 Radio 제어 함수를 받아 RIL 데몬 도메인에 등록하는 과정이다.

```
extern void RIL_register (const RIL_RadioFunctions *callbacks);
int main(int argc, char **argv) {
    const RIL_RadioFunctions *funcs;
    ...
    funcs = rilInit(&s_rilEnv, argc, rilArgv);
    RIL_register(funcs); ──❼
}
```

📁 hardware/ril/rild/rild.c

코드 2-19 RIL_register() 함수의 호출

RIL 데몬은 벤더 RIL의 Radio 제어 함수를 등록하기 위해 ril.cpp의 RIL_register() 함수를 호출한다. 코드 2-20은 RIL_register() 함수의 실제 구현에 대한 설명이다.

```
RIL_RadioFunctions s_callbacks = {0, NULL, NULL, NULL, NULL, NULL};
extern "C" void RIL_register (const RIL_RadioFunctions *callbacks) {
```

```
    ...
    memcpy(&s_callbacks, callbacks, sizeof (RIL_RadioFunctions));     ━ 7-1

    if (s_started == 0) {
        RIL_startEventLoop();
    }
    s_fdListen = android_get_control_socket(SOCKET_NAME_RIL);          ━ 7-2
    listen(s_fdListen, 4);                                              ━ 7-3
    ril_event_set (&s_listen_event, s_fdListen, false, listenCallback, NULL); ━ 7-4
    rilEventAddWakeup (&s_listen_event);                                ━ 7-5
    s_fdDebug = android_get_control_socket(SOCKET_NAME_RIL_DEBUG);      ━ 7-6
    listen(s_fdDebug, 4);                                               ━ 7-7
    ril_event_set (&s_debug_event, s_fdDebug, true, debugCallback, NULL); ━ 7-8
    rilEventAddWakeup (&s_debug_event);                                 ━ 7-9
}
```

📁 hardware/ril/libril/ril.cpp

코드 2-20 RIL_register() 함수

7-1 벤더 RIL의 콜백 함수 저장

그림 2-22는 RIL 데몬이 RIL_register() 함수를 호출하여 벤더 RIL Radio 제어 함수를 RIL 데몬에 저장하는 과정이다.

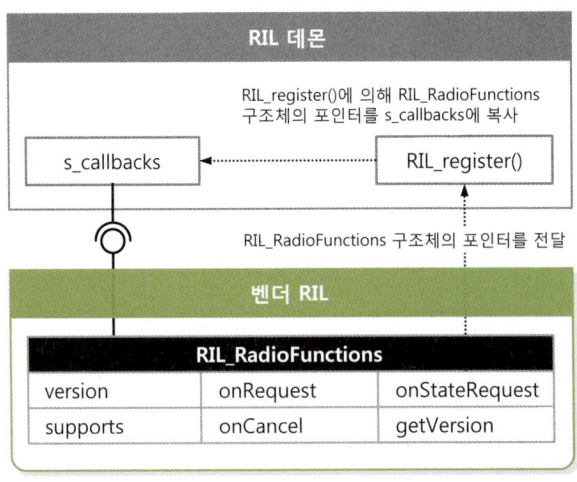

그림 2-22 RIL_register() 함수에 의한 벤더 RIL의 Radio 제어 함수 저장

벤더 RIL로부터 반환된 RIL_RadioFunction 구조체의 포인터를 RIL 데몬의 정적 변수 s_callbacks에 복사한다. 벤더 RIL은 Radio 제어 함수를 함수 포인터 형태로 RIL 데몬에 제공한다.

RIL 데몬은 코드 2-21과 같은 방법으로 s_callbacks의 onRequest 함수 포인터를 호출하여 벤더 RIL의 Radio 제어 함수를 호출할 수 있다. 디스패치 함수 관련은 2.5절에서 좀 더 자세히 설명하도록 한다.

```
static void dispatchString (Parcel& p, RequestInfo *pRI) {
    ...
    s_callbacks.onRequest(pRI->pCI->requestNumber, string8, sizeof(char *), pRI);
    ...
}
```

📁 hardware/ril/libril/ril.cpp

코드 2-21 Radio 제어 함수 사용 예

7-2 "rild" 소켓의 파일 기술자 획득

init 프로세스는 init.rc의 서비스 섹션에 기술된 소켓을 생성하고, 생성된 프로세스의 환경 변수로 소켓의 파일 기술자 리스트를 전달한다. init 프로세스는 RIL 데몬을 생성할 때 "rild"와 "rild-debug"란 이름으로 유닉스 도메인 소켓을 생성한 후 이들 파일 기술자를 RIL 데몬의 환경 변수에 추가한다. RIL 데몬이 이 소켓을 사용하기 위해서는 android_get_control_socket() 헬퍼(helper) 함수를 이용해 소켓의 파일 기술자를 얻을 수 있다. 여기서는 텔레포니 프레임워크와의 통신을 위해 "rild" 소켓의 파일 기술자를 획득한다.

7-3 텔레포니 프레임워크의 연결 요청 듣기(listen() 함수 호출)

서버는 클라이언트의 연결 요청을 기다리도록 소켓을 설정해야 한다. RIL 데몬은 listen() 함수를 호출하여 리눅스 커널에 해당 소켓이 클라이언트의 연결 요청을 받아들이도록 한다. 텔레포니 프레임워크로부터 접속 요청이 들어올 때까지 소켓을 listen 상태로 유지한다. backlog 파라미터는 4로 설정하여 최대 대기 클라이언트 연결의 개수를 4로 설정한다.

7-4 listen ril_event 구조체 초기화

ril_event_set() 함수를 이용하여 listen ril_envent 구조체(s_listen_event)를 초기화한다. listen 이벤트는 텔레포니 프레임워크로부터 RIL req가 s_fdListen 소켓을 통해 최초로 요청되었을 때 발생된다.

표 2-13은 생성된 listen ril_event 구조체(s_listen_event)의 변수값에 대한 상세한 설명이다. RIL 이벤트 스케줄러가 모니터링하는 파일 기술자는 s_fdListen이며, listen 이벤트 처리 콜백 함수는 listenCallback() 함수이다. listen 이벤트는 웨이크업 이벤트와 다르게 RIL 이벤트 스케줄러에 의해 단 한 번만 스케줄링 된다.

표 2-13 listen ril_event 구조체

멤버 변수	파라미터	설명
fd	s_fdListen	텔레포니 프레임워크로부터 첫 RIL req 요청이 왔을 때 사용되는 파일 기술자이다.
index	1	watch_table 내의 listen ril_event 구조체의 인덱스이다.
persist	false	listen 이벤트는 단 한 번 스케줄링 되고 watch_table에서 삭제된다.
timeout	0	타임아웃 값을 0으로 설정하여 listen RIL 이벤트가 즉시 스케줄링 되도록 한다.
func	listenCallback()	RIL 이벤트 스케줄러가 listen 이벤트를 수신하면 listenCallback() 함수를 호출하여 listen 이벤트를 처리한다.
param	NULL	사용자를 위한 파라미터를 지정하지 않는다.

7-5 listen ril_event 구조체를 watch_table에 등록(rilEventAddWakeup() 함수 호출)

RIL 이벤트 스케줄러는 웨이크업 ril_event 구조체의 등록 과정과 동일하게 rilEventAddWakeup() 함수를 호출하여 listen ril_event 구조체를 watch_table에 등록한다. 또한 rilEventAddWakeup() 함수는 RIL 이벤트 스케줄러가 새롭게 추가된 listen 이벤트를 모니터링하도록 triggerEvLoop() 함수를 실행시킨다. 이제부터 RIL 이벤트 스케줄러는 텔레포니 프레임워크로부터 RIL req를 수신하여 처리할 수 있다.

7-6 "rild-debug" 소켓의 파일 기술자 획득

android_get_control_socket() 함수를 이용하여 디버깅용 소켓("rild-debug")의 파일 기술자를 획득한다. listen() 함수를 호출하여 radiooptions 프로그램이 디버깅용 s_fdDebug 소켓에 접속할 것을 기다린다. 디버깅용 소켓은 radiooptions 프로그램에서 RIL 데몬의 디버깅 시 사용한다.

7-7 RIL 디버깅을 위한 radiooptions 프로그램의 연결 요청 듣기(listen() 함수 호출)

RIL 데몬은 listen() 함수를 호출하여 "rild-debug" 소켓을 통해 radiooptions 프로그램의 연결 요청을 받아들이도록 커널을 설정한다.

7-8 디버그 ril_event 구조체 초기화

ril_event_set() 함수를 이용하여 디버그 ril_event 구조체(s_debug_event)를 초기화한다. 디버그 이벤트는 radiooptions 프로그램으로 RIL 데몬을 디버깅하면 s_fdDebug 소켓을 통해 필요한 정보를 제공한다.

표 2-14는 생성된 디버그 ril_event 구조체의 멤버 변수에 대한 설명이다. RIL 이벤트 스케줄러가 모니터링할 파일 기술자는 s_fdDebug이며, 디버그 이벤트 처리 콜백 함수는 debugCallback() 함수이다.

표 2-14 디버그 ril_event 구조체

멤버 변수	파라미터	설명
fd	s_fdDebug	radiooptions 프로그램으로부터 디버그 요청이 왔을 때 사용되는 파일 기술자이다.
index	2	watch_table 내의 디버그 ril_event 구조체의 인덱스을 나타낸다.
persist	true	디버그 이벤트는 watch_table에서 삭제되지 않고 계속 스케줄링된다.
timeout	0	타임아웃 값을 0으로 설정하여 디버그 이벤트가 즉시 스케줄링 되도록 한다.
func	debugCallback()	RIL 이벤트 스케줄러가 디버그 이벤트를 수신하면 debugCallback() 함수를 이용하여 디버그 이벤트를 처리한다.
param	NULL	사용자를 위한 파라미터를 지정하지 않는다.

7-9 디버그 ril_event 구조체를 watch_table에 등록

RIL 이벤트 스케줄러는 rilEventAddWakeup() 함수를 호출하여 디버그 ril_event 구조체를 watch_table에 등록한다. 또한 rilEventAddWakeup() 함수는 RIL 이벤트 스케줄러가 새롭게 추가된 디버그 이벤트를 모니터링하도록 triggerEvLoop() 함수를 실행시킨다. 이제부터 RIL 이벤트 스케줄러는 radiooptions 프로그램으로부터 디버그 이벤트를 수신하여 처리할 수 있다.

2.5 RIL 이벤트 처리 메커니즘

RIL 이벤트는 RIL 이벤트 스케줄러가 스케줄링할 수 있는 기본 단위이다. RIL 이벤트 스케줄러는 RIL 이벤트에 의해서 트리거 되며 I/O 이벤트와 타임아웃 이벤트에 따라 스케줄링 되어야 할 시점이 되면 RIL 이벤트 처리 콜백 함수를 실행한다. 본 절에서는 RIL 이벤트 처리 메커니즘을 소개한다.

2.5.1 RIL 이벤트 스케줄러의 동작 원리

2.3.1절에서 RIL 데몬의 구성요소를 설명하였다. 그림 2-23은 RIL 데몬의 주요 구성요소와 주요 함수를 보여준다.

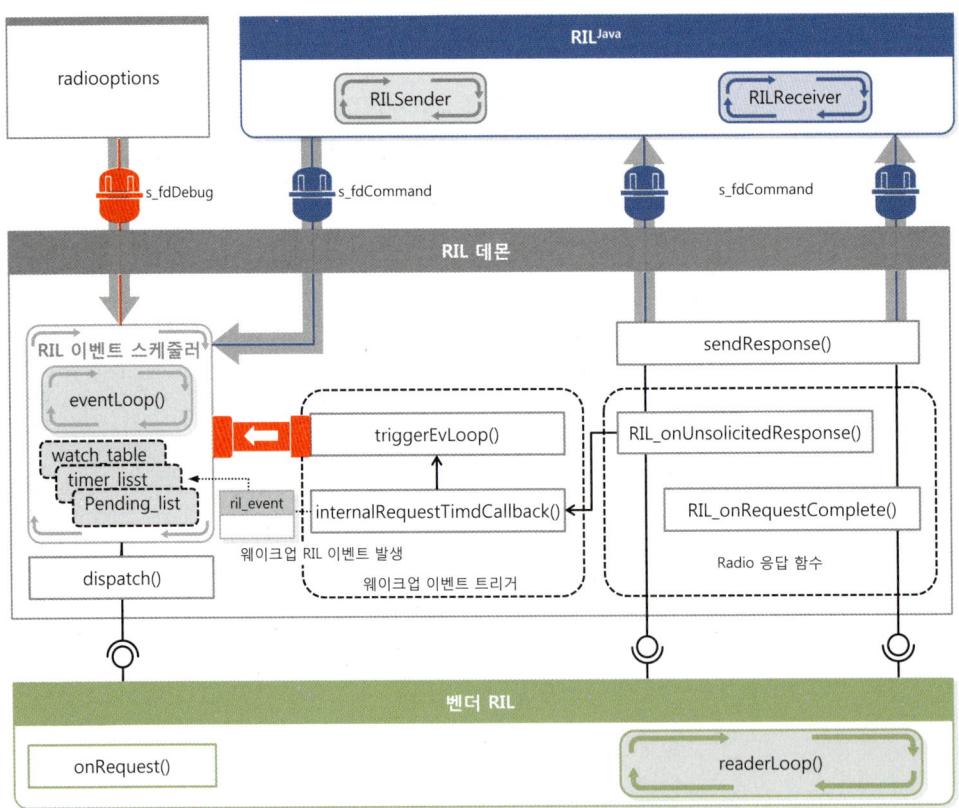

그림 2-23 RIL 데몬의 RIL 이벤트 처리 절차

RIL 데몬의 구성 요소 중 RIL 이벤트 스케줄러는 RIL 이벤트를 처리하기 위한 핵심적인 역할을 수행한다. RIL 이벤트 스케줄러의 스케줄링 알고리즘의 목표는 애플리케이션 또는 RIL 이벤트 스케줄러에 의해 발생한 I/O 이벤트와 타임아웃 이벤트가 처리되어야 할 시점을 결정하고 결정된 시점에 각 RIL 이벤트 처리 콜백 함수를 호출하여 RIL 이벤트를 처리하는 것이다. 이제 RIL 이벤트 스케줄러의 RIL 이벤트 스케줄링 알고리즘을 살펴보기로 하자.

◉ RIL 이벤트 스케줄링 알고리즘

그림 2-24는 RIL 이벤트 스케줄러의 원리에 대한 설명이다. RIL 이벤트 스케줄러는 eventLoop 쓰레드에 의해 구현되었으며 eventLoop 쓰레드는 무한 루프(Ⅰ~Ⅴ)를 돌며 RIL 이벤트를 처리한다.

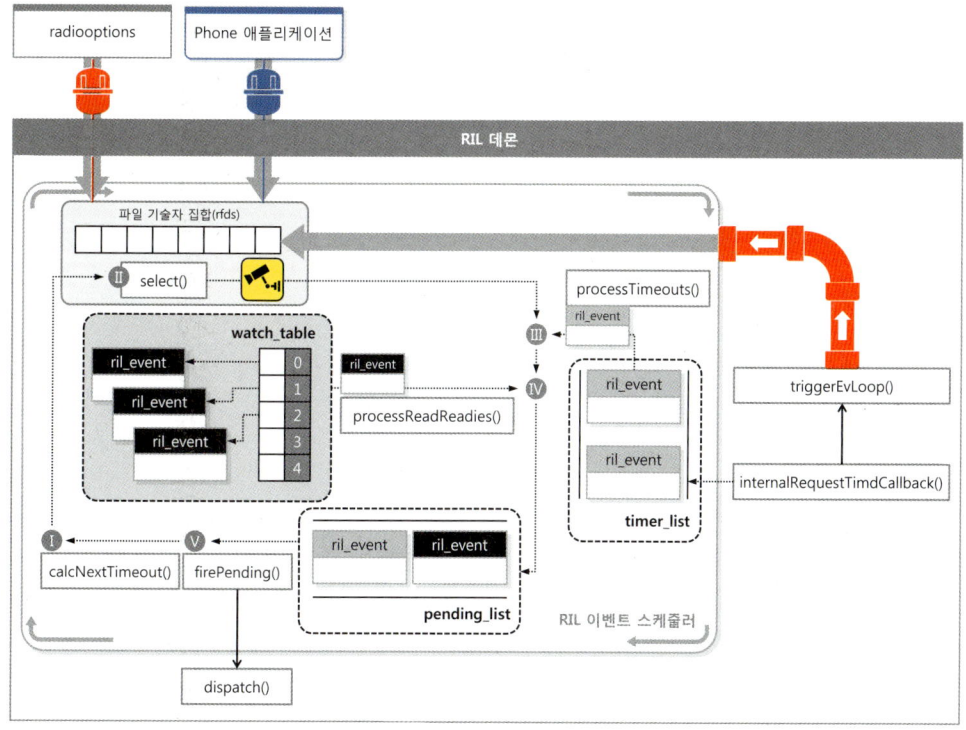

그림 2-24 RIL 이벤트 스케줄러

Ⅰ calcNextTimeout() 함수는 timer_list 내의 타임아웃 이벤트가 존재한다면 RIL 이벤트 스케줄러가 타임아웃 이벤트를 처리하기 위해 깨어나야 할 시간을 계산한다.

❷ select() 함수는 I/O 이벤트가 발생할 때까지 대기하거나 calcNextTimeout() 함수에 의해 계산된 시간 후에 리턴되어 타임아웃 이벤트를 처리한다.

❸ processTimeouts() 함수는 timer_list 내에 타임아웃 이벤트를 순회하면서 타임아웃을 초과한 타임아웃 이벤트의 ril_event 구조체를 timer_list로부터 제거하고 pending_list로 이동시킨다.

❹ processReadReadies() 함수는 I/O 이벤트가 수신되었을 때 watch_table로부터 해당 I/O 이벤트를 처리하기 위한 ril_event 구조체를 pending_list에 추가한다.

❺ firePending() 함수는 pending_list 내를 순회하면서 ril_event 구조체의 RIL 이벤트 처리 콜백 함수를 호출하여 RIL 이벤트를 처리한다.

코드 2-22는 RIL 이벤트 스케줄러의 핵심인 ril_event_loop() 함수의 주요 코드에 대한 설명이다.

```
static fd_set readFds;

void ril_event_loop() {
    int n;
    fd_set rfds;
    struct timeval tv;
    struct timeval * ptv;

    for (;;) {

        memcpy(&rfds, &readFds, sizeof(fd_set));      ─❶
        if (-1 == calcNextTimeout(&tv)) {             ─❷
            ptv = NULL;
        } else {
            ptv = &tv;
        }

        n = select(nfds, &rfds, NULL, NULL, ptv);     ─❸
        processTimeouts();                            ─❹
        processReadReadies(&rfds, n);                 ─❺
        firePending();                                ─❻
    }
}
```

📁 hardware/ril/libril/ril_event.cpp

코드 2-22 ril_event_loop() 함수

2-22
❶ fd_set 타입인 readFds를 지역변수 rfds에 복사

memcpy() 함수를 이용하여 readFds의 값을 지역변수인 rfds에 복사한다. 이렇게 readFds의 값을 지역변수인 rfds에 복사해 놓는 이유는 select() 함수가 이전 fd_set의 상태를 기억하지 못하기 때문이다. 즉, select() 함수의 호출이 연속적으로 일어날 경우 해당 파일 기술자를 읽을 준비가 끝난 상태로 표시해서 리턴한다.

2-22
❷ timer_list의 타임아웃 이벤트의 타임아웃을 계산

RIL 이벤트 스케줄러는 현재 시각으로부터 타임아웃 시각까지의 차를 계산한다.

코드 2-23은 timer_list에 대기 중인 타임아웃 이벤트의 타임아웃 시각을 결정하는 calcNextTimeout() 함수에 대한 설명이다. calcNextTimeout() 함수에 의해 계산된 타임아웃 시간은 select() 함수의 timeout 파라미터로 사용된다. 코드 2-22 내의 select() 함수는 I/O 이벤트가 타임아웃 시간을 초과할 때까지 발생하지 않는다면 반환된다.

calcNextTimeout() 함수는 timer_list에 스케줄링해야 할 타임아웃 이벤트가 없다면 -1을 반환하고, 스케줄링해야 할 타임아웃 이벤트가 있다면 0을 반환한다.

```
static int calcNextTimeout(struct timeval * tv) {
    struct ril_event * tev = timer_list.next;
    struct timeval now;

    getNow(&now);                                    ❷-1

    if (tev == &timer_list) {
        return -1;
    }

    if (timercmp(&tev->timeout, &now, >)) {         ❷-2
        timersub(&tev->timeout, &now, tv);          ❷-3
    } else {
        tv->tv_sec = tv->tv_usec = 0;               ❷-4
```

```
    }
    return 0;
}
```

📁 hardware/ril/libril/ril_event.cpp

코드 2-23 calcNextTimeout() 함수

❷-1 현재 시각을 획득

getNow() 함수는 timerval 구조체 now에 현재 시각을 반환한다.

❷-2 현재 시각(now)과 timer_list에 대기 중인 타임아웃 이벤트의 타임아웃 시각을 비교

timer_list에 대기 중인 타임아웃 이벤트가 있다면 현재 시각(now)과 타임아웃 이벤트의 timeout 변수에 저장된 타임아웃 시각을 비교한다. timercmp 매크로는 현재 시각보다 타임아웃 이벤트의 타임아웃 시각이 크다면 1을 반환하고 현재 시각이 타임아웃 이벤트의 타임아웃 시각보다 크다면 0을 반환한다.

❷-3 현재 시각과 타임아웃 이벤트의 타임아웃 시각의 차를 계산

타임아웃 이벤트의 타임아웃 시각이 현재 시각보다 크다면 timersub() 매크로는 그 차를 계산하여 tv에 반환한다. 이렇게 반환된 tv는 select() 함수의 타임아웃에 설정되므로 계산된 타임아웃의 시각차만큼 select() 함수의 대기 시간이 결정된다.

❷-4 tv의 tv_sec와 tv_usec를 모두 0으로 설정

현재 시각이 타임아웃 이벤트의 타임아웃 시각보다 더 크다면 calcNextTimeout() 함수는 tv의 tv_sec와 tv_usec를 모두 0으로 설정하여 반환한다. 이렇게 tv를 0으로 설정하는 것은 timer_list의 타임아웃 이벤트를 더 이상 스케줄링할 필요가 없기 때문이다. 따라서 select() 함수의 ptv는 NULL이 되기 때문에 RIL 이벤트가 들어올 때까지 무한정 대기 상태에 있다.

그림 2-25는 타임아웃 이벤트의 타임아웃 시각에 따른 select() 함수의 반환 시각을 결정하는 방법에 대한 설명이다.

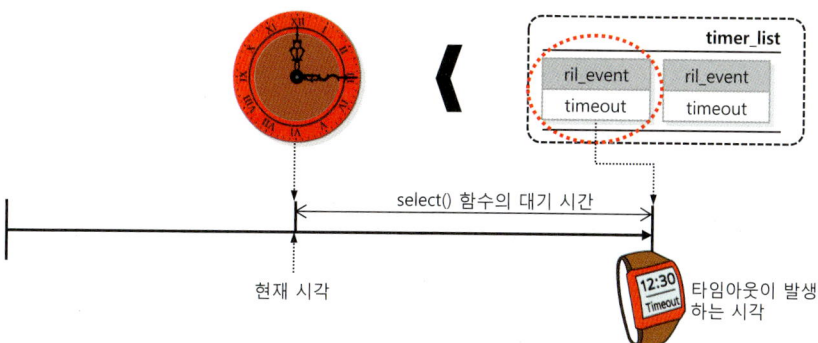

(A) 현재 시각보다 timer_list의 타임아웃 이벤트의 타임아웃 시각이 클 경우

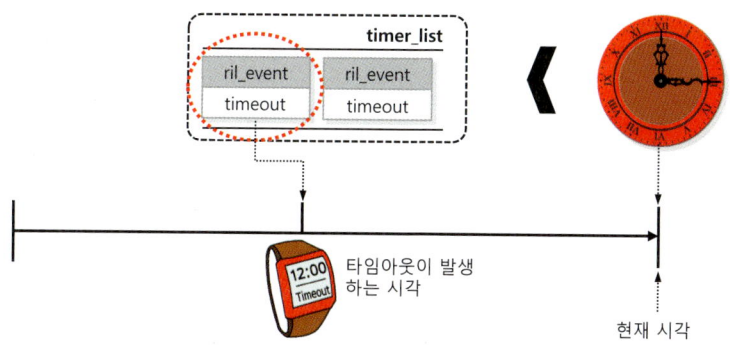

(B) 현재 시각보다 timer_list의 타임아웃 이벤트의 타임아웃 시각이 작을 경우

그림 2-25 select() 함수의 대기 시간 계산 방법

❸ select() 함수를 이용한 I/O 멀티플렉싱

select() 함수는 RIL 이벤트 스케줄러가 여러 가지 경로로부터 들어오는 RIL 이벤트를 I/O 멀티플렉싱으로 처리할 수 있도록 한다.

표 2-15는 select() 함수에 전달되는 인자에 대한 설명이다. select() 함수는 입·출력이 준비된 파일 기술자 개수를 반환한다.

표 2-15 select() 함수의 인자

파라미터	설명
nfds	관리하는 파일 기술자 집합에서 가장 높은 파일 기술자에 +1을 한 값
rfds	❶에서 복사한 readFds의 사본 값
ptv	timer_list에 대기하고 있는 첫 번째 타임아웃 이벤트의 타임아웃까지 남은 시간

timer_list에 대기 상태인 타임아웃 이벤트가 없다면 calcNextTimeout() 함수는 -1을 반환한다. 따라서 select() 함수의 타임아웃 파라미터인 ptv = NULL이 되어 다른 RIL 이벤트가 수신될 때까지 무한히 블록킹 되어 있을 것이다. timer_list에 0.5초 후 타임아웃되는 타임아웃 이벤트가 있다면 calcNextTimeout() 함수에 의해서 ptv ={0,500000}이 설정된다.

코드 2-24는 읽기용 fd_set인 rfds에 I/O 이벤트가 없다면 0.5초 후에 자동으로 반환되는 select() 함수의 사용 예제이다.

```
...
struct timval ptv;
tv.tv_sec = 0;
tv.tv_usec = 500000;
select(nfds, &rfds, NULL, NULL, ptv);
...
```

코드 2-24 select() 함수의 타임아웃의 예

❹ timer_list에 대기 중인 타임아웃 이벤트를 타임아웃 여부에 따라 처리

processTimeouts() 함수는 timer_list에 대기 중인 타임아웃 이벤트의 타임아웃 시각을 현재 시각과 비교하여 현재보다 작다면 pending_list에 추가한다.

코드 2-25는 processTimeouts() 함수가 타임아웃 이벤트를 timer_list로부터 pending_list로 옮기는 과정에 대한 설명이다.

```
static void processTimeouts() {
    struct timeval now;
    struct ril_event * tev = timer_list.next;
    struct ril_event * next;

    getNow(&now);                                              ─❹-1

    while ((tev != &timer_list) && (timercmp(&now, &tev->timeout, >))) { ─❹-2
        next = tev->next;
        removeFromList(tev);                                   ─❹-3
        addToList(tev, &pending_list);                         ─❹-4
```

```
        tev = next;
    }
}
```

📁 hardware/ril/libril/ril_event.cpp

코드 2-25 processTimeouts() 함수

2-25
❹-1 현재 시각 획득

getNow() 함수는 현재 시각을 timeval 타입의 now에 반환한다.

2-25
❹-2 timer_list를 순회하면서 타임아웃 시각을 초과한 타임아웃 이벤트를 검색

timer_list의 끝까지 순회하면서 타임아웃 이벤트의 타임아웃 시각이 현재 시각보다 작을 때까지 while 문을 실행한다.

2-25
❹-3 타임아웃 시각을 초과한 타임아웃 이벤트를 timer_list로부터 제거

timer_list에 대기 중인 타임아웃 이벤트의 타임아웃 시각을 현재 시각과 비교하여 현재 시각이 타임아웃 시각보다 더 크다면 해당 타임아웃 이벤트들을 timer_list에서 제거한다.

2-25
❹-4 타임아웃 시각을 초과한 타임아웃 이벤트를 처리하기 위해 pending_list에 추가

타임아웃 시각을 초과한 타임아웃 이벤트는 RIL 이벤트 스케줄러에 의해 처리되야 하므로 pending_list에 추가된다.

2-22
❺ watch_table에서 파일 기술자가 Ready 상태인 I/O 이벤트를 찾아 pending_list에 추가

RIL 이벤트 스케줄러의 select() 함수가 반환되는 경우는 I/O 이벤트가 도착하여 대기상태에서 반환될 때와 타임아웃 이벤트의 타임아웃에 의해 자동으로 반환될 때 발생한다.

코드 2-26의 processReadReadies() 함수는 어떠한 I/O 이벤트가 도착하였는지 확인하여 watch_list로부터 해당 I/O 이벤트를 처리하기 위해 등록된 ril_event 구조체를 pending_list에 추가하는 과정을 실행한다.

```c
static void processReadReadies(fd_set * rfds, int n) {
    for (int i = 0; (i < MAX_FD_EVENTS) && (n > 0); i++) {        ──❺-❶
        struct ril_event * rev = watch_table[i];
        if (rev != NULL && FD_ISSET(rev->fd, rfds)) {              ──❺-❷
            addToList(rev, &pending_list);                         ──❺-❸
            if (rev->persist == false) {
                removeWatch(rev, i);                                ──❺-❹
            }
            n--;
        }
    }
}
```

📁 hardware/ril/libril/ril_event.c

코드 2-26 processReadReadies() 함수

2-26
❺-❶ watch_table에 등록된 I/O 이벤트의 ril_event 구조체를 순회

watch_table에 등록할 수 있는 ril_event 구조체는 최대 MAX_FD_EVENTS(=8)이다. 따라서 최대 여덟 개의 ril_event 구조체를 순회하며 select() 함수에 의해 반환된 n이 1 이상의 값이면 Ready 상태의 I/O 이벤트가 존재하므로 for 문을 실행할 수 있다.

2-26
❺-❷ I/O 이벤트별 파일 기술자의 상태가 Ready 상태인지 확인

watch_table을 순회하면서 FD_ISSET() 매크로를 이용하여 해당 I/O 이벤트의 파일 기술자가 입·출력이 Ready 상태가 되었는지 확인한다.

2-26
❺-❸ 파일 기술자가 Ready 상태인 I/O 이벤트의 ril_event 구조체를 pending_list에 추가

2-26
❺-❹에서 해당 파일 기술자가 입·출력이 Ready 된 상태라면 RIL 이벤트 스케줄러가 처리할 수 있도록 I/O 이벤트 ril_event 구조체를 pending_list에 추가한다.

2-26
❺-❺ ril_event 구조체의 변수 중 persist가 false이면 watch_table로부터 해당 ril_event 구조체를 제거한다. 이와 같은 예로 listen ril_event 구조체(s_listen_event)의 persist 변수는 false이므로 RIL req ril_event 구조체(s_commands_event)를 생성하는 역할을 수행한 후 watch_table로부터 제거된다.

2-22
❻ pending_list에 있는 RIL 이벤트의 콜백 함수를 호출

코드 2-27은 firePending() 함수가 pending_list의 모든 RIL 이벤트를 처리하는 과정에 대한 설명이다. firePending() 함수는 각 RIL 이벤트의 RIL 이벤트 처리 콜백 함수를 호출하여 해당 RIL 이벤트를 처리한다.

```
static void firePending() {
    struct ril_event * ev = pending_list.next;
    while (ev != &pending_list) {
        struct ril_event * next = ev->next;
        removeFromList(ev);                   ─ 6-1
        ev->func(ev->fd, 0, ev->param);       ─ 6-2
        ev = next;
    }
}
```

📁 hardware/ril/libril/ril_event.c

코드 2-27 firePending() 함수

2-27
6-1 pending_list에 있는 ril_event 구조체를 pending_list로부터 제거한다.

2-27
6-2 해당 RIL 이벤트의 ril_event 구조체에 지정된 콜백 함수를 실행하여 RIL 이벤트를 처리한다.

pending_list에 대기 중인 모든 RIL 이벤트는 pending_list로부터 제거됨과 동시에 해당 콜백 함수를 차례대로 호출한다. 콜백 함수의 처리가 끝나면 다음 RIL 이벤트 처리를 반복한다.

2.5.2 RIL 이벤트 처리 콜백 함수

RIL 이벤트 스케줄러는 pending_list의 RIL 이벤트를 처리하기 위해서 ril_event 구조체의 RIL 이벤트 처리 콜백 함수를 호출하고 모든 RIL 이벤트의 처리를 마치면 다시 fd_set이 Ready 상태가 될 때까지 모니터링 상태로 바뀐다. 이제 실제 RIL 이벤트 처리 콜백 함수가 어떻게 동작하는지 좀 더 자세히 설명하도록 하겠다.

표 2-16에서 RIL 이벤트 처리 콜백 함수의 종류를 정리하였다.

표 2-16 이벤트 처리 콜백 함수의 종류

RIL 이벤트	파일 기술자	콜백 함수
RIL req	S_fdCommand	processCommandsCallback()
타임아웃	Null	userTimerCallback()
listen	S_fdListen	listenCallback()
웨이크업	S_fdWakeupWrite	processWakeupCallback()
디버그	S_fdDebug	debugCallback()

RIL 이벤트 처리 콜백 함수는 수신된 RIL 이벤트의 처리를 담당한다. 표 2-16의 RIL 이벤트 처리 콜백 함수는 공통적으로 모두 같은 인자를 갖는다. 코드 2-28은 RIL 이벤트를 처리하기 위한 ril_evnet_cb 함수 포인터의 선언이다.

```
typedef void (*ril_event_cb)(int fd, short events, void *userdata);
```

📁 hardware/ril/libril/ril_event.h

코드 2-28 typedef를 이용한 RIL 이벤트 처리 콜백 함수 포인터(ril_event_cb) 정의

RIL 이벤트 처리 콜백 함수를 함수 포인터 타입으로 사용하기 위해 typedef를 사용하여 각 콜백 함수를 가리킬 수 있는 함수 포인터 ril_event_cb를 정의한다. RIL 이벤트 처리 콜백 함수는 세 개의 인자를 필요로 한다. 표 2-17은 코드 2-28의 ril_event_cb 함수 포인터의 인자에 대한 정리이다.

표 2-17 콜백 함수의 인자

파라미터	설명
fd	소켓 또는 파이프의 파일 기술자
events	플래그 인자. 실제 사용되지 않는 파라미터
userdata	콜백 함수에서 사용하는 파라미터(void 타입이므로 형 변환을 실행한 뒤 사용해야 한다.)

ril_event 구조체의 변수 func는 RIL 이벤트를 처리할 RIL 이벤트 처리 콜백 함수를 지정하고 있다. RIL 이벤트 스케줄러는 변수 func에 등록되어 있는 RIL 이벤트 처리 콜백 함수를 호출하여 RIL 이벤트를 처리할 수 있다.

표 2-16에서 보는 것과 같이 RIL 이벤트 스케줄러가 처리할 수 있는 RIL 이벤트는 총 다섯 개로 각 RIL 이벤트를 처리하는 콜백 함수들을 지정할 수 있다. 이제부터 표 2-16에 서술한 각 콜백 함수가 RIL 이벤트를 어떻게 처리하는지 살펴보도록 한다.

◉ listen 이벤트 처리 콜백 함수 : listenCallback() 함수

RIL 데몬은 초기화 중 RIL_register() 함수를 호출할 때 listen ril_evnet 구조체 (s_listen_event)를 watch_table에 등록한다. listen ril_event 구조체의 func 변수는 listen 이벤트 처리 콜백 함수인 listenCallback() 함수를 저장하고 있어 listen 이벤트가 발생되면 RIL 이벤트 스케줄러는 listenCallback() 콜백 함수를 호출하여 listen 이벤트를 처리한다. 텔레포니 프레임워크의 RIL[Java]는 RILReceiver 쓰레드가 생성될 때 RIL 데몬의 유닉스 도메인 소켓에 연결 요청을 시도한다. RILReceiver 쓰레드의 연결 요청이 RIL 데몬의 파일 기술자 s_fdListen을 통해 수신되면 listen 이벤트를 발생시킨다. RIL 이벤트 스케줄러는 발생한 listen 이벤트를 처리하기 위해 listenCallback() 함수를 실행한다.

코드 2-29는 listenCallback() 함수에 대한 설명이다. listen 이벤트는 accept() 함수를 이용하여 클라이언트 프로그램의 연결 요청을 허용하고 클라이언트 프로그램용 소켓을 새로 생성한다. listenCallback() 콜백 함수는 텔레포니 프레임워크가 RIL 데몬에 연결 요청을 시도할 때 단 한 번 실행되며 RIL 데몬에 의해 연결 요청이 허용되면 더 이상 실행될 필요가 없다. 따라서 listen ril_event 구조체의 persist 변수의 값은 false로 설정되며 단 한 번 실행 후에 watch_table로부터 제거된다.

```
static void listenCallback (int fd, short flags, void *param) {
    int ret;
    int err;
    int is_phone_socket;
    RecordStream *p_rs;

    struct sockaddr_un peeraddr;
    socklen_t socklen = sizeof (peeraddr);

    struct ucred creds;
    socklen_t szCreds = sizeof(creds);

    s_fdCommand = accept(s_fdListen, (sockaddr *) &peeraddr, &socklen);    ──❶
```

```
    err = getsockopt(s_fdCommand, SOL_SOCKET, SO_PEERCRED, &creds, &szCreds);
    ret = fcntl(s_fdCommand, F_SETFL, O_NONBLOCK);
    p_rs = record_stream_new(s_fdCommand, MAX_COMMAND_BYTES);                    ──❷
    ril_event_set (&s_commands_event, s_fdCommand, 1, processCommandsCallback, p_rs); ──❸
    rilEventAddWakeup (&s_commands_event);                                       ──❹
    onNewCommandConnect();                                                       ──❺
}
```

📁 hardware/ril/libril/ril.cpp

코드 2-29 listenCallback() 함수

2-29

❶ 텔레포니 프레임워크의 연결 요청을 허용 (accept() 함수)

listenCallback() 함수는 accept() 함수를 호출하여 파일 기술자 s_fdListen으로 들어오는 텔레포니 프레임워크의 접속 요청을 받아들인다. accept() 함수는 클라이언트와 통신을 위한 클라이언트용 유닉스 도메인 소켓(s_fdCommand)을 만들어 생성한 후 반환하므로 텔레포니 프레임워크와 RIL 데몬은 s_fdCommand를 통해 통신이 가능해진다.

그림 2-26은 RIL 데몬이 텔레포니 프레임워크의 연결 요청을 수락한 뒤 유닉스 도메인 소켓을 이용하여 통신하는 과정에 대한 설명이다.

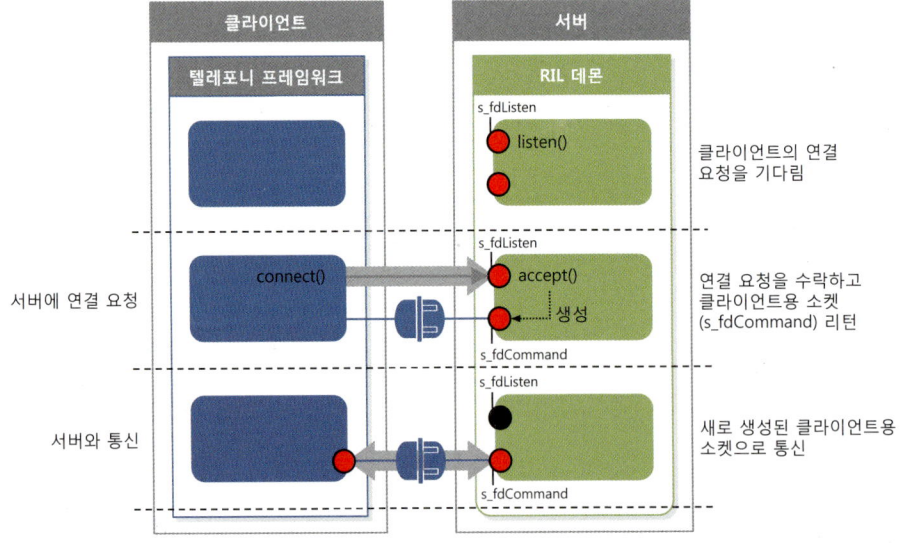

그림 2-26 listen 소켓과 command 소켓

❷ 새로운 record_stream 구조체의 포인터를 획득

record_stream_new() 함수를 호출하여 s_fdCommand로 수신되는 데이터를 저장할 버퍼를 생성한 뒤 record_stream 구조체의 포인터를 반환한다. RIL 이벤트 스케줄러는 반환된 record_stream 구조체의 포인터를 이용하여 텔레포니 프레임워크로부터 s_fdCommand로 수신되는 데이터 패킷을 수신한다.

❸ RIL req ril_event 구조체를 초기화

ril_event_set() 함수를 호출하여 RIL req ril_event 구조체(s_commands_event)를 초기화한다. 데이터를 수신할 파일 기술자에 s_fdCommand를 지정하고 processCommandsCallback() 함수를 RIL req 이벤트 처리 콜백 함수로 설정한다.

❹ rilEventAddWakeup() 함수 호출

RIL 이벤트 스케줄러는 rilEventAddWakeup() 함수를 호출하여 RIL req ril_event 구조체(s_commands_event)를 watch_table에 등록하고 RIL 이벤트 스케줄러를 트리거한다. 트리거 된 RIL 이벤트 스케줄러는 RIL req 이벤트의 발생을 모니터링하기 시작한다.

❺ RIL_UNSOL_RESPONSE_RADIO_STATE_CHANGED 발생

마지막으로 RIL ind인 RIL_UNSOL_RESPONSE_RADIO_STATE_CHANGED를 전송하여 RIL^{Java}의 RILReceiver 쓰레드에게 RIL의 Radio 상태가 변경되었음을 알린다.

코드 2-30은 onNewCommandConnect() 함수가 RIL_onUnsolicitedRsponse() 함수를 호출하여 텔레포니 프레임워크에 RIL의 Radio 상태가 변경되었음을 알리는 방법에 대한 설명이다.

```
static void onNewCommandConnect() {
    RIL_onUnsolicitedResponse(RIL_UNSOL_RESPONSE_RADIO_STATE_CHANGED, NULL, 0);
    ...
}
```

📁 hardware/ril/libril/ril.cpp

코드 2-30 onNewCommandConnect() 함수

⦿ RIL req 이벤트 처리 콜백 함수 : processCommandsCallback() 함수

RIL 이벤트 스케줄러는 listen 이벤트를 처리하기 위해 listenCallback() 함수를 호출하여 클라이언트용 유닉스 도메인 소켓(s_fdCommand)을 생성하여 생성한다. 이때부터 텔레포니 프레임워크와 RIL 데몬은 통신이 가능한 상태가 된다.

파일 기술자 s_fdCommand는 listenCallback() 함수에 의해서 fd_set에 등록되어 있으므로 RIL[Java]의 RILSender 쓰레드가 RIL 데몬에 RIL req를 보낸다면 fd_set의 s_fdCommand 필드는 Ready 상태가 된다.

RIL 이벤트 스케줄러는 select() 함수에 의해 fd_set의 s_fdCommand 필드가 Ready 상태로 변경됨을 감지하고 RIL 이벤트 스케줄링을 시작하여 RILSender 쓰레드의 RIL req 이벤트를 처리한다. RIL 이벤트 스케줄러의 초기화 시 watch_table에 등록된 RIL req ril_event 구조체는 RIL req 이벤트를 처리하기 위한 RIL req 이벤트 처리 콜백 함수로 processCommandCallback() 함수를 지정하고 있다.

코드 2-31은 processCommandCallback() 함수에 대한 설명이다.

```
static void processCommandsCallback(int fd, short flags, void *param) {
    RecordStream *p_rs;
    void *p_record
    size_t recordlen;
    int ret;

    assert(fd == s_fdCommand);
    p_rs = (RecordStream *)param;                                    ─❶

    for (;;) {
        ret = record_stream_get_next(p_rs, &p_record, &recordlen);   ─❷
        if (ret == 0 && p_record == NULL) {
            /* end-of-stream */
            break;
        } else if (ret < 0) {
            break;
        } else if (ret == 0) { /* && p_record != NULL */
            processCommandBuffer(p_record, recordlen);               ─❸
        }
```

```
        }
        …
}
```

📁 hardware/ril/libril/ril.cpp

코드 2-31 processCommandsCallback() 함수

❶ RecordStream의 포인터를 저장

processCommandsCallback() 함수가 호출되면 listenCallback() 함수에서 생성된 record stream은 void형 포인터로 전달되므로 processCommandsCallback() 함수의 파라미터 param을 RecordStream형 포인터로 캐스팅한 다음 RecordStream형 포인터 p_rs에 저장한다.

❷ RecordStream의 포인터를 이용하여 RIL^{Java}의 RILSender 쓰레드의 RIL req를 수신

processCommandCallback() 함수는 record_stream_get_next() 함수를 호출하여 RIL^{Java}의 RILSender 쓰레드가 전송하는 RIL req 데이터 패킷을 읽고 RecordStream 버퍼에 수신된 데이터의 포인터(p_record)와 길이(recordlen)를 읽는다.

❸ RIL req를 벤더 RIL에 전달

`record_stream_get_next()` 함수에 의해 수신된 RIL req에 문제가 없다면 processCommandsCallback() 함수는 processCommandBuffer() 함수를 호출하여 텔레포니 프레임워크의 RIL req를 벤더 RIL 영역으로 전달한다.

processCommandBuffer() 함수의 동작은 2.5.3절에서 자세히 설명한다.

> **TIP - RecordStream 제어 함수 사용법**
>
> 안드로이드는 두 프로세스 간의 유닉스 도메인 통신을 좀 더 효율적으로 처리하기 위해 RecordStream 제어 함수를 제공한다. (system/core/libcutils/record_stream.c). RecordStream 제어 함수는 지정된 파일 기술자로부터 Record 단위의 데이터 패킷을 읽어오며 메시지 길이(4바이트) + 메시지 몸체(body)와 같은 데이터 패킷의 포맷을 처리하는데 적합하다. RecordStream 제어 함수가 제공하는 주요 기능은 다음과 같다.
>
>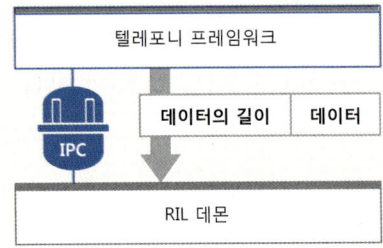
>
> 그림 2-27 RecordStream 제어 함수를 사용하기 위한 데이터 포맷
>
> 1) RecordStream *record_stream_new(int fd, size_t maxRecordLen);
> 파일 기술자 fd로부터 데이터 패킷을 읽어오기 위해 maxRecordLen+4 길이만큼의 버퍼를 가진 RecordStream 구조체의 포인터를 반환한다.
>
> 2) int record_stream_get_next (RecordStream *p_rs, void ** p_outRecord, size_t *p_outRecordLen);
> 1)에서 생성된 RecrodStream의 버퍼로부터 데이터 스트림을 Record 단위로 읽어 *p_outRecord에 버퍼의 Record 시작 주소를 저장하고 p_outRecordLen에 Record의 크기를 저장한다.

● 타임아웃 이벤트 처리 콜백 함수 : userTimerCallback() 함수

RIL 데몬이 RIL ind를 수신하면 RIL ind가 처리되는 동안 AP의 전원을 유지해야 하므로 Wake Lock을 잡아 일정 시간 동안 AP의 전원이 on 상태를 유지하도록 한다. 또한, 일정 시간이 지나면 Wake Lock을 릴리즈하여 AP의 전원을 Off 한다. RIL 이벤트 스케줄러는 타임아웃 이후에 어떠한 동작을 실행하기 위해 타임아웃 이벤트를 사용한다. 타임아웃 이벤트는 timer_list에 대기하며 지정된 시간에 맞춰 타임아웃 이벤트 처리 콜백 함수를 호출하여 타임아웃 이벤트를 처리한다.

RIL 이벤트 스케줄러에 의해 정의된 타임아웃 이벤트는 wakelock 릴리즈 이벤트가 있다. wakelock 릴리즈 이벤트는 일정 시간이 지난 후 타임아웃에 의해서 AP의 전원을 On→Off

상태로 변경하는 역할을 한다.

코드 2-32는 RIL_onUnsolicitedResponse() 함수가 wakelock 릴리즈 이벤트를 발생시키는 방법에 대한 설명이다.

```
static const struct timeval TIMEVAL_WAKE_TIMEOUT = {1,0};
void RIL_onUnsolicitedResponse(int unsolResponse, void *data, size_t datalen) {
    // Unsolicited 명령을 소켓을 통해 텔레포니 프레임워크로 전송
    // internalRequestTimedCallback() 함수를 호출하여 wakelock 릴리즈 이벤트를 발생시킴
    internalRequestTimedCallback(wakeTimeoutCallback,NULL, &TIMEVAL_WAKE_TIMEOUT);
    return;
}
```

📁 hardware/ril/libril/ril.cpp

코드 2-32 RIL_onUnsolicitedResponse() 함수의 wakelock 릴리즈 이벤트 발생

RIL_onUnsolicitedResponse() 함수는 벤더 RIL에 의해 전달된 모뎀의 RIL ind를 소켓을 통해 텔레포니 프레임워크로 전송하고 RIL ind가 처리될 때 AP의 전원을 유지하도록 partial Wake Lock을 잡는다. 단 AP의 전원을 계속 잡아두는 것은 전원 관리상 비효율적이므로 RIL ind의 처리가 끝날 때까지만 partial Wake Lock을 잡는 것이 일반적이다. 이것을 구현하기 위한 가장 손쉬운 방법은 partial Wake Lock을 잡고 일정 시간 후 partial Wake Lock을 해제하는 것이다.

RIL_onUnsolicitedResponse() 함수는 수신된 RIL ind를 텔레포니 프레임워크에 보내고 internalRequestTimedCallback() 함수를 호출하여 AP의 wakelock 릴리즈 이벤트를 발생시킨다. wakelock 릴리즈 이벤트는 일정 시간 후에 Wake Lock을 릴리즈하는 역할을 한다. 표 2-18은 internalRequestTimedCallback() 함수의 파라미터이다.

표 2-18 internalRequestTimedCallback() 함수의 파라미터

파라미터	설명
callback	relativeTime이 지난 후에 실행될 콜백 함수를 지정한다.
param	사용자 데이터를 지정한다.
relativeTime	현시점으로부터 콜백 함수가 호출되어야 할 상대적인 시간을 지정한다. ex) 현재 시점으로부터 1초 뒤에 콜백 함수가 호출되어야 한다면 timeval 구조체를 {1,0}과 같이 지정한다.

코드 2-33은 internalRequestTimedCallback() 함수가 타임아웃 이벤트를 발생시키고 RIL 이벤트 스케줄러의 스케줄링을 트리거하기 위해 웨이크업 이벤트를 발생시키는 과정에 대한 설명이다.

```
static UserCallbackInfo *internalRequestTimedCallback (RIL_TimedCallback callback,
        ↳ void *param, const struct timeval *relativeTime) {
    struct timeval myRelativeTime;
    UserCallbackInfo *p_info;

    p_info = (UserCallbackInfo *) malloc (sizeof(UserCallbackInfo));      ━❶
    p_info->p_callback = callback;                                         ━❶
    p_info->userParam = param;                                             ━❶

    if (relativeTime == NULL) {
        memset (&myRelativeTime, 0, sizeof(myRelativeTime));              ━❷
    } else {
        memcpy (&myRelativeTime, relativeTime, sizeof(myRelativeTime));   ━❷
    }

    ril_event_set(&(p_info->event), -1, false, userTimerCallback, p_info); ━❸
    ril_timer_add(&(p_info->event), &myRelativeTime);                      ━❹
    triggerEvLoop();                                                       ━❺

    return p_info;
}
```

📁 hardware/ril/libril/ril.cpp

코드 2-33 internalRequestTimedCallback() 함수

2-33

❶ UserCallbackInfo 구조체의 동적 생성과 초기화

internalRequestTimedCallback() 함수는 메모리 동적 할당을 통해 UserCallbackInfo 구조체를 생성하고 internalRequestTimedCallback() 함수가 호출될 때 전달되는 타임아웃 이벤트 처리 콜백 함수와 사용자 정의 파라미터를 초기화한다.

UserCallbackInfo 구조체는 타임아웃 이벤트를 지원하기 위해 표 2-19와 같은 구조체의 변수를 포함한다.

표 2-19 UserCallbackInfo 구조체

변수	설명
p_callback	사용자 정의 콜백 함수를 지정한다. (ex.wakeTimeoutCallback() 함수) 사용자 정의 타임아웃 이벤트가 실행되면 p_callback에 있는 사용자 정의 콜백 함수를 호출한다.
userParam	사용자 데이터를 지정한다. 주로 콜백 함수에 사용할 파라미터를 넘길 때 사용된다.
event	타임아웃 ril_event 구조체를 지정한다. 타임아웃 이벤트는 다른 RIL 이벤트와 같이 RIL 이벤트 스케줄러에 의해 처리된다. 타임아웃 이벤트는 특정 시간 이후 RIL 이벤트 스케줄러가 UserCallbackInfo 구조체의 변수 p_callback에 지정된 타임아웃 이벤트 처리 콜백 함수를 호출하는 것으로 타임아웃 이벤트의 처리가 종료된다.
p_next	각 UserCallbackInfo 구조체를 링크드 리스트로 연결하기 위한 next 포인터이다.

❷ 타임아웃 설정

internalRequestTimedCallback() 함수가 호출할 때 relativeTime 구조체에 현재 시각으로부터 몇 초 후에 타임아웃이 될지 지정할 수 있다. 타임아웃 시각은 timeval 구조체를 사용하여 표현되며 relativeTime 구조체의 포인터가 NULL이 아닌 경우 relativeTime 구조체에 지정된 시간을 로컬 변수인 myRelativeTime 구조체에 복사하여 사용한다. relativeTime 구조체의 포인터가 NULL이면 myRelatvieTime 구조체를 0으로 채운다.

❸ 타임아웃 ril_event 구조체 초기화

RIL 이벤트가 스케줄링 되기 위해서는 RIL 이벤트의 ril_event 구조체를 정의해야 한다. 마찬가지로 타임아웃 이벤트도 RIL 이벤트 스케줄러에 의해 실행되려면 타임아웃 ril_event 구조체를 초기화하는 과정을 거쳐야 한다.

ril_event_set() 함수를 통해 초기화된 타임아웃 ril_event 구조체는 그림 2-28과 같다.

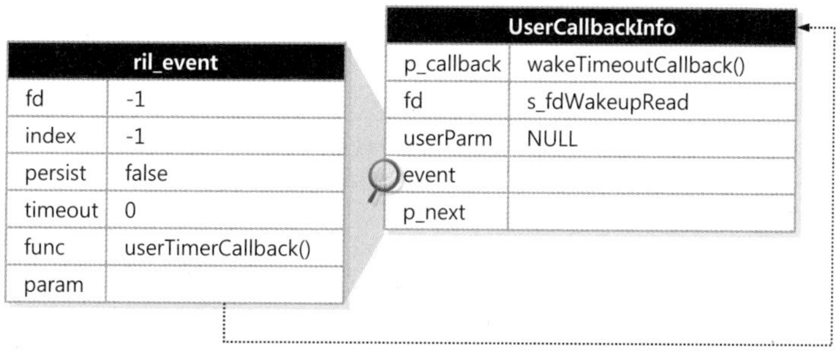

ril_event	
fd	-1
index	-1
persist	false
timeout	0
func	userTimerCallback()
param	

UserCallbackInfo	
p_callback	wakeTimeoutCallback()
fd	s_fdWakeupRead
userParm	NULL
event	
p_next	

그림 2-28 타임아웃 이벤트용 UserCallbackInfo 구조체의 초기화 모습

RIL_onUnsolicitedResponse() 함수가 초기화한 타임아웃 이벤트는 wakelock 릴리즈 이벤트이다. wakelock 릴리즈 이벤트는 타임아웃이 되는 시점에서 RIL 이벤트 스케줄러에 의해 스케줄링 되어 wakeTimeoutCallback() 함수를 호출하여 Wake Lock을 해제하는 동작을 수행한다.

❹ 타임아웃 이벤트를 timer_list에 삽입

타임아웃 이벤트는 RIL 이벤트 스케줄러에 의해 처리되기 위해 먼저 timer_list에 추가되어야 한다. internalRequestTimedCallback() 함수는 ril_timer_add() 함수를 사용하여 타임아웃 이벤트의 ril_event 구조체를 timer_list에 추가한다. ril_time_add() 함수는 타임아웃 ril_event 구조체가 timer_list에 추가될 때 타임아웃 시간을 지정하여 RIL 이벤트 스케줄러가 타임아웃 이벤트를 스케줄링해야 할 시점을 결정하도록 한다. 코드 2-32의 RIL_onUnsolicitedResponse() 함수에 의해 발생된 wakelock 릴리즈 이벤트의 타임아웃 시각은 1초이다.

그림 2-29는 wakelock 릴리즈 ril_event 구조체를 timer_list에 삽입하는 과정에 대한 설명이다.

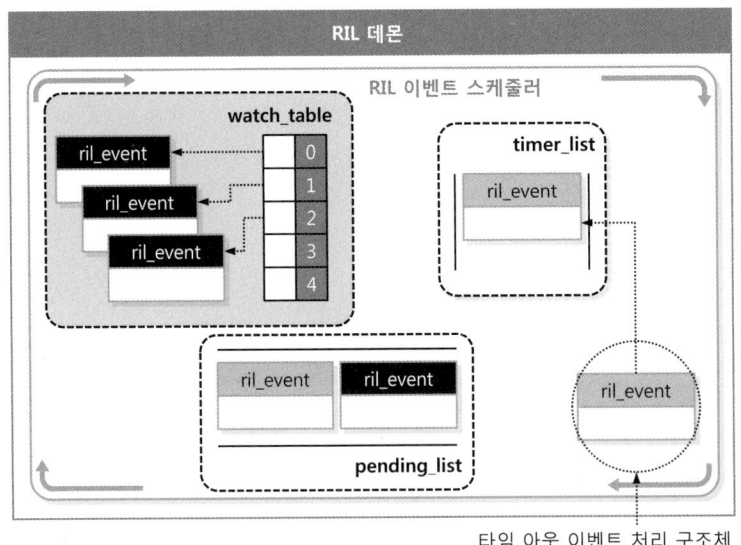

그림 2-29 wakelock 릴리즈 ril_event 구조체의 timer_list 삽입

❺ 웨이크업 이벤트를 이용한 RIL 이벤트 스케줄러를 트리거하기

타임아웃 이벤트가 timer_list에 등록되었다고 해서 RIL 이벤트 스케줄러에 의해 자동으로 스케줄링 되지 않기 때문에 RIL 데몬은 타임아웃 이벤트가 등록되었음을 RIL 이벤트 스케줄러에 알려야 한다. 이를 위해 RIL 데몬은 triggerEvLoop() 함수를 호출하여 RIL 이벤트 스케줄러를 강제로 깨워 타임아웃 이벤트가 스케줄링 될 수 있도록 유도한다.

타임아웃 이벤트는 timer_list에 등록될 때 타임아웃 시간을 지정할 수 있으므로 타임아웃 시간이 초과되면 RIL 이벤트 스케줄러에 의해 타임아웃 이벤트 처리 콜백 함수인 userTimerCallback() 함수가 호출된다. 그림 2-30은 internalRequestTimedCallback() 함수를 호출한 후 RIL 이벤트 스케줄러의 상태에 대한 설명이다.

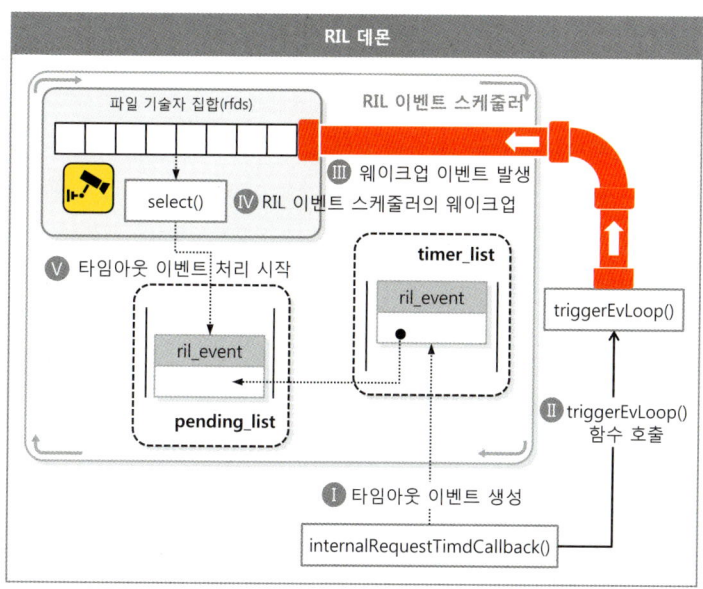

그림 2-30 타임아웃 이벤트와 웨이크업 이벤트 발생

❶ 타임아웃 이벤트의 생성

internalRequestTimedCallback() 함수는 타임아웃 이벤트를 생성한 다음, timer_list에 추가한다.

❷ triggerEvLoop() 함수 호출

internalRequestTimedCallback() 함수는 타임아웃 이벤트가 timer_list에 추가되었음을 RIL 이벤트 스케줄러에 알리기 위해 triggerEvLoop() 함수를 호출한다.

ⅲ 웨이크업 이벤트 발생

triggerEvLoop() 함수는 웨이크업 이벤트를 발생시켜 RIL 이벤트 스케줄러를 깨운다.

ⅳ RIL 이벤트 스케줄러의 웨이크업

웨이크업 이벤트를 수신한 RIL 이벤트 스케줄러는 RIL 이벤트의 스케줄링을 시작한다.

ⅴ 타임아웃 이벤트 처리 시작

RIL 이벤트 스케줄러는 timer_list 내에 타임아웃 이벤트의 타임아웃 시각을 확인하여 타임아웃 시각을 초과한 타임아웃 이벤트를 처리한다.

타임아웃 이벤트가 스케줄링 되면 RIL 이벤트 스케줄러는 타임아웃 이벤트를 처리하기 위해 타임아웃 이벤트 처리 콜백 함수인 userTimerCallback() 함수를 실행한다.

userTimerCallback() 함수는 param 파라미터로부터 타임아웃 ril_event 구조체를 복원하여 타임아웃 이벤트처리 콜백 함수를 찾아 타임아웃 이벤트를 처리한다. 코드 2-34는 userTimerCallback() 함수가 타임아웃 이벤트를 처리하는 방법에 대한 설명이다.

```
static UserCallbackInfo *s_last_wake_timeout_info = NULL;
static void userTimerCallback (int fd, short flags, void *param) {
    UserCallbackInfo *p_info;
    p_info = (UserCallbackInfo *)param;                          ❶
    p_info->p_callback(p_info->userParam);                       ❷
    if (s_last_wake_timeout_info != NULL && s_last_wake_timeout_info == p_info) {
        s_last_wake_timeout_info = NULL;                         ❸
    }
    free(p_info);                                                ❹
}
```

📁 hardware/ril/libril/ril.cpp

코드 2-34 userTimerCallback() 함수

❶ param 파라미터를 UserCallbackInfo 구조체의 포인터형으로 캐스팅

RIL 이벤트 스케줄러에 의해서 타임아웃 이벤트가 처리될 시점에 userTimerCallback() 함수가 호출된다. userTimerCallback() 함수는 호출될 때 param 파라미터에 실제

처리해야 할 타임아웃 이벤트 처리 방법을 담은 UserCallbackInfo 구조체의 포인터를 넘긴다. userTimerCallback() 함수는 param 파라미터를 UserCallbackInfo 구조체의 포인터형으로 캐스팅한다. 코드 2-32의 예제에서 볼 수 있듯이 UserCallbackInfo 구조체는 wakelock 릴리즈 이벤트를 처리할 수 있는 콜백 함수가 지정되어 있다.

2-34
❷ wakelock 릴리즈 이벤트의 사용자 정의 콜백 함수인 wakeTimeoutCallback() 함수를 실행

wakelock 릴리즈 이벤트를 처리하기 위해 wakelock 릴리즈 이벤트의 사용자 정의 콜백 함수인 wakeTimeoutCallback() 함수를 호출한다. wakeTimeoutCallback() 함수는 AP가 sleep 상태로 진입할 수 있도록 partial Wake Lock을 해제한다.

2-34
❸ s_last_wake_timeout_info를 NULL 포인터로 설정

s_last_wake_timeout_info는 timer_list 내에서 가장 마지막 wakelock 릴리즈 이벤트를 가리킨다. 현재 처리한 wakelock 릴리즈 이벤트의 주소와 s_last_wake_timeout_info 포인터가 일치하고 s_last_wake_timeout_info 포인터가 NULL이 아니라면 timeru_list 내의 모든 wakelock 릴리즈 이벤트가 처리된 것으로 판정하고 s_last_wake_timeout_info를 NULL 포인터로 설정한다.

2-34
❹ 타임아웃 ril_event 구조체를 해제

타임아웃 ril_event 구조체는 메모리의 동적 할당을 통해 생성되었다. 따라서 더 이상 필요하지 않은 타임아웃 ril_event 구조체의 메모리는 해제되어야 한다.

2.5.3 RIL req 처리 메커니즘

2.5.2절에서 RIL 이벤트 스케줄러에 의해 디스패치된 RIL req 이벤트는 RIL req 이벤트 처리 콜백 함수인 processCommandsCallback() 함수에 의해 처리되며 processCommandBuffer() 함수에 의해 최종적으로 처리되는 것을 설명하였다. 이제 processCommandBuffer() 함수의 동작을 통해 RIL 이벤트 스케줄러가 RIL req를 벤더 RIL에 전달하는 과정을 설명한다.

◉ RIL req 처리 메커니즘

본 절은 발신 전화 예제를 통해 RIL req의 처리 메커니즘에 대해 설명한다. 그림 2-31은 RIL 데몬이 텔레포니 프레임워크의 발신 전화 요청을 처리한 뒤, 벤더 RIL에 전달하는 전체 과정에 대한 설명이다.

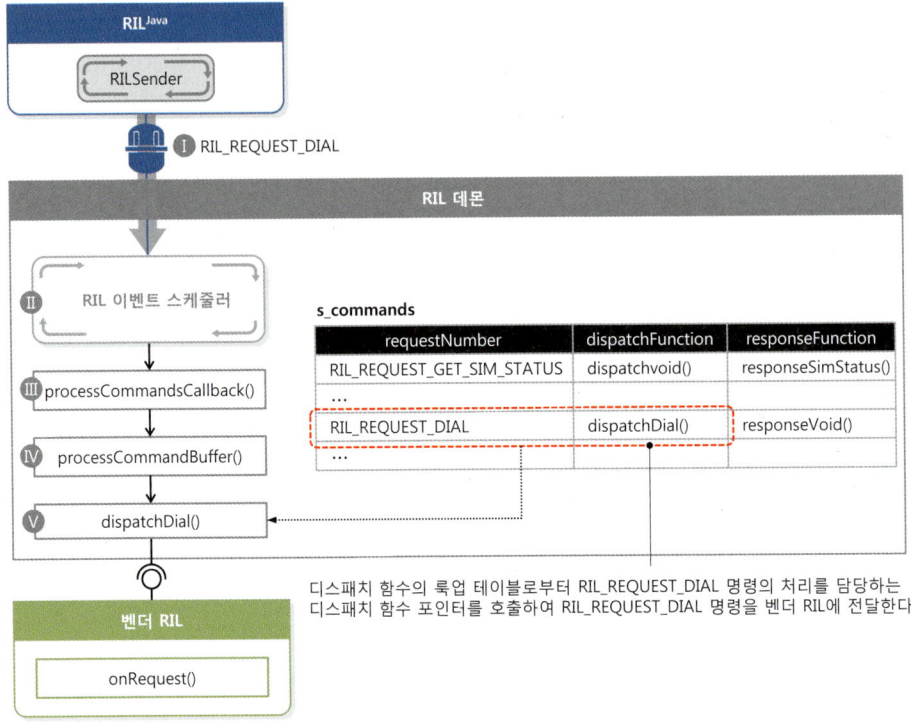

그림 2-31 RIL 이벤트 스케줄러의 RIL req 처리 메커니즘

❶ Phone 애플리케이션이 전화를 발신하려면 텔레포니 프레임워크의 RILSender 쓰레드를 통해 RIL 데몬에 RIL_REQUEST_DIAL 명령을 전달한다.

❷ RIL_REQUEST_DIAL 명령은 RIL 이벤트 스케줄러에 의해 RIL req 이벤트 단위로 스케줄링되어 RIL req 이벤트 처리 콜백 함수인 processCommandsCallback() 함수를 호출한다.

❸ processCommandsCallback() 함수는 RecordStream 버퍼를 이용하여 유닉스 도메인 소켓으로부터 RIL req를 수신한다. processCommandsCallback() 함수는 processCommandBuffer() 함수를 호출하여 RIL req를 처리한다.

❹ processCommandBuffer() 함수는 디스패치 함수의 룩업테이블(s_commands[])로부터 RIL_REQUEST_DIAL 명령을 처리할 디스패치 함수를 검색하여 해당 디스패치 함수인 dispatchDial() 함수를 호출한다.

❺ dispatchDial() 함수는 벤더 RIL의 Radio 제어 함수(벤더 RIL의 onRequest() 함수)를 호출하여 RIL_REQUEST_DIAL 명령을 벤더 RIL에 전달한다.

2.5.2절에서 RIL 이벤트 스케줄러에 의해 디스패치된 RIL req 이벤트는 RIL req 이벤트 처리 콜백 함수인 processCommandsCallback() 함수에 의해 처리되며 processCommandBuffer() 함수에 의해 최종적으로 처리되는 것을 설명하였다. 이제 processCommandBuffer() 함수의 동작을 통해 RIL 이벤트 스케줄러가 RIL req를 벤더 RIL에 전달하는 과정을 설명한다.

RIL req 이벤트 처리 콜백 함수인 processCommandsCallback() 함수는 텔레포니 프레임워크로부터 전달된 RIL_REQUEST_DIAL 명령을 RecordStream 버퍼에 저장하여 processCommandBuffer() 함수에 전달한다.

processCommandBuffer() 함수는 RecordStream 버퍼에 저장된 RIL req를 파셀에 저장하고 해당 RIL req를 디스패치 함수를 이용하여 벤더 RIL에 전달한다. 또한 processCommandBuffer() 함수는 RIL req의 응답(RIL resp)을 처리하기 위해 RequestInfo 구조체에 RIL req의 token 및 RIL resp를 처리할 CommandInfo 구조체의 포인터를 설정한다. 이와 같이 초기화된 RequestInfo 구조체는 해당 RIL resp가 도착할 때까지 링크드 리스트 형태로 저장되어 있다. RequestInfo 구조체의 사용은 본 절에서 좀 더 자세히 설명하고 있다.

코드 2-35는 prcoessCommandBuffer() 함수가 벤더 RIL의 Radio 제어 함수를 호출하여 RIL_REQUEST_DIAL 명령을 벤더 RIL에 전달하는 과정에 대한 설명이다.

```
static int processCommandBuffer(void *buffer, size_t buflen) {
    Parcel p;
    status_t status;
    int32_t request;
    int32_t token;
    RequestInfo *pRI;
    int ret;

    p.setData((uint8_t *) buffer, buflen);              ──❶
    status = p.readInt32(&request);                      ──❷
    status = p.readInt32 (&token);                       ──❸

    pRI = (RequestInfo *)calloc(1, sizeof(RequestInfo)); ──❹
    pRI->token = token;                                  ──❺
    pRI->p_next = s_pendingRequests;                     ──❻
    s_pendingRequests = pRI;                             ──❻
    pRI->pCI = &(s_commands[request]);                   ──❼
```

```
    pRI->pCI->dispatchFunction(p, pRI);                    ─❽

    return 0;
}
```

📁 hardware/ril/libril/ril.cpp

코드 2-35 processCommandBuffer() 함수

2-35
❶ RecordStream 버퍼의 RIL req를 파셀에 저장

processCommandBuffer() 함수가 호출되면 가장 먼저 파셀의 setData() 함수를 호출하여 RecordStream 버퍼에 저장된 RIL req를 파셀 형태로 저장한다. RIL req를 일반적으로 사용되는 메모리 버퍼가 아닌 파셀로 저장하는 이유는 RIL req별로 저장하는 데이터 포맷이 다르므로 범용적인 파셀을 사용하기 때문이다. 파셀에 담긴 데이터는 디스패치 함수에 의해 적절한 데이터 구조로 변환된다.

2-35
❷ RIL req의 RIL req ID 획득

RIL req에는 어떠한 모뎀 서비스를 요청하는지 판별할 수 있도록 RIL req ID를 포함한다. processCommandBuffer() 함수는 파셀 형태로 변환된 RIL req로부터 RIL req ID를 획득한다.

2-35
❸ RIL req로부터 token 획득

RIL req 파셀로 부터 token을 획득한다. token은 RIL req마다 고유 번호를 부여하여 각 RIL req를 구별하기 위해 사용된다.

2-35
❹ RIL req 정보를 저장할 RequestInfo 구조체 생성

calloc() 함수를 이용하여 RequestInfo 구조체 사이즈만큼의 메모리를 동적으로 할당받는다. RequestInfo 구조체는 표 2-20과 같은 변수로 구성되어 있다. 이 중에서 중요한 필드는 token과 pCI 포인터이다. token은 RIL req의 token 정보를, pCI 포인터는 디스패치 함수 포인터와 응답 함수 포인터를 포함하는 CommandInfo 구조체의 주소를 저장하는데 사용된다.

표 2-20 RequestInfo 구조체

멤버 변수	설명
token	각 RIL req를 구별하기 위한 값으로 RIL req마다 고유한 값을 부여받는다. RIL resp를 수신하였을 때 token을 비교하여 해당 RIL req를 찾는데 사용된다.
pCI	CommandInfo 구조체는 RIL req ID에 해당하는 디스패치 함수 포인터와 응답 함수 포인터를 저장하고 있다. 이에 대한 더 자세한 내용은 CommandInfo 구조체에서 설명한다.
p_next	RequestInfo 구조체를 참조하기 위한 포인터이다.
cancelled	텔레포니 프레임워크와 RIL 데몬 간의 소켓 연결이 끊어졌을 때 RIL resp를 받기 위해 Pending 중인 RIL req를 모두 버려야 한다. 이와 같은 상황에서 Pending된 RIL req를 모두 취소하기 위해 RequestInfo의 멤버 변수 Cancelled를 1로 설정하면 해당 RIL resp가 도착하더라도 텔레포니 프레임워크로 전달되는 것을 취소시킬 수 있다.
local	RIL resp를 텔레포니 프레임워크 또는 radiooptions 프로그램에 전달할지 여부를 결정. local=1이면 RIL resp를 전달하지 않는다.

2-35
❺ RequestInfo 구조체의 token 변수에 RIL req의 token을 저장

생성된 RequestInfo 구조체에 token을 저장한다. 네트워크의 특성상 네트워크에 RIL req를 보내면 그것의 RIL resp가 순서대로 도착하지 않기 때문에 RIL req 및 RIL resp 쌍을 매핑시킬 수 있는 방법이 필요하다. RIL 데몬은 token을 이용하여 RIL req와 RIL resp 쌍을 매핑시킨다. token은 RIL req의 고유한 시리얼 번호로 RIL resp가 같은 token을 갖는다면 해당 RIL resp는 같은 token을 갖는 RIL req에 대응하는 RIL resp임을 판정할 수 있다. RIL resp가 도착하였을 때 RIL_Token을 비교하여 RIL resp가 어떠한 RIL req에 대한 응답인지 결정할 수 있다.

2-35
❻ 생성된 RequestInfo 구조체를 s_pendingRequests 링크드 리스트에 저장

생성된 RequestInfo 구조체는 링크드 리스트 형태로 저장되며 RIL req에 대한 RIL resp가 도착할 때까지 유지된다. s_pendingRequests 링크드 리스트는 그림 2-32와 같은 형태로 저장된다. s_pendingRequests 링크드 리스트에 저장된 RIL req의 RequestInfo 구조체는 RIL req의 token을 저장하고 있으므로 벤더 RIL로부터 RIL req에 대한 응답인 RIL resp를 수신하였을 때 s_pendingRequests 링크드 리스트 내의 RequestInfo 구조체의 token과 RIL resp의 token을 비교하여 일치하는 RequestInfo 구조체가 있다면 유효한 RIL resp임을 판정할 수 있다.

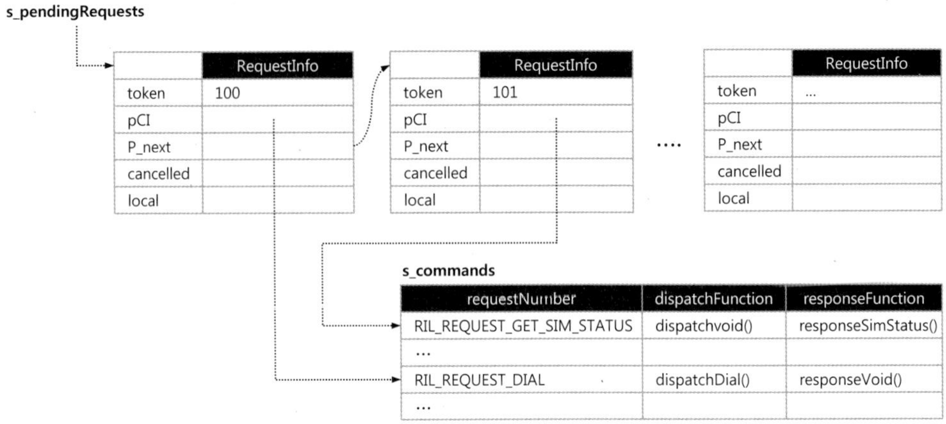

```
s_pendingRequests
```

RequestInfo	
token	100
pCI	
P_next	
cancelled	
local	

RequestInfo	
token	101
pCI	
P_next	
cancelled	
local	

RequestInfo	
token	…
pCI	
P_next	
cancelled	
local	

```
s_commands
```

requestNumber	dispatchFunction	responseFunction
RIL_REQUEST_GET_SIM_STATUS	dispatchvoid()	responseSimStatus()
…		
RIL_REQUEST_DIAL	dispatchDial()	responseVoid()
…		

그림 2-32 s_pendingRequests 링크드 리스트

❼ RIL req ID에 해당하는 CommandInfo 구조체의 포인터를 RequestInfo 구조체에 저장

디스패치 함수는 벤더 RIL의 Radio 제어 함수를 호출하여 RIL req를 벤더 RIL에 전달하는 역할을 수행한다. 반대로 벤더 RIL로부터 수신된 RIL req의 응답을 처리하기 위한 RIL resp 처리 함수가 필요하다. RIL 데몬은 이를 처리하기 위해 디스패치 함수(dispatchFunction)와 해당 응답 함수(responseFunction)의 룩업 테이블을 만들어 관리하기 위해 CommandInfo 구조체를 사용한다. CommandInfo 구조체는 RIL req ID에 해당하는 디스패치 함수 포인터와 응답 함수 포인터를 지정할 수 있도록 정의되었다.

표 2-21은 CommandInfo 구조체의 변수를 정리한 것이다.

표 2-21 CommandInfo 구조체

변수	설명
requestNumber	RIL req의 RIL req ID를 의미한다. ex) RIL_REQUEST_SIM_IO (28)
dispatchFunction	벤더 RIL의 Radio 제어 함수를 호출하여 RIL req를 벤더 RIL에 디스패치하기 위한 함수의 포인터를 지정할 수 있다. ex) dispatchSIM_IO() 함수
responseFunction	벤더 RIL로부터 RIL req에 대한 RIL resp를 받았을 때 이를 처리하기 위한 응답 함수의 포인터를 지정할 수 있다. ex) responseSIM_IO() 함수

코드 2-36의 s_commands는 CommandInfo 구조체의 배열로 구성된 일종의 룩업 테이블이다. C 언어의 매크로 기능에 의해서 컴파일 시 "#include "ril_commands.h""는 코드 2-37로 대체되므로 CommandInfo 구조체의 배열로 구성된 룩업 테이블을 생성할 수 있는 것이다.

그림 2-32에서 RequestInfo 구조체의 pCI 포인터는 s_commands 내의 CommandInfo 구조체 중에 RIL req ID에 해당하는 ComandInfo 구조체를 가리키고 있다. RIL 데몬은 RIL req ID에 의해 룩업 테이블 s_commands를 인덱싱하여 RIL req를 처리하는 디스패치 함수와 RIL resp를 처리하는 응답 함수를 저장하는 CommandInfo 구조체를 검색할 수 있다.

```
static CommandInfo s_commands[] = {
    #include "ril_commands.h"
};
```

📁 hardware/ril/libril/ril.cpp

코드 2-36 ril.cpp의 CommandInfo 구조체 초기화

새로운 RIL req ID가 추가된다면 새로운 RIL req를 위한 디스패치 함수 포인터와 응답 함수 포인터가 코드 2-37에 반드시 추가되어야 한다. 코드 2-37에서 RIL_REQUEST_DIAL 명령에 대한 디스패치 함수는 dispatchDial() 함수이며 응답 함수는 responseVoid() 함수임을 확인할 수 있다.

```
{0, NULL, NULL},    // none
{RIL_REQUEST_GET_SIM_STATUS, dispatchVoid, responseSimStatus},
{RIL_REQUEST_ENTER_SIM_PIN, dispatchStrings, responseInts},
{RIL_REQUEST_ENTER_SIM_PUK, dispatchStrings, responseInts},
...
{RIL_REQUEST_GET_CURRENT_CALLS, dispatchVoid, responseCallList},
{RIL_REQUEST_DIAL, dispatchDial, responseVoid},
...
```

📁 hardware/ril/libril/ril_commands.h

코드 2-37 ril_commands.h

❽ RIL req를 벤더 RIL에 디스패치

processCommandBuffer() 함수는 가장 먼저 RIL req를 파셀에 저장하고 RIL req ID에 해당하는 디스패치 함수 포인터를 s_commands로부터 얻은 후 디스패치 함수를 호출하여 RIL req를 벤더 RIL에 전달한다.

코드 2-38은 RIL_REQUEST_DIAL의 디스패치 함수인 dispatchDial() 함수를 예제로 디스패치 함수의 구현에 대한 설명이다.

```
static void dispatchDial (Parcel &p, RequestInfo *pRI) {
    RIL_Dial dial;
    int32_t sizeOfDial;
    int32_t t;

    memset (&dial, 0, sizeof(dial));
    dial.address = strdupReadString(p);          ──┐
    status = p.readInt32(&t);                       ├─ ❽-1
    dial.clir = (int)t;                           ──┘
    sizeOfDial = sizeof(dial);                    ── ❽-2
    ...
    s_callbacks.onRequest(pRI->pCI->requestNumber, &dial, sizeOfDial, pRI);  ── ❽-3
    ...
    return;
}
```

📁 hardware/ril/libril/ril.cpp

코드 2-38 dispatchDial() 함수

❽-1 RIL_Dial 구조체의 초기화

파셀로 전달된 RIL req의 파라미터는 파셀로부터 추출되어 코드 2-39와 같은 RIL_Dial 구조체에 저장된다. RIL_Dial 구조체에 저장된 RIL req의 파라미터는 벤더 RIL의 Radio 제어 함수를 호출하여 전달한다.

```
typedef struct {
    char * address;
```

```
    int clir;
    RIL_UUS_Info *  uusInfo;
} RIL_Dial;
```

📁 hardware/ril/include/telephony/ril.h

코드 2-39 RIL_Dial 구조체

8-2 RIL_Dial 구조체의 사이즈 획득

벤더 RIL의 Radio 제어 함수는 호출 시 파라미터로 RIL req를 저장한 구조체와 그 구조체의 사이즈를 요구한다. sizeof 연산자를 이용하여 RIL_Dial 구조체의 길이를 획득한다.

8-3 벤더 RIL의 Radio 제어 함수 호출

s_callbacks는 RIL 데몬의 초기화 시 벤더 RIL로부터 받은 RIL_RadioFunctions 구조체의 포인터를 가지고 있으며 함수 포인터 onRequest를 통해서 RIL 데몬으로부터 벤더 RIL로 RIL req를 전달한다. Radio 제어 함수는 해당 RIL req의 RequestInfo 구조체를 필요로 한다. RequestInfo 구조체를 전달하는 이유는 token을 통해 어떠한 RIL req에 대한 RIL resp인지 알 수 있고 pCI 포인터에 RIL resp를 처리할 방법을 포함하고 있기 때문이다. 이렇게 전달된 RequestInfo 구조체는 벤더 RIL에 저장되며 RIL resp와 함께 다시 전달된다.

코드 2-40은 s_callbacks의 onRequest 함수 포인터의 타입에 대한 정의이다.

```
typedef void (*RIL_RequestFunc) (int request, void *data,size_t datalen, RIL_Token t);
```

📁 hardware/ril/include/telephony/ril.h

코드 2-40 RIL_RequestFunc 함수 포인터

2.5.4 RIL resp 처리 메커니즘

RIL req가 벤더 RIL에 전달되면 벤더 RIL은 모뎀을 제어한다. 모뎀은 RIL req를 처리한 후 RIL req에 대한 응답인 RIL resp를 벤더 RIL에 전달한다. 본 절에서 설명할 RIL resp의

예제는 2.5.3절에서 설명했던 RIL_REQUEST_DIAL 명령의 응답을 처리하는 과정이다. 벤더 RIL은 모뎀으로부터 RIL resp를 수신하면 RIL resp를 RIL 데몬에 전달하기 위해 RIL 데몬이 제공하는 RIL_onRequestComplete() 함수를 호출한다.

그림 2-33은 RIL 데몬이 벤더 RIL로부터 수신한 RIL resp를 텔레포니 프레임워크에 전달되는 과정이다.

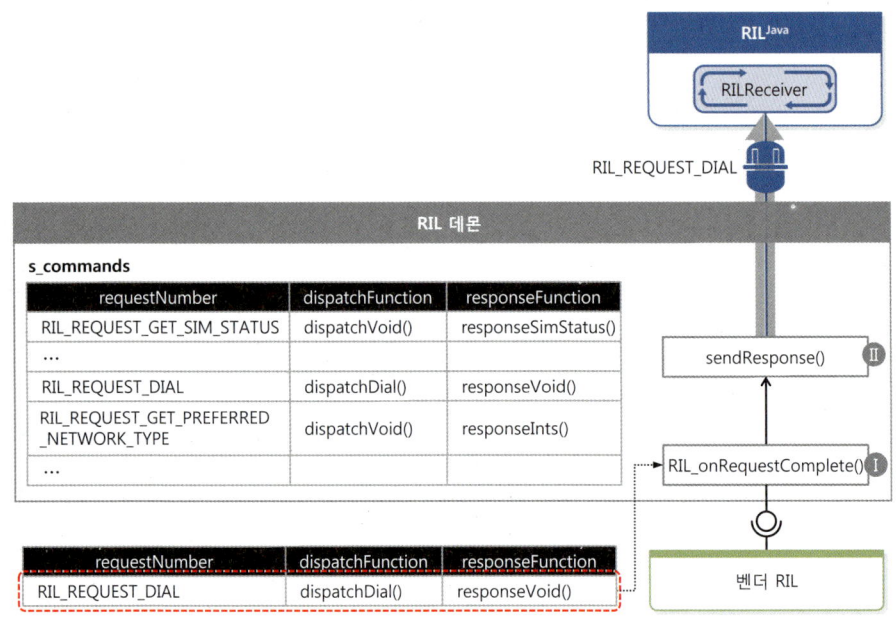

그림 2-33 RIL resp의 처리 메커니즘

① 벤더 RIL은 RIL_onRequestComplete() 함수를 호출하여 모뎀으로부터 전달된 RIL resp를 RIL 데몬에 전달한다. RIL_onRequestComplete() 함수는 RIL_Token 인자로 넘어온 RequestInfo 구조체로부터 RIL_REQUEST_DIAL 명령의 응답을 처리할 응답 함수를 검색하여 해당 응답 함수인 responseVoid() 함수를 호출한다.

② RIL_onRequestComplete() 함수는 sendResponse() 함수를 호출하여 유닉스 도메인 소켓을 통해 RIL resp를 텔레포니 프레임워크의 RILReceiver 쓰레드에 전달한다.

코드 2-41은 RIL_onRequestComplete() 함수가 벤더 RIL로부터 전달된 RIL resp을 텔레포니 프레임워크에 전달하는 과정에 대한 설명이다.

```
extern "C" void RIL_onRequestComplete(RIL_Token t, RIL_Errno e, void *response,
        ⊊ size_t responselen) {
    RequestInfo *pRI;
    int ret;
    size_t errorOffset;

    pRI = (RequestInfo *)t;                                           ──❶

    if (!checkAndDequeueRequestInfo(pRI)) {                           ──❷
        ALOGE ("RIL_onRequestComplete: invalid RIL_Token");
        return;
    }

    if (pRI->cancelled == 0) {
        Parcel p;
        p.writeInt32 (RESPONSE_SOLICITED);
        p.writeInt32 (pRI->token);                                    ──❸
        errorOffset = p.dataPosition();
        p.writeInt32 (e);

        if (response != NULL) {
            ret = pRI->pCI->responseFunction(p, response, responselen); ──❹
            if (ret != 0) {
                p.setDataPosition(errorOffset);                        ──❺
                p.writeInt32 (ret);
            }
        }
        sendResponse(p);                                              ──❻
    }
}
```

📁 hardware/ril/libril/ril.cpp

코드 2-41 RIL_onRequestComplete() 함수

2-41

❶ RIL_Token 형 포인터를 RequestInfo 형 포인터로 캐스팅

벤더 RIL은 RIL req 시 전달된 RequestInfo 구조체를 저장하고 있다가 RIL resp를
RIL 데몬으로 전달할 때 RIL req 시 전달받은 것과 동일한 RequestInfo 구조체를

RIL_onRequestComplete() 함수의 RIL_Token 인자로 전달한다. 이렇게 전달된 RequestInfo 구조체는 void 형 포인터로 캐스팅되어 있으므로 다시 RequestInfo 구조체로 캐스팅해야 한다.

❷ s_pendingRequests 링크드 리스트로부터 동일한 RequestInfo 구조체를 검색

RIL_onRequestComplete() 함수는 checkAndDequeueRequestInfo() 함수를 호출하여 RIL 데몬의 s_pendingRequests 링크드 리스트에서 벤더 RIL로부터 전달받은 RequestInfo 구조체와 동일한 token의 RequestInfo 구조체가 있는지 검색한다. 이러한 동작을 수행하는 이유는 어떤 RIL req에 대응하는 RIL resp인지 확인하는 과정이 필요하기 때문이다. RIL resp와 동일한 RIL req의 RequestInfo 구조체가 존재한다면 RequestInfo 구조체는 s_pendingRequests 링크드 리스트로부터 삭제된다. 반면 s_pendingRequests 링크드 리스트 내에 RIL resp에 대응하는 RequestInfo 구조체가 없다면 RIL resp는 더 이상 처리되지 않고 버려진다.

❸ RIL resp를 파셀에 저장

벤더 RIL에 의해 전달된 RIL resp는 파셀에 저장된다.

표 2-22는 RIL_onRequestComplete() 함수에 의해 저장되는 RIL resp 파셀의 필드에 대한 설명이다.

표 2-22 RIL resp 파셀의 필드

파셀 필드	설명
type	RIL resp 타입임을 알리기 위해 파셀에 RESPONSE_SOLICITED를 쓴다. 해당 RIL resp는 어떠한 RIL req의 응답임을 알리기 위해 RIL req ID를 파셀에 쓴다.
token	RIL req와 매칭하기 위한 시리얼 번호이다. 어떠한 RIL req에 대응하는 RIL resp임을 찾기 위해 사용된다.
errorCode	벤더 RIL에 의해 전달된 error code를 파셀에 저장한다. RIL이 정의한 에러 코드는 ril.h의 RIL_Errno에 enum 값으로 지정되어 있다.

파셀 초기화 시 현재 파셀의 데이터 오프셋(errorOffset)을 저장하는 부분이 존재하는 것은 응답 함수에 에러가 발생하면 에러 코드를 파셀에 저장하기 위해 사용되기 때문이다.

❹ RIL resp에 대한 응답 함수를 호출

벤더 RIL이 전달한 RequestInfo 구조체로부터 RIL req에 해당하는 응답 함수 포인터를

호출하여 RIL resp를 처리한다. 최종적으로 파셀에 저장된 RIL resp는 텔레포니 프레임워크로 전달된다. RIL_REQUEST_DIAL의 응답 함수는 그림 2-33에서 보는 것과 같이 responeVoid() 함수를 호출하여 RIL resp를 처리한다.

```
static int responseVoid(Parcel &p, void *response, size_t responselen) {
    startResponse;
    removeLastChar;
    return 0;
}
```

📁 hardware/ril/libril/ril.cpp

코드 2-42 responseVoid() 함수

코드 2-42는 responseVoid() 함수에 대한 설명이다. responseVoid() 함수는 벤더 RIL로부터 전달된 RIL resp 중에 처리해야 할 데이터가 없을 때 사용된다. 다른 예로 코드 2-43은 RIL_REQUEST_GET_PREFERRED_NETWORK_TYPE에 대한 RIL resp를 처리하는 응답 함수인 responseInts() 함수를 설명한다.

```
static int responseInts(Parcel &p, void *response, size_t responselen) {
    int numInts;
    int *p_int = (int *) response;
    numInts = responselen / sizeof(int *);
    p.writeInt32 (numInts);
    for (int i = 0 ; i < numInts ; i++) {
        p.writeInt32(p_int[i]);
    }

    return 0;
}
```

📁 hardware/ril/libril/ril.cpp

코드 2-43 responseInts() 함수

RIL_REQUEST_GET_PREFERRED_NETWORK_TYPE 명령은 현재 설정된 폰이 우선적으로 찾는 네트워크의 타입이 무엇인지 질의하는 RIL req이다. responseInts() 함수에 의해 RIL resp가 처리된 후 파셀 필드는 그림 2-34와 같다.

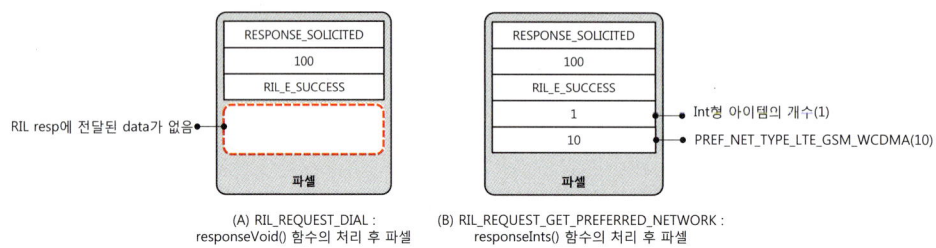

(A) RIL_REQUEST_DIAL :
responseVoid() 함수의 처리 후 파셀

(B) RIL_REQUEST_GET_PREFERRED_NETWORK :
responseInts() 함수의 처리 후 파셀

그림 2-34 RIL resp 처리 후 파셀 필드

2-41
❺ 응답 함수 실행 시 예외사항

응답 함수를 실행할 때 예외 상황이 발생된다면 그 에러 코드를 현재 파셀의 에러 필드 내의 에러 코드에 있는 것과 교체한다.

2-41
❻ RIL resp를 소켓을 통해 텔레포니 프레임워크의 RILReceiver 쓰레드로 전송

RIL resp를 담은 파셀은 sendResponse() 함수를 통해 텔레포니 프레임워크의 RILRecevier 쓰레드에 전달된다.

코드 2-44는 sendResponse() 함수가 소켓을 통해 RIL resp 파셀을 전달하는 과정에 대한 설명이다.

```
static int sendResponse (Parcel &p) {
    printResponse;
    return sendResponseRaw(p.data(), p.dataSize());   ─❻-1
}
```

📁 hardware/ril/libril/ril.cpp

코드 2-44 sendResponse() 함수

2-44
❻-1 sendResponse() 함수는 sendResponseRaw() 함수를 호출하여 RIL resp를 소켓을 통해 텔레포니 프레임워크의 RILReceiver 쓰레드에 전송한다.

코드 2-45는 sendResponseRaw() 함수의 구현에 대한 설명이다.

```
static int sendResponseRaw (const void *data, size_t dataSize) {
    int fd = s_fdCommand;
    int ret;
    uint32_t header;
    ...
    pthread_mutex_lock(&s_writeMutex);                              ── 6-1-1
    header = htonl(dataSize);                                       ── 6-1-2
    ret = blockingWrite(fd, (void *)&header, sizeof(header));       ── 6-1-3
    if (ret < 0) {
        pthread_mutex_unlock(&s_writeMutex);
        return ret;
    }
    ret = blockingWrite(fd, data, dataSize);                        ── 6-1-4
    if (ret < 0) {
        pthread_mutex_unlock(&s_writeMutex);
        return ret;
    }
    pthread_mutex_unlock(&s_writeMutex);                            ── 6-1-5
    return 0;
}
```

📁 hardware/ril/libril/ril.cpp

코드 2-45 sendResponseRaw() 함수

6-1-1 Mutex Lock(뮤텍스 잠금)

pthread_mutex_lock() 함수는 크리티컬 섹션에 들어가기 위해서 Mutex Lock을 요청한다. 이미 다른 쓰레드가 Mutex Lock을 획득하여 사용하고 있다면 Mutex Lock을 획득한 쓰레드가 Mutex Lock을 해제할 때까지 블록 된다.

6-1-2 전송할 RIL resp의 데이터 사이즈를 소켓 전송에 적합한 엔디언으로 변환

C 라이브러리의 htonl() 함수를 호출하여 전송할 RIL resp의 데이터 사이즈(unsigned integer)를 호스트 바이트 순서에서 네트워크 바이트 순서로 변환한다.

6-1-3 RIL resp의 데이터 사이즈 전송

blockingWrite() 함수를 호출하여 유닉스 도메인 소켓을 통해 전송할 RIL resp 데이터의 사이즈를 전송한다.

6-1-4 RIL resp의 데이터를 전송 ²⁻⁴⁵

blockingWrite() 함수를 호출하여 유닉스 도메인 소켓을 통해 RIL resp 데이터를 전송한다.

6-1-5 Mutex Unlock(뮤텍스 잠금 해제) ²⁻⁴⁵

pthread_mutex_unlock() 함수는 크리티컬 섹션에서의 모든 작업을 마치고 Mutex Lock을 해제하기 위해 사용된다. Mutex Lock을 되돌려주면 다른 쓰레드에서 Mutex Lock을 얻을 수 있는 상태가 된다.

2.5.5 RIL ind 처리 메커니즘

RIL ind는 RIL req와 달리 모뎀이 자발적으로 보내는 명령이다. 벤더 RIL은 RIL 초기화 과정에서 전달받은 RIL 데몬의 RIL_onUnsolicitedResponse() 함수를 이용하여 RIL ind를 RIL 데몬에 전달한다. 그림 2-35는 RIL 데몬이 벤더 RIL에 의해서 전달된 RIL ind를 텔레포니 프레임워크의 RILReceiver 쓰레드에 전달하는 과정에 대한 설명이다. RIL_onUnsolicitedResponse() 함수는 RIL ind의 종류에 따라 해당 RIL ind의 응답 함수를 호출하여 RIL ind를 파셀에 넣은 다음, 소켓을 통해 텔레포니 프레임워크의 RILReceiver 쓰레드에 전송한다.

본 절에서 설명할 RIL ind의 예제는 RIL_UNSOL_SIGNAL_STRENGTH 명령의 처리 과정이다. 모뎀은 기지국에서 전송되는 신호의 세기를 측정하여 RIL ind인 RIL_UNSOL_SIGNAL_STRENGTH 명령을 이용하여 텔레포니 프레임워크에 알리는 역할을 한다.

그림 2-35에서 보는 것과 같이 RIL_onUnsolicitedResponse() 함수는 실제로 세 가지 동작을 수행한다.

02장 RIL(Radio Interface Layer) | 193

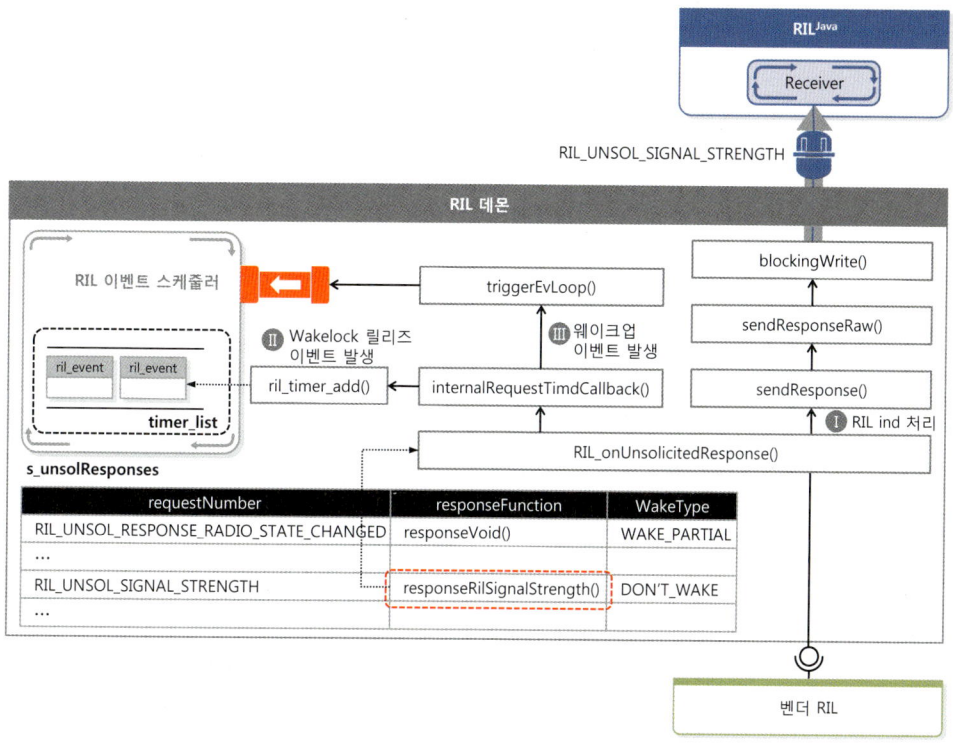

그림 2-35 RIL ind의 처리 메커니즘

❶ 벤더 RIL로부터 전달받은 RIL_UNSOL_SINGAL_STRENGTH를 텔레포니 프레임워크의 RILReceiver 쓰레드로 전송

❷ RIL ind를 처리하는 동안 partial Wake Lock을 잡기 위해 wakelock 릴리즈 이벤트 발생

❸ RIL 이벤트 스케줄러에 wakelock 릴리즈 이벤트가 발생했음을 알리기 위해 웨이크업 이벤트 발생

코드 2-46은 실제 RIL_onUnsolicitedResponse() 함수의 구현에 대한 설명이다.

```
static const struct timeval TIMEVAL_WAKE_TIMEOUT = {1,0};
extern "C" void RIL_onUnsolicitedResponse(int unsolResponse, void *data,
        size_t datalen) {
    int unsolResponseIndex;
    int ret;
    bool shouldScheduleTimeout = false;
```

```
        unsolResponseIndex = unsolResponse - RIL_UNSOL_RESPONSE_BASE;                    ──❶

        switch (s_unsolResponses[unsolResponseIndex].wakeType) {                          ──❷
            case WAKE_PARTIAL:
                grabPartialWakeLock();                                                    ──❸
                shouldScheduleTimeout = true;                                             ──❸
                break;

            case DONT_WAKE:
            default:
                shouldScheduleTimeout = false;                                            ──❹
                break;
        }

        Parcel p;
        p.writeInt32 (RESPONSE_UNSOLICITED);                                              ──❺
        p.writeInt32 (unsolResponse);                                                     ──❻

        ret = s_unsolResponses[unsolResponseIndex].responseFunction(p, data, datalen);    ──❼
        ret = sendResponse(p);

        if (shouldScheduleTimeout) {
            if (s_last_wake_timeout_info != NULL) {
                s_last_wake_timeout_info->userParam = (void *)1;                          ──❽
            }
            s_last_wake_timeout_info
                = internalRequestTimedCallback(wakeTimeoutCallback, NULL,
                    ↳ &TIMEVAL_WAKE_TIMEOUT);                                             ──❾
        }

        return;
    }
```

📁 hardware/ril/libril/ril.cpp

코드 2-46 RIL_onUnsolicitiedResponse() 함수

2-46
❶ RIL ind ID(Unsolicited ID)의 인덱스를 확인

벤더 RIL은 RIL 데몬의 RIL_onUnsolicitedResponse() 함수를 호출할 때 어떠한 RIL ind인지 알기 위해 RIL ind ID를 unsolResponse 파라미터로 전달한다. unsolResponse 파라미터는 RIL ind ID를 나타내며 ril.h에 정의되어 있다. s_unsolResponses 룩업 테이블로부터 해당 RIL ind의 응답 함수를 찾기 위해 룩업 테이블 내의 응답 함수의 인덱스를 계산한다. RIL 데몬은 벤더 RIL로부터 전달받은 RIL ind를 처리하기 위한 RIL ind의 응답 함수를 룩업 테이블에 관리하고 있다.

코드 2-47은 룩업 테이블을 초기화하는 과정에 대한 설명이다.

```
static UnsolResponseInfo s_unsolResponses[] = {
    #include "ril_unsol_commands.h"
};
```

📁 hardware/ril/libril/ril.cpp

코드 2-47 RIL ind 처리를 위한 룩업 테이블

s_unsolResponses[]는 C 언어의 매크로 기능을 이용하여 ril_unsol_commands.h에 있는 UnsolResponseInfo 구조체의 배열로 초기화된다.

```
{RIL_UNSOL_RESPONSE_RADIO_STATE_CHANGED, responseVoid, WAKE_PARTIAL},
{RIL_UNSOL_RESPONSE_CALL_STATE_CHANGED, responseVoid, WAKE_PARTIAL},
[…]
{RIL_UNSOL_SIGNAL_STRENGTH, responseRilSignalStrength, DONT_WAKE},
[…]
```

📁 hardware/ril/libril/ril_unsol_commands.h

코드 2-48 ril_unsol_commands.h

코드 2-48의 ril_unsol_commands.h는 코드 2-49에서 보는 것과 같이 RIL ind ID에 따라 해당 RIL ind를 처리하는 응답 함수, wakeType을 지정하고 있다.

표 2-23은 UnsolResponseInfo 구조체에 대한 설명이다.

표 2-23 UnsolResponseInfo 구조체

파셀 필드	설명

requestNumber	requestNumber는 RIL ind ID를 의미하며 ril.h에 정의되어 있다. ril.h에 정의된 RIL ind ID를 보여주며 RIL_UNSOL_RESPONSE_BASE는 1000부터 시작하는 것을 알 수 있다.
	
	📁 hardware/ril/libril/ril.h
	
	`#define RIL_UNSOL_RESPONSE_BASE 1000`
	`#define RIL_UNSOL_RESPONSE_RADIO_STATE_CHANGED 1000`
	...
	`#define RIL_UNSOL_VOICE_RADIO_TECH_CHANGED 1035`

responseFunction	해당 RIL ind를 정해진 포맷으로 파셀에 저장하는 응답 함수에 대한 함수 포인터를 지정한다. ex) responseRilSignalStrength() 함수
wakeType	wakeType에 따라 RIL ind가 왔을 때 partial Wake Lock을 잡을지 잡지 않을지를 결정한다. • DONT_WAKE: AP를 깨우지 않아도 되는 RIL ind에 지정된다. ex) RIL_UNSOL_SIGNAL_STRENGTH • WAKE_PARTIAL: LCD Off 상태를 유지하면서 AP만 on 상태로 유지하고 싶은 때 지정한다. AP를 on 하기 위해 partial Wake Lock을 획득하고 타임아웃 시각이 되면 partial Wake Lock을 해제한다. RIL 데몬의 기본 타임아웃 시간은 1초로, Wake Lock 획득 1초 후 wakelock 릴리즈 이벤트에 의해 Wake Lock을 해제한다. ex) RIL_UNSOL_RESPONSE_CALL_STATE_CHANGED

2-46

❷ wakeType에 따라 partial Wake Lock 정책을 결정

벤더 RIL에 의해서 RIL_onUnsolicitedResponse() 함수가 호출되면 유닉스 도메인 소켓을 통해 텔레포니 프레임워크에 RIL ind를 전달한다. AP가 Off 되어 있다면 텔레포니 프레임워크는 RIL ind를 처리하지 못하기 때문에 AP가 켜져 있어야 한다. 이를 위해서 RIL 데몬은 RIL ind를 안전하게 처리하기 위해 AP를 On/Off 하는 전원 관리 메커니즘을 사용한다.

그림 2-36은 RIL 데몬이 AP의 전원을 관리하는 메커니즘을 설명한 순서도이다. RIL 데몬은 RIL ind를 수신하면 AP의 전원을 일정 시간 유지한 후 AP의 전원을 끄도록 타임아웃 이벤트인 wakelock 릴리즈 이벤트를 스케줄링해야 한다.

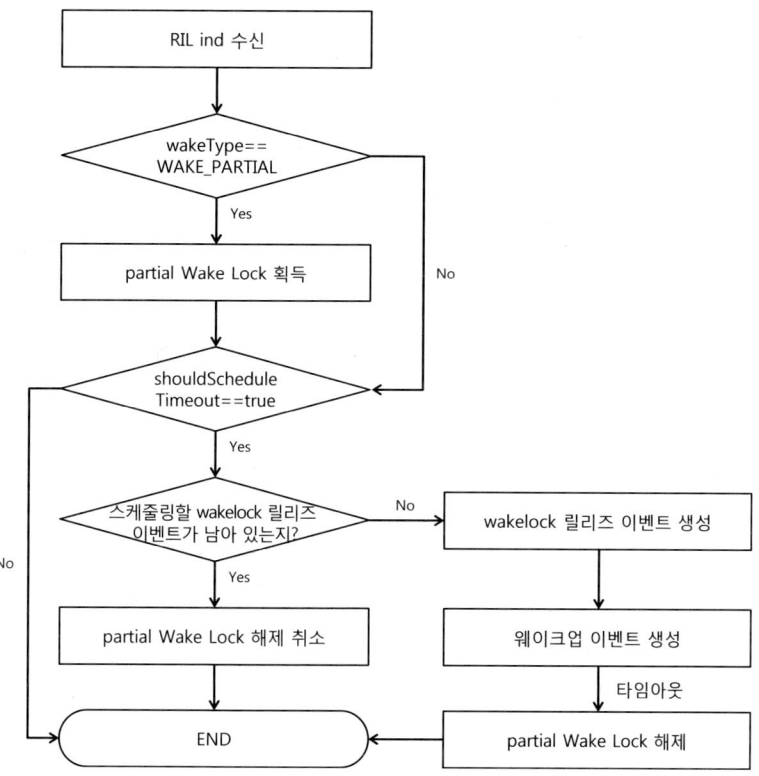

그림 2-36 RIL 데몬의 전원 관리 메커니즘

2-46

❸ partial Wake Lock 획득 및 플래그 shouldScheduleTimeout를 true로 설정

RIL 데몬이 WAKE_PARTIAL 타입인 RIL ind를 수신하였다면 grabPartialWakeLock() 함수를 호출하여 AP의 partial Wake Lock을 잡은 후, 플래그 shouldScheduleTimeout을 true로 설정한다. 플래그 shouldScheduleTimeout이 true이면 internalRequestTimedCallback() 함수가 타임아웃에 따른 wakelock 릴리즈 이벤트를 발생하도록 한다.

코드 2-49의 grabPartialWakeLock() 함수는 acquire_wake_lock() 함수를 호출하여 AP의 partial Wake Lock을 잡는다. acquire_wake_lock() 함수의 동작은 5장에서 자세한 설명을 참고할 수 있다.

```
#define ANDROID_WAKE_LOCK_NAME "radio-interface"
static void grabPartialWakeLock() {
    acquire_wake_lock(PARTIAL_WAKE_LOCK, ANDROID_WAKE_LOCK_NAME);
```

📁 hardware/ril/libril/ril.cpp

코드 2-49 grabPartialWakeLock() 함수

❹ 플래그 shouldScheduleTimeout을 false로 설정 ²⁻⁴⁶

반면 DON'T_WAKE 타입인 RIL ind를 수신하였다면 partial Wake Lock을 잡을 필요가 없다. 따라서 shouldScheduleTimeout 플래그를 false로 설정하여 internalRequestTimedCallback() 함수가 wakelock 릴리즈 이벤트를 발생하지 않도록 한다.

❺ 파셀에 RESPONSE_UNSOLICITED를 쓰기 ²⁻⁴⁶

텔레포니 프레임워크의 RILReceiver 쓰레드에 전달할 RIL ind가 Unsolicited 응답 타입임을 알리기 위해 파셀에 RESPONSE_UNSOLICITED를 저장한다

❻ 파셀에 RIL ind ID를 쓰기 ²⁻⁴⁶

어떠한 종류의 RIL ind인지 알리기 위해 RIL ind ID(Unsolicited ID)를 파셀에 쓴다. RIL ind ID가 RIL_UNSOL_SIGNAL_STRENGTH라면 1009를 파셀에 저장한다.

❼ 해당 RIL ind의 응답 함수를 호출 ²⁻⁴⁶

RIL ind의 응답 함수는 벤더 RIL로부터 전달받은 RIL ind를 파셀화하여 저장한다.

코드 2-50은 RIL_UNSOL_SIGNAL_STRENGTH의 응답 함수인 responseRilSignalStrength() 함수이다.

```
static int responseRilSignalStrength (Parcel &p, void *response, size_t responselen);
```

📁 hardware/ril/libril/ril.cpp

코드 2-50 RIL ind의 응답 함수의 포맷

responseRilSignalStrength() 함수에 의해 처리된 RIL_UNSOL_SIGNAL_STRENGTH는 그림 2-37과 같이 파셀로 변환된다. 파셀에 저장된 RIL_UNSOL_SIGNAL_STRENGTH는 sendResponse() 함수를 호출하여 텔레포니 프레임워크의 RILReceiver 쓰레드에 전달된다.

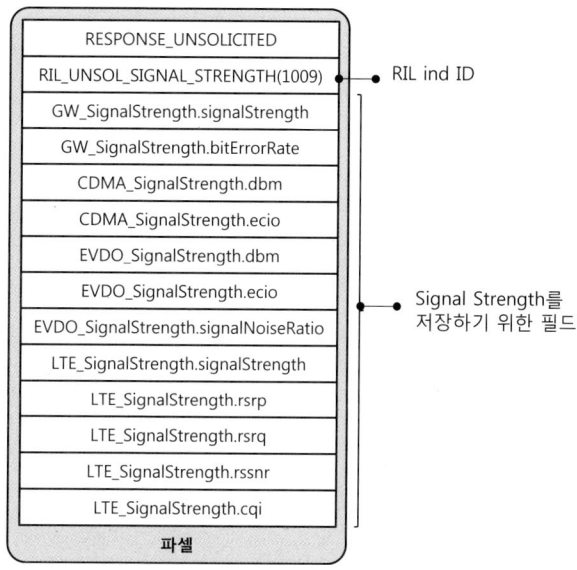

그림 2-37 RIL_UNSOL_SIGNAL_STRENGTH 처리 후 파셀 필드

2-46
❽ 마지막 타임아웃 이벤트인지 확인

timer_list에 스케줄링을 필요로한 wakelock 릴리즈 이벤트가 존재한다면 s_last_wake_timeout_info는 timer_list 내의 가장 마지막 wakelock 릴리즈 이벤트를 가리키고 있다. 이후 wakelock 릴리즈 이벤트가 추가적으로 생성된다면 이전의 wakelock 릴리즈 이벤트는 더 이상 가장 마지막 wakelock 릴리즈 이벤트가 아니므로 Wake Lock 릴리즈 시점도 새로 생성된 Wake Lock 릴리즈 시점으로 연기된다. 따라서 이전 wakelock 릴리즈 이벤트가 Wake Lock을 릴리즈하지 못하도록 하기 위해 s_last_wake_timeout_info의 userParam 필드를 NULL이 아닌 값으로 변경시킨다. ❾의 wakeTimeoutCallback() 함수는 함수 호출 시 UserCallbackInfo 구조체의 userParam이 NULL일 때 Wake Lock을 릴리즈한다.

2-46
❾ wakelock 릴리즈 이벤트 발생

internalRequestTimedCallback() 함수를 호출하면 wakelock 릴리즈 이벤트가 timer_list에 추가되고 웨이크업 이벤트를 발생시킨다. 웨이크업 이벤트는 RIL 이벤트 스케줄러를 강제로 트리거시켜 새로 생성된 wakelock 릴리즈 이벤트를 스케줄링한다.

코드 2-51는 실제 internalRequestTimedCallback() 함수를 호출한 후 타임아웃 후에 실행되는 wakelock 릴리즈 이벤트 처리 콜백 함수인 wakeTimeoutCallback() 함수가 Wake

Lock을 릴리즈하는 방법에 대한 설명이다.

```
static void wakeTimeoutCallback (void *param) {
    if (param == NULL) {
        // LOGD("wakeTimeout: releasing wake lock");
        releaseWakeLock();                                    9-1
    } else {
        // LOGD("wakeTimeout: releasing wake lock CANCELLED"); 9-2
    }
}
```

📁 hardware/ril/libril/ril.cpp

코드 2-51 타임아웃 콜백 함수와 타임아웃 시간의 지정

2-51
9-1 Wake Lock 릴리즈

wakelock 릴리즈 이벤트가 발생하면 호출되는 콜백 함수는 wakeTimeoutCallback() 함수이다. wakeTimeoutCallback() 함수는 timer_list의 대기 중인 wakelock 릴리즈 이벤트가 더 이상 없을 때 param 인자가 NULL이므로 partial Wake Lock을 릴리즈한다.

2-51
9-2 Wake Lock 릴리즈 취소

스케줄링이 필요한 wakelock 릴리즈 이벤트가 timer_list에 존재한다면, param 인자가 NULL이 아니므로 Wake Lock 릴리즈를 취소한다.

03
텔레포니 프레임워크
Telephony Framework

텔레포니 프레임워크는 자바 애플리케이션 프레임워크로 상위 Phone 애플리케이션에 텔레포니 관련 API를 제공하며 RIL 데몬과 통신하면서 모뎀을 제어한다. 텔레포니 프레임워크는 다른 하드웨어 서비스와 달리 Phone 애플리케이션에 의해서 초기화되며 Phone 애플리케이션 내에서 실행된다. 이와 같이 Phone 애플리케이션과 텔레포니 프레임워크가 하나의 프로세스에서 실행되도록 구현된 이유는 네트워크의 특성상 네트워크로부터 전달되는 응답이 올 시점을 예측하기 어려우므로 비동기 통신 방식을 사용하기 때문이다. 3장은 텔레포니 프레임워크의 구조와 예제를 통해 RIL 데몬과 통신하는 메커니즘에 대해 설명한다.

텔레포니(Telephony)는 그리스어로 "tele"(distant)와 "phone"(speak)의 합성어인 Telephone(원거리에 있는 사람과 음성 통신을 제공하는 장치)의 응용 서비스를 의미한다. 현재의 텔레포니는 인터넷 전화, 이동 통신, 팩스, 보이스 메일, 화상 회의(Video Conferencing) 등 그 의미가 확대되어 음성 통신에서 데이터 통신까지 원거리 통신을 일컫는 개념으로 바뀌었다. 스마트폰의 운영체제인 안드로이드는 기본적인 음성 통화 및 SMS를 비롯하여 이동통신 네트워크를 이용한 데이터 통신을 제공하고 있다. 본 장에서는 안드로이드 텔레포니 프레임워크가 제공하는 텔레포니 서비스에 대해서 설명한다.

3.1 텔레포니 프레임워크의 개요

스마트폰의 주요 특징 중에 하나는 강력한 통신 기능을 제공한다는 점이다. 과거 피쳐폰이 이동통신 네트워크를 통한 음성 통화나 SMS 서비스를 주요 통신 기능으로 제공한 반면, 안드로이드는 모바일 환경에서 인터넷 접속이 가능하도록 기존의 음성 통화나 SMS보다 더 강력한 데이터 통신 기능을 제공한다.

3.1.1 텔레포니 프레임워크의 기능

텔레포니 프레임워크는 GSM 또는 CDMA 모뎀이 제공하는 모든 서비스를 PDK 애플리케이션인 Phone 애플리케이션 및 MMS 애플리케이션 등에 제공하며 SDK 애플리케이션에는 TelephonyManager를 통해 한정적인 네트워크 정보를 제공한다. 안드로이드 텔레포니 프레임워크가 제공하는 주요 기능은 다음과 같다.

- 텔레포니 프레임워크 내 객체 간의 통신 메커니즘 제공

    텔레포니 프레임워크는 몇 단계의 레이어로 구성되어 있다. 텔레포니 프레임워크는 레이어와 레이어 간의 인터페이스를 정의하고 각 레이어 내의 객체 간 통신 메커니즘을 정의한다.

- 텔레포니 프레임워크와 RIL 데몬 간의 통신

    텔레포니 프레임워크는 RIL 데몬과의 통신 메커니즘을 구현한다. 텔레포니 프레임워크는 유닉스 도메인 소켓을 통해 RIL 데몬과 통신하며 모뎀의 특정 동작을 정의한 RIL 명령을 이용하여 모뎀을 제어한다.

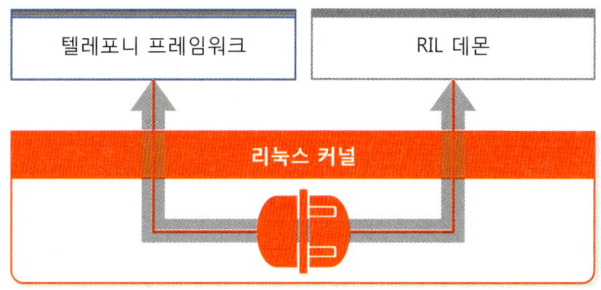

그림 3-1 텔레포니 프레임워크와 RIL 데몬 간의 IPC

- 모뎀을 제어하기 위한 공통 API 제공

  안드로이드는 매우 다양한 벤더의 모뎀을 지원한다. 디바이스마다 모뎀을 제어하는 방법이 표준화되어 있지 않다면 각 디바이스의 모뎀에 맞게 애플리케이션을 작성해야 하므로 애플리케이션의 호환성을 기대할 수 없다. 텔레포니 프레임워크는 모뎀을 제어하는 공통 API를 Phone 애플리케이션에 제공하고 Phone 애플리케이션은 제공된 API를 이용하여 모뎀을 제어하여 네트워크와 통신한다.

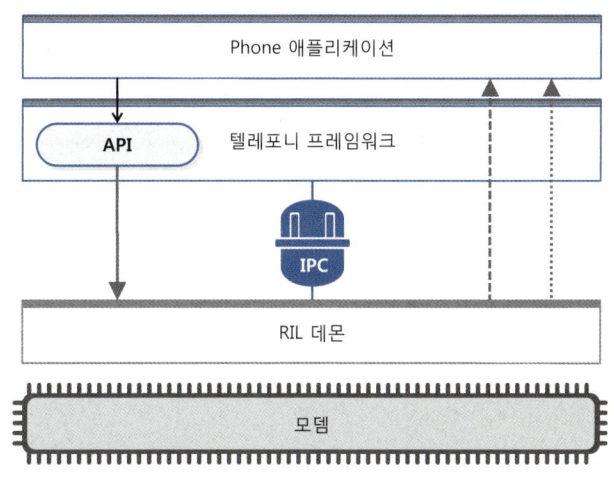

그림 3-2 모뎀 제어 API 제공

- 모뎀의 안정성 보장

  텔레포니 프레임워크는 모뎀을 제어하기 위한 API를 유일하게 제공한다. 안드로이드는 Phone 애플리케이션과 MMS 애플리케이션만이 텔레포니 프레임워크를 통해 모뎀에 직접 접근하는 것을 허용하고 나머지 애플리케이션들은 SDK가 제공하는 API 이외의 모뎀 제어를 허용하지 않는다. 이렇게 텔레포니 프레임워크에 대한 접근을 Phone 애플리케이션과 MMS 애플리케이션으로 제한한 이유는 모뎀이 네트워크에 접속할 때 필요한 가장 중요한 디바이스이기 때문이다. 일반 애플리케이션이 각자의 방식대로 무분별하게 모뎀을 제어한다면 모뎀 크래쉬[1]가 자주 발생할 수 있어 모바일 디바이스의 안정성을 보장할 수 없다. 예를 들어, 악의적인 목적으로 이동통신 사업자의 네트워크를 공격하기 위한 해킹 애플리케이션을 배포하였다고 가정하자. 해킹된 애플리케이션은 모뎀을 제어할 수 있게 되어 이동통신 사업자의 네트워크는 위험에 노출되게 된다.

그렇다면 일반적인 SDK 애플리케이션은 텔레포니 프레임워크에 전혀 접근할 수 없는 것일까? 안드로이드는 일반적인 SDK 애플리케이션에 TelephonyManager를 통해 제한적으로 가입자 정보와 네트워크 정보 등을 제공한다.

그림 3-3은 텔레포니 프레임워크에서 TelephonyManager의 역할이다. SDK 애플리케이션은 텔레포니 프레임워크로부터 가입자 정보나 네트워크 정보를 얻어야 하는 경우가 있다. 이때 SDK 애플리케이션은 TelephonyManager를 통해 텔레포니 프레임워크의 정보에 접근할 수 있다. 하지만 TelephonyManager는 가입자 정보 및 네트워크 정보 등의 제한적인 정보에만 접근을 허용할 뿐, 모뎀을 직접 제어할 수 있는 API를 제공하지 않는다. 따라서 SDK 애플리케이션은 TelephonyManager를 통해 제한적인 정보만을 얻을 수 있을 뿐 모뎀을 직접 제어할 수 없다.

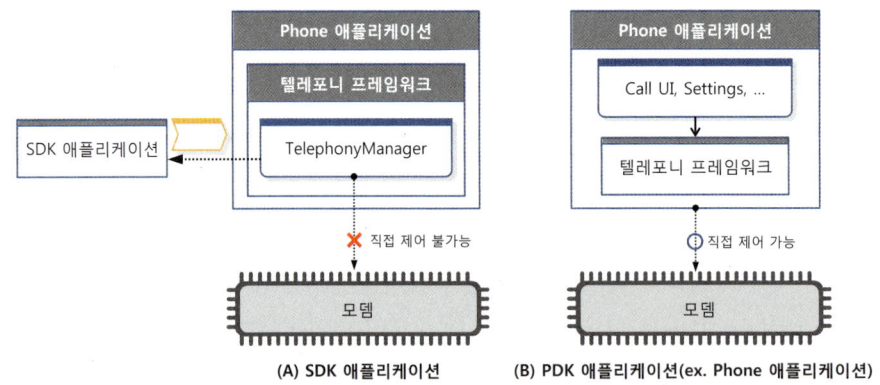

그림 3-3 텔레포니 프레임워크의 TelephonyManager

---

1 모뎀 소프트웨어는 동작 중 어떠한 요인에 의해 치명적인 예외상황이 발생하여 더 이상 정상적인 동작의 수행이 불가능할 때 모뎀을 shutdown 시켜 시스템을 보호한다. 보통 모뎀은 모뎀 크래쉬가 발생하면 크래쉬의 원인을 규명하기 위해 크래쉬 직전의 레지스터와 스택 메모리의 덤프를 저장한다.

3.1.2 텔레포니 프레임워크의 제공 서비스

GSM이 제공하는 기본적인 서비스의 종류는 크게 텔레포니 서비스(Telephony service), 데이터 서비스(Data service) 그리고 부가 서비스(Supplementary Service) 등이 있다. 텔레포니 서비스에는 GSM 네트워크가 제공하는 가장 기본적인 서비스로 긴급 전화를 비롯한 음성 통화, SMS(Short Text Message), 팩시밀리 등이 있다. 데이터 서비스는 이동통신 환경에서도 가입자가 인터넷에 접근할 수 있도록 데이터 패킷 네트워크(ex. GPRS)를 제공한다. 마지막으로 부가 서비스는 말 그대로 텔레포니 서비스와 데이터 서비스를 기반으로 GSM이 제공하는 추가적 서비스이다. 부가 서비스의 예로 통화 중 대기(call waiting), 통화 보류(call hold), 착신 전환(call forwarding), 다자간 통화(multiparty call), 발신 및 착신 제한 (call barring) 등이 존재한다.

안드로이드의 텔레포니 프레임워크는 위와 같은 GSM와 같은 이동통신 네트워크가 제공하는 서비스를 제공하기 위해 각종 모뎀 제어 API를 정의한다. Phone 애플리케이션 및 MMS 애플리케이션은 텔레포니 프레임워크가 제공하는 API를 이용하여 이동통신 네트워크가 제공하는 각종 서비스에 접근하여 원하는 서비스를 제공받을 수 있다.

그림 3-4는 텔레포니 프레임워크가 제공하는 서비스의 종류이다.

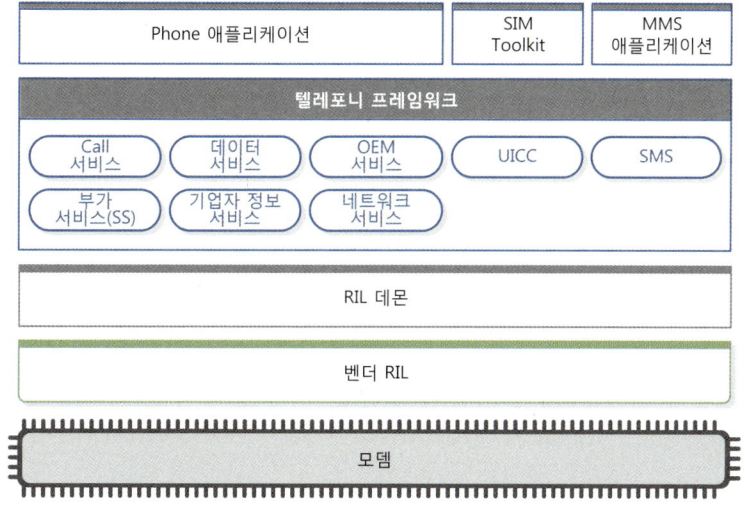

그림 3-4 텔레포니 프레임워크가 제공하는 서비스의 종류

Phone 애플리케이션, SIM Toolkit, MMS 애플리케이션 등은 텔레포니 프레임워크로부터 필요한 서비스를 제공받는다.

표 3-1은 텔레포니 프레임워크가 제공하는 서비스에 대한 설명이다.

표 3-1 텔레포니 프레임워크의 제공 서비스 리스트

제공 서비스	설명
Call 서비스	발신·착신 전화, 긴급 전화, 착신 전환, 다자간 전화(컨퍼런스 전화) 등
부가 서비스(SS)	발신자 표시제한, 대기 전화, 발신·착신 전화 금지, USSD 등
데이터 서비스	PDP 컨텍스트 활성화 및 비활성화 등
가입자 정보 서비스	IMEI, 폰 번호 등
네트워크 서비스	네트워크 자동선택, 네트워크 수동선택, 유효 네트워크 검색, 사업자명 검색, 선호 네트워크 질의 및 설정, 신호 세기 등
SMS 서비스	MO 및 MT SMS 전송 등
UICC 서비스	폰북 서비스, SAT 서비스 등
OEM 서비스	OEM 제조사에 의해 구현된 서비스 ex) 이동통신 사업자 의존 서비스 등

3.2 텔리포니 프레임워크의 구조

텔레포니 프레임워크는 Phone 애플리케이션이나 MMS 애플리케이션과 같은 통신 애플리케이션이 모뎀을 직접 제어할 필요없이 GSM 네트워크, CDMA 네트워크 등과 통신을 할 수 있도록 텔레포니 관련 API를 제공한다. 일반적으로 모뎀 제어 시 잘못된 사용으로 인한 오동작 발생은 모뎀의 크래쉬를 일으키는 주요 원인이다. 따라서 안드로이드는 텔레포니 프레임워크를 제공하여 Phone 애플리케이션과 MMS 애플리케이션이 직접 모뎀을 제어함으로써 발생되는 오동작을 방지하여 안정적인 통신이 가능하도록 한다. 텔레포니 프레임워크는 모뎀 제어를 위해 특별한 요구사항에 의해 설계되었다. 다음은 텔레포니 프레임워크를 설계할 때 고려해야 할 사항이다.

- 다양한 네트워크를 지원

  텔레포니 프레임워크는 이동통신 네트워크인 GSM과 CDMA 네트워크를 모두 지원해야 한다. 아울러 WIFI 네트워크를 이용한 SIP Call을 지원한다.

- 모뎀 제어 메커니즘을 제공

  텔레포니 프레임워크는 안드로이드에서 모뎀과 통신을 해야 하는 주체이므로 모뎀 제어 메커니즘을 지원해야 한다. 텔레포니 프레임워크는 모뎀을 제어하기 위해서 크게 두 가지 메커니즘, 즉 Solicited 명령과 Unsolicited 명령을 제공한다

- 비동기(Asynchrous) 응답의 지원

  네트워크의 특성상 이동통신 네트워크는 서비스 요청 후 서비스 응답을 예측하기 힘들다. 따라서 서비스 응답이 비동기적으로 수신될 때 이를 효율적으로 처리할 메커니즘이 필요하다.

- Phone 동작과 모뎀 동작의 분리

  Phone 애플리케이션이 실제로 전화를 발신하거나 수신된 전화를 착신하는 동작을 실행하기 위해서는 모뎀을 제어해야 한다. 안드로이드는 GSM 네트워크와 CDMA 네트워크를 동시에 지원하므로 통신 방식에 따라 텔레포니 프레임워크의 Phone 타입은 언제든지 스위칭될 수 있다. 하지만 모뎀은 통신 방식에 의존하지 않으므로 스위칭되지 않는다. 따라서 Phone 동작과 모뎀 동작을 분리하여 텔레포니 프레임워크의 변경을 최소화한다.

- RIL 데몬과 통신 메커니즘을 제공

  텔레포니 프레임워크가 모뎀을 제어하기 위해서는 C 프로세스인 RIL 데몬과 통신하여 모뎀에 서비스를 요청해야 한다. 하지만 텔레포니 프레임워크는 자바 프로세스에 동작하므로 각자 다른 프로세스에서 실행되고 있다. 따라서 RIL 데몬과 통신하기 위해서는 IPC 방식과 데이터 교환 프로토콜이 정의되어야 한다.

3.2.1 텔레포니 프레임워크의 계층별 구성요소

Phone 애플리케이션은 사용자에게 Call 제어 UI 및 전반적인 네트워크 설정 기능 등을 제공한다. Phone 애플리케이션은 폰이 부팅될 때 시작되며 PhoneApp 객체가 시작될 때 텔레포니 프레임워크를 생성한다.

그림 3-5는 텔레포니 프레임워크의 계층별 구성요소이다. 텔레포니 프레임워크는 크게 Phone 인터페이스와 Radio 인터페이스로 구성되어 있다. 텔레포니 프레임워크의 Phone 인터페이스와 Radio 인터페이스는 각각 Phone과 모뎀을 제어하기 위한 인터페이스를 애플리케이션에 제공한다.

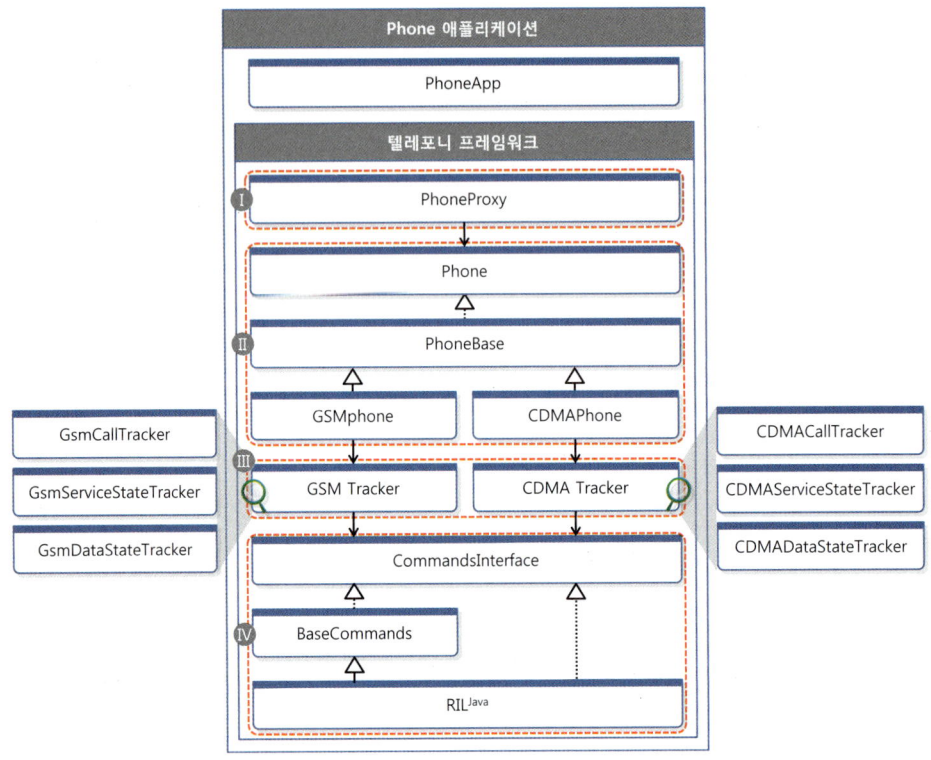

그림 3-5 텔레포니 프레임워크의 계층별 구성요소

텔레포니 프레임워크는 이동통신 네트워크가 제공하는 각종 서비스에 접근하는 Phone 동작과 모뎀을 실제로 제어하는 동작을 각각 분리하여 Phone 인터페이스와 Radio 인터페이스를 구현한다. 텔레포니 프레임워크가 이렇게 두 개의 인터페이스로 분리된 이유는 RAT(Radio Access Technology)에 따라 상위 애플리케이션에 제공하는 Phone 인터페이스가 재정의되기 때문이다. 여기서 RAT란 코어 네트워크에 접근하기 위해 air 인터페이스에 사용되는 통신 기술을 의미한다. 텔레포니 프레임워크가 지원하는 RAT는 표 3-5에서 확인할 수 있다.

텔레포니 프레임워크가 지원하는 RAT는 크게 GSM 계열과 CDMA 계열로 구분할 수 있으며 RAT에 따라 텔레포니 프레임워크의 Phone 인터페이스를 구현하기 위해 GSMPhone 객체 또는 CDMAPhone 객체를 생성한다. 즉 Phone 인터페이스는 RAT에 따라 GSM 네트워크가 제공하는 서비스와 CDMA 네트워크가 제공하는 서비스의 종류와 기능이 약간씩 달라 재정의될 필요가 있다. 하지만 Radio 인터페이스는 RAT에 관계없이 Phone에 의해 공통적으로 사용하는 인터페이스이므로 GSMPhone 객체나 CDMAPhone 객체가 스위칭

되더라도 변경될 필요가 없다.

이와 같이 Phone 동작과 모뎀 제어 동작을 분리하여 Phone 인터페이스의 재정의가 Radio 인터페이스에 직접적인 영향을 미치지 않도록 좀 더 유연한 구조를 제공한다. 텔레포니 프레임워크의 주요 레이어는 표 3-2와 같이 PhoneProxy 클래스, Phone 인터페이스, Radio 인터페이스, state tracker 클래스 등으로 구분할 수 있다. 3.2.2절에서 설명할 PhoneApp 클래스는 텔레포니 프레임워크에 접근할 수 있는 Phone 애플리케이션 내의 유일한 클래스로 Call UI 등과 같은 Phone 애플리케이션이 텔레포니 프레임워크에 접근하여 Phone을 제어하려면 PhoneApp 객체로부터 PhoneProxy 클래스의 인스턴스를 반드시 획득해야 한다.

표 3-2 텔레포니 프레임워크의 주요 레이어

구성요소	설명
PhoneProxy 클래스	하부 RAT에 관계없이 Phone 애플리케이션에 텔레포니 프레임워크의 폰 제어 API를 제공한다. (3.2.3절)
Phone 인터페이스	RAT에 적합한 Phone 객체(GSMPhone 또는 CDMAPhone)를 생성하고 Phone 제어 API를 구현한다. (3.2.4절)
Radio 인터페이스	Phone 객체 및 state tracker 객체 등에 모뎀 제어 API를 제공한다. (3.2.5절)
state tracker 클래스	일종의 FSM(Finite State Machine)으로 네트워크의 상태 변화를 모니터링하여 상태 변화에 따라 현 상태를 다음 상태로 전이하고 취해야 할 동작(action)을 결정한다. (3.2.6절)

그 밖에 3.2.7절에서 설명할 CallManager 클래스는 이동통신 네트워크 이외 WIFI 네트워크를 이용한 SIP Call을 지원하기 위해 진저브레드(2.3) 버전부터 추가되었다. 이제부터 주요 레이어에 대한 분석을 통해 텔레포니 프레임워크의 구조에 대해서 자세히 이해하도록 한다.

3.2.2 PhoneApp 클래스

PhoneApp[2] 클래스는 Phone 애플리케이션 내에서 Top-Level 클래스로 Phone 애플리케이션이 시작될 때 안드로이드의 텔레포니 프레임워크를 생성하고 Phone 애플리케이션이 모뎀을 제어할 수 있도록 PhoneProxy 클래스의 인스턴스를 가지고 있다. 즉 PhoneApp 클래스는 Phone 내 클래스 중에 모뎀을 제어할 수 있는 유일한 진입점이다.

---

2 packages/apps/phone/src/com/android/phone/PhoneApp.java

PhoneApp 클래스의 주요 기능은 다음과 같다.

- 텔레포니 프레임워크 생성 및 초기화
- 주요 Call 제어 관련 객체 생성 (CallController, CallNotifier 등)
- Phone State에 따른 Wake Lock의 acquire 및 release를 담당
- 통화 중에 proximity sensor의 동작을 감지하여 LCD 화면을 turn On/Off
- 헤드셋이 Plug In/Out 되는 것을 감지하여 스피커폰 동작을 제어

Phone 애플리케이션은 모뎀에 서비스를 요청할 때 항상 PhoneApp 객체로부터 Phone 인스턴스를 획득해야 텔레포니 프레임워크에 모뎀 제어 동작을 요청할 수 있다.

그림 3-6은 UI 객체가 PhoneApp 클래스의 인스턴스를 이용하여 텔레포니 프레임워크에 접근하는 방법이다.

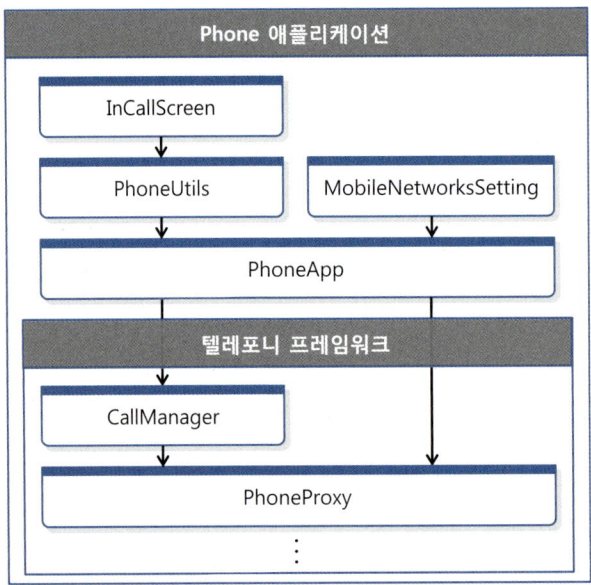

그림 3-6 PhoneApp 클래스의 사용법

InCallScreen 액티비티는 통화 중에 사용자의 UI 이벤트를 감지하여 Call 동작을 제어한다. InCallScreen 액티비티는 PhoneUtils 클래스의 Call 제어 메서드를 사용하여 Call 동작을 제어한다.

PhoneUtils 클래스는 Call 동작을 제어하기 위해 PhoneApp 클래스의 인스턴스를 획득한 후 텔레포니 프레임워크에 접근할 수 있다. PhoneApp 클래스의 인스턴스를 이용한 텔레포니 프레임워크에 접근하는 방법은 3.3.1절에서 자세히 설명한다.

3.2.3 PhoneProxy 클래스

3.2.2절에서 Phone 애플리케이션은 PhoneApp 객체를 통해서 텔레포니 프레임워크에 접근할 수 있다라는 것을 설명하였다. 텔레포니 프레임워크는 Phone 애플리케이션이 PhoneApp 객체를 이용하여 텔레포니 프레임워크에 접근할 수 있도록 PhoneProxy 클래스[3]를 제공한다. PhoneProxy 클래스의 주요 역할은 Phone 제어를 위한 Phone API를 제공하며 RAT(GSM 또는 CDMA)에 상관없이 공통적인 Phone 제어 방법을 제공하는 것이다.

텔레포니 프레임워크는 RAT에 따라 Phone 제어를 위해 GSMPhone 객체나 CDMAPhone 객체를 생성하는데 각 객체는 RAT에 따라 지원하는 Phone 제어 동작이 상당히 다르다. 이와 같이 GSMPhone 객체나 CDMAPhone 객체에 제공하는 Phone 제어 동작이 다르기 때문에 Phone 애플리케이션은 Phone 객체에 따라 각 Phone 객체가 제공하는 Phone API를 사용해야 하는 문제점이 발생한다. 이와 같은 문제를 해결하기 위해 Phone 애플리케이션이 하부 텔레포니 프레임워크의 Phone 객체에 직접 접근하는 대신 PhoneProxy 객체를 통해서 Phone 객체에 접근한다. PhoneProxy 객체는 현재 Phone 객체를 참조하고 있으며 Phone 객체에 상관없이 공통 API를 제공한다. Phone 애플리케이션은 단지 하부의 Phone 객체가 GSMPhone 객체나 CDMAPhone 객체 인지에 관계없이 PhoneProxy 객체가 제공하는 Phone API를 사용하면 된다.

PhoneProxy 클래스가 필요한 이유는 안드로이드의 텔레포니 프레임워크가 GSM 네트워크 뿐만 아니라 CDMA 네트워크를 동시에 지원하고 RAT를 스위칭하는 글로벌 로밍을 지원하기 때문이다. 글로벌 로밍폰은 폰이 지원하는 RAT를 스위칭시켜 GSM 네트워크에서 동작하던 폰을 CDMA 네트워크에서도 그대로 사용할 수 있거나 그 반대의 경우에도 폰을 사용할 수 있다. RAT가 스위칭되면 해당 Phone 객체 또한 스위칭되므로 텔레포니 프레임워크는 공통의 Phone 제어 API를 제공하기 어렵다. 따라서 Phone 애플리케이션이 하부 RAT에 의존하지 않고 공통의 Phone 제어 방법을 사용할 수 있도록 PhoneProxy 클래스가 필요한 것이다.

그림 3-7은 PhoneProxy 객체의 사용 예이다.

---

3 frameworks/base/telephony/java/com/android/internal/telephony/PhoneProxy.java

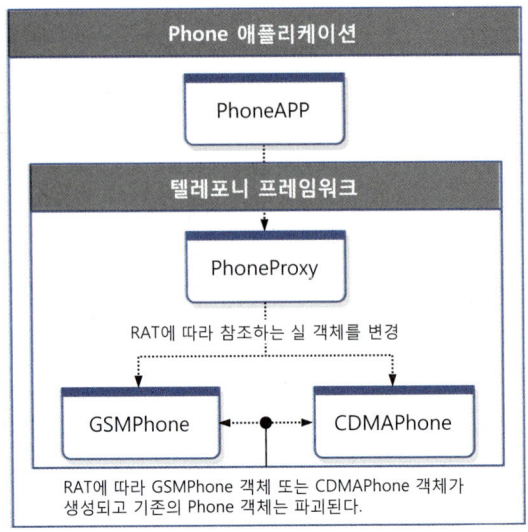

그림 3-7 PhoneProxy 객체의 사용 예

　PhoneProxy 객체는 네트워크가 지원하는 RAT의 변경에 따라 RAT 변경 이벤트를 수신하고 해당 RAT를 지원하기 위해 CDMAPhone 객체로부터 GSMPhone 객체로 또는 GSMPhone 객체로부터 CDMAPhone 객체로 Phone 객체를 스위칭한다. Phone 객체가 변경되면 기존에 사용되던 Phone 객체는 파괴된다. PhoneProxy 객체는 현재 네트워크의 RAT에 따라 Phone 객체를 GSMPhone 객체 또는 CDMAPhone 객체로 변경하는 역할을 담당한다.

> ### TIP - 프록시 패턴
>
> 프록시는 실제 객체를 위한 대리자이며 일반적으로 자신이 대리하는 객체에 대한 참조를 가지고 있다. 프록시는 클라이언트의 모든 요청을 받아 실제 객체에 전달한다. 프록시 패턴의 장점은 실제 객체와 동일한 인터페이스를 구현한 프록시를 통해 접근하여 클라이언트로부터 최적화와 세부적인 구현 내용을 감추어 코드를 단순화하게 한다. 하지만 실제 객체에 접근하기 위해서는 프록시를 통해 접근해야 하므로 약간의 오버헤드가 발생한다.
>
>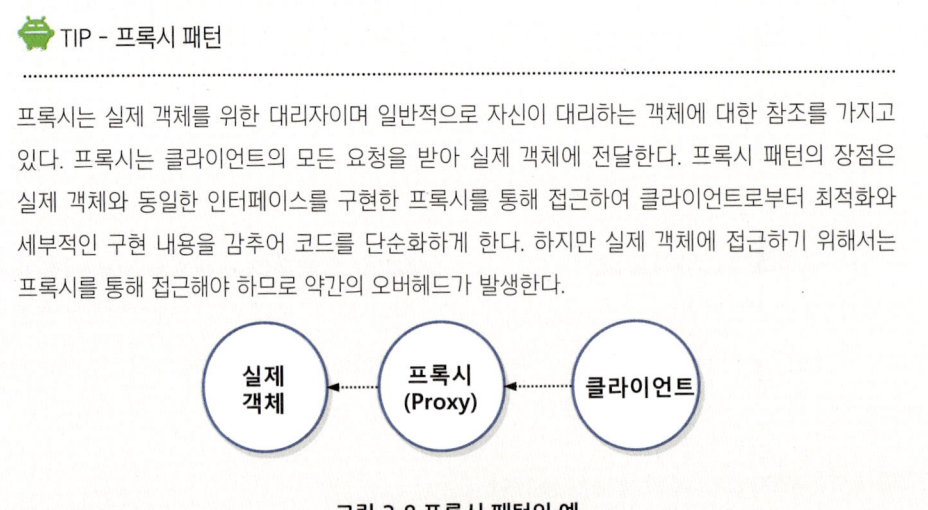
>
> 그림 3-8 프록시 패턴의 예

3.2.4 Phone 인터페이스

Phone[4] 인터페이스는 자바의 인터페이스로 Phone을 제어하기 위한 Phone API를 정의한다. Phone 인터페이스는 Phone 제어를 위한 메서드와 서비스 ind를 수신하기 위해 register 메서드 등으로 구성되어 있으며 그림 3-9와 같이 PhoneBase[5] 클래스와 지원하는 통신 방식에 따라 GSMPhone[6] 클래스 또는 CDMAPhone[7] 클래스에 의해 구현된다. 표 3-3은 Phone 인터페이스를 구현하는 클래스들의 기능에 대한 정리이다.

표 3-3 Phone 인터페이스를 구현하는 클래스

클래스	설명
PhoneBase	Phone 인터페이스에 정의된 서비스 ind의 수신 등록 및 해제 메서드와 GSMPhone 클래스와 CDMAPhone 클래스에 관계없이 공통적으로 사용되는 메서드를 구현한다. CDMA 관련 메서드 중 GSMPhone 클래스에서 사용되지 않는 메서드는 PhoneBase 클래스에 더미 메서드를 구현하여 GSMPhone 클래스에 CDMA 관련 메서드를 구현하지 않도록 한다.
GSMPhone CDMAPhone	Phone 인터페이스에 정의된 Phone 제어 메서드를 구현한다. GSMPhone 클래스와 CDMAPhone 클래스의 Phone 제어 메서드는 CommandsInterface 인터페이스를 통해 모뎀을 제어할 수 있다.

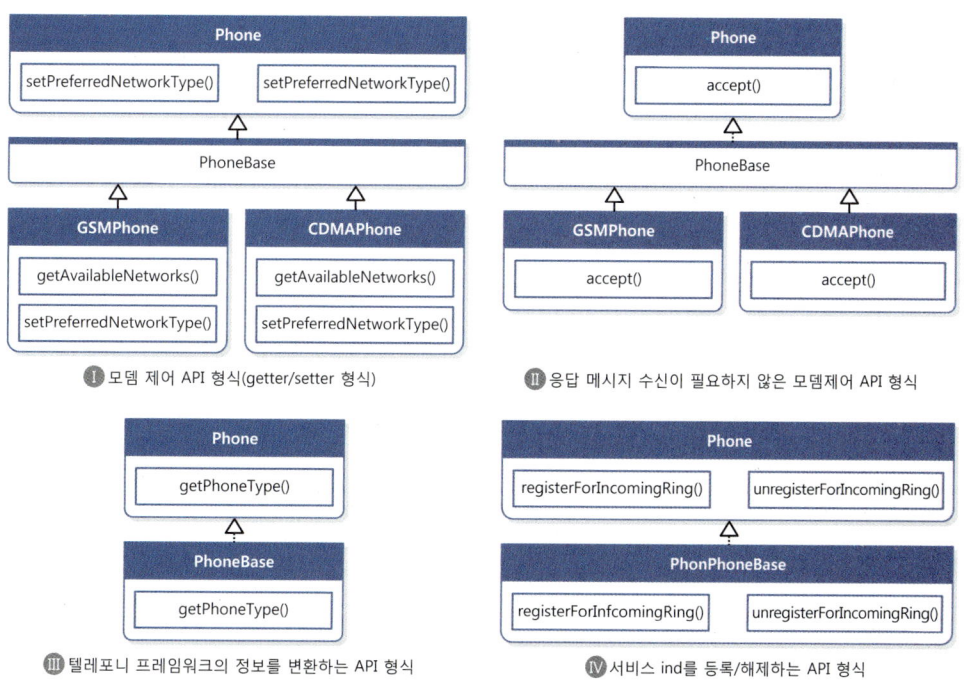

그림 3-9 Phone 인터페이스의 API 형식

Phone 인터페이스가 제공하는 Phone API의 메서드는 그림 3-9와 같이 크게 네 가지로 분류할 수 있다.

❶ 모뎀제어 API 형식 (getter/setter 형식) [3-9]

```
void getAvailableNetworks(Message respose)
void setPreferredNetworkType(int nctwork Type, Message response)
```

📁 frameworks/base/telephony/java/com/android/internal/telephony/Phone.java

코드 3-1 응답용 메시지를 파라미터로 요구하는 모뎀 API 형식

getAvailableNetworks() 메서드는 모뎀을 제어하여 현재 사용 가능한 네트워크의 리스트를 요청한다. 실제로 모뎀으로부터 사용 가능한 네트워크의 리스트를 응답으로 받기 위해 걸리는 시간은 예측하기 힘드므로 비동기적인 방식으로 처리할 수밖에 없다. 따라서 getAvailableNetworks() 메서드는 즉각 현재 사용 가능한 네트워크를 반환할 수 없으므로 반환 타입이 void이다. 대신 getAvailableNetworks() 메서드는 응답용 메시지를 파라미터로 받아 실제 사용 가능한 네트워크 리스트에 대한 응답이 도착했을 때, 응답용 메시지에 그 결과를 저장하고 getAvailableNetwork() 메서드를 호출한 클라이언트 객체의 핸들러로 전달된다. 이와 같은 메시지 통신 메커니즘은 3.4.2절에서 자세히 설명한다.

setPreferredNetworkType() 메서드는 선호하는 네트워크 타입을 모뎀에 요청하여 모뎀이 선호하는 네트워크 타입으로 등록하도록 제어할 수 있다. 이때 결과 값(성공 및 실패)은 즉각 반환되지 않고 응답 메시지 형태로 클라이언트 객체의 핸들러에 응답 메시지를 전송한다.

3.4.2절에서 텔레포니 프레임워크가 서비스 req와 서비스 resp를 처리하는 방법에 대해 자세히 설명한다.

❷ 응답 메시지 수신이 필요하지 않은 모뎀제어 API 형식 [3-9]

---

4 📁 frameworks/base/telephony/java/com/android/internal/telephony/Phone.java
5 📁 frameworks/base/telephony/java/com/android/internal/telephony/PhoneBase.java
6 📁 frameworks/base/telephony/java/com/android/internal/telephony/gsm/GSMPhone.java
7 📁 frameworks/base/telephony/java/com/android/internal/telephony/cdma/CDMAPhone.java

```
void acceptCall() throws CallStateException;
```

📁 frameworks/base/telephony/java/com/android/internal/telephony/Phone.java

코드 3-2 응답용 메시지를 파라미터로 요구하지 않는 모뎀 API 형식

　acceptCall() 메서드는 MT Call이 왔을 때 이를 승낙하는 API이다. acceptCall() 메서드는 그 결과 값을 반환 값으로 반환하거나 결과 값을 핸들러에 발송하기 위한 응답용 메시지를 필요로 하지 않는다. 이와 같이 응답용 메시지가 필요없는 이유는 acceptCall() 메서드를 호출한 후 서비스 ind 형태로 Call 상태의 변경(ex INCOMING → ACTIVE)을 통지받기 때문이다. 이와 유사한 메서드 형태로는 rejectCall(), switchHoldingAndActive(), conference(), explicitCallTransfer(), dial() 메서드 등이 존재한다.

Ⅲ 텔레포니 프레임워크의 정보를 반환하는 API 형식

```
int getPhoneType()
```

📁 frameworks/base/telephony/java/com/android/internal/telephony/Phone.java

코드 3-3 텔레포니 프레임워크 내 정보를 반환하는 API 형식

　getPhoneType() 메서드는 텔레포니 프레임워크의 현재 Phone 객체의 타입을 반환한다. (ex. PHONE_TYPE_GSM(1), PHONE_TYPE_CDMA(2), PHONE_TYPE_SIP(3)) 이와 같이 getPhoneType() 메서드를 실행한 후 즉각적으로 결과 값을 반환할 수 있는 이유는 Phone 객체의 타입이 모뎀이 아닌 텔레포니 프레임워크 내의 값이기 때문이다.

Ⅳ 서비스 ind를 등록/해제하는 API 형식

```
void registerForIncomingRing(Handler h, int what, Object obj);
void unregisterForIncomingRing(Handler h);
```

📁 frameworks/base/telephony/java/com/android/internal/telephony/Phone.java

코드 3-4 서비스 ind 이벤트를 등록하는 API 형식

registerForIncomingRing() 메서드는 EVENT_INCOMING_RING 이벤트와 같은 서비스 ind를 등록한다. 등록된 EVENT_INCOMING_RING 이벤트는 MT Call이 왔을 때 발생된다. 서비스 ind 이벤트를 등록하기 위한 등록 메서드는 세 가지의 인자(이벤트를 처리할 핸들러, 구체적으로 각 이벤트를 구별할 이벤트 ID 및 사용자 정의 데이터)를 필요로 한다. unregisterForIncomingRing() 메서드는 EVENT_INCOMING_RING 이벤트의 등록을 해제한다. 3.4.3절에서 텔레포니 프레임워크가 서비스 ind 이벤트를 등록 및 해제하는 방법에 대해 설명한다.

3.2.5 Radio 인터페이스

텔레포니 프레임워크는 모뎀을 제어하기 위해 Radio 인터페이스인 CommandsInterface[8] 인터페이스를 제공한다. CommandsInterface 인터페이스는 자바의 인터페이스로 모뎀 제어 메서드와 서비스 ind 이벤트의 등록 및 등록 해제 메서드를 정의하고 있다. CommandsInterface 인터페이스에 정의된 모뎀 제어 메서드는 RIL.java[9] 클래스에 의해 구현되며 서비스 ind 이벤트의 등록 및 등록 해제 메서드는 BaseCommands[10] 클래스에 의해 구현된다.

표 3-4는 CommandsInterface 인터페이스를 구현하는 클래스들의 기능을 정리하였다.

표 3-4 CommandsInterface 인터페이스를 구현하는 클래스

클래스	설명
BaseCommands	BaseCommands 클래스는 CommandsInterface 인터페이스에 정의된 서비스 ind 이벤트의 등록 및 해제 인터페이스를 구현한다.
RIL.java	RIL.java 클래스는 CommandsInterface 인터페이스에 정의된 모뎀 제어 인터페이스를 구현한다. RIL.java는 송·수신을 동시에 처리하기 위해 RILSender 쓰레드와 RILReceiver 쓰레드로 구성되어 있으며 RIL 데몬과 유닉스 도메인 소켓 통신을 하며 RIL req/resp, RIL ind를 송·수신한다.

그림 3-10은 CommandsInterface 인터페이스가 제공하는 API의 형식이다. CommandsInterface 인터페이스가 제공하는 API의 종류는 크게 두 가지로 분류할 수 있다.

---

8 frameworks/base/telephony/java/com/android/internal/telephony/CommandsInterface.java
9 frameworks/base/telephony/java/com/android/internal/telephony/RIL.java
10 frameworks/base/telephony/java/com/android/internal/telephony/BaseCommands.java

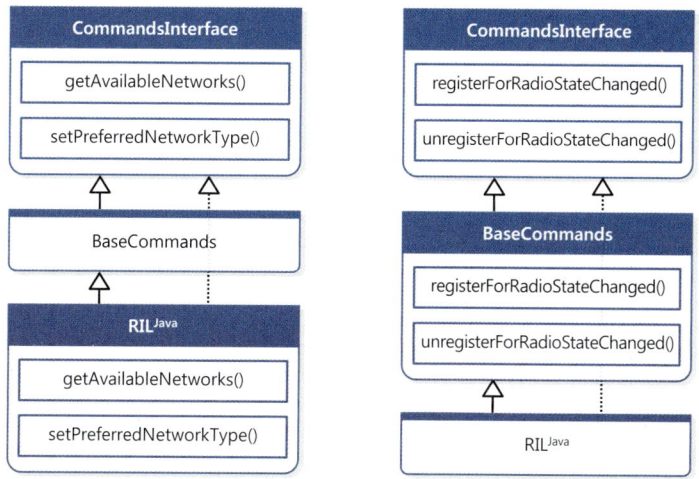

❶ 모뎀 제어 API 형식 (getter/setter 형식)　❷ 서비스 ind 이벤트를 등록 및 해제하는 API 형식

그림 3-10 CommandsInterface 인터페이스의 API 형식

❶ 모뎀 제어 API 형식 (getter/setter 형식)

```
void getAvailableNetworks(Message response);
void setPreferredNetworkType(int networkType , Message response);
```

📁 frameworks/base/telephony/java/com/android/internal/telephony/CommandsInterface.java

코드 3-5 CommandsInterface 인터페이스의 모뎀제어 API 형식의 예

코드 3-5는 CommandsInterface 인터페이스의 모뎀 제어 API의 형식에 대한 설명이다. CommandsInterface 인터페이스의 모뎀 제어 API는 모두 void 타입으로 구성되어 있다. 왜냐하면, 모뎀 제어 요청의 응답은 모두 비동기 응답이므로 메서드의 반환 값이 아닌 메시지를 통해 받기 때문이다. RIL^{Java} 클래스는 주로 CommandsInterface 인터페이스의 모뎀 제어 API를 구현하고 RIL 데몬에 모뎀 제어 요청을 위해 RIL req를 보낸다.

❷ 서비스 ind 이벤트(Unsolicited 이벤트)를 등록하는 API 형식

```
void registerForRadioStateChanged(Handler h, int what, Object obj);
void unregisterForRadioStateChanged(Handler h);
```

📁 frameworks/base/telephony/java/com/android/internal/telephony/CommandsInterface.java

코드 3-6 CommandsInterface 인터페이스의 서비스 ind 이벤트 등록/해제 API 형식의 예

코드 3-6은 CommandsInterface 인터페이스의 서비스 ind 이벤트 등록과 해제를 위한 API 형식에 대한 설명이다. BaseCommands 클래스는 주로 CommandsInterface 인터페이스의 서비스 ind 이벤트를 등록 및 해제하는 API를 구현한다.

텔레포니 프레임워크와 RIL 데몬은 서로 다른 프로세스에서 동작하므로 IPC를 위해 유닉스 도메인 소켓을 사용한다. 텔레포니 프레임워크는 RIL 데몬과 통신을 하기 위해 RIL^{Java} 클래스를 제공한다. RIL^{Java} 클래스는 텔레포니 프레임워크가 모뎀에 서비스를 요청하기 위한 진입점으로 텔레포니 프레임워크 내의 모든 모뎀 제어 동작은 모두 RIL^{Java} 클래스를 통해서만 가능하다. RIL^{Java} 클래스는 전이중 통신이 가능하도록 RILSender 쓰레드와 RILReceiver 쓰레드를 생성한다. RILSender 쓰레드는 RIL 데몬으로 데이터 패킷을 송신하는 역할을 담당하고 RILReceiver 쓰레드는 RIL 데몬으로부터 데이터 패킷을 수신하는 역할을 담당한다.

그림 3-11은 기본적인 RIL^{Java} 클래스와 RIL 데몬이 유닉스 도메인 소켓을 통해 통신하는 과정이다.

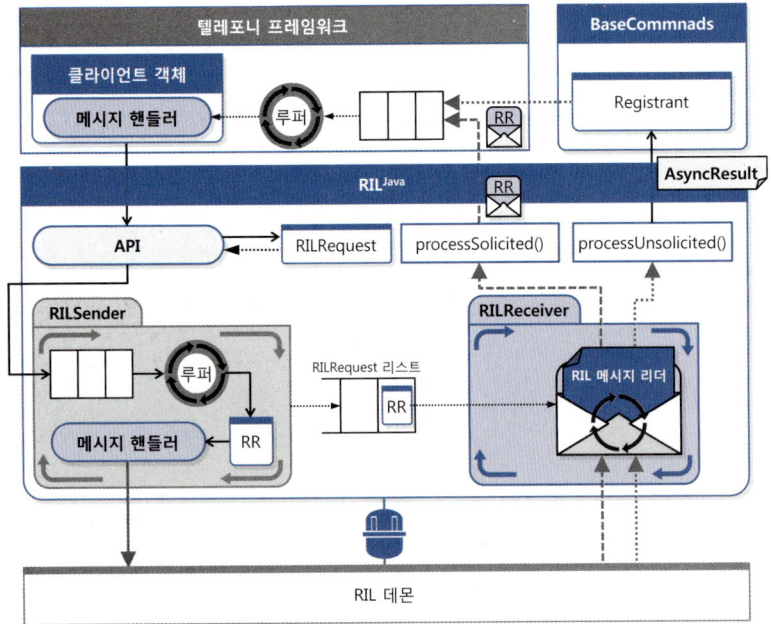

그림 3-11 RIL^{Java} 클래스의 전체 동작

RIL^{Java} 클래스는 텔레포니 프레임워크의 서비스 req를 RIL req로 변환하여 유닉스 도메인 소켓을 통해 RIL 데몬에 보낸다. 또한, RIL^{Java} 클래스는 RIL 데몬으로부터 RIL resp 또는 RIL ind를 수신하면 서비스 req를 보낸 클라이언트 객체로 서비스 resp를 전달하거나 서비스 ind 수신을 요청한 클라이언트 객체에 해당 서비스 ind를 전달한다. RIL^{Java} 클래스에 대한 자세한 동작은 3.5절부터 3.7절에서 설명한다.

3.2.6 state tracker 클래스

텔레포니 프레임워크의 state tracker 클래스는 네트워크와 통신하면서 네트워크의 상태 변화를 모니터링하는 역할을 하며 일종의 FSM(Finite State Machine)과 같이 동작한다. state tracker 클래스는 어떠한 조건이나 상태를 저장하고 있으며 이전 상태와 현재의 입력에 의해 동작과 이후 상태를 결정한다. state tracker 클래스는 solicited 명령(서비스 resp)의 응답이나 unsolicited 명령(서비스 ind)을 수신하면 현재의 상태와 조합하여 전이될 상태와 수행할 동작을 결정한다. 주요 state tracker 클래스로는 CallTracker[11](Call 상태), ServiceStateTracker[12](네트워크 상태), DataConnectionTracker[13](데이터 서비스 상태) 등이 있으며 지원하는 네트워크의 종류에 따라 GSM 관련 state tracker 클래스와 CDMA 관련 state tracker 클래스가 각각 존재한다. 그림 3-12는 GsmCallTracker 객체를 예제로 state tracker에 대한 설명이다.

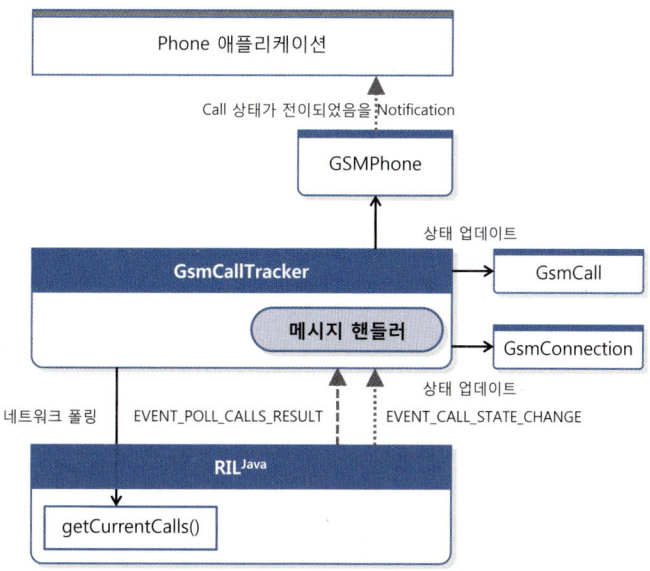

그림 3-12 state tracker의 동작 원리(예제-GsmCallTracker 객체)

GsmCallTracker 객체는 네트워크 폴링 동작을 통해 Call 상태가 변경되는 것을 모니터링하여 Call 상태 및 Phone 상태를 업데이트하고 애플리케이션에 통지한다.

> **TIP - 유한 상태 기계: Finite State Machine (FSM)[14]**
>
> FSM는 상태, 전이, 액션 등을 사용하여 제어 시스템의 동작을 모델링한다. 상태는 과거의 정보를 저장한다. 전이는 상태의 변화를 알려주며 전이가 발생하기 위한 조건이 필요하다. 액션은 주어진 시점에 실행되어야 할 액티비티이다. 다음 그림은 문을 열었을 때, 문 위의 전등이 켜지고 문을 닫으면 전등이 꺼지는 행위를 FSM 다이어그램으로 표현한 것이다.
>
>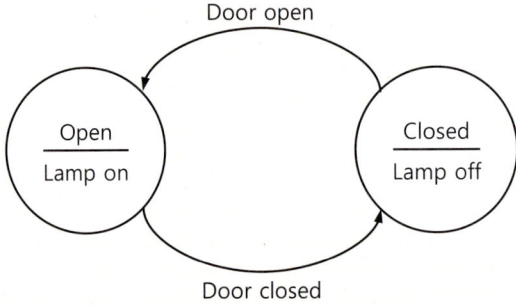
>
> ▶ 상태(State): {open, closed}
> ▶ 전이(Transition): {open→closed, closed→open}
> ▶ 액션(Action): {Lamp on, Lamp off}
> ▶ 전이 조건(Transistion condition): {Door open, Door closed}

3.2.7 CallManager 클래스

안드로이드 프로요(2.2) 버전까지는 VOIP를 지원하지 않고 오직 CS 네트워크를 통한 음성 통화를 지원했다.

---

11 · frameworks/telephony/src/java/com/android/internal/telephony/CallTracker.java
12 · frameworks/telephony/src/java/com/android/internal/telephony/ServiceStateTracker.java
13 · frameworks/telephony/src/java/com/android/internal/telephony/DataConnectionTracker.java
14 · 앞으로 유한 상태 기계를 간략하게 FSM으로 쓰도록 하겠다.

그림 3-13은 프로요 버전까지의 음성 통화를 지원하기 위한 텔레포니 프레임워크의 구조이다. 프로요 버전의 텔레포니 프레임워크는 GSM 네트워크 또는 CDMA 네트워크와 같은 이동통신 네트워크의 CS 네트워크만을 통한 음성 통화를 지원한다.

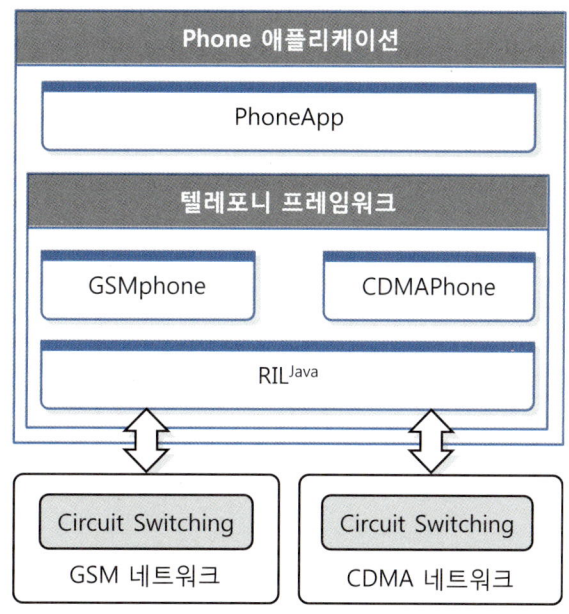

그림 3-13 안드로이드 텔레포니 프레임워크의 구조(~프로요(2.2))

하지만 진저브레드(2.3) 버전부터 추가적으로 VOIP를 지원하기 위해 SIP 프레임워크[15]가 추가되면서 WIFI 네트워크 또는 이동통신 네트워크의 PS 네트워크를 이용하여 SIP call이 가능하게 되었다. 안드로이드는 CS(Circuit Switching) Call과 PS(Packet Switching) Call을 어떻게 동시에 처리할 수 있을까? 그림 3-14는 안드로이드 텔레포니 프레임워크와 SIP 프레임워크 간의 관계이다. 안드로이드는 CS 네트워크를 통한 음성 통화를 위해 텔레포니 프레임워크를 제공하는 동시에 PS 네트워크를 통한 VOIP를 위해 SIP 프레임워크를 동시에 제공한다.

그림 3-14는 진저브레드 버전부터 지원하는 SIP 프레임워크이다.

---

15 frameworks/base/voip

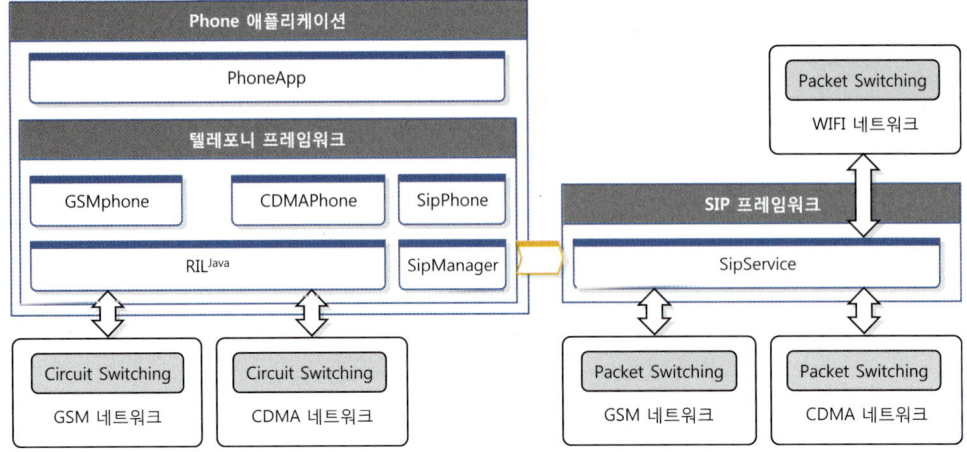

그림 3-14 안드로이드 텔레포니 프레임워크와 SIP 프레임워크의 관계(진저브레드(2.3)~)

안드로이드에서 CS 네트워크와 PS 네트워크 모두를 이용한 음성 통화가 가능하려면 두 가지 조건이 요구된다.

◉ VOIP를 지원하기 위한 안드로이드의 요구사항

1. 동일한 Call UI 제공

    안드로이드는 CS 네트워크로부터의 음성통화와 PS 네트워크로부터의 VOIP를 각각의 애플리케이션이 아닌 Phone 애플리케이션으로 통합하였다. 즉 안드로이드는 음성 통화를 위해 사용되는 네트워크가 CS 네트워크 또는 PS 네트워크인지에 관계없이 동일한 Call UI를 사용자에게 제공한다. 이와 같이 하부 네트워크에 관계없이 사용자에게 동일한 Call UI를 제공하는 것은 하부 네트워크에 따라 UI가 달라 발생되는 사용자의 혼란을 최소화하기 위함이다.

2. 하부 통신 기술의 추상화

    CS 네트워크와 PS 네트워크를 통해 동시에 음성 통화가 가능해야 한다. CS 네트워크로 음성 통화를 하고 있을 때, PS 네트워크를 통해 VOIP가 통화 대기 중이라면 안드로이드는 이를 모두 처리할 수 있어야 한다.

이와 같은 두 가지 요구사항을 지원하기 위해서 안드로이드는 진저브레드(2.3) 버전부터 CallManager 클래스를 새롭게 추가하였다. CallManager 클래스는 CallManager 클래스

하부의 통신 기술을 추상화시켜 Call 경로가 CS 네트워크나 PS 네트워크에 관계없이 Phone 애플리케이션에 동일한 Call API를 제공한다.

그림 3-15는 CallManager 객체가 Phone 애플리케이션에 공통 Call API를 제공하는 방법이다. SipPhone 클래스는 Phone 인터페이스를 구현하지만 대부분 더미 메서드로 채워져 있으며 실제 구현은 SipManager를 이용하여 SIP 텔레포니 프레임워크에 접근하여 SIP Call을 제어한다[16].

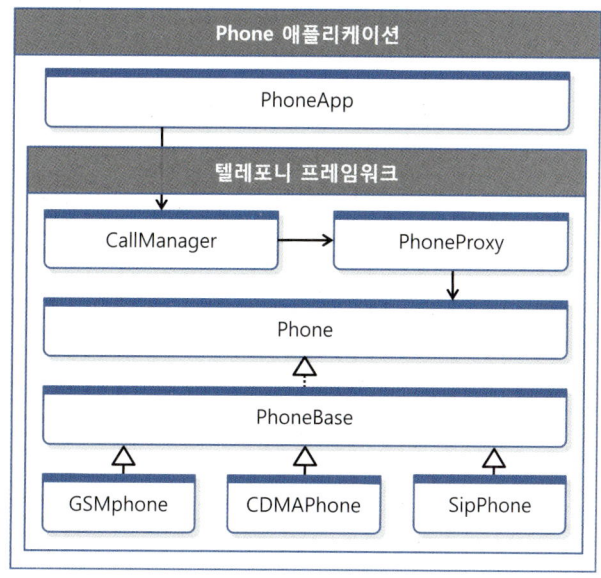

그림 3-15 CallManager 객체가 Phone 애플리케이션에 공통 Call API를 제공하는 방법

3.2.8 텔레포니 프레임워크의 버전별 변경사항 (1.5~4.2)

텔레포니 프레임워크는 안드로이드 버전이 업데이트될 때마다 새로운 기능이 추가되거나 리팩토링되었다. 안드로이드 컵케익(1.5) 버전부터 젤리빈 플러스(4.2) 버전까지 텔레포니 프레임워크의 주요 변화에 대해서 살펴보도록 하자.

그림 3-16은 안드로이드 버전별(1.5~4.0) 텔레포니 프레임워크의 주요 변화이다.

---

16 http://developer.android.com/reference/android/net/sip/SipManager.html을 참조하면 SipManager를 이용하여 SIP Call을 제어하는 방법을 알 수 있다.

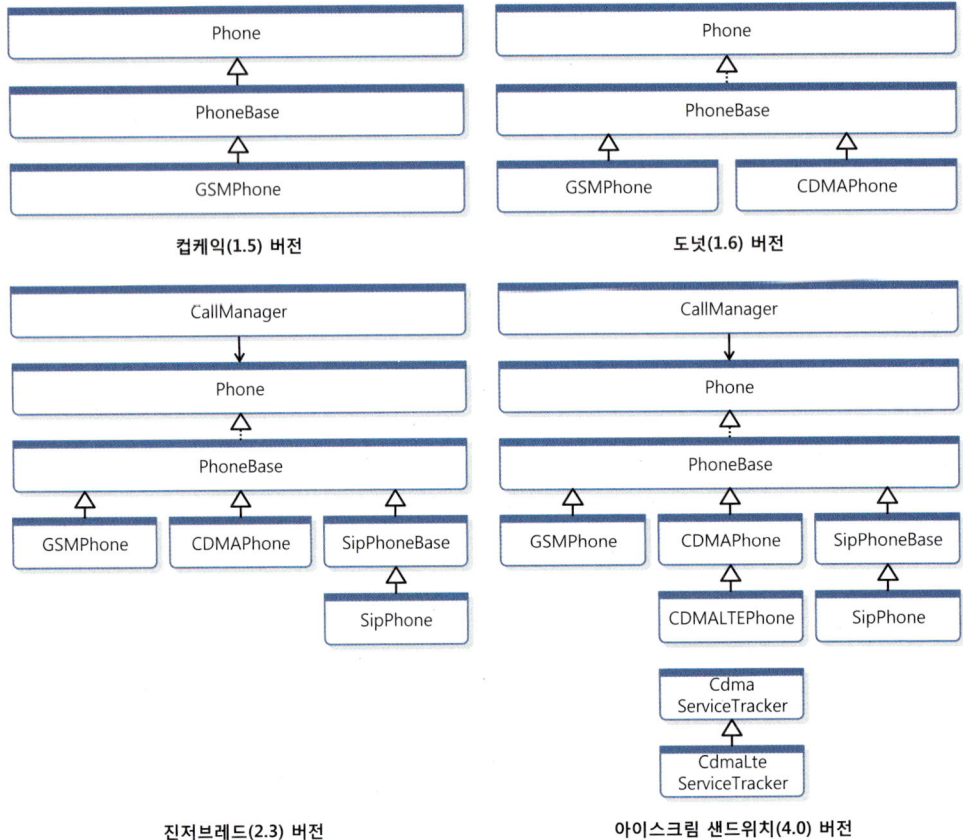

그림 3-16 안드로이드 버전별(1.5~4.0) 텔레포니 프레임워크의 주요 변화

1. 컵케익(1.5) 버전

   안드로이드 초창기 버전으로 GSM 네트워크만을 지원하여 텔레포니 프레임워크는 GSM 관련 텔레포니 기능만을 제공하였다.

2. 도넛(1.6) 버전

   CDMA 이동통신 사업자(ex. Verizon Wireless, Sprint 등)를 지원하기 위해 CDMA 관련 텔레포니 프레임워크가 구현되었다.

3. 진저브레드(2.3) 버전

   안드로이드 프로요(2.2) 버전까지는 이동통신 사업자의 CS(Circuit Switching) 네트워크를 통해서만 음성 통화가 가능하였다. 하지만 진저브레드(2.3) 버전부터 PS(Packet Switching) 네트워크를 통하여 음성 통화가 가능하도록 SIP 프레임워크가 추가되었다. 따라서 안드로이드 폰은 WIFI 네트워크 또는 이동통신 사업자의 데이터 네트워크를 통해 음성 통화가 가능하게 되었으며 개발자는 SIP 프레임워크 API를 이용하여 SIP 클라이언트 프로그램을 제작할 수 있게 되었다. 또한, 기존의 GSM Call 및 CDMA Call과 SIP Call을 같은 Call UI로 통합하기 위해 CallManager 클래스가 추가되었다.

4. 아이스크림 샌드위치(4.0) 버전

3G 이동통신까지 CDMA와 GSM 사업자가 공존하였으나 CDMA 계열이 새로운 기술의 진화를 포기함으로써 대부분의 CDMA 이동통신 사업자는 4G 네트워크 방식으로 GSM 계열의 LTE 통신 방식을 도입하고 있는 추세이다. 안드로이드의 아이스크림 샌드위치 버전은 이와 같은 기술 동향을 지원하기 위해 기존의 CDMA 이동통신 사업자가 CDMA 네트워크뿐만이 아니라 GSM 계열의 LTE 네트워크를 지원할 수 있도록 CDMALTEPhone, CdmaLteServiceStateTracker 등과 같은 새로운 클래스가 추가되었다.

5. 젤리빈(4.1) 버전

아이스크림 샌드위치와 비교하여 큰 변화는 없으나 UICC 관련 텔레포니 프레임워크가 리팩토링되었다.

6. 젤리빈 플러스(4.2) 버전

이동통신 네트워크를 지원하지 않는 안드로이드 디바이스를 고려하여 텔레포니 프레임워크의 소스 위치를 frameworks/base/telephony에서 frameworks/opt/telephony로 이동하였다.

3.3 텔레포니 프레임워크의 초기화

폰이 부팅된 이후 Phone 애플리케이션이 실행되면 Phone 애플리케이션의 PhoneApp 객체는 텔레포니 프레임워크를 생성한다. 텔레포니 프레임워크는 Phone 애플리케이션에서 동작하면서 Phone 애플리케이션 내의 객체들에 모뎀 제어를 위한 API를 제공한다.

Phone 애플리케이션이 실행되었을 때 PhoneApp 객체는 그림 3-17과 같은 순서로 텔레포니 프레임워크 내의 주요 객체를 생성한다.

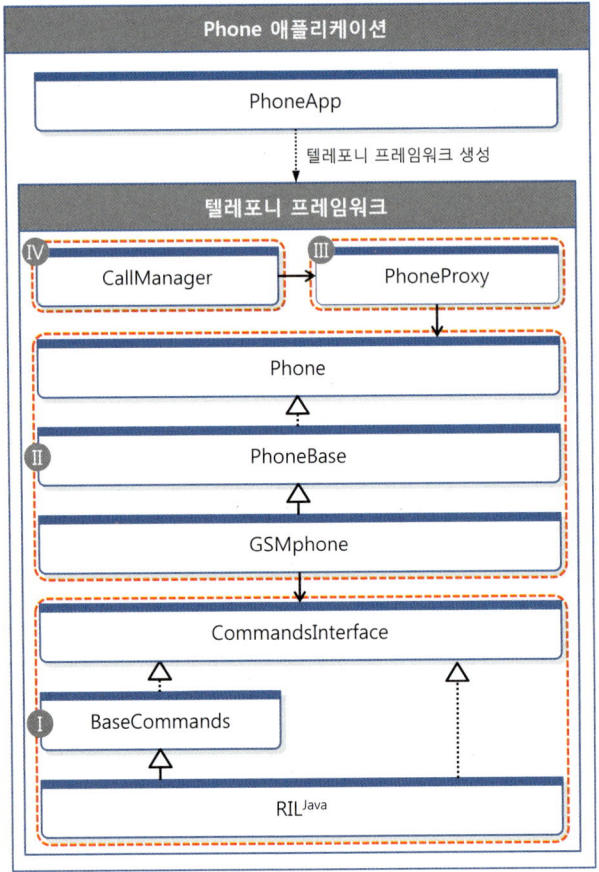

그림 3-17 텔레포니 프레임워크의 생성 과정(GSM 기준)

❶ CommandsInterface 인터페이스를 구현하는 BaseCommands 객체와 RIL^{Java} 객체를 생성한다.

❷ Phone 인터페이스를 구현하는 PhoneBase 객체와 GSMPhone 객체를 생성한다. GSMPhone 객체 생성 시 각종 state tracker 객체들 또한 생성된다.

❸ Phone 애플리케이션에 모뎀 제어를 위한 공통 API를 제공하기 위해 PhoneProxy 객체를 생성한다.

❹ Phone 애플리케이션에 CS 네트워크와 PS 네트워크 모두에서 음성 통화가 가능하도록 공통 API를 제공하는 CallManager 객체를 생성한다.

3.3.1 Phone 애플리케이션의 생성

안드로이드 부팅 시 ActivityManagerService 클래스의 systemReady() 메서드는 모든 persistent 애플리케이션을 시작시킨다.

코드 3-7은 Phone 애플리케이션의 AndroidManifest.xml에 대한 설명이다. Phone 애플리케이션의 AndroidManifest.xml에 Phone 애플리케이션이 persistent 애플리케이션으로 등록되어 있으므로 안드로이드가 시작될 때 phone 애플리케이션(com.android.phone) 프로세스가 자동으로 실행된다.

```
<application android:name="PhoneApp"
    android:persistent="true"
    android:label="@string/dialerIconLabel"
    android:icon="@drawable/ic_launcher_phone">
```

📁 android/packages/apps/phone/AndroidManifest.xml

코드 3-7 Phone 애플리케이션의 AndroidManifest.xml

Phone 애플리케이션 프로세스가 시작될 때 Application 클래스의 자식 클래스인 PhoneApp 의 객체가 가장 먼저 생성되는데 PhoneApp 클래스의 주요 역할 중의 하나는 텔레포니 프레임워크를 생성하는 것이다. 3.3.2절에서 텔레포니 프레임워크의 초기화에 대해 자세히 설명한다.

PhoneApp 객체가 텔레포니 프레임워크를 초기화한 후, Phone 애플리케이션은 비로소 텔레포니 프레임워크에 접근해 모뎀을 제어할 수 있다. 이때 Phone 애플리케이션의 각 객체는 PhoneApp 클래스의 인스턴스를 통해서만 텔레포니 프레임워크에 접근 가능하다. 3.3.1절에서 착신 전화 예제를 통해 Phone 애플리케이션이 PhoneApp 클래스의 인스턴스를 이용하여 텔레포니 프레임워크에 접근하는 방법에 대해 설명한다. InCallScreen 액티비티는 Call 중에 사용자의 이벤트에 따라 Call UI와 Call을 제어하는 역할을 수행한다.

그림 3-18은 InCallScreen 액티비티가 착신 전화(MT call)를 제어하는 방법이다.

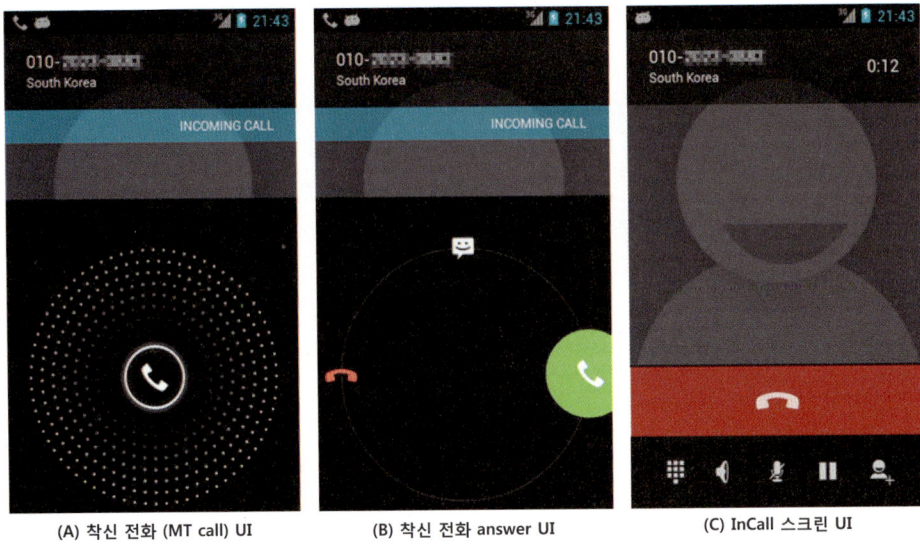

(A) 착신 전화 (MT call) UI   (B) 착신 전화 answer UI   (C) InCall 스크린 UI

그림 3-18 InCallScreen 액티비티의 Call 제어의 예

착신 전화(MT Call)가 수신되었을 때 Phone 애플리케이션은 InCallScreen 액티비티를 디스플레이하고 사용자의 이벤트를 기다린다. 사용자가 착신 전화 버튼을 누르면 InCallScreen 액티비티의 internalAnswerCall() 메서드가 호출된다.

코드 3-8은 Phone 애플리케이션 중 InCallScreen 액티비티가 Call을 수신하는 방법에 대한 설명이다.

```
private void internalAnswerCall() {
    PhoneUtils.answerCall(ringing);   ──❶
}
```

📁 Packages/phone/src/com/android/phone/InCallScreen.java

코드 3-8 InCallScreen 액티비티의 internalAnswerCall() 메서드

3-8
❶ PhoneUtils 객체의 answerCall() 메서드 호출

PhoneUtils 클래스는 Phone 애플리케이션 내의 객체에 Call 제어 동작 API를 제공한다. InCallScreen 액티비티는 PhoneUtils 객체의 answerCall() 메서드를 호출하여 착신 전화를 수신한다.

코드 3-9는 PhoneUtils 클래스의 answerCall() 메서드의 구현에 대한 설명이다.

```
static Boolean answerCall(Call ringing) {
    Final PhoneApp app = PhoneApp.getInstance();    ── 1-1
    ...
    app.mCM.acceptCall(ringing);                    ── 1-2
}
```

📁 Packages/phone/src/com/android/phone/PhoneUtils.java

코드 3-9 PhoneUtils 클래스의 answerCall() 메서드

1-1 ³⁻⁹ PhoneApp 클래스의 인스턴스 획득

PhoneUtils 객체는 Call 제어를 위해 텔레포니 프레임워크의 CallManager 객체에 접근할 수 있어야 한다. PhoneUtils 객체는 텔레포니 프레임워크의 CallManager 객체에 직접 접근할 수 없지만, 그 대신 PhoneApp 클래스의 인스턴스를 통해 CallManager 객체에 접근할 수 있다. PhoneUtils 객체는 PhoneApp 클래스의 getInstance() 메서드를 이용하여 PhoneApp 클래스의 인스턴스를 획득한다.

1-2 ³⁻⁹ CallManager 객체의 acceptCall() 메서드 호출

CallManager 객체는 착신 전화를 수신할 수 있는 acceptCall() 메서드를 제공한다. PhoneUtils 객체는 CallManager 객체의 acceptCall() 메서드를 호출하여 Call을 수신한다.

3.3.2 텔레포니 프레임워크의 초기화

3.3.1절에서 PhoneApp 객체가 텔레포니 프레임워크를 생성하고 초기화한다고 설명하였다. 코드 3-10은 텔레포니 프레임워크의 초기화 과정에 대한 설명이다.

```
public class PhoneApp extends Application implements AccelerometerListener.
        ↳ OrientationListener {
    ...
    Phone phone;
    CallManager mCM;
    ...
    @Override
```

```
public void onCreate() {
    if (phone == null) {
        PhoneFactory.makeDefaultPhones(this);         ❶
        phone = PhoneFactory.getDefaultPhone();       ❷
        mCM = CallManager.getInstance();              ❸
        mCM.registerPhone(phone);                     ❹
        ...
    }
  }
}
```

📁 packages/apps/phone/src/com/android/phone/PhoneApp.java

코드 3-10 텔레포니 프레임워크의 초기화 과정

3-10

❶ Phone 인터페이스 관련 객체 및 Radio 인터페이스 관련 객체 생성

PhoneApp 객체는 PhoneFactory의 makeDefaultPhones() 메서드를 이용해 텔레포니 프레임워크를 생성한다.

코드 3-11은 PhoneFactory의 makeDefaultPhone() 메서드에 대한 설명이다.

```
public static void makeDefaultPhone(Context context) {
    synchronized(Phone.class) {
        if (!sMadeDefaults) {

            sPhoneNotifier = new DefaultPhoneNotifier();                      ❶-1

            int preferredNetworkMode = RILConstants.PREFERRED_NETWORK_MODE;
            if(TelephonyManager.getLteOnCdmaModeStatic() ==
            PhoneConstants.LTE_ON_CDMA_TRUE) {
                preferredNetworkMode = Phone.NT_MODE_GLOBAL;
            }
            int networkMode = Settings.Secure.getInt(context.getContentResolver(),
            Settings.Secure.PREFERRED_NETWORK_MODE, preferredNetworkMode);    ❶-2

            sCommandsInterface = new RIL(context, networkMode, cdmaSubscription); ❶-3

            int phoneType = TelephonyManager.getPhoneType(networkMode);       ❶-4
```

```
        if (phoneType == PhoneConstants.PHONE_TYPE_GSM) {
            sProxyPhone = new PhoneProxy(
                ⤷ new GSMPhone(context,sCommandsInterface, sPhoneNotifier)   ①-5
                    );                                                       ①-6
        } else if (phoneType == PhoneConstants.PHONE_TYPE_CDMA) {
            switch (TelephonyManager.getLteOnCdmaModeStatic()) {
                case PhoneConstants.LTE_ON_CDMA_TRUE:
                    sProxyPhone = new PhoneProxy(new CDMALTEPhone(context,
                        ⤷ sCommandsInterface, sPhoneNotifier));
                    break;
                case PhoneConstants.LTE_ON_CDMA_FALSE:
                default:
                    sProxyPhone = new PhoneProxy(new CDMAPhone(context,
                        ⤷ sCommandsInterface, sPhoneNotifier));
                    break;
            }
        }

        sMadeDefaults = true;
    }
}
```

코드 3-11 PhoneFactory의 makeDefaultPhone() 메서드

①-1 DefaultPhoneNotifier 객체 생성

서비스 매니저로부터 telephony.registry 서비스를 얻는다. telephony.registry 서비스는 Call 상태, 네트워크 연결 상태 등 폰의 상태가 변경될 때 통지 메커니즘을 제공한다.

```
DefaultPhoneNotifier() {
    mRegistry = ITelephonyRegistry.Stub.asInterface(ServiceManager.getService(
        ⤷ "telephony.registry"));
}
```

📁 frameworks/base/telephony/java/com/android/internal/telephony/DefaultPhoneNotifier.java

코드 3-12 telephony.registry 서비스의 생성

1-2 네트워크 모드 결정

네트워크 모드는 Phone.java에서 정의되어 있는 값으로 폰이 등록하기 원하는 네트워크의 종류를 의미한다. 자세한 이해를 돕기위해 예제를 통해 설명하도록 하자. preferredNetworkMode가 NT_MODE_WCDMA_PREF[17]라면 등록 가능한 GSM 네트워크와 WCDMA 네트워크가 동시에 존재한다면 폰은 WCDMA 네트워크에 등록한다. 이와 같이 preferredNetworkMode를 설정해야 하는 이유는 안드로이드는 GSM, WCDMA, LTE 등과 심지어 CDMA까지 이동통신 사업자에 따라 지원할 수 있는 네트워크의 타입이 다양하게 존재하기 때문이다. 안드로이드가 지원하는 네트워크의 타입은 RILConstants.java[18]를 참고하자. preferredNetworkMode는 폰 제조사의 세팅에 따라 다르지만 보통 DB에 저장되며 Settings.Secure의 PREFERRED_NETWORK_MODE 키를 통해 접근할 수 있다.

1-3 RIL^{Java} 객체 생성

RIL^{Java} 객체를 생성하고 초기화한다. RIL^{Java} 객체는 텔레포니 프레임워크가 모뎀을 제어하기 위한 진입점과 같다. RIL^{Java} 객체는 RIL 데몬과 통신하면서 RIL 데몬에 solicited 명령을 요청하고 Solicited 응답을 수신한다. 또한, RIL 데몬으로부터 자발적으로 발생되는 Unsolicited 명령을 수신한다. RIL^{Java} 클래스의 생성자는 애플리케이션의 context 이외의 preferredNetworkType과 cdmaSubscription 파라미터를 필요로 하는데 이것들은 폰 타입 생성과 CDMA 관련 정보를 NV 영역에서 읽어올지 UICC에서 읽어올지와 관계된 파라미터이다. RIL^{Java} 객체의 생성 및 초기화는 3.3.3절에서 좀 더 자세히 다룬다.

1-4 Phone 객체의 타입 결정

이동통신 네트워크 기술의 종류는 크게 GSM 계열과 CDMA 계열로 나뉜다. 텔레포니 프레임워크는 어떠한 이동통신 네트워크를 지원하느냐에 따라 GSM 네트워크를 지원하는 GSMPhone 객체와 CDMA 네트워크를 지원하는 CDMAPhone 객체를 생성한다. 현재 Phone 객체의 타입은 TelephonyManager의 getPhoneType() 메서드를 이용하여 알 수 있다.

---

17 NT_MODE_WCDMA_PREF는 또한 RILConstants.java의 NETWORK_MODE_WCDMA_PREF에 의해 결정된다.

18 frameworks/base/telephony/java/com/android/internal/telephony/RIL/RILConstants.java

표 3-5는 네트워크 모드와 GSM과 CDMA 계열의 매핑 관계에 대한 설명이다. 대체로 안드로이드 폰은 GSM 네트워크와 CDMA 네트워크 중 하나만을 지원하지만, Global Roaming을 지원하는 폰은 현재 어떤 네트워크에 속해 있는지에 따라 GSMPhone 객체 또는 CDMAPhone 객체를 생성하여 GSM과 CDMA 네트워크를 모두 지원할 수 있다.

표 3-5 네트워크 모드와 GSM/CDMA 매핑 관계

네트워크 모드	GSM	CDMA	비고
NETWORK_MODE_WCDMA_PREF	O		
NETWORK_MODE_GSM_ONLY	O		
NETWORK_MODE_WCDMA_ONLY	O		
NETWORK_MODE_GSM_UMTS	O		
NETWORK_MODE_CDMA		O	
NETWORK_MODE_CDMA_NO_EVDO		O	
NETWORK_MODE_EVDO_NO_CDMA		O	
NETWORK_MODE_GLOBAL	O	O	Global 모드를 지원하는 CDMA 폰
NETWORK_MODE_LTE_CDMA_EVDO	O	O	Global 모드를 지원하는 CDMA 폰
NETWORK_MODE_LTE_GSM_WCDMA	O		
NETWORK_MODE_LTE_CDMA_EVDO_GSM_WCDMA	O	O	Global 모드를 지원하는 CDMA 폰
NETWORK_MODE_LTE_ONLY	O		

1-5 GSMPhone 객체 생성

1-4에서 결정된 Phone 객체 타입에 따라 GSMPhone 객체를 생성할지 CDMAPhone 객체 또는 CDMALTEPhone 객체를 생성할지에 대해 결정한다.

코드 3-13의 예제는 GSMPhone 클래스의 생성자에 대한 설명이다. GSMPhone 객체는 GSM 관련 서비스를 처리하기 위한 부모 클래스인 PhoneBase 객체와 각종 state tracker 객체 등을 생성한다.

```
Public GSMPhone (Context context, CommandsInterface ci, PhoneNotifier notifier,
        boolean unitTestMode) {
    super(notifier, context, ci, unitTestMode);                           1-5-1
```

```
        mCM.setPhoneType(Phone.PHONE_TYPE_GSM);
        mCT = new GsmCallTracker(this);
        mSST = new GsmServiceStateTracker (this);
        mSMS = new GsmSMSDispatcher(this);
        mDataConnection = new GsmDataConnectionTracker (this);
        ...
        mCM.registerForAvailable(this, EVENT_RADIO_AVAILABLE, null);
        mCM.registerForOffOrNotAvailable(this, EVENT_RADIO_OFF_OR_NOT_AVAILABLE, null);
        mCM.registerForOn(this, EVENT_RADIO_ON, null);
        mCM.setOnUSSD(this, EVENT_USSD, null);
        mCM.setOnSuppServiceNotification(this, EVENT_SSN, null);
        mSST.registerForNetworkAttached(this, EVENT_REGISTERED_TO_NETWORK, null);
    }
```

1-5-2 구간: `mCT = new GsmCallTracker(this);` ~ `mDataConnection = new GsmDataConnectionTracker (this);`

1-5-3 구간: `mCM.registerForAvailable(...)` ~ `mSST.registerForNetworkAttached(...)`

📁 frameworks/base/telephony/java/com/android/internal/telephony/gsm/GSMPhone.java

코드 3-13 GSMPhone 클래스의 생성자

1-5-1 PhoneBase 객체의 생성

GSMPhone 클래스의 생성자는 super 생성자를 이용하여 부모 클래스인 PhoneBase 클래스의 생성자를 실행한다. PhoneFactory에 의해서 이미 생성된 DefaultPhoneNotifier 객체와 RIL^{Java} 객체는 GSMPhone 객체 생성 시에 부모 클래스인 PhoneBase 객체에 각각 설정된다.

코드 3-14는 PhoneBase 클래스의 생성자에 대한 설명이다. GSMPhone 클래스는 PhoneBase 클래스를 상속하므로 GSMPhone 객체는 PhoneBase 객체의 RIL^{Java} 클래스의 인스턴스(mCM)를 사용하여 모뎀을 제어할 수 있다.

```
    protected PhoneBase(PhoneNotifier notifier, Context context, CommandsInterface ci,
            ↪ boolean unitTestMode) {
        this.mNotifier = notifier;
        this.mContext = context;
        mCM = ci;
    }
```

📁 frameworks/base/telephony/java/com/android/internal/telephony/PhoneBase.java

코드 3-14 PhoneBase 클래스의 생성자

1-5-2 GSM 관련 state tracker 객체 생성

state tracker 객체는 Call, 네트워크 서비스, SMS, 데이터 서비스 등의 상태를 모니터링하며 현재의 상태를 유지한다. state tracker 객체는 현재의 상태에 의해서 다음 동작이 결정되며 네트워크의 상태가 변경되면 state tracker 객체의 현재 상태는 다음 상태로 전이된다. GSMPhone 객체가 생성될 때 각 state tracker 객체를 생성하며 GSMPhone 객체는 GSM Phone 타입이므로 GSM 네트워크 관련 state tracker인 GsmCallTracker 객체, GsmServiceStateTracker 객체, GsmSMSDispatcher 객체 그리고 GsmDataConnectionTracker 객체를 생성한다.

1-5-3 서비스 ind 등록

GSMPhone 객체가 생성될 때 수신하고 싶은 서비스 ind를 BaseCommands 객체와 GsmServiceStateTracker 객체에 등록한다.

1-6 PhoneProxy 객체 생성

Phone 애플리케이션이 모뎀을 제어하기 위해서는 PhoneApp 클래스의 인스턴스를 통해서만 가능하다. PhoneProxy 객체는 생성된 GSMPhone 객체 또는 CDMAPhone 객체를 참조한다. PhoneApp 객체는 Phone 객체에 직접 접근하지 못하고 PhoneProxy 객체를 통해서만 GSMPhone 객체 또는 CDMAPhone 객체에 접근할 수 있다. 이렇게 PhoneApp 객체가 PhoneProxy 객체를 통해 Phone 객체에 접근할 수 있도록 구현한 것은 Phone 애플리케이션을 하부 Phone 객체로부터 분리하여 Phone 객체에 상관없이 동일한 인터페이스를 제공하기 위한 이유이다. PhoneProxy 객체는 GSMPhone 객체나 CDMAPhone 객체를 참조하며 RAT가 변경될 때 GSMPhone 객체 ↔ CDMAPhone 객체의 스위칭을 담당한다.

```
public PhoneProxy(Phone phone) {
    mActivePhone = phone;
    ...
    mCommandsInterface = ((PhoneBase)mActivePhone).mCM;
    mCommandsInterface.registerForRadioTechnologyChanged(
        this, EVENT_RADIO_TECHNOLOGY_CHANGED, null);
```

}

📁 frameworks/base/telephony/java/com/android/internal/telephony/PhoneProxy.java

코드 3-15 PhoneProxy 클래스의 생성자

3-10
❷ 현재 Phone 타입 객체를 획득

PhoneApp 객체는 텔레포니 프레임워크의 Phone API를 이용하기 위해 PhoneProxy 클래스의 인스턴스가 필요하다. PhoneApp 객체는 PhoneFactory에 의해 생성된 PhoneProxy 클래스의 인스턴스를 획득하기 위해 PhoneFactory의 getDefaultPhone() 메서드를 호출한다. 코드 3-16에서 보는 것과 같이 PhoneFactory의 getDefaultPhone() 메서드를 호출하면 PhoneFactory가 생성한 PhoneProxy 클래스의 인스턴스를 반환한다.

```
public static Phone getDefaultPhone() {
    ...
    return sProxyPhone;
}
```

📁 frameworks/base/telephony/java/com/android/internal/telephony/PhoneFactory.java

코드 3-16 PhoneFactory 클래스의 getDefaultPhone() 메서드

3-10
❸ CallManager 클래스의 인스턴스 획득

CallManager 클래스는 진저브레드(2.3) 버전부터 추가된 클래스로 텔레포니 프레임워크의 Phone 타입에 상관없이 Phone 애플리케이션에 공통적인 Call 관련 API를 제공하기 위해 도입되었다. PhoneApp 객체는 Call 제어를 위해 CallManager 클래스의 인스턴스를 획득한다.

코드 3-17은 CallManager 클래스의 인스턴스를 얻는 과정에 대한 설명이다.

```
public final class CallManager {
    private static final CallManager INSTANCE = new CallManager();
    ...
    public static CallManager getInstance() {
```

```
            return INSTANCE;
    }
}
```

📁 frameworks/base/telephony/java/com/android/internal/telephony/CallManager.java

코드 3-17 CallManager 클래스의 getInstance() 메서드

❹ CallManager 객체에 Phone 객체 등록

❶의 PhoneFactory에 의해서 생성된 GSMPhone 객체 또는 CDMAPhone 객체는 CallManager 객체에 등록된다. CallManager 객체에 생성된 Phone 객체를 등록하는 이유는 Call 관련 동작을 할 때, CallManager 객체에 등록된 Phone 객체의 Call 관련 메서드 등을 호출하여 Call 관련 제어를 수행할 수 있기 때문이다.

3.3.3 RIL^Java 의 초기화

3.3.2절은 텔레포니 프레임워크의 초기화를 설명하였다. 3.3.3절에서는 텔레포니 프레임워크의 초기화 중 RIL^Java 객체의 초기화에 대해 좀더 자세히 알아보도록 한다. RIL^Java 객체는 RIL req와 RIL resp를 효율적으로 처리하기 위해 RILSender 쓰레드와 RILReceiver 쓰레드를 생성한다. 이와 같이 RILSender와 RILReceiver를 각각의 쓰레드로 설계한 것은 전이 중 통신을 위해 RIL req와 RIL resp를 동시에 처리해야 하기 때문이다.

코드 3-18은 RILSender 쓰레드와 RILReceiver 쓰레드의 생성과 초기화에 대한 설명이다.

```
public RIL(Context context, int networkMode, int cdmaSubscription) {
    ...
    // RILSedner 쓰레드의 생성

    mSenderThread = new HandlerThread("RILSender");        ── ❶
    mSenderThread.start();                                  ── ❷

    Looper looper = mSenderThread.getLooper();              ── ❸
    mSender = new RILSender(looper);                        ── ❹

    // RILReceiver 쓰레드의 생성
    mReceiver = new RILReceiver();                          ── ❺
```

```
    mReceiverThread = new Thread(mReceiver, "RILReceiver");    ─❻
    mReceiverThread.start();                                    ─❼
    ...
}
```

📁 frameworks/base/telephony/java/com/android/internal/telephony/RIL.java

코드 3-18 RILSender 쓰레드와 RILReceiver 쓰레드의 생성

❶³⁻¹⁸ ~ ❹³⁻¹⁸는 HandlerThread 클래스를 이용하여 RILSender 쓰레드를 생성하는 과정이다.

❶³⁻¹⁸ 핸들러 쓰레드 생성

RIL^{Java} 클래스의 생성자는 "RILSender"라는 이름의 쓰레드를 생성한다. RILSender 쓰레드를 생성할 때 일반 쓰레드가 아닌 핸들러 쓰레드를 이용하여 쓰레드를 생성하는 이유는 RIL^{Java} 객체와 RILSender 쓰레드 간의 통신은 서로 다른 쓰레드 간 통신이므로 루퍼가 필요하기 때문이다. 핸들러 쓰레드는 쓰레드 생성과 함께 루퍼도 같이 생성하므로 쓰레드 간의 통신에 필요한 루퍼를 별도로 생성하지 않아도 되기 때문이다.

❷³⁻¹⁸ 핸들러 쓰레드 실행

핸들러 쓰레드가 생성된 후 반드시 start() 메서드를 호출해야만 루퍼가 실제로 실행된다.

❸³⁻¹⁸ RILSender 쓰레드로부터 루퍼 획득

RILSender 쓰레드의 getLooper() 메서드를 호출하여 RILSender 쓰레드와 연관된 루퍼를 획득한다. 이렇게 획득된 루퍼는 ❹³⁻¹⁸의 RILSender 객체를 생성한 후, RILSender 객체를 루퍼에 결합하기 위해 사용된다.

❹³⁻¹⁸ 메시지 처리를 위한 RILSender 쓰레드의 핸들러 생성

코드 3-19는 RILSender 클래스의 생성자에 대한 설명이다.

```
class RILSender extends Handler implements Runnable {
    public RILSender(Looper looper) {
        super(looper);
    }
}
```

📁 frameworks/base/telephony/java/com/android/internal/telephony/RIL.java

코드 3-19 RILSender 클래스의 생성자

RILSender 클래스의 생성자는 RILSender 쓰레드의 루퍼를 파라미터로 받아 부모 클래스인 Handler의 생성자를 호출하여 메시지를 디스패치할 루퍼로 설정한다. ❶~❹의 과정이 끝나면 그림 3-19와 같은 RILSender 쓰레드와 RILSender 핸들러가 생성된다. 따라서 RILSender 쓰레드의 루퍼에 전송된 메시지는 RILSender 핸들러에 디스패치되어 처리된다.

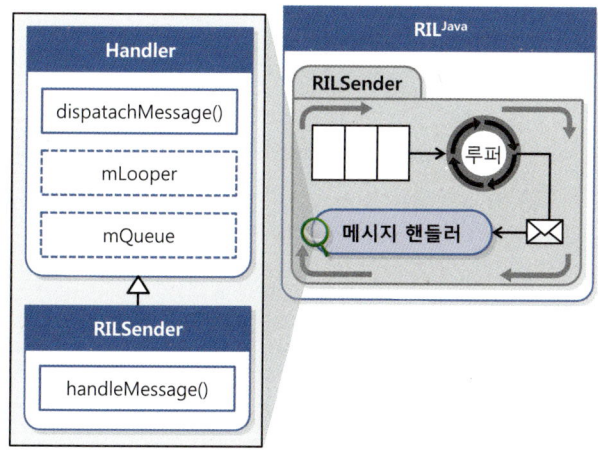

그림 3-19 RILSender 쓰레드와 핸들러

❺~❼은 RILReceiver 쓰레드의 생성 과정을 설명한다. RILReceiver 쓰레드는 RILSender 쓰레드와 달리 HandlerThread를 이용하여 쓰레드를 생성하지 않고 일반 쓰레드를 이용해 생성된다.

❺ RILReceiver Runnable 객체 생성

RILReceiver 클래스는 Runnable 인터페이스를 구현한다. RILReceiver Runnable은 무한 루프를 돌면서 RIL 데몬으로부터 전송되는 RIL resp와 RIL ind를 읽고 처리한다. 따라서 코드 3-20에서 보는 것과 같이 RILReceiver Runnable 객체가 생성될 때 RIL resp와 RIL ind를 읽을 수 있도록 메시지 버퍼를 생성한다. 현재 RIL 메시지 버퍼의 최대 용량(RIL_MAX_COMMAND_BYTES)은 8K 바이트이다.

```
class RILReceiver implements Runnable {
    byte[] buffer;
    RILReceiver() {
        buffer = new byte[RIL_MAX_COMMAND_BYTES];
    }
}
```

📁 frameworks/base/telephony/java/com/android/internal/telephony/RIL.java

코드 3-20 Runnable 인터페이스를 구현하는 RILReceiver 클래스의 생성자

❻ RILRecevier 쓰레드 생성 [3-18]

Thread의 생성자는 Runnable 객체와 쓰레드의 이름을 파라미터로 받는다. RIL^{Java} 클래스의 생성자는 ❺[3-18]에서 생성된 Runnable 객체 mReceiver를 이용하여 RILReceiver 쓰레드를 생성한다.

❼ RILReceiver 쓰레드를 실행 [3-18]

RILReceiver 쓰레드가 생성된 후 RILReceiver 쓰레드의 start() 메서드를 호출한다. 이때부터 Runnable 인터페이스를 구현한 RILReceiver 클래스의 run() 메서드가 실행되며 RILReceiver 쓰레드는 무한 루프를 돌면서 RIL 데몬으로부터 전송되는 RIL resp와 RIL ind를 읽고 처리한다.

코드 3-21은 RILReceiver 클래스의 run() 메서드에 대한 설명이다.

```
class RILReceiver implements Runnable {
    public void run() {
        try {for (;;) {
            LocalSocket s = null;
            LocalSocketAddress l;
            try {
                s = new LocalSocket();                              ── ❼-1
                l = new LocalSocketAddress(SOCKET_NAME_RIL,
                    LocalSocketAddress.Namespace.RESERVED);         ── ❼-2
                s.connect(l);                                       ── ❼-3
            } catch (IOException ex) {
                // 예외상황 처리
```

```
            }
            mSocket = s;                              ──7-4

            int length = 0;
            try {
                InputStream is = mSocket.getInputStream(); ──7-5
                for (;;) {
                    /* RIL Message Reader 실행 */      ──7-6
                }
            } catch (java.io.IOException ex) {
                ...
            } catch (Throwable tr) {
                ...
            }
        }
    } catch (Throwable tr) {
        ...
    }
}
```

📁 frameworks/base/telephony/java/com/android/internal/telephony/RIL.java

코드 3-21 RILReceiver 클래스의 run() 메서드

3-21
7-1 유닉스 도메인 소켓 생성

LocalSocket을 생성하여 유닉스 도메인 소켓(AF_LOCAL)을 생성한다.

3-21
7-2 유닉스 도메인 소켓 주소 생성

LocalSocketAddress는 RIL 데몬의 유닉스 도메인 소켓 주소를 생성한다.

3-21
7-3 RIL 데몬과 RILReceiver 쓰레드 간의 유닉스 도메인 소켓 연결

RILReceiver 쓰레드는 생성된 유닉스 도메인 소켓을 이용하여 RIL 데몬에 연결요청을 보낸다.

3-21
7-4 유닉스 도메인 소켓의 인스턴스 저장

RILReceiver 쓰레드가 생성한 유닉스 도메인 소켓을 RILSender 쓰레드도 공유할 수 있도록 mSocket에 저장한다. 이렇게 함으로써 RILSender 쓰레드도 유닉스 도메인 소켓 통신이 가능하다.

7-5 InputStream 인스턴스 생성

유닉스 도메인 소켓으로부터 수신되는 패킷을 수신하기 위해 InputStream 인스턴스를 생성한다.

7-6 RIL 메시지 리더의 RIL resp와 RIL ind 처리

RIL 메시지 리더는 무한 루프를 돌며 RIL 데몬으로부터 수신되는 RIL resp와 RIL ind를 처리한다. RIL resp/RIL ind 패킷 처리에 대한 자세한 내용은 3.6절과 3.7절에서 좀 더 자세히 설명한다.

그림 3-20은 RILSender 쓰레드와 RILReceiver 쓰레드가 생성된 후 텔레포니 프레임워크의 RIL^Java와 RIL 데몬이 유닉스 도메인 소켓을 통해 통신하는 모습이다.

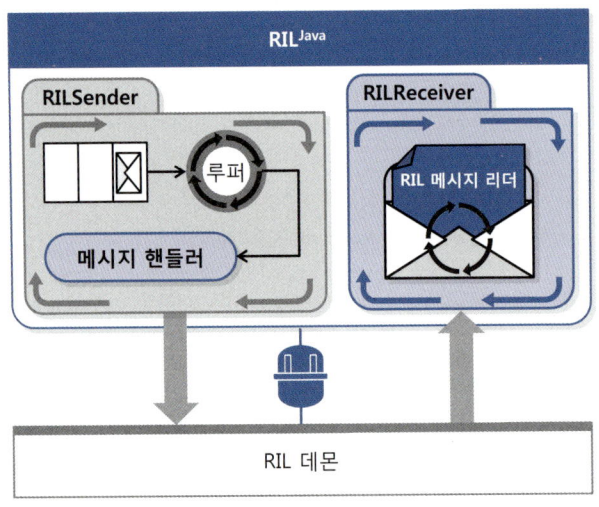

그림 3-20 RILSender 쓰레드와 RILReceiver 쓰레드의 생성

3.4 텔레포니 프레임워크의 서비스 모델

네트워크의 특성 중 하나는 네트워크에 서비스를 요청한 후, 네트워크로부터의 응답을 예측할 수 없고 비동기적으로 동작한다는 점이다. 예를 들면, SMS를 전송하고 네트워크로부터 전송 성공 또는 실패 여부에 대한 응답을 받는데 수 분까지 걸릴 수 있다. 하지만 통신 시스템이 SMS 전송에 대한 응답을 계속 기다린다면 다른 서비스 요청 동작은 처리되지 못한 채 대기상태에 머물러 있어야 하므로 매우 비효율적일 것이다. 따라서 통신

시스템의 소프트웨어 설계는 네트워크의 특성을 고려하는 것이 중요하다. 3.4절에서는 텔레포니 프레임워크에 구현된 통신 시스템의 송수신 메커니즘을 설명한다.

3.4.1 텔레포니 프레임워크의 서비스 구조

일반적인 통신 시스템은 크게 두 가지 명령이 존재한다. 그림 3-21은 Solicited 명령과 Unsolicited 명령을 도식화한 것이다. Solicited 명령은 서비스 요청(Req)과 서비스 응답(Resp)을 나타내는 용어이며 Unsolicited 명령은 서비스 통지(Ind)를 나타내는 용어이다. 본서는 Solicitied 명령을 요청하는 것과 그것에 대한 응답을 서비스 req와 서비스 resp로 모뎀에 의해서 자발적으로 발생되는 Unsolicited 명령은 서비스 ind로 표기할 것이다.

모뎀 동작의 특성상 텔레포니 프레임워크는 서비스 req와 서비스 resp를 동시에 처리할 수 있어야 한다. 네트워크와의 통신은 대표적인 비동기 처리의 예로 서비스 req 후 서비스 resp 시간을 예측할 수 없다. 따라서 안드로이드는 전이 중 통신 방식을 지원하기 위해 텔레포니 프레임워크의 RILSender와 RILReceiver를 쓰레드로 설계하였다. 왜냐하면, main 쓰레드가 블록되는 일이 없도록 해야 하므로 장시간이 걸리는 동작은 별도의 쓰레드를 생성하여 처리해야 한다. 따라서 main 쓰레드와 별도로 RILSender 쓰레드와 RILReceiver 쓰레드를 만들어 서비스 req와 서비스 resp, 그리고 서비스 ind를 동시에 처리한다. 그림 3-21은 안드로이드의 통신 시스템의 개괄적인 그림이다.

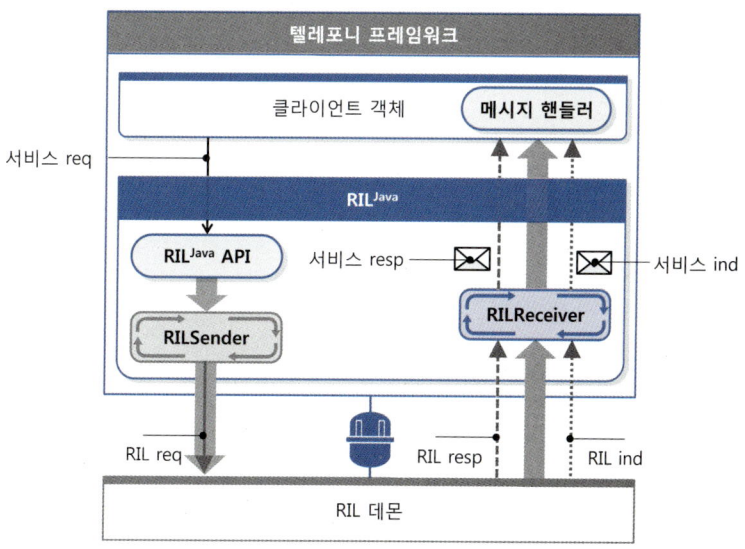

그림 3-21 안드로이드 텔레포니의 서비스 req/resp 및 서비스 ind

앞서 통신 시스템의 특성을 설명할 때 네트워크의 응답은 비동기적으로 동작하므로 응답이 올 시점을 예측할 수 없고 응답을 기다리기 위해서 동작이 블록킹되는 일이 없어야 한다고 하였다. 안드로이드의 각 통신 객체 간의 통신은 메시지 기반의 이벤트로 동작한다. 메시지 기반 통신은 일반적으로 네트워크 애플리케이션에서 널리 사용되는 통신 방법으로 RPC 기반 통신 방법과 달리 네트워크로부터 응답이 올 때까지 네트워크에 제어권을 넘길 필요없이 다른 작업을 진행할 수 있다[19].

표 3-6에서 각 레이어 간 교환되는 데이터 전송 형태 및 용어를 정리하였다.

표 3-6 텔레포니 프레임워크의 각 레이어별 데이터 전송 형태 및 용어 정리

	Solicited 명령	Unsolicited 명령
애플리케이션 → 텔레포니 프레임워크(RIL[Java])	서비스 req(호출)	×
텔레포니 프레임워크(RIL[Java]) → RIL 데몬	RIL req(데이터 패킷)	×
RIL 데몬 → 텔레포니 프레임워크(RIL[Java])	RIL resp(데이터 패킷)	RIL ind(데이터 패킷)
텔레포니 프레임워크(RIL[Java]) → 애플리케이션	서비스 resp(메시지)	서비스 ind(메시지)

3.4.2 텔레포니 프레임워크의 서비스 req/resp 처리 메커니즘

3.4.1절에서 안드로이드 텔레포니의 일반적인 서비스 구조에 대해서 설명하였다. 본 절에서는 공공기관의 민원 처리 프로세스를 예제로 텔레포니 프레임워크의 서비스 req/resp의 실제 방법을 설명한다.

◉ 민원 처리 프로세스

실제 텔레포니 프레임워크의 서비스 req/resp를 본격적으로 설명하기 전에 그림 3-22와 같은 공공기관의 민원처리 과정을 통해 텔레포니 프레임워크가 제공하는 서비스 req/resp 메커니즘을 이해하도록 하자. 어느 공공기관의 민원 접수처는 바쁜 민원인이 민원처리 결과가 나올 때까지 기다리는 것이 어렵기 때문에 민원처리 결과를 우편으로 보내는 서비스를 제공한다. 이를 위해서 민원인은 민원을 요청하면서 민원처리 결과를 받아볼 수 있도록 서류 봉투에 자신의 이름과 주소를 적어 같이 제출하도록 되어 있다. 민원인의 민원 결과는 미리

---

[19] 메시지 기반 통신은 Shot & Forget 특성을 가지고 있다. 따라서 응답이 올 때까지 블록되지 않고 다른 일을 처리할 수 있다.

제출한 서류 봉투에 동봉되어 우편을 통해 민원인의 집으로 배달된다. 이제 공공기관이 어떻게 민원을 처리하는지 그 프로세스를 ❶~❻단계로 나눠 자세히 살펴보기로 하자.

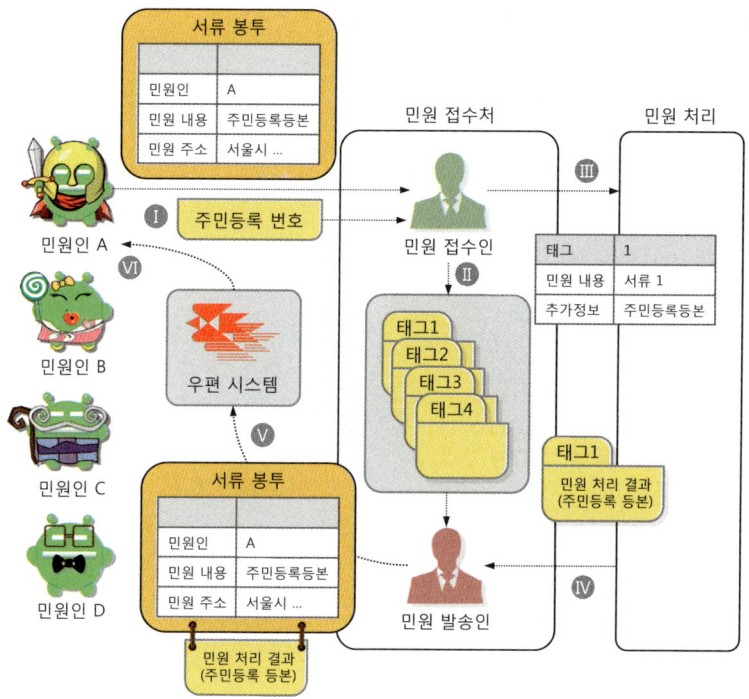

그림 3-22 공공기관의 민원 처리 프로세스

❶ 민원인 A는 민원 접수처의 민원 접수인에 민원서류를 낸다. 민원서류에는 민원인의 이름 A와 민원 내용이 적혀있다. 민원 내용은 주민등록등본을 발부해달라는 요청이다. 민원인 A는 신원 확인을 위해 민원 접수인에게 주민등록번호를 알려준다.

❷ 민원 접수처의 민원 접수인은 민원인의 민원서류를 민원서류 보관함에 보관한다. 민원서류는 들어온 순서대로 태그를 붙여 분류한다.

❸ 민원 접수인은 민원 처리 부서로 민원을 넘긴다. 이때 넘기는 정보는 태그 정보(태그 1)와 민원 분류(서류 1호), 민원인의 주민등록번호이다.

❹ 민원 처리 부서는 민원 처리 결과인 주민등록등본을 민원 접수처에 제출한다. 민원 발송인은 민원서류 봉투 접수함에서 태그정보(태그 1)를 검색하여 민원인의 서류봉투를 찾아낸다.

Ⓥ ③-22 Ⓘ ③-22에서 민원인의 서류봉투를 찾았다면 민원 발송인은 민원 처리 결과를 민원인의 서류봉투에 동봉한 후 민원인의 주소로 서류봉투를 우편을 통해 발송한다.

Ⓥ ③-22 Ⓥ ③-22에서 발송된 민원인의 서류 봉투는 우편 시스템을 통해서 민원인의 집으로 무사히 배달되어진다.

◉ Store & Forwarding 메커니즘

Ⓘ ③-22 ~ Ⓥ ③-22의 민원 처리 프로세스와 텔레포니 프레임워크의 RIL^{Java}의 컴포넌트는 표 3-7과 같이 대응될 수 있다.

표 3-7 민원처리 프로세스 VS RIL^{Java}의 컴포넌트

민원 처리 프로세스	텔레포니 프레임워크
민원인	클라이언트 객체
민원인의 요청	서비스 req
민원인의 서류 봉투	서비스 resp용 메시지
민원 접수처	RIL^{Java}
민원 접수인	RILSender 쓰레드
민원 발송인	RILReceiver 쓰레드
민원 처리 요청	RIL req
민원 처리 결과	RIL resp
민원서류 봉투 접수함	mRequestList
태그	RILRequest 객체의 시리얼 번호
민원 처리 부서	RIL 데몬
주민등록번호	서비스 req의 파라미터
서류 봉투	서비스 resp용 메시지
민원인의 주소	메시지의 target 클라이언트 객체의 Handler
민원 내용	메시지의 what
민원 처리 결과	AsyncResult

텔레포니 프레임워크가 서비스 req와 서비스 resp를 처리하는 전략은 클라이언트 객체가 서비스 resp용 메시지를 서비스 req 시 함께 보내는 것이다. 그리고 서비스 req에 대한 서비스 resp를 보낼 때 클라이언트 객체가 보낸 서비스 resp용 메시지를 이용하는 것이다.

그림 3-23은 텔레포니 프레임워크의 서비스 req/resp 처리 전략이다. 텔레포니 프레임워크의 서비스 req/resp 메커니즘은 store & forwarding[20] 메커니즘을 기반으로 동작한다.

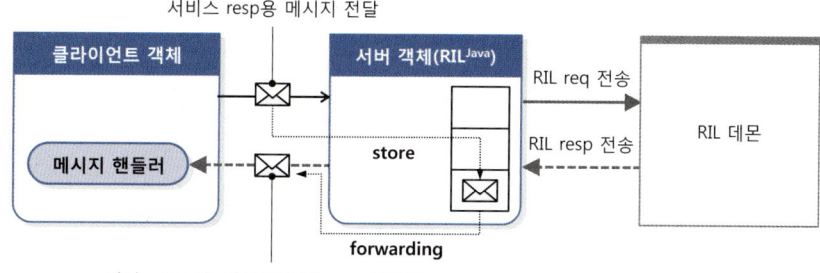

그림 3-23 텔레포니 프레임워크의 서비스 req 및 resp 처리 전략

- Store 메커니즘: 클라이언트 객체가 서버 객체인 RIL^{Java}에 서비스 req를 요청할 때 자신에게 반환될 서비스 resp용 메시지를 RIL^{Java}에 전달한다. RIL^{Java}의 RILSender 쓰레드는 클라이언트 객체가 전달한 서비스 resp용 메시지를 ArrayList에 저장한다. 서비스 resp용 메시지는 RIL req에 대한 RIL resp가 도착할 때까지 ArrayList에 유지된다.

- Forwarding 메커니즘: 서비스 req를 수신한 RIL^{Java}의 RILSender 쓰레드는 RIL 데몬에 RIL req를 보내 모뎀 서비스를 요청한다. RIL 데몬은 모뎀으로부터 수신한 RIL req에 대한 응답인 RIL resp를 RIL^{Java}의 RILReceiver 쓰레드로 전달한다. RIL resp를 수신한 RILReceiver 쓰레드는 ArrayList에 저장된 서비스 resp용 메시지들 중에서 RIL resp의 시리얼 번호와 일치하는 서비스 resp용 메시지가 존재하는지 검색한다. ArrayList에 클라이언트 객체의 해당 서비스 resp용 메시지가 존재한다면 RIL resp 결과를 서비스 resp 메시지에 담아 클라이언트 객체의 핸들러로 전송한다.

---

20 인터넷의 패킷 스위칭도 store & forwarding 개념을 도입하고 있으며 안드로이드 Solicited 명령의 그것과 유사하다.

그림 3-24는 텔레포니 프레임워크의 서비스 req/resp 처리 메커니즘을 도식화한 것이다.

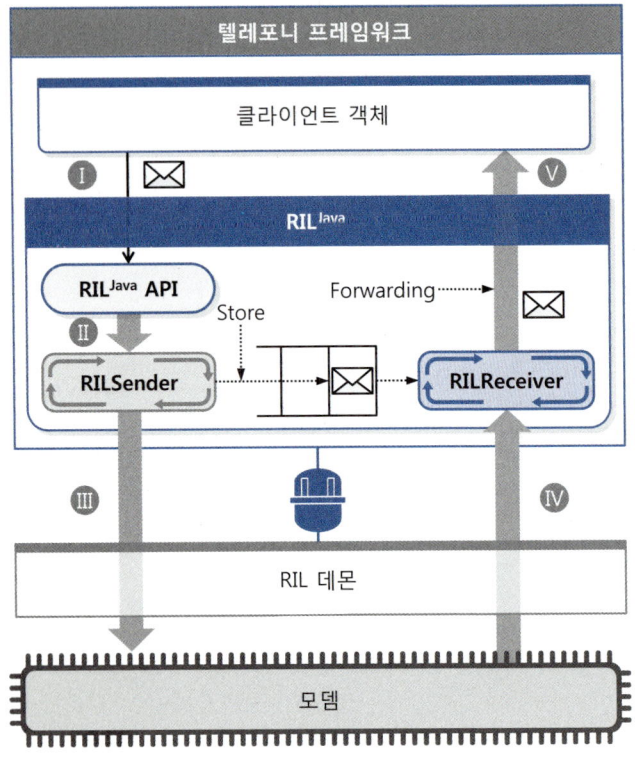

그림 3-24 store & forward 기반의 메시지 이벤트 구동방식

Ⅰ 클라이언트 객체의 서비스 req

클라이언트 객체[21]는 그림 3-25와 같이 텔레포니 프레임워크가 제공하는 RIL^{Java}의 API를 호출하여 모뎀에 서비스를 요청한다. 클라이언트 객체는 텔레포니 프레임워크에 서비스 req를 요청하기 전 서비스 resp용 메시지를 획득하고 메시지 정보를 완성한다. 메시지는 보통 메시지 풀에 대기 중인 메시지를 할당받아 사용하며 사용이 끝나면 다시 메시지 풀에 반납된다.

---

21 클라이언트 객체의 예로 각종 state tracker 객체를 들 수 있다.

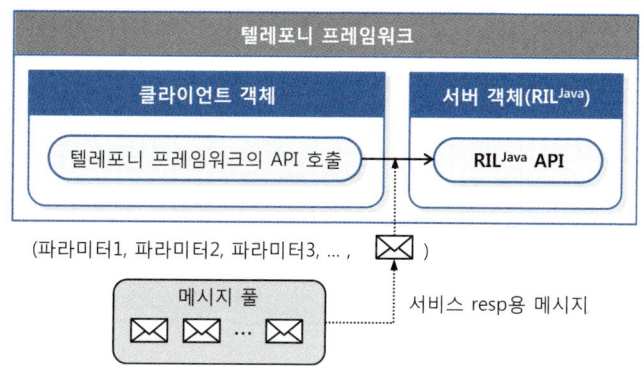

그림 3-25 클라이언트 객체의 서비스 req

이렇게 완성된 서비스 resp용 메시지는 서비스 요청 시 파라미터와 함께 서버 객체인 RIL^{Java}로 전달된다. 클라이언트 객체가 초기화는 Message 객체의 필드는 표 3-8과 같다.

표 3-8 메시지에 포함된 정보 필드

필드	설명
target (메시지를 받는 최종 목적지)	서비스 req 후, 서비스 resp를 받을 클라이언트 객체의 핸들러를 지정한다. 주로 서비스 req를 요청한 클라이언트 객체의 핸들러가 서비스 resp 메시지를 수신하여 처리하는 target 객체가 된다.
what (서비스 req ID)	클라이언트 객체는 다수의 서비스 req를 정의할 수 있다. 각 서비스 req를 구별하기 위해서 각 서비스 req마다 서비스 req ID를 지정한다.
obj (서비스 응답을 담는 페이로드)	서비스 resp용 메시지는 서비스 req에 대한 결과를 저장할 수 있는 필드가 필요하다. 서비스 req의 결과는 AsyncResult로 변환된 다음, 서비스 resp용 메시지의 obj 필드에 담겨 클라이언트 객체로 전달된다.

클라이언트 객체는 RIL^{Java}가 제공하는 모뎀 제어 API를 호출하여 RIL^{Java}에 서비스 req를 요청한다. 클라이언트 객체는 RIL^{Java}의 API를 호출할때 서비스 req에 필요한 파라미터들과
❶에서 생성된 서비스 resp용 메시지를 넘긴다.
₃₋₂₄

₃₋₂₄
❷ RILRequest 메시지를 RILSender 쓰레드로 전송

그림 3-26은 클라이언트 객체가 RIL^{Java}의 API를 호출한 이후 발생하는 상황에 대한 설명이다.

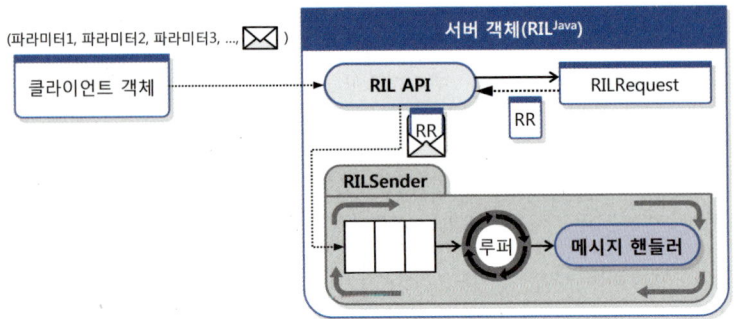

그림 3-26 RILRequest 메시지를 RILSender 쓰레드로 전송

- RILRequest 객체 생성

  RIL^{Java}에는 송·수신을 위한 두 개의 쓰레드, 즉 RILSender 쓰레드와 RILReceiver 쓰레드가 독립적으로 실행되고 있다. RIL^{Java}는 클라이언트 객체의 서비스 req를 RIL 데몬에 요청하기 위해서 RILSender 쓰레드에 서비스 req를 전달해야 한다. 하지만 RIL^{Java}는 RILSender 쓰레드에 메서드 호출을 이용하여 서비스 req를 요청할 수 없다. 왜냐하면, RIL^{Java}가 main 쓰레드에서 실행되는 반면 RILSender 쓰레드는 서로 다른 쓰레드에서 실행되고 있기 때문이다. 따라서 RIL^{Java}와 RILSender 쓰레드 간 통신을 위해서 안드로이드가 제공하는 쓰레드 간 통신 방법인 메시지 통신을 이용한다.

  RIL^{Java}는 RILRequest 객체를 생성하고 ❶(3-24)에서 전달된 파라미터와 메시지를 RILRequest 객체에 담는다. 이때 사용되는 RILRequest 객체는 서비스 req용 파라미터와 서비스 resp용 메시지를 담는 일종의 컨테이너이다. RIL^{Java}는 RILRequest를 메시지의 obj 필드에 담아 RILSender 쓰레드에 전송한다.

- RILSender 쓰레드에 RILRequest 메시지 전달

  RIL^{Java}가 RILSender 쓰레드에 RILRequest 메시지를 전달하면 가장 먼저 RILSender 쓰레드의 메시지 큐에 저장되고 루퍼에 의해 RILSender 쓰레드의 핸들러로 전달된다. 이때 루퍼는 메시지 큐에 저장되어 있는 메시지를 RILSender 쓰레드에 디스패치하는 역할을 수행한다.

ⓘ RIL req를 RIL 데몬으로 전송

그림 3-27은 루퍼에 의해 디스패치된 메시지를 RILSender 쓰레드의 메시지 핸들러가 처리하는 과정이다.

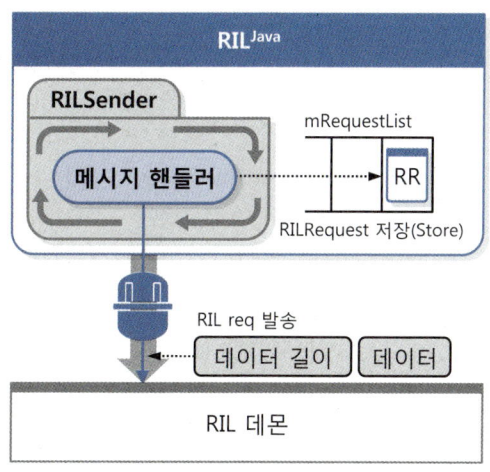

그림 3-27 RIL req를 RIL 데몬으로 전송

루퍼에 의해 디스패치된 메시지는 RILSender 쓰레드의 메시지 핸들러에 의해 처리된다. RILSender 쓰레드의 핸들러는 서비스 req를 처리하기 위해 다음과 같은 과정을 거쳐 RIL req를 RIL 데몬으로 전송한다.

- RILRequest 메시지의 obj 필드에서 RILRequest 객체(RR)를 추출한다.
- mRequestsList에 RILRequest 객체(RR)를 저장(Store)한다. RILRequest 객체를 저장하는 이유는 RIL 데몬으로부터 RIL resp가 도착했을 때 mRequestsList에 저장되어 있는 RILRequest의 시리얼 번호를 검색하여 어떤 서비스 req에 대한 RIL resp인지 결정하기 때문이다.
- RILRequest의 파셀 필드에 저장되어 있는 서비스 req를 마샬링한다.
- 마샬링된 데이터의 길이를 측정한다.
- 유닉스 도메인 소켓을 통해 데이터 길이와 데이터로 구성된 RIL req를 RIL 데몬으로 전송한다.

ⓘ RIL 데몬으로부터 RIL resp 수신

RILReceiver 쓰레드의 RIL 메시지 리더는 유닉스 도메인 소켓으로부터 전송되는 RIL 데몬의 RIL resp를 수신한다. RIL 메시지 리더는 RIL resp 데이터를 언마샬링하여 파셀에 저장하고 언마샬링된 RIL resp가 Solicited 응답인지 Unsolicited 응답인지 확인한다. 수신된 RIL resp는 Solicited 응답이므로 processSolicited() 메서드를 호출하여 처리한다.

그림 3-28은 RIL 데몬으로부터 RILReceiver 쓰레드가 RIL resp를 수신하는 과정이다.

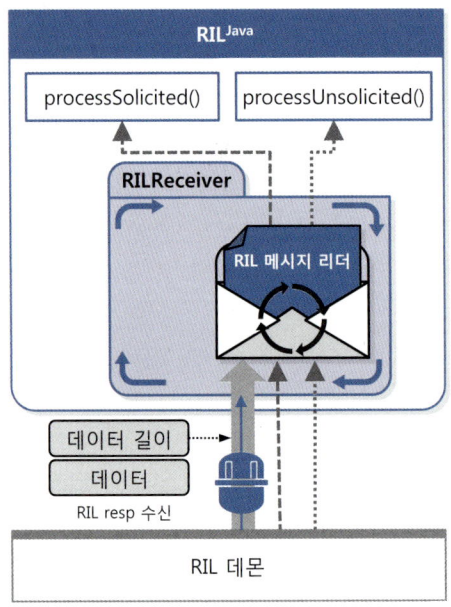

그림 3-28 RIL 데몬으로부터 RIL resp 수신

ⓥ RIL resp를 수신한 RILReceiver 쓰레드의 서비스 resp 발송

그림 3-29는 RIL resp를 수신한 RILReceiver 쓰레드가 해당 클라이언트 객체에 서비스 resp를 발송하는 과정이다.

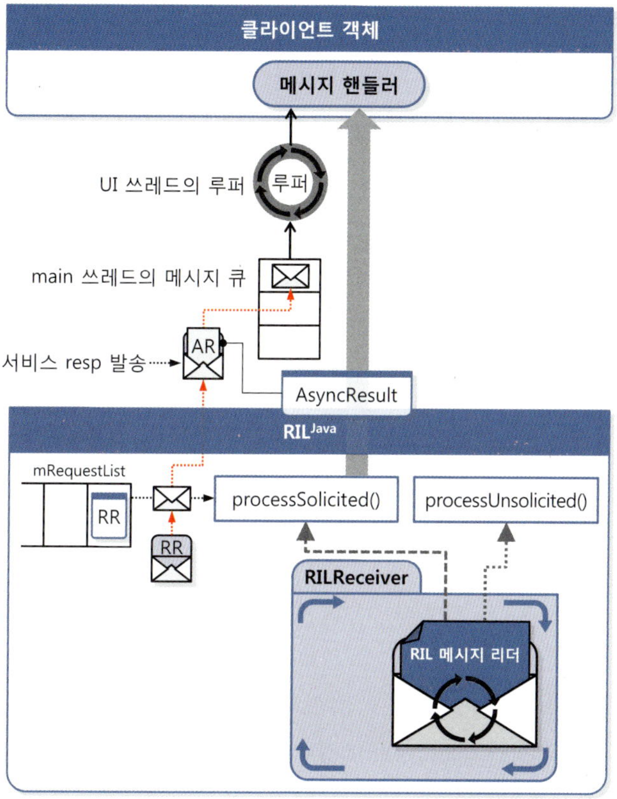

그림 3-29 RIL resp에 대응하는 서비스 resp 발생

- RIL resp 처리

    RIL resp의 시리얼 번호와 ③에서 mRequestList에 저장한 RILRequest 객체의 시리얼 번호를 대조하여 시리얼 번호가 일치하는 RILRequest 객체를 검색한다. 시리얼 번호가 일치하는 RILRequest 객체가 존재한다면 그 RILRequest 객체로부터 클라이언트 객체에 전달할 서비스 resp용 메시지를 추출할 수 있다. RIL 데몬으로부터 수신된 RIL resp 결과는 AsynResult 객체의 형태로 저장되고 이 AsyncResult 객체는 서비스 resp용 메시지의 obj 필드에 저장되어 클라이언트 객체로 전달된다.

- 클라이언트 객체를 향해 메시지 전달

    RILReceiver 쓰레드는 서비스 resp용 메시지의 target 필드를 확인하여 어떤 클라이언트 객체의 핸들러에 서비스 resp 메시지를 보낼지 결정할 수 있다. RILReceiver 쓰레드는 클라이언트 객체의 핸들러가 속해있는 main 쓰레드의 메시지 큐에 서비스 resp 메시지를 보낸다. main 쓰레드의 루퍼는 메시지 큐에 서비스 resp 메시지가 도착하면 메시지를 디스패치하여 해당 클라이언트 객체의 핸들러에 전달한다.

- 클라이언트 객체의 서비스 resp 메시지 처리

  클라이언트 객체의 핸들러는 루퍼에 의해 디스패치된 서비스 resp 메시지를 처리한다. ❶3-24에서 클라이언트 객체가 RIL^{Java}에 서비스 req를 요청할 때 어떠한 서비스 req에 대한 서비스 resp인지 알 수 있도록 메시지의 what 필드에 서비스 rcq ID를 지정한다라고 설명하였다. 서비스 resp 메시지를 처리할 때 Handler 클래스의 handleMessage() 메서드는 서비스 resp 메시지의 what 필드를 참조하여 어떤 종류의 서비스 req에 대한 서비스 resp인지 결정할 수 있으므로 각 서비스 resp에 따라 알맞는 처리를 할 수 있다.

3.4.3 텔레포니 프레임워크의 서비스 ind 처리 메커니즘

서비스 ind는 서비스 req와 달리 서비스를 요청한 클라이언트 객체가 없기 때문에 서비스 ind를 수신하여 처리할 클라이언트 객체가 불분명하다. 텔레포니 프레임워크의 서비스 ind 처리 메커니즘을 본격적으로 설명하기 전에 포털의 기사 Push 서비스 메커니즘을 통해서 텔레포니 프레임워크의 서비스 ind 처리 메커니즘을 이해하도록 한다.

⦿ 포털 사이트의 기사 Push 서비스

어떠한 포털 사이트가 신문사와 제휴하여 가입자들에게 다음과 같은 기사 Push 서비스를 제공하고 있다고 가정한다. 기사 Push 서비스란 가입자들이 포털의 메뉴에서 각 토픽(정치, 사회, 경제, 스포츠, IT&과학, 연예) 중에서 원하는 토픽을 구독 신청한다면 최신 기사가 발행될 때마다 가입자들에게 메일로 발송해 주는 서비스이다.

그림 3-30은 포털 사이트의 기사 Push 서비스 메커니즘을 도식화한 것이다.

❶3-30 구독자 A는 포털 사이트의 push 서비스를 이용하여 정치 기사를 구독하기 위해 포털의 메뉴에서 정치 기사를 구독 신청한다. 구독자 C는 포털의 push 서비스 중 두 가지 토픽인 스포츠 기사와 연예 기사를 구독 신청한다.

❷3-30 대통령 선거를 앞두고 각 후보의 공약 및 지방 유세 소식이 쏟아진다. 신문사의 정치부 기자들은 각 후보의 기사를 작성하여 신문사에 전송한다.

❸3-30 정치부 기자들이 작성한 기사는 신문사의 서버를 통해 포털에 제공한다.

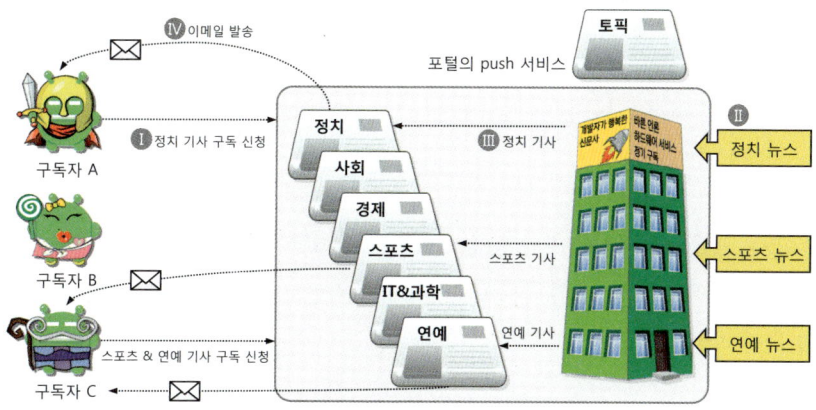

그림 3-30 포털 사이트 기사 push 서비스

Ⅳ 각 후보의 기사는 정치 토픽으로 분류되고 포털 사이트는 정치 기사의 구독을 신청한 구독자 A에게 정치 관련 기사를 메일로 발송한다.

포털 사이트의 기사 push 서비스는 구독자가 포털 사이트에 관심 있는 카테고리의 기사에 대해 구독 신청을 하면 기사가 업데이트될 때마다 메일을 통해서 간편하게 받아볼 수 있는 서비스를 제공한다. 이와 같은 push 서비스의 원리는 텔레포니 프레임워크의 서비스 ind를 처리하는데 동일하게 사용된다.

◉ Publish/Subscribe 모델

텔레포니 프레임워크는 서비스 ind를 처리하기 위해 Publish/Subscribe 모델을 이용한다. Publish/Subscibe 모델은 앞서 설명하였던 포털 사이트의 기사 Push 서비스와 유사하다.

그림 3-31은 텔레포니 프레임워크의 Publish/Subscribe 모델을 도식화한 것이다.

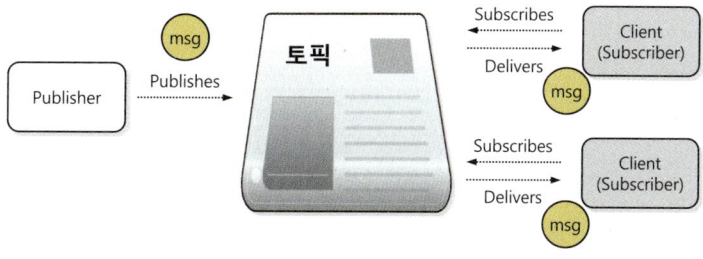

그림 3-31 Publish와 Subscribe 메시지 모델

Subscriber가 특정 토픽을 구독 신청하면 Publisher는 특정 토픽이 출판될 때마다 Subscriber에게 토픽을 배달한다. Publish/Subscribe 모델은 1-to-1 또는 1-to-N으로 토픽을 배달할 수 있다. 안드로이드는 텔레포니 프레임워크가 Publish/Subscribe 모델을 구현하기 위해 Registratnt 클래스와 RegistrantList 클래스를 제공한다.

그림 3-32는 Ragistrant 클래스와 RegistrantList 클래스의 전체적인 동작이다. Registrant 클래스는 Publish/Subscribe 모델 중 1-to-1 모델에 RegistrantList 클래스는 1-to-N 모델에 적합하다.

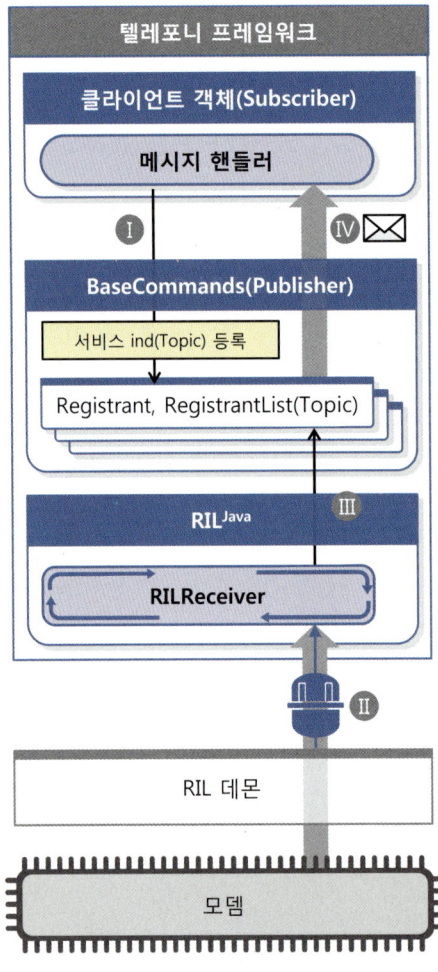

그림 3-32 Subscribe & Publish 기반의 메시지 이벤트 구동방식

Ⅰ 텔레포니 프레임워크 내의 Subscriber 객체는 Publisher인 BaseCommands 객체에

수신하길 원하는 서비스 ind를 해당 Registrant 객체 또는 RegistrantList 객체에 등록한다. Subscriber 객체는 텔레포니 프레임워크의 각종 state tracker 객체 및 GSMPhone과 CDMAPhone같은 Phone 객체가 해당된다.

❷ RIL^{Java}의 RILRecevier 쓰레드는 RIL 데몬으로부터 RIL ind를 수신한다. [3-32]

❸ RIL^{Java}의 RILReceiver 쓰레드는 RIL ind에 대응하는 서비스 ind를 발생시키기 위해서 관련 Registrant 객체 또는 RegistrantList 객체에 RIL ind가 수신되었음을 알린다. (notify) [3-32]

❹ 관련 Registrant 객체 또는 RegistrantList 객체는 RIL ind에 대응하는 서비스 ind 메시지를 발생하여 클라이언트 객체의 핸들러에 전달한다. [3-32]

표 3-9에서 포털의 기사 Push 서비스와 텔레포니 프레임워크의 Publish/Subscribe 모델을 비교하였다.

표 3-9 포털의 기사 push 서비스 VS 텔레포니 프레임워크의 Publish/Subscribe 모델

포털의 기사 Push 서비스	Publish/Subscribe 모델
구독자	Subscriber 객체 (ex. state tracker 객체, Phone 객체)
토픽	Registrant 객체, RegistrantList 객체
신문사	Publisher 객체 (ex. BaseCommands 객체)
기자	RIL^{Java}의 RILReceiver 쓰레드
Push 이메일	Message(메시지)

이제 Subscriber 객체가 Publisher인 BaseCommands 객체에 포함되어 있는 Registrant 객체와 RegistrantList 객체에 서비스 ind(토픽)를 등록하거나 해제하는 방법에 대해 알아보기로 한다. 또한, 각종 RIL ind가 도착하였을 때 Registrant 객체와 RegistrantList 객체에 대응하는 서비스 ind 메시지를 발생시키는 방법도 살펴보기로 한다.

⊙ Registrant 클래스의 동작

Registrant 클래스를 사용하는 방법은 간단하다. Subscriber 객체가 Publisher의 Registrant 객체에 특정 서비스 ind를 등록하고 외부 객체로부터 발생된 이벤트에 의해서 Registrant 객체에 서비스 ind를 발생시키도록 통지한다. 이때 Registrant 객체는 Subscriber 객체의 핸들러에 해당 서비스 ind를 전달한다.

그림 3-33은 Subscriber 객체가 수신을 원하는 서비스 ind를 Publisher 객체에 등록하고 Publisher 객체로부터 서비스 ind를 수신하는 과정이다.

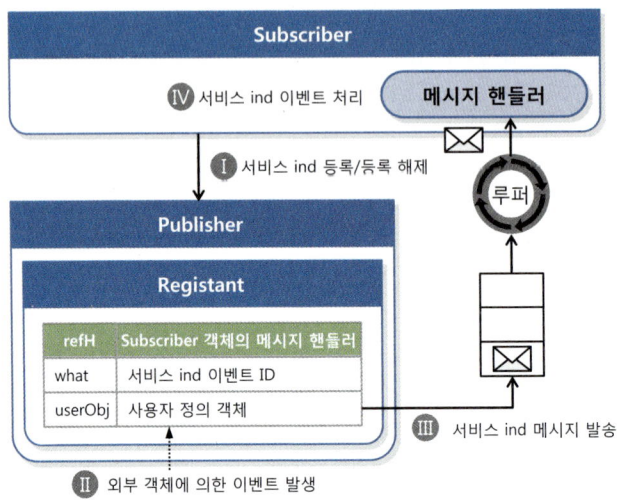

그림 3-33 서비스 ind 처리를 위한 Registrant 객체의 역할

❶ 서비스 ind를 Registrant 객체에 등록 및 등록 해제 (subscribe 동작)

Subscriber 객체는 수신하기 원하는 서비스 ind를 Publisher의 Registrant 객체에 등록한다. Subscriber 객체가 서비스 ind를 더 이상 수신하고 싶지 않다면 Publisher 객체의 Registrant 객체로부터 등록 해제할 수 있다.

❷ 외부 객체로부터 이벤트 발생

Publisher 객체는 객체 내부의 상태가 변경되거나 외부 객체에 의해 어떠한 이벤트가 발생하면 Registrant 객체에 이 사실을 통지한다. 외부 객체란 주로 RIL^{Java}의 RILReceiver 쓰레드이다. RIL^{Java}의 RILReceiver 쓰레드는 RIL 데몬으로부터 RIL ind를 수신하면 Registrant에 RIL ind 수신 사실을 알린다.

❸ 서비스 ind 메시지 발송

RILReceiver 쓰레드는 RIL 데몬으로부터 RIL ind를 수신하면 이에 대응하는 서비스 ind 메시지를 발송한다. RILReceiver 쓰레드는 서비스 ind 메시지를 생성하여 Subscriber 객체의 핸들러에 발송하도록 Registrant 객체와 RegistrantList 객체에 통지한다. Registrant 객체와 RegistrantList 객체는 ❶ 단계에서 등록한 Subscriber 객체의 핸들러 및 서비스 ind ID를 이용하여 서비스 ind를 해당 Subscriber 객체로 발송한다.

ⅣSubscriber 객체 핸들러의 서비스 ind 메시지 처리

Subscriber 객체의 핸들러는 Publisher의 Regsitrant 객체와 RegistrantList 객체로부터 수신된 서비스 ind 메시지를 처리한다.

⊙ Registrant 객체에 서비스 ind 등록 및 등록 해제 방법

텔레포니 프레임워크의 BaseCommands 클래스는 Publish/Describe 모델에서 Publisher 역할을 담당한다. 텔레포니 프레임워크의 BaseCommands 클래스는 Registrant 객체에 서비스 ind를 등록 및 등록 해제할 수 있는 기능을 제공한다. 코드 3-22는 Registrant 객체인 mRingRegistrant 객체에 대한 예제로 Subscriber 객체가 BaseCommands 객체 내의 Registrant 객체에 수신하길 원하는 서비스 ind를 등록(setOnCallRing() 메서드) 및 등록 해제(unSetOnCallRing() 메서드)하는 방법에 대한 설명이다. mRingRegistarant 객체는 Registrant 객체로서 착신 전화가 왔을 때 Subscriber 객체에 서비스 ind를 발송하는 역할을 수행한다.

```java
public abstract class BaseCommands implements CommandsInterface {
    protected Registrant mRingRegistrant;
    public void setOnCallRing(Handler h, int what, Object obj) {      ─❶
        mRingRegistrant = new Registrant (h, what, obj);              ─❷
    }
    public void unSetOnCallRing(Handler h) {                          ─❸
        mRingRegistrant.clear();                                      ─❹
    }
}
```

📁 frameworks/base/telephony/java/com/android/internal/telephony/BaseCommands.java

코드 3-22 BaseCommands 클래스의 서비스 ind 등록 및 등록 해제 메서드

❶ BaseCommands 클래스의 서비스 ind 등록 메서드

서비스 ind 등록 메서드는 Registrant 객체에 서비스 ind를 수신할 Subscriber의 정보를 저장하는 역할을 한다. BaseCommands 클래스는 코드 3-23과 같이 서비스 ind 등록을 위한 set 메서드를 제공한다.

```
public void setOnCallRing(Handler h, int what, Object obj)
```

📁 frameworks/base/telephony/java/com/android/internal/telephony/CommandsInterface.java

코드 3-23 CommandsInterface 인터페이스의 setOnCallRing() 메서드

첫 번째 인자인 핸들러는 서비스 ind를 받아 처리할 핸들러를 지정하는데 주로 Subscriber 객체의 핸들러를 지정한다. 두 번째 인자 서비스 ind의 ID는 각 서비스 ind를 구별 짓도록 유일한 ID 값을 부여한다. 마지막 세 번째 인자에는 서비스 ind 발생 시 전달하고 싶은 사용자 정의 객체를 전달할 수 있는데 주로 null 값을 지정한다.

❷ Registrant 객체 생성(mRingRegistrant)

Subscriber 객체가 서비스 ind 이벤트를 수신하려면 먼저 Publisher 객체에 Registrant 객체를 생성해야 한다.

그림 3-34는 PhoneBase 객체가 mRingRegistrant 객체에 서비스 ind를 등록하는 과정이다.

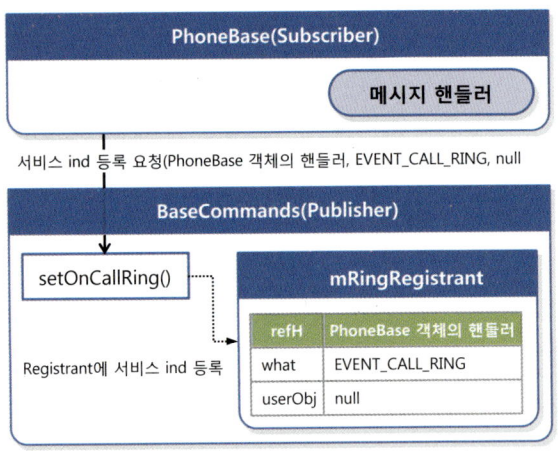

그림 3-34 서비스 ind를 Registrant 객체에 등록하는 방법

PhoneBase 객체가 BaseCommands 클래스의 setOnCallRing() 메서드를 호출하면 Registrant 객체인 mRiningRegistrant 객체가 생성된다. PhoneBase 객체는 BaseCommands 객체의 setOnCallRing() 메서드를 호출할 때 Subscriber 객체의 핸들러와 서비스 ind (EVENT_CALL_RING), 사용자 정의 데이터(null)를 mRiningRegistrant 객체에 등록할 수 있다.

코드 3-24는 Registrant 클래스의 생성자가 mRiningResgistrant 객체를 생성하는 과정에 대한 설명이다.

```
public class Registrant {
    Public Registrant(Handler h, int what, Object obj) {
        refH = new WeakReference(h);      ─ 2-1
        this.what = what;                  ─ 2-2
        userObj = obj;                     ─ 2-3
    }
    WeakReference    refH;
    int              what;
    Object           userObj;
}
```

📁 frameworks/base/core/java/android/os/Registrant.java

코드 3-24 Registrant 클래스의 생성자

3-24

2-1 WeakReference 객체 생성

PhoneBase 객체의 핸들러의 레퍼런스를 WeakReference로 저장한다. WeakReference는 용어 그대로 약한 레퍼런스로 WeakReference에 의해 참조된 객체는 가비지 콜렉션이 발생하기 전까지는 객체에 대한 참조를 유지하지만 일단 가비지 콜렉션이 발생하면 무조건 수거된다.

코드 3-25는 Registrant 클래스의 getHandler() 메서드를 이용하여 WeakReference에 저장된 핸들러를 찾는 방법에 대한 설명이다. getHandler() 메서드는 WeakReference의 get() 메서드를 이용하여 Subscriber 객체 핸들러의 레퍼런스를 반환한다.

```
public Handler getHandler() {
    if (refH == null)
    return null;
    return (Handler) refH.get();
}
```

📁 frameworks/base/core/java/android/os/Registrant.java

코드 3-25 Registrant 클래스의 getHandler() 메서드

2-2 서비스 ind ID

Subscriber 객체가 지정한 서비스 ind ID를 저장한다. 서비스 ind ID는 Subscriber 객체가 서비스 ind를 수신하였을 때 어떠한 서비스 ind인지 구별하기 위해 사용된다. PhoneBase 객체는 mRingRegistrant 객체에 EVENT_CALL_RINING(ID=14)을 서비스 ind ID로 저장한다.

2-3 사용자 정의 객체

Subscriber 객체가 지정한 사용자 정의 객체를 저장한다. 대부분 NULL 값을 저장하며 PhoneBase 객체 또한 사용자 정의 객체에 null을 저장한다.

❸ 서비스 ind 등록 해제 메서드

Subscriber 객체가 서비스 ind 이벤트를 더 이상 수신하고 싶지 않다면 서비스 ind 이벤트의 수신을 취소할 수 있다.

코드 3-26은 서비스 ind의 등록을 해제하는 메서드의 형식에 대한 설명이다. 서비스 ind 등록 해제 메서드의 인자로는 더 이상 서비스 ind를 수신하길 원하지 않는 Subscriber 객체의 핸들러를 지정한다.

```
void unSetOnCallRing(Handler h);
```

📁 frameworks/base/telephony/java/com/android/internal/telephony/CommandsInterface.j

코드 3-26 CommandsInterface 인터페이스의 unSetOnCallRing() 메서드

❹ Registrant 객체에 등록된 서비스 ind를 제거

코드 3-27은 Registrant 클래스의 clear() 메서드가 Subscriber 객체의 핸들러를 저장한 WeakReference를 null로 만들어 등록된 서비스 ind를 해제하는 방법에 대한 설명이다. clear() 메서드는 WeakReference인 refH를 null로 설정하여 서비스 ind를 수신할 핸들러의 레퍼런스를 제거한다.

```
public void clear() {
    refH = null;
    userObj = null;
}
```

📁 frameworks/base/core/java/android/os/Registrant.java

코드 3-27 Registrant 클래스의 clear() 메서드

그림 3-35는 Registrant 객체의 clear() 메서드에 의해 mRiningRegistrant 객체가 초기화되는 과정이다.

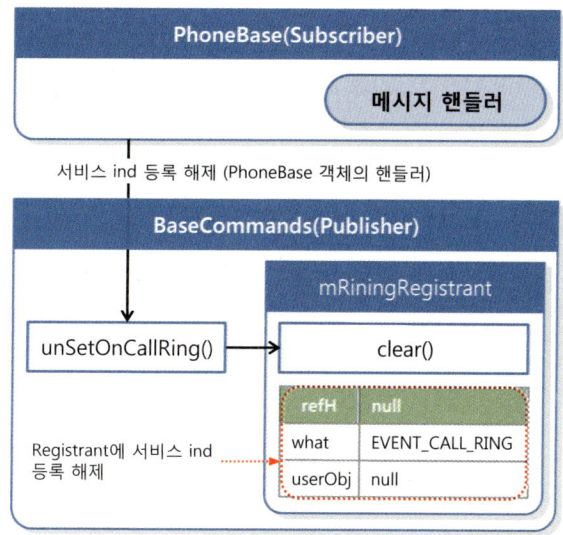

그림 3-35 Registrant 객체에 등록되어 있는 서비스 ind를 해제하는 방법

Subscriber 객체는 등록된 서비스 ind를 해제하기 위해 BaseCommands 클래스의 unSetOnCallRing() 메서드를 호출한다. unSetOnCallRing() 메서드는 mRiningRegistrant 객체의 clear() 메서드를 호출하여 WeakReference인 refH를 null로 설정한다. mRiningRegistrant 객체는 서비스 ind를 수신할 Subscriber 객체가 존재하지 않으므로 더 이상 서비스 ind를 발생하지 않는다.

◉ Registrant 객체의 서비스 ind 메시지 발생

RILReceiver 쓰레드는 RIL ind가 수신되면 Subscriber 객체에 이에 대응하는 서비스 ind 메시지를 보내기 위해서 registrant 객체의 notifyRegistrant() 메서드를 호출한다.

그림 3-36은 RILReceiver 쓰레드가 mRingingRegistatnt 객체의 notifyRegistrant() 메서드를 호출하여 서비스 ind 메시지를 발생하는 과정이다.

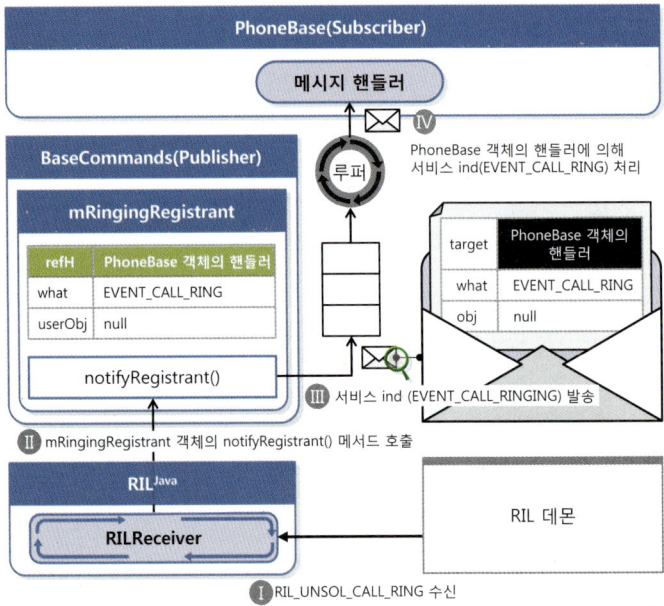

그림 3-36 Registrant 객체의 서비스 ind 발생

❶ RIL_UNSOL_CALL_RING 수신

RILReceiver 쓰레드는 RIL 데몬으로부터 RIL ind(RIL_UNSOL_CALL_RING)를 수신한다.

❷ mRingingRegistrant 객체의 notifyRegistrant() 메서드 호출

RILReceiver 쓰레드는 RIL 데몬으로부터 RIL ind가 수신되었음을 Registrant 객체에 통지하기 위해 Registrant 객체의 notifyRegistrant() 메서드를 호출한다. notifyRegistrant() 메서드가 호출된 mRingingRegistrant 객체는 Subscriber 객체가 등록한 서비스 ind(EVENT_CALL_RING) 메시지를 생성하고 서비스 ind 수신을 등록한 Subscriber 객체에 전송한다.

코드 3-28은 Registrant 객체에 등록된 서비스 ind를 발생하는 방법에 대한 설명이다. Registrant 객체의 notifyRegistrant() 메서드는 AsyncResult 객체를 인자로 받으며 AsyncResult 객체는 RIL ind의 결과를 저장한다.

```
mRingRegistrant.notifyRegistrant(new AsyncResult (null, ret, null)); // ret는 RIL ind의 결과
```

코드 3-28 Registrant 객체의 notifyRegistrant() 메서드 호출의 예

ⅲ 서비스 ind (EVENT_CALL_RINGING) 메시지 발송

Registrant 객체의 notifyRegistrant() 메서드는 internalNotifyRegistrant() 메서드를 호출하여 서비스 ind 메시지를 발생시킨다.

코드 3-29는 Registrant 클래스의 internalNotifyRegistrant() 메서드가 메시지를 획득한 뒤 Subscriber 객체의 핸들러에 서비스 ind 메시지를 전송하는 방법에 대한 설명이다.

```
public void notifyRegistrant(AsyncResult ar) {
    internalNotifyRegistrant (ar.result, ar.exception);   ──❶
}
```

📁 frameworks/base/core/java/android/os/Registrant.java

코드 3-29 Registrant 클래스의 notifyRegistrant() 메서드

❶ internalNotifyRegistrant() 메서드 호출

notifyRegisrant() 메서드는 internalNotifyRegistrant() 메서드를 호출한다.

```
void internalNotifyRegistrant (Object result, Throwable exception) {
    Handler h = getHandler();                                         ──❶-1
    if (h == null) {
        clear();
    } else {
        Message msg = Message.obtain();
        msg.what = what;
        msg.obj = new AsyncResult(userObj, result, exception);        ──❶-2
```

```
            h.sendMessage(msg);                                    ❶-3
        }
    }
```

📁 frameworks/base/core/java/android/os/Registrant.java

코드 3-30 Registrant 클래스의 internalNotifyRegistrant() 메서드

❶-1 Subscriber 객체의 핸들러 획득

Registrant 객체의 getHandler() 메서드는 서비스 ind 수신을 요청한 Subscriber 객체 핸들러의 레퍼런스를 반환한다. 반환된 Subscriber 객체의 핸들러는 서비스 ind를 처리할 핸들러이다. mRingingRegistrant 예제에서 getHandler() 메서드는 PhoneBase 객체 핸들러의 레퍼런스를 반환한다.

❶-2 서비스 ind 메시지 생성

서비스 ind 메시지를 생성한 후 멤버 변수 what에는 서비스 ind ID를, 멤버 변수 obj는 RIL ind의 결과를 저장한 AsyncResult 객체를 저장한다.

❶-3 서비스 ind 메시지 발송

❶-2에서 생성한 서비스 ind 메시지를 ❶-3에서 획득한 PhoneBase 객체의 핸들러를 향해 발송한다.

Ⅳ PhoneBase 객체의 핸들러의 서비스 ind 메시지 처리

PhoneBase 객체의 핸들러는 mRingingRegistrant 객체에 의해 발송된 서비스 ind (EVENT_CALL_RINGING) 메시지를 처리한다.

◉ RegistrantList 클래스의 동작

Registrant 객체는 오직 하나의 클라이언트 객체만이 서비스 ind를 등록할 수 있었다. 두 개 이상의 Subscriber 객체가 동일한 서비스 ind를 수신하기 원한다면 어떻게 해야 할까? 이러한 경우를 위해 안드로이드는 두 개 이상의 클라이언트 객체가 서비스 ind를 등록할 수 있는 RegistrantList 클래스를 제공한다.

코드 3-31은 mCallStateRegstrants 객체의 예제를 통해 BaseCommands 클래스가

RegistrantList 객체에 다수의 Subscriber 객체가 수신하길 원하는 서비스 ind를 등록(register ForCallStateChanged() 메서드)하는 방법과 등록 해제하는 방법(unregisterForCallStateChanged() 메서드)에 대한 설명이다. mCallStateRegistrants 객체는 Call의 상태가 변경되었을 때 Subscriber 객체에 서비스 ind 메시지를 발송하는 역할을 수행한다.

```
public abstract class BaseCommands implements CommandsInterface {
    protected RegistrantList mCallStateRegistrants = new RegistrantList();        ❶
    public void registerForCallStateChanged(Handler h, int what, Object obj) {    ❷
        Registrant r = new Registrant (h, what, obj);                             ❸
        mCallStateRegistrants.add(r);                                             ❹
    }
    public void unregisterForCallStateChanged(Handler h) {                        ❺
        mCallStateRegistrants.remove(h);                                          ❻
    }
}
```

📁 frameworks/base/telephony/java/com/android/internal/telephony/BaseCommands.java

코드 3-31 BaseCommands 클래스의 서비스 ind 등록 및 등록 해제 메서드

3-31

❶ RegistrantList 객체(mCallStateRegistrants) 생성

RegistrantList 클래스는 Registrant 클래스의 ArrayList 버전으로 여러 개의 Registrant 객체를 배열 리스트(ArrayList) 형태로 저장할 수 있다.

코드 3-32는 Registrant 객체를 저장하기 위해 사용하는 RegistrantList 클래스의 ArrayList에 대한 설명이다.

```
public class RegistrantList {
    ArrayList  registrants = new ArrayList();
    …
}
```

📁 frameworks/base/core/java/android/os/RegistrantList.java

코드 3-32 RegistrantList 클래스의 ArrayList

그림 3-37은 Subscriber 객체에 의해 BaseCommands 객체의 registerForCallStateChanged() 메서드가 호출된 후에 RegistrantList 객체에 Registrant 객체가 저장된 모습이다.

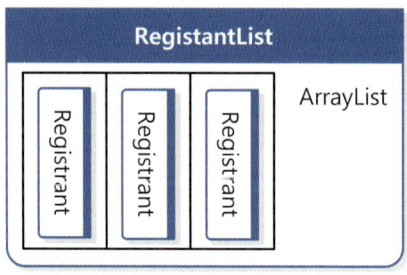

그림 3-37 RegistrantList 객체와 Registrant 객체의 관계

3-31
❷ BaseCommands 클래스의 서비스 ind 등록 메서드

publisher 객체인 BaseCommands 객체는 Subscriber 객체가 RegistrantList 객체에 서비스 ind를 등록하기 위한 register 메서드를 제공한다. 서비스 ind 등록 메서드의 인자는 코드 3-33과 같으며 코드 3-23의 인자와 동일하다.

```
void registerForCallStateChanged (Handler h, int what, Object obj);
```

📁 frameworks/base/telephony/java/com/android/internal/telephony/CommandsInterface.java

코드 3-33 CommandsInterface 인터페이스의 registerForCallStateChanged() 메서드

3-31
❸ Registrant 객체 생성

Subscriber 객체의 서비스 ind 수신 요청을 등록하기 위해 사용할 Registrant 객체를 생성한다.

3-31
❹ RegistrantList 객체에 Registrant 객체를 삽입

그림 3-38은 두 개의 Subscriber 객체가 Publisher 객체에 서비스 ind 등록을 요청하는 과정이다. Subscriber 객체는 Publisher 객체가 제공하는 서비스 ind 등록 메서드를 호출하여 수신하길 원하는 서비스 ind의 정보를 Registrant 객체에 저장하고 저장한 객체를 RegistrantList 객체에 삽입한다. 그림 3-38에서 볼 수 있듯이 Subscriber A 객체와 Subscriber B 객체는 Publisher 객체로부터 동일한 서비스 ind를 수신하길

원한다. Subscriber A 객체와 Subscriber B 객체는 Publisher 객체가 제공하는 registerForCallStateChanged() 메서드를 호출하여 서비스 ind를 등록한다.

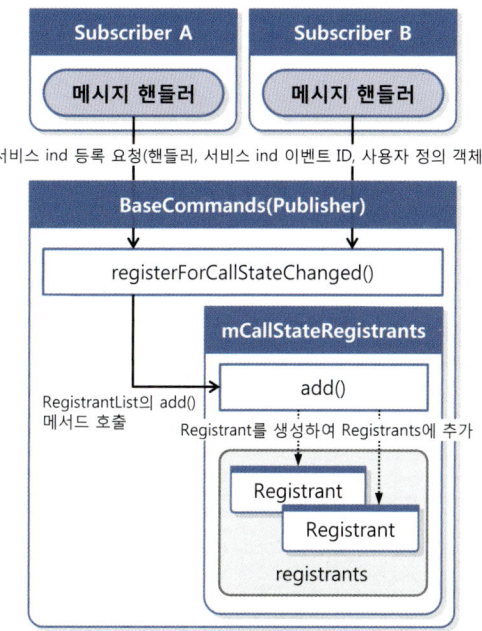

그림 3-38 RegistrantList 객체의 서비스 ind 등록 과정

RegistrantList 클래스는 Registrant 객체를 ArrayList에 삽입할 수 있도록 add() 메서드를 제공한다. 코드 3-34는 Registrant 객체를 ArrayList resgistrants에 삽입하는 add() 메서드에 대한 설명이다.

```
public class RegistrantList {
    ArrayList   registrants = new ArrayList();
    public synchronized void add(Registrant r) {
        removeCleared();         ─4-1
        registrants.add(r);      ─4-2
    }
}
```

📁 frameworks/base/core/java/android/os/RegistrantList.java

코드 3-34 RegistrantList 클래스의 add() 메서드

4-1 registrants 객체로부터 refH가 null인 Registrant 객체를 제거

removeCleared() 메서드는 ArrayList인 registrants 객체를 순회하면서 WeakReference refH가 null인 Registrant 객체를 제거한다. add() 메서드가 removeCleared() 메서드를 호출하는 이유는 add() 메서드를 호출하기 전에 더 이상 사용하지 않는 Registrant 객체를 registrants 객체로부터 제거하기 위함이다.

```
public synchronized void removeCleared() {
    for (int i = registrants.size() - 1; i >= 0 ; i--) {
        Registrant  r = (Registrant) registrants.get(i);
        if (r.refH == null) {
            registrants.remove(i);
        }
    }
}
```

📁 frameworks/base/core/java/android/os/RegistrantList.java

코드 3-35 RegistrantList 클래스의 removeCleared() 메서드

4-2 registrants 객체에 Registrant 객체 삽입

ArrayList의 add() 메서드를 사용하여 Registrant 객체를 registrants 객체에 추가한다.

❺ 서비스 ind 등록 해제 메서드

Subscriber 객체가 더 이상 서비스 ind를 수신하고 싶지 않는다면 Pusblisher의 RegistrantList 객체에 등록된 서비스 ind를 해제해야 한다. 서비스 ind 등록 해제 메서드는 일반적으로 코드 3-36과 같은 형식을 가진다. 인자 h는 서비스 ind 등록을 해제하는 Subscriber 객체의 핸들러이다.

```
void unregisterForCallStateChanged(Handler h);
```

📁 frameworks/base/telephony/java/com/android/internal/telephony/CommandsInterface.java

코드 3-36 CommandsInterface 인터페이스의 unregisterForCallState() 메서드

3-31
❻ 서비스 ind 등록 해제

RegistrantList 클래스의 remove() 메서드는 registrants 객체를 순회하면서 삭제하고 싶은 Subscriber 객체의 핸들러와 일치하는 Registrant 객체를 registrants 객체로부터 제거한다.

그림 3-39는 RegistrantList 객체에 등록되어 있는 서비스 ind를 해제하는 과정이다.

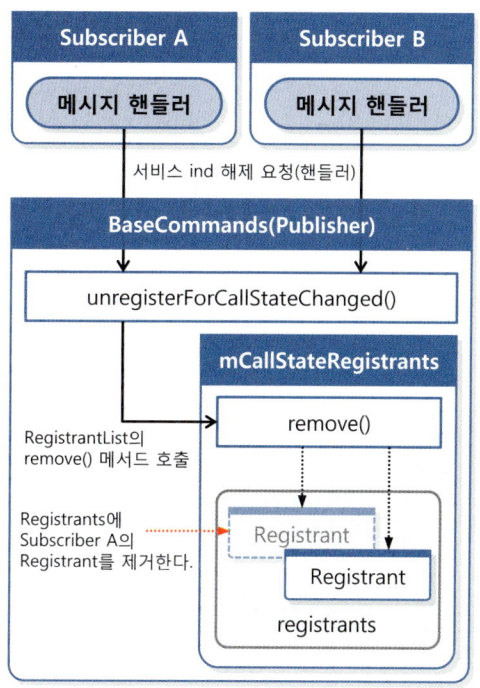

그림 3-39 RegistrantList 객체에 등록되어 있는 서비스 ind를 해제하는 방법

3-31
❶에서 Subscriber 객체 A와 B는 BaseCommands 객체의 registerForCallStateChanged() 메서드를 호출하여 Call 상태 변경이 발생할 때마다 서비스 ind를 수신할 수 있다. Subscriber 객체 A와 B는 Call 상태 변경에 관련된 서비스 ind를 더 이상 수신하고 싶지 않다면 BaseCommands 객체의 unregisterForCallStateChanged() 메서드를 호출하여 mCallStateRegistrant 객체로부터 관련 서비스 ind를 등록 해제할 수 있다.

코드 3-36은 RegistrantList 클래스의 remove() 메서드에 대한 설명이다.

```
public synchronized void remove(Handler h) {
    for (int i = 0, s = registrants.size() ; i < s ; i++) {
```

```
        Registrant  r = (Registrant) registrants.get(i);   ─❻-❶
        Handler     rh;
        rh = r.getHandler();
        if (rh == null || rh == h) {                    ┐
            r.clear();                                  ├─❻-❷
        }                                               ┘
    }
    removeCleared();                                     ─❻-❸
}
```

📁 frameworks/base/core/java/android/os/RegistrantList.java

코드 3-37 RegistrantList 클래스의 remove() 메서드

3-37
❻-❶ registrants 객체로부터 Registrant 객체 획득

RegistrantList 객체의 ArrayList registrants 객체는 한 개 이상의 Registrant 객체를 저장할 수 있다. registrants 객체에 저장되어 있는 Registrant 객체를 ArrayList의 get() 메서드를 이용하여 순서대로 꺼낸다.

3-37
❻-❷ registrants 객체로부터 Registrant 객체 삭제

3-37
❻-❶에서 획득된 Registant 객체는 Registrant 객체의 getHandler() 메서드를 호출하여 Subscriber 객체의 핸들러를 획득한다. Registrant 객체의 핸들러가 삭제할 Subscriber 객체의 핸들러와 일치하면 Registrant 객체의 clear() 메서드를 호출한다. Registrant 객체의 clear() 메서드는 해당 Registrant 객체의 refH와 userObj를 null로 지정한다.

3-37
❻-❸ registrants 객체에서 refH가 null인 Registrant 객체를 제거

3-37
❻-❷에서 삭제해야 할 Subscriber 객체의 핸들러와 일치한 Registrant 객체의 refH를 null로 지정하였다. RegistrantList 객체의 remove() 메서드는 removeCleared() 메서드를 호출하여 registrants 객체를 순회하면서 refH가 null인 Registrant 객체를 제거한다.

⦿ RegistrantList 객체의 서비스 ind 메시지 발생

RegistrantList 객체의 서비스 ind 메시지를 발송하는 방법은 Registrant 객체의 서비스 ind 메시지를 발송하는 방법과 거의 유사하다. RILReceiver 쓰레드가 RIL ind를 수신하면 RegistrantList 객체의 notifyRegistrant() 메서드를 호출하여 서비스 ind의 수신을 요청한 모든

Subscriber 객체에 RIL ind에 대응하는 서비스 ind 메시지를 전달한다.

그림 3-40은 RegistrantList 객체의 서비스 ind 메시지 발생 과정이다.

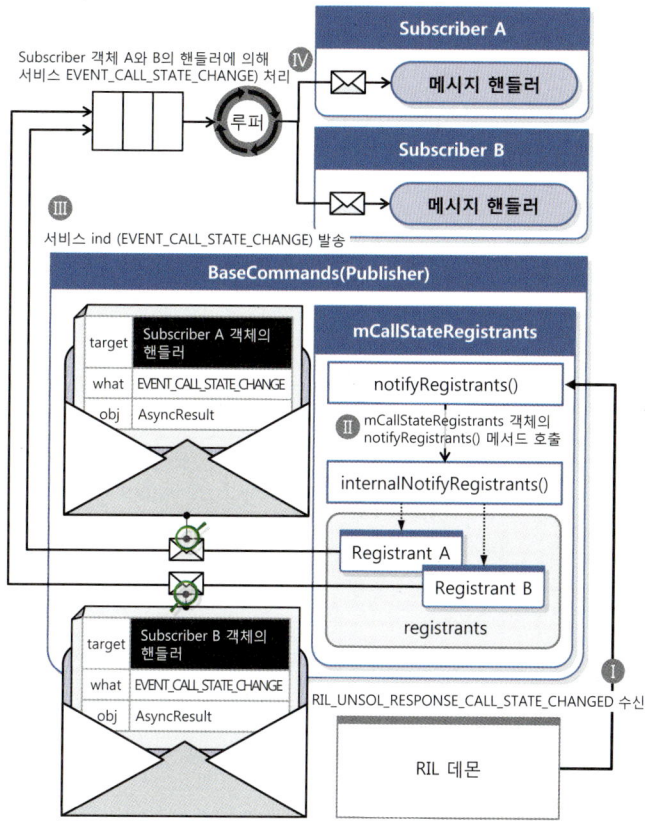

그림 3-40 RegistrantList 객체의 서비스 ind 발생

❶ RIL_UNSOL_CALL_STATE_CHANGED 수신

RILReceiver 쓰레드는 현재 모바일 폰의 Call 상태가 변경되면 RIL 데몬으로부터 RIL ind (RIL_UNSOL_CALL_STATE_CHANGED)를 수신한다.

❷ mCallStateRegistrants 객체의 notifyRegistrants() 메서드 호출

RegistrantList 객체는 Subscriber 객체에 서비스 ind 메시지를 발송하기 위한 notifyRegistrants() 메서드를 제공한다. RILReceiver 쓰레드는 RIL 데몬으로부터 RIL ind(RIL_UNSOL_CALL_STATE_CHANGED)가 수신되었음을 RegistrantList 객체에 통지하기 위해 RegistrantList 객체의 notifyRegistrants() 메서드를 호출한다.

ⓘ 서비스 ind(EVENT_CALL_STATE_CHANGE) 메시지 발송

notifyRegistrants() 메서드가 호출되면 RegistrantList 객체는 Subscriber 객체가 등록한 서비스 ind(EVENT_CALL_STATE_CHANGE) 메시지를 생성하고 서비스 ind 수신을 등록한 Subscriber 객체에 전송한다.

코드 3-38은 RILReceiver 쓰레드가 RegistrantList 객체의 notifyRegistrants() 메서드를 호출하여 Subscriber 객체에 서비스 ind 메시지를 발송하는 방법에 대한 설명이다.

```
public void notifyRegistrants(AsyncResult ar) {
    internalNotifyRegistrants(ar.result, ar.exception); ─❶
}
```

📁 frameworks/base/core/java/android/os/RegistrantList.java

코드 3-38 RegistrantList 클래스의 notifyRegistrants() 메서드

❶ notifyRegistrants() 메서드

RILReceiver 쓰레드는 RIL 데몬으로부터 RIL ind를 수신하면 RIL ind의 결과를 AysncResult 객체에 저장한 뒤, notifyRegistrants() 메서드의 인자로 사용한다. notifyRegistants() 메서드는 코드 3-39에서 보는 것과 같이 RegistrantList 클래스의 internalNotifyRegistrants() 메서드를 호출한다.

```
private synchronized void internalNotifyRegistrants (Object result,
        Throwable exception) {
    for (int i = 0, s = registrants.size(); i < s ; i++) {    ─❶-1
        Registrant  r = (Registrant) registrants.get(i);
        r.internalNotifyRegistrant(result, exception);         ─❶-2
    }
}
```

📁

코드 3-39 RegistrantList 클래스의 internalNotifyRegistrants() 메서드

1-1 registrants 객체 내의 Registrant 객체를 순회

internalNotifyRegistrants() 메서드는 registrants 객체를 순회하면서 Subscriber 객체 A와 B에 의해서 추가된 Registrant 객체를 반환한다.

1-2 서비스 ind 메시지 발송

1-1에서 반환된 모든 Registrant 객체의 internalNotifyRegistrant() 메서드를 호출하여 서비스 ind 메시지를 생성하고 서비스 ind의 수신을 기다리는 Subscriber 객체 A와 B의 핸들러로 서비스 ind 메시지를 발송한다.

Ⅳ Subscriber 객체 A와 B의 핸들러의 서비스 ind(EVENT_CALL_STATE_CHANGE) 메시지 처리

Subscriber 객체 A와 B의 핸들러는 **Ⅲ**에서 발송된 서비스 ind 메시지를 수신하고 처리한다.

3.5 RIL^{Java}의 RIL req 처리의 예제

3.3.3절에서 RIL^{Java}의 초기화를 설명하였다. 텔레포니 프레임워크의 RIL^{Java}는 RIL 데몬과 유닉스 도메인 소켓을 통해 통신하며 모뎀에 서비스를 요청하는 중요한 역할을 수행한다. RIL^{Java}를 자세히 이해하려면 RILSender 쓰레드와 RILReceiver 쓰레드의 동작을 이해해야 한다.

3.5~3.6절은 발신 전화 예제를 통해 RILSender 쓰레드가 RIL 데몬에 RIL req를 하는 동작과 RILReceiver 쓰레드가 RIL 데몬으로부터 RIL resp를 수신하여 처리하는 동작에 대해 설명한다. 발신 전화란 사용자가 상대방의 전화번호가 저장되어 있는 폰북이나 직접 다이얼러에서 상대방의 전화번호를 눌러 상대방에 전화를 거는 행위를 의미한다. 흔히 MO(Mobile Oriented) Call이라고 부르기도 한다.

그림 3-41은 Call UI의 발신 전화 서비스 req를 텔레포니 프레임워크가 처리하는 과정이다. 그 과정은 다음과 같이 다섯 가지 단계로 구분할 수 있다.

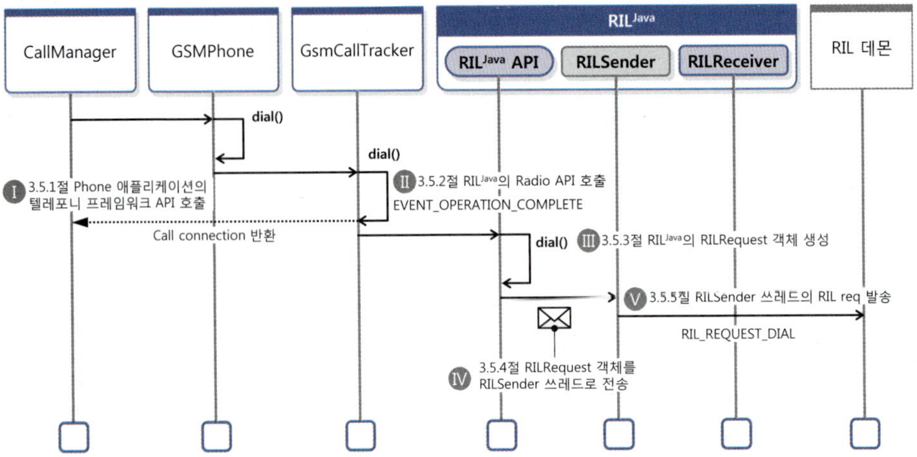

그림 3-41 RIL req/resp의 예제: 발신 전화

3-41 Ⅰ Phone 애플리케이션의 텔레포니 프레임워크 Call API 호출(CallManager→GSMPhone→GsmCallTracker)

3-41 Ⅱ GsmCallTracker 객체의 RIL^{Java}의 dial() 메서드 호출

3-41 Ⅲ 서비스 req를 전송하기 위한 RIL^{Java}의 RILRequest 객체 생성

3-41 Ⅳ RILRequest 객체를 메시지 통신을 이용하여 RILSender 쓰레드로 전송

3-41 Ⅴ RILSender 쓰레드의 RILRequest 객체 수신 및 RIL req 발송

이제부터 단계별 텔레포니 프레임워크의 동작 및 RIL^{Java}의 RILSender 쓰레드의 RIL req 전송 동작을 자세히 살펴보도록 하자.

3.5.1 Phone 애플리케이션의 텔레포니 프레임워크 API 호출

Phone 애플리케이션은 텔레포니 프레임워크가 제공하는 API를 통해 발신 전화를 걸 수 있다. Phone 애플리케이션이 텔레포니 프레임워크 API를 호출하여 발신 전화를 거는 과정은 그림 3-42와 같다. Phone 애플리케이션은 발신 전화를 걸기 위해 CallController 객체의 placeCall() 메서드를 호출하고 CallController 객체의 placeCall() 메서드는 PhoneUtils 객체의 placeCall() 메서드를 호출한다. PhoneUtils 객체의 placeCall() 메서드는 PhoneApp 객체로부터 텔레포니 프레임워크의 CallManager 클래스의 인스턴스를 획득한 뒤 CallManager 객체의 dial() 메서드를 호출하여 텔레포니 프레임워크에 발신 전화를 요청한다.

Phone 애플리케이션의 발신 전화 요청은 텔레포니 프레임워크 내 CallManager 객체의 dial() 메서드 → GSMPhone 객체의 dial() 메서드 → GsmCallTracker 객체의 dial() 메서드 → RIL[Java] 객체의 dial() 메서드 순으로 텔레포니 프레임워크의 API를 호출하여 RIL 데몬에 전달된다[22].

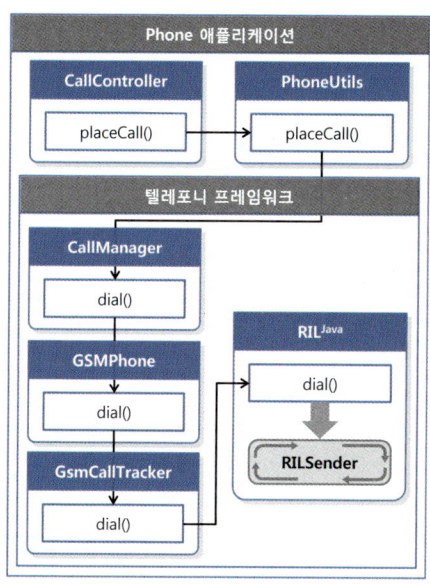

그림 3-42 애플리케이션의 텔레포니 프레임워크 API 호출

코드 3-40은 CallManager 클래스의 dial() 메서드에 대한 설명이다. CallManager 클래스의 dial() 메서드는 파라미터로서 현재 phone 객체와 발신 전화를 걸 전화번호를 받는다.

```
public Connection dial(Phone phone, String dialString) throws CallStateException {
    Phone basePhone = getPhoneBase(phone);   ──❶
    Connection result;
    ...
    result = basePhone.dial(dialString);     ──❷
    return result;                           ──❸
}
```

📁 frameworks/opt/telephony/src/java/com/android/internal/telephony/CallManager.java

코드 3-40 CallManager 클래스의 dial() 메서드

22 · 여기서 발신 전화 예제는 GSM 네트워크의 발신 전화를 기준으로 설명하였다.

❶ 해당 네트워크를 지원하는 Phone 객체 획득

CallManager 클래스의 getPhoneBase() 메서드는 발신 전화를 걸기 위해 사용할 Phone 객체를 반환한다. Phone 객체는 Phone 애플리케이션 생성 시 지원하는 네트워크에 따라 GSMPhone 객체와 CDMAPhone 객체가 생성되는데 본서는 GSM을 지원하는 폰을 기준으로 작성되었으므로 GSMPhone 객체가 반환되는 것으로 가정한다.

❷ GSMPhone 클래스의 dial() 메서드 호출

발신 전화를 걸기 위해 GSMPhone 클래스의 dial() 메서드가 호출된다. GSMPhone 클래스의 dial() 메서드는 코드 3-41에서 보는 것과 같이 GsmCallTracker 클래스의 dial() 메서드를 호출한다.

```
public class GSMPhone extends PhoneBase {
    GsmCallTracker mCT;
    public Connection dial (String dialString, UUSInfo uusInfo) throws CallStateException {
        ...
        return mCT.dial(newDialString, uusInfo); ─❷-1
    }
}
```

📁 frameworks/opt/telephony/src/java/com/android/internal/telephony/CallManager.java

코드 3-41 GSMPhone 클래스의 dial() 메서드

❷-1 GsmCallTracker 객체의 dial() 메서드가 정상적으로 실행되었다면 GsmConnection 객체를 반환한다. GsmConnection 객체는 GSM 네트워크에서 Call 연결이 성립되었을 때 Call 연결 정보를 유지하는 객체이다.

❸ GsmConnection 객체를 반환

❷에서 생성된 GsmConnection 객체는 Phone 애플리케이션으로 반환된다. 이렇게 반환된 GsmConnection은 Phone 애플리케이션이 발신 전화를 제어할 때 사용된다.

3.5.2 RIL^{Java}의 Radio API 호출

3.5.1절에서 GSMPhone 객체의 dial() 메서드는 GsmCallTracker 객체의 dial() 메서드를

호출한다고 설명하였다. GsmCallTracker 객체의 dial() 메서드는 최종적으로 RIL^java의 dial() 메서드를 호출하여 RIL 데몬에 발신 전화 서비스를 요청한다.

코드 3-42는 GsmCallTracker 객체의 dial() 메서드가 RIL^java에 발신 전화 서비스 req를 요청하는 과정에 대한 설명이다.

```
Connection dial (String dialString, int clirMode, UUSInfo uusInfo) throws
        CallStateException {
    ...
    cm.dial(pendingMO.address, clirMode, uusInfo, obtainCompleteMessage()   ─①
    );                                                                      ─②
}
```

📁 frameworks/base/telephony/java/com/android/internal/telephony/gsm/GSMPhone.java

코드 3-42 GsmCallTracker 클래스의 dial() 메서드

그림 3-43은 GsmCallTracker 객체가 RIL^java의 dial() 메서드를 호출할 때 필요한 서비스 resp용 메시지를 전달하는 과정에 대한 설명이다.

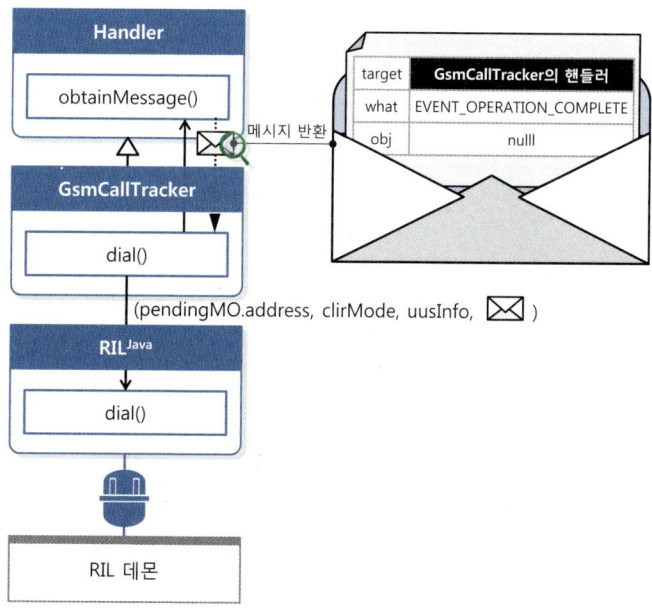

그림 3-43 GsmCallTracker 객체의 RIL^java의 dial() 메서드 호출 과정

GsmCallTracker 객체는 RIL^{Java}의 dial() 메서드를 호출하기 전에 Handler 클래스의 obtainMessage() 메서드를 호출하여 메시지를 획득하고 획득된 서비스 resp용 메시지는 RIL^{Java}의 dial() 메서드를 호출할 때 RIL^{Java}에 전달된다.

❶ 서비스 resp용 메시지 획득

GsmCallTracker 클래스는 Handler 클래스를 상속하고 있으므로 코드 3-43에서 보는 것과 같이 Handler 클래스의 obtainMessage() 메서드를 호출하여 서비스 resp용으로 전달될 메시지를 획득할 수 있다.

```
private Message obtainCompleteMessage() {
    return obtainCompleteMessage(EVENT_OPERATION_COMPLETE);
}
private Message obtainCompleteMessage(int what) {
    pendingOperations++;
    lastRelevantPoll = null;
    needsPoll = true;
    return obtainMessage(what);
}
```

📁 frameworks/base/telephony/java/com/android/internal/telephony/gsm/GsmCallTracker.java

코드 3-43 GsmCallTracker 클래스의 obtainCompleteMessage() 메서드

GsmCallTracker 클래스의 obtainCompleteMessage() 메서드가 호출된 후 반환되는 서비스 resp용 메시지는 그림 3-45와 같다.

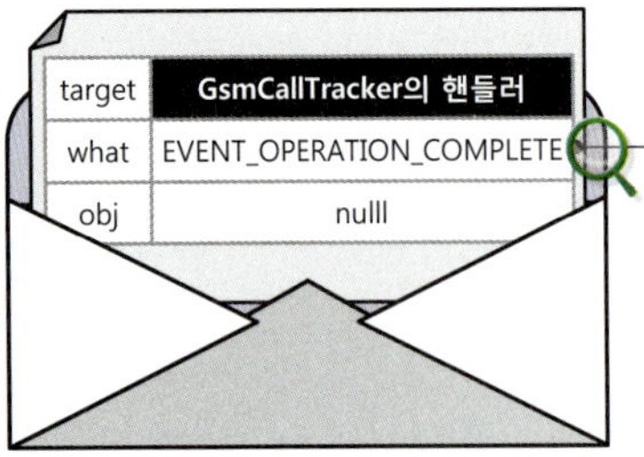

필드	설명
target	최종 목적지는 서비스 resp를 수신하여 처리할 핸들러가 지정된다. GsmCallTracker의 핸들러가 지정된다.
what	서비스 req ID는 EVENT_OPERATION_COMPLETE로 지정된다. 서비스 resp 메시지가 GsmCallTracker 핸들러에 의해 처리될 때 어떠한 서비스 req에 대한 서비스 resp인지 판정하는데 사용된다.
obj	obj는 서비스 resp의 응답 결과를 저장하기 위한 필드로 서비스 resp 메시지에 서비스 req의 결과를 반환하기 위해 사용된다. 서비스 req에 대한 응답 결과가 없으므로 아무런 값이 저장되지 않는다.

봉투:
- target: GsmCallTracker의 핸들러
- what: EVENT_OPERATION_COMPLETE
- obj: null

그림 3-44 obtainCompleteMessage() 메서드가 반환한 서비스 resp용 메시지

반환된 메시지의 정보 중 가장 중요한 것은 최종 목적지(target)와 서비스 req ID(what)이다. 이렇게 Handler에 의해 반환된 서비스 resp용 메시지는 RIL^{Java}의 dial() 메서드에 파라미터로 전달된다.

❷ RIL^{Java}의 dial() 메서드 호출

CommandsInterface 인터페이스의 dial() 메서드의 파라미터는 코드 3-44와 같다.

```
void dial(String address, int clirMode, UUSInfo uusInfo, Message result)
```

📁 frameworks/base/telephony/java/com/android/internal/telephony/CommandsInterface.java

코드 3-44 CommandsInterface 인터페이스의 dial() 메서드

실제로 CommandsInterface 인터페이스의 dial() 메서드는 표 3-10에서 보는 것과 같이 RIL^{Java}의 서비스 resp를 수신하기 위해 필요한 메시지를 파라미터로 요구하고 있다.

표 3-10 RIL^{Java}의 dial() 메서드의 파라미터

파라미터	설명
address	상대방 전화기의 전화번호이다.
clirMode	CLIR(Calling Line Identification Restriction) 발신자 번호 표시 제한 서비스의 활성화 및 비활성화를 결정한다 CLIR을 활성화 시키면 상대방 전화기에 발신자의 번호가 표시되는 것을 제한할 수 있다. 1. clirMode = true : 발신자 번호 표시 제한 2. clirMode = false : 발신자 번호 표시
uusInfo	User-to-Tuser Signal 서비스 이동통신 가입자가 시그널링 채널상으로 PLMN 또는 ISDN 가입자에게 또는 가입자로부터 제한적인 양의 정보를 전송 및 수신할 수 있는 부가 서비스이다.
result	dial() 메서드에 대한 서비스 resp를 수신하기 위한 메시지이다.

RIL^{Java}의 dial() 메서드는 CommandsInterface 인터페이스의 dial() 메서드를 구현한다. RIL^{Java}의 dial() 메서드의 동작은 3.5.3절에서 상세히 서술하도록 한다.

3.5.3 RIL^Java의 RILRequest 객체 생성

RIL^Java는 RIL 데몬에 서비스 req를 보내기 위해서 RILSender 쓰레드를 이용해야 한다. 하지만 RIL^Java는 main 쓰레드에서 실행되는 반면, RILSender 쓰레드는 별도의 독립적인 쓰레드에서 실행되고 있다. 따라서 단순히 메서드 호출을 통해 서비스 req를 RILSender 쓰레드에 보낼 수 없으므로 이종 쓰레드 간의 통신을 위해 메시지 통신을 사용한다.

코드 3-45는 RIL^Java의 dial() 메서드를 통해 RIL^Java가 RILSender 쓰레드에 서비스 req를 보내는 방법에 대한 설명이다.

```
public void dial(String address, int clirMode, UUSInfo uusInfo, Message result) {
    RILRequest rr = RILRequest.obtain(RIL_REQUEST_DIAL, result);      ❶
    rr.mp.writeString(address);                                       ❷
    rr.mp.writeInt(clirMode);
    rr.mp.writeInt(0); // UUS information is absent
    if (uusInfo == null) {
        rr.mp.writeInt(0);
    } else {
        rr.mp.writeInt(1);
        rr.mp.writeInt(uusInfo.getType());
        rr.mp.writeInt(uusInfo.getDcs());
        rr.mp.writeByteArray(uusInfo.getUserData());
    }
    send(rr);                                                         ❸
}
```

📁 frameworks/base/telephony/java/com/android/internal/telephony/RIL.java

코드 3-45 RIL^Java의 dial() 메서드

3-45

❶ RILRequest 객체 생성

3.4.2절에서 설명한 것과 같이 RIL^Java가 제공하는 Radio API는 RILSender 쓰레드에 서비스 req를 보내기 위해 RILRequest 객체를 이용해야 한다. RILRequest 객체는 RILRequest 클래스의 obtain() 메서드를 이용하여 RILRequest 풀(pool)로부터 획득된다. RILRequet 객체에 저장되는 정보는 그림 3-45와 같이 시리얼 번호(mSerial = 100),

서비스 req ID(mRequest = RIL_REQUEST_DIAL), GsmCallTracker 객체에 의해 전달된 서비스 resp용 메시지 등이다. 또한 RILRequest 클래스의 obtain() 메서드는 RILRequest 객체에 포함되어 있는 파셀 필드에 서비스 req ID와 시리얼 번호를 저장한다. 이것들은 RIL 데몬을 향해 RIL req를 전송할 때 Radio API의 파라미터와 함께 전송된다.

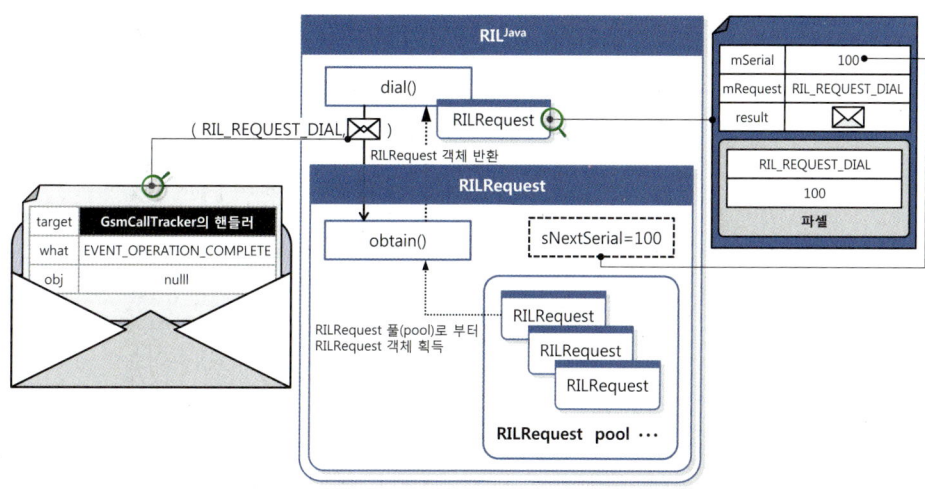

그림 3-45 RILRequest 객체의 생성

표 3-11은 RILRequest가 저장하는 정보에 대한 설명이다. RILRequest 객체가 저장하는 정보는 서비스 req가 실행된 후, RIL 데몬으로부터 서비스 resp가 도착했을 때 어떤 서비스 req에 대한 응답인지 결정하고 어떤 클라이언트 객체에 서비스 resp를 전달할 것인지 결정할 수 있는 데이터로 사용된다.

표 3-11 RILRequest 클래스의 멤버 변수

파라미터	설명
mSerial	서비스 req와 서비스 resp를 매칭하기 위한 일종의 시리얼 번호이다. 서비스 req를 연속으로 보낼 때 네트워크 서비스의 특성에 따라 서비스 resp의 순서가 역전되는 경우가 발생할 수 있다. 이러한 경우를 대비하여 RILRequest 객체가 사용될 때마다 고유한 시리얼 번호를 부여하여 서비스 req/resp 쌍을 찾기 위해 사용된다.
mRequest	서비스 req ID를 지정하여 어떤 종류의 명령인지 구별할 수 있도록 한다. 서비스 req ID는 RILConstants.java에 정의되어 있다.
result	서비스 resp용 메시지를 저장하는 멤버 변수이다.
mp	서비스 req의 파라미터를 저장하는 파셀이다.

3-45
❷ RILRequest 객체 초기화

dial() 메서드에 전달된 파라미터(address, clir 그리고 uusInfo)를 RILRequest 객체의 파셀에 저장한다.

그림 3-46은 dial() 메서드의 파라미터가 파셀에 저장된 모습이다. RILRequest 객체의 파셀 필드에 저장된 파라미터들은 RILSender 쓰레드가 RIL 데몬으로 RIL req를 보낼 때 사용된다.

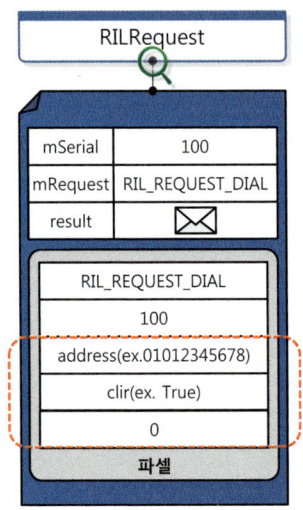

그림 3-46 RILRequest 객체의 파셀 초기화

3-45
❸ RILRequest 객체를 전송

RIL^{Java}의 send() 메서드를 이용하여 RILRequest 객체를 RILSender 쓰레드로 전송한다. send() 메서드의 동작은 3.5.4절에서 자세히 설명하도록 한다.

3.5.4 RILRequest 객체를 RILSender 쓰레드로 전송

RILRequest 객체의 풀(pool)로부터 획득된 RILRequest 객체는 메시지를 통해 RILSender 쓰레드로 전송된다. 코드 3-46은 RILRequest 객체를 RILSender 쓰레드로 전송하는 RIL^{Java}의 send() 메서드에 대한 설명이다.

```
private void send(RILRequest rr) {
    Message msg;
```

```
    msg = mSender.obtainMessage(EVENT_SEND, rr);    ―❶
    msg.sendToTarget();                              ―❷
}
```

📁 frameworks/base/telephony/java/com/android/internal/telephony/RIL.java

코드 3-46 RIL^{Java} 클래스의 send() 메서드

3-46

❶ RILSender 쓰레드로 전송할 메시지 획득

RILSender 쓰레드의 핸들러로부터 메시지를 획득하고 3.5.3절에서 초기화된 RILRequest 객체를 메시지의 obj 필드에 저장한다.

그림 3-47은 RIL^{Java}의 send() 메서드가 RILSender 쓰레드의 핸들러로부터 메시지를 획득하고 RILRequest 객체를 메시지의 obj 필드에 저장하는 과정이다.

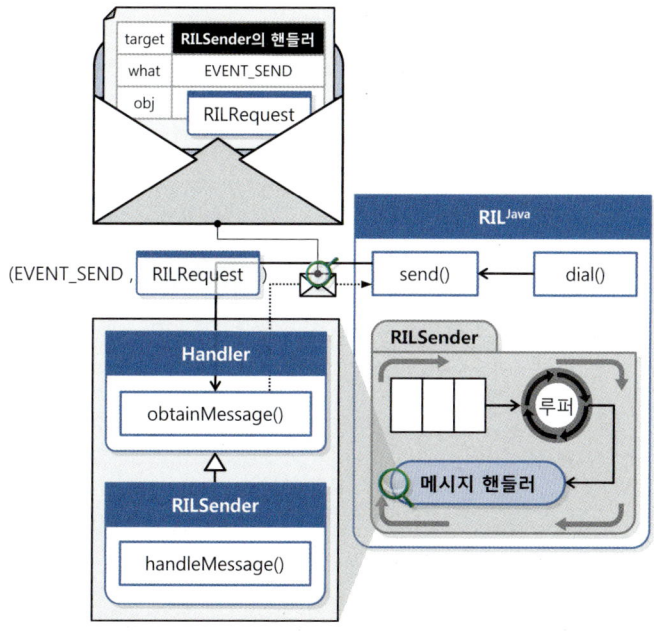

그림 3-47 RILRequest 객체를 전송할 메시지 획득

3-46

❷ RILRequest 메시지를 RILSender 쓰레드로 보내기

RILRequest 객체를 포함한 RILRequest 메시지를 RILSender 쓰레드의 핸들러에 보낸다.

```
public void sendToTarget() {
    target.sendMessage(this);   ─❷-❶
}
```

📁 frameworks/base/core/java/android/os/Message.java

코드 3-47 Message 클래스의 sendToTarget() 메서드

❷-❶ RILRequest 메시지를 target 핸들러로 전송

Message 클래스의 sendToTarget() 메서드는 RILRequest 메시지를 해당 메시지가 처리되어야 할 핸들러로 전송한다. Message 클래스의 멤버변수의 target은 메시지의 목적지 핸들러를 지정하고 있어 target 핸들러의 sendMessage() 메서드를 호출하면 해당 메시지를 target 핸들러와 연관된 메시지 큐로 전송할 수 있다.

그림 3-48은 RILRequest 메시지가 RILSender 쓰레드의 핸들러에 의해서 처리되는 과정이다. RILRequest 객체의 파셀 필드에 저장된 파라미터들은 RILSender 쓰레드가 RIL 데몬으로 RIL req를 보낼 때 사용된다.

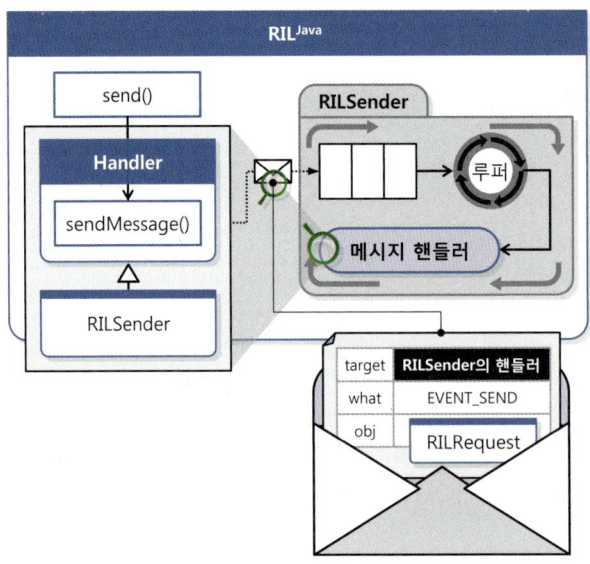

그림 3-48 RILRequest 메시지를 RILSender 쓰레드로 전송

3.5.5 RILSender 쓰레드의 RIL req 발송

3.5.4절에서 RIL^{Java}가 send() 메서드를 호출하여 RILRequest 메시지를 RILSender 쓰레드에 전송한다는 것을 설명하였다. RILSender 쓰레드의 루퍼는 메시지 큐에 수신된 RILRequest 메시지를 디스패치하여 RILSender 쓰레드의 핸들러가 처리하도록 한다. RILSender 쓰레드의 handleMessage() 메서드는 Handler의 handleMessge() 메서드를 오버라이딩하며 실제로 RILRequest 메시지를 처리한다.

그림 3-49는 RILSender 쓰레드의 핸들러가 RILRequest 메시지를 받아 RILRequest 객체를 처리하는 전체적인 과정이다. 서비스 req 메시지의 처리 과정은 크게 네 가지 단계로 나눌 수 있다.

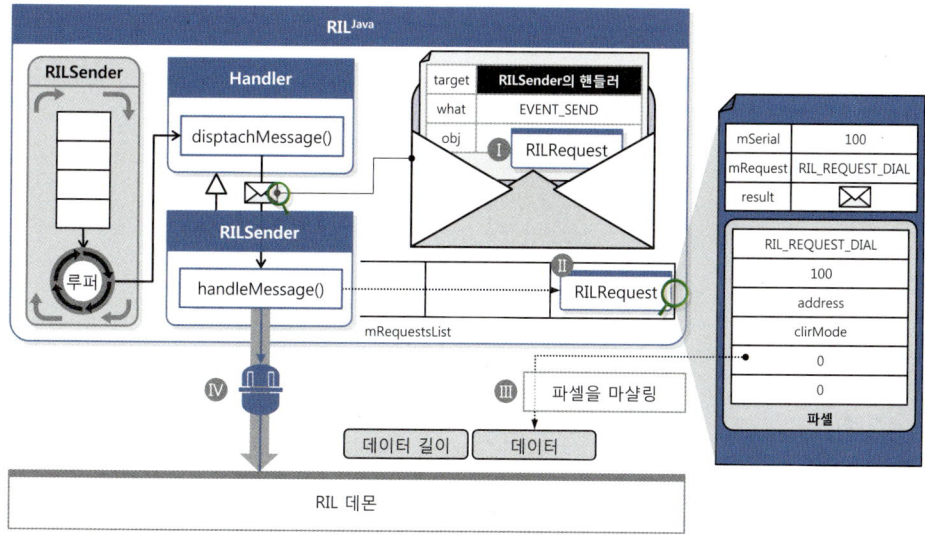

그림 3-49 RILSender 쓰레드의 RILRequest 메시지 처리

Ⓘ RILRequest 메시지로부터 RILRequest 객체를 분리

Ⅱ RILRequest 객체를 RILRequest 리스트에 저장

Ⅲ RILRequest 객체의 파셀 필드를 마샬링

Ⅳ 바이트 스트림화된 RIL req를 RIL 데몬으로 전송

코드 3-48은 RILSender 쓰레드가 RILSender 핸들러의 handleMessage() 메서드를 이용하여 RILRequest 메시지를 처리하는 과정에 대한 설명이다.

```
class RILSender extends Handler implements Runnable {
    ...
    byte[] dataLength = new byte[4];
    ...
    handleMessage(Message msg) {
        RILRequest rr = (RILRequest)(msg.obj);                  ――❶
        RILRequest req = null;

        switch (msg.what) {
            case EVENT_SEND:
            try {
                LocalSocket s;
                s = mSocket;                                    ――❷

                synchronized (mRequestsList) {
                    mRequestsList.add(rr);                      ――❸
                    mRequestMessagesWaiting++;
                }

                byte[] data;

                data = rr.mp.marshall();                        ――❹
                rr.mp.recycle();                                ――❺
                rr.mp = null;

                dataLength[0] = dataLength[1] = 0;
                dataLength[2] = (byte)((data.length >> 8) & 0xff);  ――❻
                dataLength[3] = (byte)((data.length) & 0xff);

                s.getOutputStream().write(dataLength);          ――❼
                s.getOutputStream().write(data);                ――❽
                break;
            } catch (IOException ex) {
                ...
            } catch (RuntimeException exc) {
                ...
            } finally {
```

```
            ...
        }
        break;
    }
  }
}
```

📁 frameworks/base/telephony/java/com/android/internal/telephony/RIL.java

코드 3-48 RILSender 핸들러의 handleMessage() 메서드

❶ RILRequest 메시지로부터 RILRequest 객체 추출

RIL^Java가 보낸 RILRequest 메시지를 받아 메시지의 obj 필드에 저장된 RILRequest 객체를 추출한다.

❷ RIL 데몬과 RILSender 쓰레드가 통신할 유닉스 도메인 소켓 지정

RILReceiver 쓰레드는 최초 생성 시 RIL 데몬과 통신할 수 있는 유닉스 도메인 소켓(mSocket)을 생성하는데 RILSender 쓰레드 또한 같은 유닉스 도메인 소켓을 이용하여 RIL 데몬과 통신한다.

❸ RILRequest 객체를 RILRequest 리스트에 삽입

RILSender 쓰레드는 RILRequest 객체를 RILRequest 리스트에 저장한다. 저장된 RILRequest 객체는 이후 RIL resp가 도착하였을 때 RILRequest 리스트에서 같은 시리얼 번호의 RILRequest 객체를 찾아 해당 RILRequest 객체에 포함된 서비스 resp용 메시지를 추출할 때 사용된다.

❹ 파셀의 마샬링

서로 다른 프로세스 간에 객체를 전달해야 할 필요가 있다면 프로세스의 경계를 넘기 전에 객체를 마샬링(Marshalling)해야 한다. RILRequest 객체 내의 파셀에 저장된 서비스 req 또한 마샬링해야 한다. 파셀의 marsahll() 메서드는 파셀에 저장된 데이터를 raw 바이트의 데이터로 변환한다.

> **TIP - 마샬링(Marshalling)과 언마샬링(Unmarshailling)**
>
> 마샬링은 객체의 메모리 표현을 저장 또는 전송에 적합한 데이터 포맷으로 변환하는 과정이며 대체로 데이터가 컴퓨터 프로그램의 다른 파트 간의 데이터 이동이나 이종 프로그램 간의 이동 시 사용된다. 반면, 언마샬링은 마샬링을 통해 보내진 데이터를 원래로 복원하는 작업이다.[23]

[23]
3-48
❺ 파셀의 재사용

3-48
❹에서 사용된 파셀을 재사용하기 위해 파셀의 recycle() 메서드를 호출한다. 사용된 파셀은 재사용을 위해 파셀 pool에 다시 저장된다.

3-48
❻ 서비스 req 데이터의 길이 측정

3-48
❹에서 마샬링된 서비스 req는 바이트 스트림화된 RIL req 패킷이 된다. RILSender 쓰레드는 RIL req 패킷의 길이를 측정하여 그 길이를 4바이트짜리 dataLength 배열에 빅엔디안으로 저장한다.

3-48
❼ RIL req 데이터의 길이를 RIL 데몬에 송신

RILSender 쓰레드는 LocalSocket으로부터 outputStream 클래스의 인스턴스를 얻고 outputStream 객체의 write() 메서드를 호출하여 RIL req 패킷의 길이를 write한다. 이때 RIL req 패킷의 길이가 유닉스 도메인 소켓을 통해 RIL 데몬으로 송신된다.

3-48
❽ RIL req 데이터를 RIL 데몬에 송신

RILSender 쓰레드는 RIL req 패킷의 길이를 write 한 후, outputStream 객체의 write() 메서드를 호출하여 RIL 데몬으로 RIL req 패킷을 송신한다.

3.6 RIL^Java의 RIL resp 처리의 예제

RILSender 쓰레드가 RIL req를 보낸 후 RIL 데몬은 발신 전화 요청을 성공적으로 수신했음을 텔레포니 프레임워크에 알리기 위해 RIL resp를 보낸다. RIL resp 처리 과정은 그림 3-50에서 볼 수 있듯이 크게 세 단계로 나뉜다.

---
23 http://en.wikipedia.org/wiki/Marshalling_(computer_science)

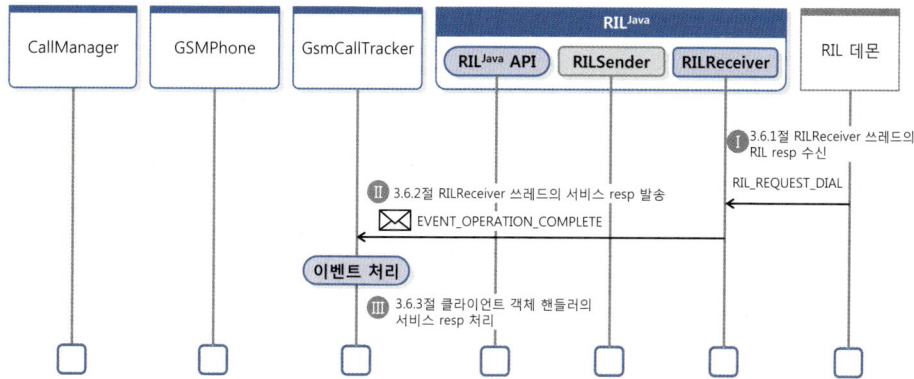

그림 3-50 RILSender 쓰레드의 RIL resp 처리 동작

❶ RIL 데몬으로부터 RIL resp(RIL_REQUEST_DIAL)를 수신하고 RILRequest 리스트로부터 서비스 resp용 메시지 획득

❷ 서비스 resp용 메시지에 RIL req 결과를 저장하여 서비스 req를 발송한 클라이언트 객체(GsmCallTracker)에 전송

❸ 클라이언트 객체(GsmCallTracker)의 핸들러는 수신된 서비스 resp (EVENT_OPERATION_COMPLETE) 메시지를 처리

그림 3-50은 전체적인 RIL resp 처리 과정이다. 이제 단계별로 RIL resp 처리 과정을 자세히 설명하도록 한다.

3.6.1 RIL 데몬으로부터 RIL resp 수신

코드 3-49는 RILReceiver 쓰레드가 RIL 데몬으로부터 RIL resp를 수신한 뒤, 처리하는 과정에 대한 설명이다.

```
class RILReceiver implements Runnable {
    public void run() {
        int length = 0;
        try {
            InputStream is = mSocket.getInputStream();   ──❶

            for (;;) {
                Parcel p;
```

```
            length = readRilMessage(is, buffer);        ──❷
            p = Parcel.obtain();                        ──❸
            p.unmarshall(buffer, 0, length);            ──❹
            p.setDataPosition(0);

            processResponse(p);                         ──❺
            p.recycle();
        }
    } catch (java.io.IOException ex) {
        ...
    } catch (Throwable tr) {
        ...
    }
  }
}
```

📁 frameworks/base/telephony/java/com/android/internal/telephony/RIL.java

코드 3-49 RILReceiver 클래스의 run() 메서드

3-49
❶ 입력 스트림용 소켓(InputStream)을 할당

RILReceiver 쓰레드는 RIL 데몬으로부터 전송되는 데이터를 수신하기 위해서 RILReceiver 쓰레드 초기화 시 생성된 LocalSocket(mSocket)으로부터 입력 스트림용 소켓(InputStream)을 획득한다. RIL 메시지 리더는 입력 스트림용 소켓을 통해 RIL resp를 수신한다.

3-49
❷ RIL 데몬으로부터 RIL resp를 수신

readRilMessage() 메서드는 RIL 데몬으로부터 수신된 RIL resp를 바이트 스트림용 버퍼(Buffer)에 저장하고 RIL resp 패킷의 헤더(4바이트. RIL resp 패킷의 크기)를 제외한 패킷의 크기를 반환한다.

3-49
❸ 파셀 획득

readRilMessage() 메서드에 의해 수신된 RIL resp 패킷을 파셀에 저장하기 위해 파셀 Pool로부터 파셀을 획득한다.

3-49
❹ RIL resp를 언마샬링 후 파셀에 저장

바이트 스트림용 버퍼에 저장된 RIL resp를 언마샬링한 후 파셀에 저장한다.

❺ RIL resp 처리

코드 3-50은 processResponse() 메서드가 RIL 데몬으로부터 수신된 데이터의 타입에 따라 어떻게 처리하는지에 대한 설명이다.

```
private void processResponse (Parcel p) {
    int type;
    type = p.readInt();              ──5-1
    if (type == RESPONSE_UNSOLICITED) {
        processUnsolicited (p);
    } else if (type == RESPONSE_SOLICITED) {
        processSolicited (p);        ──5-2
    }
}
```

📁 frameworks/base/telephony/java/com/android/internal/telephony/RIL.java

코드 3-50 processResponse() 메서드의 RIL resp 처리 과정

5-1 수신된 메시지 타입을 확인

파셀로부터 메시지 타입을 읽어 Solicited 응답과 Unsolicited 응답 중 어떤 것인지 확인한다. RIL 데몬으로부터 RIL resp 메시지를 수신하였으므로 RESPONSE_SOLICITED 타입이다.

5-2 RIL resp를 처리

RIL resp의 메시지 타입은 RESPONSE_SOLICITED이므로 processSolicited() 메서드에 의해 처리된다. processSolicited() 메서드의 구체적인 구현은 3.6.2절에서 자세히 설명한다.

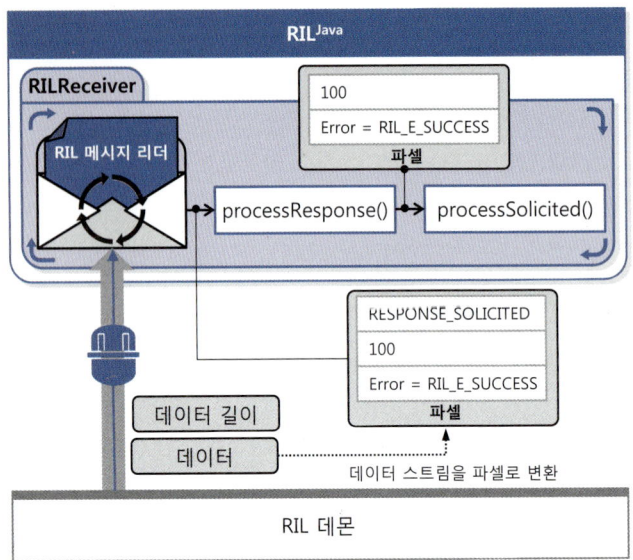

그림 3-51 RILReceiver 쓰레드의 RIL resp 수신

그림 3-51은 RILReceiver 쓰레드의 RIL resp 패킷 수신 후 RESPONSE_SOLICITED 타입 메시지가 processSolicited() 메서드에 의해서 처리되는 과정이다. RIL 데몬에 의해 전달된 RIL resp는 메시지 타입, 시리얼 번호, 에러 코드 등을 포함한다.

3.6.2 RILReceiver 쓰레드의 서비스 resp 메시지 발송

processSolicited() 메서드는 RILRequest 리스트에서 RIL resp의 시리얼 번호와 일치하는 RILRequest 객체를 검색하여 RILRequest 객체에 저장되어있는 서비스 resp용 메시지를 획득한 후 RIL resp의 결과를 서비스 resp용 메시지에 담아 서비스 req를 요청한 클라이언트 객체의 핸들러에 전송한다. 코드 3-51은 RIL^{Java}의 processSolicited() 메서드가 서비스 resp 메시지를 발송하는 과정에 대한 설명이다.

```
private void processSolicited (Parcel p) {
    int serial, error;
    boolean found = false;
    serial = p.readInt();                                    ❶
    error = p.readInt();

    RILRequest rr;
```

```
        rr = findAndRemoveRequestFromList(serial);              ──❷
        Object ret = null;

        if (error == 0 || p.dataAvail() > 0) {
            try {switch (rr.mRequest) {
                ...
                case RIL_REQUEST_DIAL: ret =  responseVoid(p); break;  ──❸
                ...
            } catch (Throwable tr) {
                ...
            }
        }

        if (rr.mResult != null) {
            AsyncResult.forMessage(rr.mResult, ret, null);      ──❹
            rr.mResult.sendToTarget();                          ──❺
        }

        rr.release();
    }
```

📁 frameworks/base/telephony/java/com/android/internal/telephony/RIL.java

코드 3-51 processSolicited() 메서드를 이용한 Solicited RIL 응답 처리

3-51
❶ RIL resp의 시리얼 번호 확인

파셀화된 RIL resp으로부터 시리얼 번호를 추출한다. RIL resp의 시리얼 번호는 RIL req의 시리얼 번호와 일치하므로 어떤 RIL req에 대응하는 RIL resp인지 알 수 있다.

3-51
❷ RILRequest 리스트로부터 RILRequest 객체 검색하기

코드 3-52는 findAndRemoveRequestFromList() 메서드가 RILRequest 리스트(mRequestsList)를 순차적으로 순회하면서 시리얼 번호가 일치하는 RILRequest 객체를 검색하는 과정에 대한 설명이다.

```
private RILRequest findAndRemoveRequestFromList(int serial) {
    synchronized (mRequestsList) {
        for (int i = 0, s = mRequestsList.size() ; i < s ; i++) {   ──❷-1
```

```
            RILRequest rr = mRequestsList.get(i);                    ❷-2
            if (rr.mSerial == serial) {
                mRequestsList.remove(i);                             ❷-3
                return rr;
            }
        }
    }
    return null;
}
```

📁 frameworks/base/telephony/java/com/android/internal/telephony/RIL.java

코드 3-52 findAndRemoveRequestFromList() 메서드

3-52
❷-1 for 문을 이용하여 RILRequest 리스트 내의 모든 RILRequest 객체를 검색한다.

3-52
❷-2 RILRequest 리스트로부터 RILRequest 객체를 획득한다.

3-52
❷-3 획득한 RILRequest 객체가 수신된 RIL resp의 시리얼 번호와 일치한다면 해당 RILRequest 객체를 반환하고 RILRequest 리스트로부터 삭제된다.

3-51
❸ RIL resp를 처리할 response 메서드 호출

각 RIL resp는 서비스 req에 따라 (ex. RIL_REQUEST_DIAL) RIL resp를 처리하는 response 메서드가 다르다. response 메서드는 미리 정의된 데이터 포맷에 따라 RIL resp를 처리하여 클라이언트 객체(ex. GsmCallTracker 객체)가 요구하는 형태의 데이터 포맷으로 전환 작업을 진행한다. 발신 전화의 예는 RIL resp의 결과 값이 없으므로 responseVoid() 메서드를 사용한다. responseVoid() 메서드는 null 값을 반환한다.

```
private Object responseVoid(Parcel p) {
    return null;
}
```

📁 frameworks/base/telephony/java/com/android/internal/telephony/RIL.java

코드 3-53 responseVoid() 메서드

3-51
❹ AsyncResult 객체에 RIL resp의 결과를 저장

AyncResult 클래스는 메시지 통신을 통해 데이터를 교환할 때 주로 사용된다. AsyncResult 클래스의 forMessage() 메서드는 AsyncResult 객체를 생성한 후 response 메서드의 처리 결과를 AsyncResult 객체에 저장한다. 이렇게 AsyncResult 객체에 담긴 RIL resp는 서비스 resp용 메시지의 obj 필드에 저장된다.

3-51
❺ 서비스 resp용 메시지를 GsmCallTracker 객체의 핸들러로 발송

그림 3-52는 RIL req의 결과를 저장한 서비스 resp 메시지를 GsmCallTracker 객체의 핸들러로 발송하는 과정이다.

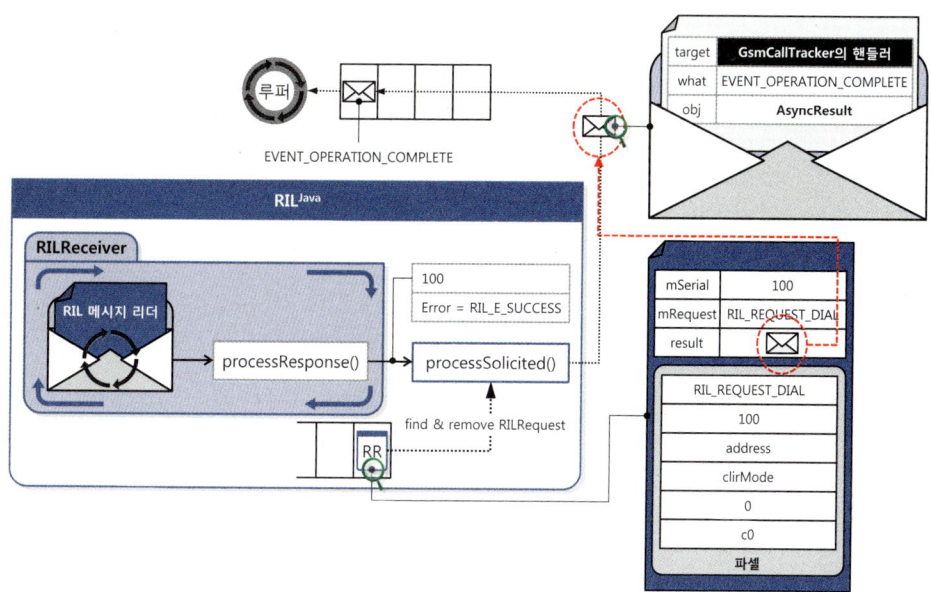

그림 3-52 서비스 resp 메시지를 GsmCallTracker 객체의 핸들러로 발송하기

서비스 resp용 메시지는 target 필드에 서비스 req를 보낸 클라이언트 객체의 핸들러를 저장하고 있으므로 서비스 resp용 메시지를 어떤 곳으로 보내야 할지 판단할 수 있다. 발신전화의 예에서 서비스 resp 메시지의 target 클라이언트 객체는 GsmCallTracker 객체의 핸들러이다. 서비스 resp 메시지는 Message 클래스의 sendToTarget() 메서드를 호출하여 해당 클라이언트 객체의 핸들러에 서비스 resp 메시지를 전송할 수 있다.

3.6.3 클라이언트 객체 핸들러의 서비스 resp 메시지 처리

3.6.2절에서 발송된 서비스 resp 메시지는 RILReceiver 쓰레드를 떠나 GsmCallTracker 객체가 소속되어 있는 main 쓰레드의 메시지 큐에 도착한다. 메시지 큐에 도착한 서비스 resp 메시지는 main 쓰레드의 루퍼에 의해서 GsmCallTracker 객체의 핸들러로 디스패치된다. 그림 3-53은 GsmCallTracker 객체의 핸들러가 서비스 resp 메시지를 처리하는 과정이다.

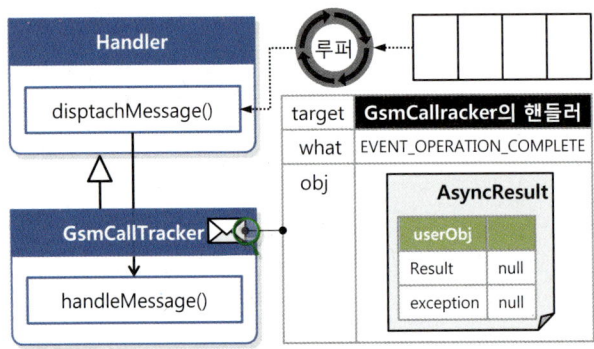

그림 3-53 GsmCallTracker 객체 핸들러의 서비스 resp 메시지 처리

GsmCallTracker 객체의 핸들러는 수신된 서비스 resp 메시지의 what 필드에 있는 서비스 req ID를 확인하고 서비스 req ID에 따라 메시지의 obj 필드로부터 AsyncResult 객체를 추출하고 서비스 resp 결과를 처리한다.

```
public void handleMessage (Message msg) {
    AsyncResult ar;

    switch (msg.what) {
        case EVENT_OPERATION_COMPLETE:    ──❶
        ar = (AsyncResult)msg.obj;        ──❷
        operationComplete();
        break;
    }
}
```

📁 frameworks/base/telephony/java/com/android/internal/telephony/gsm/GsmCallTracker.java

코드 3-54 GsmCallTracker 클래스 핸들러의 handleMessage() 메서드

3-54
❶ 서비스 req ID에 따라 서비스 resp를 처리

GsmCallTracker 클래스의 handleMessage() 메서드는 Handler 클래스의 handleMessage() 메서드를 오버라이딩하여 서비스 resp 메시지를 처리한다. 서비스 resp의 멤버 변수 what은 서비스 req ID를 저장하고 있어 이를 이용하여 어떤 서비스 req에 대한 서비스 resp인지 판별 가능하다.

3-54
❷ 서비스 resp로부터 AsyncResult 객체 추출

서비스 resp 메시지의 obj 멤버 변수로부터 AsyncResult 객체를 추출한다. 추출된 AsyncResult 객체는 해당 서비스 resp에 따라 처리된다.

3.7 RIL^{Java}의 RIL ind의 처리의 예

본 절은 안드로이드의 RSSI 처리 과정에 대한 예를 통해 RIL^{Java}가 RIL 데몬으로부터 RIL ind(RIL_UNSOL_SIGNAL_STRENGTH)를 받아 GsmServiceStateTracker 객체에 서비스 ind 메시지를 전달하는 과정을 설명한다. RSSI(Received Signal Strength Indication)는 수신 신호의 파워를 샘플링하여 디지털 신호로 변환한 수치이며 모뎀은 측정된 수신 신호의 세기를 정기적으로 안드로이드에 전달한다. RSSI는 텔레포니 프레임워크의 서비스 req없이 모뎀으로부터 텔레포니 프레임워크에 자발적으로 전달되는 Unsolicited 명령이다. 그림 3-54는 모뎀에 의해 측정된 SignalStrength가 안드로이드의 RSSI 바에 표시되는 예이다.

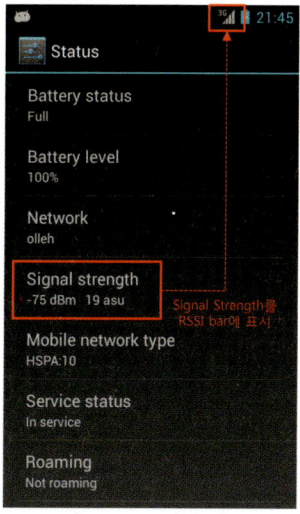

그림 3-54 RSSI bar와 SignalStrength

그림 3-55는 Subscriber 객체인 GsmServiceStateTracker 객체가 서비스 ind를 BaseCommands 객체의 Registrant 객체에 등록하고 Registrant 객체에 의해 서비스 ind가 발생하는 과정이다. 서비스 ind의 발생부터 처리까지의 과정은 크게 다섯 가지 단계로 분류할 수 있다.

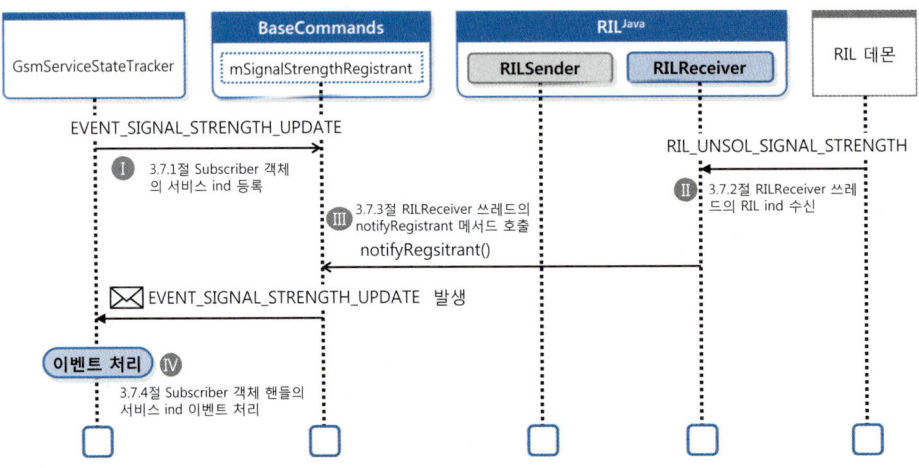

그림 3-55 RIL ind의 예제: RSSI 처리

Ⅰ Subscriber 객체(GsmServiceStateTracker)는 BaseCommands 객체의 Registrant(mSignalStrengthRegistrant) 객체에 수신을 원하는 서비스 ind(EVENT_SIGNAL_STRENGTH_UPDATE)를 등록.

Ⅱ RILReceiver 쓰레드는 RIL 데몬으로부터 RIL ind(RIL_UNSOL_SIGNAL_STRENGTH)를 수신.

Ⅲ RILReceiver 쓰레드가 RIL ind의 수신을 mSignalStrengthRegistrant 객체에 통지하면 mSignalStrengthRegistrant 객체는 이에 대응하는 서비스 ind 메시지를 Subscriber 객체에 발송.

Ⅳ Subscriber 객체의 핸들러는 수신된 서비스 ind(EVENT_SIGNAL_STRENGTH_UPDATE) 메시지를 처리.

3.7.1 Subscriber 객체의 서비스 ind 등록

GsmServiceStateTracker 객체가 모뎀으로부터 RSSI를 수신하려면 BaseCommands

객체의 mSignalStrengthRegistrant 객체에 신호 세기를 수신하기 위한 서비스 ind를 등록해야 한다. GsmServiceStateTracker 클래스의 생성자는 BaseCommands 객체의 setOnSignalStrengthUpdate() 메서드를 호출하여 mSignalStrengthRegistrant 객체에 수신하고 싶은 서비스 ind를 등록한다.

코드 3-55는 GsmServiceStateTracker 객체가 서비스 ind를 등록하는 과정에 대한 설명이다.

```
public GsmServiceStateTracker(GSMPhone phone) {
    cm.setOnSignalStrengthUpdate(this, EVENT_SIGNAL_STRENGTH_UPDATE, null);   ―❶
}
```

📁 frameworks/base/telephony/java/com/android/internal/telephony/gsm/GsmServiceStateTracker.java

코드 3-55 EVENT_SIGNAL_STRENGTH_UPDATE 이벤트 등록

3-55

❶ 서비스 ind(EVENT_SIGNAL_STRENGTH_UPDATE) 등록

GsmServiceStateTracker 클래스의 생성자가 BaseCommands 클래스의 setOnSignalStrengthUpdate() 메서드를 호출하여 서비스 ind(EVENT_SIGNAL_STRENGTH_UPDATE)를 mSignalStrengthRegistrant 객체에 등록한다.

코드 3-56은 BaseCommands 객체의 setOnSignalStrengthUpdate() 메서드가 서비스 ind를 등록하는 과정에 대한 설명이다.

```
public void setOnSignalStrengthUpdate(Handler h, int what, Object obj) {
    mSignalStrengthRegistrant = new Registrant (h, what, obj);
}
```

📁 frameworks/base/telephony/java/com/android/internal/telephony/BaseCommands.java

코드 3-56 setOnSignalStrengthUpdate() 메서드

GsmServiceStateTracker 클래스의 생성자가 setOnSignalStrengthUpdate() 메서드를 실행한 후 초기화된 mSignalStrengthRegistrant 객체의 상태는 그림 3-56과 같다.

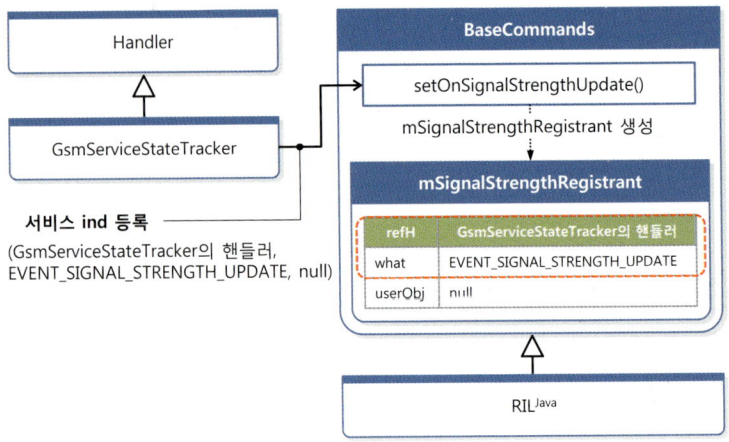

그림 3-56 EVENT_SIGNAL_STRENGTH_UPDATE 이벤트 등록

3.7.2 RILReceiver 쓰레드의 RIL ind 수신

RILReceiver 쓰레드의 RIL ind의 수신 및 처리 과정은 그림 3-57과 같다. 모뎀에 의해 발생된 RSSI 값은 RIL 데몬을 통해 RIL ind(RIL_UNSOL_SIGNAL_STRENGTH) 형태로 RIL^{Java}의 RILReceiver 쓰레드에 전송된다.

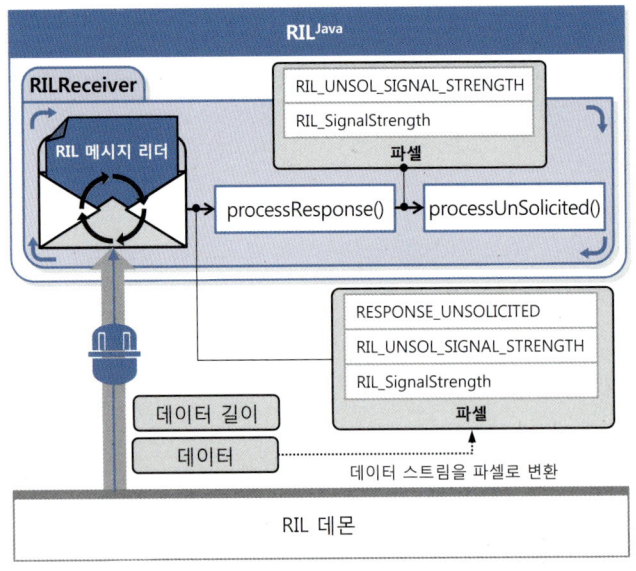

그림 3-57 RIL ind의 수신 및 처리 과정

RIL ind는 RIL^{Java}의 RILReceiver 쓰레드의 RIL 메시지 리더에 의해 수신되고 언마샬링되어 파셀에 저장된다. RILReceiver 쓰레드는 코드 3-49의 RIL resp와 같은 경로를 통해 RIL ind를 수신한다. RSSI를 위한 RIL ind는 RIL_UNSOL_SIGNAL_STRENGTH(ID=1009) 이다.

코드 3-57은 RILReceiver 쓰레드가 RIL 데몬으로부터 RIL ind를 수신한 후 processResponse() 메서드를 호출하여 RIL ind를 처리하는 과정이다.

```
private void processResponse (Parcel p) {
    int type;
    type = p.readInt();                    ──❶
    if (type == RESPONSE_UNSOLICITED) {
        processUnsolicited (p);            ──❷
    } else if (type == RESPONSE_SOLICITED) {
        processSolicited (p);
    }
}
```

📁 frameworks/base/telephony/java/com/android/internal/telephony/RIL.java

코드 3-57 processResponse() 메서드의 RIL ind 처리 과정

3-57
❶ 수신된 메시지 타입을 확인

파셀로 저장된 RIL ind로부터 메시지 타입을 읽어 Solicited 응답과 Unsolicited 응답 중 어떤 것인지 확인한다. RIL 데몬으로부터 RIL ind를 수신하였으므로 RESPONSE_ UNSOLICITED 타입이다.

3-57
❷ RIL ind의 처리

RIL ind의 메시지 타입은 RESPONSE_ UNSOLICITED이므로 processUnsolicited() 메서드에 의해 처리된다. processUnsolicited() 메서드의 구체적인 동작은 3.7.3절에서 자세히 설명한다.

3.7.3 RILReceiver 쓰레드의 notifyRegistrant() 메서드 호출

processUnsolicited() 메서드는 RIL ind인 RIL_UNSOL_SIGNAL_STRENGTH가 도착하였음을 Subscriber 객체에 알리기 위해 이에 대응하는 서비스 ind 메시지를 발송한다. 3.7.1절에서 Subscriber 객체인 GsmServiceStateTracker 객체는 mSignalStrengthRegistrant 객체에 서비스 ind(EVENT_SIGNAL_STRENGTH_UPDATE)를 등록하였다.

그림 3-58은 RILReceiver 쓰레드가 RIL ind(RIL_UNSOL_SIGNAL_STRENGTH)를 수신한 후 processUnsolicited() 메서드를 호출하여 BaseCommands 객체 내의 mSignalStrengthRegistrant 객체에 통지하는 과정이다. processUnsolicited() 메서드는 파셀 형태로 변환된 RIL ind의 서비스 ind ID를 확인하고 서비스 ind를 수신하기 원하는 Subscriber 객체에 서비스 ind(EVENT_SIGNAL_STRENGTH_UPDATE)를 전송한다.

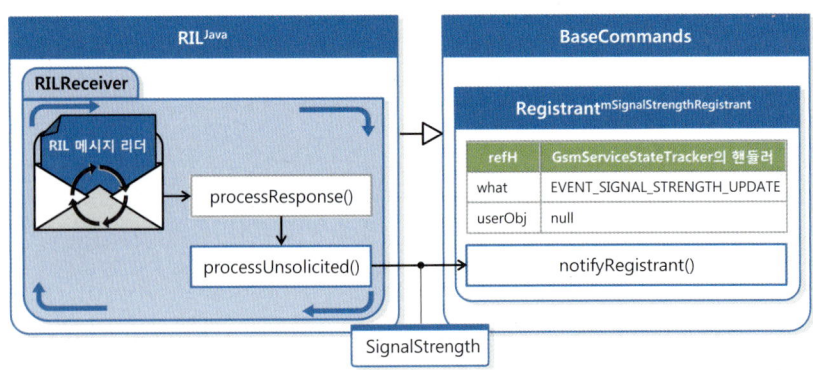

그림 3-58 mSignalStrengthRegistrant 객체의 notifyRegistrant() 메서드를 호출하는 과정

코드 3-58은 processUnsolicited() 메서드가 RIL ind(RIL_UNSOL_SIGNAL_STRENGTH)를 수신하였을 때 mSignalStrengthRegistrant 객체에 등록된 서비스 ind(EVENT_SIGNAL_STRENGTH_UPDATE)를 발생하는 과정에 대한 설명이다.

```
private void processUnsolicited (Parcel p) {
    int response;
    Object ret;
    response = p.readInt();                                                    ❶

    try {switch(response) {
        case RIL_UNSOL_SIGNAL_STRENGTH: ret = responseSignalStrength(p); break; ❷
```

```
        } catch (Throwable tr) {
            ...
        }

        switch(response) {
            case RIL_UNSOL_SIGNAL_STRENGTH:
            if (mSignalStrengthRegistrant != null) {
                mSignalStrengthRegistrant.notifyRegistrant(
                    ↳ new AsyncResult (null, ret, null)          ──❸
                );                                                ──❹
            }
            break;
        }
    }
```

📁 frameworks/base/telephony/java/com/android/internal/telephony/RIL.java

코드 3-58 RIL^Java 클래스의 processUnsolicited() 메서드

3-58
❶ RIL ind의 서비스 ind ID 확인

processUnsolicited() 메서드는 RIL ind ID에 따라 어떤 response 메서드를 호출할지 결정된다. RIL ind를 저장한 파셀의 RIL ind ID 필드를 읽어 어떤 종류의 RIL ind인지 확인한다. RSSI 수신 예제의 RIL ind ID는 RIL_UNSOL_SIGNAL_STRENGTH(ID=1009)이므로 responseSignalStrength() 메서드에 의해서 처리된다.

3-58
❷ response 메서드를 이용하여 RSSI를 추출

RIL^Java의 responseSignalStrength() 메서드는 파셀에 저장된 신호세기를 처리한다. 신호의 세기는 파셀로부터 추출되어 int 타입의 배열에 저장된다.

코드 3-59는 responseSignalStrength() 메서드가 파셀에 저장된 신호세기를 처리하는 과정에 대한 소개이다.

```
private Object responseSignalStrength(Parcel p) {
    int numInts = 12;
    int response[];
    response = new int[numInts];
```

```
        for (int i = 0 ; i < numInts ; i++) {
            response[i] = p.readInt();
        }
        return response;
}
```

📁 frameworks/base/telephony/java/com/android/internal/telephony/RIL.java

코드 3-59 RIL^{Java} 클래스의 responseSignalStrength() 메서드

responseSignalStrength() 메서드는 파셀에 저장되어 전달된 RIL ind로부터 신호세기를 추출하여 int형 배열에 저장한 후 반환한다. int형 배열의 크기는 12이다.

³⁻⁵⁸
❸ AsyncResult 객체의 생성

int 형 배열에 저장된 RIL ind의 결과는 AsyncResult 객체를 생성하여 저장한다.

코드 3-60은 RIL ind의 결과를 AsyncResult 클래스에 저장하는 방법에 대한 설명이다. AsyncResult 객체가 생성되면 userObj와 exception은 모두 null로 지정하고 RIL ind의 결과를 AsyncResult 객체의 result에 저장한다.

```
public AsyncResult (Object uo, Object r, Throwable ex) {
    userObj = uo;
    result = r;
    exception = ex;
}
```

📁 frameworks/base/core/java/android/os/AsyncResult.java

코드 3-60 AsyncResult 클래스의 생성자

³⁻⁵⁸
❹ Registrant 객체의 서비스 ind 메시지 발송

mSignalStrengthRegistrant 객체는 Subcriber 객체인 GsmServiceStateTracker 객체가 등록한 target 정보 및 서비스 ind ID 정보를 저장하고 있다. processUnsolicited() 메서드는 mSignalStrengthRegistrant 객체의 notifyRegistrant() 메서드를 호출하여 서비스 ind 메시지를 생성한다. 이렇게 생성된 서비스 ind 메시지는 notifyRegistrant() 메서드에

의해서 멤버 변수 what에 mSignalStrengthRegistrant 객체의 서비스 ind ID를 저장하고 Subscriber 객체의 핸들러를 멤버 변수 target에 저장한다.

그림 3-59는 mSignalStrengthRegistrant 객체의 notifyRegistrant() 메서드에 의해서 생성된 서비스 ind(EVENT_SIGNAL_STRENGTH_UPDATE) 메시지가 main 쓰레드의 메시지 큐에 삽입되는 과정이다.

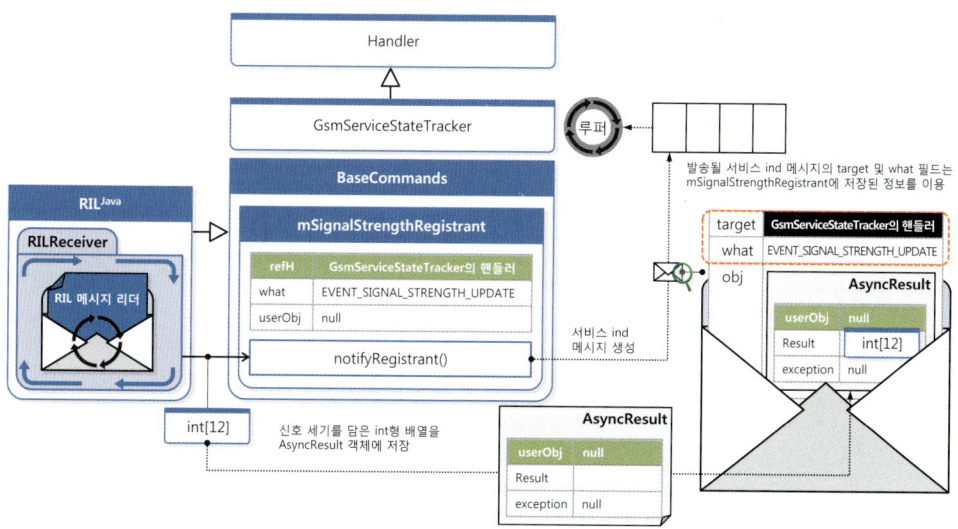

그림 3-59 서비스 ind 메시지(EVENT_SIGNAL_STRENGTH_UPDATE) 발생 과정

서비스 ind(EVENT_SIGNAL_STRENGTH_UPDATE)는 main 쓰레드의 루퍼에 의해 디스패치되어 Subscriber 객체인 GsmServiceStateTracker 객체의 핸들러에 전달된다.

3.7.4 Subscriber 객체 핸들러의 서비스 ind 메시지 처리

main 쓰레드의 루퍼는 메시지 큐에 쌓인 서비스 ind의 target 필드를 참조하여 GsmServiceStateTrakcer 객체의 핸들러로 서비스 ind 메시지를 디스패치한다.

그림 3-60은 main 쓰레드에 의해 디스패치된 서비스 ind((EVENT_SIGNAL_STRENGTH_UPDATE))를 GsmServiceStateTracker 객체의 핸들러가 처리하는 과정이다. GsmServiceStateTracker 객체의 handleMessage() 메서드는 서비스 ind의 what 필드를 참조하여 서비스 ind 메시지를 처리한다.

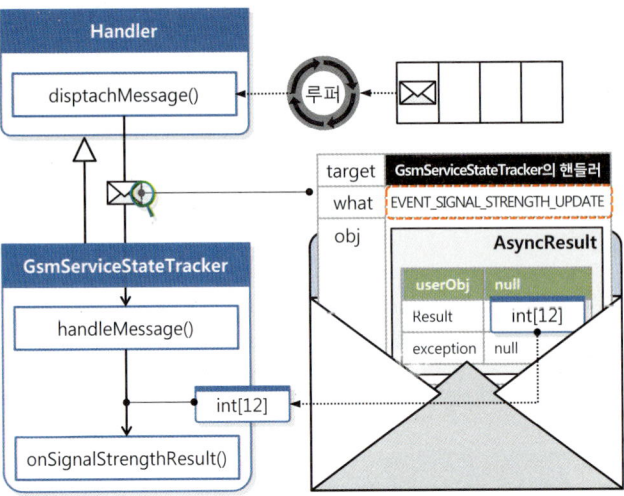

그림 3-60 Subscriber 객체(GsmServiceStateTracker) 핸들러의 서비스 ind 메시지 처리

코드 3-61은 디스패치된 서비스 ind 메시지가 GsmServiceStateTracker 객체 핸들러의 handleMessage() 메서드에 의해 처리되는 과정에 대한 설명이다.

```
public void handleMessage (Message msg) {
    AsyncResult ar;
    int[] ints;
    String[] strings;
    Message message;

    switch (msg.what) {
        ...
        case EVENT_SIGNAL_STRENGTH_UPDATE:         ──❶
        ar = (AsyncResult) msg.obj;                ──❷
        dontPollSignalStrength = true;
        onSignalStrengthResult(ar);                ──❸
        break;
        ...
    }
}
```

📁 frameworks/base/telephony/java/com/android/internal/telephony/gsm/GsmServiceStateTracker.java

코드 3-61 GsmServiceStateTracker 핸들러의 EVENT_SIGNAL_STRENGTH_UPDATE 처리

❶ 서비스 ind 메시지(EVENT_SIGNAL_STRENGTH_UPDATE) 수신

handleMessage() 메서드는 서비스 ind 메시지의 what 필드를 참조하여 수신된 서비스 ind 메시지를 어떻게 처리할 것인지 결정한다. 수신된 서비스 ind 메시지 타입은 EVENT_SIGNAL_STRENGTH_UPDATE이다.

❷ 서비스 ind 메시지의 obj 필드의 데이터를 AsyncResult 타입으로 캐스팅

서비스 ind 메시지의 obj 필드 데이터는 AsyncsResult 객체이다. 메시지의 obj 필드에 저장된 신호 세기 데이터는 처리를 위해 AsyncResult 타입으로 캐스팅된다.

❸ RSSI 데이터 처리

모뎀으로부터 수신된 RSSI 데이터는 SignalStrength 객체에 저장되어 RSSI의 수신을 원하는 프로세스에 전달된다.

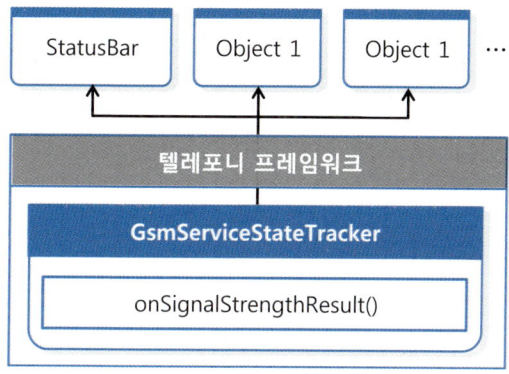

그림 3-61 RSSI의 최종 수신

04
USIM
UISM(Universal Subscriber Identity Module)

휴대폰을 변경하면 기존에 사용하던 정보들을 이동시키기 위해 이런저런 불편함을 경험했을 것이다. USIM의 등장으로 이러한 불편함이 해소되었고 사용자는 간단한 USIM 칩의 교체만으로 기존에 사용하던 정보들의 이용이 가능해졌다.

USIM은 가입자의 정보를 저장하는 기본 기능 뿐 아니라, 이동 통신망과 무선랜 등의 인증 기능, 보안에 민감한 정보의 저장 기능 등 이동 통신 기술의 발전과 함께 그 기능도 확장되고 있다. 이와 맞물려 USIM의 다양한 역할을 지원하기 위한 안드로이드의 기능 개발 또한 빠르게 진행되는 중이다.

3G나 4G와 같은 최근의 이동 통신에서 휴대폰은 단말기와 USIM(Universal Subscriber Identity Module) 카드로 구성되어 있다. USIM 카드는 사용자의 개인 정보를 저장하는 기능뿐 아니라 이동 통신 네트워크와의 연결을 비롯하여 안드로이드 텔레포니 프레임워크 동작의 전반에 걸쳐 사용된다. 따라서 이동 통신의 메커니즘을 이해하기 위해서는 USIM에 대한 이해가 필요하다고 볼 수 있다.

본 장에서는 USIM이란 무엇인지, 그리고 어떤 목적으로 만들어졌고 어떻게 동작하는지 살펴본다. 더 나아가 USIM, 모뎀 그리고 RIL을 거쳐 텔레포니 프레임워크로 이어지는 연결 과정의 초기화와 상세 동작에 대해 알아보도록 하겠다.

4.1 USIM 소개

3G 이동 통신이나 LTE(Long Term Evolution)에서 사용자를 인식하기 위해 사용하는 USIM 카드는 스마트카드의 한 종류이다. 신용카드 중에는 카드 위에 손톱만한 네모난 칩이 있는 것들이 있는데, 그 칩에는 매우 작은 형태의 컴퓨터가 들어가 있다. 이러한 칩을 IC(Integrated Circuit) 칩이라 부르며 IC 칩이 포함되어 있는 카드를 스마트카드 또는 IC 카드라고 한다[1].

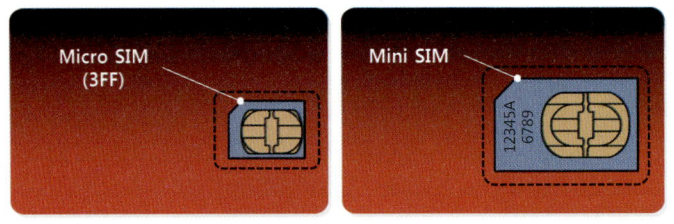

그림 4-1 Micro SIM과 Plug-in Type Smart Card(USIM)

스마트카드의 IC 칩은 내부에 CPU, 메모리 그리고 컨트롤러가 있는 일종의 컴퓨터이며 메모리에 카드의 사용 목적에 해당하는 프로그램이 설치되어 동작한다. 비록 단순한 구조로 이루어져 제한된 동작만 가능하지만, 하드웨어에 소프트웨어가 설치되어 있는 형태는 주변에서 볼 수 있는 컴퓨터와 동일하다. 그리고 설치된 프로그램에 따라서 다양한 동작이 가능하며 현재 교통카드의 기능이나 결제, 은행 업무 등 다양한 목적으로 사용되고 있다.

---

1 관련 스펙 문서는 ISO/IEC 7810이며 물리적으로 어떤 특성을 가지는지 설명하고 있다.

IC 칩은 그림 4-2와 같이 데이터의 영구 및 임시 저장 공간의 역할을 하는 RAM, ROM 그리고 EEPROM과 연산 역할을 하는 CPU로 구성되어 있다. 내부 구조를 조금 더 자세히 살펴보면, ROM에는 연산 과정 중 변경이 되어서는 안 되는 암호화와 관련된 알고리즘과 같은 루틴들이 저장되어 있으며 EEPROM에는 데이터나 IC 칩에서 동작하는 애플리케이션이 설치되어 있다.

그림 4-2 UICC 내부 구조[2]

USIM 카드는 스마트카드의 한 종류에 해당하며 휴대폰에 삽입되어 사용자를 식별하는 역할을 한다. 엄밀하게 구분해서 보면 USIM 카드는 USIM이란 이름의 애플리케이션이 설치되어 있는 스마트카드를 지칭하는 표현이다. USIM은 애플리케이션의 이름에 해당하기 때문에 물리적인 카드 자체를 지칭할 때는 UICC(Universal Integrated Circuit Card)[3]라는 단어를 쓰는 것이 정확한 표현이다.

본 장에서는 UICC와 USIM의 구별을 위해서 USIM 카드의 하드웨어인 카드 자체를 지칭하는 단어로 UICC를 사용하고 소프트웨어를 지칭하는 단어로 USIM을 사용하도록 하겠다.

---

2 http://clone2.chat.ru/2_eng_simreader.htm

3 UICC: UMTS(3G) 이동 통신에서 사용하기 위해 만들어진 스마트카드 표준 중 하나. 이동 통신 네트워크 사용자에 관한 정보와 개인 정보 등을 보안성을 유지하면서 저장할 수 있는 기능이 포함되어 있다.

4.1.1 스마트카드란 무엇인가?

스마트카드에 관련된 모든 것들. 즉, 모양, 특성, 통신 방법, 초기화 방법 등은 ISO/IEC 7816이라는 표준 문서에 정의되어 있다. 이 문서의 내용을 바탕으로 간단하게 스마트카드에 관해 알아보도록 한다.

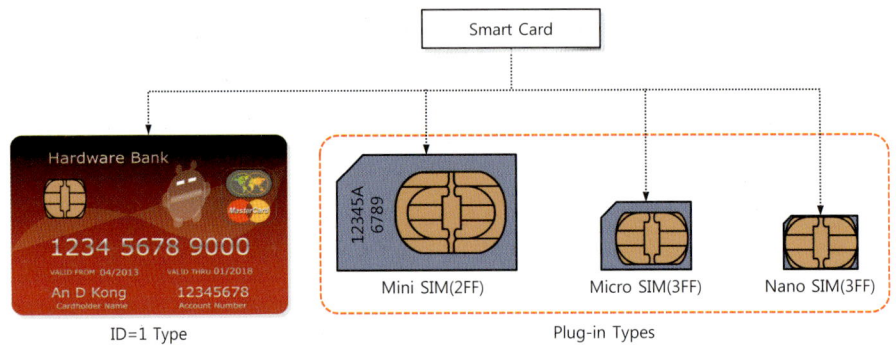

그림 4-3 Smart Card Types

스마트카드는 그림 4-3에서 볼 수 있듯이 신용카드에 사용되는 ID-1 타입과 휴대폰에 사용되고 있는 UICC인 Plug-in 타입이 존재한다. 이 중 Plug-in 타입에는 동일한 IC 칩을 사용하지만, 주변부의 크기가 다른 세 가지의 SIM이 존재한다.

최근에는 범용적으로 사용되던 Mini SIM의 마이크로 칩 부분을 남기고 바깥 부분을 잘라서 크기를 줄인 Micro USIM 타입이 널리 사용되고 있다. 크기가 작아서 휴대폰의 SIM 카드 삽입부를 줄일 수 있다는 장점으로 인해 점점 사용이 확대되고 있는 추세이다.

애플의 IPhone5는 Micro SIM보다 더 작은 크기인 Nano SIM을 사용하고 있다. Nano SIM은 Micro SIM이 도입된 이유와 같이 좀 더 작은 휴대폰의 삽입구를 위해 고안된 표준이다. Micro USIM이 최근 많은 휴대폰에서 사용되고 있는 것처럼 향후에는 Nano SIM 타입이 점점 넓게 보급될 것으로 보인다.

4.1.2 스마트카드의 부팅 과정

스마트카드는 연산장치와 기억장치가 있는 일종의 컴퓨터이다. 따라서 스마트카드를 사용하기 위해서는 부팅 과정을 거쳐야 한다. 부팅 과정에서 어떤 작업들이 진행되는지 살펴보겠다.

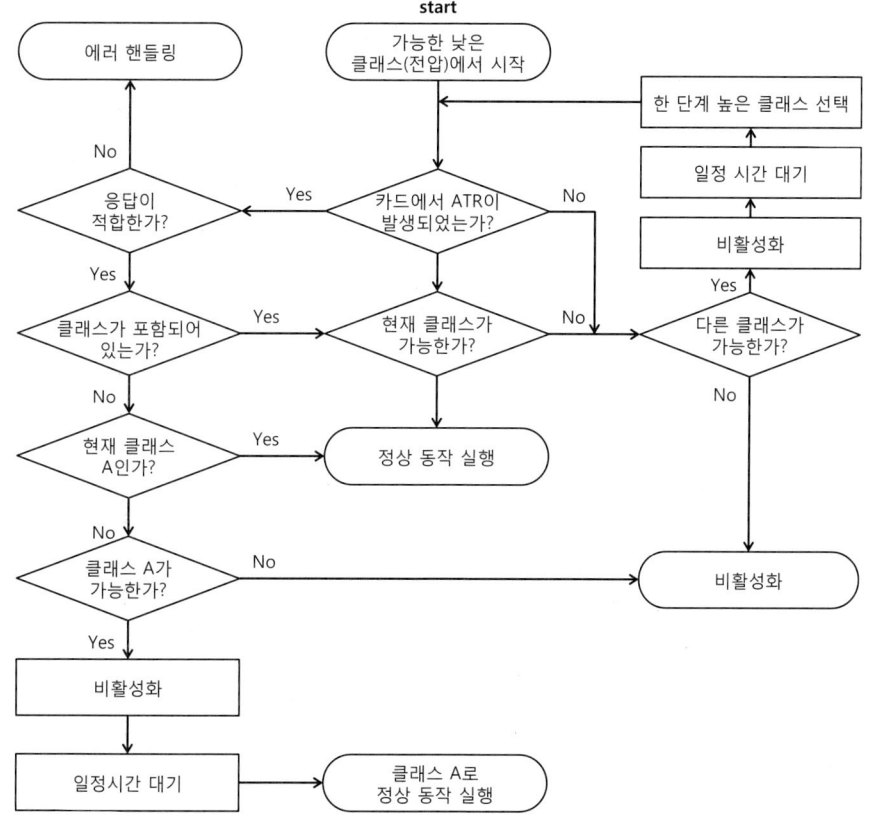

그림 4-4 스마트카드 동작 클래스의 선택 순서도[4]

스마트카드는 물리적인 특성에 따라 A, B, C 세 가지의 클래스로 나뉘어진다. 그리고 클래스별로 허용하는 최저 및 최고 전압이 존재한다. 부팅 시점에서 스마트카드를 이용하는 단말에서는 실제 어떤 클래스의 카드가 삽입되어 있는지 알 수 없으므로 내부 회로 보호를 위해 가장 약한 C 클래스의 전압인 1.8V로 구동시키게 된다. 이후 부팅이 진행되면서 적절한 전압으로 구동된다.

표 4-1에서는 각각의 클래스별로 최소 및 최대 전압이 어떻게 규정되어 있는지 나타내고 있다.

---

4 · ISO 7816-3 4.2.2 Selection of the operating class

표 4-1 UICC 클래스별 전압[5]

클래스	단위	최소	최대
A	V	4.5	5.5
B	V	2.7	3.3
C	V	1.62	1.98

스마트카드에 전압이 인가되면 Cold Reset이란 단계가 시작된다. 이후, 카드에서 단말로 ATR(Answer to Reset)이란 규격의 바이트 스트림을 보낸다. 단말은 ATR을 통하여 스마트카드가 지원 가능한 속도, 클래스, 통신 방식 등의 정보를 얻고 해당 정보를 기준으로 스마트카드와 통신하기 위한 환경을 설정한다. 특히, 클래스 정보를 기준으로 카드의 클래스에 해당하는 전압으로 변경하여 다시 전압을 인가한다. 이후 카드에서는 다시 Cold Reset이 진행되고 이어서 ATR이 전송된다. 전송된 ATR을 이용하여 단말에서는 추가적인 초기화 및 이후의 통신을 진행한다. 그림 4-4에서 이와 같은 클래스를 선택하여 부팅되는 과정이 순서도로 표현되어 있다.

ATR에 대한 자세한 정보는 ISO 7816-3 문서의 6.4 Answer-to-Reset Structure에 상세하게 기재되어 있다. 상세한 정보가 필요한 경우 해당 문서를 참고하도록 한다.

4.1.3 APDU를 이용한 스마트카드 통신

휴대폰과 UICC 카드 사이의 통신에 사용하는 데이터 전달 단위를 APDU(Application Protocol Data Unit) 메시지라고 부른다. 단말에서 카드에 요청할 사항을 APDU라는 형태의 바이트 스트림으로 만들어서 전송하고 그 답변도 APDU 형태로 받는다. 이렇게 명령을 할 때 쓰는 APDU를 Command APDU(C-APDU)라고 하고 답변을 받을 때 쓰는 APDU를 Response APDU(R-APDU)라고 한다.

그림 4-5는 APDU를 사용하여 어떻게 단말과 UICC 사이에 명령과 결과를 주고받는지를 나타낸 것이다.

---

[5] ESTI 102 221 v08 6.2.1 Supply voltage classes

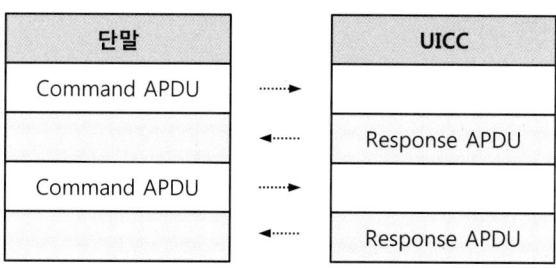

그림 4-5 단말(terminal)과 UICC 간 APDU 통신[6]

각 APDU는 표 4-2와 같이 바이트 포맷으로 구성되어 있으며 미리 정의된 명령 코드를 포함하고 있어서 필요한 명령을 실행시킬 수 있다.

표 4-2 APDU 구조

필드 이름	길이	설명
Command APDU		
CLA	1	명령 분류 (INS)
INS	1	명령 코드 (예) SELECT FILE, READ BINARY
P1-P2	2	명령 파라미터(대상 파일 주소 등)
Lc	0, 1 혹은 3	명령 데이터(Command data)의 길이
Command data	Nc	Nc 길이의 바이트로 구성된 명령 데이터
Le	0, 1, 2 혹은 3	응답 데이터(Response data)의 길이
Response APDU		
Response data	Nr(at most Ne)	Nr 길이의 바이트로 구성된 응답 데이터
SW1-SW2	2	명령 처리 결과 코드 (예) 성공 - 0x90 0x00

UICC로부터 데이터를 읽는 작업이 APDU 단위에서 어떻게 진행되는지는 4.2.3절에서 살펴보도록 하겠다.

---

6 · ETSI TS 102 221 V08 7.4.1 Exchange of APDUs

4.1.4 USIM의 유래

USIM과 SIM은 기본적으로 동일한 기능을 수행한다. 2세대 이동 통신인 GSM에서 사용되는 SIM을 확장하여 3세대 이동 통신인 UMTS에서 사용하게 된 것이 현재의 USIM이다. 먼저 SIM에 대해 살펴보고 SIM과 USIM의 차이점은 무엇인지 알아보도록 한다.

GSM 네트워크에서 MS(Mobile Station)는 가입자가 네트워크에 접근하기 위한 물리적인 디바이스이다. MS는 크게 두 가지 컴퍼닌트 즉, SIM과 ME로 구성된다. ME가 바로 우리가 사용하는 휴대폰 단말기를 지칭하는 표현이다. 요컨대 휴대폰 단말기(ME)에 SIM을 결합한 것을 MS라고 한다.

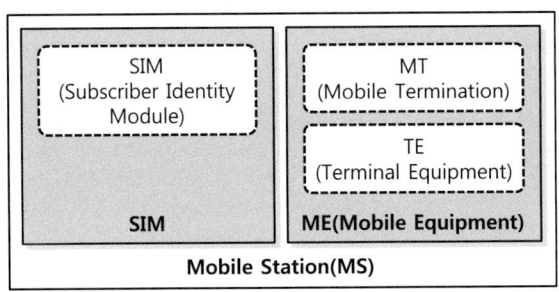

그림 4-6 MS의 구성 요소

◉ SIM(Subscriber Identifiy Module)

사용자는 ME에 정상적인 SIM을 삽입하면 휴대폰을 이용하여 전화를 걸거나 상대방으로부터 걸려온 전화를 받을 수 있다. 1세대 이동 통신인 아날로그 셀룰러 시스템은 사용자의 ESN(Electronic Serial Number)이 휴대폰의 내부에 저장되어 있었다. 이러한 이유로 가입자가 휴대폰을 그대로 사용하면서 이동 통신 사업자를 변경한다면 ESN을 다시 입력해야 하는 불편함이 존재하였다. 반대로 이동 통신 사업자는 유지하면서 휴대폰을 변경하게 되면 전화번호부 등의 개인 정보를 재입력해야 하는 불편함도 존재하였다.

이러한 불편함을 보완하기 위해 GSM 시스템은 SIM을 도입하였다. SIM의 도입으로 사용자는 본인의 전화번호와 저장된 전화번호부 등의 개인 정보를 유지하면서 휴대폰 단말기를 자유롭게 바꿀 수 있게 되었다. 그리고 다른 국가로 이동하였을 때, 해당 국가의 SIM을 구입하여 휴대폰 단말기에 삽입하면 로밍을 하지 않고도 체류하는 국가의 모바일 네트워크를 이용할 수 있게 되었다.

◉ ME(Mobile Equipment)

ME는 SIM을 삽입할 수 있는 슬롯을 포함하고 있다. ME는 논리적인 두 개의 컴포넌트인 MT(Mobile Termination)와 TE(Terminal Equipment)로 구분된다. MT는 GSM Radio 인터페이스에 해당하는 정보의 송·수신에 관련된 모든 기능을 포함한다. TE는 주로 UI 기능을 담당하며 하드웨어(스피커, 마이크로폰, 디스플레이 등)와 사용자 애플리케이션을 관리한다.

◉ SIM과 USIM의 차이점

SIM과 USIM의 가장 큰 차이점은 만들어진 목적이다. GSM이 설계되는 과정에서 사용자 정보를 분리하기 위한 목적으로 SIM 카드를 만들어 사용하였다. 즉, SIM 카드의 경우 이동 통신에서의 사용자 인식 및 개인 정보 저장을 위한 목적으로 만들어져 사용된 것이다.

이후, 3G 이동 통신인 UMTS에서는 스마트카드의 일종인 UICC에 SIM 카드의 역할을 수행하는 USIM이라는 애플리케이션을 만들어 설치하여 사용하고 있다. UICC는 범용적으로 사용될 수 있도록 설계되었기 때문에 USIM 기능 이외에도 추가로 설치되는 애플리케이션에 따라 신용카드나 교통카드와 같은 다양한 역할을 수행한다. 이외에도 GSM 네트워크를 지원하기 위해 UICC에 SIM 애플리케이션이 설치되어 있는 경우도 있으며 CDMA2000을 지원하기 위해 CSIM 애플리케이션이 설치되기도 한다.

우리나라의 경우 3G 통신 도입 이전에는 CDMA를 사용하였기 때문에 유럽에서 쓰였던 GSM과 다르게 SIM을 사용하지 않았다. 하지만 3G 이동 통신 도입 이후 국내에서도 USIM을 사용하고 있다.

4.1.5 USIM의 주요 기능

USIM은 다음과 같은 네 가지의 주요 기능을 가지고 있다. 각각의 기능에 대해서 간단히 살펴보도록 하겠다.

1. 네트워크 인증
2. 가입자 정보 저장
3. 사업자 정보 저장
4. USAT(USIM Application Toolkit)

◉ 네트워크 인증

GSM 네트워크에서부터 UMTS 통신에 이르기까지 SIM과 USIM은 이동 통신 가입자가 적합한 사용자인지를 인증하는 과정에서 사용되고 있다. 각각의 인증 과정은 비슷하게 이루어지므로 대표적으로 UMTS의 인증 과정을 살펴보도록 하겠다.

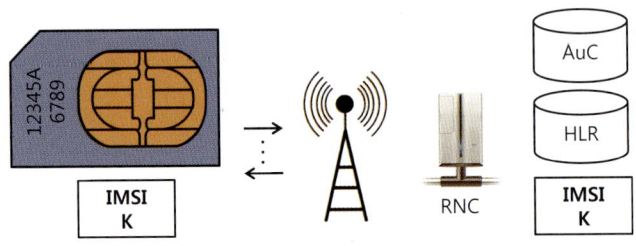

그림 4-7 UMTS 네트워크 인증

그림 4-7에서 UMTS의 인증은 USIM과 이동 통신 네트워크에서 공유하고 있는 K라 불리는 값을 통해서 이루어진다. K는 USIM의 제작 과정에서 생성되어 입력된다. 그리고 USIM의 고유 번호에 해당하는 IMSI와 함께 이동 통신 네트워크의 데이터베이스에 저장된다.

휴대폰을 부팅하는 과정에서 이동 통신 네트워크에 인증을 요청하게 되는데, 이때 IMSI 값을 함께 전달한다. 이동 통신 네트워크는 RAND라 부르는 랜덤한 데이터를 생성하여 저장된 K와 함께 3G 알고리즘이라 부르는 연산을 수행하여 인증값 A를 생성한다. USIM은 저장되어 있는 K 값과 모바일 네트워크로 전달받은 RAND 등의 데이터를 USIM의 3G 알고리즘으로 연산하여 인증값 B를 만드는데 이 B와 A가 같으면 인증에 성공하게 된다.

이 과정을 통해서 이동 통신 네트워크는 접속을 요청한 가입자의 USIM에 적합한 IMSI와 K 값이 저장되어 있는지, 그리고 유효한 3G 알고리즘이 저장되어 있는지 확인할 수 있다. 최종적으로 모든 값이 정상일 때 이를 유효한 가입자로 판단하는 것이다.

네트워크 인증 과정은 본서의 집필 방향에 포함되지 않으므로 간략하게 설명하였다. 좀 더 자세한 내용을 알고 싶을 경우 3GPP 스펙 문서 33.102 3G security; Security architecture를 참고하길 바란다.

◉ 가입자 정보 저장

USIM과 SIM은 원래 이동 통신 가입자의 정보를 저장하는 목적으로 설계되었다. 가입자 정보에는 개인 정보에 해당하는 전화번호부나 단문 메시지(SMS) 등과 가입자를 구분하기 위한 정보인 IMSI나 전화번호 등이 포함되어 있다.

표 4-3은 USIM에 저장되는 정보 중 가입자 정보에 해당하는 내용이다.

표 4-3 USIM에 저장되는 가입자 정보

종류	설명
ICCID	USIM 카드에 부여되는 고유 번호(IMSI가 가입자 즉, 사용자에게 부여되는 고유 번호인 반면 ICCID는 USIM 카드 자체에 부여되는 번호이다.)
USIM 서비스 테이블	USIM에서 어떤 서비스를 제공하는지 표시되어 있는 데이터
IMSI	가입자를 구분하기 위해 USIM에 부여되는 고유 번호
가입자 인증 키 K	인증에 사용되는 영구적인 비밀 키
선호 언어	가입자의 사용 언어
전화번호부	이름, 전화번호, 기타 정보들로 구성되는 전화번호부 데이터
SMS	수신받은 SMS

◉ 사업자 정보 저장

USIM에는 가입자 정보 이외에도 이동 통신 사업자의 필요나 네트워크 연결 및 이용에 필요한 정보들도 저장되어 있다. 표 4-4는 이를 정리한 것이다.

표 4-4 USIM에 저장되는 사업자 정보

종류	설명
BCCH Information	Cell 선택을 위해 사용되는 캐리어 주파수의 리스트이다.
가입자 인증 키	K라 불리며 네트워크 인증에 사용된다.
Forbidden PLMNs	SIM은 등록이 허용되지 않는 PLMN의 리스트를 유지한다. 이것은 MS가 네트워크 등록 시 Forbidden PLMN에 불필요한 등록 시도를 방지하기 위해 사용된다.
PLMN search period	네트워크를 검색하는 시간 간격(time interval)을 제어하기 위해 사용된다.
인증 알고리즘	상황에 따라 3G, A3, A8 등의 인증에 필요한 값을 계산하기 위한 알고리즘 루틴이 저장되어 있다.

암호화 알고리즘	휴대폰과 기지국 사이의 통신은 암호화되어 진행되는데, 데이터 암호화를 위하여 A5 등의 암호화 알고리즘 루틴이 저장되어 있다.
네트워크 이름	USIM을 제작한 사업자의 네트워크 이름을 저장하고 있으며 네트워크에 접속하게 되면 이를 표시해준다.

⦿ USAT(USIM Application Toolkit)

USIM Toolkit(이하 USAT)은 USIM과 같이 UICC에 설치되는 애플리케이션으로 이동 통신 사업자에서 이동 통신 네트워크 관련 서비스를 사용자에게 제공하기 위해서 사용된다. USAT 애플리케이션은 USAT 스펙[7]에 따라 휴대폰에 구현되어 있는 기능들을 활용해 동작한다.

USAT은 이동 통신 사업자가 필요한 애플리케이션들을 휴대폰에 미리 설치하지 않더라도 UICC에서 구동할 수 있도록 해준다. 지금은 상황이 많이 바뀌었지만, 스마트폰이 대중화되기 이전에는 제조사에서 휴대폰에 프로그램을 미리 넣어두지 않으면 이동 통신 사업자가 가입자에게 휴대폰을 이용한 서비스를 제공할 수 없었다.

이런 한계를 극복하기 위해 제조사는 USAT 애플리케이션을 구동할 수 있도록 휴대폰을 개발하였고 이를 통해 국외의 이동 통신 사업자들은 휴대폰의 제약 없이 추가적인 서비스를 제공할 수 있게 되었다.

USAT을 기반으로 하는 서비스는 다양한데 예를 들면, USAT을 이용해서 특정 데이터를 SMS로 보내기, 전화 걸기, 화면에 데이터 출력하기 및 사용자의 입력받기 등이 있다. 이를 이용하여 부팅 후 사용자의 전화번호를 SMS로 이동 통신 사업자에 보내거나(Send SMS) 현재 위치를 받아서(Provide Local Information) 지역 할인과 같은 서비스를 제공하기도 한다.

또한, USIM에 들어 있는 전화번호부에 접근할 수 있는 메뉴(Setup Menu, Select Item)를 제공하기도 하고 전화번호부 데이터를 인터넷의 이동 통신 사업자 서버와 동기화할 수 있는 기능(Open Channel)을 제공하기도 한다.

이 외에도 사용자의 통화 시간이나 SMS 전송 횟수 등 사용정보를 제공하는 서비스(Display Text)나 이메일을 열람하고 보낼 수 있는 서비스(Send SMS) 등 다양한 형태의 서비스가 존재한다.

---

7 · 3GPP TS 31.111 : http://www.3gpp.org/ftp/Specs/html-info/31111.htm

 TIP - SIMLOCK[8]

2008년 이전에는 SKT나 KT에서 판매되는 휴대폰에는 해당 이동 통신 사업자의 UICC(USIM)만 사용할 수 있었다. 이는 이동 통신 사업자에서 판매하는 단말기에 특정 UICC만 사용할 수 있도록 SIMLOCK이란 기능을 이용해서 제한했기 때문이다. 이와 같이 SIMLOCK은 휴대폰에서 사용할 수 있는 UICC를 제한하는 역할을 한다. SIMLOCK의 다섯 가지 종류와 사용되는 데이터는 표 4-5와 같다.

표 4-5 SIMLOCK의 종류와 사용하는 데이터

종류	MCC, MNC[9]	IMSI digits 6 and 7	GID1	GID2	IMSI digits 8 to 15
Network	O				
Network Subset	O	O			
Service Provider	O		O		
Corporate	O		O	O	
USIM	O				O

이중 일반적으로 사용되는 SIMLOCK은 Network Lock이다. Network Lock은 국가를 구분하기 위한 MCC와 이동 통신 사업자를 구분하기 위한 MNC를 이용하여 특정 국가의 특정 이동 통신 사업자에서 제조한 UICC만을 사용할 수 있도록 휴대폰에 설정하는 SIMLOCK이다.

이외에 유럽 등에서는 많은 국가가 인접해있고 대규모 이동 통신 사업자뿐만 아니라 중소 규모의 이동 통신 사업자들도 많이 존재하여 MCC 및 MNC가 겹치는 경우 등이 발생한다. 이 경우 Network Subset Lock을 사용하는데 IMSI의 여섯 번째와 일곱 번째 값을 사용하여 UICC를 구별한다. 이동 통신 네트워크를 임대하여 사용하는 MVNO[10] 이동 통신 사업자의 경우 IMSI의 여섯 번째와 일곱 번째 값도 겹치기 때문에 USIM에 들어 있는 GID1이란 값을 사용하여 구분하게 된다. 이를 Service Provider Lock이라 한다. 이외에도 세부적인 구분을 통해 특정 회사나 단체에서만 사용하는 것을 목적으로 하는 Corporate Lock이나 정해진 UICC만 사용할 수 있도록 하는 USIM Lock이 존재하지만 실제로는 거의 쓰이지 않는다.

---

8 Personalization of Mobile Equipment - 3GPP TS 22.022

9 IMSI(International Mobile Subscriber Identity)는 USIM에 들어 있는 15자리의 숫자로 USIM마다 고유한 값을 가지며 이동 통신 네트워크에서 사용자를 구분하기 위한 데이터로 사용된다. 앞 세 자리는 국가 코드를 나타내는 MCC(Mobile Country Code)라 부르고 이어지는 두 자리는 통신사를 나타내는 MNC(Mobile Network Code)라 부른다(북미의 경우 세 자리).

10 MVNO(Mobile Virtual Network Operator): 자체 이동 통신 네트워크 없이 기존의 이동 통신 사업자에게 망을 임대하여 자체적으로 고객에게 서비스하는 이동 통신 사업자

4.2 USIM의 데이터 구조 및 동작

4.1.5절에서 살펴본 것과 같이 USIM은 가입자나 사업자의 데이터를 저장하는 역할을 한다. 본 절에서는 USIM에 저장되는 데이터는 어떤 구조를 이루고 있는지, 어떤 방식으로 데이터를 읽고 쓰게 되는지 알아보도록 한다.

4.2.1 USIM의 데이터 구조

USIM은 일반적인 파일 시스템과 같이 루트 디렉터리와 그 하위 디렉터리 그리고 파일들로 구성된다. USIM은 2G 통신인 GSM과 3G 통신인 UMTS를 모두 지원하기 때문에 두 개의 루트 디렉터리를 가지고 있다. 컴퓨터에 비교하자면 C 드라이브와 D 드라이브가 존재하는 것과 같다.

2G 통신에 사용되는 파일 시스템의 루트 디렉터리를 MF(Master File)라 하고 3G를 위한 파일 시스템의 루트 디렉터리는 ADF_{USIM}(Application Dedicated File)라 불린다.

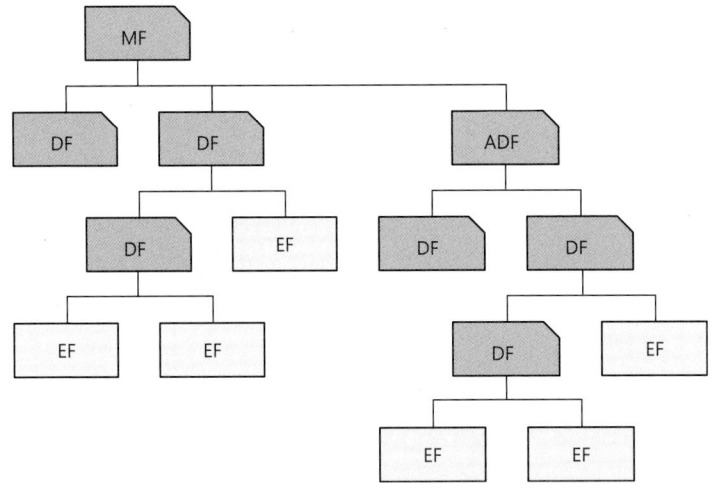

그림 4-8 USIM 파일 시스템의 구성

루트 디렉터리인 MF와 ADF는 그 아래에 일종의 디렉터리인 DF와 파일의 역할을 하는 EF를 가질 수 있다. 그리고 DF는 다른 DF와 EF를 하위에 포함할 수 있다.

데이터는 EF에 저장되며 각각의 데이터들은 이동 통신 네트워크를 검색하는 과정, 인증하는 과정, 사용자 정보 등을 저장하고 제공하는 과정에서 사용된다.

표 4-6 USIM 파일 시스템의 구성 요소

파일명	설명
MF (Master File)	컴퓨터 파일 시스템에서의 루트 디렉터리와 같은 역할을 한다. 하위에 DF와 EF를 가질 수 있다.
ADF (Application Dedicated File)	확장된 형태의 DF로 USIM에서 3G 통신에 필요한 데이터를 저장하기 위해 사용한다. USIM에서 사용하는 ADF를 ADF_{USIM}라 부르며 루트 디렉터리의 역할을 한다. MF와 같이 하위에 DF와 EF를 가질 수 있다.
DF (Dedicated File)	SIM은 등록이 허용되지 않는 PLMN의 리스트를 유지한다. 이것은 MS가 네트워크 등록 시 Forbidden PLMN에 불필요한 등록 시도를 방지하기 위해 사용된다.
EF (Elementary File)	데이터를 저장하는 파일이다. 일반적인 파일 시스템에서의 파일과 다르게 자료구조에 따라 세 가지 종류의 EF가 존재한다.

◉ EF(Elementary Files)

EF는 UICC 파일 시스템 계층 구조에서 DF 아래에 위치하는 실제 데이터를 포함하고 있는 파일이다. EF는 하위에 다른 EF나 DF를 가질 수 없으며 데이터를 저장하는 방식에 따라 Transparent EF, Linear EF 그리고 Cyclic EF로 종류가 나뉘어진다. 이는 디렉터리 안에 디렉터리나 파일이 포함될 수 있으나 파일은 다른 디렉터리나 파일을 포함할 수 없는 일반적인 파일 시스템의 구조와 동일하다.

표 4-7 EF의 종류

파일명	설명
Transparent EF (Elementary File)	n 바이트로 이루어져 있는 기본적인 형태의 파일이다. 데이터를 읽거나 수정할 때는 offset과 length를 지정하여 바이트 시퀀스를 읽거나 수정한다. 대부분의 EF는 Transparent EF로 구성되어 있다. 대표적으로 이동 통신 가입자를 구분하기 위한 번호인 EF_{IMSI}가 이에 해당한다. Header Body — Sequence of bytes

Linear Fixed EF	n 바이트의 길이의 m 개의 Record로 구성되어 있는 EF이다. Record Number를 통해서 데이터에 접근한다. 전송받은 SMS를 저장해 두는 EF_{SMS}와 같이 동일한 형태의 데이터를 순차적으로 저장하기 위해 사용된다. Header / Body: Record 1, Record 2, ⋮, Record n
Cyclic EF	n 바이트의 레코드로 구성되어 있으며 마지막 레코드의 다음 포인터가 첫 번째 레코드를 가리킨다. 최근 통화 목록을 저장하고 있는 EF_{LND}[11]에서 Cyclic EF를 사용하고 있다. Header / Body: Record 1, Record 2, ⋮, Record n

4.2.2 USIM의 이동 통신 관련 EF들

 USIM안에는 이동 통신 네트워크에 연결하는 데 필요한 정보들이 담겨 있다. 대표적으로 IMSI, Keyc, GID 등이 있으며 이 중 IMSI 값은 사용자를 식별하기 위한 값으로 통신 과정에서 중요하게 사용된다.

 IMSI(International Mobile Subscriber Identity)의 파일 ID는 6F07이며 지역 정보를 의미하는 MCC(Mobile Country Code)와 이동 통신 사업자 정보를 의미하는 MNC(Mobile Network Code) 그리고 사용자 식별 번호인 MSIN(Mobile Subscriber Identifier Number)으로 이루어져 있다.

---

11 · Last Number Dialed

표 4-8 IMSI 구조

IMSI		
MCC	MNC	MSIN
3 digit	3 digit or 2digit[12]	9 digit

MCC와 MNC는 미리 정의[13]되어 있는 값이며 국가와 이동 통신 사업자마다 각기 다른 값을 가지고 있기 때문에 휴대폰에서는 MCC 및 MNC 정보를 이용하여 해당 USIM이 어느 국가의 어떤 이동 통신 사업자에 해당하는지 판단한다. 안드로이드 애플리케이션 개발에서 해당 정보를 사용하기 위해서는 TelephonyManager의 getSimOperator() 메서드와 getSimCountryIso() 메서드를 이용하여 MCC나 MNC를 불러올 수 있다.

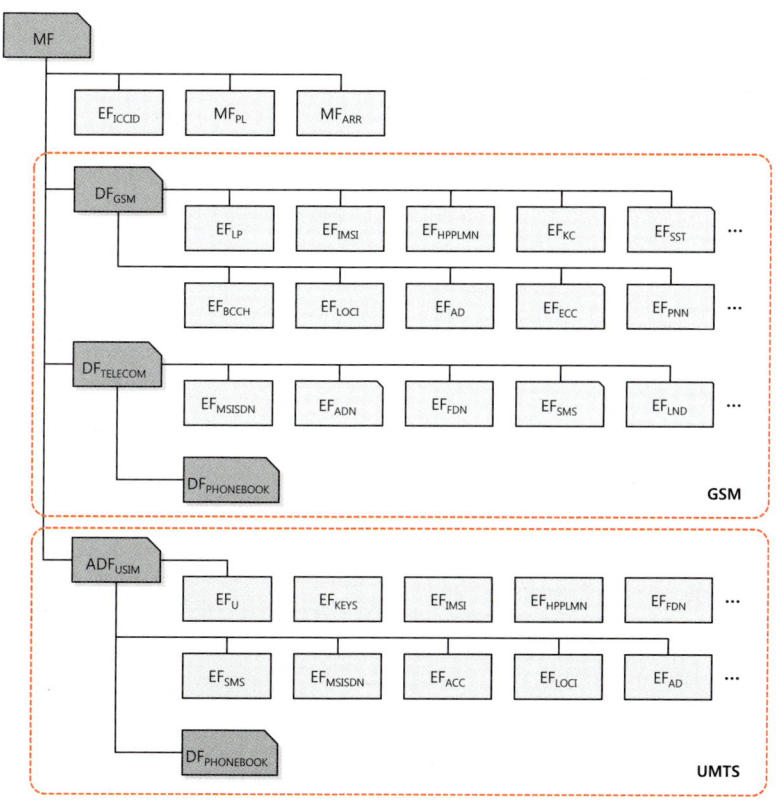

그림 4-9 USIM 파일 시스템

---

12 TIP - SIMLOCK에서 설명한 바와 같이 EF_{AD}의 네 번째 바이트의 값에 따라 자릿수가 결정이 된다.
13 ITU E.212

그림 4-9는 USIM 파일 시스템에 저장되어 있는 데이터 중 일부를 표시한 것이다. 내부 데이터는 기존 GSM에 사용되던 DF_{GSM} 및 $DF_{TELECOM}$을 포함하여 USIM을 위한 ADF_{USIM}이 존재한다. ADF_{USIM} 하위에 존재하는 EF들은 DF_{GSM} 및 $DF_{TELECOM}$의 EF들을 대부분 상속하고 있으므로 GSM에서의 중요 EF들을 통해 어떠한 데이터들이 USIM에 저장되어 있는지 알아보도록 하겠다.

◉ MF 하위 EF

루트 디렉터리 역할을 하는 MF에는 GSM이나 UMTS와는 관련이 없지만 UICC를 사용하는 데 필요한 값들이 포함되어 있다.

표 4-9 MF 하위 EF 목록

파일 이름	파일 ID	크기	설명
EF_{ICCID}	2FE2	10 bytes	UICC의 고유 번호. 모든 UICC에는 각자의 고유 ICCID가 있다.

◉ DF_{GSM} 하위 EF

DF_{GSM}에는 GSM 네트워크의 인증 및 접속 유지에 필요한 EF들이 포함되어 있다. 그리고 ADF_{USIM}의 하위에 존재하는 비슷한 이름의 EF들은 UMTS 네트워크의 인증 및 접속 유지를 담당한다.

표 4-10 DF_{GSM} 하위 EF 목록

파일 이름	파일 ID	크기	설명
EF_{LP}	6F05	1-n bytes n = nth language code	EF_{LP}는 EF Langueage Preference의 약자로 USIM의 사용자의 휴대폰에서 사용될 언어의 목록이다. 휴대폰은 EF_{LP}에 정의된 언어를 지원할 경우 해당 언어로 사용자에게 인터페이스를 표시한다.
EF_{IMSI}	6F07	9 bytes	이동 통신 사업자에서 USIM 제조 과정에서 부여하는 사용자 고유 번호이다. 국가 코드인 MCC, 이동 통신 네트워크 코드인 MNC 그리고 사용자 번호에 해당하는 MSIN으로 구성되어 있다.
EF_{KC}	6F20	9 bytes	이동 통신 네트워크의 인증에 사용되는 정보로 일종의 인증키이다. Cipher Key라 불리며 부팅 시점에 읽어서 사용되며 모뎀 동작에 따라 새로운 값으로 업데이트되기도 한다.

EF_{HPLMN}	6F31	1 byte	Home PLMN 값을 저장하고 있다. PLMN은 Public Land Mobile Network의 약자로 일반적으로 이동 통신 사업자가 제공하는 이동 통신 네트워크를 말한다. HPLMN은 해당 USIM에서 기본적으로 접속할 PLMN이다. 즉, 사용자가 가입한 이동 통신 사업자의 네트워크라고 할 수 있다.
EF_{SST}	6F38	X bytes X >= 2	SST는 SIM Service Table의 약자로 USIM에서 제공하는 기능들을 정의한 값들이다. SMS 저장을 지원하는지 AND나 FDN 같은 전화번호부 관련 기능을 지원하는지 등과 같은 정보를 가지고 있다. 부팅 시점에 휴대폰에서 해당 정보를 읽어, 제공하지 않는 기능은 사용하지 않도록 한다.
EF_{BCCH}	6F74	16 bytes	BCCH는 Broadcast Control Channel의 약자이다. 단말에서 이동 통신 네트워크에 연결하기 위해 검색해야 할 주파수 목록을 담고 있다.
EF_{LOCI}	6F7E	11 bytes	EF Location Information은 이동 통신 사업자에서 기본적으로 제공하는 이동 통신 네트워크의 MCC 및 MNC에 대한 정보가 포함되어 있다. 부팅 후 모뎀에서 이동 통신 네트워크를 검색하는 과정에서 EF_{BCCH}와 함께 사용된다.
EF_{AD}	6FAD	3 + X bytes	EF Administrative Data는 해당 USIM이 어떤 모드로 사용되는지(일반 목적 혹은 테스트나 통신장비를 위한 목적 등), 그리고 그와 관련된 정보들로 구성되어 있다. 그리고 네 번째 바이트는 MNC의 길이를 표시한다. MNC는 두 자리 혹은 세 자리로 구성되어 있으며 EF_{AD} 표시된 자릿수로 단말에서는 사용한다.

◉ $DF_{TELECOM}$ 하위 EF

$DF_{TELECOM}$에는 휴대폰이 이동 통신 네트워크에 연결된 이후 전화를 걸거나 받고 문자 및 전화번호부를 저장하는데 필요한 EF나 DF가 포함되어 있다. 전화번호부를 저장하는 역할을 하는 $DF_{PHONEBOOK}$의 경우 상세한 구조는 본서에서 다루는 영역에 포함되지 않으므로 설명을 생략하도록 하겠다.

$DF_{PHONEBOOK}$에 대한 좀 더 자세한 정보는 3GPP TS 31.102, Rel-10을 참조하도록 한다.

표 4-11 DF$_{TELECOM}$ 하위 EF목록

파일 이름	파일 ID	크기	설명
EF$_{ADN}$	6F3A	X + 14 bytes	EF Abbreviated Dialling Number는 USIM 전화번호부 기능에서 전화번호를 저장하는 공간이다.
EF$_{FDN}$	6F0B	X + 14 bytes	EF Fixed Dial Number는 FDN 기능을 활성시켰을 때 전화를 걸 수 있는 번호의 목록이다. FDN이 활성화되면 EF$_{FDN}$에 등록된 이외의 번호로는 전화를 걸 수 없다.
EF$_{SMS}$	6F3C	176 bytes	SMS 데이터를 저장하는 공간이다.
EF$_{MSISDN}$	6F40	X + 14 bytes	국가번호, 지역번호 그리고 전화번호로 구성된 사용자의 전화번호를 저장하는 공간이다.

4.2.3 APDU를 통한 EF 읽기 과정

EF를 읽는 APDU 명령의 예제를 통해 APDU가 실제로 사용되는 과정을 살펴보도록 한다.

EF의 데이터를 읽는 과정은 크게 다음과 같이 두 가지로 나눌 수 있다.

1. 읽고자 하는 EF로 이동하는 과정
2. 정해진 길이의 데이터를 읽는 과정

1.에 해당하는 명령이 SELECT 명령이고 2.에 해당하는 명령은 READ 명령이다. 정리해보면 SELECT 명령을 이용하여 읽고자 하는 EF가 있는 위치로 이동 후, READ 명령을 이용하여 해당 위치의 데이터를 읽게 된다.

표 4-12 EF$_{ICCID}$ 구조

Identifier: '2FE2'	자료 구조: Transparent EF		필수
File size: 10 bytes		Update activity: low	
Access Conditions: 　READ　　　　Always 　UPDATE　　　Never 　DEACTIVATE　Administrator only 　ACTIVATE　　Administrator only			
Bytes	Description	M/O	Length
1 to 10	Identification number	M	10 bytes

USIM의 EF 중에는 UICC의 일련번호 역할을 하는 ICCID가 존재한다. 이 값은 3F00/2FE2의 주소에 위치하는 EF$_{ICCID}$라는 곳에 저장되어 있다.

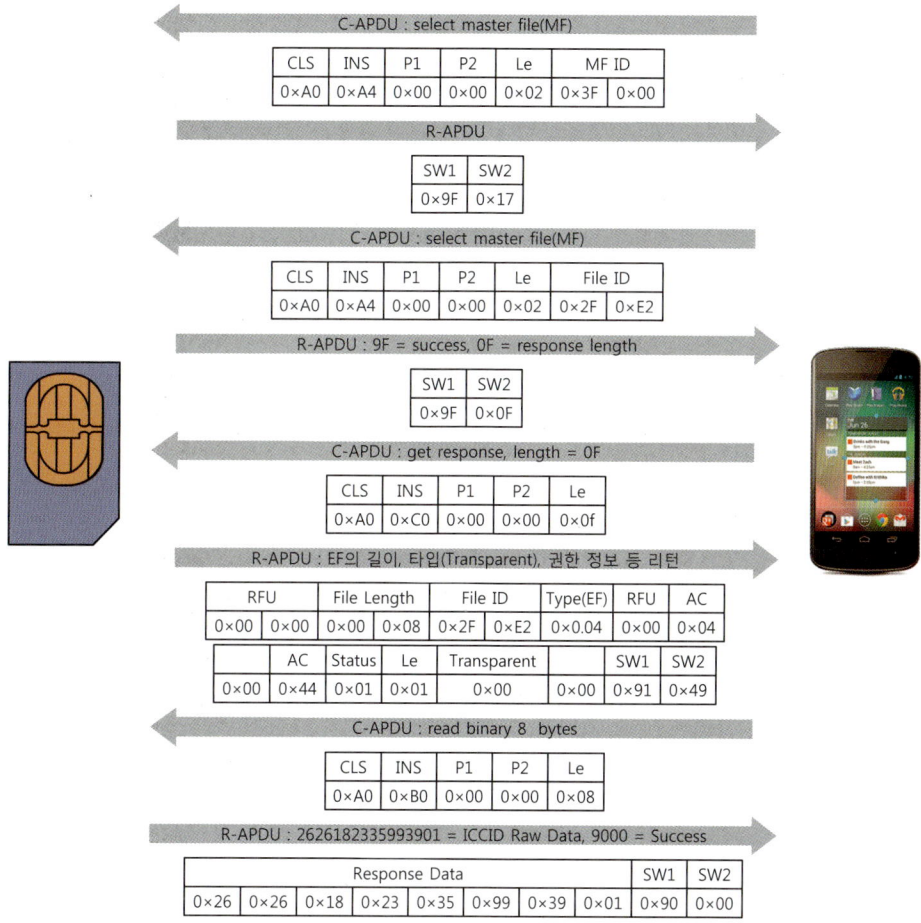

그림 4-10 EF$_{ICCID}$을 읽는 과정 중 APDU 교환

R-APDU의 값에는 결과의 상태를 나타내는 SW1-SW2값이 있는데 이를 Status Word라고 한다. 정상적으로 명령이 실행되면 일반적으로 각각의 값이 0x90 0x00으로 반환된다. 이 값은 0x91 0xXX 값이 될 수 있는데, 이는 UICC에서 단말로 보내는 명령인 Proactive Command가 UICC에서 대기 중임을 나타내는 것이다. 해당 Status Word를 받으면 단말은 Fetch C-APDU 명령을 보내서 대기 중인 Proactive Command를 R-APDU에 넣어서 보내게 된다. 단말에서는 Proactive Command를 처리하여 결과를 Terminal Response라는 C-APDU를 만들어 UICC로 보내게 된다.

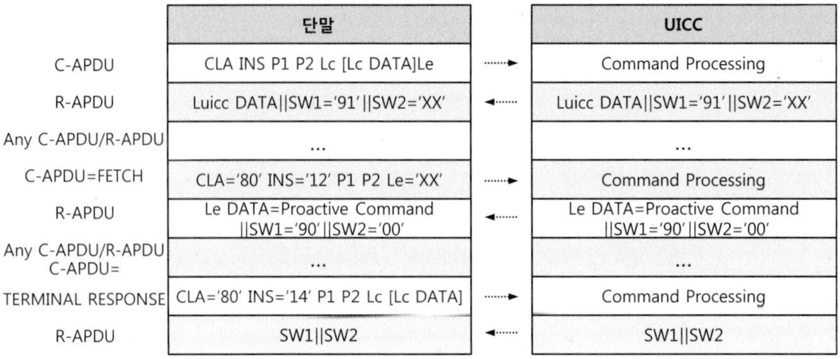

	단말		UICC
C-APDU	CLA INS P1 P2 Lc [Lc DATA]Le	┈▶	Command Processing
R-APDU	Luicc DATA||SW1='91'||SW2='XX'	◀┈	Luicc DATA||SW1='91'||SW2='XX'
Any C-APDU/R-APDU	...		...
C-APDU=FETCH	CLA='80' INS='12' P1 P2 Le='XX'	┈▶	Command Processing
R-APDU	Le DATA=Proactive Command ||SW1='90'||SW2='00'	◀┈	Le DATA=Proactive Command ||SW1='90'||SW2='00'
Any C-APDU/R-APDU C-APDU=	...		...
TERMINAL RESPONSE	CLA='80' INS='14' P1 P2 Lc [Lc DATA]	┈▶	Command Processing
R-APDU	SW1||SW2	◀┈	SW1||SW2

그림 4-11 Proactive Command[14]

 일반적으로 단말에서는 C-APDU로 명령을 보내고 UICC에서 명령을 처리 후 결과를 R-APDU로 보내는 것과 다르게 Proactive Command의 처리는 C-APDU와 R-APDU의 구조를 그대로 이용하고 있다. 하지만 문맥상으로는 UICC에서 단말로 명령을 보내고 단말에서 명령을 처리후 결과를 보내는 방식으로 동작한다고 볼 수 있다.

 Proactive Command는 UICC에 설치되어 있는 USAT이라는 애플리케이션에서 사용하고 있으며 4.5.2절에서 좀 더 자세하게 알아보도록 하겠다.

4.3 안드로이드 USIM 소프트웨어 구조

 안드로이드 시스템은 텔레포니 관점에서 보면 모뎀 → 리눅스 → RIL → 텔레포니 프레임워크 → 애플리케이션으로 연결되는 계층적인 구조를 가지고 있다. 따라서 안드로이드에서 USIM과 USAT이 어떻게 동작하는지 알기 위해선 각 계층별로 어떤 작업들이 진행되는지 알아야 한다.

 본 절에서 모뎀, RIL, 텔레포니 프레임워크 및 애플리케이션에서 각각 USIM과 관련된 어떠한 역할을 하는지 알아보도록 한다.

---

14 ETSI TS 102 221 V08 7.4.2.1 Proactive Command

4.3.1 모뎀

안드로이드는 휴대폰을 위한 운영체제이다. 하지만 안드로이드 코드에는 이동 통신 네트워크로부터 수신된 데이터를 음성으로 변환한다든지, 이동 통신 네트워크를 검색하여 기지국과 연결하는 등과 같은 휴대폰의 통신 기능에 관한 코드는 포함되어 있지 않다.

안드로이드에서는 RIL(Radio Interface Layer)이라는 이름의 HAL(Hardware Abstract Layer)을 두고 있고 이를 통해서 이동 통신 네트워크 관련 기능들을 처리한다. 이동 통신 네트워크 관련 기능을 처리하는 부분을 모뎀이라고 하며 CP(Communication Processor)라고 부르는 프로세서를 통해 동작한다.

CP와 모뎀를 위한 운영체제와 소프트웨어는 인텔 모바일(구(舊) Infineon), 퀄컴 등과 같은 기존의 일반 휴대폰을 위한 칩셋을 제작하던 업체에서 제공하고 있다. 안드로이드는 RIL을 통해 모뎀과 통신하여 휴대폰의 이동 통신 네트워크 관련 기능들을 동작시킨다.

모뎀 소프트웨어는 CP를 구동하는 RTOS(Real Time Operating System)와 칩을 제어하기 위한 디바이스 드라이버, 그리고 하드웨어를 통해 받은 데이터를 디코딩하고 전송을 위해 인코딩하는 소프트웨어 등으로 구성된다. UICC와 관련하여 부팅 시점에 모뎀에서 UICC와 통신을 위한 초기화 작업을 진행하고 데이터를 주고받는 역할을 한다.

안드로이드는 RIL을 이용하여 모뎀을 통해 UICC에 명령을 전달한다. RIL은 공통의 API를 이용하여 다양한 모뎀 칩들과 안드로이드 사이의 통신 및 제어를 할 수 있게 한다.

4.3.2 RIL

안드로이드 레퍼런스 코드에서 확인할 수 있는 레퍼런스 벤더 RIL[15]을 기준으로 했을 때, UICC관련 함수는 표 4-13과 같다. 텔레포니 프레임워크의 UICC 관련 클래스에서는 RIL[Java]를 통해 요청되는 명령들은 최종적으로 표 4-13의 함수들을 호출하며 모뎀을 통해 UICC로 전달된다.

---

15 레퍼런스 밴더 RIL은 모뎀과의 통신을 진행하는 부분을 정의하는 벤더 RIL을 구글에서 예제를 위해 작성하여 안드로이드 기본 코드에 포함시킨 것이다. 일반적으로 휴대폰을 제작하는 벤더(제조사)들에서는 각자 사용하는 모뎀에 맞는 벤더 RIL을 구현하여 사용하고 있다.

표 4-13 USIM 파일 시스템 구성 요소

함수명	설명
getSIMStatus()	모뎀으로 AT+CPIN? 명령을 전송하여 UICC의 상태를 파악하는 역할을 한다. UICC의 상태는 PIN Code[16] 입력을 필요로 하는 상태인 SIM PIN 상태, 잘못된 PIN Code를 정해진 한도 이상 입력하면 변경되는 SIM 사용 중지 상태인 SIM PUK 상태 그리고 정상적인 사용이 가능한 상태인 READY 상태가 있다. 상태별로 안드로이드에서는 관련 UI를 표시한다.
requestSIM_IO()	모뎀으로 AT+CRSM=xx 명령을 전송하여 특정 USIM 파일을 읽거나 쓰는 작업을 한다.
requestEnterSimPin()	모뎀으로 AT+CPIN=[PINCODE] 명령을 전송하는 역할을 한다. PIN Code는 사용자로부터 입력받는다.
requestWriteSmsToSim()	모뎀으로 AT+CMGW=xx 명령을 전송하여 USIM의 EF_{SMS}에 SMS 메시지를 저장한다.

4.3.3 텔레포니 프레임워크

그림 4-12는 UICC에 관련된 텔레포니 프레임워크의 클래스들은 무엇인지 그리고 각각의 구성 요소들이 어떤 계층 구조를 가지고 있는지 나타낸 것이다.

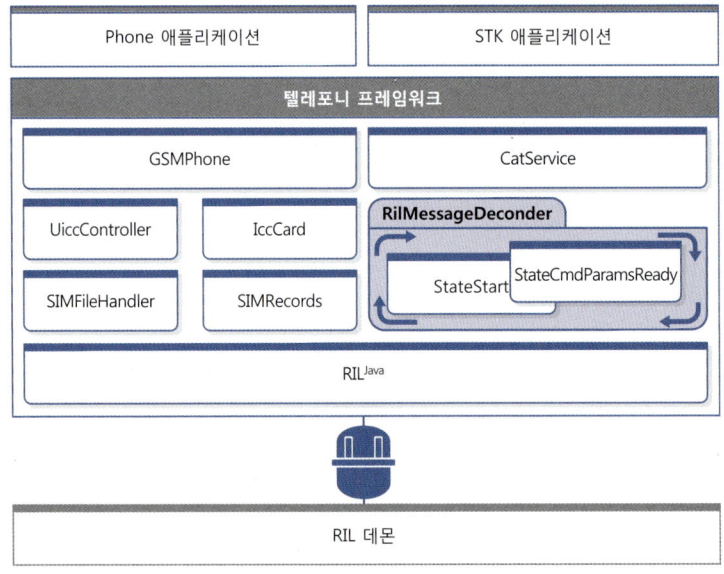

그림 4-12 UICC 중심의 안드로이드 시스템 계층별 구성 요소

---

16 UICC 카드의 사용을 위해 입력해야 하는 일종의 비밀번호이다. 휴대폰의 시스템 설정에서 부팅 시 입력 여부 활성화를 설정할 수 있다.

텔레포니 프레임워크의 UICC와 관련된 부분은 크게 세 가지로 나눌 수 있다.

첫 번째는 RIL 데몬과의 통신을 담당하는 RIL^{Java}, 두 번째는 USIM의 데이터에 접근하기 위한 메서드를 제공하고 휴대폰의 초기화 과정에서 필요한 데이터를 미리 가져와서 캐싱하는 역할을 하는 SIMRecords 클래스 그리고 마지막으로 세 번째는 SIM Toolkit 관련 부분을 처리하기 위한 루틴이 있다.

RIL^{Java}는 프레임워크에서 RIL 데몬과의 통신을 담당하는 부분을 일컫는데 RIL.java[17]가 대표적인 파일이다. RIL과의 통신은 USIM을 비롯하여 Call관련 부분이나 블루투스 등 모뎀의 기능을 필요로 하는 다양한 곳에서 사용한다. 그 중 USIM과 관련한 명령들은 대부분 SIMFileHandler[18]라는 클래스를 통해서 호출된다. SIMFileHandler는 EF를 읽고 쓰는 메서드를 제공하는 클래스로 해당 메서드를 호출하면 응답을 위한 메시지[19]를 작성하여 명령과 함께 RIL.java로 전달한다. 이렇게 전달된 명령은 소켓 통신을 통해 RIL 데몬으로 전달되며 벤더 RIL을 거쳐 모뎀으로 전달된다.

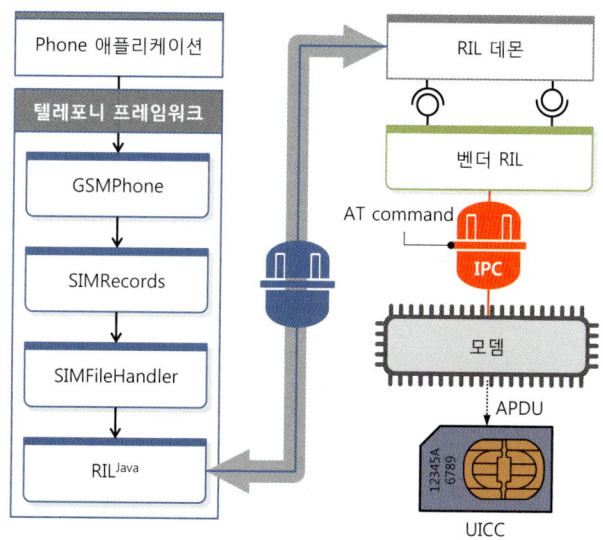

그림 4-13 UICC 명령 호출

17　 frameworks/base/telephony/java/com/android/internal/telephony/RIL.java
18　 frameworks/base/telephony/java/com/android/internal/telephony/gsm/SimFileHandler.java
19　 RIL 통신은 대부분 비동기 방식으로 진행된다. 명령을 전달하기 위해 메서드를 호출할 때 응답을 받기 위한 객체(Message)를 인자와 함께 제공하는데 이 객체에는 응답을 받을 객체와(일반적으로 자기 자신) 어떤 종류의 명령인지가 포함된다. 메서드는 응답이 없이 바로 종료되며 결과 값이 생성되거나 전달 받게 되면 전달받은 Message 객체를 이용하여 응답을 전송하게 된다(callback).

SIMRecords 클래스로 대표되는 UICC 데이터 처리에 관련된 루틴의 역할은 안드로이드의 초기화 과정에서 필요한 USIM 데이터를 읽어와서 캐시에 저장하는 것이다. 더불어 캐시가 필요없는 데이터에 접근하기 위한 메서드와 변경된 데이터를 다시 캐싱하는 역할의 메서드를 함께 제공하는 역할도 한다.

표 4-14 표 텔레포니 프레임워크의 USIM 관련 객체

클래스명	설명
UiccController	GSM, CDMA, LTE 등의 통신 방식에 따라 해당하는 IccCard 클래스를 생성한다.
IccCard	RIL을 통해 UICC의 변경 여부, 존재 유무 등의 상태를 검사하고 관련된 클래스에 정보를 제공하는 역할을 한다. 또한, PIN[20], PUK[21], FDN[22], SIMLOCK 등을 제어하는 메서드를 제공한다.
SIMRecords	USIM $DF_{TELECOM}$ 관련 EF들을 캐싱하고 필요한 EF들은 SystemProperty에 설정하거나 해당 EF의 데이터가 필요한 곳에 전달한다.
SIMFileHandler	EF를 읽고 수정하는 메서드들을 제공하는 역할을 한다.
SimPhoneBookInterfaceManager	USIM $DF_{PHONEBOOK}$ 관련 데이터를 읽거나 수정하는 메서드를 제공하는 역할을 한다.
SimSmsInterfaceManager	EF_{SMS} 항목을 입력 및 수정하는 메서드를 제공하는 역할을 한다.
IccConstants	텔레포니 프레임워크에서 주로 사용하는 DF와 EF의 주소 값이 static으로 선언되어 있는 인터페이스이다. SIMFileHandler 등의 UICC 핸들러 클래스에서 구현하여 주소 값을 일종의 전역변수와 같이 사용하고 있다.

데이터가 필요한 시점에서 UICC에 데이터를 요청하게 되면 UICC I/O(Input Output) 과정을 거치게 된다. 이때 UICC I/O 과정은 일종의 네트워크 통신이기 때문에 일정한 시간을 소모하게 되어 사용자에게 응답하는 시간이 지연된다. 따라서 SIMRecords 클래스를 통해 향후 사용될 데이터들을 미리 저장해 놓고 사용자의 요청이 있을 때 바로 전달하여 프로그램의 반응성을 높이고 있다. 표4-14는 이외의 연관된 주요 클래스들이다.

---

20 UICC의 정보를 보호하기 위해 PIN 번호를 통해서 UICC를 잠금 상태로 바꾸거나 해제할 수 있다. UICC를 이용하기 위한 비밀번호이다.

21 PIN 번호를 일정 회수 이상 틀리게 입력할 경우 이를 부적합한 사용자가 해당 UICC를 이용하고자 하는 시도로 판단해서 UICC의 기능을 중지하고 PUK 번호와 새로운 PIN 번호를 입력받는다. 이때 적합한 PUK 번호를 입력하면 입력된 새로운 PIN 번호를 UICC의 PIN 번호로 설정하게 된다. 하지만 일정한 횟수 이상 적합하지 않은 PUK 번호를 입력할 경우 해당 UICC는 영구적으로 사용할 수 없는 사용 불능 상태로 변경된다.

22 FDN(Fixed Dialing Number): UICC의 상태 중 하나이며 FDN을 USIM 설정을 통해 활성화하면 USIM의 EF_{FDN}에 등록되어 있는 전화번호만 송신이 가능하게 된다.

STK(SIM Toolkit) 관련 부분은 com.android.internal.telephony.cat 패키지에 구현되어 있다. cat 패키지는 USAT에서 RIL을 통해 전달된 Proactive Command를 인코딩 및 디코딩하는 RilMessageDecoder[23]와 디코딩된 명령을 분석하여 처리하는 CatService[24]로 구성되어 있다.

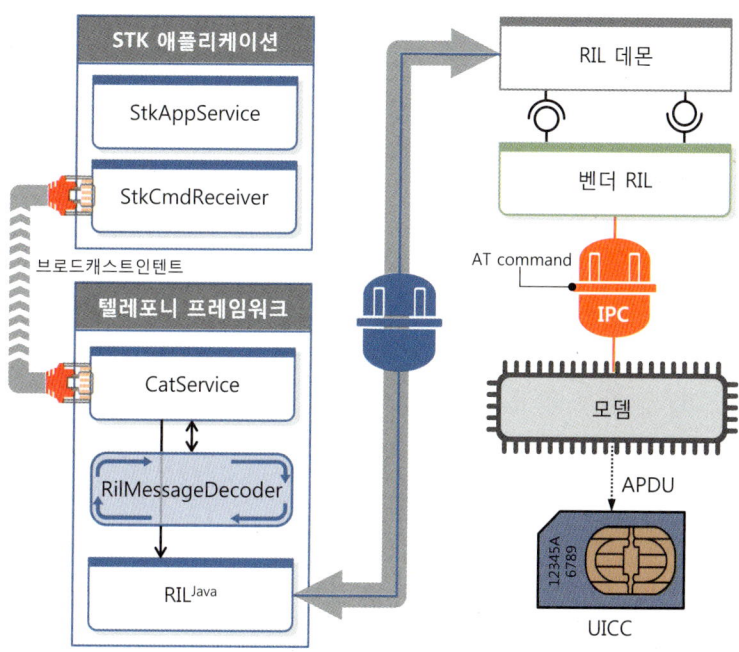

그림 4-14 Proactive Command 전달

CatService는 Proactive Command를 인텐트(Intent)[25]로 작성하여 브로드캐스팅한다. 전달된 인텐트는 STK 애플리케이션[26]에서 처리하며 명령에 따라 사용자에게 UI를 표시하거나 관련된 모듈에 명령을 전달한다. 이와 같은 작업이 진행되는 간단한 사례를 4.5.2절에서 살펴볼 것이다.

---

23 · 📁 framewoks/opt/telephony/src/java/com/android/internal/telephony/cat/RilMessageDecoder.java
24 · 📁 framewoks/opt/telephony/src/java/com/android/internal/telephony/cat/CatService.java
25 · 안드로이드에서 컴포넌트 사이에 메시지를 주고받는 데 쓰이는 객체
26 · 📁 packages/apps/stk

4.3.4 안드로이드 애플리케이션

안드로이드의 UICC 관련 루틴은 RIL을 통해 UICC와 통신하면서 사용자에게 정보를 입력받아서 전달하거나 USAT으로부터 전달받은 Proactive Command를 실행한다. 데이터 조회나 수정 등의 명령이 안드로이드로부터 모뎀으로 전달되고 모뎀에서 다시 UICC로 전달되면 UICC는 저장되어 있는 데이터를 읽어서 반환하거나 수정하는 등의 작업을 진행한다.

UICC와 연관된 안드로이드 애플리케이션은 크게 두 가지로 구분할 수 있다.

첫 번째는 USIM 관련 부분으로 EF들에 대한 접근 권한을 제한하는 PIN, PIN2, PUK, PUK2 등의 코드를 입력받거나 변경하는 부분이고 두 번째는 USAT에서 전송되는 Proactive Command를 UI로 표현해 주는 부분이다.

USIM의 PIN, PIN2, PUK, PUK2 등의 코드는 USIM 내부의 다양한 데이터들에 대한 접근과 변경을 제한하기 위해 사용된다. USIM 내부의 데이터는 각각 접근을 위한 권한이 부여되어 있다. 어떤 데이터는 누구든지 아무 상황에서나 접근할 수 있고 어떤 데이터는 PIN 코드를 인증한 상황에서만 접근할 수 있다. 이와 같은 방식으로 사용자의 개인적인 정보나 USIM 자체의 중요한 정보들을 보호한다.

PIN이나 PUK와 같은 각각의 코드들을 검증하는 부분은 USIM안에 존재하지만, 사용자로부터 입력받고 이를 다시 UICC로 전송해주는 부분은 안드로이드 시스템에 존재한다. UI를 화면에 표시하는 작업, 사용자로부터 필요한 시점에 코드를 입력받는 작업, 이를 UICC로 보내서 검증 결과를 화면에 표시해 주는 작업 등이 안드로이드에서 구현되어 동작하는 기능들이다. 이와 같은 작업이 첫 번째에 해당하는 안드로이드 애플리케이션의 부분이다.

두 번째는 SIM Toolkit을 위한 UI 및 기능 구현 관련 루틴이다. SIM Toolkit은 과거 휴대폰에 별도의 애플리케이션을 설치할 수 없던 시절에 이동 통신 사업자의 필요에 의해 UICC에 저장된 휴대폰에서 구동이 가능한 애플리케이션을 일컫는 말이다. UICC에 저장되어 있는 SIM Toolkit을 USAT으로 부르며 USAT이 동작할 수 있도록 표준 문서[27]에 정의된 기능들을 휴대폰에서 구현한다.

---

27 · 3GPP Specification 31 Series

일반적으로 SIM Toolkit이 존재하는 UICC를 삽입하면 메뉴에 SIM Toolkit이란 이름으로 안드로이드 애플리케이션 아이콘이 생성된다. 그리고 SIM Toolkit 아이콘을 선택하면 이동통신 사업자가 미리 만들어둔 애플리케이션 메뉴가 표시된다. 사용자는 이 메뉴를 통해 필요한 기능들을 사용하게 된다.

SIM Toolkit에서 제공하는 기능으로는 다음과 같은 것들이 있으며 각 기능을 조합하여 새로운 기능을 만들어 제공하는 경우도 있다.

표 4-15 STK 기본 서비스

명령 이름	설명
Display Text	SIM Card가 원하는 Text를 휴대폰 화면에 표시
Send Short Message	SIM Card가 원하는 SMS 메시지를 휴대폰에서 전송
Setup Call	SIM Card에서 전달한 번호로 휴대폰이 전화를 걸도록 함
Play Tone	SIM Card에서 전달받은 효과음을 재생
Get Input	SIM Card에서 전달받은 문구와 함께 사용자에게 데이터 입력창을 표시
Provide Local Information	이동 통신 네트워크 관련 정보를 휴대폰에서 SIM Card로 전송
Select Item	SIM Card에서 휴대폰으로 메뉴 항목들을 전달. 휴대폰은 해당 항목으로 사용자에게 표시하고 사용자의 선택을 SIM Card로 전달
Setup Menu	SIM Card가 사용자가 SIM Toolkit Menu로 접근할 수 있도록 초기 메뉴 항목을 휴대폰으로 전달하여 표시

안드로이드에서는 STK 기본 서비스를 위한 UI와 동작을 위한 루틴들이 구현되어 있다. 안드로이드 STK 애플리케이션은 USAT에서 모뎀을 통해 RIL을 이용하여 전달받은 Proactive Command를 프레임워크의 CatService에서 분석한 후 인텐트로 만들어져 전달받는다. 이후 전달받은 인텐트에 따라 화면을 구성하거나 연관된 모듈을 호출하게 된다.

전달받은 인텐트에 Setup Menu Proactive Command가 포함되어 있을 경우 STK 애플리케이션은 자신의 패키지 파일인 stk.apk를 설치하게 된다. 이 과정을 통해 SIM Toolkit이라는 프로그램이 메뉴에 표시된다.

4.4 안드로이드 USIM 초기화 및 동작

본 절에서는 텔레포니 프레임워크의 부팅 과정에서 USIM에서 필요한 정보들을 어떻게 가져와서 초기화 시키는지 알아보고자 한다.

텔레포니 프레임워크는 RIL(Radio Interface Layer)이라는 추상화된 계층을 통해서 Call, SMS, UICC 등의 모바일 통신 관련 기능을 관리하고 있다. RIL은 모뎀에 명령을 전송할 수 있는 인터페이스를 제공하는데 텔레포니 프레임워크는 RIL을 사용하여 모바일 통신 관련 작업들을 진행하게 된다.

텔레포니 프레임워크에서의 UICC 초기화 작업은 IccCard 클래스의 생성 단계에서 시작한다. 이때 생성되는 클래스를 기준으로 텔레포니 프레임워크의 UICC 관련 초기화 과정은 두 가지로 나눌 수 있다.

1. Telephony 및 Phonebook 정보를 담고 있는 USIM을 이용하기 위한 부분으로 SIMRecords, SIMFileHandler, SimPhoneBookInterfaceManager, SimCard 객체 등의 생성이 이에 해당한다

2. SIM Toolkit을 이용하기 위한 CatService 객체를 가져오는 과정으로 CatService 클래스의 getInstance() 메서드를 통해서 CatService 객체를 반환받는다. CatService는 SIM Toolkit 동작을 관장하는 클래스로 UICC로 부터 전달받은 Proactive Command 메시지를 분석하고 관련 객체로 전달하는 역할을 한다. CatService 객체는 생성 시점에 RIL Message를 전달받을 수 있도록 이벤트를 등록한다. 이후 RIL에서 해당 이벤트를 보내주면 관련 핸들러가 동작하면서 SIM Toolkit 서비스가 동작하게 된다. SIM Toolkit 서비스의 초기화는 4.5.1절에서 자세히 살펴보도록 한다.

4.4.1 UICC 초기화와 UICC 관련 객체 생성

UICC, 모뎀 및 안드로이드는 모두 각각 개별적인 시스템이며 독립적인 초기화 과정을 거치게 된다. 각 초기화 과정들은 각자의 시스템 동작을 위한 준비작업을 하는 것과 함께 각각 연결되는 시스템과의 통신을 위한 준비를 포함한다.

그림 4-15에서는 간략하게 각각의 시스템들이 초기화되는 과정에서 서로 간의 연결을 나타내고 있다. 휴대폰에 전원이 켜진 후 CP와 AP는 각각 해당 운영체제로 부팅이 진행된다. CP는 부팅 후 UICC 드라이버를 로드하며 UICC에 전원을 인가한다. UICC에 전원이 인가되면 4.1.2절에서 설명한 UICC 부팅 과정이 진행된다.

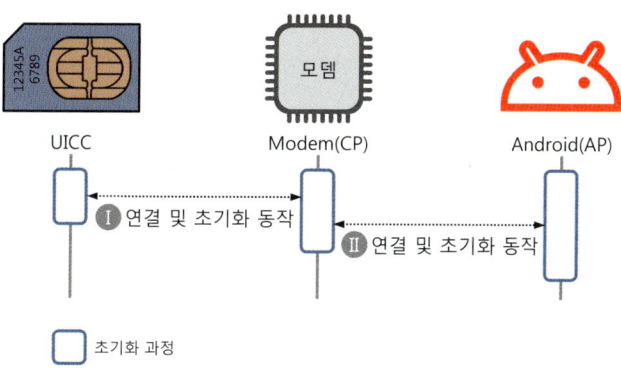

그림 4-15 휴대폰에서의 UICC 초기화

- ❶ 모뎀과 통신하기 위해 ATR(Answer To Reset) 메시지를 모뎀에 전송 후 UICC 초기화 작업을 진행한다. 연결이 완료되면 모뎀에서는 모바일 네트워크 연결에 필요한 USIM의 데이터를 요청한다.

- ❷ 안드로이드는 부팅 과정에서 USIM 사용을 위한 프레임워크의 객체들을 초기화한다. 관련 객체의 생성 및 초기화 과정에서 RIL을 통해 모뎀의 UICC 초기화 상태를 확인한다. USIM을 이용할 수 있는 상태가 되면, 사용자와 네트워크에 관련된 EF들을 읽어서 저장 혹은 사용한다.

모뎀에서의 UICC초기화 과정인 ❶은 4.1.2절에서 간략하게 다루었기 때문에 ❷의 과정이 어떻게 진행되는지 좀 더 자세히 살펴보도록 한다.

❷에 해당하는 과정은 크게 두 부분으로 나뉘어 진다. 첫 번째는 안드로이드가 부팅되는 과정에서 텔레포니 프레임워크의 클래스들이 생성되고 초기화되는 과정이다. 그리고 두 번째는 RIL이 초기화되는 과정이다. RIL의 초기화 과정은 2장에서 자세하게 다루고 있으므로 여기서는 텔레포니 프레임워크의 UICC 관련 초기화가 어떻게 이루어지는지 확인하도록 한다.

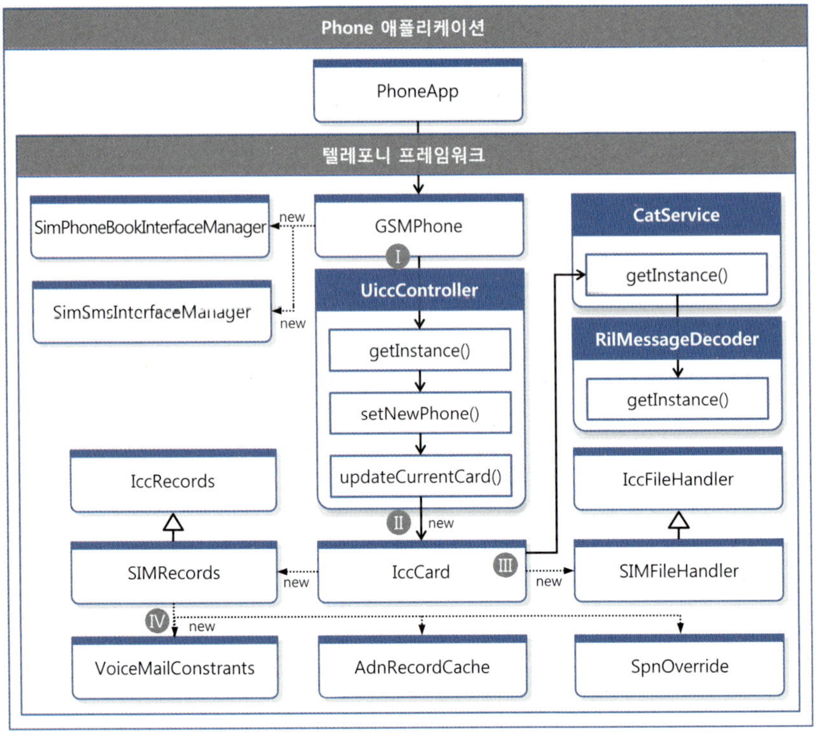

그림 4-16 UICC 연관 객체의 생성 흐름

프레임워크의 초기화를 살펴보기 위해서는 초기화에 관여하는 객체들이 어떠한 관계를 통해서 생성되는지 알아보아야 한다. 이후, 생성된 객체 간에 어떠한 이벤트와 데이터가 전송되는지 확인함으로써 초기화 과정의 전반적인 모습을 살펴볼 수 있다.

UICC 관련 객체들의 생성 관계를 도식화하면 그림 4-16과 같다. 각각의 화살표와 로마자 번호는 어떤 객체에서 어떤 객체를 생성하는지 그리고 어떤 순서로 생성하는지를 나타내고 있다. 각 단계에 해당하는 코드를 통해서 좀 더 상세하게 생성과정을 살펴보도록 한다.

❶ SIM을 사용하는 GSM(2G), UMTS(3G), LTE(4G) 등에서는 텔레포니 프레임워크 초기화 과정에서 먼저 GSMPhone 객체가 생성된다. 그리고 GSMPhone의 생성자에서 USIM을 관리하는 UiccController 객체를 비롯하여 SIM Phonebook을 관리하는 SimPhoneBookInterfaceManager 객체, SIM SMS를 위한 SimSmsInterfaceManager 객체 등을 생성한다.

```
Public
GSMPhone (Context context, CommandsInterface ci, PhoneNotifier notifier,
        ⤷ boolean unitTestMode) {
    ...
    mIccCard.set(UiccController.getInstance(this).getIccCard());        ──❶
    ...
    if (!unitTestMode) {
        mSimPhoneBookIntManager = new SimPhoneBookInterfaceManager(this); ──❷
        mSimSmsIntManager = new SimSmsInterfaceManager(this, mSMS);      ──❸
    }
      ...
}
```

📁 frameworks/base/telephony/java/com/android/internal/telephony/gsm/GSMPhone.java

코드 4-1 GSMPhone 클래스의 생성자

```
public static synchronized UiccController getInstance(PhoneBase phone) {
    if (mInstance == null) {
        mInstance = new UiccController(phone);  ──❶-❶
    } else {
        mInstance.setNewPhone(phone);
    }
    return mInstance;
}
```

📁 frameworks/base/telephony/java/com/android/internal/telephony/uicc/UiccController.java

코드 4-2 UiccController 클래스의 getInstance() 메서드

4-1 4-2
❶ ❶-❶ UiccController의 객체를 가져오기 위한 getInstance() 메서드가 실행되는 과정에서 UiccController의 객체가 없는 경우(최초로 getInstance() 메서드가 실행되는 시점: 부팅시점) UiccController 객체를 생성하게 된다.

4-1
❷ UICC 내의 전화번호부인 SIM Phonebook을 사용하기 위한 SimPhoneBookInterfaceManager 객체를 생성한다.

❸ SimSmsInterfaceManager 객체를 생성한다. USIM은 SMS를 저장할 수 있는 기능이 존재하는데 이때 EF_{SMS} 등의 EF 필드를 사용하게 된다. SimSmsInterfaceManager 객체는 SMS를 USIM에 저장하고 USIM에 저장되어 있는 SMS를 읽어들이는 역할을 하는 메서드들을 제공한다.

❷ ❸ UiccController는 UICC의 기능적인 부분을 제어하는 역할과 상태 정보를 제공하는 IccCard 객체를 생성한다. IccCard 객체는 생성되는 과정에서 SIM Toolkit과의 통신을 담당하는 CatService와 USIM의 EF들을 미리 읽어서 관련 클래스에 제공하는 SIMRecords, 그리고 USIM의 EF들을 읽고 저장하는 메서드를 제공하는 SIMFileHandler를 생성한다.

```
private UiccController(PhoneBase phone) {
    setNewPhone(phone);                                    ❶
}

private void setNewPhone(PhoneBase phone) {
    mCurrentPhone = phone;
    if (phone instanceof GSMPhone) {
        updateCurrentCard(IccCard.CARD_IS_3GPP);           ❷
    }
    ...
}

private void updateCurrentCard(boolean isNewCard3gpp) {
    mIsCurrentCard3gpp = isNewCard3gpp;
    mIccCard = new IccCard(mCurrentPhone, mCurrentPhone.getPhoneName(),
            isNewCard3gpp, DBG);                           ❸
}
```

📁 frameworks/base/telephony/java/com/android/internal/telephony/uicc/UiccController.java

코드 4-3 IccCard 객체의 생성

❶ UiccController가 생성될 때 내부 메서드인 setNewPhone() 메서드를 호출한다.

❷ setNewPhone() 메서드는 파라미터로 입력받은 PhoneBase 객체가 GSMPhone일 경우 updateCurrentCard() 메서드를 호출하게 되는데 그 실행 결과 ❸과 같이 IccCard 객체가 생성된다.

```
public IccCard(PhoneBase phone, String logTag, Boolean is3gpp, Boolean dbg) {
    ...
    mIccFileHandler = is3gpp ? new SIMFileHandler(this, "", mPhone.mCM) :        ───❸-1
          new RuimFileHandler(this, "", mPhone.mCM);
    mIccRecords = is3gpp ? new SIMRecords(this, mPhone.mContext, mPhone.mCM) : ──❸-2
          new RuimRecords(this, mPhone.mContext, mPhone.mCM);
    mCatService = CatService.getInstance(mPhone.mCM, mIccRecords,
          mPhone.mContext, mIccFileHandler, this);                              ───❸-3
    ...
}
```

📁 frameworks/base/telephony/java/com/android/internal/telephony/IccCard.java

코드 4-4 IccCard 클래스의 생성자

❸-1 SIMFileHandler 객체를 생성한다. SIMFileHandler 객체는 USIM의 EF들을 읽거나 쓸 수 있는 메서드를 제공한다.

❸-2 SIMRecords 객체를 생성한다. SIMRecords 객체는 안드로이드 구동에 필요하거나 사용자 개인 정보에 해당하는 USIM의 EF 데이터를 미리 읽어서 필요한 객체에 전달하거나 별도의 저장공간에 저장해두는 역할을 한다.

❸-3 CatService 객체를 생성한다. CatService 객체는 USAT과의 통신에 사용되는 Proactive Command를 해석하여 STK 애플리케이션에 전달하고 역으로 STK 애플리케이션의 입력을 USAT으로 전달하는 역할을 한다.

Ⓘ SIMRecords 객체는 USIM의 EF들을 미리 읽어서 저장하기 위해 사용되는 AdnRecordCache와 VoiceMailConstrants, SpnOverride 등의 객체를 생성한다.

```
public SIMRecords(IccCard card, Context c, CommandsInterface ci) {
    ...
    adnCache = new AdnRecordCache(mFh);            ──❸-2-1

    mVmConfig = new VoiceMailConstants();          ──❸-2-2
    mSpnOverride = new SpnOverride();              ──❸-2-3
    ...
}
```

📁 frameworks/base/telephony/java/com/android/internal/telephony/gsm/SIMRecords.java

코드 4-5 SIMRecords 클래스의 생성자

4-5
3-2-1 전화번호를 저장하는 역할을 하는 EF_{ADN} 등의 EF 값들을 읽고 쓰는 역할을 하는 AdnRecordCache 객체를 생성한다.

4-5
3-2-2 VoiceMailConstrants 객체를 생성한다. SIMRecords 객체는 생성된 VoiceMailConstrants 객체에 SPN[28] 값을 파라미터로 전달하여 음성 메일에 연결하기 위한 번호 등의 값을 가져온다.

4-5
3-2-3 SpnOverride 객체를 생성한다. SpnOverride 객체는 IMSI 값을 파라미터로 전달받아 SPN을 반환하는 getSpn() 메서드를 제공한다.

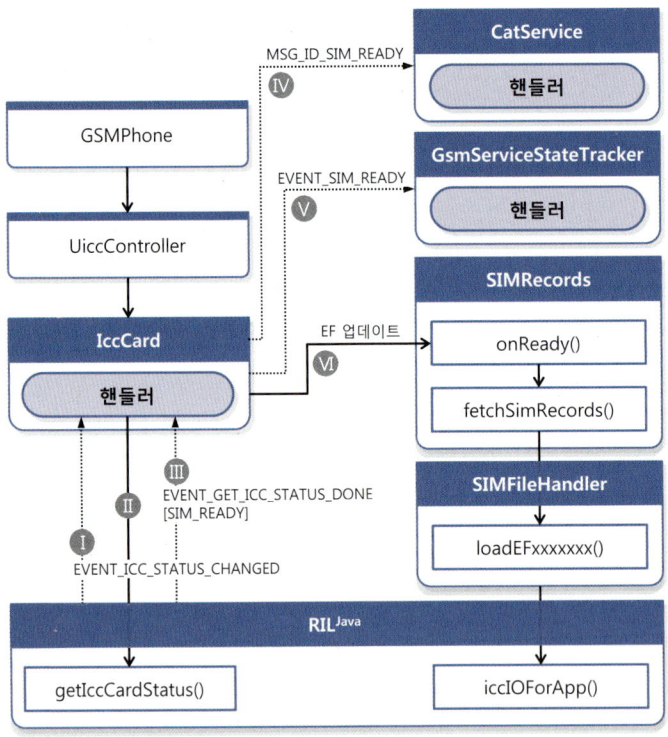

그림 4-17 텔레포니 프레임워크의 UICC 초기화

---

28 · SPN(Service Provider Name): 통신 사업자의 이름. 예를 들어, 국내의 경우 SK Telecom, KT와 같다.

❶ EVENT_ICC_STATUS_CHANGED 이벤트 수신

❷ RIL^Java의 getIccCardStatus() 메서드 호출

❸ EVENT_GET_ICC_STATUS_DONE 이벤트 수신

❹ MSG_ID_SIM_READY 메시지 수신

❺ EVENT_SIM_READY 수신

❻ 부팅 및 이후 과정에서 필요한 EF를 미리 읽는 명령 수행

객체의 생성 이후 텔레포니 프레임워크에서 UICC의 초기화를 위해 이벤트를 주고받는 과정을 간략하게 나타내면 그림 4-17과 같다. 텔레포니 프레임워크 초기화와 함께 모뎀의 부팅이 진행되는데 UICC의 존재를 모뎀에서 확인하게 되면 RIL을 통해 IccCard 객체로 EVENT_ICC_STATUS_CHANGED라는 이벤트를 보내게 된다.

이후, IccCard 객체는 RIL^Java의 getIccCardStatus() 메서드를 호출하여 USIM의 상태 정보를 전달받는다. 이때 USIM의 상태가 SIM Ready 상태라면 CatService나 GsmServiceStateTracker 클래스에 이를 알려준다. 그리고 휴대폰의 초기화 과정과 사용에 필요한 EF들을 미리 읽도록 SIMRecords 클래스의 onReady() 메서드를 호출한다.

본 절에서는 이와 같은 UICC의 초기화 과정을 코드의 흐름을 통해 상세하게 살펴보고자 한다.

4.4.2 시스템 부팅 후 모뎀 전원 인가

휴대폰이 켜지면, 안드로이드의 운영체제인 리눅스 부팅 과정이 진행된다. 리눅스 부팅이 진행된 이후 RIL 데몬이 실행되며 그림 4-18과 같은 과정을 거쳐 모뎀(Radio)에 전원이 인가되게 된다.

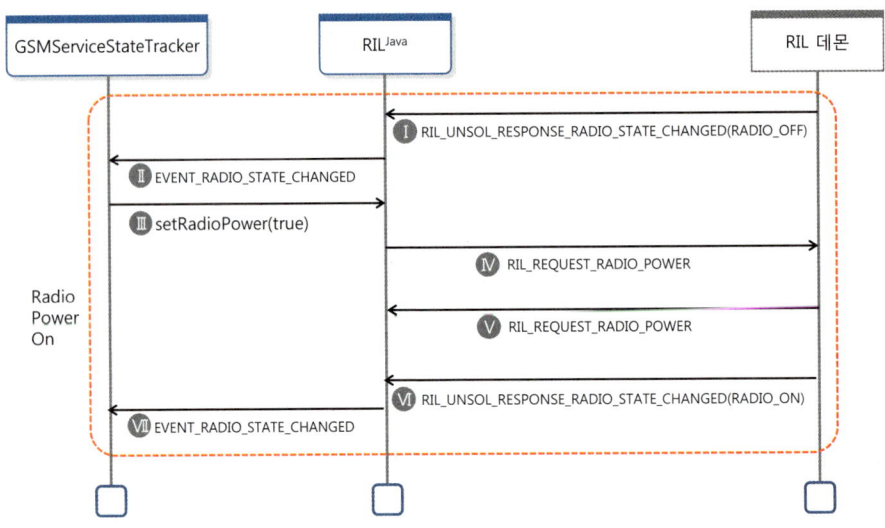

그림 4-18 시스템 부팅 후 Radio Power on

❶ RIL데몬 생성 후 RIL_UNSOL_RESPONSE_RADIO_STATE_CHANGED RIL ind 전달

❷ RIL^Java에서 RIL ind 처리 후 GSMServiceStateTracker에 EVENT_RADIO_STATE_CHANGED 이벤트 전달

❸ 모뎀에 전원을 인가하기 위해 RIL^Java의 setRadioPower() 메서드 호출

❹ ❺ RIL 데몬으로 모뎀 전원 인가 메시지 전달 후 응답받음

❻ 모뎀의 켜진 후 UICC 상태가 변경되었음을(전원 Off → 전원 On) 알리기 위한 RIL ind 전송

❼ RIL ind를 전달받은 후 GSMServiceStateTacker로 EVENT_ICC_STATUS_CHANGED 이벤트 전달

RIL 데몬은 초기화 이후 모뎀이 꺼져있음을 의미하는 RADIO_OFF 상태를 텔레포니 프레임워크로 전달하기 위해 RIL^Java로 RIL_UNSOL_RESPONSE_RADIO_STATE_CHANGED라는 RIL ind를 전달한다.

RIL^Java는 전달받은 RIL ind를 처리하여 그 결과를 GSMServiceTracker 객체로 EVENT_RADIO_STATE_CHANGED 이벤트에 포함하여 보낸다.

```
public void handleMessage (Message msg) {
    ...
    switch (msg.what) {
        case EVENT_RADIO_STATE_CHANGED:
            setPowerStateToDesired();   ―❶
            pollState();
            break;
        ...
    }
}
```

📁 frameworks/base/telephony/src/java/com/android/internal/telephony/gsm/GsmServiceStateTracker.java

코드 4-6 GsmServiceStateTracker 클래스의 핸들러 메서드

4-6

❶ GsmServiceStateTracker 객체는 전달받은 EVENT_RADIO_STATE_CHANGED 이벤트의 처리 과정에서 setPowerStateToDesired() 메서드를 호출한다.

```
protected void setPowerStateToDesired() {
    if (mDesiredPowerState
        && cm.getRadioState() == CommandsInterface.RadioState.RADIO_OFF) {
            cm.setRadioPower(true, null);   ―❶-❶
    }
    ...
}
```

📁 frameworks/base/telephony/src/java/com/android/internal/telephony/gsm/GsmServiceStateTracker.java

코드 4-7 GsmServiceStateTracker 클래스의 setPowerStateToDesired() 메서드

4-7

❶-❶ setPowerStateToDesired() 메서드는 EVENT_RADIO_STATE_CHANGED 이벤트에 포함되어 있는 RADIO_OFF 상태를 확인 후 모뎀을 동작시키기 위해 RIL[Java]의 setRadioPower() 메서드에 true 매개변수를 반영하여 실행한다.

```
public void setRadioPower(boolean on, Message result) {
    RILRequest rr = RILRequest.obtain(RIL_REQUEST_RADIO_POWER, result);  ── 1-1-1

    rr.mp.writeInt(1);
    rr.mp.writeInt(on ? 1 : 0);

    send(rr);
}
```

📁 frameworks/base/telephony/src/java/com/android/internal/telephony/RIL.java

코드 4-8 RIL^{Java} 의 setRadioPower() 메서드

4-8
1-1-1 RIL^{Java}의 setRadiosPower() 메서드가 호출되면 매개변수에 따라 RIL 데몬으로 Radio의 활성화를 제어하는 RIL_REQUEST_RADIO_POWER 메시지가 전달되는데 이 경우 첫 번째 매개변수인 on의 값이 true로 전달되었으므로 Radio의 활성화를 의미하는 메시지가 RIL 데몬으로 전달된다.

RIL 데몬의 구현은 일반적으로 휴대폰 제조사마다 다르게 구현되어 있으므로 본서에서는 안드로이드 플랫폼 코드에 포함되어 있는 구글의 레퍼런스 벤더 RIL을 기준으로 살펴보도록 하겠다.

```
static void
onRequest (int request, void *data, size_t datalen, RIL_Token t) {
    ...
    case RIL_REQUEST_RADIO_POWER:
    requestRadioPower(data, datalen, t);  ── ❶
    break;
    ...
}
...
```

📁 hardware/ril/reference-ril.c

코드 4-9 레퍼런스 벤더 RIL에서 RIL_REQUEST_RADIO_POWER 메시지 처리

❶ RIL_REQUEST_RADIO_POWER 이벤트를 전달받은 RIL 데몬은 requestRadioPower() 함수를 호출한다.

```
static void requestRadioPower(void *data, size_t datalen, RIL_Token t) {
    ...
    if (onOff == 0 && sState != RADIO_STATE_OFF) {
        err = at_send_command("AT+CFUN=0", &p_response);
        if (err < 0 || p_response->success == 0) goto error;
        setRadioState(RADIO_STATE_OFF);
    } else if (onOff > 0 && sState == RADIO_STATE_OFF) {
        err = at_send_command("AT+CFUN=1", &p_response);  ── ❶-1
        ...
        setRadioState(RADIO_STATE_SIM_NOT_READY);  ── ❶-2
    }

    at_response_free(p_response);
    RIL_onRequestComplete(t, RIL_E_SUCCESS, NULL, 0);
    return;
}
```

📁 hardware/ril/reference-ril.c

코드 4-10 레퍼런스 벤더 RIL의 requestRadioPower() 함수 구현

❶-1 requestRadioPower() 함수는 모뎀으로 AT+CFUN=1이라는 AT 명령을 전달한다. AT+CFUN 명령은 모뎀의 기능을 제어하는 명령으로 1이라는 값의 의미는 모뎀의 모든 기능을 활성화하라는 뜻이다. 따라서 AT+CFUN=1 명령의 결과로 모뎀의 초기화가 진행된다.

❶-2 모뎀에 AT+CFUN=1 명령을 전송한 이후 setRadioState() 함수를 호출하여 RIL을 모뎀 사용이 가능한 상태로 변경한다.

```
static void setRadioState(RIL_RadioState newState) {
    ...
    if (sState != oldState) {  ── ❶-2-1
        RIL_onUnsolicitedResponse (RIL_UNSOL_RESPONSE_RADIO_STATE_CHANGED,
                ↳ NULL, 0);  ── ❶-2-2
```

```
            ...
        }
    }
```

📁 hardware/ril/reference-ril.c

코드 4-11 레퍼런스 벤더 RIL의 setRadioState() 함수 구현

1-2-1 모뎀의 상태가 변경된 경우에 한해서 **1-2-2** 구문이 실행된다. 지금 다루고 있는 실행 과정에서는 상태가 변경되었기 때문에(RADIO_STATE_OFF → RADIO_STATE_SIM_NOT_READY) **1-2-2**의 코드가 실행된다.

1-2-2 RIL ind의 응답으로 RIL_UNSOL_RESPONSE_RADIO_STATE_CHANGED 메시지가 전달된다.

```
void RIL_onUnsolicitedResponse(int unsolResponse, void *data, size_t datalen) {
    ...
    switch(unsolResponse) {
        case RIL_UNSOL_RESPONSE_RADIO_STATE_CHANGED:        ── 1-2-2-1
        newState = processRadioState(s_callbacks.onStateRequest());  ── 1-2-2-2
        p.writeInt32(newState);
        appendPrintBuf("%s {%s}", printBuf,
               ↪ radioStateToString(s_callbacks.onStateRequest()));
        break;
        ...
    }
}
```

📁 hardware/ril/libril/Ril.cpp

코드 4-12 RIL데몬의 RIL_UNSOL_RESPONSE_RADIO_STATE_CHANGED 처리

setRadioState() 함수의 실행 과정에서 호출된 RIL_onUnsolicitedResponse() 함수는 전달받은 unsolResponse 인자를 기준으로 switch 구문을 실행하게 된다.

1-2-2-1 전달받은 RIL_UNSOL_RESPONSE_RADIO_STATE_CHANGED unsolResponse는 모뎀 상태가 변경된 것을 의미하여 변경된 상태를 알리는 등의

작업을 진행하기 위해 해당 루틴을 실행하게 된다.

1-2-2-2 ⁴⁻¹² 모뎀 상태가 변경되면 변경된 상태에 따른 추가적인 작업들이 진행되어야 하는데 이를 위해 processRadioState() 함수를 호출하게 된다.

```
static RIL_RadioState
processRadioState(RIL_RadioState newRadioState) {

    if((newRadioState > RADIO_STATE_UNAVAILABLE) && (newRadioState < RADIO_STATE_ON)) {
        ...
        newSimStatus = decodeSimStatus(newRadioState);
        if(newSimStatus != simRuimStatus) {
            simRuimStatus = newSimStatus;
            RIL_onUnsolicitedResponse( RIL_UNSOL_RESPONSE_SIM_STATUS_CHANGED,
                    NULL, 0);                        ─ 1-2-2-2-1
        }

        /* 텔레포니로 RADIO_ON 전달 */
        newRadioState = RADIO_STATE_ON;              ─ 1-2-2-2-2
    }

    return newRadioState;
}
```

📁 hardware/ril/libril/Ril.cpp

코드 4-13 RIL데몬의 processRadioState() 함수

2-1-1-2-1 ⁴⁻¹³ processRadioState() 함수는 SIM의 상태가 변경되었음을 의미하는 RIL_UNSOL_RESPONSE_SIM_STATUS_CHANGED RIL ind를 RIL^{Java}로 전송한다.

2-1-1-2-2 ⁴⁻¹³ Radio의 상태를 RADIO_STATE_ON으로 변경하여 모뎀의 기능을 정상적으로 사용할 수 있음을 표시한다.

```
private void
processUnsolicited (Parcel p) {
    ...
    switch(response) {
```

```
        ...
        case RIL_UNSOL_RESPONSE_SIM_STATUS_CHANGED:                    ──❶
            if (mIccStatusChangedRegistrants != null) {
                mIccStatusChangedRegistrants.notifyRegistrants();       ──❷
            }
            break;
        ...
    }
    ...
}
```

📁 frameworks/base/telephony/src/java/com/android/internal/telephony/RIL.java

코드 4-14 RIL^{Java}의 RIL_UNSOL_RESPONSE_SIM_STATUS_CHANGED RIL ind 처리

RIL^{Java}는 전달받은 RIL_UNSOL_RESPONSE_SIM_STATUS_CHANGED 메시지를 처리하게 되는데, 이 과정에서 RIL_UNSOL_RESPONSE_SIM_STATUS_CHANGED 메시지를 전달 받기위해 등록해 둔 객체들에게 응답을 보내게 된다. 메시지를 전달받기 위해 등록하는 작업은 부팅 시점에 각 객체가 생성되는 과정에서 진행된다.

4-14
❶ processUnsolicited() 메서드는 RIL로부터 전달받은 이벤트를 처리하는데, 현재와 같은 과정에서는 RIL_UNSOL_RESPONSE_SIM_STATUS_CHANGED 이벤트를 처리하게 된다.

4-14
❷ mIccStatusChangedRegistrants에는 RIL_UNSOL_RESPONSE_SIM_STATUS_CHANGED 이벤트가 전달되었을 때, 알림을 받길 원하는 객체들이 등록되어 있다. 이러한 등록 작업은 부팅 시점에서 해당하는 객체들이 진행하게 된다. processUnsolicited() 메서드는 등록된 객체들에게 notifyRegistrants() 메서드를 통해서 알림을 전달하게 된다.

여기서 잠시, RIL 이벤트를 전달받기 위해 관련 객체에서 RIL^{Java}로 등록하는 과정을 살펴보도록 하자.

코드 4-15와 코드 4-16은 각각 IccCard 객체의 생성자에서 진행되는 RIL_UNSOL_RESPONSE_SIM_STATUS_CHANGED 명령을 전달받기 위해 등록하는 과정과 등록 작업의 실제 구현내용이다.

```
public IccCard(PhoneBase phone, String logTag, Boolean is3gpp, Boolean dbg) {
    ...
    mPhone.mCM.registerForOffOrNotAvailable(mHandler, EVENT_RADIO_OFF_OR_NOT_AVAILABLE,
        ↳ null);  ─❶
    ...
    mPhone.mCM.registerForIccStatusChanged(mHandler, EVENT_ICC_STATUS_CHANGED,
        ↳ null);  ─❷
}
```

📁 frameworks/base/telephony/src/java/com/android/internal/telephony/IccCard.java

코드 4-15 RIL^Java로부터 RIL req를 전달받기 위해 RIL^Java에 응답 메시지 타입을 등록

IccCard 객체는 생성 과정에서 RIL^Java로부터 몇 가지 이벤트를 전달받기 위해 등록하는 과정을 진행한다.

4-15
❶ 모뎀을 사용할 수 없거나 꺼져 있음을 의미하는 EVENT_RADIO_OFF_OR_NOT_AVAILABLE 이벤트를 전달받기 위해 등록한다.

4-15
❷ USIM의 상태가 변경되었을 경우 EVENT_ICC_STATUS_CHANGED 이벤트를 전달받기 위해 등록한다.

```
public void registerForIccStatusChanged(Handler h, int what, Object obj) {
    Registrant r = new Registrant (h, what, obj);
    mIccStatusChangedRegistrants.add(r);  ─❷-1
}
```

📁 frameworks/base/telephony/src/java/com/android/internal/telephony/BaseCommands.java

코드 4-16 RIL_UNSOL_RESPONSE_SIM_STATUS_CHANGED RIL ind를 전달받을 객체들을 알림 목록에 등록

4-16
❷-1 registerForIccStatusChanged() 메서드는 내부 변수인 mIccStatusChangedRegistrants에 전달받은 EVENT_ICC_STATUS_CHANGED와 IccCard 객체의 핸들러를 등록한다.

이렇게 등록된 후 코드 4-14와 같이 특정한 이벤트가 전달되면 등록된 핸들러를 통해서 이벤트가 전달되었음을 알리게 된다.

4.4.3 SIM_READY 상태로의 진입

모뎀에 전원이 인가되면 UICC 초기화 작업이 진행된다. 그리고 초기화가 완료되면 SIM_READY 상태로 진입하게 된다. 안드로이드의 관점에서 SIM_READY 상태로의 진입이 어떻게 진행되는지 살펴보도록 한다.

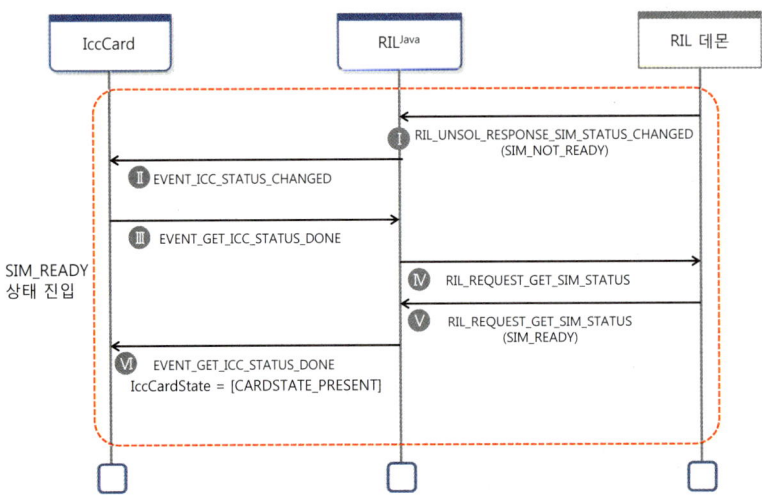

그림 4-19 모뎀이 켜진 후 SIM READY 상태로의 진입

❶ RIL_UNSOL_RESPONSE_SIM_STATUS_CHANGED RIL ind를 전달받음

❷ RIL^Java로부터 EVENT_ICC_STATUS_CHANGED 이벤트를 전달받음

❸ UICC 상태를 파악하기 위해 EVENT_GET_ICC_STATUS_DONE 이벤트를 포함한 메시지 전달

❹ RIL 데몬으로 RIL_REQUEST_GET_SIM_STATUS RIL req 전달

❺ RIL_REQUEST_GET_SIM_STATUS RIL req에 대한 응답을 반환

❻ RIL^Java로부터 EVENT_GET_ICC_STATUS_DONE 이벤트를 전달받음

코드 4-14에서 볼 수 있듯이 notifyRegistrants() 메서드를 호출하면 IccCard 객체에서 등록한 핸들러로 EVENT_ICC_STATUS_CHANGED 이벤트가 전달된다.

IccCard 객체는 EVENT_ICC_STATUS_CHANGED 이벤트를 전달받으면 UICC의 상태가 바뀌었다고 판단한다. 그리고 바뀐 상태정보를 파악하기 위한 명령을 RIL을 통해서 실행한다.

```
protected Handler mHandler = new Handler() {
    @Override
    public void handleMessage(Message msg){
        ...
        switch (msg.what) {
            case EVENT_ICC_STATUS_CHANGED:
                mPhone.mCM.getIccCardStatus(obtainMessage(EVENT_GET_ICC_STATUS_DONE));  ──❶
                break;
        }
    }
}
```

📁 frameworks/base/telephony/src/java/com/android/internal/telephony/IccCard.java

코드 4-17 UICC 상태 정보를 얻기 위해서 RIL^{Java}의 getIccCardStatus() 메서드 호출

4-17

❶ RIL^{Java}의 getIccCardStatus() 메서드를 호출하여 UICC의 상태를 RIL 데몬에 질의하게 된다. 이때 obtainMessage(EVENT_GET_ICC_STATUS_DONE)를 인자로 메서드를 호출한다. 이 구문은 요청한 명령에 대한 응답을 EVENT_GET_ICC_STATUS_DONE 이벤트에 포함하여 IccCard의 핸들러 객체로 전달해 달라는 것을 의미한다.

이에 따라 RIL^{Java}는 getIccCardStatus() 메서드의 응답을 얻게 되면 IccCard 객체의 핸들러로 전달받은 EVENT_GET_ICC_STATUS_DONE 이벤트에 응답 값을 포함하여 전달한다.

```
public void getIccCardStatus(Message result) {
    RILRequest rr = RILRequest.obtain(RIL_REQUEST_GET_SIM_STATUS, result);  ──❶-❶

    send(rr);
}
```

📁 frameworks/base/telephony/src/java/com/android/internal/telephony/RIL.java

코드 4-18 RIL^{Java}의 getIccCardStatus() 메서드

4-18

❶-❶ 호출된 RIL^{Java}의 getIccCardStatus() 메서드는 UICC의 상태정보를 얻기 위해 RIL 데몬으로 RIL_REQUEST_GET_SIM_STATUS 명령을 전달한다.

```
static SIM_Status getSIMStatus() {
    ...
    err = at_send_command_singleline("AT+CPIN?", "+CPIN:", &p_response);   ──①
    ...
    if (0 == strcmp (cpinResult, "SIM PIN")) {
        ret = SIM_PIN;                                                      ──②
        goto done;
    } else if (0 == strcmp (cpinResult, "SIM PUK")) {
        ret = SIM_PUK;                                                      ──③
        goto done;
    } else if (0 == strcmp (cpinResult, "PH-NET PIN")) {
        return SIM_NETWORK_PERSONALIZATION;                                 ──④
    } else if (0 != strcmp (cpinResult, "READY"))  {
        ret = SIM_ABSENT;
        goto done;
    }

    at_response_free(p_response);
    p_response = NULL;
    cpinResult = NULL;

    ret = SIM_READY;                                                        ──⑤

    done:
    at_response_free(p_response);
    return ret;
}
```

📁 hardware/ril/reference-ril.c

코드 4-19 레퍼런스 벤더 RIL의 getSIMStatus() 함수 구현

RIL 데몬은 전달받는 RIL_REQUEST_GET_SIM_STATUS 명령을 처리하기 위해 getCardStatus() 함수를 호출하는데 getCardStatus() 함수는 getSIMStatus() 함수를 호출하여 UICC 상태정보를 얻는다.

4-19

❶ getSIMStatus() 함수는 UICC의 상태를 확인하는 AT 명령인 AT+CPIN?을 모뎀으로 송신한 후 이에 대한 응답 값을 통해 USIM의 상태를 확인하게 된다.

USIM의 상태는 ❷ PIN 코드가 활성화되어 있는 상태인 "SIM PIN" 상태, ❸ PIN 코드가 일정 횟수 이상 틀리게 입력되면 활성화되는 "SIM PUK" 상태, ❹ SIMLOCK 상태에 해당하는 "PH-NET PIN" 상태, ❺ 마지막으로 USIM을 정상적으로 사용할 수 있는 "READY" 상태가 있다.

getSIMStatus() 함수는 AT+CPIN? 명령을 통해 확인한 USIM의 상태를 반환하며 getCardStatus() 는 반환된 상태 값을 RIL^{Java}에 응답으로 전송한다.

정상적인 부팅 과정에서는 최종적으로 SIM_READY 상태가 반환된다. 본서에서도 SIM_READY 상태가 반환된 이후의 동작에 대해서 살펴보도록 하겠다.

```
protected Handler mHandler = new Handler() {
    @Override
    public void handleMessage(Message msg) {
        ...
        switch (msg.what) {
            ...
            case EVENT_GET_ICC_STATUS_DONE:
            ar = (AsyncResult)msg.obj;

            getIccCardStatusDone(ar); ──❶
            break;
            ...
        }
    }
}
```

📁 frameworks/base/telephony/src/java/com/android/internal/telephony/IccCard.java

코드 4-20 IccCard 클래스의 핸들러

RIL^{Java}는 SIM_READY 상태가 포함되어 있는 EVENT_GET_ICC_STATUS_DONE에 대한 응답을 IccCard 클래스에 전달하게 된다.

❶ IccCard의 핸들러에서는 EVENT_GET_ICC_STATUS_DONE에 해당하는 응답을 처리하기 위해 getIccCardStatusDone() 메서드에 전달받은 UICC 상태 정보가 담겨 있는 결과 값을 인자로 전달한다.

```
private void getIccCardStatusDone(AsyncResult ar) {
    ...
    handleIccCardStatus((IccCardStatus) ar.result);  ❶
}
```

📁 frameworks/base/telephony/src/java/com/android/internal/telephony/IccCard.java

코드 4-21 IccCard 클래스의 getIccCardStatusDone() 메서드

❶ getIccCardStatusDone() 메서드는 전달받은 결과 값을 handleIccCardStatus() 메서드의 인자로 전달한다.

4.4.4 USIM 상태 확인 및 EF 읽기 실행

RIL^{Java}로부터 EVENT_GET_ICC_STATUS_DONE 이벤트를 전달받으면, IccCard 객체의 handleIccCardStatus() 메서드가 실행된다. handleIccCardStatus() 메서드는 USIM의 LOCK 상태를 확인하는 작업을 수행하며 결과에 문제가 없으면 SIMRecords 객체의 onReady() 메서드를 호출하여 부팅에 필요한 EF들을 읽는 작업을 실행한다.

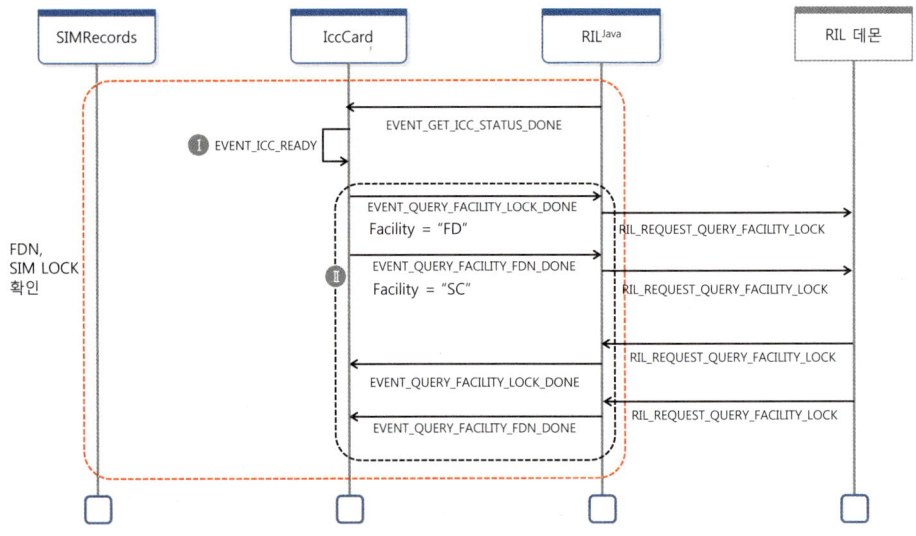

그림 4-20 IccCard 클래스의 EVENT_ICC_READY 이후 초기화

❶ IccCard 객체가 자신에게 EVENT_ICC_READY 이벤트를 전달

❷ FDN 및 SIM LOCK확인

```
private void handleIccCardStatus(IccCardStatus newCardStatus) {
    ...
    synchronized (mStateMonitor) {
        mState = newState;
        updateStateProperty();
        if (oldState != State.READY && newState == State.READY) {
            mHandler.sendMessage(mHandler.obtainMessage(EVENT_ICC_READY)); ─❶
            mReadyRegistrants.notifyRegistrants();                         ─❷
        } else if (newState.isPinLocked()) {
            mHandler.sendMessage(mHandler.obtainMessage(EVENT_ICC_LOCKED));
        }
        if (oldRuimState != State.READY && getRuimState() == State.READY) {
            mRuimReadyRegistrants.notifyRegistrants();
        }
    }

    ...

    if (oldState != State.READY && newState == State.READY &&
            (is3gpp || isSubscriptionFromIccCard)) {
        ...
        mIccRecords.onReady();                                             ─❸
    }
}
```

📁 frameworks/base/telephony/src/java/com/android/internal/telephony/IccCard.java

코드 4-22 IccCard 클래스의 handleIccCardStatus() 메서드

코드 4-20과 코드 4-21에서 살펴본 바와 같이 EVENT_GET_ICC_STATUS_DONE 이벤트를 처리하는 과정에서 handleIccCardStatus() 메서드가 호출된다.

❶, ❷ handleIccCardStatus() 메서드는 UICC 카드를 사용할 수 있는지, PIN 코드로 잠겨있는 상황인지, PUK 모드에 진입하여 사용할 수 없는 상황인지 등을 파악하여 관련 객체들에 이를 알린다.

❸ 정상적으로 UICC 카드를 사용할 수 있는 상황이라면 SIMRecords 객체의 onReady() 메서드를 실행하게 된다.

```
protected Handler mHandler = new Handler() {
    @Override
    public void handleMessage(Message msg){
        ...
        switch (msg.what) {
            ...
            case EVENT_ICC_READY:
                if(isSubscriptionFromIccCard) {
                    mPhone.mCM.queryFacilityLock (
                        CommandsInterface.CB_FACILITY_BA_SIM, "", serviceClassX,
                        obtainMessage(EVENT_QUERY_FACILITY_LOCK_DONE));      ―❶-1
                    mPhone.mCM.queryFacilityLock (
                        CommandsInterface.CB_FACILITY_BA_FD, "", serviceClassX,
                        obtainMessage(EVENT_QUERY_FACILITY_FDN_DONE));       ―❶-2
                }
                break;
            ...
        }
    }
};
```

📁 frameworks/base/telephony/src/java/com/android/internal/telephony/IccCard.java

코드 4-23 IccCard 클래스의 핸들러 메서드

4-22
❶은 IccCard 객체의 핸들러로 EVENT_ICC_READY 이벤트를 전달한다. 해당 이벤트를 전달받은 핸들러는 RIL^{Java}를 통해 RIL 데몬으로 USIM의 PIN1 Lock과 FDN의 상태를 조회한다.

4-23
❶-1 PIN1 Lock의 상태를 확인한다. 이를 위해 CommandsInterface.CB_FACILITY_BA_SIM(=SC)를 인자로 RIL^{Java}의 queryFacilityLock() 메서드를 호출한다. queryFacilityLock() 메서드는 RIL 데몬으로 RIL_REQUEST_QUERY_FACILITY_LOCK RIL req를 전달한다. PIN1 Lock은 SIM Lock으로도 불리며(휴대폰에 설정하는 SIMLOCK과는 다른 개념) PIN1 코드를 이용하여 활성화할 수 있다.

4-23
❶-2 FDN(Fixed Dialling Number)이라 불리는 기능의 활성화 상태를 확인한다. FDN 기능이 활성화되면 EF_{FDN}에 존재하는 FDN 목록에 포함된 전화번호로만 발신이

가능하게 된다. FDN의 활성화는 PIN2 코드라 불리는 암호를 입력하여 실행할 수 있다. queryFacilityLock() 메서드의 인자로 CommandsInterface.CB_FACILITY_BA_FD(=FD)를 전달한다.

4.4.5 텔레포니 프레임워크의 EF 읽기 분석

그림 4-21은 RIL^{Java}로부터 SIMRecords 객체의 onReady() 메서드가 호출되고 이로 인해 fetchSimRecords() 메서드가 실행되는 과정을 표시한 것이다. fetchSimRecords() 메서드는 안드로이드 시스템에서 사용되는 다양한 EF들을 미리 읽어서 해당 데이터가 필요한 객체들이 전달을 해주거나 나중에 사용할 수 있도록 저장해두는 역할을 한다.

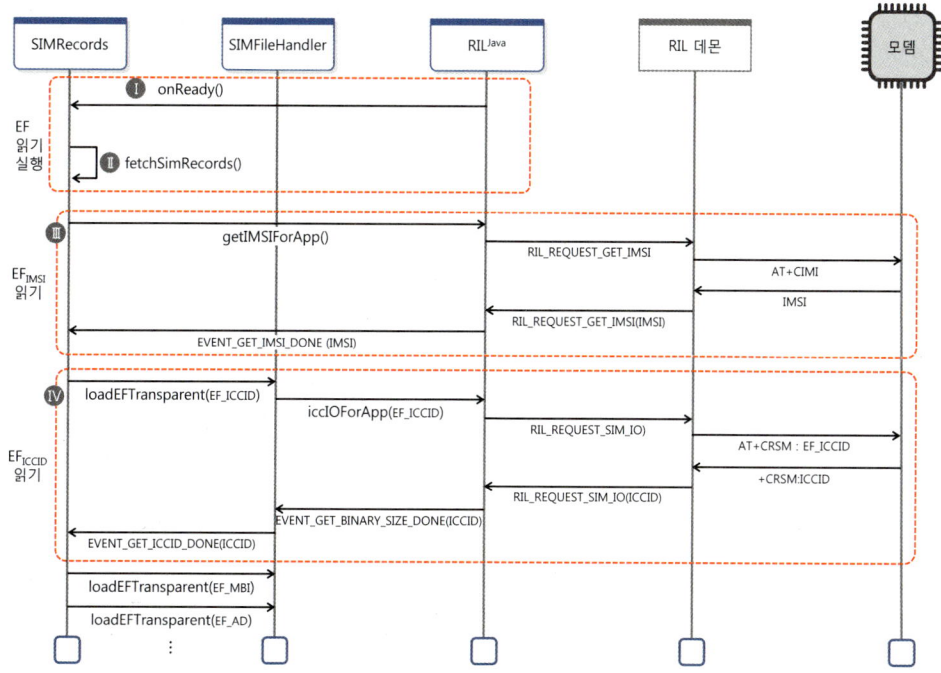

그림 4-21 fetchSimRecords() 메서드의 동작

❶ SIM READY 상태인 경우 SIMRecords 객체의 onReady() 메서드를 호출

❷ fetchSimRecords() 메서드를 호출

❸ fetchSimRecords() 메서드의 실행 과정에서 EF_{IMSI}를 읽기 위해 getIMSIForApp() 메서드 호출

❹ EF_{ICCID}를 읽기 위해 loadEFTransparent(EF_ICCID) 호출

```java
@Override
public void onReady() {
    /* SIM_READY intent를 브로드캐스팅하여 IMSI가 읽혀지기 전에 SIM 관련 준비 작업이 진행되도록
    한다.
    */
    mParentCard.broadcastIccStateChangedIntent(IccCard.INTENT_VALUE_ICC_READY, null);
    fetchSimRecords();  ──❶
}
```

📁 frameworks/base/telephony/src/java/com/android/internal/telephony/gsm/SIMRecords.java

코드 4-24 SIMRecords 클래스의 onReady() 메서드

❶ SIMRecords의 onReady() 메서드는 fetchSimRecords() 메서드를 실행하여 안드로이드 구동 및 사용에 필요한 USIM의 EF들을 읽는 작업을 진행한다.

```java
protected void fetchSimRecords() {
    recordsRequested = true;

    mCi.getIMSIForApp(mParentCard.getAid(), obtainMessage(EVENT_GET_IMSI_DONE));  ──❶-1
    recordsToLoad++;

    mFh.loadEFTransparent(EF_ICCID, obtainMessage(EVENT_GET_ICCID_DONE));  ──❶-1
    recordsToLoad++;

    new AdnRecordLoader(mFh).loadFromEF(EF_MSISDN, EF_EXT1, 1,
            ↳ obtainMessage(EVENT_GET_MSISDN_DONE));
    recordsToLoad++;

    mFh.loadEFLinearFixed(EF_MBI,1,btainMessage(EVENT_GET_MBI_DONE));
    recordsToLoad++;

    mFh.loadEFTransparent(EF_AD, obtainMessage(EVENT_GET_AD_DONE));
    recordsToLoad++;

    mFh.loadEFLinearFixed(EF_MWIS,1, obtainMessage(EVENT_GET_MWIS_DONE));
    recordsToLoad++;
```

```
        mFh.loadEFTransparent(EF_VOICE_MAIL_INDICATOR_CPHS,
                obtainMessage(EVENT_GET_VOICE_MAIL_INDICATOR_CPHS_DONE));
        recordsToLoad++;

        // Call Forward Status indicator를 표시하기 위해 둘 다 가져온다.
        // EF[CFIS] and CPHS-EF, with EF[CFIS] preferred.
        mFh.loadEFLinearFixed(EF_CFIS,1, obtainMessage(EVENT_GET_CFIS_DONE));
        recordsToLoad++;
        mFh.loadEFTransparent(EF_CFF_CPHS, obtainMessage(EVENT_GET_CFF_DONE));
        recordsToLoad++;

        getSpnFsm(true, null);

        mFh.loadEFTransparent(EF_SPDI,obtainMessage(EVENT_GET_SPDI_DONE));
        recordsToLoad++;

        mFh.loadEFLinearFixed(EF_PNN,1,btainMessage(EVENT_GET_PNN_DONE));
        recordsToLoad++;

        mFh.loadEFTransparent(EF_SST, obtainMessage(EVENT_GET_SST_DONE));
        recordsToLoad++;

        mFh.loadEFTransparent(EF_INFO_CPHS, obtainMessage(EVENT_GET_INFO_CPHS_DONE));
        recordsToLoad++;
        mFh.loadEFTransparent(EF_CSP_CPHS,obtainMessage(EVENT_GET_CSP_CPHS_DONE));
        recordsToLoad++;
        ...
    }
```

📁 frameworks/base/telephony/src/java/com/android/internal/telephony/gsm/SIMRecords.java

코드 4-25 SIMRecords 클래스의 fetchSimRecords() 메서드

fetchSimRecords() 메서드는 EF들을 읽기 위한 메서드 호출들로 구성되어 있다. 일반적으로 EF를 읽는 작업을 위해 SIMFileHandler에서 제공하는 메서드를 사용하며 경우에 따라서 EF를 읽은 후 파싱 등의 작업이 필요할 경우 getSpnFsm() 메서드들과 같이 해당 목적을 위해 만들어진 메서드를 호출하여 처리한다.

> **1-1** USIM에서 제공하는 정보 중 사용자와 이동 통신 사업자를 식별하는 작업에 사용되는 필드인 EF_{IMSI} 및 EF_{ICCID}를 가장 먼저 읽게 된다. EF를 읽기 위해 호출되는 loadEFTranparent() 등의 메서드는 내부적으로 RIL^{Java}로 RIL_REQUEST_GET_IMSI, RIL_REQUEST_SIM_IO 등의 명령을 RIL 데몬으로 보낸다. RIL 데몬은 해당 명령에 따라 정해진 AT 명령으로 모뎀에 질의하게 된다.

fetchSimRecords() 메서드는 EF들을 읽기 위해 SIMFileHandler의 loadEFTransparent() 능의 메서드를 활용한다. 하나의 EF를 읽기 위해서 어떤 과정을 거치게 되는지 살펴보도록 하겠다.

USIM에 연관된 대부분의 작업들은 USIM에 있는 데이터에 접근하여 읽거나 쓰는 작업이다. 이러한 작업은 SIMFileHandler 객체를 이용하여 동작하게 된다. SIMFileHandler 객체의 메서드들을 이용하여 USIM의 특정 위치의 파일을 읽거나 변경하게 된다. 호출된 메서드는 RIL을 통해 모뎀에 관련된 명령을 내리며 해당 명령은 모뎀을 통해서 UICC로 전달되게 된다.

SIMFileHandler 객체에서 상속하고 있는 IccFileHandler 객체에는 4.2.1절에서 설명한 EF들을 읽거나 쓰기 위한 메서드가 구현되어 있다. 표4-16에서 해당 메서드들을 표시하고 있다.

표 4-16 IccFileHandler 클래스의 메서드 목록

메서드 이름	설명
getEFLinearRecordSize()	Linear Fixed EF나 Cyclic EF와 같은 레코드 형식의 EF의 길이를 가져오는 메서드
loadEFLinearFixed()	레코드 형식의 EF의 특정 레코드의 데이터를 가져오는 메서드
loadEFTransparent()	Transparent EF의 데이터를 가져오는 메서드
updateEFLinearFixed()	레코드 형태의 EF의 특정 위치의 데이터를 업데이트하는 메서드
updateEFTransparent()	EF의 데이터를 업데이트하는 메서드

그림 4-22는 UICC의 고유 번호인 EF_{ICCID}를 읽는 과정을 상세하게 나타낸 것이다.

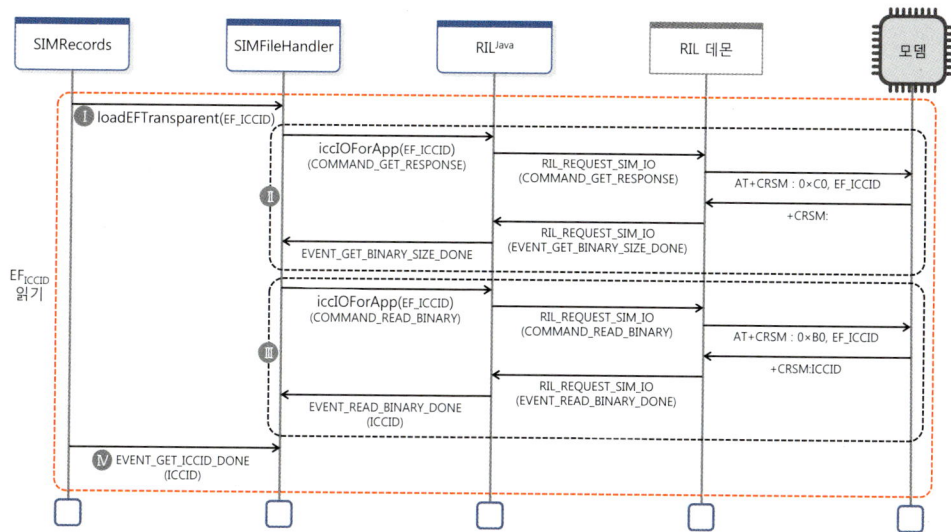

그림 4-22 EF$_{ICCID}$ 읽기 상세 동작

❶ EF$_{ICCID}$를 읽기 위해 SIMFileHandler 객체의 loadEFTransparent() 메서드 호출

❷ 대상 EF의 크기를 알기 위해 COMMAND_READ_BINARY (0xC0)을 인자로 RIL req 및 AT Command 실행

❸ 확인한 EF의 크기를 인자로 EF 데이터를 읽음

❹ EF 데이터를 EVENT_GET_ICCID_DONE 이벤트의 인자로 SIMRecords 객체의 핸들러에 전달

```
protected void fetchSimRecords() {
    ...
    mFh.loadEFTransparent(EF_ICCID, obtainMessage(EVENT_GET_ICCID_DONE));   ―❶
    recordsToLoad++;
    ...
}
```

📁 frameworks/base/telephony/src/java/com/android/internal/telephony/SIMRecords.java

코드 4-26 EF$_{ICCID}$ 읽기 명령

❶ fetchSimRecords() 메서드는 EF$_{ICCID}$를 읽기 위해서 SIMFileHandler가 상속받고 있는 IccFileHandler의 loadEFTransparent() 메서드를 호출한다.

```
public void loadEFTransparent(int fileid, Message onLoaded) {
    Message response = obtainMessage(EVENT_GET_BINARY_SIZE_DONE,
            fileid, 0, onLoaded);                                      ─❶-1

    mCi.iccIOForApp(COMMAND_GET_RESPONSE, fileid, getEFPath(fileid),
            0, 0, GET_RESPONSE_EF_SIZE_BYTES, null, null, mAid, response); ─❶-2
}
```

📁 frameworks/base/telephony/src/java/com/android/internal/telephony/IccFileHandler.java

코드 4-27 IccFileHandler 클래스의 loadEFTransparent() 메서드

4-27
❶-1 IccFileHandler 객체의 핸들러로 전달받을 EVENT_GET_BINARY_SIZE_DONE 이벤트를 인자로 넣어 response 객체를 생성한다.

4-27
❶-2 4.2.3절에서 살펴봤던 것과 같이 EF의 데이터를 읽기 위해서는 먼저 크기를 알아야 하기 때문에 RIL^java의 iccIOForApp() 메서드의 인자로 COMMAND_GET_RESPONSE를 전달한다.

```
public void iccIOForApp (int command, int fileid, String path, int p1, int p2, int p3,
        String data, String pin2, String aid, Message result) {
    RILRequest rr = RILRequest.obtain(RIL_REQUEST_SIM_IO, result);     ─❶-2-1

    rr.mp.writeInt(command);
    rr.mp.writeInt(fileid);
    rr.mp.writeString(path);
    rr.mp.writeInt(p1);
    rr.mp.writeInt(p2);
    rr.mp.writeInt(p3);
    rr.mp.writeString(data);
    rr.mp.writeString(pin2);
    rr.mp.writeString(aid);

    send(rr);                                                          ─❶-2-2
}
```

📁 frameworks/base/telephony/src/java/com/android/internal/telephony/RIL.java

코드 4-28 RIL^java의 iccIOForApp() 메서드

4-28
1-2-1 iccIOForApp() 메서드가 호출되면 RIL_REQUEST_SIM_IO RIL req를 RILRequest에 넣어 **1-2-2**와 같이 RIL 데몬으로 전달하게 된다.

이후, RIL 데몬에서는 해당 메시지를 벤더 RIL에 전달하게 되며 벤더 RIL에서는 메시지에 포함되어 있는 RIL req인 RIL_REQUEST_SIM_IO를 처리하기 위한 작업이 이루어진다.

```
static void onRequest (int request, void *data, size_t datalen, RIL_Token t) {
    ...
    case RIL_REQUEST_SIM_IO:
    requestSIM_IO(data,datalen,t);    ——❶
    break;
    ...
}
```

📁 hardware/ril/reference-ril/Reference-ril.c

코드 4-29 RIL_REQUEST_SIM_IO 이벤트 처리 루틴

4-29
❶ 전달받은 RIL req가 RIL_REQUEST_SIM_IO일 경우 requestSIM_IO() 함수를 호출한다.

```
static void requestSIM_IO(void *data, size_t datalen, RIL_Token t) {
    ...
    if (p_args->data == NULL) {
        asprintf(&cmd, "AT+CRSM=%d,%d,%d,%d,%d",
        p_args->command, p_args->fileid,
        p_args->p1, p_args->p2, p_args->p3);                    ——❶-1
    } else {
        asprintf(&cmd, "AT+CRSM=%d,%d,%d,%d,%d,%s",
        p_args->command, p_args->fileid,
        p_args->p1, p_args->p2, p_args->p3, p_args->data);
    }

    err = at_send_command_singleline(cmd, "+CRSM:", &p_response);   ——❶-2

    if (err < 0 || p_response->success == 0) {
        goto error;
    }
```

```
        line = p_response->p_intermediates->line;

        err = at_tok_start(&line);
        err = at_tok_nextint(&line, &(sr.sw1));
        err = at_tok_nextint(&line, &(sr.sw2));
        if (at_tok_hasmore(&line)) {
            err = at_tok_nextstr(&line, &(sr.simResponse));
        }

        RIL_onRequestComplete(t, RIL_E_SUCCESS, &sr, sizeof(sr));
        ...
}
```
❶-3 ❶-4

📁 hardware/ril/reference-ril/Reference-ril.c

코드 4-30 레퍼런스 벤더 RIL의 requestSIM_IO() 함수 구현

4-30
❶-1 전달받은 명령을 모뎀으로 전송하기 위해 AT Command로 변환한다. EF를 읽거나 수정하는 등의 USIM의 EF들에 대한 명령은 AT+CRSM 이라는 AT Command를 사용한다.

4-30
❶-2 AT Command로 변환한 명령을 전송한다. 모뎀은 전달 받은 AT Command를 실행하는데 이 과정에서 AT+CRSM의 인자를 이용하여 APDU 명령을 제작하여 USIM으로 전달한다. USIM에서는 전송받은 APDU 명령을 실행 후 결과를 APDU Response 형태로 모뎀으로 전달한다. 현재 다루고 있는 사례의 경우 EF_{ICCID}의 크기가 결과에 해당한다.

4-30
❶-3 AT Command의 결과 값을 파싱한다. AT+CRSM 명령의 응답은 앞부분이 두개의 상태 값과 이후에 요청한 EF 데이터를 포함하고 있다.

4-30
❶-4 RIL req가 성공적으로 완료되었으므로 RIL_onRequestComplete() 함수를 호출한다. RIL 데몬은 파싱된 결과 값을 RIL^{Java}로 전달한다.

```
public void handleMessage(Message msg) {
    ...
    try {
        switch (msg.what) {
```

```
        ...
        case EVENT_GET_BINARY_SIZE_DONE:
        ar = (AsyncResult)msg.obj;
        response = (Message) ar.userObj;
        result = (IccIoResult) ar.result;
        ...
        size = ((data[RESPONSE_DATA_FILE_SIZE_1] & 0xff) << 8)
                ↳ + (data[RESPONSE_DATA_FILE_SIZE_2] & 0xff);    ─❶

        mCi.iccIOForApp(COMMAND_READ_BINARY, fileid, getEFPath(fileid), 0, 0, size,
                ↳ null, null, mAid, obtainMessage(EVENT_READ_BINARY_DONE, fileid, 0,
                ↳ response));                                   ─❷
        break;
        ...
        case EVENT_READ_BINARY_DONE:
        ar = (AsyncResult)msg.obj;
        response = (Message) ar.userObj;
        result = (IccIoResult) ar.result;
        ...
        sendResult(response, result.payload, null);             ─❸
        break;
    }
    ...
  }
}
```

📁 frameworks/base/telephony/src/java/com/android/internal/telephony/IccFileHandler.java

코드 4-31 IccFileHandler 클래스의 핸들러

4-31
❶ RIL 데몬으로부터 전달받은 EF_{ICCID}의 크기를 추출한다.

4-31
❷ EF_{ICCID}의 크기 데이터를 인자로 COMMAND_READ_BINARY 명령을 실행한다. 앞서 코드 4-28부터 코드 4-30의 과정을 다시 거친다. 이번 과정에서는 실제 EF의 데이터를 USIM으로부터 전달받게 된다.

4-31
❸ USIM으로부터 전달받은 EF_{ICCID} 값을 최초의 loadEFTransparent() 메서드의 인자로 받았던 EVENT_GET_ICCID_DONE 이벤트와 함께 SIMRecords의 핸들러로 전달한다.

```
public void handleMessage(Message msg) {
    ...
    try { switch (msg.what) {
        ...
        case EVENT_GET_ICCID_DONE:                              ─❶
            isRecordLoadResponse = true;

            ar = (AsyncResult)msg.obj;
            data = (byte[])ar.result;

            if (ar.exception != null) {
                break;
            }

            iccid = IccUtils.bcdToString(data, 0, data.length); ─❷

            break;
        ...
    }
}
```

📁 frameworks/base/telephony/src/java/com/android/internal/telephony/SIMRecords.java

코드 4-32 SIMRecords 객체의 콜백 이벤트 처리를 위한 handleMessages() 메서드의 ICCID 처리 부분

❶ SIMRecords 객체의 핸들러에서는 EVENT_GET_ICCID_DONE 이벤트를 처리하기 위한 case 코드로 진행된다.

❷ 이벤트를 받으면 데이터를 파싱하여 다른 객체 등에서 사용할 수 있도록 값을 저장한다. EF_{ICCID}의 경우 전달받은 결과 값을 디코딩하여 String 타입의 숫자로 변환하게 된다.

fetchSimRecords() 메서드를 통해서 읽혀지는 EF 항목들은 표4-17와 같다. 각 항목은 EF_{ICCID}를 읽는 것과 동일한 방식으로 읽혀진다.

표 4-17 fetchSimRecords() 메서드를 통해 읽혀지는 EF 목록

파일 이름	파일 ID	크기	설명
EF_{IMSI}	EF_{ICCID}	EF_{MSISDN}	EF_{MBI}
EF_{AD}	EF_{MWIS}	$EF_{VOICE\_MAIL\_INDICATOR\_CPHS}$	EF_{CFIS}
EF_{CFF_CPHS}	EF_{SPN}	EF_{PNN}	EF_{SST}
EFI_{NFO_CPHS}	EF_{CSP_CPHS}		

fetchSimRecords() 메서드를 통해 필요한 EF들에 대한 읽기 작업이 완료되면 onAllRecordsLoaded() 메서드가 실행된다.

```
protected void onAllRecordsLoaded() {
    ...
    String operator = getOperatorNumeric();                                    ──❶
    phone.setSystemProperty(PROPERTY_ICC_OPERATOR_NUMERIC, operator);          ──❷

    if (imsi != null) {
        phone.setSystemProperty(PROPERTY_ICC_OPERATOR_ISO_COUNTRY,
            ↳ MccTable.countryCodeForMcc(Integer.parseInt(imsi.substring(0,3))));  ──❸
    }
    ...
}
```

📁 frameworks/base/telephony/src/java/com/android/internal/telephony/SIMRecords.java

코드 4-33 SIMRecords 클래스의 onAllRecordsLoaded() 메서드

❶ onAllRecordsLoaded() 메서드에서는 getOperatorNumeric() 메서드를 통해 MNC를 가져온 후, ❷ PROPERTY_ICC_OPERATOR_NUMERIC 시스템 프로퍼티에 저장한다. 그리고 ❸ IMSI의 첫 번째 세 자리의 수(MCC)를 가져온 후 PROPERTY_ICC_OPERATOR_ISO_COUNTRY 시스템 프로퍼티에 저장하게 된다.

SIMRecords 객체가 실행되는 과정에서 저장되는 시스템 프로퍼티들은 표4-18과 같은 것들이 있다.

표 4-18 USIM 관련 안드로이드 프로퍼티 목록

프로퍼티 이름	내용
PROPERTY_ICC_OPERATOR_ALPHA	단말에서 접속한 이동 통신 네트워크가 어떤 이동 통신 사업자의 것인지 표현하는 문자열. EF_{SPN}, EF_{CPHS} 등의 값을 참조하여 결정한다.
PROPERTY_ICC_OPERATOR_ISO_COUNTRY	EF_{IMSI}의 앞부분 세 자리 숫자인 MCC(Mobile Country Code). 자세한 설명은 4.2.2절을 참고 하도록 한다.
PROPERTY_ICC_OPERATOR_NUMERIC	FF_{IMSI}의 MCC 다음의 두~세 자리[29] 숫자인 MNC(Mobile Network Code).

4.5 안드로이드 USAT 초기화 및 동작

USAT은 UICC에 존재하는 애플리케이션의 일종으로 미리 정의된 규약에 따라서 전달받은 데이터를 바탕으로 휴대폰에서 UI를 구성하게 되며 실제 자료 및 프로그램의 동작은 UICC에서 일어나게 된다.

UICC와 모뎀 사이의 부팅 및 통신 설정이 완료된 이후에 UICC에 설치되어 있는 USAT은 Proactive APDU Command란 형태의 명령을 모뎀으로 전달하게 된다. 전달된 명령에는 USAT 서비스 메뉴를 그리기 위한 데이터나 SMS를 보내는 작업 등의 USAT 명령들이 포함된다.

USIM의 특정한 EF의 데이터를 가져오고자 한다면 Select 명령을 통해서 DF나 EF를 선택하여 어떤 EF를 가져올 것인지 지정한다. 그리고 EF 타입에 따라서 Read Binary나 Read Record 등의 명령을 이용하여 데이터를 읽어온다. 결국, 해당 데이터는 Read 명령에 대한 응답의 형태로 전달되며 이는 USIM을 이용하는 방식이 Read/Response 형태를 취한다는 것을 의미한다. 요컨대, USIM의 사용은 모뎀에서 UICC로 명령(Request)을 전달하고 이에 대한 응답(Response)을 UICC로부터 받는 방식으로 진행된다.

이에 반해 Proactive Command는 UICC에서 명령(Proactive Command)을 보내고 모뎀에서 응답(Envelop)을 한다. Proactive Command 동작을 위해 안드로이드에서는 2장에서 살펴본 RIL ind를 이용하여 모뎀에서 안드로이드 플랫폼으로 데이터를 받아오는 작업을 진행한다.

---

29 EF_{AD}에 따라 자릿수가 결정된다. 일반적으로 MNC의 길이는 2이며 북미 등에서는 세 자리를 사용하는 경우가 있다.

4.5.1 USAT 초기화

USAT의 구동에서 안드로이드의 관련 부분은 그림 4-23과 같이 두 가지로 나눌 수 있다. 첫 번째는 텔레포니 프레임워크에 존재하는 부분으로 RIL에서 받은 RIL ind를 분석하여 메시지를 전달하는 역할을 한다. 두 번째는 안드로이드 앱인 STK 애플리케이션으로 프레임워크로부터 전달받은 메시지를 통해 메뉴를 구성하고 사용자가 사용할 수 있는 UI를 보여주는 역할을 한다.

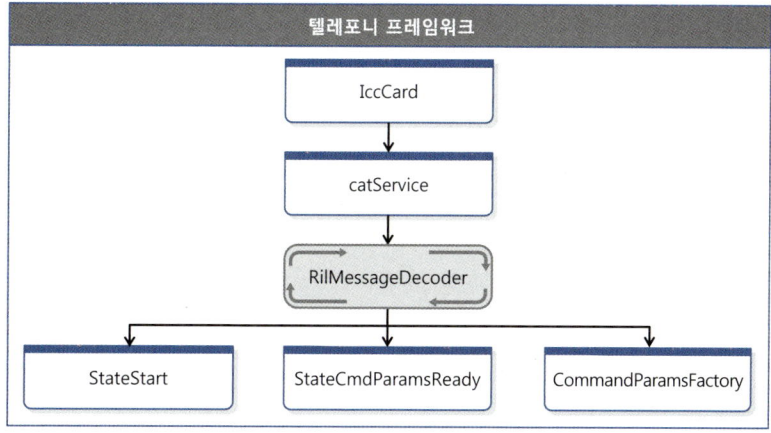

그림 4-23 CatService 관련 객체 생성 흐름

먼저 텔레포니 프레임워크 부분의 초기화는 IccCard 객체의 초기화 시점의 CatService 객체를 가져오는 과정에서 시작된다. CatService 객체는 생성 시점에서 표4-19과 같은 RIL Message를 전달받을 수 있도록 이벤트를 등록한다. 이후 RIL에서 해당 이벤트를 보내주면 관련 핸들러가 동작하면서 SIM Toolkit 서비스가 동작하게 된다.

표 4-19 CatService 객체 생성 시 등록하는 이벤트

메서드 이름	이벤트명	설명
setOnCatSessionEnd()	MSG_ID_SESSION_END	RIL_UNSOL_STK_SESSION_END 이벤트를 CP로부터 전달받은 후 호출된다.
setOnCatProactiveCmd()	MSG_ID_PROACTIVE_COMMAND	CP로부터 Proactive Command를 RIL_UNSOL_STK_PROACTIVE_COMMAND 이벤트로 전달받아 호출된다.
setOnCatEvent()	MSG_ID_EVENT_NOTIFY	RIL_UNSOL_STK_EVENT_NOTIFY RIL 이벤트를 CP로부터 전달받은 후 호출된다.

setOnCatCallSetUp()	MSG_ID_CALL_SETUP	RIL_UNSOL_STK_CALL_SETUP RIL 이벤트를 CP로부터 전달받으면 호출된다.
registerForReady()	MSG_ID_SIM_READY	USIM을 정상적으로 이용할 수 있는 상태일 때 해당 이벤트가 호출된다.
registerForRecordsLoaded()	MSG_ID_ICC_RECORDS_LOADED	USIM EF를 모두 읽으면 해당 이벤트가 호출된다.

표 4-19는 CatService 객체가 시작되는 시점에서 RIL^{Java}로 등록되는 이벤트 목록이다. 애플리케이션의 동작을 위해서는 UICC로부터 Proactive Command란 형태로 명령을 전달받아야 한다. Proactive Command는 UICC로부터 APDU 형태로 모뎀으로 전달되며 다시 모뎀에서 AT Command 형태로 RIL로 전달된다. RIL에서는 MSG_ID_PROACTIVE_COMMAND라는 타입의 이벤트로 CatService 객체에 해당 명령을 전달하게 된다.

초기화 과정에서 CatService 객체는 MSG_ID_PROACTIVE_COMMAND 등의 메시지들을 RIL^{Java}에 등록시키고 생성을 완료한다. 이후 등록했던 메시지들이 전달되면 handleMessage() 메서드가 동작하면서 전달받은 메시지에 해당하는 처리 작업이 진행된다.

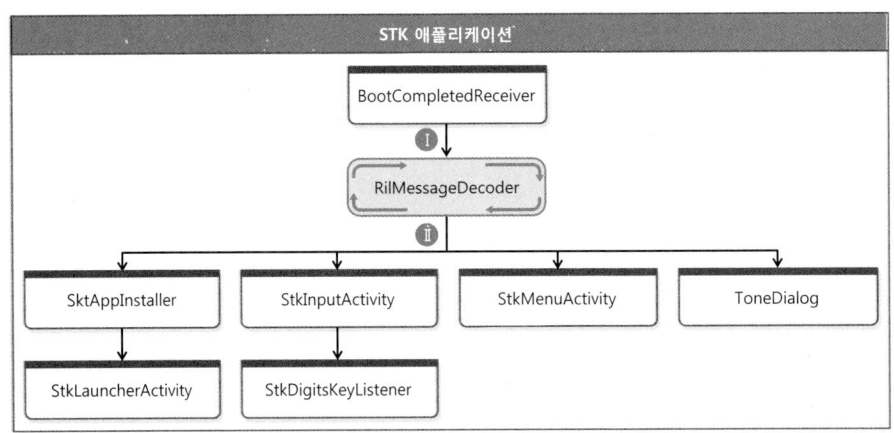

그림 4-24 STK 애플리케이션의 연결 관계

❶ 부팅 완료를 의미하는 BOOT_COMPLETED intent를 전달받으면 StkAppService를 실행

❷ 부팅 완료 후 StkAppInstaller 클래스의 unInstall() 메서드 실행

안드로이드 애플리케이션 부분의 초기화에서는 사용자 인터페이스를 제공하는 STK 애플리케이션이 생성된다. STK 애플리케이션은 USAT 애플리케이션에서 제공하는 서비스들을 실제 사용자에게 표시하는 역할을 한다. 그리고 사용자의 입력을 받을 수 있는 유저 인터페이스를 제공하고 받은 입력을 USAT으로 보내주는 역할을 수행한다.

```xml
<receiver android:name="com.android.stk.BootCompletedReceiver">
    <intent-filter>
        <action android:name="android.intent.action.BOOT_COMPLETED" />
    </intent-filter>
</receiver>
```

📁 packages/apps/stk/AndroidManifest.xml

코드 4-34 STK 애플리케이션의 AndroidManifest.xml 설정

STK 애플리케이션은 ACTION_BOOT_COMPLETED 인텐트를 받을 수 있도록 AndroidManifest.xml에 intent-filter를 설정해두고 있다. 해당 인텐트를 전달 받으면 코드 4-35가 실행된다.

```java
public class BootCompletedReceiver extends BroadcastReceiver {
    @Override
    public void onReceive(Context context, Intent intent) {
        String action = intent.getAction();

        // 앱의 아이콘은 부팅 시마다 항상 제거되어야 한다.
        if (action.equals(Intent.ACTION_BOOT_COMPLETED)) {                    ―❶
            Bundle args = new Bundle();
            args.putInt(StkAppService.OPCODE, StkAppService.OP_BOOT_COMPLETED);  ―❷
            context.startService(new Intent(context, StkAppService.class).
                   ↳ putExtras(args));                                        ―❸
        }
    }
}
```

📁 packages/apps/stk/src/Com/Android/Stk/BootCompletedReceiver.java

코드 4-35 안드로이드 부팅이 완료되면 실행되는 STK 애플리케이션 코드

부팅이 완료되면 Activity Manager Service는 부팅이 완료된 후 실행되어야 하는 애플리케이션들을 위해 Intent.ACTION_BOOT_COMPLETED 메시지를 브로드캐스팅한다.

❶ STK 애플리케이션의 BootCompletedReceiver객체는 Intent.ACTION_BOOT_COMPLETED 인텐트를 받게되면 StkAppService의 실행을 위해 ❷, ❸의 작업을 진행한다.

❷ StkAppService 객체에 StkAppService.OP_BOOT_COMPLETED 파라미터를 전달하기 위해 args 변수에 해당 파라미터를 설정한다.

❸ startService() 메서드가 호출되면 StkAppService의 생성을 위해 StkAppService 클래스의 onCreate() 메서드가 실행된다.

코드 4-36에서 StkAppService 클래스의 onCreate() 메서드의 개략적인 구현을 보여주고 있다.

```
public void onCreate() {
    ...
    Thread serviceThread = new Thread(null, this, "Stk App Service");  ─❶
    serviceThread.start();                                              ─❷
    mContext = getBaseContext();
    ...
    sInstance = this;
}
```

📁 packages/apps/stk/src/Com/Android/Stk/StkAppService.java

코드 4-36 StkAppService 생성 루틴

❶ StkAppService 객체를 새로운 쓰레드로 생성하기 위해 StkAppService 객체 자신을 인자로하여 쓰레드를 생성한다.

❷ 이후 start() 메서드를 통해서 쓰레드를 실행한다. 실행 과정에서 onStart() 메서드를 호출하여 StkAppService 쓰레드의 초기화 작업이 진행된다.

```
public void onStart(Intent intent, int startId) {
    ...
    switch(msg.arg1) {
        ...
```

```
        case OP_BOOT_COMPLETED:           ——❶
        break;
        default:
        return;
    }
    mServiceHandler.sendMessage(msg);      ——❷
}
```

📁 packages/apps/stk/src/Com/Android/Stk/StkAppService.java

코드 4-37 StkAppService 시작 루틴

StkAppService는 쓰레드로 생성되면서 onStart() 메서드가 실행된다. 이때 전달받은 메시지에는 ❷(4-35)에 기술되어 있는 것과 같이 OP_BOOT_COMPLETED 이벤트가 포함되어 있다. 해당 이벤트에 따라 ❶(4-37)을 거쳐서 ❷(4-37)의 코드가 실행된다. 이 결과 내부 클래스인 ServiceHandler에 OP_BOOT_COMPLETED 이벤트가 전달된다.

```
private final class ServiceHandler extends Handler {
    @Override
    public void handleMessage(Message msg) {
    ...
        switch (opcode) {
            case OP_BOOT_COMPLETED:
            CatLog.d(this, "OP_BOOT_COMPLETED");       ——❶
            if (mMainCmd == null) {
                StkAppInstaller.unInstall(mContext);   ——❷
            }
            break;
    ...
    }
}
```

📁 packages/apps/stk/src/Com/Android/Stk/StkAppService.java

코드 4-38 ServiceHandler 객체의 OP_BOOT_COMPLETED 이벤트 처리 루틴

❶ ServiceHandler는 OP_BOOT_COMPLETED 이벤트를 처리하는 과정에서 휴대폰에 STK 애플리케이션이 이미 설치되어 있는 경우 ❷ StkAppInstaller.unInstall() 메서드를 호출하여 STK 애플리케이션을 삭제한다.

그림 4-25 SIM Toolkit이 표시된 메뉴 화면

　UICC에 USAT을 포함할지 여부는 이동 통신 사업자에서 결정한다. 따라서 휴대폰은 부팅 시점에서 UICC에 USAT의 존재 여부를 알 수 없기 때문에 휴대폰에 STK 애플리케이션이 설치되어 있는 경우 일단 이를 삭제한다. 그리고 부팅이 완료되고 UICC로부터 SIM Toolkit 메뉴를 표시하기 위한 Setup Menu Proactive Command를 전달받으면 다시 STK 애플리케이션이 설치되며 메인 메뉴에 아이콘이 표시되어 USAT을 사용할 수 있게 된다.

4.5.2　Display Text를 통한 Proactive Command 분석

　USAT의 동작은 일반적으로 Proactive APDU Command의 전달을 통해 시작된다. 4.2.3절에서 살펴본 것과 같이 실제 데이터의 전달을 보면 Proactive Command는 Fetch C-APDU에 따른 R-APDU 즉, UICC로 부터의 응답이지만 논리적으로는 UICC로부터 단말로 명령이 전달되는 것이라 볼 수 있다.

Proactive Command는 다양한 종류가 존재한다. 하지만 여기서 모든 명령을 살펴보는 것은 텔레포니 프레임워크를 살펴보는 논지에 맞지 않는다. 따라서 USAT 명령 중 사용자에게 Text를 표시하기 위한 명령인 Display Text Proactive Command의 동작을 통해서 일반적인 Proactive Command가 어떻게 동작하는지 살펴보도록 하겠다. 다른 Proactive Command들도 동작하는 방식은 동일하며 동작의 내용만 다르다. 관련 스펙[30]을 보면 좀 더 자세한 사항들을 확인할 수 있을 것이다.

USAT 애플리케이션이 설치되어 있는 UICC는 USIM의 초기화 과정을 마친 후 휴대폰으로 Setup Menu Proactive Command를 전송한다. 다만, USAT이 설치되어 있더라도 사용자에게 SIM Toolkit 메뉴를 표시하지 않도록 프로그래밍 된 경우 해당 명령을 전송하지 않는다. 이렇게 Setup Menu Proactive Command를 전송하지 않는 경우는 SIM Toolkit 메뉴를 표시하지 않으므로 사용자가 SIM Toolkit에 접근할 수 없다. 국내 이동 통신 사업자(SKT, KT)의 경우 다양한 목적으로 USAT 애플리케이션을 사용하고 있지만, 사용자용 메뉴는 존재하지 않기 때문에 Setup Menu Proactive Command를 전송하지 않는다. 따라서 국내 이동 통신 사업자의 UICC를 넣은 단말에서는 SIM Toolkit 메뉴를 볼 수 없다.

그림 4-26 SIM Toolkit 메뉴 실행 예시

---

30 · 3GPP 31.111

국외 이동 통신 사업자의 경우 스마트폰이 대중화되기 전부터 일반 휴대폰에서 이동 통신 사업자가 사용자 서비스를 제공하기 위해 SIM Toolkit을 이용하는 경우가 많았다. 그림 4-26에서는 SIM Toolkit 메뉴를 실행하여 Setup Menu Proactive Command를 통해서 받은 메뉴가 출력된 화면을 보여주고 있다. Setup Menu Proactive Command에는 사용자에게 표시할 메뉴 목록이 포함되어 있어 이를 바탕으로 휴대폰에서는 해당 메뉴들을 보여주게 된다.

USAT은 사용자에게 정보 전달 및 Text를 표시하기 위해 Display Text라는 Proactive Command를 사용한다. 다음은 UICC에서 모뎀으로 APDU Command를 이용하여 전달된 휴대폰의 화면에 CAT라는 글자를 표시하는 Display Text Proactive Command의 예제이다. 이 명령을 통해서 Proactive Command를 해석하는 방법을 살펴보도록 한다.

> D0 15 81 03 01 21 00 82 02 81 02 8D 04 04 43 41 54 C8 04 01 02 03 04

위와 같은 바이트의 배열을 해석하기 위해서는 명령의 구조를 먼저 확인해야 한다. Proactive Command APDU는 BER-TLV[31]라는 형태의 구조로 이루어져 있다. TLV 구조는 Tag, Length 그리고 Value를 의미하는 것으로 말 그대로 명령의 종류를 나타내는 Tag, Value의 길이인 Length 그리고 값에 해당하는 Value로 이루어져 있는 데이터를 뜻한다.

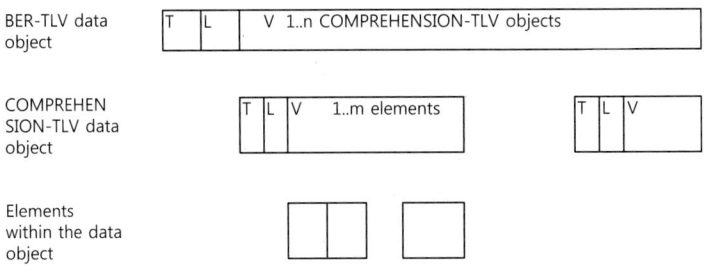

그림 4-27 Proactive Command의 구조[32]

그림 4-27과 같이 BER-TLV는 Value로 Comprehension-TLV라는 형태의 데이터를 가질 수 있다. Comprehension-TLV은 BER-TLV와 같은 방식으로 Tag, Length 그리고 Value를 사용하여 데이터를 저장한다. Comprehension-TLV와 BER-TLV는 기본적으로 같은 형태를 가지고 있지만, Tag의 값을 달리하여 각각 다른 용도로 사용된다. 주로 BER-TLV를 통해 전체 Proactive 명령을 구성하며 내부 정보들은 Comprehension-TLV를 이용하여 구성한다.

---

31 · Basic Encoding Rules - Tag Length Value
32 · ETSI TS 102 223 v08 Annex C: Structure of CAT communications

Display Text Proactive Command 예제를 표준 문서[33]에 정의되어 있는 TLV 구조를 이용하여 분석하면 표 4-20과 같이 표현할 수 있다.

표 4-20 Display Text Proactive Command 구성

바이트 순서	값(Hex)	설명
1	0xD0	Proactive command TAG[34]
2	0x15	길이
3	0x81	Command detail TAG
4	0x03	길이
5	0x01	Command number
6 to 7	0x21 0x00	Display Text (중요도는 일반, 일정 시간 이후 메시지를 화면에서 제거)
8	0x82	Device identities TAG
9	0x02	길이
10	0x81	출처: UICC
11	0x02	목적지: Display
12	0x8D	Text string TAG
13	0x04	길이
14	0x04	문자 인코딩 ('04'=8-bit default SMS[35])
15 to 17	0x43, 0x41, 0x54	Text string("CAT")
18	0xC8	Text attribute TAG
19	0x04	길이
20 to 23	0x01, 0x02, 0x03, 0x04	문자 표시 방법 (보통 문자로 표시)

Display Text Proactive Command를 분석하기 위해서 살펴봐야 할 주요 TLV는 다음과 같다.

- Command Detail TLV (바이트 3~7) : 0x81 0x03 0x01 0x21 0x00

- Text String TLV (바이트 12~17) : 0x8D 0x04 0x04 0x43 0x41 0x54

---

33 3GPP TS 31.111

34 Tag값은 해당 데이터가 어떤 형태인지 표시하는 값이다. APDU는 항상 Tag, Length 그리고 Value로 이루어지며 Tag를 통해서 어떤 내용을 가르키는지 알 수 있다.

35 일반적으로 사용하는 ASCII 문자셋과 비슷하다.

표 4-21 Command Details Tag

바이트 순서	설명	길이
1	Command details tag	1
2	길이 = '03'	1
3	Command number	1
4	Type of command	1
5	Command 수식자	1

Command Detail Tag는 Proactive Command가 어떤 명령에 해당하는지 표시한다. 현재 우리가 다루고 있는 Raw Data에서는 "0x81 0x03 0x01 0x21 0x00"에 해당하는데 0x81은 다음에 나오는 데이터가 Command 정보를 포함하고 있다는 의미이다. 0x03은 데이터의 길이를 나타내며 따라서 0x01 0x21 0x00이 데이터에 해당한다. 이 중 해당 명령이 어떤 것인지를 나타내는 값은 Type of Command에 해당하는 바이트다. 0x21이 이에 해당하는데 표4-22를 확인해보면 이에 해당하는 명령이 Display Text임을 확인할 수 있다.

표 4-22 Type of Command[36]

값	명령 이름	Type of Command coding	Next Action Indicator coding
'00'	-	-	-
'01'	REFRESH	O	-
'02'	MORE TIME	O	-
'03'	POLL INTERVAL	O	-
'04'	POLLING OFF	O	-
'05'	SET UP EVENT LIST	O	-
'10'	SET UP CALL	O	-
'11'	SEND SS	O	O
'12'	SEND USSD	O	O
'13'	SEND SHORT MESSAGE	O	O
'14'	SEND DTMF	O	O

---

36 · 3GPP TS 11.14, 13.4 Type of Command and Next Action Indicator

'15'	LAUNCH BROWSER	O	O
'16'	GEOGRAPHICAL LOCATION REQUEST	O	-
'20'	PLAY TONE	O	O
'21'	DISPLAY TEXT	O	O
'22'	GET INKEY	O	O
'23'	GET INPUT	O	O
'24'	SELECT ITEM	O	O
'25'	SET UP MENU	O	O
'26'	PROVIDE LOCAL INFORMATION	O	-
'27'	TIMER MANAGEMENT	O	-
'28'	SET UP IDLE MODEL TEXT	O	O
'30'	PERFORM CARD APDU	O	O
'31'	POWER ON CARD	O	O
'32'	POWER OFF CARD	O	O
'33'	GET READER STATUS	O	O
'34'	RUN AT COMMAND	O	-
'35'	LANGUAGE NOTIFICATION	O	-
'40'	OPEN CHANNEL	O	O
'41'	CLOSE CHANNEL	O	O
'42'	RECEIVE DATA	O	O
'43'	SEND DATA	O	O
'44'	GET CHANNEL STATUS	O	O

Text String TLV는 Text를 표현하기 위한 데이터이다. 우리가 다루고 있는 명령의 열두 번째에서 열일곱 번째 바이트에 해당하며 이를 추출해보면 다음과 같다.

0x8D 0x04 0x04 0x43 0x41 0x54

표 4-23 Text String TLV 구조

바이트 순서	설명	길이
1	Text string tag	1
2 to (Y-1)+2	길이 (X)	Y
(Y-1)+3	문자열 인코딩	1
(Y-1)+4 to (Y-1)+X+2	문자열 데이터	X-1

표 4-23은 Text String TLV의 구조를 나타내고 있다. 첫 번째 바이트는 Tag를 나타내며 두 번째 바이트는 값의 길이 이후 Length에 해당하는 만큼 값을 나타낸다.

각각의 바이트를 살펴보면 0x8D는 Tag에 해당하며 해당 TLV 데이터가 Text String을 표시하고 있다는 것을 의미한다. 그리고 0x04는 Tag와 길이를 나타내는 첫 번째와 두 번째 바이트를 제외한 나머지 바이트의 길이가 4바이트라는 것을 표시한다. 문자열을 표현하기 위한 네 개의 바이트 중 첫 번째는 Text가 어떤 형태의 인코딩 타입으로 되어 있는지를 표시한다. Data Coding Scheme이라 불리는 이 인코딩 타입은 SMS 규격 문서에 정의되어 있으며 보통 0x00, 0x04, 0x08을 이용한다.

앞서의 예제에서는 0x04를 이용한다고 표시하고 있는데, 0x04는 GSM default alphabet 8비트라는 형식으로 기본적으로 ASCII 형식과 같다고 볼수 있다. GSM이 유럽의 표준이기 때문에 유럽 관련 문자들이 추가되긴 했지만, 8비트로 하나의 문자를 표현하며 ASCII 문자셋을 그대로 가지고 있기 때문이다.

결국, 표시될 Text에 해당하는 바이트는 0x43, 0x41, 0x54인데 각 바이트는 ASCII 문자로 각각 C, A, T에 해당한다. 이를 통해 우리가 다루고 있는 예제 Proactive Command의 최종 실행 결과는 사용자에게 CAT라는 문자를 표시하는 것임을 알 수 있다.

Display Text Proactive Command라는 하나의 명령의 실행이 아니라 USAT의 특정 애플리케이션을 사용하는 예제를 살펴보면 그림 4-28과 같은 형태로 나타낼 수 있다.

❶ Setup Menu Proactive Command를 통해서 생성된 SIM Toolkit 메뉴의 특정 메뉴를 사용자는 선택한다.

❷ 사용자가 선택한 메뉴는 Envelope(Menu Selection)를 통해 USAT으로 전송한다.

❸ USAT은 Status Word(SW) 91 XX를 통해 Fetch Command를 요청한다.

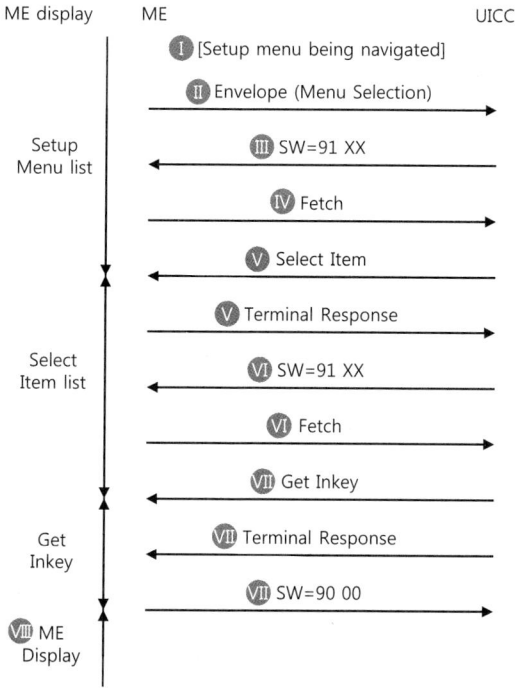

그림 4-28 Proactive Command의 일반적인 구동

- ⅳ 단말에서는 Fetch Command 전송 후 응답으로 Select Item Proactive Command를 전송받는다.
- ⅴ Select Item Proactive Command를 통해서 사용자에게 새로운 메뉴를 표시하고 그에 대한 선택 값을 Terminal Response를 활용하여 USAT으로 전송한다.
- ⅵ ⅲ과 같은 작업을 통해서 Get Inkey Proactive Command를 USAT으로부터 전송받는다.
- ⅶ Get Inkey Proactive Command 구현에 따라 사용자에게 키 입력을 받아 이를 Terminal Response를 통해서 USAT으로 전송한다.
- ⅷ USAT에서는 입력받은 Key 값을 이용하여 미리 프로그램된 방식으로 사용자에게 표시할 문자열을 완성 후 Display Text Proactive Command를 이용하여 사용자에게 표시한다.

살펴본 예제는 일반적인 형태의 동작이다. USAT에는 이러한 형태로 동작하는 다양한 애플리케이션이 존재할 수 있다. 예를 들어, 현재까지의 통신비를 확인하는 애플리케이션을 가정했을 때 SIM Toolkit 메뉴에서 "내 통신비 확인" 항목을 선택하면 주민등록 번호를 받는 창을 표시할 수 있다. 또한, 입력받은 주민등록 번호를 USAT에서 이동 통신 사업자 서버로 전송하여 통신비 명세를 응답받은 다음 사용자에게 보여주는 형태로 애플리케이션이 동작할 수 있다. 실제로 SIM Toolkit을 범용적으로 사용하고 있는 유럽이나 남미 등에서는 예제와 같은 형식의 애플리케이션을 쉽게 볼 수 있다.

4.5.3 안드로이드의 Proactive Command 처리

지금까지 UICC에서 모뎀으로 전송되는 Proactive Command는 어떻게 구성되어 있는지, 그리고 USAT에서 실행되는 애플리케이션이 어떤 형태로 단말과 통신하며 동작하는지 확인해 보았다. 이제 Proactive Command가 어떻게 Android로 전달되고 실행되는지 예제로 살펴봤던 Display Text Proactive Command를 사용하여 알아보도록 하겠다.

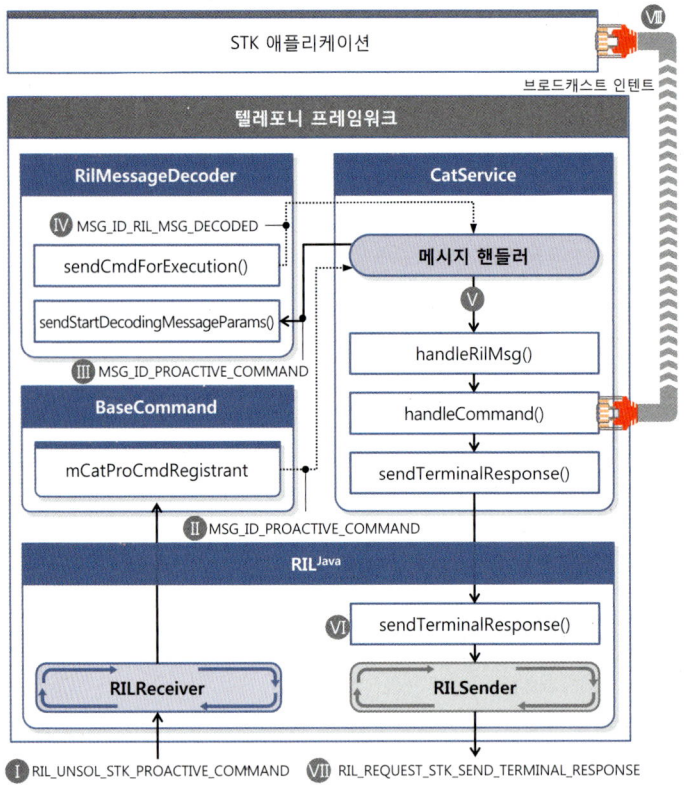

그림 4-29 Proactive Command 처리 흐름

Ⅰ 모뎀으로부터 Proactive Command RIL ind 전달

Ⅱ CatService의 핸들러로 MSG_ID_PROACTIVE_COMMAND 전달

Ⅲ RilMessageDecoder 객체로 메시지 디코드 요청

Ⅳ 디코드 완료 후 CatService 객체의 핸들러로 결과 전송

Ⅴ 디코드 완료된 Proactive Command를 인자로 handleRilMsg() 메서드 실행

Ⅵ 정상적으로 Proactive Command가 처리되었음을 알리는 Terminal Response를 RIL^{Java}로 전달

Ⅶ RIL 데몬으로 Terminal Response 전달

Ⅷ STK 애플리케이션으로 인텐트 형태의 Proactive Command를 브로드캐스팅

모뎀으로 전달된 Proactive Command는 AT Command의 형태로 벤더 RIL로 전송된다. 모뎀과 벤더 RIL의 통신은 퀄컴이나 인텔 모바일(구(舊) Infineon) 모뎀 제조사에서 각각의 방식을 사용하고 있는데 Intel Mobile에서 사용하는 방식을 통해 살펴보도록 하겠다.

Intel Mobile 모뎀에서는 +SATI=D01581030121008202810 28D0404434154C80401020304와 같이 AT Command 응답 형태로 가공하여 안드로이드의 벤더 RIL로 메시지를 보내게 된다.

벤더 RIL에서는 전달받은 데이터를 분석하여 RIL_UNSOL_STK_PROACTIVE_COMMAND 이벤트를 생성하고 데이터를 삽입하여 RIL^{Java}로 전달한다.

```
private void processUnsolicited (Parcel p) {
    ...
    switch(response) {
        ...
        case RIL_UNSOL_STK_PROACTIVE_COMMAND:
        if (mCatProCmdRegistrant != null) {
            mCatProCmdRegistrant.notifyRegistrant(
            new AsyncResult (null, ret, null));  ─❶
        }
        break;
        ...
    }
}
```

📁 frameworks/base/telephony/src/java/com/android/internal/telephony/RIL.java

코드 4-39 RIL^{Java}의 RIL_UNSOL_STK_PROACTIVE_COMMAND RIL ind 처리

4-39

❶ RIL^{Java}는 RIL ind를 전달받으면 processUnsolicited() 메서드를 호출한다. RIL_UNSOL_STK_PROACTIVE_COMMNAD의 처리 과정에서 mCatProCmdRegistrant.notifyRegistrants() 메서드를 호출하는데, 이 과정에서 mCatProCmdRegistrant에 이벤트를 전달받도록 등록해둔 CatService 객체로 메시지를 전달한다.

```
private CatService(CommandsInterface ci, IccRecords ir, Context context,
        IccFileHandler fh, IccCard ic) {
    ...
    // Register ril events handling.
    mCmdIf.setOnCatSessionEnd(this, MSG_ID_SESSION_END, null);
    mCmdIf.setOnCatProactiveCmd(this, MSG_ID_PROACTIVE_COMMAND, null); ——❶
    mCmdIf.setOnCatEvent(this, MSG_ID_EVENT_NOTIFY, null);
    mCmdIf.setOnCatCallSetUp(this, MSG_ID_CALL_SETUP, null);
    ...
}
```

frameworks/base/telephony/src/java/com/android/internal/telephony/RIL.java

코드 4-40 CatService 클래스의 생성자

4-40

❶ BaseCommand의 setOnCatProactiveCmd() 메서드를 호출하여 RIL_UNSOL_STK_PROACTIVE_COMMAND RIL ind를 전달받도록 등록한다. 이때 응답 메시지는 MSG_ID_PROACTIVE_COMMAND 값을 포함한다.

```
@Override
public void handleMessage(Message msg) {
    switch (msg.what) {
        case MSG_ID_SESSION_END:
        case MSG_ID_PROACTIVE_COMMAND:
            ...
            data = (String) ar.result;
            ...
            mMsgDecoder.sendStartDecodingMessageParams(new RilMessage(msg.what, data)); ——❶
            break;
        ...
        case MSG_ID_RIL_MSG_DECODED:
            handleRilMsg((RilMessage) msg.obj);                                          ——❷
```

```
            break;
            ...
        }
    }
}
```

📁 frameworks/base/telephony/src/java/com/android/internal/telephony/cat/CatService.java

코드 4-41 CatService 클래스의 핸들러

⁴⁻⁴¹
❶ 전달받은 Proactive Command를 디코딩하기 위해서 RilMessageDecoder 클래스의 객체인 mMsgDecoder로 전달한다. 메시지는 TLV 형태로 분석되어 객체로 생성된다.

⁴⁻⁴¹
❷ RilMessageDecoder에서 디코딩이 완료되면 그 결과 값을 MSG_ID_RIL_MSG_DECODED 메시지로 전달한다. CatService 객체의 핸들러는 해당 메시지를 처리하기 위해서 handleRilMsg() 메서드를 호출한다.

```
private void handleRilMsg(RilMessage rilMsg) {
    ...
    switch (rilMsg.mId) {
        ...
        case MSG_ID_PROACTIVE_COMMAND:
        cmdParams = (CommandParams) rilMsg.mData;
        if (cmdParams != null) {
            if (rilMsg.mResCode == ResultCode.OK) {
                handleProactiveCommand(cmdParams);    ❶-1
            }
            ...
        }
    }
}
```

📁 frameworks/base/telephony/src/java/com/android/internal/telephony/cat/CatService.java

코드 4-42 CatService 클래스의 RIL ind 처리 루틴

⁴⁻⁴²
❷-1 전달된 메시지가 Proactive Command라면 해당 메시지를 처리하기 위해 handleCommand() 메서드를 호출된다.

```
private void handleProactiveCommand(CommandParams cmdParams) {
    CatCmdMessage cmdMsg = new CatCmdMessage(cmdParams);
    switch (cmdParams.getCommandType()) {
        ...
        case DISPLAY_TEXT:
        if (!cmdMsg.geTextMessage().responseNeeded) {
            sendTerminalResponse(cmdParams.cmdDet, ResultCode.OK, false, 0, null);   ── 2-1-1
        }
        break;
        ...
    }
    mCurrntCmd = cmdMsg;
    Intent intent = new Intent(AppInterface.CAT_CMD_ACTION);
    intent.putExtra("STK CMD", cmdMsg);                                              ── 2-1-2
    mContext.sendBroadcast(intent);
}
```

📁 frameworks/base/telephony/src/java/com/android/internal/telephony/cat/CatService.java

코드 4-43 CatService 객체의 handleProactiveCommand() 메서드

4-43 2-1-1 handleCommand() 메서드에서는 Proactive Command의 명령 타입을 확인하여 DISPLAY_TEXT임을 확인하고 명령을 잘 받았음을 확인하는 Terminal Response를 RIL을 통해 UICC로 전달하게 된다.

4-43 2-1-2 사용자에게 화면을 표시하기 위해서 STK 애플리케이션으로 Proactive Command를 포함한 인텐트를 생성하여 전달한다.

그림 4-30은 CatService 객체에서 Proactive Command가 처리된 후 STK 애플리케이션으로 인텐트를 이용하여 전달되어 처리되는 과정을 나타내고 있다.

4-30 Ⅰ 모뎀으로부터 Proactive Command RIL ind 전달

4-30 Ⅱ Proactive Command를 인텐트로 만들어 브로드캐스팅

4-30 Ⅲ StkAppService로 Proactive Command 전달

4-30 Ⅳ 화면에 텍스트를 표시하기 위해 StkDialogActivity 실행

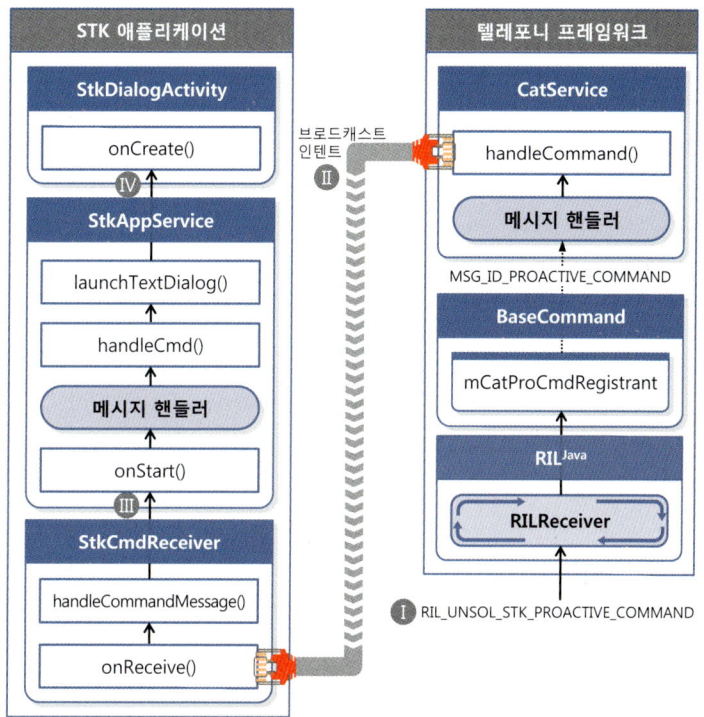

그림 4-30 STK 애플리케이션의 Display Text Proactive Command 처리 흐름

해당 코드를 통해 어떻게 동작하는지 좀 더 자세히 알아보도록 한다.

```java
@Override
public void onReceive(Context context, Intent intent) {
    String action = intent.getAction();

    if (action.equals(AppInterface.CAT_CMD_ACTION)) {
        handleCommandMessage(context, intent); ─❶
    }
    ...
}
```

📁 packages/apps/stk/src/com/android/stk/StkCmdReceiver.java

코드 4-44 StkCmdReceiver 클래스의 onReceive() 메서드

CatService 객체의 handleProactiveCommand() 메서드에서 인텐트로 전달된 메시지는 STK 애플리케이션의 StkCmdReceiver 객체의 onReceiver()메서드에서 처리된다.

4-44

❶ 전달받은 intent의 동작이 CAT_CMD_ACTION이므로 handleCommandMessage() 메서드를 호출한다.

```
private void handleCommandMessage(Context context, Intent intent) {
    Bundle args = new Bundle();
    args.putInt(StkAppService.OPCODE, StkAppService.OP_CMD);            ──❶-1
    args.putParcelable(StkAppService.CMD_MSG, intent.getParcelableExtra("STK CMD"));
    context.startService(new Intent(context, StkAppService.class).putExtras(args));  ──❶-2
}
```

📁 packages/apps/stk/src/com/android/stk/StkCmdReceiver.java

코드 4-45 StkCmdReceiver클래스의 handleCommandMessage() 메서드

4-45

❶-1 StkAppService에 전달하기 위한 인자를 객체로 생성한다. 데이터의 종류는 StkAppService.OP_CMD로 설정한다.

4-45

❶-2 생성한 args 객체를 인자로 StkAppService를 실행한다.

```
public void onStart(Intent intent, int startId) {
    ...
    mServiceHandler.sendMessage(msg);   ──❶
}
```

📁 packages/apps/stk/src/com/android/stk/StkAppService.java

코드 4-46 StkAppService 클래스의 onStart() 메서드

4-46

❶ StkAppService가 실행되면 StkAppService 클래스의 onStart() 메서드가 호출되는데 onStart() 메서드는 StkAppService의 핸들러에 받은 메시지를 다시 전달한다.

```
@Override
public void handleMessage(Message msg) {
    int opcode = msg.arg1;
    switch (opcode) {
        ...
        case OP_CMD:
        CatCmdMessage cmdMsg = (CatCmdMessage) msg.obj;
        ...
        if (!isCmdInteractive(cmdMsg)) {
            handleCmd(cmdMsg); ─❶
            ...
            break;
            ...
        }
    }
}
```

📁 packages/apps/stk/src/com/android/stk/StkAppService.java

코드 4-47 StkAppService 클래스의 핸들러

4-47

❶ ServiceHandler 객체의 handleMessage() 메서드에서는 전달받은 메시지의 타입에 따라 메시지를 처리한다. 현재와 같은 경우에서는 handleCmd() 메서드가 호출된다.

```
private void handleCmd(CatCmdMessage cmdMsg) {
    ...
    switch (cmdMsg.getCmdType()) {
        case DISPLAY_TEXT:
        TextMessage msg = cmdMsg.geTextMessage();
        responseNeeded = msg.responseNeeded;
        ...
        launchTextDialog(); ─❶-1
        break;
    }
}
```

📁 packages/apps/stk/src/com/android/stk/StkCmdReceiver.java

코드 4-48 StkCmdReceiver 클래스의 handleCommandMessage() 메서드

4-48

1-1 handleCmd() 메서드에서는 전달된 메시지의 명령 타입에 따라 구체적인 동작이 진행된다. 현재와 같은 명령의 경우 DISPLAY_TEXT 타입이며 전달받은 메시지에 포함된 Text 데이터를 사용자에게 표시하기 위해서 launchTextDialog() 메서드를 호출한다.

```
private void launchTextDialog() {
    Intent newIntent = new Intent(this, StkDialogActivily.class);
    newIntent.setFlags(Intent.FLAG_ACTIVITY_NEW_TASK
            | Intent.FLAG_ACTIVITY_MULTIPLE_TASK
            | Intent.FLAG_ACTIVITY_NO_HISTORY
            | Intent.FLAG_ACTIVITY_EXCLUDE_FROM_RECENTS
            | getFlagActivityNoUserAction(InitiatedByUserAction.unknown));
    newIntent.putExtra("TEXT", mCurrentCmd.geTextMessage());
    startActivity(newIntent); ── 1-1-1
}
```

📁 frameworks/base/telephony/src/java/com/android/internal/telephony/cat/CatService.java

코드 4-49 유저에게 문자 알림창을 띄움

4-49

1-1-1 launchTextDialog() 메서드가 호출되면 StkDialogActivity 객체를 통해 Activity를 생성하게 된다. 이렇게 생성된 StkDialogActivity는 실제 사용자에게 표시되는 화면을 그리게 된다.

UICC의 USAT에서 실행된 Proactive Command는 APDU 형태로 모뎀으로 전달되고 AT Command로 변환되어 RIL을 통해 텔레포니 프레임워크로 전달된다. 메시지는 텔레포니 프레임워크에서 해석되어 객체로 만들어지며 최종적으로 STK 애플리케이션으로 전달되어 Activity로 생성되어 사용자에게 표시된다.

본 장을 통해서 UICC가 어떤 원리를 통해 동작하는 장치인지 살펴보았다. 그리고 휴대 전화와 어떻게 연결되는지, 무슨 목적을 위해 사용되는지 확인하였다. 본 분석을 통해서 안드로이드에서 UICC 관련 루틴을 개발하는데 적게나마 도움이 되기를 희망한다.

05
안드로이드 파워 매니지먼트
Android Power Management

학창 시절 시험 기간에 밤을 새우며 공부했던 경험이 누구나 한 번쯤 있을 것이다. 시험 기간이 되면 머리를 싸 매고 졸음을 참아가며 모든 에너지를 공부하는데 쏟아 붓는다.

평소에 즐겼던 여타 오락 활동을 줄이고 공부하는 데 집중하며 늦은 밤 쏟아지는 졸음을 이겨내기 위해 허벅지를 꼬집거나 커피를 마신 적이 있을 것이다. 간혹 성냥개비 같은 것으로 눈꺼풀을 고정하는 이도 보았을지 모르겠다.

안드로이드 플랫폼에서도 시스템 사용을 제어하기 위해 화면 밝기 제어와 Wake Lock이라는 개념을 도입하였다.

휴대폰 혹은 태블릿 등의 모바일 기기는 데스크톱 PC처럼 외부의 전원 소스에 의해 전원이 항상 공급돼야 하며 큰 부피 때문에 휴대가 어려워 고정된 장소에서 사용하는 기기가 아닌 말 그대로 움직이기 쉬운(mobile) 휴대용 기기이다. 따라서 모바일 기기는 쉽게 들고 다닐 수 있도록 전원 소스를 내장하고 있으며 배터리가 그 역할을 하고 있다. 그러므로 모바일 기기는 내장된 배터리의 사용 시간을 증가시키기 위한 고민이 항상 따랐고 새로운 물질의 발견을 통한 배터리 제조 방법의 발달로 해결해 왔다.

그러나 스마트 기기의 등장으로 배터리의 사용 시간의 증가를 이제는 배터리의 제조 방법에만 의존하지 않게 되었으며 안드로이드 플랫폼의 파워 매니지먼트를 통해 배터리 사용 효율성을 높일 수 있게 되었다. 파워 매니지먼트는 모바일 기기의 존재 이유인 휴대성을 극대화하기 위해 어떻게 하면 오랫동안 배터리를 사용하게 할 수 있을지에 대한 고민의 해결책을 가지고 있다.

본서의 5장과 6장은 안드로이드 플랫폼의 파워 매니지먼트에 대해서 유저 영역에서의 동작(5장)과 커널 영역에서의 동작(6장)으로 구분하여 설명한다. 모바일 기기에서 파워 매니지먼트의 중요성을 다음 두 개의 신문 기사를 통해 확인해 보자.

기사1 : 스마트폰 이용자 불만 1위, '배터리'[1]

1 한국 소비자연대뉴스 2012년 8월 21일 (http://www.kcsnews.co.kr/news/articleView.html?idxno=5346)

기사 2: 스마트폰 배터리 소모 줄이는 특허출원 '활발'[2]

아시아 경제

No. 01 IT 01　　　　　　　　　　　　　　　　　　　　2012년 11월 15일

스마트폰배터리 소모 줄이는 특허출원 '활발'

장거리여행 때 스마트폰 보조배터리나 충전기를 챙겨가지 않아도 된다면 얼마나 좋을까. 스마트폰이용자의 가장 큰 불만은 단연 '짧은 배터리 사용시간'이다. 이 문제를 풀기위한 기술로 전력증폭기가 관심을 끌면서 이 분야의 기술특허출원이 활기를 띠고 있다.
...
3G에서 4G 롱텀에볼루션(LTE)로 스마트폰통신환경이 바뀌고 대용량 데이터 전송 및 영상통화가 보편화되면서 스마트폰배터리 사용시간과 전력증폭기 전력소모에 대한 관심이 다시 높아졌기 때문으로 풀이된다.

전력증폭기는 스마트폰단말기의 출력단에 있는 부품으로 고주파로 변조된 약한 신호를 키운 뒤 안테나를 통해 기지국으로 보내주는 기능을 맡는다.
음성이나 데이터통신이 많은 애플리케이션 이용 땐 전력증폭기가 스마트폰전력의 70%쯤을 먹어 전력증폭기 효율을 높이면 스마트폰배터리 사용시간을 늘릴 수 있다.

이하 중략

위 두 기사를 읽으면서 독자 여러분도 한 번쯤은 동일한 경험을 했을 것으로 생각한다. 우리 몸의 일부가 되어버린 모바일 기기인 휴대폰이 사용할 수 있는 시간이 얼마 되지 않는다면 이름만 모바일(움직이기 쉬운)이 되는 것이다. 그러므로 제한된 배터리 용량을 가진 모바일 기기가 소비자들에게 모바일 기기로서의 그 장점을 전달해 주려면 최소한의 전류를 소모하여 최대한의 사용 시간을 보장해 주어야 한다.

모바일 기기는 최대한의 사용 시간 보장이 굉장히 중요한 이슈이며 그것을 위해 소프트웨어 및 하드웨어 측면에서 보장하고자 하는 기술을 파워 매니지먼트라고 부른다. 소프트웨어 관점에서 보자면 코드가 수행되지 않으면 CPU가 일하지 않으므로 전류가 소모되지 않을 것이며, 하드웨어 관점에서 보자면 주변 장치 및 칩셋에 전원이 공급되지 않으면 전류가 소모되지 않을 것이다. 안드로이드 플랫폼에서 그것을 어떻게 적절하게 구현하였는지 5장과 6장에서 자세히 설명한다.

---

[2] 아시아경제 2012년 11월 15일 (http://view.asiae.co.kr/news/view.htm?idxno=2012111419260395413&nvr=Y)

5.1 파워 매니지먼트의 개요

현재 이동통신 환경은 3G에서 4G로 급변하고 있으며 필자뿐 아니라 주변에 있는 많은 동료는 이미 LTE 폰을 사용하고 있다. 이동통신 기술은 결국 데이터 속도를 높이기 위한 방향으로 진화하고 있으며 이 덕분에 사용자들은 다양한 서비스를 쾌적하게 누리는 기쁨을 맛 볼 수 있지만, 배터리 소모 때문에 쾌적한 서비스를 오랜 시간 못 누리는 불편함도 있다. 그래서 현재와 같은 이동통신 환경에서 사용지가 가장 불편하게 느끼는 휴대 단말기의 단점은 짧은 배터리 사용 시간이다.

5.1절에서는 파워의 정의, 배터리에 대한 이해와 더불어 기본적인 파워 매니지먼트에 대해서 차례차례 살펴본다.

5.1.1 파워란 무엇인가?

파워는 물리학에서 단위 시간당 일의 양으로 정의하며 일률이라고 불리운다. 파워의 단위는 와트(W)이며 전기학에서 1와트는 1볼트(V)를 통해 흐르는 1암페어(A)의 전류에 의한 일의 양으로 정의한다.

$$1W = 1V \times 1A$$

전기적 파워 P의 정의는 다음과 같다.

$$P = V \times I = I^2 \times R$$

파워의 정의에서 알 수 있듯 파워는 전류의 제곱에 비례하고 저항과 전압에 비례하므로, 전류, 저항 그리고 전압을 낮추는 것이 파워 소모를 줄이는 것이다.

또한, 전자기기에 사용되고 있는 칩은 대부분 CMOS에 의해 구성되어 있고 CMOS에서 소모되는 파워는 다음과 같이 정의된다.

$$P = C \times V^2 \times f$$

즉 모바일 기기의 하드웨어 측면에서 보면 전압과 주파수를 낮추는 것이 파워 소모를 줄이는 방법[3]이 됨을 알 수 있다. 물론 성능과는 반비례하게 된다.

---

3 CPU의 전압과 클록을 단순한 On/Off가 아닌 여러 단계로 나누어서 제어할 수 있는데 이것을 DVFS(Dynamic Voltage & Frequency Scaling)라고 한다.

5.1.2 배터리의 이해

배터리란 물질의 화학적 혹은 물리적 반응을 이용하여 이들의 변화로 방출되는 에너지를 전기 에너지로 변환하는 소형 장치를 의미하며 이온화 경향[4]이 다른 두 금속 간 산화 환원[5] 반응 및 이 과정에서 물질 간 이동하는 전자의 흐름을 이용한다.

배터리는 전기 에너지로 변환하는 방법에 따라 화학적 반응을 이용하는 화학 전지와 물리적 반응을 이용하는 물리 전지로 나뉘며 또한 화학 전지는 일회용 배터리인 1차 전지와 충전 가능한 2차 전지로 나뉜다. 휴대폰 및 태블릿 PC 등 모바일 기기에서 주로 사용되는 배터리는 리튬 이온과 리튬 폴리머 배터리이다. 기존 피쳐폰 혹은 대부분 스마트폰에서는 리튬 이온 배터리를 사용해오고 있으며 요즘은 셀 디자인이 쉽고 안정성이 높은 리튬 이온 폴리머[6] 배터리로 서서히 대체되어 사용되는 중이다. 그림 5-1은 배터리의 종류를 보여준다.

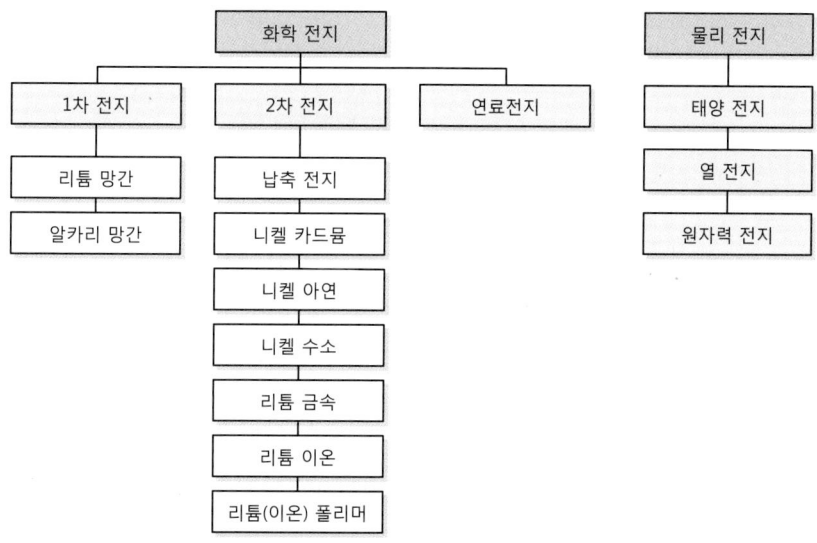

그림 5-1 배터리 종류

모바일 기기에서 배터리 용량은 일반적으로 mAh 혹은 Wh 단위로 표시한다. mAh는 한 시간 동안 표시된 숫자만큼의 전류를 제공할 수 있다는 이론적인 의미이다.

---

4 · 전자를 버리려는 성질의 정도이다.
5 · 산화는 전자를 잃는 것이며 환원은 전자를 얻는 것이다.
6 · 리튬 폴리머 배터리라고도 한다.

배터리 용량은 실제 휴대폰 배터리 사진인 그림 5-2를 통해 이해한다.

(A) 리튬 이온 배터리   (B) 리튬 폴리머 배터리

그림 5-2 배터리 용량

그림 5-2의 (A)는 리튬 이온 배터리이며 최대 2,540mAh, 최소 2,460mAh이다. (B)는 리튬 폴리머 배터리이며 최대 2,080mAh, 최소 1,990mAh이다. 그리고 배터리 셀이 하나 이상이고 배터리 기준 전압이 서로 다르다면 mAh 단위만으로 표시하는 것이 애매하기 때문에 전력 단위도 함께 표시한다. 즉, Wh 단위로 표시하며 한 시간 동안 소비될 수 있는 소비전력을 의미한다. 두 배터리의 최소 전력 및 최대 전력은 표 5-1과 같이 계산된다.

표 5-1 배터리 용량의 계산 - Wh

	최소 전력	최대 전력
리튬 이온 배터리(A)	2,460mAh × 3.8V = 9.3Wh	2,540mAh × 3.8V = 9.6Wh
리튬 폴리머 배터리(B)	1,990mAh × 3.7V = 7.4Wh	2,080mAh × 3.7V = 7.7Wh

5.1.3 기본적인 파워 상태

일반적으로 모바일 기기의 기본적인 파워 상태의 천이는 그림 5-3과 같이 도식화할 수 있다. 기기의 운영체제 및 하드웨어 플랫폼의 종류와 관계없이 그림 5-3의 기본적인 개념에서 벗어나지 않는다.

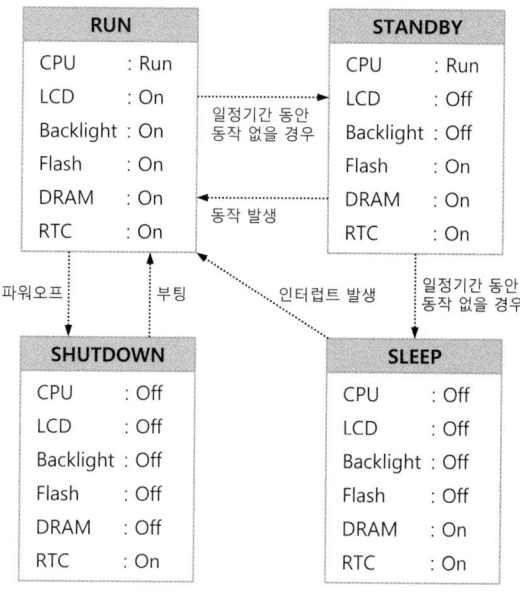

그림 5-3 기본적인 파워 상태도

- Run 상태 : 시스템이 동작 중인 상태로서 전류 소모가 최고에 이르는 상태이다.

- Standby 상태 : 시스템이 비활성화된 상태이며 LCD, Backlight가 Off 되며 CPU 클록도 줄어들게 된다.

- Sleep 상태 : 시스템이 Standby 상태가 지속될 경우 대부분 주변장치들의 전원 공급은 끊어지고 CPU도 Sleep 상태로 진입하게 되며 램이나 레지스터 같은 휘발성 메모리는 전원의 공급이 선택적일 수 있다[7]. 그리고 RTC(Real Time Clock)도 On 상태이다. 시스템 클록이 Off 된 상태에서 시간 계산을 위해서는 필수적으로 RTC에 전원이 공급되어야 한다. RTC의 클록은 대부분 32.768kHz이며 수은 전지에 의해 전원을 공급받게 된다.

- Shutdown 상태 : 시스템은 파워 Off 된 상태이지만 다음 파워 On 시에 시간 동기화 및 파워 Off 알람[8] 등의 기능을 위해 RTC 전원은 항상 On 상태를 유지해야 하므로 전원이 공급되어야 한다.

---

7 Sleep 상태에서 휘발성 메모리에 전원을 공급하는 경우를 STR(Suspend-To-RAM)이라고 하고 전원을 공급하지 않는 경우를 STD(Suspend-To-DISK)라고 한다. 일반적으로 노트북이나 데스크톱은 휘발성 메모리에 저장되어 있던 데이터를 하드 디스크 같은 곳에 저장했다가 Wake-Up 시 이전 상태를 복구하지만, 이 경우 데이터를 복사하는 과정이 필요하므로 어느 정도의 시간이 필요하다. 하지만 모바일 기기의 경우 빠른 응답성이 절대적으로 요구되므로 그런 시간 지연은 허용되지 않으므로 STR 방식을 채택한다. ACPI 스펙에서는 STR 상태를 S3 상태라고 정의한다. 6.1.1절을 참고하라.

8 파워 Off 된 상태에서도 사용자가 세팅한 시간이 되면 파워 On 되면서 알람이 실행되는 기능

5.1.4 안드로이드 파워 매니지먼트의 역할

안드로이드 플랫폼에서 파워 매니지먼트의 역할에 대해 5.1.4절에서 간략히 설명한다. 기본적으로 유저 영역에서의 동작이 커널 영역의 파워 매니지먼트를 제어하고 있으며 유저 영역에서의 파워 매니지먼트는 화면 밝기 제어와 Sleep 방지 동작으로 요약된다.

◉ 화면 밝기 제어

화면 밝기 제어는 크게 두 가지 경우가 있다.

첫 번째는 정해진 시간 동안 설정된 화면 밝기 상태로 유지하고 일정 시간 이후에는 화면 밝기를 줄이며 그 이후에는 화면을 Off 시키는 것이다. 일정 시간은 설정 메뉴에서 화면 자동 꺼짐(Screen timeout)에 의해 결정된다.

두 번째는 파워 키 누름과 같은 동작 때문에 강제적으로 화면을 On/Off 시키는 것이다. 화면이 On/Off 되는 동작은 커널 영역에서의 Late Resume 및 Early Suspend 동작을 트리거링시키게 된다. Late Resume 및 Early Suspend는 리눅스 커널에 안드로이드 플랫폼을 위해 새롭게 추가된 개념이며 6장에서 자세히 설명한다.

그림 5-4 화면 밝기 제어

그림 5-4는 자동차의 라이트를 조절하는 레버의 사진이며 이것은 파워 매니저 서비스가 제공하는 화면 밝기 제어와 같은 동작을 수행한다.

● Sleep 방지

모바일 기기를 사용하다 보면 화면이 꺼지더라도 내부적으로는 무언가 동작을 해야 하는 상황이 생길 때 즉, Sleep 상태로의 진입을 금지시켜야 하는 상황이 자주 발생한다. 또한, 화면을 사용자가 원하는 밝기 레벨과 시간만큼 유지하게 시켜야 할 경우가 있다. 예를 들면, 음악을 계속 듣는 상황이나 BT를 이용하여 파일을 전송하고 있는 상황에서 화면이 꺼질 경우 시스템이 Sleep 상태로 진입한다면 사용자로서는 꽤나 불편한 상황을 초래한다. 혹은 스톱워치 애플리케이션을 이용해서 달리기 경주 시간을 측정할 때 측정 시간 내에는 화면 밝기 제어 때문에 화면이 꺼지면 안 된다.

따라서 화면이 꺼지더라도 시스템이 Sleep 상태로 진입하는 것을 금지하거나 화면 밝기 제어를 막아서 화면이 정해진 밝기 레벨 상태를 유지하도록 하는 제어 시스템이 필요하므로 안드로이드 플랫폼에서는 이와 같은 요구를 만족하게 하기 위해 시스템을 '깨어 있는 상태에 잠금장치를 걸어 둔다'는 의미로 'Wake Lock'이라는 개념을 도입하였다.

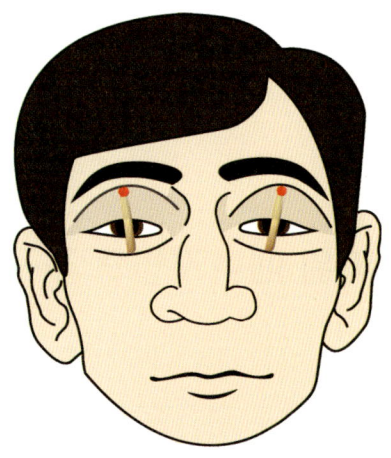

그림 5-5 Wake Lock 개념

그림 5-5는 밀려오는 졸음에 눈꺼풀이 내려오는 것을 막기 위해 성냥개비 같은 것으로 눈꺼풀을 고정하는 것을 나타내며 이것은 Wake Lock의 개념을 쉽고 명확하게 설명한다.

5.1.3절에서 설명한 기본적인 파워 상태를 기초로 해서 안드로이드의 파워 매니지먼트의 역할을 그려보면 그림 5-6과 같다.

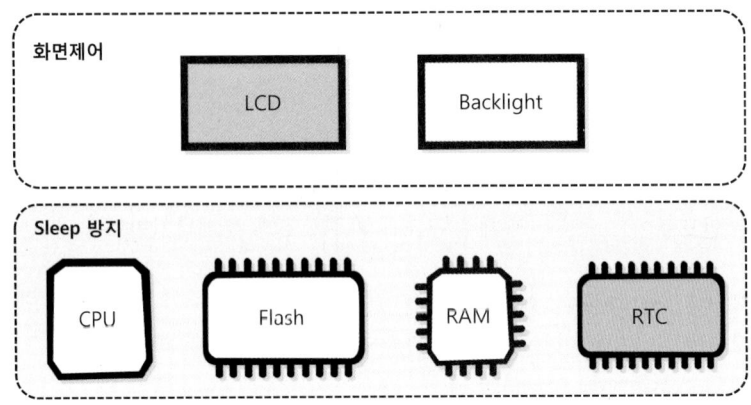

그림 5-6 안드로이드 파워 매니지먼트의 역할

화면 제어는 LCD와 Backlight만을 제어하며 시스템이 Sleep 상태로 진입하는 것을 금지하지는 않는다. 즉, 시스템은 Run 상태에서 Standby 상태를 거쳐 Sleep 상태로 자연스럽게 진입하게 된다.

Sleep 방지는 필수적으로 CPU, Flash, RAM, RTC 등이 모두 On 상태를 유지하는 것을 의미한다. 또한, 때에 따라서는 LCD와 Backlight까지도 제어하여 항상 On 상태로 유지할 수 있다.

5.2 안드로이드 파워 매니지먼트의 구조

안드로이드 플랫폼은 리눅스 커널을 기반으로 하고 있기 때문에 리눅스 커널 파워 매니지먼트를 기초로 해서 디자인되어 있으며 전통적인 리눅스 커널은 모바일 기기의 특성을 고려하지 않는다. 그래서 안드로이드 플랫폼에서는 모바일 기기의 특성 즉, 제한적인 배터리 용량을 고려한 파워 매니지먼트를 제어하는 서비스를 만들었으며 그것이 유저 영역에서의 파워 매니저 서비스이다. 또한, 커널 영역에서도 유저 영역의 파워 매니저 서비스로 제어되는 Early Suspend, Late Resume 그리고 Wake Lock이라는 새로운 개념을 도입하였다.

5.2절에서는 안드로이드 플랫폼에서 파워 매니지먼트의 구조와 해당 객체들의 역할을 설명한다.

5.2.1 안드로이드 파워 매니지먼트의 계층 구조

안드로이드 플랫폼에서 파워 매니지먼트의 계층별 구조를 살펴보고 각 계층의 역할과 더불어 앞으로 어디서 어느 내용을 다룰지에 대해서 설명한다.

그림 5-7은 안드로이드 플랫폼의 계층 구조를 기준으로 파워 매니지먼트와 관련된 객체만을 나타낸 것이다.

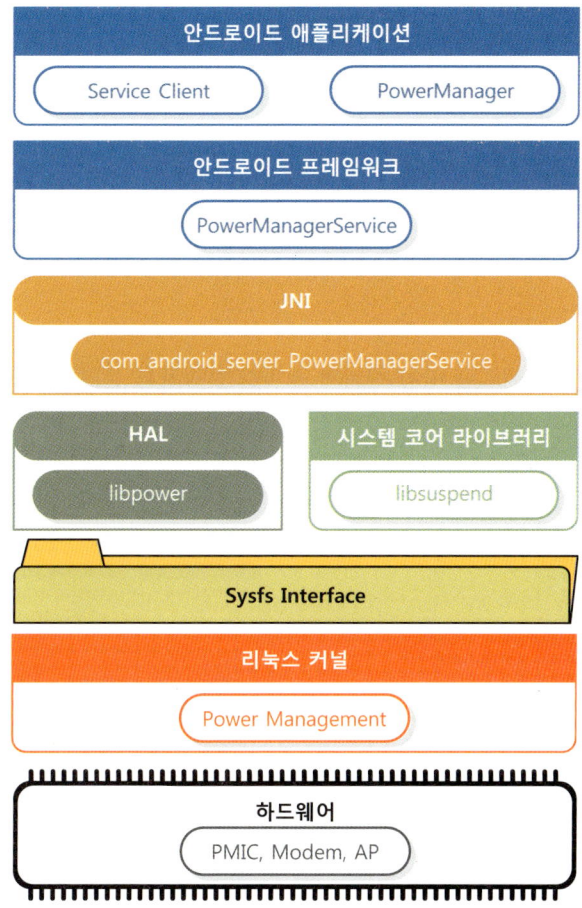

그림 5-7 안드로이드 파워매니지먼트의 구조 : 계층 구조 관점

안드로이드 애플리케이션 계층은 파워 매니저 서비스를 이용하는 애플리케이션 및 파워 매니저를 포함한다.

안드로이드 프레임워크 계층에는 리모트 서비스인 파워 매니저 서비스가 존재한다.

JNI(Java Native Interface) 계층은 파워 매니저 서비스의 네이티브 메서드에 의해 호출되는 네이티브 함수 혹은 네이티브 함수가 파워 매니저 서비스의 메서드를 호출하는 네이티브 영역이다.

com_android_server_PowerManagerService.cpp(frameworks/base/services/jni)파일에 네이티브 함수들이 정의되어 있다.

HAL(Hardware Adaptation Layer) 계층은 안드로이드 유저 영역에서 커널 영역의 하드웨어 장치들에 대한 접근을 추상화한 계층으로서 안드로이드 파워 매니지먼트를 위해 레거시 HAL 라이브러리인 libpower가 존재한다. libpower는 Wake Lock의 정보를 커널 영역으로 전달하는 역할을 한다.

시스템 코어 라이브러리인 libsuspend는 커널 영역의 Early Suspend 및 Late Resume 동작을 트리거링시키는 역할을 한다. sysfs 가상 파일 시스템은 유저 영역과 커널 영역이 통신하는 하나의 방법이다.

그림 5-7은 리모트 서비스인 파워 매니저 서비스를 정확히 설명하기에는 적절치 않고 이 책의 설명 방향과 맞지 않으므로 클라이언트와 서버 관점에서 안드로이드 파워 매니지먼트를 표현하면 그림 5-8과 같다.

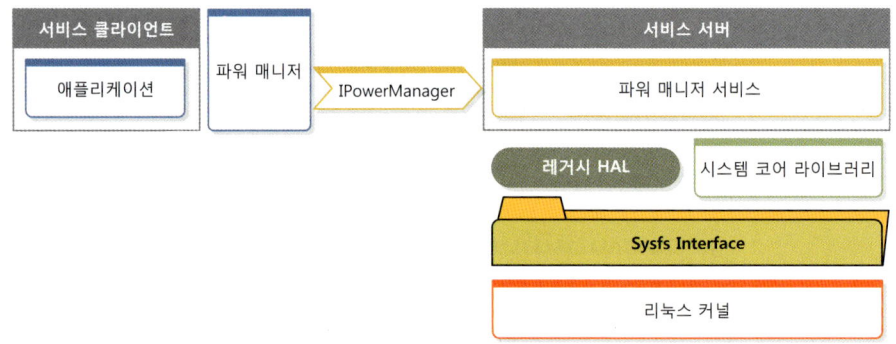

그림 5-8 안드로이드 파워 매니지먼트의 구조 : 클라이언트/서버 관점

리모트 서비스인 파워 매니저 서비스는 서비스 서버로서의 역할을 하고 리모트 서비스에 접속하기 위한 RPC 인터페이스인 IPowerManager가 존재한다. 리모트 서비스를 이용하는 서비스 클라이언트는 파워 매니저를 통해 리모트 서비스인 파워 매니저 서비스에 접속하여 파워 매니저 서비스를 이용한다.

5.2.2 파워 매니저

애플리케이션 및 서비스 등의 클라이언트가 리모트 서비스에 접근하기 위해 안드로이드에서는 래퍼(Wrapper) 클래스인 매니저 클래스를 제공함으로써 리모트 서비스를 이용하는 간접적이고 표준화된 방법을 제공한다.

XXX 매니저 클래스는 정적 클래스인 시스템 페처 클래스에 의해 객체가 생성되는데 이때 RPC 바인더의 asInterface() 메서드는 XXX 매니저 서비스의 프록시 객체 레퍼런스를 반환한다. XXX 매니저는 반환된 서비스 프록시 객체 레퍼런스를 획득함으로써 XXX 매니저 서비스에 접근할 수 있다. 그림 5-9가 그것을 설명한다.

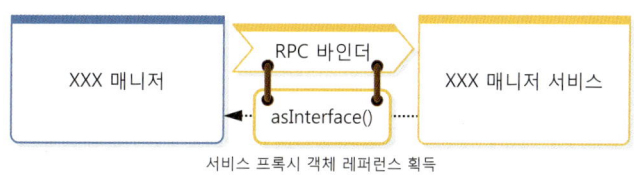

그림 5-9 XXX 매니저 서비스 프록시 객체 레퍼런스 획득

또한, 클라이언트는 XXX 매니저 클래스의 객체 레퍼런스를 획득하면 XXX 매니저에 의해 XXX 매니저 서비스에 접근할 수 있는데 XXX 매니저 클래스의 객체 레퍼런스의 획득을 위해 안드로이드 자바 영역에서는 getSystemService() 메서드를 제공한다. 그래서 클라이언트는 언제든지 원하는 리모트 서비스의 접근을 위해서 getSystemService() 메서드를 이용하면 되는 것이다. 그림 5-10이 그것을 설명한다.

그림 5-10 getSystemService() 메서드에 의한 XXX 매니저 객체 레퍼런스 획득

클라이언트가 파워 매니저 서비스를 이용하는 방법은 두 가지가 있다. 첫 번째 방법은 파워 매니저를 통한 간접 호출이며 두 번째 방법은 파워 매니저 서비스의 프록시 객체 레퍼런스를 통한 직접 호출이다. 5.5절에서는 첫 번째 방법을 소개하고 5.6절에서는 두 번째 방법을 소개한다.

> **TIP - 파워 매니저 서비스의 이용 방법**
>
> ▶ 파워 매니저의 객체 레퍼런스 획득을 통한 간접 호출 : 5.5절
> ▶ 파워 매니저 서비스의 프록시 객체 레퍼런스 획득을 통한 직접 호출 : 5.6절

5.2.3 파워 매니저 서비스

파워 매니저 서비스 클래스는 안드로이드 자바 영역에서 IPowerManager.Stub 서비스 스텁 클래스를 상속하여 파워 매니저 서비스의 실질적인 기능을 구현한다. 파워 매니저 서비스의 주요 동작은 화면 밝기 제어와 Sleep 방지이며 해당 정보를 네이티브 및 커널 영역으로 전달한다[9].

그림 5-11은 파워 매니저 서비스의 상태를 결정하는 핵심 메서드인 setPowerState() 메서드에 의해 화면 밝기 정보가 네이티브 영역으로 전달되는 것을 보여준다.

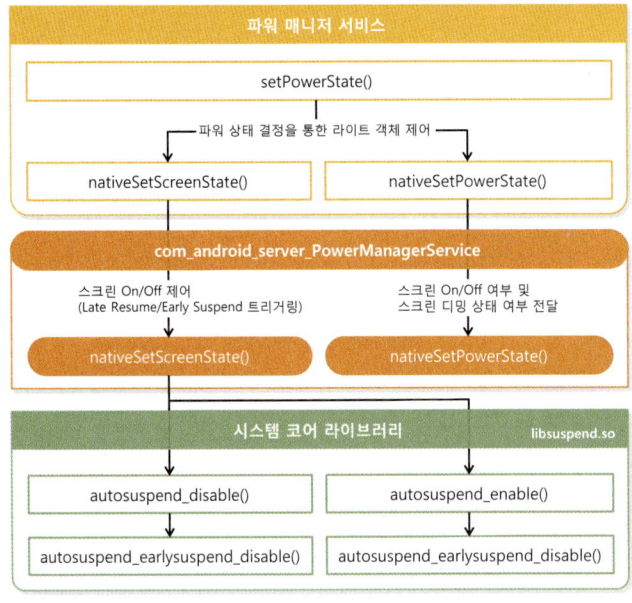

그림 5-11 화면 밝기 정보의 네이티브 영역으로의 전달

---

9 진저브레드(2.3) 버전부터 젤리빈(4.1) 버전까지 파워 매니저 서비스의 구조는 변하지 않았지만, 젤리빈 플러스(4.2) 버전에서 구조적으로 완전히 새로운 코드로 변경되었으며 본서는 젤리빈(4.1)버전을 기준으로 설명한다.

setPowerState() 메서드는 파워 매니저 서비스의 파워 상태를 결정하고 파워 상태에 따른 라이트 객체들의 밝기를 제어한다.

자바 네이티브 메서드인 nativeSetPowerState() 메서드는 JNI를 통해 네이티브 영역으로 스크린 On/Off 상태 및 스크린 디밍 상태를 전달한다. 인풋 매니저는 키 이벤트 및 터치 이벤트 발생 시 해당 정보를 참고하여 스크린을 제어한다.

자바 네이티브 메서드인 nativeSetScreenState() 메서드는 JNI를 통해 시스템 코어 라이브러리인 libsuspend의 autosuspend_disable() 함수 혹은 autosuspend_enable() 함수를 호출하여 스크린 On/Off 제어를 한다. 또한, autosuspend_disable() 함수는 커널의 파워 매니지먼트 방식에 따라 autosuspend_earlysuspend_disable(), autosuspend_autosleep_disable(), autosuspend_wakeup_count_disable() 함수들 중의 하나를 선택하고 autosuspend_enable() 함수는 autosuspend_earlysuspend_enable(), autosuspend_autosleep_enable(), autosuspend_wakeup_count_enable() 함수들 중의 하나를 선택하여 호출한다.

제조사 및 플랫폼 개발사에서는 기존 안드로이드 버전과의 호환성을 위해서 state 파일에 의한 파워 매니지먼트 방식을 채택하고 있으므로 여기서도 autosuspend_earlysuspend_disable() 함수 혹은 autosuspend_earlysuspend_enable() 함수를 호출하는 것으로 설명한다[10].

autosuspend_earlysuspend_disable() 함수 혹은 autosuspend_earlysuspend_enable() 함수는 커널의 파워 상태를 결정하며 sysfs 인터페이스에 의해 결국 커널 영역에서의 Late Resume 및 Early Suspend 동작을 트리거링하게 된다.

그림 5-12는 파워 매니저 서비스의 주요 동작 중에 두 번째에 해당하는 Sleep 방지 동작을 보여준다.

---

10 5.2.4절을 참고하라.

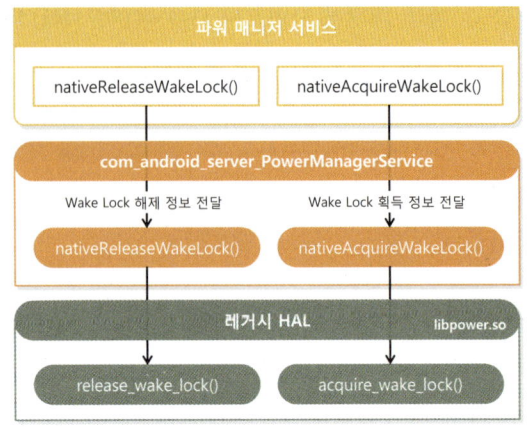

그림 5-12 Wake Lock 획득 및 해제 정보의 네이티브 영역으로의 전달

자바 네이티브 메서드인 nativeAcquireWakeLock() 메서드와 nativeReleaseWakeLock() 메서드는 JNI를 통해 레거시 HAL 라이브러리인 libpower 라이브러리의 acquire_wake_lock() 함수와 release_wake_lock() 함수를 호출함으로써 네이티브 영역으로 Wake Lock 획득 및 해제 정보를 한다. 커널 영역으로 모든 Wake Lock 정보가 전달되는 것은 아니며 오직 PARTIAL_WAKE_LOCK 플래그[11]를 가진 Wake Lock 정보만 전달된다[12].

5.2.4 네이티브 영역

안드로이드 네이티브 영역에서 파워 매니지먼트 관련 객체는 아이스크림 샌드위치(ICS) 버전까지는 오직 레거시 HAL 라이브러리인 libpower만 존재하였다.

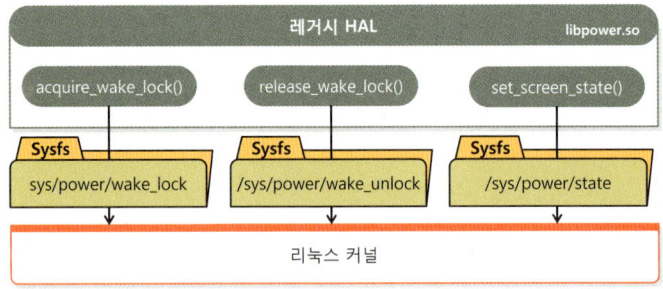

그림 5-13 안드로이드 네이티브 영역 : 아이스크림 샌드위치(4.0) 버전

---

11 Wake Lock 플래그는 Wake Lock의 종류를 의미하며 5.4.7절을 참고하라.
12 5.5.3절의 PARTIAL_WAKE_LOCK 플래그를 가진 Wake Lock의 획득 동작을 참고하라.

그림 5-13은 레거시 HAL에서 sysfs 파일시스템[13]을 통해 커널 영역으로 Wake Lock 획득 및 해제 정보 그리고 화면 On/Off 정보를 전달하는 것을 보여준다. 전달된 정보들에 의해 커널 영역에서의 파워 매니지먼트 동작을 제어한다.

젤리빈(4.1) 버전에서는 레거시 HAL과 함께 POWER_HARDWARE_MODULE_ID를 가진 파워 HAL 모듈과 시스템 코어 라이브러리로 libsuspend가 추가되었다. 파워 HAL 모듈은 런타임에 CPU 주파수를 조절하는 CPU governor에 대한 일률적인 방법을 제공하거나 터치 디바이스 등의 성능 제어를 위한 용도이며 libsuspend는 커널 영역의 파워 매니지먼트를 제어하는 여러 방법 중 하나를 선택할 수 있도록 한다.

현재 파워 HAL 모듈은 안드로이드 및 칩 제조사에서 여전히 구현하고 있는 단계이거나 아직 안정적인 코드가 아니므로 여기서는 libsuspend에서 커널 영역의 파워 매니지먼트를 제어하는 방법만을 설명한다.

그림 5-14는 젤리빈(4.1) 버전에서 실제 사용중인 네이티브 영역에서의 동작을 보여준다.

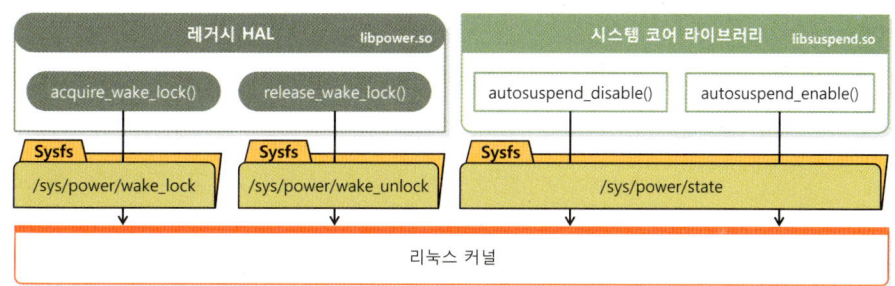

그림 5-14 안드로이드 네이티브 영역 : 젤리빈(4.1) 버전

커널 영역으로의 Wake Lock 정보 및 화면 밝기 정보는 sysfs 파일시스템이 제공하는 wake_lock, wake_unlock 및 state 파일을 통해 전달되며 각각의 라이브러리에서 제공하는 함수와 설명은 표 5-2와 같다.

---

[13] sysfs 파일시스템은 유저 영역과 커널 영역 간의 데이터 교환을 위한 리눅스 커널에서 제공하는 하나의 파일시스템이며 2.6 버전부터 소개되었다. 시스템 콜 및 디바이스 드라이버를 사용하지 않고 간단한 데이터의 송·수신을 위한 용도이며, 여기서는 파워 매니저 서비스가 커널 영역으로 Wake Lock 정보 및 화면 밝기에 대한 정보를 넘겨주고 커널 영역에서는 유저 영역에서 넘어온 정보를 가지고 원하는 동작을 수행한다. 자세한 내용은 6.2.2절을 참고하라.

표 5-2 커널 영역으로의 정보 전달 함수

상태	설명
acquire_wake_lock()	PARTIAL_WAKE_LOCK 플래그를 가진 Wake Lock의 경우만 해당되며 Wake Lock의 이름인 태그 정보를 sysfs 파일인 wake_lock 파일에 입력함으로써 커널 영역으로 전달하여 Early Suspend 상태에서 Suspend 상태로 진입 시에 wake_lock 파일에 활성화된 Wake Lock이 있는지 체크한다.
release_wake_lock()	PARTIAL_WAKE_LOCK 플래그를 가진 Wake Lock의 경우만 해당되며 Wake Lock의 이름인 태그 정보를 sysfs 파일인 wake_unlock 파일에 입력함으로써 커널 영역으로 전달하여 활성화된 Wake Lock 정보를 저장하고 있는 wake_lock 파일에서 해당 정보를 제거한다. acquire_wake_lock() 함수와 마찬가지로 Early Suspend 상태에서 Suspend 상태로 진입 시에 wake_lock 파일에 활성화된 Wake Lock이 있는지 체크한다.
autosuspend_disable()	파워 매니저 서비스에서 스크린의 상태를 On으로 설정한 경우 호출되는 네이티브 영역의 함수이며 이 함수는 커널 영역의 파워 매니지먼트의 방식을 선택할 수 있게 한다. 첫 번째는 autosuspend_earlysuspend_disable() 함수를 호출하는 것으로 기존 안드로이드 버전에서 사용해 오고 있는 state 파일을 이용하여 Early Suspend 및 Late Resume 동작을 트리거링시킨다. 두 번째는 autosuspend_autosleep_disable() 함수를 호출하는 것으로 autosleep 파일을 이용하여 wakeup 소스가 없을 때 커널 자체적으로 Suspend 상태로 진입하며 이것은 커널 버전이 3.4버전 이상 되어야 한다. 세 번째는 autosuspend_wakeup_count_disable() 함수를 호출하는 것으로 wakeup_count 파일과 state 파일이 카운트 체크를 위한 suspend_thread에 의해 커널 파워 매니지먼트를 제어한다. 여기서는 기존 버전과의 호환성을 위해 첫 번째 방식을 선택해서 설명한다. autosuspend_disable() 함수는 autosuspend_earlysuspend_disable() 함수를 호출하여 sysfs 파일인 state 파일에 'on'을 입력함으로써 커널 영역으로 전달하여 Late Resume 동작을 트리거링시킨다.
autosuspend_ensable()	파워 매니저 서비스에서 스크린의 상태를 Off로 설정한 경우 호출되는 네이티브 영역의 함수이며 autosuspend_disable() 함수와 마찬가지로 기존 버전과의 호환성을 위해 첫 번째 방식을 선택해서 설명한다. autosuspend_enable() 함수는 autosuspend_earlysuspend_enable() 함수를 호출하여 sysfs 파일인 state 파일에 'mem'을 입력함으로써 커널 영역으로 전달하여 Early Suspend 동작을 트리거링시킨다.

5.2.5 커널 영역

유저 영역에서 전달된 정보를 바탕으로 디바이스 파워 매니지먼트 및 시스템 파워 매니지먼트를 수행한다. 그림 5-15는 전통적인 리눅스 커널에서 제공하는 파워 매니지먼트를 간단히 도식화한 것이다.

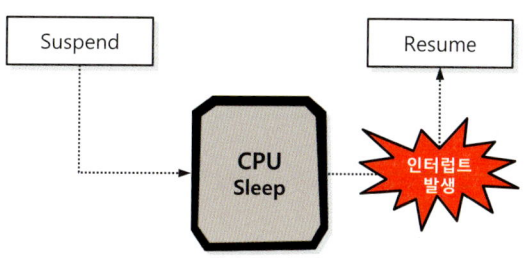

그림 5-15 기존 리눅스 파워 매니지먼트

시스템이 Running 상태에서 Suspend 상태로 진입하여 CPU Sleep 상태로 빠져 있다가 정해진 인터럽트가 발생하면 시스템은 Resume 상태로 진입하게 된다. 기존 리눅스 커널은 모바일 기기가 아닌 데스크톱 PC와 같은 정해진 장소에서 외부 전원이 일정하게 공급되는 환경을 가정하였기에 Suspend 및 Resume 상태만으로도 충분히 파워 매니지먼트가 가능하였다.

하지만 제한된 전원 소스인 배터리에 의해 전원을 공급받는 모바일 기기의 경우는 기존 리눅스 커널에서 제공하는 Suspend 및 Resume 상태만으로는 파워 매니지먼트를 효율적으로 운영할 수가 없다. 이에 안드로이드 플랫폼에서는 기존 리눅스 커널과 달리 모바일 기기의 환경을 반영해서 제한된 전원 소스인 배터리의 용량을 효율적으로 제어하기 위해 Wake Lock 개념을 도입하여 Early Suspend 상태와 Late Resume 상태가 추가되었다[14]. 그림 5-16은 안드로이드 커널[15]에서의 수정된 파워 매니지먼트를 도식화한 것이다.

---

14 안드로이드 플랫폼 컵케익(1.5) 버전에서 리눅스 커널 2.6.27버전에 안드로이드만을 위한 수정 사항이 반영되었다. 수정 반영된 사항들은 6.2.1절을 참고하라.
15 안드로이드 플랫폼에서의 수정된 리눅스 커널을 안드로이드 커널이라 부르겠다.

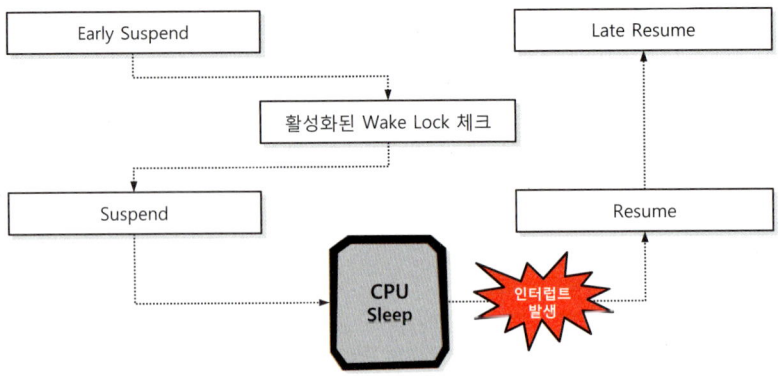

그림 5-16 안드로이드 커널 파워 매니지먼트

기존 리눅스 커널과 달리 시스템이 Running 상태에서 바로 Suspend 상태로 진입하지 않고 Suspend 상태와 Running 상태의 중간 단계인 Early Suspend 상태로 진입하여 화면이 꺼진 상태에서 시스템은 Running 상태를 유지한다. 또한, CPU Sleep 상태에서 정해진 인터럽트 발생 시 Resume 상태가 되더라도 기존 리눅스 커널처럼 모든 것이 다시 활성화되는 것이 아니라 정해진 몇 개만 활성화되어 전류 소모를 최소화한다.

그림 5-17은 유저 영역에서 sysfs 파일시스템에 의한 커널 영역에서의 호출을 보여준다.

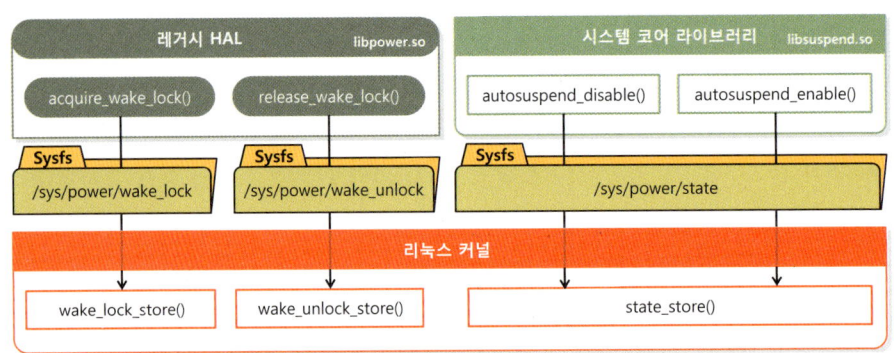

그림 5-17 커널 영역에서의 sysfs 파일들의 쓰기 동작 시의 호출 함수

유저 영역에서 wake_lock, wake_unlock 및 state 파일에 쓰기 동작이 이루어지면 커널 영역에서는 sysfs 파일시스템에 의해 wake_lock_store(), wake_unlock_store() 및 state_store() 함수가 호출된다.[16]

---

16 커널 영역에서의 sysfs 파일시스템의 동작은 6.2.2절을 참고하라.

5.2.6 안드로이드 파워 매니지먼트의 주요 메서드 호출 과정

앞서 설명한 내용을 토대로 안드로이드 플랫폼의 파워 매니지먼트의 주요 동작을 유저 영역의 파워 매니저부터 커널 영역까지 메서드 및 함수 호출을 정리하면 그림 5-18과 같다.

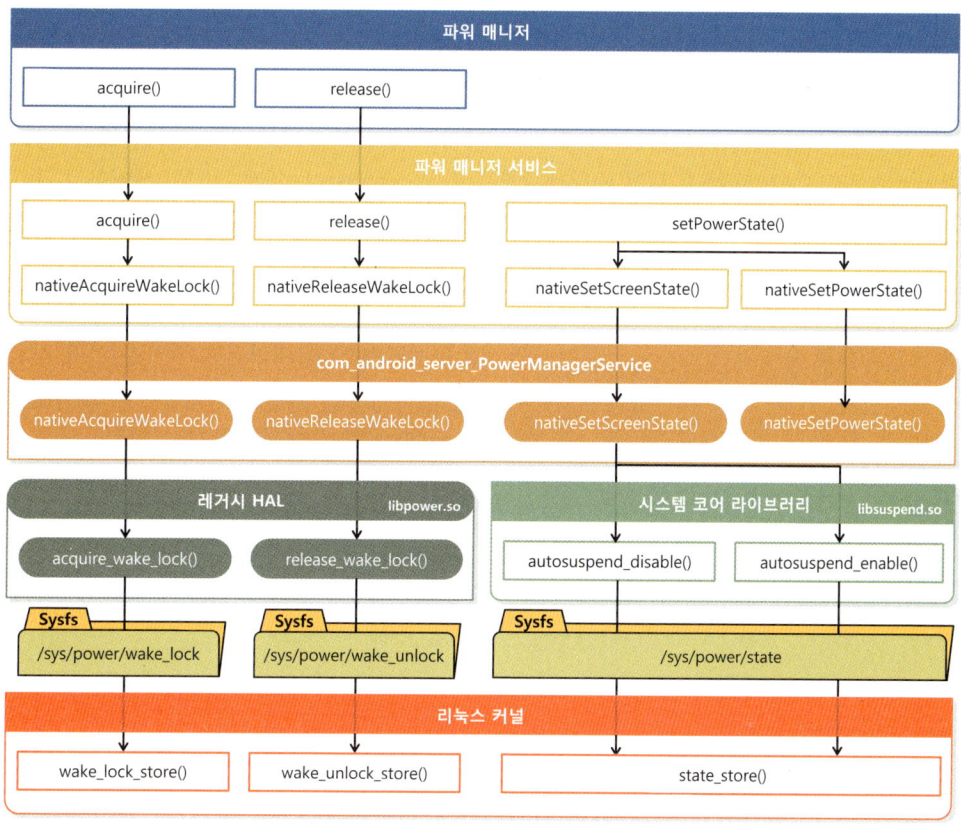

그림 5-18 안드로이드 파워 매니지먼트의 주요 메서드 호출 과정

Wake Lock 획득 동작은 파워 매니저의 acquire() 메서드를 호출함으로써 시작되어 파워 매니저 서비스의 acquire() 메서드를 호출하여 실질적인 파워 매니저 서비스에서의 동작을 수행하는데 FULL_WAKE_LOCK, SCREEN_BRIGHT_WAKE_LOCK, SCREEN_DIM_WAKE_LOCK 및 PROXIMITY_SCREEN_OFF_WAKE_LOCK 플래그를 가진 Wake Lock은 화면 밝기를 제어하고 PARTIAL_WAKE_LOCK 플래그를 가진 Wake Lock은 화면 밝기는 제어하지 않고 단지 커널 영역으로 Wake Lock 태그 정보를 전달한다. 즉, PARTIAL_WAKE_LOCK 플래그 외의 다른 플래그를 가진 Wake Lock은 커널 영역으로 해당 정보가 전달되지 않는다. 그래서 PARTIAL_WAKE_LOCK 플래그를 가진 Wake Lock만이

자바 네이티브 메서드인 nativeAcquireWakeLock() 메서드를 호출하여 JNI 및 레거시 HAL을 통해 커널 영역의 wake_lock_store() 함수를 호출한다.

Wake Lock 해제 동작은 파워 매니저의 release() 메서드를 호출함으로써 시작되어 파워 매니저 서비스의 release() 메서드를 호출하여 실질적인 파워 매니저 서비스에서의 동작을 수행하는데 acquire() 메서드와 마찬가지로 FULL_WAKE_LOCK, SCREEN_BRIGHT_WAKE_LOCK, SCREEN_DIM_WAKE LOCK 및 PROXIMITY_SCREEN_OFF_WAKE_LOCK 플래그를 가진 Wake Lock은 화면 밝기를 제어하고 PARTIAL_WAKE_LOCK 플래그를 가진 Wake Lock은 화면 밝기는 제어하지 않고 단지 커널 영역으로 Wake Lock 태그 정보를 전달한다.

화면 밝기 제어는 파워 매니저 서비스 상태 결정의 핵심 메서드인 setPowerState() 메서드에 의해 수행되며 nativeSetScreenState() 메서드에 의해 네이티브 영역을 거쳐 커널 영역의 state_store() 함수를 호출함으로써 커널 영역에서의 파워 매니지먼트를 제어하고 nativeSetPowerState() 메서드에 의해 스크린 밝기 정보가 네이티브 영역으로 전달되어 네이티브 영역의 인풋 매니저가 해당 정보를 참고한다.

5.3 파워 매니저 서비스의 초기화

안드로이드 플랫폼에서 파워 매니지먼트의 핵심인 파워 매니저 서비스의 초기화 과정을 분석함으로써 파워 매니저 서비스의 구조를 파악하고 파워 매니저 서비스의 동작을 이해한다. 리모트 서비스인 파워 매니저 서비스의 클래스 구조부터 파워 매니저 서비스의 생성 및 등록 그리고 초기화 과정을 순서대로 설명한다.

5.3.1 파워 매니저 서비스의 클래스 구조 및 메서드

안드로이드 리모트 서비스 중의 하나인 파워 매니저 서비스는 RPC 인터페이스를 가진다는 측면에서 기타 리모트 서비스의 구조와 크게 다르지 않다.

파워 매니저 서비스 클래스의 구조는 그림 5-19와 같다.

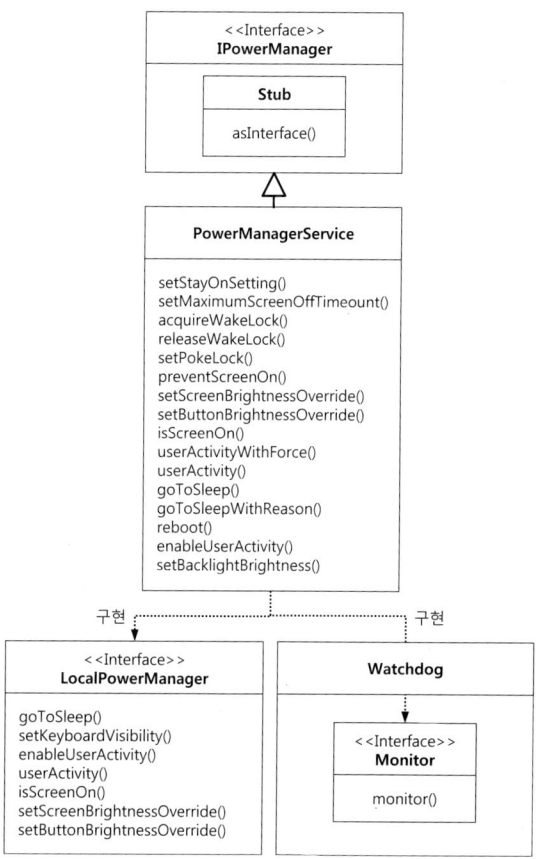

그림 5-19 파워 매니저 서비스 중심의 클래스 구성

그림 5-19에서 파워 매니저 서비스가 상속 및 구현하는 클래스에 대한 설명은 표 5-3과 같다.

표 5-3 파워 매니저 서비스 클래스 설명

상태	설명
IPowerManager.Stub	리모트 서비스인 파워 매니저 서비스와 클라이언트의 바인더 RPC를 위한 인터페이스인 IPowerManager의 서버측 구현부인 stub 객체를 상속한다. stub 객체가 제공하는 asInterface() 메서드에 의해 클라이언트는 파워 매니저 서비스의 프록시 객체 레퍼런스를 획득하여 파워 매니저 서비스를 이용할 수 있다.
LocalPowerManager	파워 매니저 클래스는 애플리케이션이 파워 매니저 서비스를 이용하기 위한 래퍼 클래스인 반면에 로컬 파워 매니저는 시스템 서버 프로세스 내부에서 다른 리모트 서비스들을 위한 래퍼 클래스이다.
Watchdog.Monitor	Watchdog 쓰레드의 monitor() 메서드를 구현하여 Watchdog 쓰레드가 주기적으로 감시하는 대상이 된다.

파워 매니저 서비스가 제공하는 메서드는 표 5-4와 같다.

표 5-4 파워 매니저 서비스가 제공하는 메서드

메서드	설명
setStayOnSetting()	전원 소스가 인가될 때 스크린 디밍 유지 및 CPU Sleep 상태 방지를 위한 데이터베이스인 STAY_ON_WHILE_PLUGGED_IN에 입력 값을 설정하는 메서드로서 AC 전원은 1이고 USB 전원은 2이다.
setMaximumScreenOffTimeount()	스크린 Off 되는 시간을 설정하는 메서드이며 mKeylightDelay, mDimDelay, mScreenOffDelay 등의 값이 재설정된다.
acquireWakeLock()	파워 매니저 서비스에서 Wake Lock 획득 동작을 수행한다.
releaseWakeLock()	파워 매니저 서비스에서 Wake Lock 해제 동작을 수행한다.
setPokeLock()	잠시 동안 화면 밝기를 유지하기 위한 메서드이며 pokey는 Poke Lock의 설정 값이다. POKE_LOCK_SHORT_TIMEOUT, POKE_LOCK_MEDIUM_TIMEOUT, POKE_LOCK_IGNORE_TOUCH_EVENTS가 있다.
preventScreenOn()	Wake Lock에 상관없이 스크린을 제어하며 화면 깜빡임에 대한 방호 메서드이다. 현재 Incall Screen 화면에서 사용 중이다.
setScreenBrightnessOverride()	윈도우 매니저에서 현재의 라이트 객체들의 밝기를 변경하고자 할 때 호출한다. 이때 밝기가 변경되는 라이트 객체는 현재의 파워 매니저 서비스 상태에 의해 결정되며 brightness 값이 -1이면 변경하지 않으며 0에서 255까지의 값일 경우 해당 밝기 레벨로 변경한다.
setButtonBrightnessOverride()	setScreenBrightnessOverride() 메서드 동작과 동일하나 버튼 및 키보드 라이트는 현재의 파워 매니저 서비스 상태와 상관없이 밝기를 변경한다.
isScreenOn()	스크린이 On 되어 있는지 여부를 반환한다.
userActivityWithForce()	강제로 유저 액티비티를 발생시켜 스크린을 On 시키는 역할을 한다.
userActivity()	파워 매니저 서비스에서 실제 유저 액티비티 동작을 수행함으로써 스크린을 On 시키며 스크린 Off 타이머를 재설정한다.
goToSleep() goToSleepWithReason()	파워 매니저 서비스의 상태를 스크린 Off 상태로 변경함으로써 결국 nativeSetScreenState() 메서드를 호출하여 커널 영역에서의 Early Suspend 동작을 트리거링시킨다.
reboot()	셧다운 쓰레드의 reboot() 메서드를 호출함으로써 시스템 리부팅 동작을 트리거 시킨다.
enableUserActivity()	유저 액티비티 발생 시 스크린 On 및 스크린 Off 타이머의 설정 여부를 결정하며, 키락 화면에서는 false로 설정하여 터치 이벤트가 발생하여도 스크린 On 및 스크린 Off 타이머 동작을 수행하지 않는다.
setBacklightBrightness()	LCD, 키보드 및 버튼의 밝기를 설정한다.

5.3.2 파워 매니저 서비스 생성 및 등록

파워 매니저 서비스의 생성 및 등록은 init 프로세스[17]에 의해 sysfs 파일인 state, wake_lock, wake_unlock 파일의 소유자 및 권한 설정과 초깃값 설정을 한 후에 Zygote 프로세스에 의해 생성되는 시스템 서버 프로세스가 파워 매니저 서비스 클래스를 생성하고 서비스 매니저에 등록한다. 그리고 파워 매니저 서비스의 생성 및 등록 과정이 완료되면 파워 매니저 서비스에서는 초기화 과정을 수행하게 된다.

5.3.2절에서는 파워 매니저 서비스의 생성 및 등록 과정을 설명하고 5.3.3, 5.3.4절에서는 초기화 과정을 설명한다. 그림 5-20은 프로세스 관점에서 수행되는 동작들을 표시한 것이다.

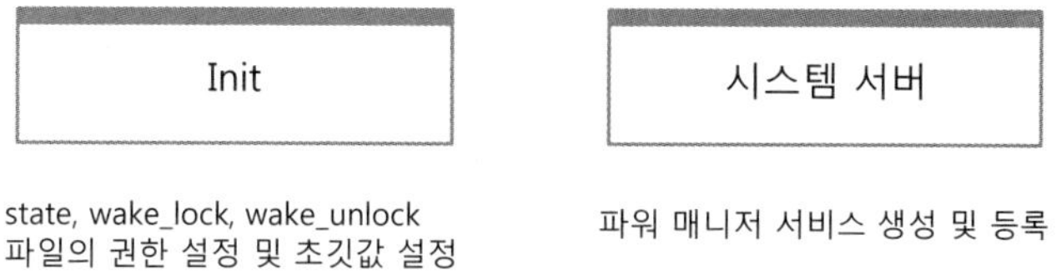

```
         Init                           시스템 서버

state, wake_lock, wake_unlock       파워 매니저 서비스 생성 및 등록
  파일의 권한 설정 및 초깃값 설정
```

그림 5-20 Init 프로세스 및 시스템 서버 프로세스의 초기 동작

1. sysfs 파일의 소유자 및 권한 설정과 초깃값 설정

   sysfs 파일의 권한 및 초깃값 설정은 init 프로세스에서 init.rc 파일을 파싱하면서 수행된다. 코드 5-1은 init.rc 파일에서 sysfs 파일들의 소유자 및 권한 설정을 수행하는 것을 보여준다.

```
Permissions for System Server and daemons.
    chown radio system /sys/android_power/state
    chown radio system /sys/android_power/request_state
    chown radio system /sys/android_power/acquire_full_wake_lock      ─┐
    chown radio system /sys/android_power/acquire_partial_wake_lock    ├─❶
    chown radio system /sys/android_power/release_wake_lock           ─┘
    chown system system /sys/power/state                              ─┐
    chown system system /sys/power/wakeup_count                        │
    chown radio system /sys/power/wake_lock                            ├─❷
    chown radio system /sys/power/wake_unlock                         ─┘
```

---

17 system/core/init/init.c

```
chmod 0660 /sys/power/state
chmod 0660 /sys/power/wake_lock
chmod 0660 /sys/power/wake_unlock
```

📁 system/core/rootdir/init.rc

코드 5-1 sysfs 파일의 소유자 및 권한 설정

❶ 커널 코드에서 kobject_create_and_add() 함수로 검색해 보면 sysfs에 의한 디렉터리 생성을 확인할 수 있는데 android_power 디렉터리는 사용하지 않고 power 디렉터리를 생성하여 사용한다. 커널 영역에서 sysfs 파일시스템에 의해 파워 매니지먼트 관련 파일들을 power 디렉터리 아래에 생성해 놓는다.

❷ state 파일의 읽기, 쓰기 동작은 시스템 영역에 존재하는 libsuspend 라이브러리에 의해 수행되므로 소유자는 system이고 wake_lock, wake_unlock 파일은 RIL 데몬에 의해서도 파일 읽기, 쓰기가 가능하므로 소유자를 radio로 그룹을 system으로 설정한다. wakeup_count 파일은 사용하지 않으므로 따로 설명하지 않는다.

❸ state, wake_lock, wake_unlock 파일의 파일 소유자와 그룹에게 읽기와 쓰기 권한을 부여한다.

코드 5-2는 커널 영역의 파워 매니지먼트를 트리거링하는 sysfs 파일인 state 파일의 초깃값 설정을 보여준다.

```
service zygote /system/bin/app_process -Xzygote /system/bin --zygote --start-system-server
    class main
    socket zygote stream 666
    onrestart write /sys/android_power/request_state wake
    onrestart write /sys/power/state on      ──❶
```

📁 system/core/rootdir/init.rc

코드 5-2 state 파일의 초깃값 설정

❶ Zygote 서비스가 수행될 때 state 파일에 'on'을 씀으로써 부팅 시 커널 영역의 Running 상태를 보장한다. 6장에서 설명하겠지만, state 파일에 'on'을 입력하면 커널 영역에서 Late Resume 동작을 트리거링시켜서 시스템을 완전한 Running 상태로 진입하게 한다.

2. 파워 매니저 서비스 생성 및 등록

시스템 서버 프로세스의 서버 쓰레드에 의해 파워 매니저 서비스가 생성되고 생성된 파워 매니저 서비스의 객체 레퍼런스를 'power' 스트링과 함께 서비스 매니저에 등록한다.

코드 5-3은 서버 쓰레드가 파워 매니저 서비스를 생성하고 서비스 매니저에 등록하는 과정을 보여준다.

```
class ServerThread extends Thread {
    ...
    public void run() {
        ...
        power = new PowerManagerService();                          ──①
        ServiceManager.addService(Context.POWER_SERVICE, power);   ──②
        ...
    }
}
```

📁 frameworks/base/services/java/com/android/server/SystemServer.java

코드 5-3 파워 매니저 서비스 생성 및 등록

5-3
❶ 파워 매니저 서비스 클래스의 생성자를 호출하여 파워 매니저 서비스 클래스를 객체화한다. 생성자에 의해 반환되는 값은 달빅 가상 머신에 의해 생성되는 파워 매니저 서비스 클래스의 객체 레퍼런스이다.

5-3
❶ Context 클래스에서 POWER_SERVICE는 'power'라는 스트링으로 정의되어 있고 이 스트링과 함께 앞서 생성된 파워 매니저 서비스 클래스의 객체 레퍼런스를 인자로 하여 서비스 매니저의 addService() 메서드에 의해 서비스 매니저에 등록된다.

파워 매니저 서비스 클래스의 객체 생성 시 여러 멤버 변수들 및 객체들이 초기화되는데 그중에서 중요한 역할을 하는 것은 LockList 배열 객체 및 TimeoutTask 러너블 객체이며 코드 5-4는 두 객체의 생성을 보여준다.

```
public class PowerManagerService extends IPowerManager.Stub
    ↪ implements LocalPowerManager, Watchdog.Monitor {
```

```
    ...
    private final LockList mLocks = new LockList();              ──①
    private final TimeoutTask mTimeoutTask = new TimeoutTask();  ──②
    ...
}
```

📁 frameworks/base/services/java/com/android/server/PowerManagerService.java

코드 5-4 파워 매니저 서비스 클래스의 주요 객체 생성

⁵⁻⁴❶ LockList는 Wake Lock 획득 및 해제 시 해당 Wake Lock 정보를 저장하는 배열이다.

⁵⁻⁴❷ TimeoutTask는 정해진 시간 이후에 파워 매니저 서비스 상태를 변경함으로써 화면 밝기를 제어하는 역할을 한다.

파워 매니저 서비스 클래스의 생성자에서는 코드 5-5와 같이 파워 매니저 서비스 상태 변수의 초기화, Watchdog 모니터 배열에 등록 그리고 초기화 완료를 네이티브 영역으로의 전달 등의 동작을 수행한다.

```
PowerManagerService() {
    mUserState = mPowerState = 0;                  ──①
    Watchdog.getInstance().addMonitor(this);       ──②
    nativeInit();                                  ──③
}
```

📁 frameworks/base/services/java/com/android/server/PowerManagerService.java

코드 5-5 파워 매니저 서비스 클래스의 생성자

⁵⁻⁵❶ 파워 매니저 서비스에서 밝기 제어 및 상태 관리를 위한 파워 매니저 서비스 상태 멤버 변수를 초기화한다.

⁵⁻⁵❷ Watchdog 쓰레드의 모니터 배열에 파워 매니저 서비스 객체를 등록함으로써 Watchdog 쓰레드에서 주기적으로 감시하게 된다.

⁵⁻⁵❸ 자바 네이티브 메서드인 nativeInit() 메서드는 네이티브 영역의 nativeInit() 함수를 호출하여 파워 매니저 서비스의 객체 생성이 완료되었음을 알려주게 되는데 이때

네이티브 영역에서는 JNI를 통해 넘어온 자바 영역의 nativeInit() 메서드에 대한 객체 레퍼런스를 jobject 타입의 gPowerManagerServiceObj에 저장한다.

네이티브 영역에서 파워 매니저 서비스를 호출하는 함수인 android_server_PowerManagerService_userActivity() 함수와 android_server_PowerManagerService_goToSleep() 함수에 의해 파워 매니저 서비스의 초기화가 완료되기 전에 호출되는 것을 방지한다. 즉, 부팅시 파워 매니저 서비스의 초기화가 완료되기 전에는 터치 및 키등의 입력에 의한 유저 영역에서의 동작이 수행되지 않도록 한다. 또한, 파워 HAL 모듈을 사용한다면 파워 HAL 모듈의 초기화 함수를 수행한다.

최종적으로 파워 매니저 서비스의 생성 및 등록 과정이 종료된 시점에서 안드로이드 플랫폼에서 계층별 상태는 그림 5-21과 같다.

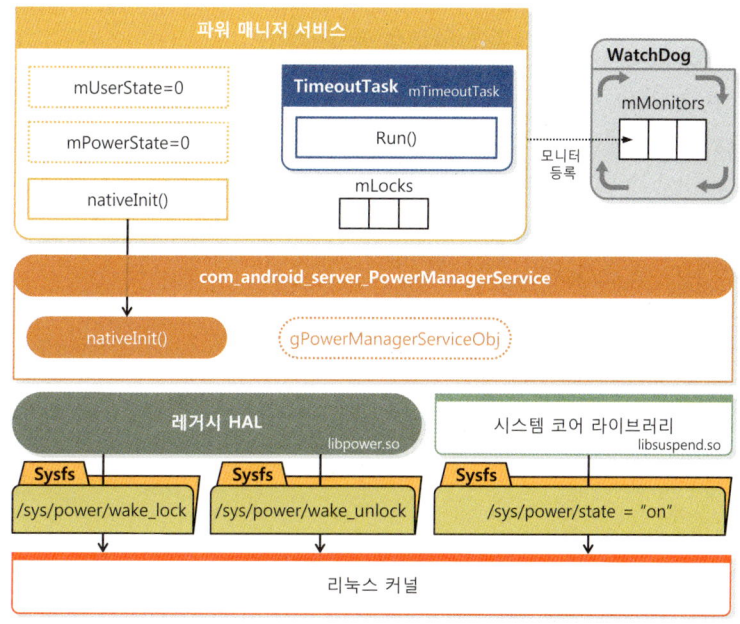

그림 5-21 파워 매니저 서비스 생성 및 등록 후의 계층별 상태

state 파일에 'on'을 입력함으로써 시스템의 Run 상태를 유지한다는 점과 파워 매니저 서비스의 초기화가 완료된 이후에는 네이티브 영역의 gPowerManagerServiceObj 객체가 NULL 상태값이 아닌 값을 가진다는 점이 중요하다. 결국, 초기 부팅 시 안드로이드 플랫폼의 안정적 동작을 위한 것임을 알 수 있다.

5.3.3 파워 매니저 서비스 초기화 : init() 메서드

시스템 서버 프로세스에 의해 파워 매니저 서비스의 생성과 등록 과정이 완료되면 시스템 서버 프로세스에서는 파워 매니저 서비스의 init() 메서드 및 systemReady() 메서드를 차례로 호출함으로써 파워 매니저 서비스의 초기화 과정을 마무리한다.

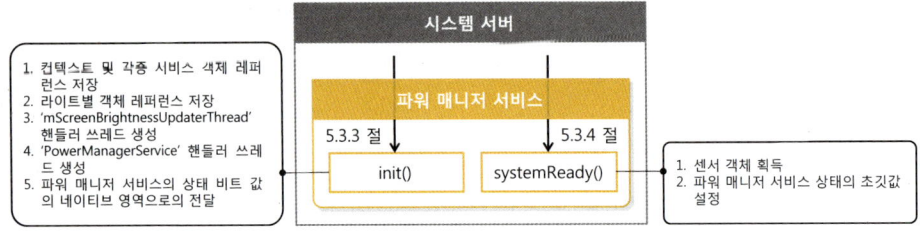

그림 5-22 파워 매니저 서비스 초기화

5.3.3절에서는 라이트 객체의 획득 및 주요 핸들러 쓰레드 생성 등을 수행하는 init() 메서드의 동작을 먼저 설명하고 5.3.4절에서는 센서 객체의 획득 및 파워 매니저 서비스 상태의 초깃값을 설정하여 화면 밝기를 설정하는 systemReady() 메서드의 동작을 설명한다.

코드 5-6은 시스템 서버 프로세스에서 파워 매니저 서비스를 초기화하는 과정이다.

```
class ServerThread extends Thread {
    ...
    power.init(context, lights, ActivityManagerService.self(), battery); ──❶
    ...
    power.systemReady(); ──❷
    ...
}
```

📁 frameworks/base/service/java/com/android/server/SystemServer.java

코드 5-6 시스템 서버 프로세스에 의한 파워 매니저 서비스 초기화

5-6
❶ init() 메서드는 컨텍스트 및 각종 서비스의 객체 레퍼런스 저장, 라이트별 객체 레퍼런스를 저장하므로 각종 서비스가 생성된 이후에 수행된다. 또한 'mScreenBrightnessUpdaterThread'라는 이름을 가진 핸들러 쓰레드를 생성하고 'PowerManagerService'라는 이름을

가진 핸들러 쓰레드를 생성한다. 그리고 파워 매니저 서비스 상태를 네이티브 영역으로 전달하며 강제적으로 유저 액티비티를 발생함으로써 init() 메서드의 동작을 완료하는데 이때 멤버 변수인 mInitComplete를 true로 변경한다.

5-6
❷ systemReady() 메서드는 파워 매니저 서비스 상태를 설정함으로써 스크린을 On 시키기 때문에 기본적으로 화면 구성이 완료된 시점 이후에 수행되어야 한다.

init() 메서드는 다음과 같은 동작들을 수행한다.

1. 컨텍스트 및 각종 서비스 객체 레퍼런스 저장

    init() 메서드는 인자로 컨텍스트, 라이트 서비스, 액티비티 매니저 서비스, 배터리 서비스 그리고 배터리 통계 서비스의 객체 레퍼런스를 넘겨주어 파워 매니저 서비스에서는 해당 서비스들을 이용할 수 있게 된다.

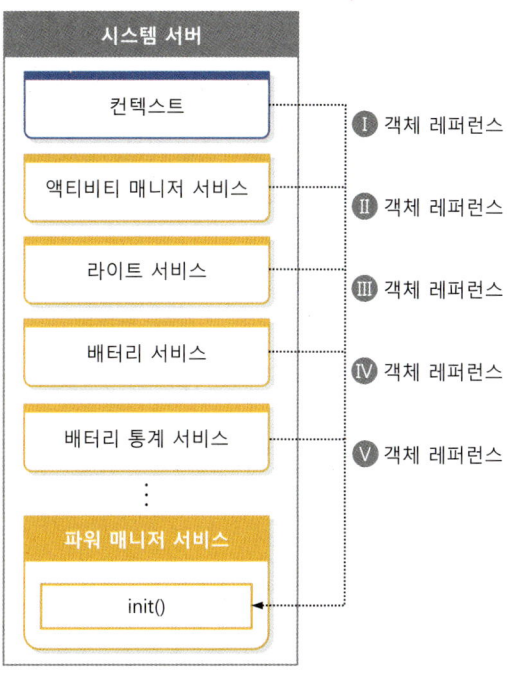

그림 5-23 컨텍스트 및 각종 서비스 객체 레퍼런스 저장

그림 5-23은 컨텍스트 및 각종 서비스의 객체 레퍼런스가 파워 매니저 서비스의 init() 메서드의 인자로 넘어오는 과정을 설명하며 해당 코드는 코드 5-7이다.

```
void init(Context context, LightsService lights, IActivityManager activity,
        BatteryService battery) {
    mLightsService = lights;                            ——❶
    mContext = context;                                 ——❷
    mActivityService = activity;                        ——❸
    mBatteryStats = BatteryStatsService.getService();   ——❹
    mBatteryService = battery;                          ——❺
    ...
}
```

📁 frameworks/base/services/java/com/android/server/PowerManagerService.java

코드 5-7 init() 메서드 : 컨텍스트 및 각종 서비스 객체 레퍼런스의 저장

❶ 라이트 서비스의 객체 레퍼런스를 mLightsService에 저장함으로써 파워 매니저 서비스는 LCD, 키보드, 버튼 및 attention 라이트의 밝기 제어를 할 수 있다.

❷ 컨텍스트 객체는 애플리케이션 및 서비스에 리소스 및 클래스의 접근, 액티비티의 시작 그리고 인텐트 송·수신 등의 인터페이스를 제공한다. 파워 매니저 서비스는 컨텍스트 객체 레퍼런스를 mContext에 저장하여 컨텍스트 객체가 제공하는 동작들을 이용할 수 있다.

컨텍스트 객체를 이용해서 파워 매니저 서비스에서 사용하는 메서드들은 다음과 같다.

◉ enforceCallingOrSelfPermission() 메서드

파워 매니저 서비스를 이용하는 애플리케이션 및 서비스가 이 메서드의 첫 번째 인자에 해당하는 권한을 가지고 있는지를 체크한다.

표 5-5는 파워 매니저 서비스에서 체크하는 권한의 종류와 설명이다.

표 5-5 권한 종류와 설명

권한 이름	설명
WRITE_SETTINGS	STAY_ON_WHILE_PLUGGED_IN에 대한 쓰기 권한
WRITE_SECURE_SETTINGS	SHORT_KEYLIGHT_DELAY_MS에 대한 쓰기 권한
WAKE_LOCK	Wake Lock에 대한 획득 및 해제 권한

DEVICE_POWER	setPokeLock(), preventScreenOn(), setScreenBrightnessOverride(), setButtonBrightnessOverride(), userActivityWithForce(), userActivity(), goToSleepWithReason(), setBacklightBrightness(), setAttentionLight()에 대한 접근 권한
REBOOT	reboot(), crash()에 대한 접근 권한

⦿ getResources() 메서드

리소스를 읽어오는 역할을 하는 Resources 클래스의 객체 레퍼런스를 반환하며, 파워 매니저 서비스에서는 표 5-6의 리소스[18]를 읽어 온다.

표 5-6 리소스 종류 및 설명

리소스 이름	초깃값	설명
config_animateScreenLights	true	스크린 Off 시 여러 스텝에 거쳐서 수행하는지를 결정한다.
config_unplugTurnsOnScreen	false	전원 소스(충전기 혹은 USB)가 언플러그 되었을 때 스크린의 On/OFF를 결정한다.
config_screenBrightnessDim	20	스크린 디밍 상태 시 스크린 밝기 레벨을 정의한다.
config_automatic_brightness_available	false	라이트 센서를 이용한 자동 밝기 지원 여부이며 로컬 변수 mUseSoftwareAutoBrightness에 저장한다.
config_autoBrightnessLevels		라이트 센서에 의한 밝기 레벨값을 저장하는 배열이며 배열의 갯수와 레벨값은 센서 디바이스 및 플랫폼에 의해 결정된다.
config_autoBrightnessLcdBacklightValues		라이트 서비스에 전달되는 LCD 밝기 값이며 config_autoBrightnessLevels 와 1 대 1 매핑되어야 한다. 라이트 서비스에서의 밝기 값은 0~255 사이의 값을 가진다.
config_autoBrightnessButtonBacklightValues		라이트 서비스에 전달되는 버튼 밝기 값이며 config_autoBrightnessLevels 와 1 대 1 매핑되어야 한다. 라이트 서비스에서의 밝기 값은 0~255 사이의 값을 가진다.

---

18 📁 frameworks/base/core/res/res/values/Config.xml에 초깃값이 정의되어 있으며 제조사에서는 📁 device/제조사/모델명/overlay/frameworks/base/core/res/res/values/Config.xml에 오버레이 형태로 재정의하여 사용한다.

config_autoBrightnessKeyboardBacklightValues		라이트 서비스에 전달되는 키보드 밝기 값이며 config_autoBrightnessLevels 와 1 대 1 매핑되어야 한다. 라이트 서비스에서의 밝기 값은 0~255 사이의 값을 가진다.
config_lightSensorWarmupTime	0	스크린 On 이후 라이트 센서가 안정화되는 데 필요한 시간이다.

◉ getContentResolver() 메서드

데이터베이스에 대한 레코드 추가, 삭제 및 업데이트 기능을 제공하며, 파워 매니저 서비스에서는 표 5-7의 데이터베이스를 읽어 온다.

표 5-7 데이터베이스 종류 및 설명

데이터베이스 이름	초깃값	설명
STAY_ON_WHILE_PLUGGED_IN	1	전원 소스가 인가되었을 때 스크린 디밍 유지 및 CPU Sleep 상태 방지를 위한 설정 값을 저장하며 0이면 스크린 Off 및 CPU Sleep 상태를 허용하며 1이면 AC 전원 인가 시 그리고 2이면 USB 전원 인가 시 스크린 디밍 유지 및 CPU Sleep 상태 진입을 금지한다. 초깃값은 1이므로 AC 전원 인가 시 스크린 디밍 상태를 유지한다.
SCREEN_OFF_TIMEOUT	15000	스크린 Off 타임아웃에 대한 설정 값이며 초깃값은 15초이다.
DIM_SCREEN	true	스크린 디밍 상태 허용 여부를 나타내며 안드로이드 초깃값은 true이다. 파워 매니저 서비스에서는 mDimScreen 멤버변수에 해당 설정 값을 저장한다.
SCREEN_BRIGHTNESS_MODE	false	스크린 밝기를 라이트 센서에 의해 컨트롤할지 아니면 유저설정 값에 의해 컨트롤할지를 저장하며 flase이면 SCREEN_BRIGHTNESS_MODE_MANUAL 모드이며 true이면 SCREEN_BRIGHTNESS_MODE_AUTOMATIC 모드이다.
WINDOW_ANIMATION_SCALE	1.0f	0.5보다 작으면 스크린 Off 시 애니메이션 효과를 준다[19]. mAnimationSetting 멤버 변수에 ANIM_SETTING_ON을 설정하며 네이티브 영역으로 설정 값을 전달하여 서피스 플링어 서비스의 turnElectronBeamOff() 함수를 수행한다. 초깃값은 1.0이므로 스크린 Off 시 애니메이션 효과가 없다.

		0.5보다 크면 스크린 Off 시 애니메이션 효과를 준다. mAnimationSetting 멤버 변수에 ANIM_SETTING_ON을 설정하며 네이티브 영역으로 설정 값을 전달하여 서피스플링어 서비스의 turnElectronBeamOff() 함수를 수행한다. 하지만 현재 파워 매니저 서비스에서는 ANIM_SETTING_ON으로 설정하지 않고 있다.
TRANSITION_ANIMATION_SCALE	1.0f	

❸ 액티비티 매니저 서비스의 객체 레퍼런스를 mActivityService에 저장함으로써 파워 매니저 서비스는 스크린 On/Off 동작 시 액티비티 및 이벤트를 제어한다.

❹ 배터리 통계 서비스(BatteryStatsService)[20]는 배터리 사용 정보를 저장하는 서비스로서 파워 매니저 서비스에서는 Wake Lock 및 화면 밝기 설정 동작에 대한 정보를 저장한다.

배터리 통계 서비스에서 제공하는 메서드 및 설명은 표 5-8과 같다.

표 5-8 배터리 통계 서비스에서 제공하는 메서드

권한 이름	설명
noteStartWakelockFromSource()	Wake Lock 획득 시 Wake Lock의 워크 소스, pid, 태그 및 모니터 타입 등의 정보를 저장한다. 워크 소스가 설정된 경우이다.
noteStartWakelock()	Wake Lock 획득 시 Wake Lock의 uid, pid, 태그 및 모니터 타입 등의 정보를 저장한다. 워크 소스가 설정되지 않은 경우이다.
noteStopWakelockFromSource()	Wake Lock 해제 시 Wake Lock의 워크 소스, pid, 태그 및 모니터 타입 등의 정보를 저장한다. 또한, 워크 소스가 변경된 경우에도 워크 소스의 갱신을 위해 호출된다.
noteStopWakelock()	Wake Lock 해제 시 Wake Lock의 uid, pid, 태그 및 모니터 타입 등의 정보를 저장한다. 워크 소스가 설정되지 않은 경우이다.
noteScreenBrightness()	화면 밝기 레벨 변경 시 밝기 레벨을 저장한다.
noteScreenOn()	스크린 On 되는 경우 저장한다.
noteScreenOff()	스크린 Off 되는 경우 저장한다.
noteUserActivity()	버튼 및 터치 이벤트 등이 발생하면 uid와 이벤트 타입을 저장한다.

❺ 배터리 서비스는 충전 여부 및 배터리 레벨 체크 등의 동작을 제공하는데 파워 매니저 서비스에서는 전원 소스 인가 및 분리 시 Wake Lock 획득 및 해제 그리고 낮은 배터리

---

19 http://www.youtube.com/watch?v=uXPd-DSmXS8 참고
20 Stats는 Statistics(통계)를 의미하는 영단어를 줄인 것이다.

레벨 상태에서 화면 밝기를 낮추기 위해 배터리 서비스를 이용한다.

배터리 서비스가 파워 매니저 서비스를 위해 제공하는 메서드는 표 5-9와 같다.

표 5-9 배터리 서비스에서 제공하는 메서드

메서드	설명
isPowered()	외부 전원 소스가 인가된 상태인지 여부를 반환한다.
isPowered(int plugTypeSet)	파워 매니저 서비스의 멤버 변수인 mStayOnConditions에 저장된 설정 값과 일치하는지 여부를 반환한다.
getBatteryLevel()	배터리 레벨을 % 기준으로 반환한다. 즉, 0~100까지의 값을 가지며 파워 매니저 서비스에서는 LOW_BATTERY_THRESHOLD를 10으로 정의하고 있다.

2. 라이트별 객체 레퍼런스 저장

라이트 서비스는 LCD, 버튼, 키보드, attention 라이트 객체들의 밝기 제어를 위한 API를 제공하고 있고 파워 매니저 서비스에서는 라이트 서비스를 이용하여 라이트 객체들의 밝기를 제어한다. 그림 5-24는 라이트 서비스가 라이트 객체들의 객체 레퍼런스를 획득하는 과정을 보여준다.

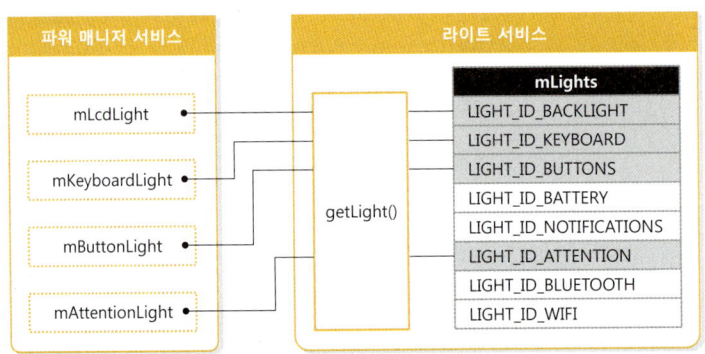

그림 5-24 라이트별 객체 레퍼런스 저장

라이트 서비스는 라이트 객체들을 생성하여 객체 레퍼런스를 mLights라는 테이블로 관리하고 있으며 파워 매니저 서비스는 라이트 서비스의 getLight() 메서드를 이용해서 라이트 객체들의 객체 레퍼런스를 획득한다.

코드 5-8은 init() 메서드에서 라이트 객체들의 객체 레퍼런스를 획득을 수행하는 코드이다.

```java
void init(Context context, LightsService lights, IActivityManager activity,
        BatteryService battery) {
    // 코드 5-7
    mLcdLight = lights.getLight(LightsService.LIGHT_ID_BACKLIGHT);
    mButtonLight = lights.getLight(LightsService.LIGHT_ID_BUTTONS);        ──❻
    mKeyboardLight = lights.getLight(LightsService.LIGHT_ID_KEYBOARD);
    mAttentionLight = lights.getLight(LightsService.LIGHT_ID_ATTENTION);
    mHeadless = "1".equals(SystemProperties.get("ro.config.headless", "0"));  ──❼
    ...
}
```

📁 frameworks/base/services/java/com/android/server/PowerManagerService.java

코드 5-8 init() 메서드 : 라이트 객체 레퍼런스 획득

❻ 라이트 서비스의 getLight() 메서드를 이용해서 라이트 객체들의 객체 레퍼런스를 획득하여 파워 매니저 서비스의 멤버 변수에 저장한다.

❼ 시스템 프라퍼티 ro.config.headless는 화면 출력 장치의 유무를 저장하고 있으며 1이면 화면 출력 장치가 없는 기기이며 0이면 화면 출력 장치가 있는 기기임을 의미한다. 해당 정보를 mHeadless에 저장하여 파워 매니저 서비스에서는 화면 밝기 제어 동작의 수행 여부를 결정한다.

3. 'mScreenBrightnessUpdaterThread' 핸들러 쓰레드 생성

'mScreenBrightnessUpdaterThread'라는 이름을 가진 핸들러 쓰레드를 생성하고 객체 레퍼런스를 mScreenBrightnessAnimator 멤버 변수에 저장한다. 화면 밝기 조절 시 여러 스텝을 거쳐 동작하게 함으로써 Fade-in/out 효과를 발생시키는 역할을 한다. 이 핸들러 쓰레드는 젤리빈(4.1) 버전에서 이름과 우선순위가 변경되었으며 그 변화는 표 5-10과 같다.

표 5-10 스크린 밝기 제어 핸들러 쓰레드의 변화

버전	이름	우선순위
	PowerManagerService.mScreenOffThread	THREAD_PRIORITY_DEFAULT = 0
JB	mScreenBrightnessUpdaterThread	THREAD_PRIORITY_DISPLAY = -4

표 5-10을 통해 알 수 있듯이 화면 밝기 제어 쓰레드는 스크린 Off 시에만 동작하는 쓰레드가 아니므로 아이스크림 샌드위치 버전에서는 쓰레드의 명칭을 잘못 작성 한것이고 쓰레드의 우선순위는 아이스크림 샌드위치 버전 대비 높아졌다.

코드 5-9는 'mScreenBrightnessUpdaterThread' 핸들러 쓰레드를 생성하고 실행하는 코드이다.

```
void init(Context context, LightsService lights, IActivityManager activity,
        BatteryService battery) {
    // 코드 5-7
    // 코드 5-8
    mInitComplete = false;                                              ❽
    mScreenBrightnessAnimator = new ScreenBrightnessAnimator
    ("mScreenBrightnessUpdaterThread",Process.THREAD_PRIORITY_DISPLAY); ❾
    mScreenBrightnessAnimator.start();

    synchronized (mScreenBrightnessAnimator) {
        while (!mInitComplete) {
            try {
                mScreenBrightnessAnimator.wait();                        ❿
            } catch (InterruptedException e) {
                // Ignore
            }
        }
    }
    ...
}
```

📁 frameworks/base/services/java/com/android/server/PowerManagerService.java

코드 5-9 'mScreenBrightnessUpdaterThread' 핸들러 쓰레드 생성

❽ mInitComplete는 init() 메서드에서 생성되는 두 개의 쓰레드의 준비 동작 완료와 init() 메서드의 완료를 알려주기 위한 용도이다. 여기서는 'mScreenBrightnessUpdaterThread' 핸들러 쓰레드의 onLooperPrepared() 메서드 동작이 완료되기 전까지 false로 설정된다.

❾ 'mScreenBrightnessUpdaterThread'의 이름과 THREAD_PRIORITY_DISPLAY의

우선순위를 가진 핸들러 쓰레드 객체를 생성하고 start() 메서드를 호출하면 달빅 가상 머신은 핸들러 쓰레드의 run() 메서드를 호출한다. 핸들러 쓰레드의 run() 메서드가 호출되면 비로소 핸들러 쓰레드가 동작을 시작하게 된다. 또한 run() 메서드에서는 onLooperPrepared() 메서드를 호출하는데 이때 핸들러 객체가 생성되고 mScreenBrightnessHandler에 객체 레퍼런스가 저장되며 mInitComplete는 true로 변경된다.

코드 5-10은 onLooperPrepared() 메서드이며 핸들러 객체를 생성하고 mInitComplete를 true로 설정하는 것을 보여준다.

```
class ScreenBrightnessAnimator extends HandlerThread {
    @Override                                              ─9-1
    protected void onLooperPrepared() {
        mScreenBrightnessHandler = new Handler() { ─9-2
            ...
            synchronized (this) {
                mInitComplete = true;                      ─9-3
                notifyAll();
            }
        }
    }
}
```

📁 frameworks/base/services/java/com/android/server/PowerManagerService.java

코드 5-10 onLooperPrepared() 메서드

5-10
9-1 핸들러 쓰레드 클래스의 onLooperPrepared() 메서드를 오버라이딩하여 파워 매니저 서비스에서 재정의한다.

5-10
9-2 핸들러 객체를 생성하여 mScreenBrightnessHandler에 객체 레퍼런스를 저장한다.

5-10
9-3 mInitComplete를 true로 설정함으로써 다음 코드를 수행하게 한다. 즉, **❿** 이후의 코드를 수행하게 된다.

5-9
❿ 핸들러 쓰레드는 mInitComplete가 true가 될 때까지 대기상태에 있다가 true로 변경되면 다음 코드를 수행한다.

> **TIP - 안드로이드 쓰레드 우선순위**
>
> 안드로이드의 프로세스 및 쓰레드의 우선순위는 표 5-11과 같이 정의하고 있으며 리눅스 커널의 nice 값을 의미한다. nice 값은 프로세스 스케쥴링 시에 판단 근거가 되며 -20에서 19까지의 값을 가지며 nice(친절한)의 의미처럼 다른 프로세스 및 쓰레드에 양보를 얼마나 하느냐를 의미한다. 높을수록 양보를 잘하는 것이므로 우선순위는 낮다는 것을 의미한다.
>
> **표 5-11 안드로이드 유저 영역의 프로세스 및 쓰레드의 우선순위**
>
> | 우선순위 매크로 | nice 값 |
> |---|---|
> | THREAD_PRIORITY_LOWEST | 19 |
> | THREAD_PRIORITY_BACKGROUND | 10 |
> | THREAD_PRIORITY_FOREGROUND | -2 |
> | THREAD_PRIORITY_DISPLAY | -4 |
> | THREAD_PRIORITY_URGENT_DISPLAY | -8 |
> | THREAD_PRIORITY_AUDIO | -16 |
> | THREAD_PRIORITY_URGENT_AUDIO | -19 |

4. 'PowerManagerService' 핸들러 쓰레드 생성

'PowerManagerService'라는 이름을 가진 핸들러 쓰레드를 생성하고 객체 레퍼런스를 mHandlerThread에 저장하며 해당 쓰레드의 핸들러를 생성해서 객체 레퍼런스를 mHandler에 저장한다. 'PowerManagerService' 핸들러 쓰레드는 mTimeoutTask, mNotificationTask, mAutoBrightnessTask, mForceReenableScreenTask, mProximityTask 등의 러너블 객체의 처리, 비동기(Unsynchronized) Wake Lock 생성, 인텐트 생성 및 리시버 등록, 각종 리소스의 초깃값 설정 그리고 세팅 데이터베이스의 옵저버를 생성한다.

코드 5-11은 'PowerManagerService' 핸들러 쓰레드를 생성하는 코드이다.

```
void init(Context context, LightsService lights, IActivityManager activity,
        BatteryService battery) {
    // 코드 5-7
    // 코드 5-8
    // 코드 5-9
```

```
        mInitComplete = false;                                        ──⓫
        mHandlerThread = new HandlerThread("PowerManagerService") { ┐
            @Override                                                │
            protected void onLooperPrepared() {                      ├──⓬
                super.onLooperPrepared();                            │
                initInThread();                                      │
            }                                                        ┘
        };
        mHandlerThread.start();

        synchronized (mHandlerThread) {
            while (!mInitComplete) {
                try {
                    mHandlerThread.wait();
                } catch (InterruptedException e) {
                    // Ignore
                }
            }
        }
    }
```

📁 frameworks/base/services/java/com/android/server/PowerManagerService.java

코드 5-11 init() 메서드 : 'PowerManagerService' 핸들러 쓰레드 생성

5-11
⓫ mInitComplete는 'mScreenBrightnessUpdaterThread' 핸들러 쓰레드의 동작과 마찬가지로 'PowerManagerService' 핸들러 쓰레드의 onLooperPrepared() 메서드 동작이 완료되기 전까지 false로 설정된다.

5-11
⓬ 'PowerManagerService'의 이름과 안드로이드 핸들러 쓰레드의 디폴트 우선순위인 THREAD_PRIORITY_DEFAULT(=0)의 우선순위를 가진 핸들러 쓰레드를 생성하고 start() 메서드를 호출하면 달빅 가상 머신은 핸들러 쓰레드의 run() 메서드를 호출한다. 핸들러 쓰레드의 run() 메서드가 호출되면 비로소 핸들러 쓰레드가 동작을 시작하게 된다.

run() 메서드에서는 onLooperPrepared() 메서드를 호출하며 또한 onLooperPrepared() 메서드는 초기화 과정의 핵심 역할을 하는 initInThread() 메서드를 호출하여 핸들러 객체 생성, 비동기 Wake Lock 생성, 인텐트 생성 및 리시버 등록, 리소스 초깃값 설정 그리고 데이터베이스 옵저버 생성 등의 동작을 수행한다.

코드 5-12는 initInThread() 메서드에서 핸들러 객체를 생성하는 코드이다.

```
void initInThread() {
    mHandler = new Handler();    ──12-1
    ...
}
```

📁 frameworks/base/services/java/com/android/server/PowerManagerService.java

코드 5-12 initInThread() 메서드 : 핸들러 객체 생성

5-12
12-1 핸들러 객체 생성

'PowerManagerService' 핸들러 쓰레드 내부에 핸들러 객체를 생성하여 객체 레퍼런스를 mHandler에 저장한다. 핸들러는 스크린 타임아웃의 동작을 책임지는 mTimeoutTask 러너블 객체, 스크린 On/Off 시 ACTION_SCREEN_ON/ACTION_SCREEN_OFF 인텐트를 브로드캐스팅하는 mNotificationTask 러너블 객체, 라이트 센서에 의한 화면 밝기 제어를 위한 mAutoBrightnessTask 러너블 객체, 강제 화면 밝기 제어를 위한 mForceReenableScreenTask 러너블 객체 그리고 근접 센서에 의한 동작을 책임지는 mProximityTask 러너블 객체에 대한 처리를 담당한다.

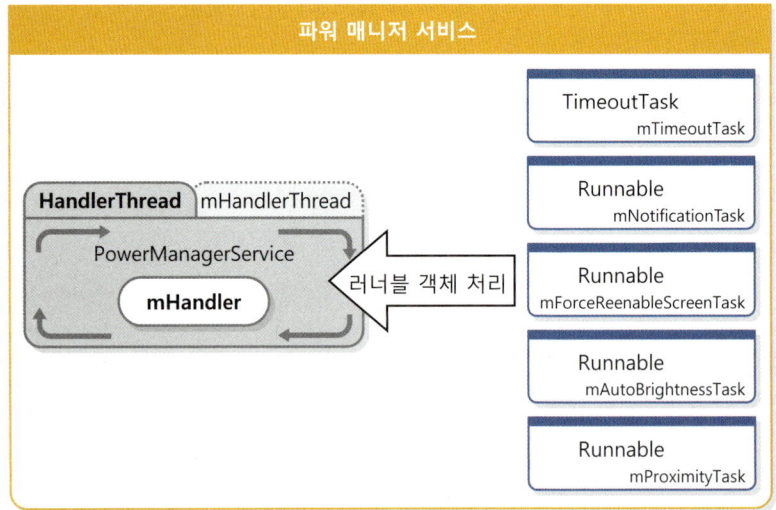

그림 5-25 mHandler('PowerManagerService' 핸들러 쓰레드의 핸들러)의 러너블 객체 처리

그림 5-25는 PowerManagerService 핸들러 쓰레드의 핸들러인 mHandler가 각종 러너블 객체를 처리하는 것을 보여준다. 또한 initInThread() 메서드는 비동기 Wake Lock을 생성하는데 코드 5-13이 그것을 수행하는 코드이다.

```
void initInThread() {
    // 코드 5-12
    ⑫-❷
    mBroadcastWakeLock = new UnsynchronizedWakeLock(
            PowerManager.PARTIAL_WAKE_LOCK, "sleep_broadcast", true);
    mStayOnWhilePluggedInScreenDimLock = new UnsynchronizedWakeLock(
            PowerManager.SCREEN_DIM_WAKE_LOCK, "StayOnWhilePluggedIn Screen Dim", false);
    mStayOnWhilePluggedInPartialLock = new UnsynchronizedWakeLock(
            PowerManager.PARTIAL_WAKE_LOCK, "StayOnWhilePluggedIn Partial", false);
    mPreventScreenOnPartialLock = new UnsynchronizedWakeLock(
            PowerManager.PARTIAL_WAKE_LOCK, "PreventScreenOn Partial", false);
    mProximityPartialLock = new UnsynchronizedWakeLock(
            PowerManager.PARTIAL_WAKE_LOCK, "Proximity Partial", false);
    ...
}
```

📁 frameworks/base/services/java/com/android/server/PowerManagerService.java

코드 5-13 initInThread() 메서드 : 비동기 Wake Lock 생성

5-13
⑫-❷ 비동기 Wake Lock 생성

Wake Lock 설정 및 해제는 여러 애플리케이션 및 서비스 등에서 동시 다발적으로 일어날 수 있기에 동기화 문제가 있을 수밖에 없다. 그래서 파워 매니저 서비스에서는 Wake Lock 설정 및 해제 시에 파워 매니저의 Wake Lock의 바인더 객체인 mToken과 파워 매니저 서비스의 Wake Lock 정보를 담고 있는 배열인 mLocks에 synchronized 구문을 사용하여 동기화 문제를 사전에 방지한다. 그런 의미에서 애플리케이션 및 서비스에서 사용하는 모든 Wake Lock은 동기(Synchronized) Wake Lock이라고 할 수 있다.

하지만 이러한 동기 Wake Lock은 mLocks 배열에 데드락[21] 상황이 발생하면 Wake Lock 설정 및 해제를 할 수 없게 된다. 이에 파워 매니저 서비스에서는 동기화

---

21 데드락(DeadLock, 교착상태) 이란 두 개 이상의 작업이 서로 상대방의 작업이 끝나기만을 기다리고 있기 때문에 결과적으로 아무것도 완료되지 못하는 상태를 말한다.

문제와 상관없이 언제든 동작할 수 있는 시스템적으로 중요한 몇 개의 Wake Lock을 비동기(Unsyncchronized) Wake Lock으로 생성하였다.

표 5-12는 비동기 Wake Lock의 종류와 설명이다.

표 5-12 비동기 Wake Lock 종류 및 설명

객체 이름	설명
mBroadcastWakeLock	스크린 On/Off 시 스크린 상태와 이유에 대한 메시지를 Broadcast하게 되는데 이때 메시지 송신 시 CPU Sleep 상태를 방지하기 위한 PARTIAL_WAKE_LOCK 플래그를 가진 Wake Lock이다. 스크린 On 시에는 이유가 -1 값을 가지며 스크린 Off 시에는 이유에 해당하는 값이 윈도우 매니저 폴리시에 정의되어 있다[22].
mStayOnWhilePluggedInScreenDimLock	전원 소스 인가 시 스크린 디밍 상태를 유지 하기 위한 SCREEN_DIM_WAKE_LOCK 플래그를 가진 Wake Lock이다.
mStayOnWhilePluggedInPartialLock	전원 소스 인가 시 CPU Sleep 방지를 위한 PARTIAL_WAKE_LOCK 플래그를 가진 Wake Lock이다.
mPreventScreenOnPartialLock	애플리케이션에서 스크린을 바로 On 혹은 Off 시키고자 할때 파워 매니저 서비스에서는 preventScreenOn() 메서드를 제공하는데 해당 동작 시 CPU Sleep 방지를 위한 PARTIAL_WAKE_LOCK 플래그를 가진 Wake Lock[23]이다.
mProximityPartialLock	근접 센서 이벤트 수신 시 CPU Sleep 방지를 위한 PARTIAL_WAKE_LOCK 플래그를 가진 Wake Lock이다.

코드 5-14는 initInThread() 메서드에서 인텐트 및 인텐트 필터 생성 그리고 리시버를 등록하는 과정이다.

```
void initInThread() {
    // 코드 5-12
    // 코드 5-13
```

```
    mScreenOnIntent = new Intent(Intent.ACTION_SCREEN_ON);
    mScreenOnIntent.addFlags(
        ↳ Intent.FLAG_RECEIVER_REGISTERED_ONLY | Intent.FLAG_RECEIVER_FOREGROUND);
```

---

22 표 5-21을 참고하라.
23 현재 안드로이드 MO Call UI에서만 사용되며 임시 수정코드이다.

```
    mScreenOffIntent = new Intent(Intent.ACTION_SCREEN_OFF);
    mScreenOffIntent.addFlags(
            ↳ Intent.FLAG_RECEIVER_REGISTERED_ONLY | Intent.FLAG_RECEIVER_FOREGROUND);
    ...
    IntentFilter filter = new IntentFilter();
    filter.addAction(Intent.ACTION_BATTERY_CHANGED);
    mContext.registerReceiver(new BatteryReceiver(), filter);
    filter = new IntentFilter();
    filter.addAction(Intent.ACTION_BOOT_COMPLETED);
    mContext.registerReceiver(new BootCompletedReceiver(), filter);
    filter = new IntentFilter();
    filter.addAction(Intent.ACTION_DOCK_EVENT);
    mContext.registerReceiver(new DockReceiver(), filter);
    ...
}
```

📁 frameworks/base/services/java/com/android/server/PowerManagerService.java

코드 5-14 initInThread() 메서드 : 인텐트/인텐트 필터 생성 및 리시버 등록

⑫-3 인텐트 생성 및 리시버 등록

스크린 On/Off 시에 mNotificationTask 러너블 객체에서 브로드캐스팅하기 위해 ACTION_SCREEN_ON, ACTION_SCREEN_OFF 인텐트를 생성하고 각각의 객체 레퍼런스를 mScreenOnIntent, mScreenOffIntent에 저장한다.

또한, 표 5-13과 같은 인텐트를 수신하기 위해 인텐트 필터를 생성하고 인텐트를 수신하는 리시버 생성 및 등록 과정을 수행한다.

표 5-13 인텐트 및 수신 리시버

인텐트	설명	리시버
ACTION_BATTERY_CHANGED	배터리 레벨 및 충전 상태 등 배터리 관련된 정보를 담고 있다.	BatteryReceiver
ACTION_BOOT_COMPLETED	액티비티 매니저 서비스에서 부팅이 완료되었음을 알려 준다.	BootCompletedReceiver
ACTION_DOCK_EVENT	자동차 모드인지 데스크 모드인지 등의 도킹 스테이션의 상태를 알려준다.	DockReceiver

코드 5-15는 initInThread() 메서드에서 각종 리소스의 초깃값을 설정하는 과정이다.

```java
void initInThread() {
    // 코드 5-12
    // 코드 5-13
    // 코드 5-14
    ⓬-❹
    Resources resources = mContext.getResources();
    mAnimateScreenLights = resources.getBoolean(
            com.android.internal.R.bool.config_animateScreenLights);
    mUnplugTurnsOnScreen = resources.getBoolean(
            com.android.internal.R.bool.config_unplugTurnsOnScreen);
    mScreenBrightnessDim = resources.getInteger(
            com.android.internal.R.integer.config_screenBrightnessDim);
    ...
}
```

📁 frameworks/base/services/java/com/android/server/PowerManagerService.java

코드 5-15 initInThread() 메서드 : 리소스 초깃값 설정

⓬-❹ 각종 리소스의 초깃값 설정

표 5-6에서 설명한 각종 리소스의 초깃값을 읽어와서 파워 매니저 서비스 클래스의 멤버 변수에 저장한다.

코드 5-16은 initInThread() 메서드에서 각종 세팅 데이터베이스의 처리를 위한 쿼리 맵 및 옵저버를 생성하는 과정이다.

```java
void initInThread() {
    // 코드 5-12
    // 코드 5-13
    // 코드 5-14
    // 코드 5-15
    ⓬-❺
    mSettings = new ContentQueryMap(settingsCursor, Settings.System.NAME, true, mHandler);
    SettingsObserver settingsObserver = new SettingsObserver();
    mSettings.addObserver(settingsObserver);
```

```
        settingsObserver.update(mSettings, null);
```

코드 5-16 세팅 데이터베이스 쿼리 맵 생성 및 옵저버 등록

❶❷-5 세팅 데이터베이스 맵 생성 및 옵저버 생성

표 5-7에서 설명한 각종 세팅 데이터베이스의 갱신을 위한 쿼리 맵 및 옵저버를 생성한다.

5. 파워 매니저 서비스의 상태 비트값을 네이티브 영역으로 전달

파워 매니저 서비스의 상태 비트값을 저장하고 있는 멤버 변수인 mPowerState의 스크린 밝기 정보를 updateNativePowerStateLocked() 메서드가 자바 네이티브 메서드인 nativeSetPowerState() 메서드를 호출하여 네이티브 영역으로 전달하고 강제로 유저 액티비티를 발생시켜 화면을 밝게 하고 mInitialized를 true로 변경하여 init() 메서드에 의한 초기화 과정을 마무리 짓는다.

코드 5-17은 init() 메서드에서 해당 동작을 수행하는 마지막 부분이다.

```
void init(Context context, LightsService lights, IActivityManager activity,
        ↳ BatteryService battery) {
    // 코드 5-7
    // 코드 5-8
    // 코드 5-9
    // 코드 5-11
    synchronized (mLocks) {
        updateNativePowerStateLocked();   ──❸
        forceUserActivityLocked();        ──❹
        mInitialized = true;              ──❺
    }
}
```

📁 frameworks/base/services/java/com/android/server/PowerManagerService.java

코드 5-17 init() 메서드 : 파워 매니저 서비스 상태의 네이티브 영역으로의 전달

❸ updateNativePowerStateLocked() 메서드가 자바 네이티브 메서드인 nativeSetPowerState() 메서드를 호출하여 네이티브 영역으로 화면 밝기 정보를 전달하는데

updateNativePowerStateLocked() 메서드는 코드 5-18과 같이 정의되어 있다.

```
private void updateNativePowerStateLocked() {
    if (!mHeadless) {            ─13-1
        nativeSetPowerState(      ─13-2
            (mPowerState & SCREEN_ON_BIT) != 0,
            (mPowerState & SCREEN_BRIGHT) == SCREEN_BRIGHT);
    }
}
```

📁 frameworks/base/services/java/com/android/server/PowerManagerService.java

코드 5-18 updateNativePowerStateLocked() 메서드

5-18
13-1 mHeadless는 화면 출력 장치의 유무를 나타내며 시스템 프라퍼티 ro.config.headless에 저장되어 있다. 1이면 화면 출력 장치가 없는 기기이며 0이면 화면 출력 장치가 있는 기기임을 의미한다.

5-18
13-2 파워 매니저 서비스의 상태를 저장하고 있는 mPowerState의 첫 번째 비트는 스크린 On/Off 여부를 나타내고 두 번째 비트는 스크린이 디밍 상태인지 최대 밝기 상태인지를 나타낸다.

5-17
14 forceUserActivityLocked() 메서드에 의해 강제로 유저 액티비티를 발생시켜 파워 매니저 서비스 상태 비트에 SCREEN_BRIGHT 비트를 설정함으로써 화면 최대 밝기 상태로 유지해 준다.

5-17
15 mInitialized를 true로 설정함으로써 init() 메서드에 의한 초기화 과정이 완료되었음을 저장한다.

5.3.4 파워 매니저 서비스 초기화 : systemReady() 메서드

init() 메서드를 통해 파워 매니저 서비스에서 필요한 기본적인 클래스 및 쓰레드 등의 생성을 하였고 시스템 서버 프로세스는 systemReady() 메서드를 호출함으로써 시스템 센서 매니저 생성, 센서 객체 획득 및 파워 매니저 서비스 상태의 초깃값 설정 등을 통해 초기화를 마무리 짓는다.

코드 5-19는 systemReady() 메서드이다.

```
void systemReady() {
    mSensorManager = new SystemSensorManager(mHandlerThread.getLooper());         ─❶
    mProximitySensor=mSensorManager.getDefaultSensor(Sensor.TYPE_PROXIMITY);      ─❷
    if (mUseSoftwareAutoBrightness) {
        mLightSensor = mSensorManager.getDefaultSensor(Sensor.TYPE_LIGHT);        ─❸
    }
    if (mUseSoftwareAutoBrightness) {
        setPowerState(SCREEN_BRIGHT);
    } else {                                                                      ─❹
        setPowerState(ALL_BRIGHT);
    }

    synchronized (mLocks) {
        Slog.d(TAG, "system ready!");                                             ─❺
        mDoneBooting = true;
        enableLightSensorLocked(mUseSoftwareAutoBrightness && mAutoBrightessEnabled); ─❻
    }
}
```

📁 frameworks/base/services/java/com/android/server/PowerManagerService.java

코드 5-19 systemReady() 메서드

5-19
❶ init() 메서드 수행 시 생성되었던 'PowerManagerService' 핸들러 쓰레드의 루퍼를 시스템 센서 매니저 생성자의 인자로 넘겨줌으로써 센서 매니저에 대한 메인 루퍼로서 센서 이벤트에 대한 처리를 파워 매니저 서비스의 'PowerManagerService' 핸들러 쓰레드에서 수행하게 된다.

5-19
❷ 생성된 시스템 센서 매니저를 통해 근접 센서의 객체를 획득한다.

5-19
❸ 라이트 센서는 mUseSoftwareAutoBrightness가 true인 경우에만 객체를 획득한다.

5-19
❹ mUseSoftwareAutoBrightness가 true인 경우는 파워 매니저 서비스의 상태를 SCREEN_BRIGHT 상태 매크로로 설정하여 스크린만 On 시키고 false인 경우는 ALL_BRIGHT 상태 매크로로 설정하여 스크린뿐만 아니라 버튼 및 키보드를 포함한 모든 라이트를 On 시킨다.

파워 매니저 서비스 상태 매크로와 그에 따른 라이트들의 밝기 변화는 표 5-14와 같다.

표 5-14 파워 매니저 서비스 상태 매크로와 그에 따른 밝기 변화

상태 매크로	값	스크린	버튼	키보드
SCREEN_OFF	0x0			
SCREEN_DIM	0x1	■		
SCREEN_BRIGHT	0x3	■		
SCREEN_BUTTON_BRIGHT	0x7	■	■	
ALL_BRIGHT	0xf	■	■	■

❺ 파워 매니저 서비스 상태의 초깃값 설정이 완료되면 mDoneBooting을 true로 설정함으로써 파워 매니저 서비스의 초기화가 완료되었음을 저장한다. 또한, 시스템 로그 상에서도 'system ready!' 로그를 통해 파워 매니저 서비스의 초기화 완료를 알 수 있다.

❻ mUseSoftwareAutoBrightness와 mAutoBrightessEnabled가 동시에 true이면 라이트 센서가 활성화된다. 즉, 라이트 센서 이벤트 리스너를 센서 매니저에 등록한다. 또한, 근접 센서는 파워 매니저 서비스 초기화 과정에서 활성화되지 않고 PROXIMITY_SCREEN_OFF_WAKE_LOCK 플래그를 가진 Wake Lock에 의해서 활성화 및 비활성화가 수행된다.

 TIP - mUseSoftwareAutoBrightness vs. mAutoBrightessEnabled

▶ mUseSoftwareAutoBrightness :
라이트 센서가 단말기에 H/W적으로 구성되어 있는지를 나타내는 리소스이며 빌드 타임에 결정되므로 사용자에 의해 변경될 수 없다.

▶ mAutoBrightessEnabled :
라이트 센서에 의한 자동 화면 밝기가 설정되어 있는지를 나타내는 데이터베이스이며 설정 메뉴를 통해 사용자에 의해 변경될 수 있다.

이제 파워 매니저 서비스의 초기화 과정이 마무리되었다. 프로세스 및 쓰레드 관점에서 보자면 파워 매니저 서비스는 시스템 서버 프로세스 내부에 'mScreenBrightnessUpdaterThread' 쓰레드와 'PowerManagerService' 쓰레드가 생성되어 동작하는 것이다. 이것을 Eclipse 툴을 통해 확인하면 그림 5-26과 같다.

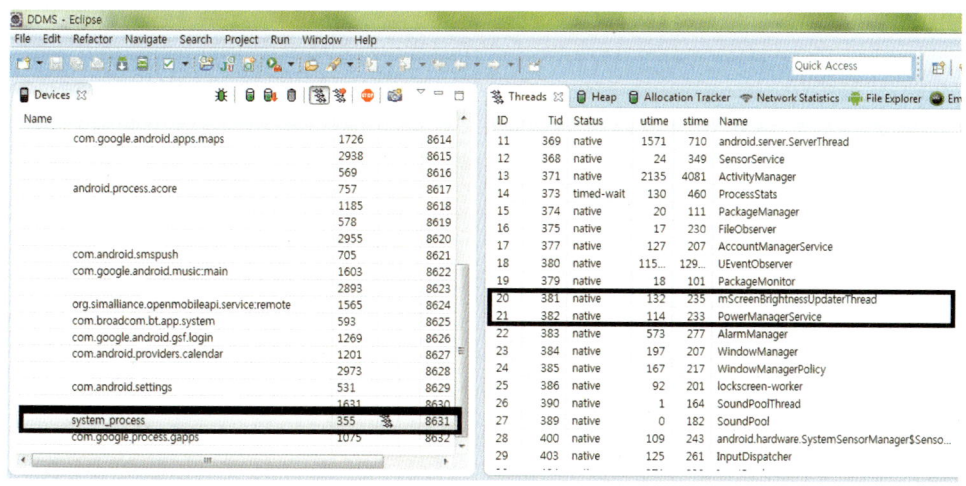

그림 5-26 시스템 서버 프로세스 내부의 파워 매니저 서비스에 의한 두 개의 쓰레드

5.4 파워 매니저 서비스의 주요 동작

파워 매니저 서비스의 상태를 결정하는 setPowerState() 메서드 동작, 화면 밝기 제어 동작 그리고 Wake Lock 획득 및 해제 등 파워 매니저 서비스의 주요 기능에 대해서 설명한다.

5.4.1 파워 매니저 서비스 상태

파워 매니저 서비스의 주요 핵심 동작은 Wake Lock 획득 및 해제, 화면 밝기 제어이며 이 동작들은 결국 Suspend 진입 금지 및 해제, LCD, 버튼, 키보드 등의 밝기 제어 그리고 커널 영역의 파워 매니지먼트의 상태[24]를 트리거링하게 된다. 그리고 이러한 동작들의 중심에는 파워 매니저 서비스의 상태가 자리 잡고 있으며 파워 매니저 서비스 상태의 결정 및 갱신을 setPowerState() 메서드가 수행한다.

5.4.1절에서는 파워 매니저 서비스의 상태를 결정하는 멤버 변수들과 상태 값들의 변화에 대해서 설명하고 5.4.2절에서 setPowerState() 메서드의 동작에 대해서 설명한다.

---

24 Early Suspend 혹은 Late Resume의 트리거링을 의미하며 6장에서 설명한다.

1. 파워 매니저 서비스 상태 결정 멤버 변수

파워 매니저 서비스 상태 매크로와 그에 따른 라이트들의 밝기 변화는 앞서 초기화 과정의 표 5-14에서 설명했듯이 파워 매니저 서비스 상태에 의해 화면 밝기가 결정된다.

현재의 파워 매니저 서비스 상태를 저장하고 있는 것은 파워 매니저 서비스의 멤버 변수인 mPowerState이며 mPowerState는 mUserState와 mWakeLockState의 조합으로 이루어진다.

mUserState는 스크린 터치, 키보드 누름 등의 유저 액티비티 발생 시 혹은 스크린 타임아웃에 의한 화면 밝기 변화를 갱신하는 유저에 의한 상태를 저장한다.

mWakeLockState는 Wake Lock의 종류[25]에 따라 결정되는 화면 밝기 변화를 갱신하는 Wake Lock에 의한 상태를 저장한다. 또한, 이러한 파워 매니저 서비스 상태의 멤버 변수에 대한 갱신을 비트 연산으로 처리함으로써 가독성을 쉽게 유도한다.

그림 5-27은 파워 매니저 서비스 상태에 따른 상태 비트별 구성이다.

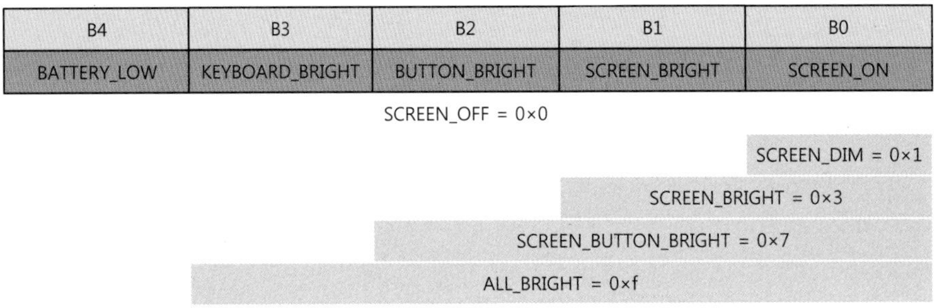

B4	B3	B2	B1	B0
BATTERY_LOW	KEYBOARD_BRIGHT	BUTTON_BRIGHT	SCREEN_BRIGHT	SCREEN_ON

SCREEN_OFF = 0×0
SCREEN_DIM = 0×1
SCREEN_BRIGHT = 0×3
SCREEN_BUTTON_BRIGHT = 0×7
ALL_BRIGHT = 0×f

그림 5-27 파워 매니저 서비스 상태에 따른 상태 비트 구성

파워 매니저 서비스의 상태 멤버 변수인 mPowerState, mUserState와 mWakeLockState의 값의 첫 번째 비트는 스크린 On/Off 여부를 나타내고 두 번째 비트는 스크린 최대 밝기/디밍 여부를 나타내며, 세 번째 비트는 버튼의 On/Off 여부를 나타내며, 네 번째 비트는 키보드의 On/Off 여부를 나타내고 다섯 번째 비트는 배터리의 레벨이 낮은 상태인지 아닌지를 나타낸다.

---

25 파워 매니저 서비스에서는 Wake Lock의 종류를 플래그에 의해 구별한다. 5.4.7절을 참고하라.

> **TIP - mWakeLockState**
>
> ▶ 스크린 On 상태에서 mWakeLockState의 변경은 화면 밝기를 제어하는 플래그인 FULL_WAKE_LOCK, SCREEN_BRIGHT_WAKE_LOCK, SCREEN_DIM_WAKE_LOCK 플래그를 가진 Wake Lock만 가능하다.
> → PARTIAL_WAKE_LOCK 플래그를 가진 Wake Lock은 화면 밝기에 관여하지 않는다.
>
> ▶ 스크린 Off 상태에서 mWakeLockState의 변경은 ACQUIRE_CAUSES_WAKEUP 플래그를 가진 Wake Lock만 가능하다.
> → ACQUIRE_CAUSES_WAKEUP 플래그가 없는 Wake Lock은 스크린 Off 상태에서 스크린 On 상태로 변경할 수 없다.

2. 파워 매니저 서비스 상태의 종류

스크린 최대 밝기 상태에서 스크린 타임아웃에 의해 디밍 상태가 되고 스크린 Off 상태가 되는 경우와 파워 버튼으로 스크린 On 및 스크린 Off 상태가 되는 경우 그리고 Wake Lock에 의해 스크린 On 상태가 되는 경우 등 파워 매니저 서비스 상태가 가질 수 있는 모든 경우에 대해서 mUserState와 mWakeLockState 그리고 mPowerState 중심으로 설명한다[26]. 그리고 파워 매니저 서비스 상태의 핵심만을 전달하기 위해 버튼 및 키보드 라이트는 없고 단지 스크린만 있다고 가정해서 설명한다.

◉ 부팅 후 최대 밝기 상태

mUserState는 SCREEN_ON_BIT와 SCREEN_BRIGHT_BIT가 설정되어 SCREEN_BRIGHT 상태를 가지며 mWakeLockState는 활성화된 Wake Lock의 여부에 의해 상태가 결정되는데 그 값은 mUserState의 값보다 작거나 같다. 그래서 mPowerState는 SCREEN_BRIGHT 상태를 가진다.

표 5-15 부팅 후 최대 밝기 상태의 파워 매니저 서비스 상태 변수

상태 변수	SCREEN_ON_BIT	SCREEN_BRIGHT_BIT
mWakeLockState		
mUserState		
mPowerState		

---

[26] 'adb shell dumpsys power' 명령을 입력하면 파워 매니저 서비스의 상태를 확인할 수 있다. 파워 매니저 서비스의 dump() 메서드에 구현되어 있으며, BUTTON_BRIGHT_BIT 설정에 대한 정보가 누락되어 안드로이드 코드에 반영하였다. https://android-review.googlesource.com/#/c/37420/

⦿ 스크린 타임아웃에 의한 스크린 디밍 상태

mUserState는 SCREEN_ON_BIT가 설정되어 SCREEN_DIM 상태를 가지며 mWakeLockState는 활성화된 Wake Lock의 여부에 의해 파워 매니저 서비스 상태가 결정되는데 그 값은 mUserState의 값보다 작거나 같다. 왜냐하면, mWakeLockState의 상태가 mUserState 상태보다 크다면 파워 매니저 서비스 상태가 스크린 디밍 상태가 될 수 없기 때문이다. 그래서 mPowerState는 SCREEN_DIM 상태를 가진다.

표 5-16 스크린 타임아웃에 의한 스크린 디밍 상태의 파워 매니저 서비스 상태 변수

상태 변수	SCREEN_ON_BIT	SCREEN_BRIGHT_BIT
mWakeLockState		
mUserState	■	
mPowerState	■	

⦿ 스크린 타임아웃에 의한 스크린 Off 상태

스크린 Off 상태에서는 mUserState, mWakeLockState 둘 다 설정된 비트가 없으며 그래서 mPowerState는 SCREEN_OFF 상태를 가진다.

표 5-17 스크린 타임아웃에 의한 스크린 Off 상태의 파워 매니저 서비스 상태 변수

상태 변수	SCREEN_ON_BIT	SCREEN_BRIGHT_BIT
mWakeLockState		
mUserState		
mPowerState		

⦿ 스크린 Off 상태에서 파워 버튼에 의한 스크린 최대 밝기 상태

스크린 Off 상태에서 파워 버튼에 의한 스크린이 최대 밝기 상태가 되는 경우는 KeyguardViewMediator 클래스에서 FULL_WAKE_LOCK 플래그와 ACQUIRE_CAUSES_WAKEUP 플래그를 가진 'keyguard'라는 이름의 Wake Lock에 의해서이다. Wake Lock 동작에 의해 스크린이 On되므로 mUserState는 설정된 비트가 없고 mWakeLockState는 SCREEN_ON_BIT와 SCREEN_BRIGHT_BIT가 설정되어

mPowerState는 SCREEN_BRIGHT 상태를 가진다[27].

여기서 명심할 점은 파워 키에 의해 스크린이 On되는 것은 유저 액티비티가 아니라 Wake Lock에 의한 것임을 꼭 기억하자.

표 5-18 스크린 Off 상태에서 파워 버튼에 의한 스크린 최대 밝기 상태의 파워 매니저 서비스 상태 변수

상태 변수	SCREEN_ON_BIT	SCREEN_BRIGHT_BIT
mWakeLockState	■	■
mUserState		
mPowerState	■	■

◉ 스크린 On 상태에서 파워 버튼에 의한 스크린 Off 상태

스크린 타임아웃에 의한 스크린 Off 상태와 파워 매니저 서비스의 상태는 같으나 비활성화된 Wake Lock[28]이 존재할 수 있다는 점이 다르다.

표 5-19 스크린 On 상태에서 파워 버튼에 의한 스크린 Off 상태의 파워 매니저 서비스 상태 변수

상태 변수	SCREEN_ON_BIT	SCREEN_BRIGHT_BIT
mWakeLockState		
mUserState		
mPowerState		

◉ 스크린 디밍 상태에서 터치 이벤트에 의한 스크린 최대 밝기 상태

터치 이벤트는 유저 액티비티를 발생시키므로 mUserState는 SCREEN_ON_BIT와 SCREEN_BRIGHT_BIT가 설정되며 mWakeLockState는 터치 이벤트 발생 시의 Wake Lock 상태가 되는데 mUserState 상태보다 작거나 같다.

---

27 스크린 Off 상태에서는 FULL_WAKE_LOCK 플래그만 가지고서는 스크린 On이 보장이 안 되며 ACQUIRE_CAUSES_WAKEUP 플래그가 동반되어야 한다. 그것에 대한 이유는 비활성화된 Wake Lock 때문이며 5.5.7절을 참고하라.

28 획득 완료된 Wake Lock은 Wake Lock 기능이 활성화되고 해제 동작에 의해 Wake Lock 객체가 파워 매니저 서비스의 락리스트에서 제거되고 바인더 연결이 끊어지는 것이 일반적이지만, 파워 버튼 누름에 의해 강제적으로 스크린 Off 되는 경우는 활성화된 Wake Lock을 해제시키지 않고 멤버 변수인 activated 변수만 false로 설정하여 비활성화된 Wake Lock임을 설정한다. 5.4.9절을 참고하라.

표 5-20 스크린 디밍 상태에서 터치 이벤트에 의한 스크린 최대 밝기 상태의 파워 매니저 서비스 상태 변수

상태 변수	SCREEN_ON_BIT	SCREEN_BRIGHT_BIT
mWakeLockState		
mUserState		
mPowerState		

5.4.2 파워 매니저 서비스 상태의 결정

setPowerState() 메서드는 안드로이드의 플랫폼에서 파워 매니지먼트를 제어하는 파워 매니저 서비스의 상태를 결정하는 동작을 수행하므로 필자는 setPowerState() 메서드를 파워 매니저 서비스의 핵심이라고 생각한다.

그림 5-28은 파워 매니저 서비스 상태의 핵심 메서드인 setPowerState() 메서드가 호출되는 경우를 보여준다.

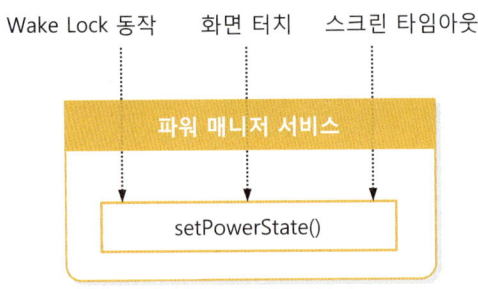

그림 5-28 파워 매니저 서비스 상태의 핵심 메서드 : setPowerState()

Wake Lock 획득 및 해제 동작에 의해 파워 매니저 서비스 상태가 변경되거나 화면 터치에 의해 유저 액티비티가 발생해서 파워 매니저 서비스 상태가 변경되거나 혹은 스크린 타임아웃이 발생하여 파워 매니저 서비스 상태가 변경되면 결국 파워 매니저 서비스 상태의 핵심 메서드인 setPowerState() 메서드가 호출되어 화면 밝기를 제어하고 커널 영역으로 스크린 On/Off 정보를 전달하여 Early Suspend 혹은 Late Resume 동작을 트리거링시키게 된다.

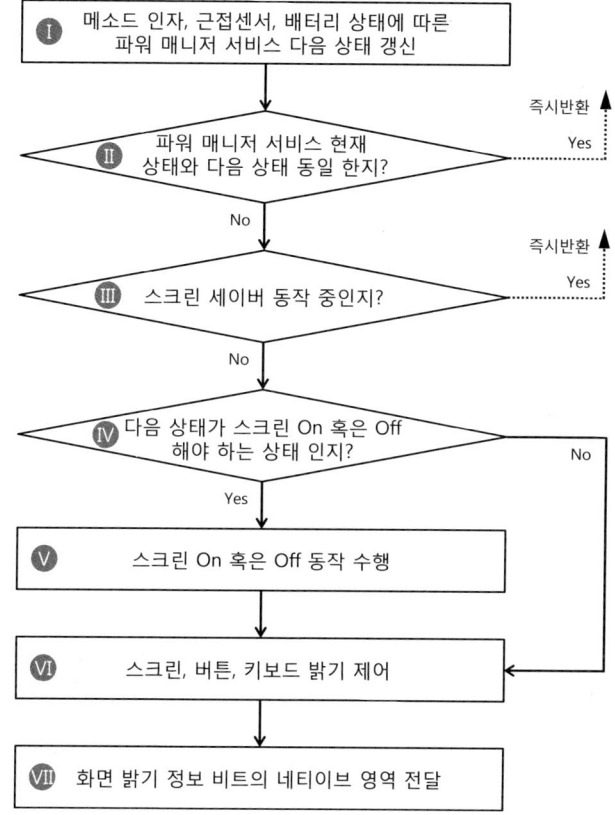

그림 5-29 setPowerState() 메서드 순서도

setPowerState() 메서드는 그림 5-29와 같은 순서도에 따라 동작을 수행한다.

❶ 메서드 인자, 근접 센서, 배터리 상태에 따른 파워 매니저 서비스 다음 상태 갱신

setPowerState() 메서드의 인자인 newState, noChangeLights, reason을 입력으로 근접 센서의 활성화 여부 및 배터리 상태에 따라 파워 매니저 서비스의 다음 상태를 갱신한다.

setPowerState() 메서드의 인자와 설명은 표 5-21과 같다.

표 5-21 setPowerState() 메서드의 인자

메서드 인자	설명
newState	파워 매니저 서비스의 다음 상태를 나타내며 상태 매크로 값 중의 하나이다.
noChangeLights	파워 매니저 서비스 다음 상태에서 스크린, 버튼 그리고 키보드 등의 라이트들의 밝기 변화의 여부를 결정하며 true이면 이전 상태와 같은 라이트들의 밝기를 가지고 false이면 newState 상태 값에 의해 라이트들의 밝기가 결정된다. 대부분 false이다.

reason	파워 매니저 서비스 상태가 변하는 이유이며 윈도우 매니저 폴리시에 다음과 같이 정의되어 있다.
	
	`public final int OFF_BECAUSE_OF_ADMIN = 1;`
	`public final int OFF_BECAUSE_OF_USER = 2;`
	`public final int OFF_BECAUSE_OF_TIMEOUT = 3;`
	`public final int OFF_BECAUSE_OF_PROX_SENSOR = 4;`
	
	📁 frameworks/base/core/java/android/view/WindowManagerPolicy.java

setPowerState() 메서드에서 파워 매니저 서비스의 다음 상태의 갱신은 코드 5-20과 같이 수행된다.

```java
private void setPowerState(int newState, boolean noChangeLights, int reason) {
    if (noChangeLights) {
        newState = (newState & ~LIGHTS_MASK) | (mPowerState & LIGHTS_MASK);   ❶
    }
    if (mProximitySensorActive) {
        newState = (newState & ~SCREEN_BRIGHT);                              ❷
    }
    if (batteryIsLow()) {
        newState |= BATTERY_LOW_BIT;                                         ❸
    } else {
        newState &= ~BATTERY_LOW_BIT;
    }
    ...
}
```

📁 frameworks/base/services/java/com/android/server/PowerManagerService.java

코드 5-20 파워 매니저 서비스의 다음 상태 갱신

❶ noChangeLights가 true이면 스크린, 버튼 및 키보드들의 밝기가 현재와 동일하게 유지되며 false이면 새로운 상태 값에 의해 스크린, 버튼 및 키보드들의 밝기가 갱신된다.

❷ 근접 센서가 활성화되어 있으면 근접 센서에 의해 스크린의 밝기 조절이 되므로 newState에서 SCREEN_BRIGHT 비트를 제거한다.

❸ 배터리 상태가 낮은 레벨에 있으면 newState에 BATTERY_LOW_BIT 비트를 추가함으로써 파워 매니저 서비스 다음 상태에서 키보드 및 버튼의 밝기를 10^{29}으로 설정한다.

Ⅱ 파워 매니저 서비스 현재 상태와 다음 상태 동일 여부 확인

Ⅰ에서 갱신된 파워 매니저 서비스의 다음 상태인 newState와 파워 매니저 서비스의 현재 상태인 mPowerState와 동일한지 확인하고 동일할 경우는 더 이상 setPowerState() 메서드 동작을 수행하지 않고 바로 반환한다. 이때 파워 매니저 서비스 초기화의 첫 번째 메서드인 init() 메서드의 동작이 완료되었는지 여부도 mInitialized에 의해 체크한다[30].

코드 5-21은 파워 매니저 서비스의 현재 상태와 다음 상태의 동일 여부를 확인하는 코드이다.

```
private void setPowerState(int newState, boolean noChangeLights, int reason) {
    // 코드 5-20
    if (newState == mPowerState && mInitialized) { ──❹
        return;
    }
    ...
}
```

📁 frameworks/base/services/java/com/android/server/PowerManagerService.java

코드 5-21 파워 매니저 서비스의 현재 상태와 다음 상태 동일 여부 확인

---

29 · 아이스크림 샌드위치(4.0) 버전까지는 Power 클래스에서 BRIGHTNESS_LOW_BATTERY를 10으로 정의하고 있으며, Power 클래스가 삭제된 젤리빈(4.1) 버전부터는 PowerManager 클래스에서 BRIGHTNESS_LOW_BATTERY를 10으로 정의하고 있다. 또한, 요즘 대부분의 스마트폰은 키보드가 존재하지 않는 터치폰이며 버튼 LED의 경우 전류가 2~4mA 정도 소모되고 스크린에 의한 소모 전류가 100mA 이상인 것을 고려하면 현재의 안드로이드 정책은 현실감이 없어 보인다. 차라리 스크린 밝기를 제어했어야 한다. 5.4.6절을 참고하라.

30 · 코드 5-17을 참고하라.

❹ 파워 매니저 서비스의 현재 상태인 mPowerState와 파워 매니저 서비스의 다음 상태인 newState가 동일한지 확인 후 동일하면 더 이상 코드 수행하지 않고 바로 반환한다. 그리고 파워 매니저 서비스의 현재 상태는 파워 매니저 서비스의 초기화가 완료된 경우만 유효하며 mInitialized에 의해 필터링된다.

⑪ 스크린세이버 동작 여부 확인

파워 매니저 서비스의 현재 상태와 다음 상태가 다르더라도 메서드의 인자인 reason이 OFF_BECAUSE_OF_TIMEOUT인 경우에는 스크린세이버가 동작 중인지 여부를 체크해서 스크린세이버가 동작 중이면 더 이상 setPowerState() 메서드 동작을 수행하지 않고 바로 반환한다.

코드 5-22는 스크린 타임아웃에 의해 파워 매니저 서비스 상태가 변경되는 경우 스크린세이버 동작을 체크하는 코드이다.

```
private void setPowerState(int newState, boolean noChangeLights, int reason) {
    // 코드 5-20
    // 코드 5-21
    if (stateChanged && reason == WindowManagerPolicy.OFF_BECAUSE_OF_TIMEOUT) {
        if (mPolicy != null && mPolicy.isScreenSaverEnabled()) {
            if (mPolicy.startScreenSaver()) {  ──❺
                return;
            }
        }
    }
    ...
}
```

📁 frameworks/base/services/java/com/android/server/PowerManagerService.java

코드 5-22 스크린세이버 동작 여부 확인

❺ 실제 해당 코드는 JB MR1(젤리빈 플러스(4.2))버전에 도입된 Daydream에 의해 설정되어 동작한다.

 TIP - Daydream

Daydream 기능은 안드로이드 젤리빈 플러스(4.2) 버전에 새로이 추가된 기능으로서 데스크톱의 화면 보호기 같은 기능을 수행한다. Display 설정에 Dayadream 항목이 추가되었으며 Daydream 기능이 활성화되면 스크린 타임아웃에 의해 스크린이 Off 되지 않고 설정된 화면으로 변환된다.

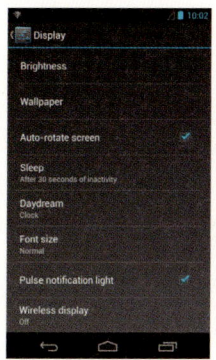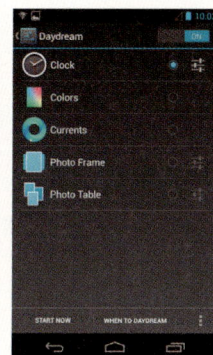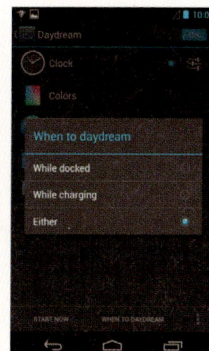

그림 5-30 Daydream 기능

Ⅳ 다음 상태의 스크린 On/Off 동작 여부

파워 매니저 서비스의 현재 상태인 mPowerState의 SCREEN_ON_BIT 비트와 파워 매니저 서비스의 다음 상태인 newState의 SCREEN_ON_BIT 비트를 비교해서 다음 상태에서 스크린을 On 시켜야 하는지 Off 시켜야 하는를 체크한다. 코드 5-23은 파워 매니저 서비스의 다음 상태에서 스크린 On/Off를 수행해야 하는지 아니면 라이트 객체들의 밝기 제어를 해야 하는지에 대한 코드이다.

```
private void setPowerState(int newState, boolean noChangeLights, int reason) {
    // 코드 5-20
    // 코드 5-21
    // 코드 5-22
    boolean oldScreenOn = (mPowerState & SCREEN_ON_BIT) != 0;
    boolean newScreenOn = (newState & SCREEN_ON_BIT) != 0;
    if (oldScreenOn != newScreenOn) {   ❻

    // Ⅴ 스크린 On/Off
    }else if (stateChanged) {
```

```
        // ⑥⁵⁻²⁹ 스크린, 버튼, 키보드 밝기 제어
    }
    ...
}
```

📁 frameworks/base/services/java/com/android/server/PowerManagerService.java

코드 5-23 다음 상태의 스크린 On/Off 동작 여부

❻⁵⁻²³ 파워 매니저 서비스의 현재 상태와 다음 상태의 SCREEN_ON_BIT 비트가 다를 경우 다음 상태의 SCREEN_ON_BIT 비트 설정 값에 따라 스크린 On 혹은 스크린 Off 동작을 수행하고 같은 경우는 라이트 객체들(스크린, 키보드, 버튼)의 밝기 제어를 수행한다. 즉, 현재 상태와 다음 상태가 동일하면 ⑥⁵⁻²⁹으로 넘어가고 아니면 ⑤⁵⁻²⁹로 넘어간다.

⑤⁵⁻²⁹ 스크린 On/Off 동작 수행

파워 매니저 서비스 현재 상태와 다음 상태의 SCREEN_ON_BIT 비트가 다를 경우 다음 상태의 SCREEN_ON_BIT 비트가 설정되어 있으면 스크린 On 동작을 수행하고 SCREEN_ON_BIT 비트가 설정되어 있지 않으면 스크린 Off 동작을 수행한다. 또한, 다음 상태의 SCREEN_ON_BIT 비트가 설정되어 있더라도 mPreventScreenOn이 true이면 스크린 On 동작을 수행하지 않는다.

코드 5-24는 스크린 On/Off 동작을 수행하는 코드이다.

```
private void setPowerState(int newState, boolean noChangeLights, int reason) {
    // 코드 5-20
    // 코드 5-21
    // 코드 5-22
    // 코드 5-23
    if (oldScreenOn != newScreenOn) {
        if (newScreenOn) {
            if (mPreventScreenOn) {                    ─❼
                reallyTurnScreenOn = false;
            }
            if (reallyTurnScreenOn) {
                setScreenStateLocked(true);            ─❽
            } else {
```

```
                setScreenStateLocked(false);                    ─ ⑨
            }
            mPowerState |= SCREEN_ON_BIT;                       ─ ⑩
        } else {
            if (stateChanged) {
                updateLightsLocked(newState, 0);                ─ ⑪
            }
            mPowerState &= ~SCREEN_ON_BIT;                      ─ ⑫
            if (!mScreenBrightnessAnimator.isAnimating())
            err = screenOffFinishedAnimatingLocked(reason);     ─ ⑬
        }
    }
    ...
}
```

📁 frameworks/base/services/java/com/android/server/PowerManagerService.java

코드 5-24 스크린 On/Off 동작 수행

5-24
❼ mPreventScreenOn은 preventScreenOn() 메서드에 의해 설정되며 현재는 call 화면에서 화면 깜빡임을 방지하기 위해 사용된다. mPreventScreenOn이 true로 설정된 경우 reallyTurnScreenOn이 false로 설정되어 스크린 On 동작을 방지한다.

5-24
❽ 스크린을 On 시키는 동작을 수행하며 자바 네이티브 메서드인 nativeSetScreenState() 메서드에 의해 네이티브 영역의 autosuspend_disable() 함수와 autosuspend_earlysuspend_disable() 함수가 호출되어 sysfs 파일인 state 파일에 'on'을 입력함으로써 커널 영역의 Late Resume 동작을 트리거링시킨다[31].

5-24
❾ 스크린을 Off 시키는 동작을 수행하며 자바 네이티브 메서드인 nativeSetScreenState() 메서드에 의해 네이티브 영역의 autosuspend_enable() 함수와 autosuspend_earlysuspend_enable() 함수가 호출되어 sysfs 파일인 state 파일에 'mem'을 입력함으로써 커널 영역의 Early Suspend 동작을 트리거링시킨다[32].

5-24
❿ 파워 매니저 서비스의 현재 상태인 mPowerState에 SCREEN_ON_BIT 비트를 추가한다.

5-24
⓫ 파워 매니저 서비스의 현재 상태와 다음 상태가 다른 경우이며 updateLightsLocked()

---

31 6.8절을 참고하라.
32 6.4절을 참고하라.

메서드에 의해 파워 매니저 서비스의 다음 상태인 newState에 따른 스크린, 버튼, 키보드의 밝기를 제어한다.

5-24
❿ 파워 매니저 서비스의 현재 상태인 mPowerState에서 SCREEN_ON_BIT 비트를 제거한다.

5-24
⓭ 'mScreenBrightnessUpdaterThread' 핸들러 쓰레드에 의해 화면 밝기 제어가 완료된 경우이면 screenOffFinishedAnimatingLocked() 메서드는 false를 인자로 해서 setScreenStateLocked() 메서드를 호출함으로써 커널 영역의 Early Suspend 동작을 트리거링시킨다.

5-29
Ⅵ 스크린, 버튼, 키보드 밝기 제어

파워 매니저 서비스의 현재 상태와 다음 상태에서 SCREEN_ON_BIT 비트의 차이가 없는 경우이며 updateLightsLocked() 메서드에 의해 스크린, 버튼, 키보드의 밝기를 제어하며 5.4.6절에서 화면 밝기 동작의 핵심 메서드인 updateLightsLocked() 메서드의 동작을 자세히 설명한다.

코드 5-25는 SCREEN_ON_BIT 비트의 차이가 없는 경우 updateLightsLocked() 메서드를 호출하는 코드이다.

```
private void setPowerState(int newState, boolean noChangeLights, int reason) {
    // 코드 5-20
    // 코드 5-21
    // 코드 5-22
    // 코드 5-23
    updateLightsLocked(newState, 0); ─⓮
    ...
}
```

📁 frameworks/base/services/java/com/android/server/PowerManagerService.java

코드 5-25 스크린, 버튼 및 키보드의 밝기 제어

5-25
⓮ 파워 매니저 서비스의 다음 상태인 newState에 따라 스크린, 버튼 및 키보드의 밝기를 제어한다.

Ⅶ 화면 밝기 정보 비트의 네이티브 영역 전달

라이트 객체들의 밝기 제어가 완료되면 현재 파워 매니저 서비스의 상태인 mPowerState를 갱신하고 스크린 On/Off 상태를 나타내는 SCREEN_ON_BIT 비트와 스크린 최대 밝기 상태를 나타내는 SCREEN_BRIGHT 비트를 네이티브 영역으로 전달하여 자바 영역에서의 스크린 상태를 알 수 있게 해 준다. updateNativePowerStateLocked() 메서드가 자바 네이티브 메서드인 nativeSetPowerState() 메서드를 호출함으로써 해당 동작을 수행한다.

코드 5-26은 setPowerState() 메서드의 마지막 부분이며 화면 밝기 정보 비트를 네이티브 영역으로 전달하는 코드와 updateNativePowerStateLocked() 메서드이다.

```
private void setPowerState(int newState, boolean noChangeLights, int reason) {
    // 코드 5-20
    // 코드 5-21
    // 코드 5-22
    // 코드 5-23
    // 코드 5-24 혹은 코드 5-25
    mPowerState=(mPowerState&~LIGHTS_MASK) | (newState & LIGHTS_MASK);   ─⑮
    updateNativePowerStateLocked();                                       ─⑯
}

private void updateNativePowerStateLocked() {
    if (!mHeadless) {                                                     ─⑯-1
        nativeSetPowerState(                                              ─⑯-2
            (mPowerState & SCREEN_ON_BIT) != 0,
            (mPowerState & SCREEN_BRIGHT) == SCREEN_BRIGHT);
    }
}
```

📁 frameworks/base/services/java/com/android/server/PowerManagerService.java

코드 5-26 파워 매니저 서비스의 현재 상태 갱신 및 화면 밝기 정보 비트의 네이티브 영역으로 전달

⑮ 파워 매니저 서비스의 상태에 따른 스크린, 버튼, 키보드의 밝기 제어가 완료된 상태이므로 최종적으로 파워 매니저 서비스의 현재 상태를 갱신한다.

❶ **updateNativePowerStateLocked() 메서드는** 자바 네이티브 메서드인 nativeSetPowerState() 메서드를 호출하여 네이티브 영역으로 스크린 On/Off 및 스크린 최대 밝기 혹은 디밍 상태 여부를 전달한다.

❶-1 화면 출력 장치가 있는 기기인지 아닌지를 나타내며 ro.config.headless의 시스템 프라퍼티에 저장하는데 1이면 화면 출력 장치가 없는 기기이며 0이면 화면 출력 장치가 있는 기기임을 의미한다.

❶-2 파워 매니저 서비스의 현재 상태인 mPowerState의 스크린 On/Off 정보인 SCREEN_ON_BIT 비트에 해당하는 값과 스크린 최대 밝기 혹은 디밍 상태 여부를 나타내는 SCREEN_BRIGHT 비트에 해당하는 값을 nativeSetPowerState() 메서드의 인자로 입력하여 네이티브 영역으로 전달한다.

5.4.3 화면 밝기 시간의 구성

화면 밝기는 최대 밝기 상태에서 활성화된 Wake Lock이 없고 유저 액티비티 동작이 없으면 스크린 타임아웃 설정 값에 의해 설정된 시간 이후에 스크린 디밍 상태를 거쳐 스크린 Off 상태로 진입한다. 이때 스크린 타임아웃 설정 값 안에서 최대 밝기 상태에서 디밍 상태로의 변경 그리고 디밍 상태에서 스크린 Off 상태로의 전환의 동작을 제어하는 핵심 메서드가 setTimeoutLocked() 메서드이다.

setTimeoutLocked() 메서드는 현재 시점에서 언제 디밍 상태로 변경되어야 하는지 그리고 언제 스크린 Off 상태로 변경되어야 하는지를 계산하며 TimeoutTask 러너블 객체를 이용해서 실제 파워 매니저 서비스의 상태를 변경함으로써 화면 밝기를 제어한다.

화면 밝기는 스크린 타임아웃 설정 값과 각종 delay 변수들의 조합에 의해 제어되므로 setTimeoutLocked() 메서드에 의한 화면 밝기 제어의 동작에 대한 설명에 앞서 화면 밝기 시간의 구성을 이해하는 것이 필수적이다.

화면 밝기 시간은 SCREEN_OFF_TIMEOUT 리소스에 의해 정해지며 설정 메뉴에서 Display 항목의 스크린 타임아웃으로 확인할 수 있으며 사용자가 화면 밝기 시간을 변경할 수 있다. 그림 5-31은 설정 메뉴의 스크린 타임아웃 메뉴를 캡쳐한 것이다.

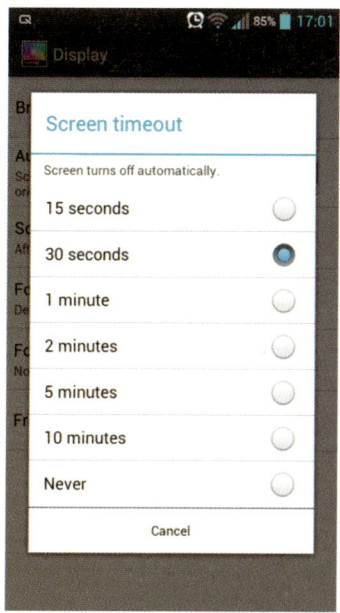

그림 5-31 설정 메뉴에서 스크린 타임아웃 설정

설정된 화면 밝기 시간에 의해 최대 밝기 상태에서 스크린 Off까지의 시간이 결정되며 설정된 화면 밝기 시간은 파워 매니저 서비스에서 mScreenOffTimeoutSetting 멤버 변수에 저장되어 화면 밝기 시간을 제어하는데 최종 delay를 제공한다. 즉, mScreenOffTimeoutSetting은 스크린 최대 밝기 상태에서 스크린 오프 상태까지의 시간을 의미한다.

그림 5-32는 mScreenOffTimeoutSetting이 의미하는 것을 직관적으로 보여준다.

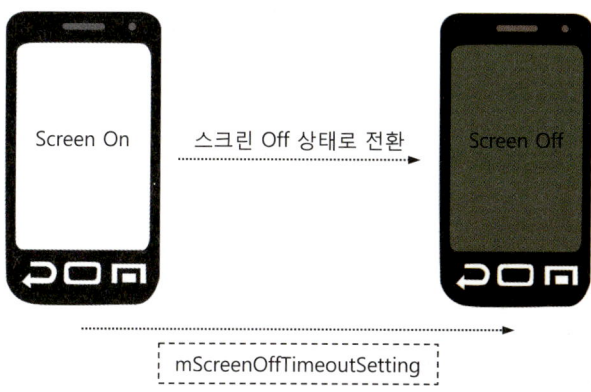

그림 5-32 mScreenOffTimeoutSetting의 의미

스크린 최대 밝기 상태에서 스크린 Off 상태로 전환까지의 최종 delay인 mScreenOffTimeoutSetting 설정 값 속에서 언제 스크린이 디밍 상태가 되고 언제 스크린이 Off 상태가 되는지는 그림 5-33과 같이 세 개의 delay 변수에 의해 결정된다.

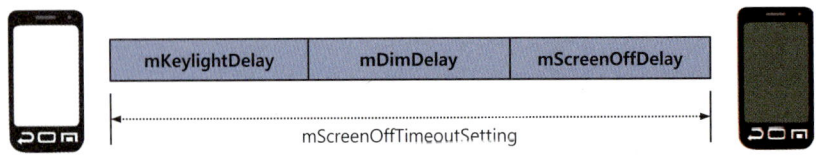

그림 5-33 mScreenOffTimeoutSetting의 내부 구성 delay

그림 5-33을 보면 알 수 있듯이 화면 밝기 시간은 mKeylightDelay, mDimDelay 그리고 mScreenOffDelay의 조합으로 이루어져 있으며 각각 delay 변수의 의미는 표 5-22와 같다.

표 5-22 화면 밝기 시간을 구성하는 세 개의 delay 변수와 그 의미

화면 밝기 delay 변수	설명
mKeylightDelay	mKeylightDelay 동안 파워 매니저 서비스 상태에 따른 화면 밝기를 유지하고 그 이후에 mDimDelay와 mScreenOffDelay에 따라 스크린 디밍 상태로 진입하던지 스크린 Off 상태로 진입한다.
mDimDelay	mDimDelay 동안 파워 매니저 서비스 상태에 따른 화면 밝기를 유지하고 그 이후에 mScreenOffDelay 동안 스크린 디밍 상태를 유지한다.
mScreenOffDelay	mScreenOffDelay 동안 스크린 디밍 상태 유지 후 스크린 Off 상태로 진입한다.

화면 밝기 시간을 구성하는 세 개의 delay는 상황에 따라서 그 설정이 변하게 되며 크게 Poke Lock[33] 설정에 의한 경우와 유저 액티비티에 의한 경우로 나뉜다.

1. Poke Lock 설정에 의한 경우

    Poke Lock은 현재의 화면 밝기를 잠시 동안 유지하기 위해 사용하며 세 개의 delay 중에서 오직 mKeylightDelay의 시간만 사용하며 나머지 delay는 사용하지 않는다. 또한, Poke Lock 설정 시 설정 값이 POKE_LOCK_SHORT_TIMEOUT이면 mKeylightDelay가 짧은 것이고 POKE_LOCK_MEDIUM_TIMEOUT이면

---

[33] 잠시동안 화면 밝기를 유지시키기 위해 사용되며 Poke Lock 설정 값으로 POKE_LOCK_SHORT_TIMEOUT, POKE_LOCK_MEDIUM_TIMEOUT, POKE_LOCK_IGNORE_TOUCH_EVENTS가 있다. 5.6.2절을 참고하라.

긴 것이다. 즉, mKeylightDelay 만큼만 현재 화면 밝기를 유지한 후에 스크린 Off 상태로 바로 진입하게 된다. POKE_LOCK_SHORT_TIMEOUT인 경우와 POKE_LOCK_MEDIUM_TIMEOUT인 경우에 대해 화면 밝기 시간의 구성을 살펴보자.

◉ POKE_LOCK_SHORT_TIMEOUT인 경우

POKE_LOCK_SHORT_TIMEOUT이 설정되면 mKeylightDelay는 mShortKeylightDelay 멤버 변수가 가지고 있는 값으로 설정되는데 mShortKeylightDelay는 SHORT_KEYLIGHT_DELAY_DEFAULT 매크로에 의해 초깃값이 6초가 되며 SHORT_KEYLIGHT_DELAY_MS 리소스에 의해 따로 정의되어 있다면 해당 리소스가 정의하고 있는 값으로 설정된다. 여기서는 초깃값인 6초라고 가정한다.

그림 5-34 POKE_LOCK_SHORT_TIMEOUT인 경우 화면 밝기 시간 구성

◉ POKE_LOCK_MEDIUM_TIMEOUT인 경우

POKE_LOCK_MEDIUM_TIMEOUT이 설정되면 mKeylightDelay는 MEDIUM_KEYLIGHT_DELAY 매크로 설정 값으로 변환되며 그 값은 15초이다.

그림 5-35 POKE_LOCK_MEDIUM_TIMEOUT인 경우 화면 밝기 시간 구성

2. 유저 액티비티 발생에 의한 경우

유저 액티비티가 발생한 경우 화면 밝기 시간의 구성은 Poke Lock과는 달리 mKeylightDelay는 LONG_KEYLIGHT_DELAY 매크로에 의해 6초가 되며 나머지 두

개의 delay는 화면 밝기 시간에 따라 다음과 같이 세 가지 경우로 나누어진다.

◉ 화면 밝기 시간 ≤ 6초

mScreenOffTimeoutSetting이 LONG_KEYLIGHT_DELAY(6초)보다 작거나 같은 경우로서 이 경우는 mKeylightDelay만 사용되며 LONG_KEYLIGHT_DELAY 매크로 값을 가진다. 일반적으로 화면 밝기 시간 설정은 15초가 제일 작은 값이므로 6초보다 작은 경우는 없겠지만, 제조사가 screen_timeout_values 배열에 정의된 값을 수정한다면 가능하다.

이 경우 화면 밝기 시간 설정은 그림 5-36과 같다.

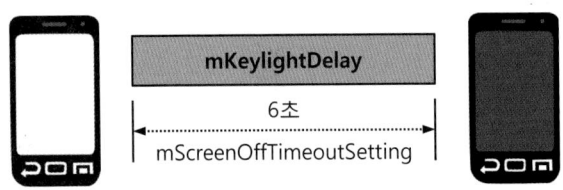

그림 5-36 화면 밝기 시간이 6초보다 작거나 같은 경우 화면 밝기 시간 구성

Poke Lock 설정이 POKE_LOCK_SHORT_TIMEOUT인 경우와 동일하며 화면 밝기 시간은 6초이다. 즉, 최대 밝기 상태가 6초 동안 유지되고 스크린 디밍 상태 없이 바로 스크린 Off 상태로 진입하게 된다.

◉ 6초 < 화면 밝기 시간 < 13초

mScreenOffTimeoutSetting이 LONG_KEYLIGHT_DELAY보다 크고 (LONG_KEYLIGHT_DELAY + LONG_DIM_TIME)보다 작은 경우로서 LONG_KEYLIGHT_DELAY 매크로 설정 값은 6초이고 LONG_DIM_TIME 매크로 설정 값은 7초이므로 mScreenOffTimeoutSetting가 13초보다 작은 경우이다.

이 경우도 일반적으로 화면 밝기 시간 설정은 15초가 제일 작은 값이므로 13초보다 작은 경우는 없겠지만, 제조사가 screen_timeout_values 배열에 정의된 값을 수정한다면 가능하다.

이 경우 화면 밝기 시간 설정은 그림 5-37과 같다.

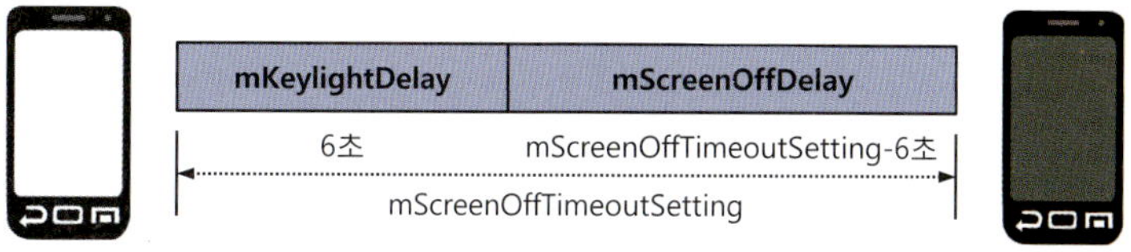

그림 5-37 화면 밝기 시간이 6초보다 크고 13초보다 작은 경우 화면 밝기 시간 구성

그림 5-37에서 보듯이 mDimDelay가 없으므로 스크린 최대 밝기 상태에서 mScreenOffTimeoutSetting 동안 유지한 후에 스크린 디밍 상태 없이 바로 스크린 Off 상태로 진입한다.

◉ 13초 ≤ 화면 밝기 시간

mScreenOffTimeoutSetting이 (LONG_KEYLIGHT_DELAY + LONG_DIM_TIME)보다 큰 경우로서 일반적으로 화면 밝기 설정 메뉴에서 선택 가능한 경우이다.

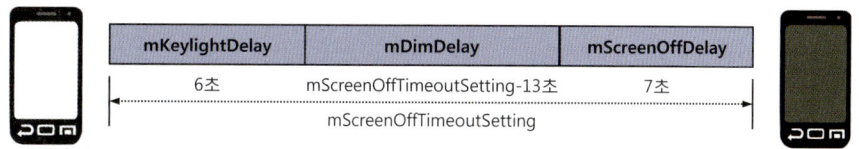

그림 5-38 화면 밝기 시간이 13초 보다 크거나 같은 경우 화면 밝기 시간 구성

이 경우 (6초+mScreenOffTimeoutSetting – 13초) 동안 스크린 최대 밝기 상태를 유지하고 7초간 스크린 디밍 상태를 유지한 후에 스크린 Off 상태로 진입하게 된다.

5.4.4 화면 밝기 시간에 의한 화면 밝기 제어

화면 밝기 시간의 구성이 완료되면 파워 매니저 서비스에서는 화면 밝기를 어떻게 제어하는지 설명한다. 5.4.3절에서 설명했듯이 화면 밝기 시간의 구성은 여러가지 경우의 수가 있기 때문에 순서도를 통해 일반화하기에는 곤란한 측면이 있다. 그래서 가장 일반적인 경우인 터치 이벤트 등과 같은 유저 액티비티가 발생하고 화면 밝기 시간이 30초인 경우의 예제를 통해 화면 밝기 제어 동작을 설명한다. 그림 5-39은 터치 이벤트에 의해 유저 액티비티가 발생하고 화면 밝기 시간 설정이 30초인 경우 setTimeoutLocked() 메서드에 의한 화면 밝기 제어 동작이다.

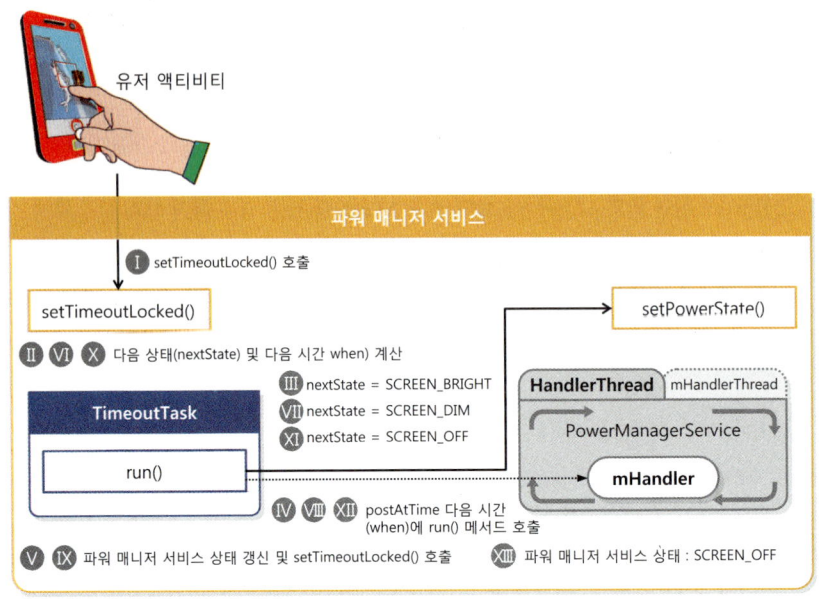

그림 5-39 화면 밝기 제어 : 30초

❶ 유저 액티비티가 발생하면 화면 밝기 제어의 핵심인 setTimeoutLocked() 메서드를 호출한다.

❷ setTimeoutLocked() 메서드의 인자로 now, originalTimeoutOverride 그리고 nextState를 가진다.

각각의 인자에 대한 설명은 표 5-23과 같다.

표 5-23 setTimeoutLocked() 메서드의 인자

인자	설명
now	부팅 후 현재까지의 소요 시간을 msec 단위의 숫자로 반환하며 SystemClock 클래스의 uptimeMillis() 메서드에 의한 반환 값이다.
originalTimeoutOverride	현재의 timeout 값을 해당 인자값으로 변경하기 위한 것으로 일반적인 경우 사용하지 않으며 그 값은 -1이다.
nextState	파워 매니저 서비스의 다음 상태를 의미한다. SCREEN_BRIGHT, SCREEN_DIM, SCREEN_OFF 상태를 가진다.

입력된 nextState에 따라서 다음 상태의 시점이 결정되는데 유저 액티비티에 의한 경우는 파워 매니저 서비스의 다음 상태가 SCREEN_BRIGHT 상태이다. 그 시점은

현재 시각인 now를 기준으로 mKeylightDelay 이후이다. 그리고 mKeylightDelay는 LONG_KEYLIGHT_DELAY 매크로에 의해 6초이다.

Ⅲ TimeoutTask 러너블 객체의 멤버 변수인 nextState는 SCREEN_BRIGHT 상태가 된다.

Ⅳ 6초 이후에 TimeoutTask 러너블 객체를 파워 매니저 서비스의 러너블 객체의 처리를 담당하는 'PowerManagerService' 핸들러 쓰레드의 핸들러인 mHandler[34]의 메시지 큐에 넣어서 mTimeoutTask 러너블 객체의 run() 메서드가 수행되게 한다.

Ⅴ TimeoutTask 러너블 객체의 run() 메서드에서는 파워 매니저 서비스 상태를 갱신함으로써 화면 밝기를 조절하는데 여기서는 스크린 최대 밝기 상태이다. 현재 시각으로 다시 계산된 now와 SCREEN_DIM 상태를 인자로 해서 다시 setTimeoutLocked() 메서드를 호출한다.

Ⅵ setTimeoutLocked() 메서드에서는 현재 시각 now에 mDimDelay를 더한 시간 이후로 다음 시점을 계산한다. mScreenOffTimeoutSetting은 30초이므로 그림 5-38에 의해 mDimDelay = 30 - 13 = 17초이다.

Ⅶ TimeoutTask 러너블 객체의 멤버 변수인 nextState는 SCREEN_DIM 상태가 된다.

Ⅷ 17초 이후에 TimeoutTask 러너블 객체를 mHandler의 메시지 큐에 넣어서 TimeoutTask 러너블 객체의 run() 메서드가 수행되게 한다.

Ⅸ TimeoutTask 러너블 객체의 run() 메서드에 의해 파워 매니저 서비스 상태는 스크린 디밍 상태로 변경된다. 또한, 현재 시각으로 다시 계산된 now와 SCREEN_OFF 상태를 인자로 해서 다시 setTimeoutLocked() 메서드를 호출한다.

Ⅹ setTimeoutLocked() 메서드에서는 현재 시각 now에 mScreenOffDelay를 더한 시간 이후로 다음 시점을 계산한다. mScreenOffDelay는 LONG_DIM_TIME 매크로에 의해 7초이다.

ⅩⅠ TimeoutTask 러너블 객체의 멤버 변수인 nextState는 SCREEN_OFF 상태가 된다. 7초 이후에 TimeoutTask 러너블 객체를 mHandler의 메시지 큐에 넣어서 TimeoutTask 러너블 객체의 run() 메서드가 수행되게 한다.

ⅩⅡ TimeoutTask 러너블 객체의 run() 메서드에 의해 파워 매니저 서비스 상태는 스크린 Off 상태로 변경되어 화면 밝기 제어 동작을 마무리하게 된다.

---

34 · 그림 5-25를 참고하라.

5.4.5 화면 밝기 전환의 구성 요소

setPowerState() 메서드에 의해 파워 매니저 서비스의 상태가 갱신되고 setTimeoutLocked() 메서드에 의해 화면 밝기 시간이 제어되면 마지막으로 updateLightsLocked() 메서드에 의해 실제 화면 밝기 동작이 수행된다. 그리고 화면 밝기가 전환될 때에는 단번에 목표 되는 밝기 값으로 전환되는 게 아니라 여러 단계에 걸쳐서 목표 되는 밝기 값으로 전환되며 그것의 중심에는 'mScreenBrightnessUpdaterThread' 핸들러 쓰레드가 존재한다[35].

5.4.5절에서는 화면 밝기의 전환 시 필수적으로 이해해야 할 핵심적인 구성 요소들에 대해서 설명하고 5.4.6절에서는 화면 밝기 동작의 핵심 메서드인 updateLightsLocked() 메서드의 동작을 설명한다.

그림 5-40은 'mScreenBrightnessUpdaterThread' 핸들러 쓰레드에서 화면 밝기 전환을 구성하는 요소들을 도식화한 것이다.

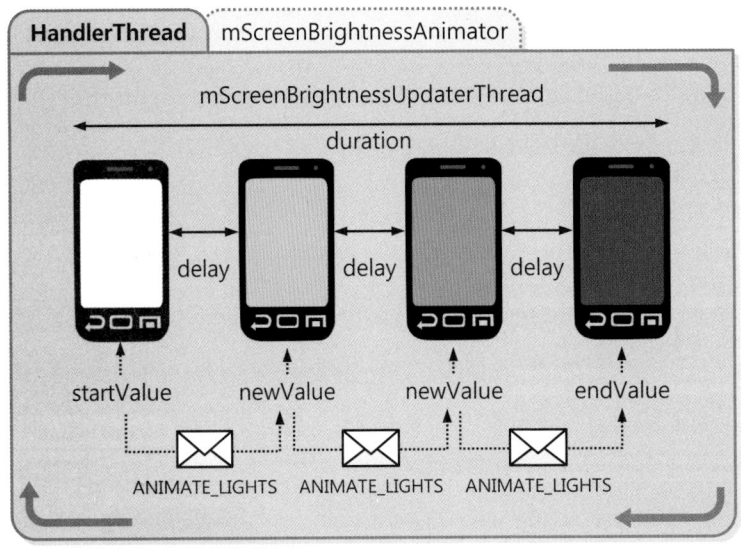

그림 5-40 화면 밝기 전환의 구성 요소

---

[35] 5.3.3절의 3. 'mScreenBrightnessUpdaterThread' 핸들러 쓰레드 생성을 참고하라.

그림 5-40에서의 화면 밝기 전환을 위한 구성 요소들에 대한 설명은 표 5-24와 같다.

표 5-24 화면 밝기 전환의 구성 요소

구성 요소	설명
duration	현재 스크린 밝기 상태에서 목표 스크린 밝기 상태로의 전환에 필요한 시간을 의미한다. 현재 밝기 상태와 목표 밝기 상태 그리고 WINDOW_ANIMATION_SCALE[36] 설정에 의해 결정된다.
delay	현재 밝기 상태에서 다음 밝기 상태로의 전환까지 필요한 시간이며, duration을 현재 밝기와 목표 밝기의 차이 값으로 나눈 값과 duration에서 현재까지 경과된 시간을 뺀 값 중에서 작은 값을 취한다. 즉, 밝기의 차이 값이 크면 delay는 작아지고 밝기의 차이 값이 작으면 delay는 커진다.
startValue	현재 스크린 밝기 레벨을 의미한다. 스크린 Off 상태의 밝기 레벨은 0, 스크린 디밍 상태의 밝기 레벨은 20 그리고 유저에 의해 설정 가능한 스크린 최대 밝기 레벨은 SCREEN_BRIGHTNESS 설정 값에 의한 것이며 초깃값은 192이다.
endValue	목표 스크린 밝기 레벨을 의미하며 startValue와 마찬가지로 세 가지 밝기 레벨 중의 하나다.
newValue	delay 시간 이후에 스크린 밝기 레벨을 의미하며 현재 밝기 레벨과 목표 밝기 레벨의 차이 값과 duration 그리고 경과된 시간에 의해 결정된다.
ANIMATE_LIGHTS	'mScreenBrightnessUpdaterThread' 핸들러 쓰레드가 ANIMATE_LIGHTS 메시지를 처리하면서 밝기 레벨을 설정한다. 메시지의 첫 번째 인자는 라이트 객체에 대한 비트 설정이며 두 번째 인자는 newValue이다.

5.4.6 화면 밝기 전환 동작

화면 밝기 전환의 구성 요소에 대한 이해를 바탕으로 화면 밝기 전환의 핵심 메서드인 updateLightsLocked() 메서드의 동작을 동작 순서도와 예제를 통해서 설명한다.

그림 5-41은 updateLightsLocked() 메서드의 동작 순서도이다.

---

36 · 표 5-7을 참고하라.

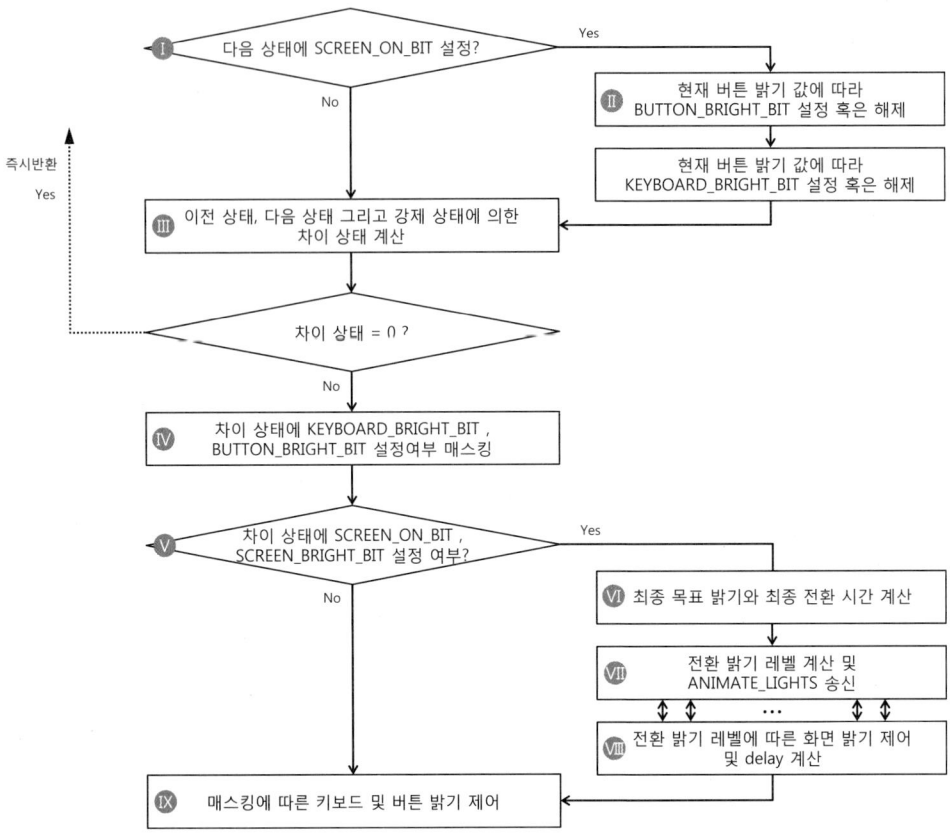

그림 5-41 updateLightsLocked() 메서드 동작 순서도

❶ 다음 상태의 SCREEN_ON_BIT 비트 설정 여부 확인

❷ 버튼과 키보드 밝기 비트 설정 및 해제

updateLightsLocked() 메서드는 newState와 forceState를 인자로 입력받는데 newState는 파워 매니저 서비스의 다음 상태를 의미하고 forceState는 파워 매니저 서비스의 상태와 상관없이 특정 라이트만 밝기 조절을 하고 싶을 경우에 사용한다. newState에 SCREEN_ON_BIT 비트가 설정되어 있으면 현재 버튼 밝기 값에 따라 newState에 BUTTON_BRIGHT_BIT 비트 및 KEYBOARD_BRIGHT_BIT 비트를 설정 혹은 해제한다.

코드 5-27은 SCREEN_ON_BIT 비트 설정에 따른 버튼 밝기 비트 및 키보드 밝기 비트를 설정하거나 해제하는 코드이다.

```
private void updateLightsLocked(int newState, int forceState) {
    final int oldState = mPowerState;                        ──❶
    if ((newState & SCREEN_ON_BIT) != 0) {
        newState = applyButtonState(newState);               ──❷
        newState = applyKeyboardState(newState);             ──❸
    }
    ...
}
```

📁 frameworks/base/services/java/com/android/server/PowerManagerService.java

코드 5-27 updateLightsLocked() 메서드 : SCREEN_ON_BIT 비트 설정에 따른 버튼 밝기 비트와 키보드 밝기 비트 설정 및 해제

❶ 파워 매니저 서비스의 현재 상태 멤버 변수인 mPowerState의 값을 oldState에 저장한다.

❷ applyButtonState() 메서드는 버튼 밝기 레벨이 0보다 클 경우 파워 매니저 서비스의 다음 상태인 newState에 BUTTON_BRIGHT_BIT 비트를 설정하고 버튼 밝기 레벨이 0인 경우 BUTTON_BRIGHT_BIT 비트를 제거하고 0보다 작을 경우는 비트 설정 없이 newState를 반환한다.

코드 5-28은 applyButtonState() 메서드이다.

```
private int applyButtonState(int state) {
    int brightness = -1;
    if ((state & BATTERY_LOW_BIT) != 0) {                    ──❷-1
        return state;
    }
    if (mButtonBrightnessOverride >= 0) {
        brightness = mButtonBrightnessOverride;              ──❷-2
    } else if (mLightSensorButtonBrightness >= 0 && mUseSoftwareAutoBrightness) {
        brightness = mLightSensorButtonBrightness;           ──❷-3
    }
    if (brightness > 0) {
        return state | BUTTON_BRIGHT_BIT;
    } else if (brightness == 0) {                                    ──❷-4
        return state & ~BUTTON_BRIGHT_BIT;
    } else {
```

```
        return state;
    }
}
```

코드 5-28 applyButtonState() 메서드

❷-1 파워 매니저 서비스의 다음 상태인 newState에 BATTERY_LOW_BIT 비트가 설정되어 있으면 버튼 밝기를 제어하지 않고 비로 반환한다.

❷-2 윈도우 매니저 서비스 등에서 setButtonBrightnessOverride() 메서드를 통해 mButtonBrightnessOverride를 설정하면 버튼 밝기가 mButtonBrightnessOverride로 설정된다.

❷-3 라이트 센서에 의해 mLightSensorButtonBrightness가 설정되면 버튼 밝기가 mLightSensorButtonBrightness로 설정된다.

❷-4 앞서 계산된 최종적인 버튼 밝기가 0보다 클 경우 파워 매니저 서비스의 다음 상태인 newState에 BUTTON_BRIGHT_BIT 비트를 설정하고 버튼 밝기가 0인 경우 BUTTON_BRIGHT_BIT 비트를 제거하고 0보다 작을 경우는 비트 설정 없이 newState를 반환한다.

❸ applyKeyboardState() 메서드는 applyButtonState() 메서드와 마찬가지로 키보드 밝기 레벨이 0보다 클 경우 파워 매니저 서비스의 다음 상태인 newState에 KEYBOARD_BRIGHT_BIT 비트를 설정하고 키보드 밝기 레벨이 0인 경우 KEYBOARD_BRIGHT_BIT 비트를 제거하고 0보다 작을 경우는 비트 설정 없이 newState를 반환한다.

코드 5-29는 applyKeyboardState() 메서드이다.

```
private int applyKeyboardState(int state) {
    int brightness = -1;
    if ((state & BATTERY_LOW_BIT) != 0) {            ← ❸-1
        return state;
    }
    if (!mKeyboardVisible) {
        brightness = 0;                              ← ❸-2
```

```
      } else if (mButtonBrightnessOverride >= 0) {
         brightness = mButtonBrightnessOverride;          ─ 3-3
      } else if (mLightSensorKeyboardBrightness >= 0 && mUseSoftwareAutoBrightness) {
         brightness = mLightSensorKeyboardBrightness;     ─ 3-4
      }
      if (brightness > 0) {
         return state | KEYBOARD_BRIGHT_BIT;
      } else if (brightness == 0) {
         return state & ~KEYBOARD_BRIGHT_BIT;             ─ 3-5
      } else {
         return state;
      }
   }
}
```

📁 frameworks/base/services/java/com/android/server/PowerManagerService.java

코드 5-29 applyKeyboardState() 메서드

3-1 파워 매니저 서비스의 다음 상태인 newState에 BATTERY_LOW_BIT 비트가 설정되어 있으면 키보드 밝기를 제어하지 않고 바로 반환한다.

3-2 키보드가 없는 기기의 경우는 키보드 밝기를 0으로 설정한다.

3-3 윈도우 매니저 서비스 등에서 setButtonBrightnessOverride() 메서드를 통해 mButtonBrightnessOverride를 설정하면 키보드 밝기가 mButtonBrightnessOverride로 설정된다.

3-4 라이트 센서에 의해 mLightSensorKeyboardBrightness가 설정되면 키보드 밝기가 mLightSensorKeyboardBrightness로 설정된다.

3-5 앞서 계산된 최종적인 키보드 밝기가 0보다 클 경우 파워 매니저 서비스의 다음 상태인 newState에 KEYBOARD_BRIGHT_BIT 비트를 설정하고 키보드 밝기가 0인 경우 KEYBOARD_BRIGHT_BIT 비트를 제거하고 0보다 작을 경우는 비트 설정 없이 newState를 반환한다.

차이 상태 계산

파워 매니저 서비스의 다음 상태와 현재 상태를 XOR 연산을 통해 차이 상태 비트를 얻고 그것에 강제 상태를 더함으로써 차이 상태를 계산한다. 차이 상태가 0이면 파워 매니저

서비스 상태의 변화가 없는 경우이므로 바로 반환한다.

코드 5-30은 파워 매니저 서비스의 차이 상태를 계산하는 코드이다.

```
private void updateLightsLocked(int newState, int forceState) {
    // 코드 5-27
    final int realDifference = (newState ^ oldState);            ─❹
    final int difference = realDifference | forceState;  ┐
    if (difference == 0) {                               ├─❺
        return;                                          │
    }                                                    ┘
    ...
}
```

📁 frameworks/base/services/java/com/android/server/PowerManagerService.java

코드 5-30 updateLightsLocked() 메서드 : 차이 상태 계산

❹ 파워 매니저 서비스의 다음 상태인 newState와 현재 상태인 oldState에 XOR 연산을 수행함으로써 차이 상태를 구한다. [5-30]

❺ 차이 상태와 강제 상태를 더해도 그 차이가 0일 경우는 화면 밝기 동작을 수행하지 않고 바로 반환한다. [5-30]

Ⅳ 버튼과 키보드 밝기 비트 매스킹 [5-41]

차이 상태에 KEYBOARD_BRIGHT_BIT 비트 혹은 BUTTON_BRIGHT_BIT 비트가 설정되어 있으면 onMask에 매스킹 처리하고 비트 설정이 안 되어 있으면 offMask에 매스킹 처리를 한다. updateLightsLocked() 메서드의 마지막 동작으로서 처리된 매스킹에 의해 버튼 및 키보드 밝기를 제어한다.(Ⅸ) [5-41]

코드 5-31은 버튼 및 키보드 밝기 비트 설정에 따른 매스킹 처리를 하는 코드이다.

```
private void updateLightsLocked(int newState, int forceState) {
    // 코드 5-27
    // 코드 5-30
    if ((difference & KEYBOARD_BRIGHT_BIT) != 0) {
```

```
            if ((newState & KEYBOARD_BRIGHT_BIT) == 0) {
                offMask |= KEYBOARD_BRIGHT_BIT;     ─❻
            } else {
                onMask |= KEYBOARD_BRIGHT_BIT;      ─❼
            }
        }

        if ((difference & BUTTON_BRIGHT_BIT) != 0) {
            if ((newState & BUTTON_BRIGHT_BIT) == 0) {
                offMask |= BUTTON_BRIGHT_BIT;       ─❽
            } else {
                onMask |= BUTTON_BRIGHT_BIT;        ─❾
            }
        }
        …
}
```

코드 5-31 updateLightsLocked () : 버튼과 키보드 밝기 비트 매스킹

❻ 파워 매니저 서비스의 차이 상태에 KEYBOARD_BRIGHT_BIT 비트가 설정되어 있고 다음 상태에는 KEYBOARD_BRIGHT_BIT 비트가 설정되어 있지 않으면 offMask에 KEYBOARD_BRIGHT_BIT 비트를 설정한다.

❼ 파워 매니저 서비스의 차이 상태에 KEYBOARD_BRIGHT_BIT 비트가 설정되어 있고 다음 상태에도 KEYBOARD_BRIGHT_BIT 비트가 설정되어 있으면 onMask에 KEYBOARD_BRIGHT_BIT 비트를 설정한다.

❽ 파워 매니저 서비스의 차이 상태에 BUTTON_BRIGHT_BIT 비트가 설정되어 있고 다음 상태에는 BUTTON_BRIGHT_BIT 비트가 설정되어 있지 않으면 offMask에 BUTTON_BRIGHT_BIT 비트를 설정한다.

❾ 파워 매니저 서비스의 차이 상태에 BUTTON_BRIGHT_BIT 비트가 설정되어 있고 다음 상태에도 BUTTON_BRIGHT_BIT 비트가 설정되어 있으면 onMask에 BUTTON_BRIGHT_BIT 비트를 설정한다.

Ⅴ 차이 상태에 SCREEN_ON_BIT 비트 혹은 SCREEN_BRIGHT_BIT 비트 설정 여부 확인

Ⅵ 목표 밝기 레벨 및 총 전환 시간 계산

파워 매니저 서비스의 차이 상태에 SCREEN_ON_BIT 비트 혹은 SCREEN_BRIGHT_BIT 비트가 설정되어 있으면 다음 상태에 화면 밝기 전환이 필요한 경우이다. 화면 밝기 전환에는 전환하고자 하는 최종 목표 밝기 레벨과 총 전환 시간을 계산하여 'mScreenBrightnessUpdaterThread' 핸들러 쓰레드의 animateTo() 메서드의 인자로 입력한다.

최종 목표 밝기 레벨은 스크린 Off 상태의 밝기 레벨인 0, 스크린 디밍 상태의 밝기 레벨인 20 그리고 유저에 의해 설정 가능한 스크린 최대 밝기 상태의 밝기 레벨인 SCREEN_BRIGHTNESS 설정 값들 중에 하나가 된다. 물론 디밍 상태의 밝기 레벨은 제조사에 의해 변경할 수 있다. 그리고 총 전환 시간은 steps와 NOMINAL_FRAME_TIME_MS(=1000/60)의 곱셈에 의해 결정된다.

코드 5-32는 최종 목표 밝기와 steps를 계산하는 코드이다.

```
private void updateLightsLocked(int newState, int forceState) {
    // 코드 5-27
    // 코드 5-30
    // 코드 5-31
    // 최종 목표 밝기 및 steps 계산                                          ―❿
    int dt = steps * NOMINAL_FRAME_TIME_MS;
    mScreenBrightnessAnimator.animateTo(brightness, SCREEN_BRIGHT_BIT, dt); ―⓫
    ...
}
```

📁 frameworks/base/services/java/com/android/server/PowerManagerService.java

코드 5-32 updateLightsLocked() 메서드 : steps 계산

❿ 파워 매니저 서비스의 다음 상태에 SCREEN_BRIGHT_BIT 비트와 SCREEN_ON_BIT 비트의 설정 여부에 따라 최종 목표 밝기는 유저가 설정한 최대 밝기이거나 디밍 상태의 밝기이거나 0이 된다. 또한, steps는 실제 코드에서 if, else 조건문의 연속으로 인해 복잡하게 보이지만 결국 표 5-25와 같이 파워 매니저 서비스의 현재 상태와 다음 상태에 따라 계산되어진다.

표 5-25 steps 계산[37]

현재 상태 \ 다음 상태	ON	DIM	OFF
ON		ANIM_STEPS*(1.0f-ratio)*scale	ANIM_STEPS
DIM	ANIM_STEPS		ANIM_STEPS*ratio*scale
OFF	ANIM_STEPS	ANIM_STEPS	

5-32
⓫ 이와 같이 계산된 steps와 NOMINAL_FRAME_TIME_MS 매크로를 곱한 값과 CREEN_BRIGHT_BIT 비트 그리고 목표 밝기 값을 인자로 해서 'mScreenBrightnessUpdaterThread' 핸들러 쓰레드의 animateTo() 메서드를 호출함으로써 화면의 점차적인 밝기 제어를 한다.

5-41
Ⅶ 전환 밝기 레벨 계산 및 ANIMATE_LIGHTS 송신

animateTo() 메서드는 animateInternal() 메서드를 호출하여 전환 밝기 계산 및 ANIMATE_LIGHTS 메시지 전송을 수행한다. 현재 밝기와 최종 목표 밝기가 같지 않으면 다음 전환 밝기인 newValue를 계산하여 ANIMATE_LIGHTS 메시지에 인자로 넣고 animateInternal() 메서드의 인자로 넘어온 전환 delay 이후에 메시지를 전송한다. 최초 한번은 delay가 0이다.

코드 5-33은 animateInternal() 메서드에서 전환 밝기인 newValue를 계산하는 코드이다.

```
private void animateInternal(int mask, boolean turningOff, int delay) {
    final int elapsed = (int) (now - startTimeMillis);
    int delta = endValue - startValue;
    newValue = startValue + delta * elapsed / duration;
    newValue = Math.max(PowerManager.BRIGHTNESS_OFF, newValue);
    newValue = Math.min(PowerManager.BRIGHTNESS_ON, newValue);
    ...
    Message msg = mScreenBrightnessHandler
            .obtainMessage(ANIMATE_LIGHTS, mask, newValue);
    mScreenBrightnessHandler.sendMessageDelayed(msg, delay);
}
```
❶ ❷ ❸

---

37. ANIM_STEPS은 60으로 정의되어 있으며 ratio는 디밍 상태 밝기 레벨을 유저 설정 화면 최대 밝기 레벨로 나눈 값이며 scale은 1.5로 정의되어 있다.

📁 frameworks/base/services/java/com/android/server/PowerManagerService.java

코드 5-33 animateInternal() 메서드 : newValue 계산 및 ANIMATE_LIGHTS 메시지 전송

❶ startTimeMillis는 부팅 후 현재까지의 소비된 시간이며 startValue는 화면 밝기 동작의 초기 화면 밝기이고 endValue는 최종 목표 밝기이다. 또한, duration은 WINDOW_ANIMATION_SCALE 데이터베이스를 저장하는 mWindowScaleAnimation와 animateTo() 메서드의 세 번째 인자인 steps와 NOMINAL_FRAME_TIME_MS를 곱한 값을 서로 곱해서 나온 결과 값이다.

❷ 첫 번째 인자를 mask, 두 번째 인자를 newValue로 하는 ANIMATE_LIGHTS 메시지를 생성한다. mask는 animateTo() 메서드의 두 번째 인자이며 여기서는 SCREEN_BRIGHT_BIT 비트로 설정되어 있다.

❸ ANIMATE_LIGHTS 메시지를 delay 이후에 'mScreenBrightnessUpdaterThread' 핸들러 쓰레드의 메시지 큐로 전송한다. 최초 한번은 delay가 0이며 그 이후에는 Ⅷ에서 계산되어진다.

Ⅷ 전환 밝기 레벨에 따른 화면 밝기 제어 및 delay 계산

'mScreenBrightnessUpdaterThread' 핸들러 쓰레드의 핸들러인 mScreenBrightnessHandler는 ANIMATE_LIGHTS 메시지에 대한 처리를 한다. ANIMATE_LIGHTS 메시지의 두 번째 인자인 전환 밝기에 의해 화면 밝기를 제어하며 delay를 다시 계산하여 animateInternal() 메서드를 호출함으로써 Ⅶ을 다시 수행한다. 이런 식으로 현재 밝기 레벨이 최종 목표 밝기 레벨과 동일해질 때까지 Ⅶ, Ⅷ을 반복 수행한다.

코드 5-34는 mScreenBrightnessHandler에서 화면 밝기 제어 및 delay를 다시 계산하는 코드이다.

```
protected void onLooperPrepared() {
    mScreenBrightnessHandler = new Handler() {
        public void handleMessage(Message msg) {
            if (msg.what == ANIMATE_LIGHTS) {
                final int mask = msg.arg1;
```

```
            int value = msg.arg2;
            if ((mask & SCREEN_BRIGHT_BIT) != 0) {
                mLcdLight.setBrightness(value, brightnessMode);                    ―❶
            }
            int delay=elapsed<NOMINAL_FRAME_TIME_MS ? NOMINAL_FRAME_TIME_MS : 1;   ―❷
            animateInternal(mask, false, delay);                                   ―❸
        }
      }
    }
  }
```

📁 frameworks/base/services/java/com/android/server/PowerManagerService.java

코드 5-34 mScreenBrightnessHandler : 화면 밝기 제어 및 delay 계산

⁵⁻³⁴
❶ ANIMATE_LIGHTS 메시지의 두 번째 인자인 전환 밝기에 의해 화면 밝기를 제어한다.

⁵⁻³⁴
❷ delay는 대부분 NOMINAL_FRAME_TIME_MS 매크로에 의해 16msec(1000/60) 값을 가진다.

⁵⁻³⁴
❸ 다시 계산된 delay를 인자로 해서 animateInternal() 메서드를 호출함으로써 ⁵⁻⁴¹Ⅶ을 다시 수행한다.

⁵⁻⁴¹
Ⅸ 매스킹에 따른 버튼 및 키보드 밝기 제어

offMask에 저장되어 있는 밝기 비트에 따라 버튼 및 키보드의 밝기를 0으로 조절하며 onMask에 저장되어 있는 밝기 비트에 따라 버튼 및 키보드의 밝기를 유저 설정 밝기 레벨로 조절하는데 이때 파워 매니저 서비스 상태에 BATTERY_LOW_BIT가 설정되어 있으면 밝기 레벨은 BRIGHTNESS_LOW_BATTERY 매크로 값인 10으로 고정된다.

```
private void updateLightsLocked(int newState, int forceState) {
    // 코드 5-27
    // 코드 5-30
    // 코드 5-31
    // 코드 5-32
    if (offMask != 0) {
      setLightBrightness(offMask, PowerManager.BRIGHTNESS_OFF);   ―⓬
    }
```

```
if (onMask != 0) {
    int brightness = getPreferredBrightness();
    if ((newState & BATTERY_LOW_BIT) != 0 &&
        brightness > PowerManager.BRIGHTNESS_LOW_BATTERY) {
        brightness = PowerManager.BRIGHTNESS_LOW_BATTERY;
    }
    setLightBrightness(onMask, brightness);
}
```

📁 frameworks/base/services/java/com/android/server/PowerManagerService.java

코드 5-35 updateLightsLocked() : 매스킹에 따른 버튼 및 키보드 밝기 제어

❶❷ offMask에 설정되어 있는 밝기 비트에 의해 버튼 및 키보드의 밝기를 0으로 설정한다.

❶❸ 파워 매니저 서비스의 다음 상태에 BATTERY_LOW_BIT 비트가 설정되어 있고 유저 설정 밝기가 10보다 큰 경우는 버튼 및 키보드의 밝기를 10으로 설정한다.

5.4.7 Wake Lock 플래그와 태그

Wake Lock의 3대 동작인 생성, 획득 그리고 해제를 설명하기에 앞서 Wake Lock의 중요 구성 요소인 플래그와 태그에 대해서 설명한다.

1. Wake Lock 플래그

Wake Lock 플래그는 Wake Lock의 기능별 분류이다. 자동차의 예를 들면 불을 끄는 소방차, 환자를 이송하는 구급차, 짐을 옮기는 트럭, 일상생활에서 사용하는 승용차 등 자동차의 기능에 따른 분류를 의미하며 이것을 그림 5-42가 보여준다.

그림 5-42 Wake Lock 플래그의 개념

안드로이드에서는 Wake Lock 플래그를 표 5-26과 같이 정의하고 있다.

표 5-26 Wake Lock 플래그 종류

플래그 이름	비트 설정	의미
PARTIAL_WAKE_LOCK[38]	0000 0001	CPU Sleep 상태로의 진입을 막아주는 Wake Lock이다. 화면이 꺼지더라도 음악이 재생되어야 하거나 블루투스로 파일 전송이 되어야 하는 등의 백그라운드 동작을 요구하는 경우에 사용한다. 타이머 및 파워 버튼의 동작과 상관없이 CPU는 항상 동작 상태를 유지한다. 즉, 스크린 Off 상태가 된다고 해서 CPU Sleep 상태가 된 것이 아니라 Early Suspend 상태에 머물러 있게 되는 것이다. PARTIAL_WAKE_LOCK일 경우에만 Wake Lock 정보가 커널 영역에 전달되어 Early Suspend 동작은 수행되지만, Suspend 동작을 막음으로써 CPU Sleep 상태로의 진입을 금지한다.
FULL_WAKE_LOCK	0001 1010	스크린과 키보드가 최대 밝기 상태를 유지 한다.
SCREEN_BRIGHT_WAKE_LOCK	0000 1010	스크린만 최대 밝기 상태로 유지하고 키보드는 Off 된다.
SCREEN_DIM_WAKE_LOCK	0000 0110	스크린만 디밍 상태를 유지하고 키보드는 Off 된다.
PROXIMITY_SCREEN_OFF_WAKE_LOCK	0010 0000	근접 센서에 의해 스크린이 제어된다.
ACQUIRE_CAUSES_WAKEUP	0x10000000	스크린 Off 상태에서는 FULL_WAKE_LOCK 혹은 SCREEN_DIM_WAKE_LOCK 플래그를 가진 Wake Lock에 의해서 스크린이 On 상태가 되지 않는다. 이 경우는 ACQUIRE_CAUSES_WAKEUP 플래그를 함께 사용해야 스크린이 On 상태가 된다. 예를 들어, 팝업창같이 사용자로 하여금 즉각적으로 인식할 수 있게 해야 하는 용도로 사용된다. 그리고 PARTIAL_WAKE_LOCK은 화면 밝기는 전혀 컨트롤 하지 않으므로 PARTIAL_WAKE_LOCK 플래그와 사용하는 것은 전혀 의미가 없다.
ON_AFTER_RELEASE	0x20000000	Wake Lock이 해제될 때 유저 액티비티를 발생시켜 스크린 타임아웃 타이머를 리셋시킴으로서 타임아웃만큼 스크린을 On 시키게 된다. Wake Lock이 반복적으로 설정 및 해제가 될 때 깜빡임 현상을 줄일 수 있다. 이 경우도 화면 밝기를 컨트롤하지 않는 PARTIAL_WAKE_LOCK 플래그와 사용하는 것은 의미가 없다.

WAIT_FOR_PROXIMITY_NEGATIVE	0000 0001	근접 센서에 의해 Wake Lock 해제 시 근접 센서 드라이버가 Off 될 때까지 해제 동작을 지체시키는 역할을 한다.

표 5-26에서 보듯이 비트 설정을 통해 Wake Lock 플래그를 구별하고 있으며 이를 파워 매니저 클래스에서는 코드 5-36과 같이 Wake 비트로 정의하고 있다.

```
private static final int WAKE_BIT_CPU_STRONG = 1;
private static final int WAKE_BIT_CPU_WEAK = 2;
private static final int WAKE_BIT_SCREEN_DIM = 4;
private static final int WAKE_BIT_SCREEN_BRIGHT = 8;
private static final int WAKE_BIT_KEYBOARD_BRIGHT = 16;
private static final int WAKE_BIT_PROXIMITY_SCREEN_OFF = 32;
```

📁 frameworks/base/core/java/android/os/PowerManager.java

코드 5-36 Wake 비트의 정의

표 5-26에서 정의된 Wake Lock 플래그에 따른 비트 설정과 코드 5 36에서 정의된 Wake 비트의 정의에 의해 비트 설정을 도식화하면 그림 5-43과 같다.

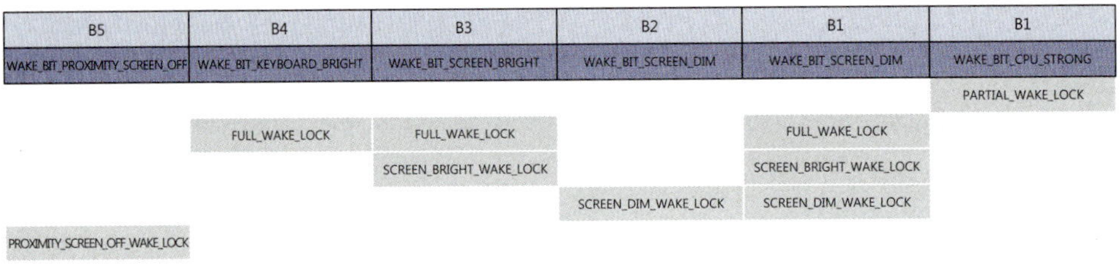

B5	B4	B3	B2	B1	B1
WAKE_BIT_PROXIMITY_SCREEN_OFF	WAKE_BIT_KEYBOARD_BRIGHT	WAKE_BIT_SCREEN_BRIGHT	WAKE_BIT_SCREEN_DIM	WAKE_BIT_SCREEN_DIM	WAKE_BIT_CPU_STRONG
					PARTIAL_WAKE_LOCK
	FULL_WAKE_LOCK	FULL_WAKE_LOCK		FULL_WAKE_LOCK	
		SCREEN_BRIGHT_WAKE_LOCK		SCREEN_BRIGHT_WAKE_LOCK	
			SCREEN_DIM_WAKE_LOCK	SCREEN_DIM_WAKE_LOCK	
PROXIMITY_SCREEN_OFF_WAKE_LOCK					

그림 5-43 Wake Lock 플래그에 따른 비트 설정

첫 번째 Wake 비트의 이름이 WAKE_BIT_CPU_STRONG인데 이 비트가 설정되면 PARTIAL_WAKE_LOCK 플래그를 의미한다는 것을 통해 PARTIAL_WAKE_LOCK 플래그를 가진 Wake Lock이 CPU Sleep을 직접적이고 강력하게 금지하겠다는

---

[38] 안드로이드 플랫폼에서 PARTIAL_WAKE_LOCK은 유저 영역에서 영향을 미치는 요소는 없고 단지 커널 영역에서만 영향을 미치므로 그런 의미로 PARTIAL이라는 이름을 붙인 것이다. 나머지 Wake Lock들은 유저 영역에서 화면 밝기를 제어함으로써 커널 영역에서의 Early Suspend 진입을 방지하는 역할을 하므로 두 영역에서 모두 영향을 주고 있다.

엔지니어의 의도를 엿볼 수 있다. 나머지 화면 밝기를 제어하는 FULL_WAKE_LOCK, SCREEN_BRIGHT_WAKE_LOCK 그리고 SCREEN_DIM_WAKE_LOCK 플래그 등은 공통으로 WAKE_BIT_CPU_WEAK 비트가 설정되어 있다. PARTIAL_WAKE_LOCK 플래그처럼 커널 영역으로 직접 전달되지 않으므로 WAKE_BIT_CPU_STRONG와 반대의 의미를 부여했음을 알 수 있다.

2. Wake Lock 태그

Wake Lock 태그는 Wake Lock의 이름이며 Wake Lock을 생성하는 애플리케이션 혹은 서비스를 의미하는 이름을 가진다. 자동차를 예를 들자면 쏘나타, K5, SM5, 말리부 등의 승용차에 대한 모델명이 Wake Lock의 태그에 해당한다.

표 5-27은 안드로이드 플랫폼에서 사용 중인 Wake Lock 태그의 예제이다.

표 5-27 Wake Lock 태그 예제

애플리케이션 / 서비스	Wake Lock 태그
AlarmManagerService	"AlarmManager"
BluetoothA2dpService	"BluetoothA2dpService"
GsmServiceStateTracker	"ServiceStateTracker"
KeyguardViewMediator	"Keyguard", "show keyguard", "keyguardWakeAndHandOff"
LocationManagerService	"LocationManagerService"
MediaPlaybackService	"MediaPlaybackService"
RIL	"RILJ"

5.4.8 Wake Lock 생성

클라이언트가 파워 매니저 서비스의 Wake Lock 기능을 사용하기 위해서는 제일 먼저 Wake Lock을 생성해야 하며 그것은 파워 매니저 서비스의 래퍼 클래스인 파워 매니저 클래스를 통해 WakeLock^{PowerManager} 객체[39]를 생성함을 의미한다. 물론 파워 매니저 서비스를 이용하기 위해서는 래퍼 클래스인 파워 매니저 클래스를 통하지 않고 파워 매니저 서비스의 프록시

---

[39] Wake Lock 생성 동작에서는 파워 매니저 클래스에 존재하는 Wake Lock 객체를 생성하지만, Wake Lock 획득 동작 시에는 파워 매니저 서비스 클래스에 존재하는 Wake Lock 객체를 생성하므로 두 개의 구별을 위해 WakeLock^{PowerManager} 와 WakeLock^{PowerManagerService}로 표시한다. 표 5-32를 참고하라.

객체를 통해 이용할 수도 있지만[40] 이 경우는 클라이언트가 갑자기 죽는 경우에 대한 예외 처리를 할 수 없게 된다.

즉, 클라이언트는 대부분 애플리케이션이 될 것이고 안드로이드 플랫폼에서 애플리케이션은 Crash 발생하거나 메모리 관리에 의해 종료되는 상황이 발생할 수 있다. 이 경우 파워 매니저 클래스를 통하지 않고 파워 매니저 서비스의 프록시를 이용하여 Wake Lock 획득 동작을 통해 Wake Lock을 활성화시킨 상황이라면 이상 종료 발생 시 활성화된 Wake Lock이 해제되지 않고 남아 있게 되므로 화면 밝기가 지속되거나 아니면 시스템이 Sleep 상태로 진입하지 못하게 될 것이다. 그래서 애플리케이션 이상 종료 발생 시 획득된 Wake Lock을 해제시키는 예외처리를 해야하며 그것의 구현을 위해 WakeLock^{PowerManager} 객체 생성 시 하나의 바인더 객체를 생성한다. 그것이 결국 Wake Lock 생성 동작이며 애플리케이션이 이상 종료되면 바인더 객체도 죽게 되는데 이때 파워 매니저 서비스의 binderDied() 메서드가 호출되어 해당 Wake Lock에 대해 해제 동작을 하게 된다[41].

Wake Lock 생성 동작은 플래그와 태그를 인자로 newWakeLock() 메서드를 호출함으로써 수행된다.

그림 5-44는 파워 매니저 클래스에서의 Wake Lock 생성 동작을 나타낸 것이다.

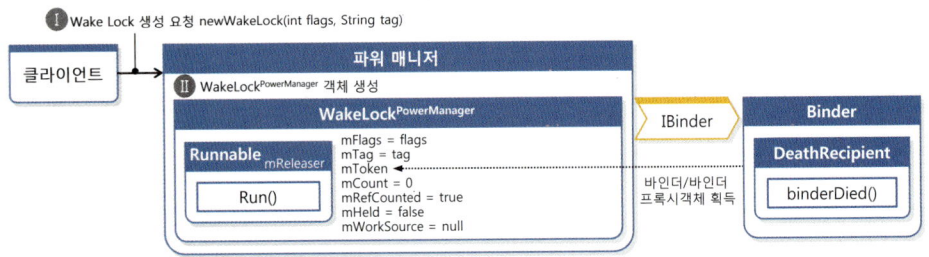

그림 5-44 Wake Lock 생성

❶ 클라이언트에서 Wake Lock 생성은 newWakeLock() 메서드를 호출함으로써 생성되며 5.4.7절에서 설명한 Wake Lock의 기능을 결정하는 플래그와 Wake Lock의 이름에 해당하는 태그가 메서드의 인자가 된다.

---

40 · 5.6절 파워 매니저 서비스의 직접 이용, 5.7절 파워 매니저 서비스를 이용하지 않는 Wake Lock
41 · 안드로이드의 대부분의 서비스는 이러한 방법을 통해 예외 처리를 하고 있다.

코드 5-37은 newWakeLock() 메서드이다.

```
public WakeLock newWakeLock(int flags, String tag) {
    if (tag == null) {
        throw new NullPointerException("tag is null in PowerManager.newWakeLock");  ——❶
    }
    return new WakeLock(flags, tag);                                                ——❷
}
```

📁 frameworks/base/core/java/android/os/PowerManager.java

코드 5-37 newWakeLock() 메서드

5-37
❶ Wake Lock 생성 시 Wake Lock의 이름인 태그 정보가 없으면 Exception 발생한다. 플래그 정보는 WakeLock^{PowerManager} 객체 생성 시 체크하여 안드로이드에서 정의된 플래그가 아니면 Exception 발생한다.

5-37
❷ 플래그와 태그 정보를 인자로 해서 WakeLock^{PowerManager} 객체를 생성한다.

5-44
🅘 Wake Lock 생성 요청을 받으면 파워 매니저 클래스에서는 WakeLock^{PowerManager} 객체를 생성한다. WakeLock^{PowerManager} 객체는 바인더 생성, 플래그, 태그, 레퍼런스 카운트 그리고 획득 완료 등의 정보를 저장하는 각종 멤버 변수 생성 그리고 타임아웃이 있는 Wake Lock 획득 시 타임아웃 이후에 해제하기 위해 필요한 runnable 객체 생성 등의 동작을 수행한다.

코드 5-38은 WakeLock^{PowerManager} 클래스이다.

```
public class WakeLock {
    Runnable mReleaser = new Runnable() {       ——❶
        public void run() {
            release();
        }
    };

    int mFlags;
    String mTag;
```

```
        IBinder mToken;
        int mCount = 0;
        boolean mRefCounted = true;
        boolean mHeld = false;
        WorkSource mWorkSource;

        WakeLock(int flags, String tag) {
            switch (flags & LOCK_MASK) {
                case PARTIAL_WAKE_LOCK:
                case SCREEN_DIM_WAKE_LOCK:
                case SCREEN_BRIGHT_WAKE_LOCK:
                case FULL_WAKE_LOCK:
                case PROXIMITY_SCREEN_OFF_WAKE_LOCK:
                    break;
                default:
                    throw new IllegalArgumentException();         ❸
            }

            mFlags = flags;
            mTag = tag;
            mToken = new Binder();                                ❹
        }
    }
```

📁 frameworks/base/core/java/android/os/PowerManager.java

코드 5-38 WakeLock^{PowerManager} 클래스

5-38
❶ 타임아웃이 있는 Wake Lock 획득 동작 시 타임아웃 이후에 자동으로 Wake Lock 해제 동작을 수행하는 Runnable 객체를 생성한다.

5-38
❷ WakeLock^{PowerManager} 객체의 멤버 변수에 대한 설명은 표 5-28과 같다.

표 5-28 WakeLockPowerManager 객체의 멤버 변수

타입	변수명	역할
int	mFlags	인자로 넘어온 플래그를 저장한다.
String	mTag	인자로 넘어온 태그를 저장한다.

타입	변수명	역할
IBinder	mToken	바인더 객체 레퍼런스 혹은 바인더 프록시 객체 레퍼런스를 저장한다. Wake Lock을 생성하는 클라이언트의 uid가 시스템이면 바인더 객체 레퍼런스를 반환받고 아닌 경우는 바인더 프록시 객체 레퍼런스를 반환받는다. 파워 매니저 서비스를 이용하는 클라이언트가 사라졌을 경우 예외 처리를 위한 용도이며 리모트 서비스를 사용하는 경우는 대부분 이렇게 예외 처리를 한다. 예외 처리 메서드인 binderDied() 메서드에서는 Wake Lock 해제 동작을 수행한다.
int	mCount	레퍼런스 카운트 값이며 Wake Lock 획득 시 증가하고 해제 시 감소한다. 레퍼런트 카운트 이용 여부를 나타내는 mRefCounted 값이 true이면 mCount 값이 0일 경우만 파워 매니저 서비스 상태를 갱신하며 false이면 항상 파워 매니저 서비스 상태를 갱신한다. 여기서는 아직 생성 과정이므로 초깃값인 0을 가진다.
boolean	mRefCounted	레퍼런스 카운트의 이용 여부를 의미하는 변수이며 디폴트 값은 true이다. true이면 mCount 값이 0일 경우에만 파워매니저 서비스 상태가 갱신되고 false이면 항상 갱신된다. 즉, true이면 최초 획득 과정과 마지막 해제 과정의 경우에만 파워 매니저 서비스 상태를 갱신한다. 또한, 필요한 경우 setReferenceCounted() 메서드에 의해 mRefCounted 설정을 변경할 수 있다.
boolean	mHeld	파워 매니저 서비스에서 Wake Lock 획득 과정이 완료되었는지 여부를 의미하는 변수이며 디폴트 값은 false이다. 파워 매니저 서비스에서 획득 과정이 완료되면 true로 변경된다. 여기서는 생성 과정이므로 false이다.
WorkSource	mWorkSource	setWorkSource() 메서드의 객체 레퍼런스를 저장하며 일반적으로 Wake Lock 생성, 획득 및 해제는 하나의 클라이언트에서 동일 Wake Lock에 대해서 수행하므로 따로 설정하지 않으면 null이지만, 동일 Wake Lock에 대해서 여러 클라이언트가 획득 및 해제하거나 획득 및 해제에 대한 주체를 구별하고자 할 경우 사용한다.

레퍼런스 카운트 이용 여부 및 레퍼런스 카운트 값에 의해 실제 파워 매니저 서비스의 호출 여부가 결정되고 실제 현업에서도 파워 매니지먼트 디버깅 시에 굉장히 중요한 요소이므로 표 5-29를 통해 다시 한번 정리한다.

표 5-29 mRefCounted 설정 및 그 의미

타입	변수명	역할
mRefCounted	true	최초 Wake Lock 획득 시와 마지막 Wake Lock 해제 시 파워 매니저 서비스를 호출하여 파워 매니저 서비스 상태를 갱신한다.
	false	Wake Lock 획득 및 해제 시마다 파워 매니저 서비스를 호출하여 파워 매니저 서비스 상태를 갱신한다.

❸ 플래그 정보가 안드로이드에서 정의하고 있는 플래그가 아니면 Exception 발생한다.

❹ 바인더 객체를 생성하여 Wake Lock 생성을 요청하는 클라이언트의 정보를 얻을 수 있으며 클라이언트가 죽었을 경우 파워 매니저 서비스에서 예외 처리를 할 수 있게 해준다.

◉ Wake Lock 생성 예제

NFC 서비스 애플리케이션에서 Wake Lock을 생성하는 예제를 통해 파워 매니저 클래스에서의 실제 동작을 설명한다.

코드 5-39는 NFC 서비스 애플리케이션에서 getSystemService() 메서드를 통해 파워 매니저 클래스 객체 레퍼런스를 획득[42]하고 새로운 Wake Lock을 생성하는 코드이다.

```
PowerManager pm = (PowerManager) getSystemService(Context.POWER_SERVICE);
mWakeLock = pm.newWakeLock(PowerManager.PARTIAL_WAKE_LOCK, "NfcService");
```

📁 packages/apps/nfc/src/com/android/nfc/NfcService.java

코드 5-39 NFC 서비스 애플리케이션에서 파워 매니저 클래스 객체 레퍼런스 획득 및 Wake Lock 생성

코드 5-39에서 보듯이 플래그는 PARTIAL_WAKE_LOCK이고 태그는 'NfcService'이다. newWakeLock() 메서드는 플래그와 태그를 인자로 해서 WakeLock^{PowerManager} 객체를 생성하며 파워 매니저 클래스에서의 Wake Lock 생성 동작은 그림 5-45와 같다.

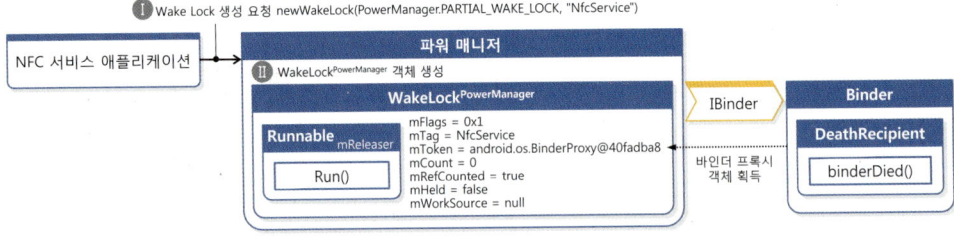

그림 5-45 NFC 서비스 애플리케이션에서 Wake Lock 생성

---

42 getSystemService() 메서드는 인자에 해당하는 XXX매니저 클래스 객체 레퍼런스를 반환한다. 5.5.2절을 참고하라.

Ⓘ NFC 서비스 애플리케이션에서 파워 매니저 클래스 객체 획득 후 newWakeLock() 메서드를 호출함으로써 파워 매니저 클래스에 Wake Lock 생성을 요청한다. newWakeLock() 메서드의 인자인 플래그는 PARTIAL_WAKE_LOCK이고 태그는 'NfcService' 이다.

Ⓘ Wake Lock 생성 요청을 받으면 파워 매니저 클래스에서는 WakeLock^{PowerManager} 객체를 생성한다.

WakeLock^{PowerManager} 객체에서 생성되는 각종 멤버 변수와 현재 상태는 표 5-30과 같다.

표 5-30 NFC 서비스 애플리케이션에서 Wake Lock 생성 후 파워 매니저 클래스에서의 멤버 변수 상태

변수명	현재 상태
mFlags	PARTIAL_WAKE_LOCK이며 그 값은 0×1이다[43].
mTag	태그는 NfcService이다.
mToken	바인더 프록시 객체 레퍼런스 값이며 android.os.BinderProxy@40fadba8이다. 달빅 가상 머신에서 생성하는 객체 레퍼런스 값이므로 당연히 일정한 값은 아니다.
mCount	아직 생성 과정이므로 초깃값인 0을 가진다.
mRefCounted	setReferenceCounted() 메서드에 의해 따로 설정하지 않으므로 초깃값인 true이다.
mHeld	아직 생성 과정이므로 초깃값인 false이다.
mWorkSource	setWorkSource() 메서드에 의해 따로 설정하지 않으므로 null 값을 가진다.

5.4.9 Wake Lock 획득

Wake Lock 생성이 파워 매니저 서비스를 이용하기 위한 준비 단계였다면 Wake Lock 획득은 실제 파워 매니저 서비스에서의 동작을 시작한다. 이러한 Wake Lock 획득은 클라이언트가 파워 매니저 클래스의 acquire() 메서드를 호출함으로써 시작되며 acquire() 메서드는 acquireLocked() 메서드를 호출하고 결국 파워 매니저 서비스의 acquireWakeLock() 메서드를 호출함으로써 실질적인 Wake Lock 획득 동작을 수행한다. 이때 인자로 전달되는 것은 플래그, 토큰, 태그 그리고 워크 소스이다.

그림 5-46은 Wake Lock 획득의 메서드 호출 과정을 보여준다.

---

[43] 표 5-26을 참고하라.

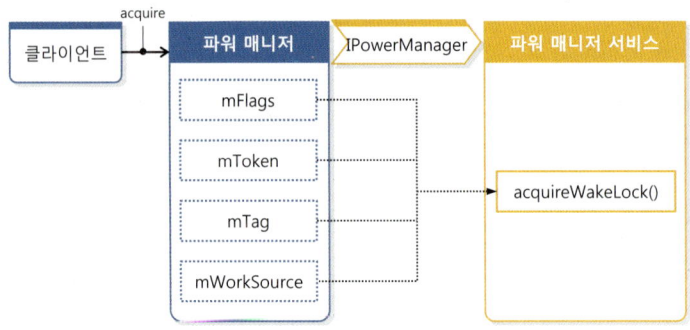

그림 5-46 Wake Lock 획득

Wake Lock 플래그에 의해 파워 매니저 서비스에서의 획득 동작이 결정되며 크게 두 가지로 나누어진다. PARTIAL_WAKE_LOCK은 화면 밝기는 제어하지 않으며 단지 커널 영역으로 전달되어 Suspend 동작이 수행되는 것을 막아주고 나머지 FULL_WAKE_LOCK, SCREEN_BRIGHT_WAKE_LOCK, SCREEN_DIM_WAKE_LOCK 그리고 PROXIMITY_SCREEN_OFF_WAKE_LOCK 등은 화면 밝기를 제어한다.

여기서 반드시 기억해야 할 점은 PARTIAL_WAKE_LOCK의 경우는 CPU Sleep 상태로의 진입을 막는다는 점이다. 만약 스크린이 Off 상태인데도 불구하고 CPU Sleep 상태로 진입이 안 되는 문제에 부딪힌다면 제일 먼저 PARTIAL_WAKE_LOCK 플래그를 가진 Wake Lock이 해제되지 않았는지 혹은 해제되었더라도 획득 개수와 해제 개수가 동일한지 반드시 확인해야 한다.

> TIP – Wake Lock 확인 사항
>
> 1. 스크린 Off 상태이며 Sleep 상태 진입 안 됨
>   - ▶ PARTIAL_WAKE_LOCK 플래그를 가진 Wake Lock이 해제되지 않았는지 확인
>   - ▶ 해제되었더라도 획득 개수와 해제 개수가 동일한지 확인
>
> 2. 스크린 최대 밝기 상태 계속 유지됨
>   - ▶ FULL_WAKE_LOCK 혹은 SCREEN_BRIGHT_WAKE_LOCK 플래그를 가진 Wake Lock이 해제되지 않았는지 확인
>   - ▶ 해제되었더라도 획득 개수와 해제 개수가 동일한지 확인
>
> 3. 스크린 디밍 상태 계속 유지됨
>   - ▶ SCREEN_DIM_WAKE_LOCK 플래그를 가진 Wake Lock이 해제되지 않았는지 확인
>   - ▶ 해제되었더라도 획득 개수와 해제 개수가 동일한지 확인

5.4절에서는 Wake Lock 획득의 일반적인 동작에 대해서 설명하고 5.5절에서 플래그별 예제를 통해 획득 동작의 플래그별 차이점에 대해서 이해한다.

Wake Lock 획득 동작은 파워 매니저 클래스의 acquire() 메서드에 의해 시작되며 타임아웃 인자가 있는 경우와 없는 경우가 존재하고 각각 파워 매니저 클래스에서의 동작이 다르므로 각각의 경우에 대해서 살펴본다. 타임아웃이 있는 경우는 Wake Lock 생성 시 파워 매니저 클래스에서 생성되었던 Runnable 객체에 의해 타임아웃 이후에 자동으로 Wake Lock 해제 동작을 수행한다.

1. 타임아웃이 없는 경우 Wake Lock 획득

타임아웃이 없는 경우 Wake Lock 획득 동작에 대한 순서도는 그림 5-47과 같다[44].

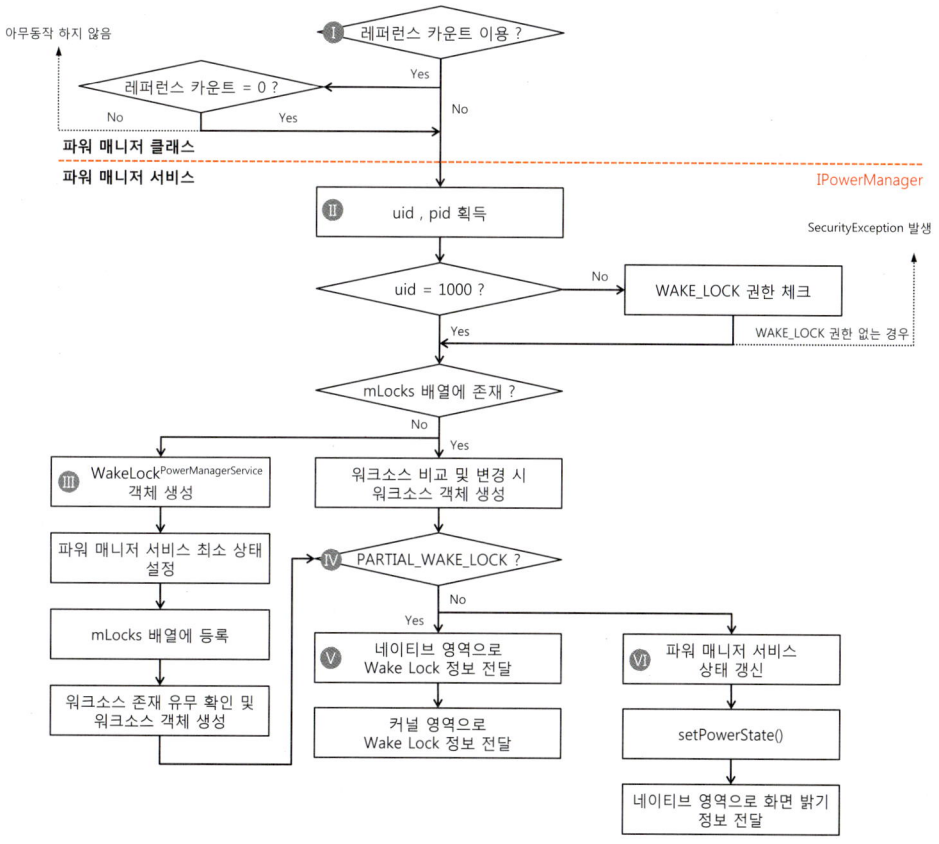

그림 5-47 Wake Lock 획득 과정 : 타임아웃 없는 경우

---

44 리모트 서비스인 파워 매니저 서비스를 호출한다는 표시를 위해 순서도에서는 간단히 붉은 점선으로 표시하였다.

❶ Ⅰ 획득 과정의 제일 처음은 레퍼런스 카운트 이용 여부 체크이다.

코드 5-40은 파워 매니저 클래스에서 파워 매니저 서비스의 호출을 결정하는 acquireLocked() 메서드이다.

```
private void acquireLocked() {
    if (!mRefCounted || mCount++ == 0) {                            ──❶
        mHandler.removeCallbacks(mReleaser);
        try {
            mService.acquireWakeLock(mFlags, mToken, mTag, mWorkSource);  ──❷
        } catch (RemoteException e) {
        }
        mHeld = true;                                               ──❸
    }
}
```

📁 frameworks/base/core/java/android/os/PowerManager.java

코드 5-40 acquireLocked() 메서드 : 파워 매니저 서비스의 호출

❶ mRefCounted 값이 true이면 mCount 값이 0일 경우만 파워 매니저 서비스를 호출하여 파워 매니저 서비스 상태를 갱신한다. 그리고 mRefCounted 값이 false이면 mCount 값에 상관없이 항상 파워 매니저 서비스를 호출하여 파워 매니저 서비스 상태를 갱신한다.

❷ 파워 매니저 서비스의 acquireWakeLock() 메서드를 호출함으로써 실질적인 Wake Lock 획득 동작을 시작하며 이때 플래그, 토큰, 태그 및 워크 소스를 인자로 전달한다.

❸ 파워 매니저 서비스에서의 Wake Lock 획득 동작이 완료되면 파워 매니저의 mHeld가 true로 변경된다.

❶ Ⅱ 파워 매니저 서비스로 획득 과정이 넘어오면 리모트 서비스를 호출하는 클라이언트의 uid 및 pid를 획득하고 WAKE_LOCK 권한[45]이 있는지 체크한다.

코드 5-41은 파워 매니저 서비스의 acquireWakeLock() 메서드이다.

---

45 xml 파일에 android.permission.WAKE_LOCK이 있는지 확인한다.

```
public void acquireWakeLock(int flags, IBinder lock, String tag, WorkSource ws) {
    int uid = Binder.getCallingUid();
    int pid = Binder.getCallingPid();
    if (uid != Process.myUid()) {
        mContext.enforceCallingOrSelfPermission(android.Manifest.permission.
        WAKE_LOCK, null);
    }                                                                                ❶
    if (ws != null) {
        enforceWakeSourcePermission(uid, pid);                                       ❷
    }
    long ident = Binder.clearCallingIdentity();
    try {
        synchronized (mLocks) {
            acquireWakeLockLocked(flags, lock, uid, pid, tag, ws);                   ❸
        }
    } finally {
        Binder.restoreCallingIdentity(ident);
    }
}
```

📁 frameworks/base/services/java/com/android/server/PowerManagerService.java

코드 5-41 acquireWakeLock() 메서드

5-41
❶ 리모트 서비스를 호출하는 클라이언트의 uid 및 pid를 획득하고 파워 매니저 서비스가 포함된 시스템 서버 프로세스외의 다른 프로세스가 파워 매니저 서비스를 호출하는 경우 WAKE_LOCK 권한 체크를 수행한다. 즉, 시스템 서버 프로세스의 uid(=1000)[46]와 비교해서 uid가 다를 경우만 WAKE_LOCK 권한을 체크한다. 만약 WAKE_LOCK 권한이 없는 프로세스가 파워 매니저 서비스를 호출할 경우에는 SecurityException이 발생하게 된다.

5-41
❷ 워크 소스가 null이 아닌 경우 UPDATE_DEVICE_STATS 권한이 있는지 체크한다. 이 경우도 WAKE_LOCK 권한 체크와 마찬가지로 시스템 서버 프로세스의 uid(=1000)와 비교해서 uid가 다를 경우만 체크한다.

5-41
❸ 권한 체크가 완료되면 acquireWakeLockLocked() 메서드를 호출함으로써 실질적인 파워 매니저 서비스에서의 획득 동작을 수행하게 된다.

---

46 /system/core/include/private/Android_filesystem_config.h 참고

⑪ acquireWakeLockLocked() 메서드는 제일 먼저 WakeLock^{PowerManagerService} 객체를 생성하고 mLocks 배열에 등록하는 과정을 수행하며 코드 5-42가 acquireWakeLockLocked() 메서드의 해당 코드이다.

```
public void acquireWakeLockLocked(int flags, IBinder lock, int uid, int pid,
        String tag, WorkSource ws) {
    int index = mLocks.getIndex(lock);
    if (index < 0) {                            ❶
        wl = new WakeLock(flags, lock, tag, uid, pid);
        switch (wl.flags & LOCK_MASK) {  ❷
            case PowerManager.FULL_WAKE_LOCK:
            if (mUseSoftwareAutoBrightness) {
                wl.minState = SCREEN_BRIGHT;
            } else {
                wl.minState = (mKeyboardVisible ? ALL_BRIGHT : SCREEN_BUTTON_BRIGHT);
            }
            break;
            case PowerManager.SCREEN_BRIGHT_WAKE_LOCK:
            wl.minState = SCREEN_BRIGHT;
            break;
            case PowerManager.SCREEN_DIM_WAKE_LOCK:
            wl.minState = SCREEN_DIM;
            break;
            case PowerManager.PARTIAL_WAKE_LOCK:
            case PowerManager.PROXIMITY_SCREEN_OFF_WAKE_LOCK:
            break;
        }
        mLocks.addLock(wl);                     ❸
        if (ws != null) {
            wl.ws = new WorkSource(ws);         ❹
        }
    } else {
        wl = mLocks.get(index);
        if (diffsource) {
            wl.ws = new WorkSource(ws);         ❺
        }
    }
    ...
}
```

📁 frameworks/base/services/java/com/android/server/PowerManagerService.java

코드 5-42 acquireWakeLockLocked() 메서드 : WakeLock^{PowerManagerService} 생성

5-42
❶ 파워 매니저 클래스의 WakeLock^{PowerManager} 객체 생성 시 생성되었던 바인더 객체에 대한 레퍼런스인 mToken이 acquireWakeLockLocked() 메서드의 두 번째 인자인 lock으로 전달되며 mLocks 배열에 WakeLock^{PowerManagerService} 객체 레퍼런스와 함께 저장한다. 결국, WakeLock^{PowerManager} 객체의 mToken과 WakeLock^{PowerManagerService} 객체는 1대1 매핑 관계에 있다. 이러한 매핑 관계는 클라이언트가 죽는 경우에 대한 예외 처리 용도이다.

그림 5-48은 파워 매니저 클래스에서 생성한 바인더 객체와 그것의 객체 레퍼런스인 mToken 그리고 WakeLock^{PowerManagerService} 객체와의 1대1 매핑 관계를 보여준다.

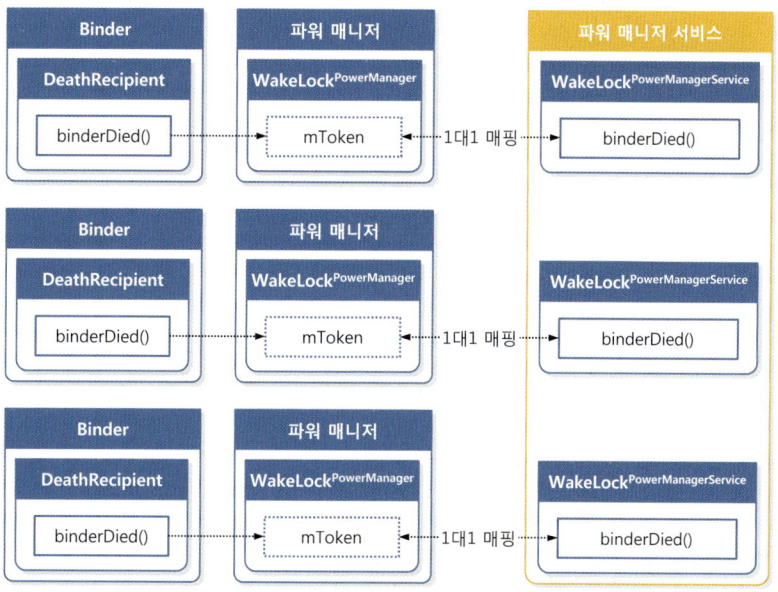

그림 5-48 mToken과 WakeLock^{PowerManagerService}의 1대1 매핑

파워 매니저 클래스에서 생성한 바인더 객체가 유효한지 확인하고 만약 유효하지 않으면 WakeLock^{PowerManagerService} 객체가 정의하고 있는 binderDied() 메서드를 호출하는데 binderDied() 메서드는 파워 매니저 서비스에서의 Wake Lock 해제 동작을 수행한다.

mLocks 배열에 바인더 객체와 1대1 매핑되는 WakeLock^{PowerManagerService} 객체 레퍼런스가 등록되어 있는지 확인하고 만약 등록되어 있지 않으면 WakeLock^{PowerManagerService} 객체, wl을 생성한다.

코드 5-43은 WakeLock^{PowerManagerService} 클래스이다.

```
private class WakeLock implements IBinder.DeathRecipient {
    ...
    public void binderDied() {
        synchronized (mLocks) {
            releaseWakeLockLocked(this.binder, 0, true);    ❶-1
        }
        ...
        boolean activated = true;                            ❶-2
    }
}
```

📁 frameworks/base/services/java/com/android/server/PowerManagerService.java

코드 5-43 WakeLock^{PowerManagerService} 클래스

5-43
❶-1 WakeLock^{PowerManager} 객체 생성 시 생성되었던 바인더가 유효한지(linkToDeath() 메서드) 확인해서 유효하지 않으면 binderDied() 메서드를 호출하며 WakeLock^{PowerManagerService} 클래스는 releaseWakeLockLocked() 메서드를 호출함으로써 Wake Lock 해제 동작을 수행한다.

5-43
❶-2 WakeLock^{PowerManagerService} 객체에는 activated라는 멤버 변수가 있는데 이것의 초깃값은 true이며 파워 버튼 혹은 근접 센서에 의해 스크린 Off 상태가 되면 false로 변경된다. 즉, 스크린 Off 상태가 된다고 해서 활성화되어 있던 Wake Lock들이 해제되는 것이 아니라 activated가 false로 변경됨으로써 비활성화 상태로 변경된다는 사실 명심하길 바란다.

5-42
❷ Wake Lock의 플래그에 따라 파워 매니저 서비스의 최소 상태를 wl 객체의 minState에 저장한다.

표 5-31은 플래그별 파워 매니저 서비스의 최소 상태이다.

표 5-31 플래그별 파워 매니저 서비스의 최소 상태

플래그	파워 매니저 서비스 최소 상태(minState)
FULL_WAKE_LOCK	SCREEN_BRIGHT 혹은 ALL_BRIGHT 혹은 SCREEN_BUTTON_BRIGHT
SCREEN_BRIGHT_WAKE_LOCK	SCREEN_BRIGHT
SCREEN_DIM_WAKE_LOCK	SCREEN_DIM
PARTIAL_WAKE_LOCK	SCREEN_OFF
PROXIMITY_SCREEN_OFF_WAKE_LOCK	SCREEN_OFF

❸ 생성된 WakeLock^{PowerManagerService} 객체를 mLocks 배열에 등록한다.

❹ 워크 소스가 null이 아니면 WorkSource 객체를 생성하여 WakeLock^{PowerManagerService} 객체의 워크 소스에 저장한다.

❺ 등록된 WakeLock^{PowerManagerService} 객체의 워크 소스와 현재 획득하려는 Wake Lock의 워크 소스를 비교해서 서로 다르면 새롭게 WorkSource 객체를 생성해서 WakeLock^{PowerManagerService} 객체의 워크 소스 정보를 갱신한다.

 TIP - WakeLock^{PowerManager} vs. WakeLock^{PowerManagerService}

파워 매니저 클래스에서 생성하는 WakeLock 객체인 WakeLock^{PowerManager}와 파워 매니저 서비스에서 생성하는 WakeLock 객체인 WakeLock^{PowerManagerService}를 혼동하지 말길 바라며 각각의 역할은 표 5-32와 같다.

표 5-32 WakeLock^{PowerManager} 와 WakeLock^{PowerManagerService} 비교

	WakeLock^{PowerManager}	WakeLock^{PowerManagerService}
생성 시점	newWakeLock 메서드에 의해 Wake Lock 생성 시	acquire 메서드에 의해 Wake Lock 획득 시 최초 한번
역할	① Wake Lock 해제를 위한 runnable 객체 생성 ② Wake Lock 플래그, 태그, 레퍼런스 카운트 이용 여부 및 레퍼런스 카운트 저장 ③ 워크 소스 저장 ④ Wake Lock 획득 완료 여부 저장 ⑤ 바인더 생성 및 바인더 혹은 바인더 프록시 객체 레퍼런스 저장	① IBinder.DeathRecipient를 구현함으로써 바인더가 죽었을 경우 해당 Wake Lock을 해제 ② Wake Lock 플래그, 태그, uid, pid 저장 ③ Wake Lock 플래그에 따른 파워 매니저 서비스 최소 상태 저장 ④ 워크 소스 저장 ⑤ Wake Lock 활성화 및 비활성화 여부 저장(PARTIAL_WAKE_LOCK 제외)

Ⓥ부터 Ⓘ까지는 모든 Wake Lock에 대해 동일한 동작이며 이제부터 Wake Lock 플래그가 무엇인지에 따라 그 동작이 크게 두 가지로 나누어진다.

즉, Wake Lock 플래그가 PARTIAL_WAKE_LOCK이면 네이티브 영역 및 커널 영역으로 Wake Lock 태그 정보를 전달하고(Ⓥ) PARTIAL_WAKE_LOCK이 아니면 파워 매니저 서비스 상태를 변경해서 화면 밝기를 결정하고 화면 밝기에 대한 정보를 네이티브 영역으로 전달한다.(Ⓥ)

Ⓥ PARTIAL_WAKE_LOCK인 경우 지바 네이티브 메시드인 nativeAcquireWakeLock (PARTIAL_WAKE_LOCK_ID,PARTIAL_NAME)을 호출하여 네이티브 영역으로 Wake Lock 플래그와 태그 정보를 넘겨주는 게 PARTIAL_WAKE_LOCK_ID는 0×1 이며 PARTIAL_NAME은 "PowerManagerService"로 변경되어 전달된다. 즉, 파워 매니저 클래스 및 파워 매니저 서비스에서는 Wake Lock 태그 정보가 Wake Lock 생성 시의 클라이언트의 이름이지만, 네이티브 및 커널 영역에서는 "PowerManagerService"로 통일된다는 점을 기억하기 바란다. 다시 말하자면, 커널은 파워 매니저 서비스를 통해 전달되는 모든 Wake Lock을 'PowerManagerService'라는 이름을 가진 동일한 Wake Lock으로 처리한다는 의미이다.

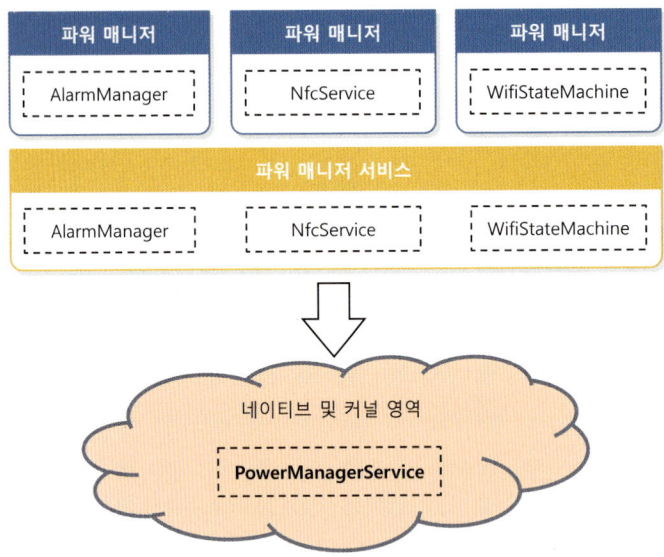

그림 5-49 PARTIAL_WAKE_LOCK 플래그를 가진 Wake Lock의 태그 변화

코드 5-44는 PARTIAL_WAKE_LOCK 플래그를 가진 Wake Lock의 수행 코드이다.

```
public void acquireWakeLockLocked(int flags, IBinder lock, int uid, int pid,
        String tag, WorkSource ws) {
    ...
    else if ((flags & LOCK_MASK) == PowerManager.PARTIAL_WAKE_LOCK) {
        nativeAcquireWakeLock(PARTIAL_WAKE_LOCK_ID, PARTIAL_NAME); ─❶
    }
}
```

📁 frameworks/base/services/java/com/android/server/PowerManagerService.java

코드 5-44 acquireWakeLockLocked() 메서드 : PARTIAL_WAKE_LOCK 플래그

5-44

❶ 자바 네이티브 메서드인 nativeAcquireWakeLock(1,"PowerManagerService") 메서드는 JNI를 통해 네이티브 영역의 nativeAcquireWakeLock()[47] 함수를 호출하며 nativeAcquireWakeLock() 함수는 레거시 HAL 라이브러리인 libpower 라이브러리의 acquire_wake_lock()[48] 함수를 호출함으로써 네이티브 영역으로 Wake Lock의 플래그 정보인 1과 태그 정보인 'PowerManagerService'를 전달한다. acquire_wake_lock() 함수는 /sys/power/wake_lock 파일에 오직 Wake Lock의 태그 정보인 'PowerManagerService'만을 입력한다.

5-47

Ⅵ PARTIAL_WAKE_LOCK 플래그가 아닌 다른 플래그를 가진 경우는 파워 매니저 서비스의 상태를 갱신하고 화면 밝기를 제어하며 화면 밝기에 대한 정보를 네이티브 영역으로 전달한다. 이러한 동작은 파워 매니저 서비스 상태의 핵심인 setPowerState() 메서드가 담당한다.

코드 5-45는 PARTIAL_WAKE_LOCK 플래그 이외의 플래그를 가진 Wake Lock의 acquireWakeLockLocked() 메서드에서의 동작이다.

```
public void acquireWakeLockLocked(int flags, IBinder lock, int uid, int pid,
        String tag, WorkSource ws) {
    ...
    if ((wl.flags & PowerManager.ACQUIRE_CAUSES_WAKEUP) != 0) {
        int oldWakeLockState = mWakeLockState;
        mWakeLockState = mLocks.reactivateScreenLocksLocked();              ─❶
```

---

47 /frameworks/base/service/jni/com_android_server_PowerManagerService.cpp에 정의되어 있다.
48 /hardware/libhardware_legacy/power/Power.c

```
        } else {
            mWakeLockState = (mUserState | mWakeLockState) & mLocks.gatherState();    ──❷
        }
        setPowerState(mWakeLockState | mUserState);                                    ──❸
        ...
}
```

📁 frameworks/base/services/java/com/android/server/PowerManagerService.java

코드 5-45 acquireWakeLockLocked() 메서드 : PARTIAL_WAKE_LOCK 플래그 이외

❶ ACQUIRE_CAUSES_WAKEUP 플래그의 경우는 스크린 Off 상태에서 비활성화된 Wake Lock을 활성화시키는 역할을 하며 해당 동작은 reactivateScreenLocksLocked() 메서드에 의해 수행된다. Wake Lock의 활성화는 WakeLock^{PowerManagerService} 객체의 멤버 변수인 activated를 true로 변경하는 것을 의미한다.

❷ FULL_WAKE_LOCK, SCREEN_BRIGHT_WAKE_LOCK, SCREEN_DIM_WAKE_LOCK 플래그를 가진 Wake Lock의 경우는 Wake Lock의 종류에 따라 결정되는 화면 밝기 변화를 갱신하는 Wake Lock에 의한 상태를 저장한다.

❸ 갱신된 파워 매니저 서비스 상태에 따라 setPowerState() 메서드 동작을 수행한다. 네이티브 영역으로 화면 밝기의 전달은 자바 네이티브 메서드인 nativeSetPowerState() 메서드가 그 역할을 맡고 있으며 스크린 On/Off 상태를 나타내는 SCREEN_ON_BIT 비트와 스크린 최대 밝기 상태인지 디밍 상태인지를 나타내는 SCREEN_BRIGHT 비트를 네이티브 영역으로 전달한다.

플래그 별로 파워 매니저 서비스 상태 갱신 과정이 약간 다르므로 5.5절에서 예제를 통해 설명한다.

2. 타임아웃이 있는 경우 Wake Lock 획득

타임아웃이 있는 경우는 설정된 타임아웃 이후에 자동으로 Wake Lock 해제 동작이 수행된다는 점을 제외하면 타임아웃이 없는 경우의 동작과 동일하다. ❶에서 ❺/❻ 까지 동일하게 동작한 후 타임아웃 이후에 자동으로 Wake Lock 해제 과정이 호출되는데 WakeLock^{PowerManager} 객체의 Runnable 객체가 그 역할을 수행한다.

코드 5-46은 타임아웃이 있는 파워 매니저 클래스의 acquire() 메서드이다.

```
public void acquire(long timeout) {
    synchronized (mToken) {
        acquireLocked();
        mHandler.postDelayed(mReleaser, timeout); ――❶
    }
}
```

📁 frameworks/base/core/java/android/os/PowerManager.java

코드 5-46 타임아웃이 인자로 있는 acquire() 메서드

5-46

❶ 획득 과정이 완료되면 타임아웃 이후에 액티비티 쓰레드의 메시지 큐에 Runnable 객체를 넣음으로써 Wake Lock 해제 동작이 수행되게 한다.

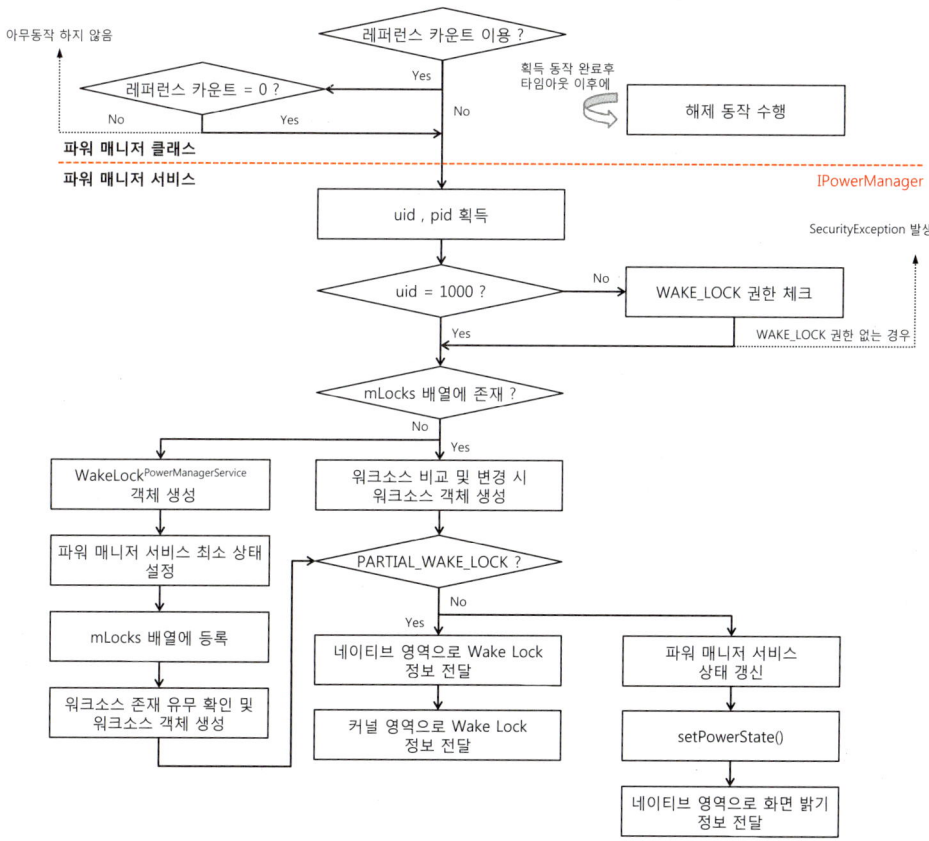

그림 5-50 타임아웃이 있는 경우 Wake Lock 획득 과정

그림 5-50은 타임아웃이 있는 경우 Wake Lock 획득 동작에 대한 순서도이며 타임아웃이 없는 경우와 그 동작은 동일하지만 마지막에 해제 동작이 추가된 것이다.

5.4.10 Wake Lock 해제

Wake Lock 해제는 파워 매니저 클래스의 release() 메서드에 의해 시작된다. 획득 동작과 마찬가지로 PARTIAL_WAKE_LOCK 플래그를 가진 Wake Lock의 경우는 커널 영역으로 전달되고 나머지 플래그를 가진 Wake Lock의 경우는 파워 매니저 서비스 상태를 갱신한다. 그리고 최종적으로 바인더와의 연결을 끊는 동작을 수행함으로써 Wake Lock 해제 동작을 마무리한다.

그림 5-51은 Wake Lock 해제 순서도이다.

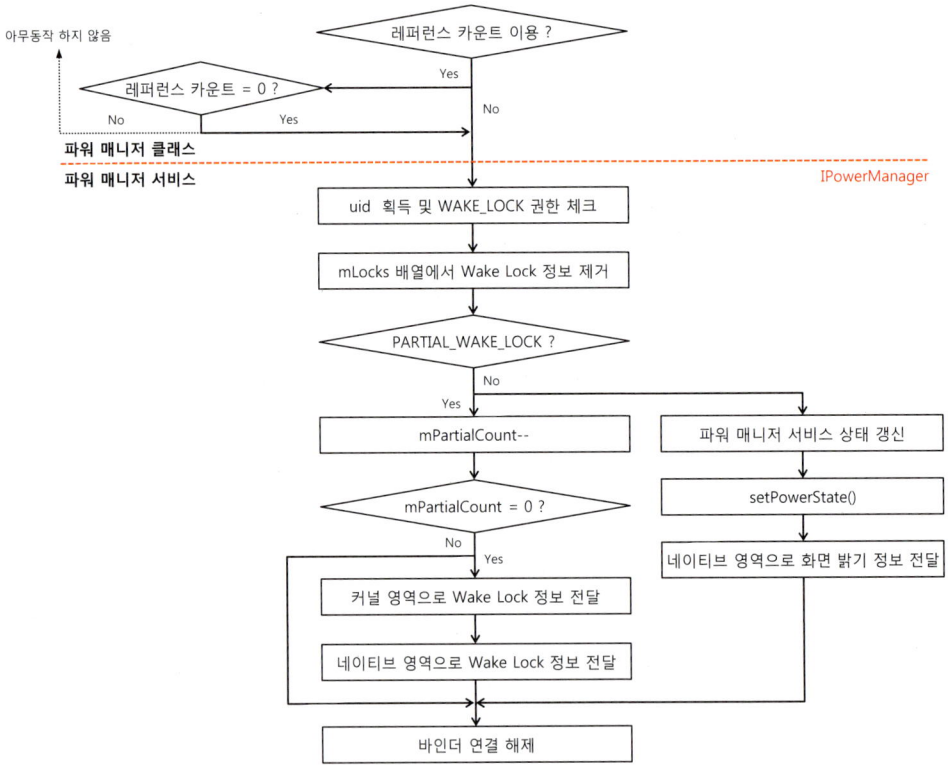

그림 5-51 Wake Lock 해제 순서도

그림 5-51을 보면 획득 동작과 순서는 거의 동일함을 알 수 있다. 해제 동작에서 중요한

것은 파워 매니저 서비스에서 WakeLock^{PowerManagerService} 객체를 mLocks 배열에서 제거한다는 것과 바인더와의 연결을 끊는 것이다.

획득 동작과 마찬가지로 PARTIAL_WAKE_LOCK 플래그를 가진 경우와 아닌 경우가 동작이 다르며 자세한 동작은 5.5절에서 예제를 통해 이해하도록 한다.

5.5 파워 매니저 서비스의 간접 이용

파워 매니저 서비스를 이용하는 방법은 두 가지가 있는데 첫 번째는 파워 매니저 서비스의 래퍼 클래스인 파워 매니저 클래스를 이용하는 방법이 있고 두 번째는 파워 매니저 서비스의 프록시 객체를 획득하여 이용하는 방법이 있다.

5.5절에서는 파워 매니저 클래스를 이용하여 파워 매니저 서비스를 간접적으로 이용하는 방법에 대해서 설명하고 5.6절에서는 파워 매니저 서비스의 프록시 객체를 획득하여 직접 이용하는 방법에 대해서 설명한다.

5.5.1 파워 매니저 클래스가 제공하는 메서드

파워 매니저 클래스의 객체화 및 획득과 Wake Lock 동작을 설명하기 전에 파워 매니저 클래스가 제공하는 메서드들에 대해서 한번 살펴봄으로써 파워 매니저 클래스의 동작 및 역할에 대해 간접적으로 이해하도록 한다.

파워 매니저 클래스가 제공하는 메서드와 그 설명은 표 5-33과 같다.

표 5-33 파워 매니저 클래스에서 제공하는 메서드

메서드	설명
newWakeLock()	Wake Lock의 기능 분류인 플래그와 Wake Lock의 이름인 태그를 인자로 해서 WakeLock^{PowerManager} 객체를 생성한다.
acquire()	생성된 Wake Lock을 활성화시키는 획득 동작을 위한 메서드이며, 파워 매니저 서비스의 acquireWakeLock() 메서드를 호출함으로써 실제 획득 동작을 트리거링시킨다. 또한, 타임아웃에 의해 자동으로 해제 동작이 수행되게 할 수도 있다.

release()	획득된 Wake Lock을 해제하는 동작을 위한 메서드며 파워 매니저 서비스의 releaseWakeLock() 메서드를 호출하여 실제 해제 동작을 트리거시킨다. 메서드의 인자가 있는 경우는 근접 센서에 의한 Wake Lock에서만 WAIT_FOR_PROXIMITY_NEGATIVE 플래그를 가지고 해제 동작을 수행한다. 이는 근접 센서가 안정적으로 비활성화 될 때까지 해제 동작을 지연시키는 역할을 한다.
setReferenceCounted()	메서드 인자인 value 값을 mRefCounted 멤버 변수에 설정하는 동작을 수행한다. mRefCounted는 mCount라는 레퍼런스 카운트의 이용 여부를 나타내며 레퍼런트 카운트는 Wake Lock 획득 동작 시 증가하고 해제 동작 시 감소한다. mRefCounted 값이 true이면 레퍼런스 카운트를 이용한다는 의미이며 이것은 레퍼런스 카운트 값이 0일때만 파워 매니저 서비스를 호출함으로써 파워 매니저 서비스 상태를 변경한다는 말이다. 결국, 최초 Wake Lock 획득 시와 마지막 Wake Lock 해제 시에만 파워 매니저 서비스에서의 동작을 수행함으로써 파워 매니저 서비스 상태를 변경한다. 하지만 mRefCounted 값이 false이면 레퍼런스 카운트의 값에 상관없이 항상 파워 매니저 서비스를 호출함으로써 파워 매니저 서비스 상태를 변경한다.
isHeld()	획득 완료 여부를 반환한다.
setWorkSource()	일반적으로 Wake Lock 생성, 획득 및 해제는 하나의 클라이언트에서 동일 Wake Lock에 대해서 수행하므로 따로 설정하지 않으면 null이지만, 동일 Wake Lock에 대해서 여러 클라이언트가 획득 및 해제하거나 획득 및 해제에 대한 주체를 구별하고자 할 경우에 획득 및 해제를 시도하는 클라이언트에 대한 정보를 담아 둘 필요가 있으며 setWorkSource() 메서드에 의해 해당 정보를 설정한다.
userActivity()	터치 이벤트등 유저 동작에 의해 이벤트 발생시 호출되는 메서드로서 파워 매니저 서비스의 userActivity() 메서드를 호출함으로써 스크린을 On 시키며 스크린 Off 타이머를 재설정한다.
goToSleep()	파워 매니저 서비스의 goToSleep() 메서드를 호출함으로써 스크린 Off 동작, 즉 커널 영역에서의 Early Suspend 동작을 트리거시킨다.
setBacklightBrightness()	스크린, 키보드 및 버튼의 밝기를 설정한다. brightness는 0부터 255까지의 값을 가진다.
getSupportedWakeLockFlags()	파워 매니저 서비스의 getSupportedWakeLockFlags() 메서드를 호출하며 지원하는 Wake Lock의 플래그를 반환한다.
isScreenOn()	파워 매니저 서비스의 isScreenOn() 메서드를 호출하며 스크린이 On 되어 있는지 여부를 반환한다
reboot(String reason)	파워 매니저 서비스의 reboot() 메서드를 호출하며 시스템을 리부팅시킨다.

5.5.2 파워 매니저 클래스의 객체화 및 획득

파워 매니저 클래스의 객체화는 추상 클래스인 Context 클래스를 상속하는 ContextImpl 클래스의 registerService() 메서드에 의해 수행되고 파워 매니저 클래스의 객체 획득은 ContextImpl 클래스의 getSystemService() 메서드에 의해 수행된다.

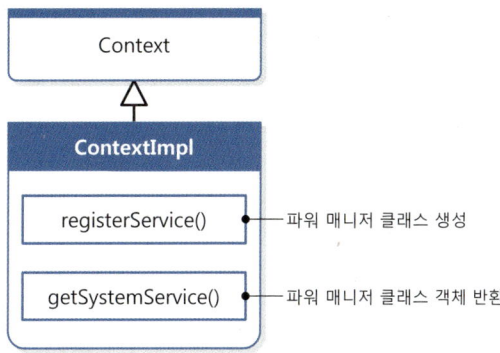

그림 5-52 ContextImpl 클래스에서 파워 매니저 클래스 객체화 및 객체 획득

그림 5-52를 보면 알 수 있듯이 파워 매니저 서비스를 이용하고자 하는 클라이언트는 단순히 ContextImpl 클래스의 getSystemService() 메서드를 호출하기만 하면 된다.

코드 5-47은 getSystemService() 메서드에 의해 파워 매니저 클래스 객체를 획득하는 코드이다.

```
PowerManager pm = (PowerManager)context.getSystemService(Context.POWER_SERVICE);
```

코드 5-47 getSystemService() : 파워 매니저 클래스 객체 획득

getSystemService() 메서드의 인자로 Context 클래스에서 정의된 파워 매니저 클래스의 스트링인 POWER_SERVICE("power")를 넣어주면 파워 매니저 클래스의 객체를 얻을 수 있다. 파워 매니저 클래스의 객체 획득은 이렇듯 getSystemService() 메서드만 호출하면 되지만 파워 매니저 클래스의 객체화는 ContextImpl 클래스에서의 동작을 이해할 필요가 있다.

ContextImpl 클래스에서는 시스템 서비스 맵이라는 테이블을 만들어서 각종 서비스의 이름과 해당 서비스 페쳐를 저장한다. 그리고 서비스 페쳐는 각종 매니저 클래스의 객체화 및 객체 획득의 일률적인 방법을 제공한다.

그림 5-53은 ContextImpl 클래스에서 파워 매니저 클래스의 객체를 생성하고 획득하는 그림이다.

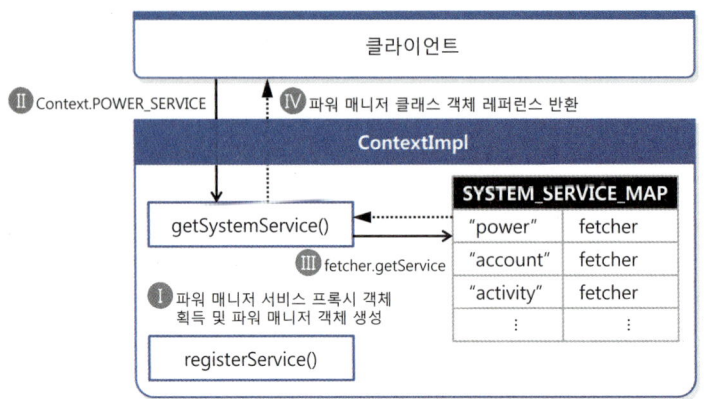

그림 5-53 파워 매니저 클래스 객체화 및 획득

❶ 정적 메서드인 registerService() 메서드에 의해 각종 서비스의 서비스 페쳐가 생성되고 그것을 서비스 이름과 함께 SYSTEM_SERVICE_MAP 테이블에 등록한다. 서비스 페쳐 생성 시 리모트 서비스의 프록시 객체를 획득해서 해당 리모트 서비스의 매니저 클래스의 객체를 생성한다.

코드 5-48은 파워 매니저 서비스에 대한 서비스 페쳐 생성 및 파워 매니저 클래스의 객체화를 수행하는 registerService() 메서드다.

```
registerService(POWER_SERVICE, new ServiceFetcher() {
    public Object createService(ContextImpl ctx) {
        IBinder b = ServiceManager.getService(POWER_SERVICE);            ——❶
        IPowerManager service = IPowerManager.Stub.asInterface(b);        ——❷
        return new PowerManager(service, ctx.mMainThread.getHandler());   ——❸
    }
});
```

📁 frameworks/base/core/java/android/app/ContextImpl.java

코드 5-48 파워 매니저 서비스를 위한 registerService() 메서드

❶ 서비스 매니저에 등록되어 있으며 파워 매니저 서비스에 해당하는 바인더 프록시 객체 레퍼런스를 획득한다. ₅₋₄₈

❷ 바인더 프록시 객체 레퍼런스에 해당하는 파워 매니저 서비스 프록시 객체 레퍼런스를 획득한다. ₅₋₄₈

❸ 파워 매니저 서비스 프록시 객체 레퍼런스와 액티비티 쓰레드의 핸들러를 인자로 해서 파워 매니저 클래스의 객체를 생성하여 반환한다. ₅₋₄₈

Ⅱ 파워 매니저 서비스를 이용하고자 하는 클라이언트는 Context.POWER_SERVICE를 인자로 해서 getSystemService() 메서드를 호출한다. ₅₋₅₃

Ⅲ getSystemService() 메서드는 메서드 인자로 넘어오는 "power" 스트링에 해당하는 서비스 페쳐를 찾아서 getService() 메서드를 호출함으로써 파워 매니저 클래스의 객체 레퍼런스를 반환한다. ₅₋₅₃

Ⅳ 클라이언트는 파워 매니저 클래스의 객체를 획득한다. ₅₋₅₃

결론적으로 파워 매니저 클래스는 객체 생성 시 파워 매니저 서비스의 프록시 객체 레퍼런스를 획득함으로써 리모트 서비스인 파워 매니저 서비스에 접근할 수 있게 되는 것이다. 그래서 파워 매니저 클래스를 파워 매니저 서비스의 래퍼(wrapper) 클래스라고 부른다. 안드로이드에서는 이러한 래퍼 클래스들을 xxxManager 클래스로 일률적으로 정리하고 있다.

5.5.3 Wake Lock 획득: PARTIAL_WAKE_LOCK

지금부터는 플래그별로 예제와 더불어 메서드 호출 및 주요 변수의 변화를 중심으로 설명한다.

그림 5-54는 PARTIAL_WAKE_LOCK 플래그를 가진 Wake Lock 획득 과정을 클라이언트에서부터 커널 영역까지 순서대로 나타낸 그림이다.

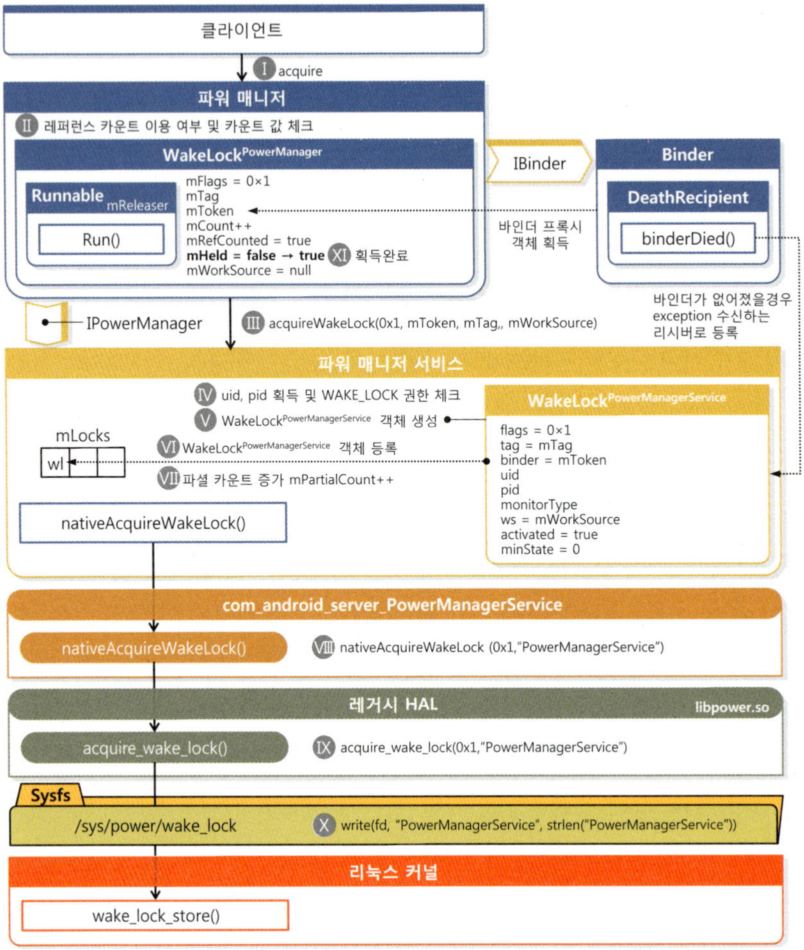

```
클라이언트
    │ Ⅰ acquire
    ▼
파워 매니저
  Ⅱ 레퍼런스 카운트 이용 여부 및 카운트 값 체크

  WakeLock^PowerManager
    Runnable^mReleaser        mFlags = 0×1
      Run()                   mTag
                              mToken
                              mCount++
                              mRefCounted = true
                              mHeld = false → true    Ⅺ 획득완료
                              mWorkSource = null

                                                        IBinder          Binder
                                                                         DeathRecipient
                                                      바인더 프록시         binderDied()
                                                      객체 획득

                                                                      바인더가 없어졌을경우
                                                                      exception 수신하는
                                                                      리시버로 등록

  IPowerManager   Ⅲ acquireWakeLock(0x1, mToken, mTag,, mWorkSource)

파워 매니저 서비스
  Ⅳ uid, pid 획득 및 WAKE_LOCK 권한 체크
  Ⅴ WakeLock^PowerManagerService 객체 생성         WakeLock^PowerManagerService
  mLocks                                            flags = 0×1
   ┌──┐  Ⅵ WakeLock^PowerManagerService 객체 등록   tag = mTag
   │wl│                                             binder = mToken
   └──┘  Ⅶ 파셜 카운트 증가 mPartialCount++          uid
                                                    pid
                                                    monitorType
                                                    ws = mWorkSource
  nativeAcquireWakeLock()                           activated = true
                                                    minState = 0

com_android_server_PowerManagerService
  nativeAcquireWakeLock()   Ⅷ nativeAcquireWakeLock (0x1,"PowerManagerService")

레거시 HAL                                                          libpower.so
  acquire_wake_lock()       Ⅸ acquire_wake_lock(0x1,"PowerManagerService")

Sysfs
  /sys/power/wake_lock      Ⅹ write(fd, "PowerManagerService", strlen("PowerManagerService"))

리눅스 커널
  wake_lock_store()
```

그림 5-54 Wake Lock 획득 : PARTIAL_WAKE_LOCK

Ⅰ 클라이언트에서 acquire() 메서드를 호출함으로써 Wake Lock 획득 동작을 시작한다.

Ⅱ 레퍼런스 카운트 이용 여부를 설정하는 mRefCounted가 true이면 mCount가 0일 경우만 파워 매니저 서비스 상태를 갱신하고 mRefCounted가 false이면 mCount에 상관없이 파워 매니저 서비스 상태를 갱신한다.

Ⅲ 플래그, 토큰, 태그 및 워크 소스를 인자로 해서 파워 매니저 서비스의 acquireWakeLock() 메서드를 호출한다. 이때 플래그는 0×1 값을 가진다.

Ⅳ 획득을 요청하는 클라이언트의 uid와 pid를 획득하고 시스템 서비스가 아니면 즉, uid가 1000이 아닐 경우 WAKE_LOCK 권한이 있는지 체크한다.

Ⓥ mLocks 배열에 바인더 프록시 객체에 해당하는 WakeLock^{PowerManagerService} 객체가 없으면 WakeLock^{PowerManagerService} 객체를 생성한다.

Ⓥ Ⅰ 생성된 WakeLock^{PowerManagerService} 객체를 mLocks 배열에 등록한다.

Ⓥ Ⅱ 파셜 카운트 mPartialCount를 하나 증가시킨다.

Ⓥ Ⅲ 자바 네이티브 메서드인 nativeAcquireWakeLock() 메서드를 호출함으로써 네이티브 영역으로 Wake Lock 플래그 정보인 0×1과 태그 정보인 "PowerManagerService"를 전달한다.

Ⅸ JNI를 통해 네이티브 함수인 nativeAcquireWakeLock() 함수가 호출되며 nativeAcquireWakeLock() 함수는 레거시 HAL 라이브러리인 libpower 라이브러리의 acquire_wake_lock() 함수를 호출한다.

Ⓧ acquire_wake_lock() 함수는 Wake Lock 태그 정보인 "PowerManagerService"를 wake_lock 파일에 입력함으로써 커널 영역으로 Wake Lock 정보를 전달한다.

Ⓧ Ⅰ WakeLock^{PowerManager} 객체의 멤버 변수인 mHeld를 true로 변경함으로써 획득 동작이 완료되었음을 설정한다.

5.5.4 Wake Lock 획득 예제 : PARTIAL_WAKE_LOCK

NFC 서비스 애플리케이션에서 Wake Lock을 획득하는 예제를 통해 PARTIAL_WAKE_LOCK 플래그를 가진 Wake Lock을 획득 동작을 이해하도록 한다.

코드 5-49는 NFC 서비스 애플리케이션에서 파워 매니저 클래스 객체를 획득한 이후에 PARTIAL_WAKE_LOCK 플래그와 'NfcService'라는 태그를 가지는 Wake Lock을 생성하고 획득하는 코드이다.

```
mPowerManager = (PowerManager) getSystemService(Context.POWER_SERVICE);
mWakeLock = mPowerManager.newWakeLock(PowerManager.PARTIAL_WAKE_LOCK, "NfcService");
...
mWakeLock.acquire();
```

📁 packages/apps/nfc/src/com/android/nfc/NfcService.java

코드 5-49 NFC 서비스 애플리케이션에서 Wake Lock 생성 및 획득

5.5.3절에서 설명한 Wake Lock 획득 그림을 기본으로 NFC 서비스 애플리케이션에서의 Wake Lock 획득 동작을 그려보면 그림 5-55와 같다.

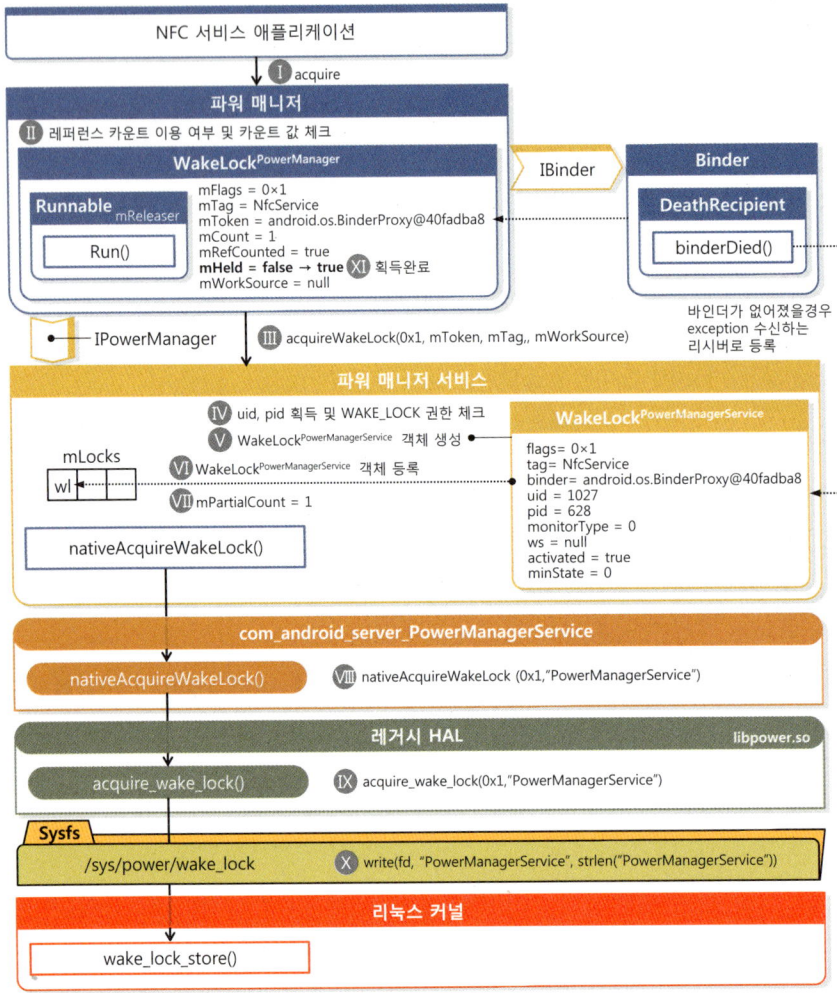

그림 5-55 NFC 서비스 애플리케이션에서 Wake Lock 획득

Ⓘ NFC 서비스 애플리케이션에서 acquire() 메서드를 호출함으로써 Wake Lock 획득 동작을 시작한다.

Ⓘ 레퍼런스 카운트 값인 mRefCounted는 초깃값인 true이고 최초 획득 요청이므로 파워 매니저 서비스의 acquireWakeLock() 함수를 호출하여 파워 매니저 서비스 상태를 갱신한다.

Ⅲ PARTIAL_WAKE_LOCK 플래그를 가진 Wake Lock이므로 플래그는 0×1이며 태그는 'NfcService'이고 워크 소스는 따로 설정하지 않았으므로 null 값을 가진다. 바인더 프록시 객체 레퍼런스와 함께 인자로 해서 파워 매니저 서비스의 acquireWakeLock() 메서드를 호출한다.

Ⅳ NFC 서비스의 uid는 1027이며, pid는 부팅 시마다 달라지겠지만 여기서는 628이며 WAKE_LOCK 권한이 있으므로[49] SecurityException이 발생하지 않는다.

Ⅴ 최초 획득 요청이라서 mLocks 배열에 WakeLock^{PowerManagerService} 객체가 등록되어 있지 않으므로 WakeLock^{PowerManagerService} 객체를 생성한다. PARTIAL_WAKE_LOCK은 화면 밝기와는 상관없는 플래그이므로 즉, 스크린이 Off 되어도 무방하므로 minState는 0이다.

Ⅵ WakeLock^{PowerManagerService} 객체를 mLocks 배열에 등록한다.

Ⅶ 파셜 카운트 mPartialCount를 증가시켜 1이 된다.

Ⅷ 자바 네이티브 메서드인 nativeAcquireWakeLock() 메서드를 호출함으로써 네이티브 영역으로 Wake Lock 플래그 정보인 1과 태그 정보인 "PowerManagerService"를 전달한다.

Ⅸ JNI를 통해 네이티브 함수인 nativeAcquireWakeLock() 함수가 호출되며 nativeAcquireWakeLock() 함수는 레거시 HAL 라이브러리인 libpower 라이브러리의 acquire_wake_lock() 함수를 호출한다.

Ⅹ acquire_wake_lock() 함수는 Wake Lock 태그 정보인 "PowerManagerService"를 wake_lock 파일에 입력함으로써 커널 영역으로 Wake Lock 정보를 전달한다.

Ⅺ WakeLock^{PowerManager} 객체의 멤버 변수인 mHeld를 true로 변경함으로써 획득 동작이 완료되었음을 설정한다.

---

49 /packages/apps/Nfc/AndroidManifest.xml에 android.permission.WAKE_LOCK이 존재한다.

5.5.5 Wake Lock 획득 : 화면 밝기 제어 플래그

FULL_WAKE_LOCK, SCREEN_BRIGHT_WAKE_LOCK 그리고 SCREEN_DIM_WAKE_LOCK 플래그를 가진 Wake Lock의 획득 과정을 클래스 및 메서드 호출과 주요 변수의 변화와 더불어 네이티브 영역까지의 전달 과정을 설명한다. PARTIAL_WAKE_LOCK 플래그를 가진 Wake Lock과 달리 화면 밝기만을 제어하므로 커널 영역으로 Wake Lock 정보가 전달되지 않고 setPowerState() 메서드에 의해 파워 매니저 서비스 상태를 갱신하여 화면 밝기를 제어하고 화면 밝기에 대한 정보만을 네이티브 영역으로 전달하게 된다는 점을 다시 한번 기억하자.

그림 5-56은 FULL_WAKE_LOCK, SCREEN_BRIGHT_WAKE_LOCK 그리고 SCREEN_DIM_WAKE_LOCK 플래그를 가진 Wake Lock의 획득 과정을 클라이언트에서부터 네이티브 영역까지 순서대로 나타낸 그림이다.

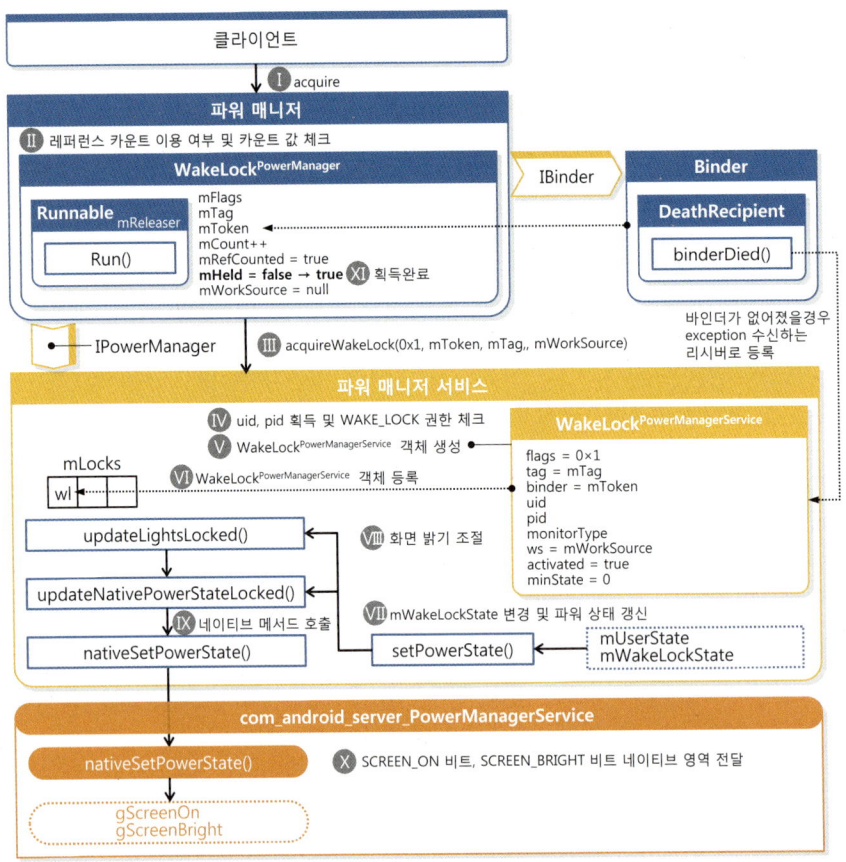

그림 5-56 Wake Lock 획득 : 화면 밝기 제어 플래그

Ⓘ 클라이언트는 acquire() 메서드를 호출함으로써 Wake Lock 획득 동작을 시작한다.

Ⅱ 레퍼런스 카운트 이용 여부를 설정하는 mRefCounted가 true이면 mCount가 0일 경우만 파워 매니저 서비스 상태를 갱신하고 mRefCounted가 false이면 mCount에 상관없이 파워 매니저 서비스 상태를 갱신한다.

Ⅲ 플래그, 토큰, 태그 및 워크 소스를 인자로 파워 매니저 서비스의 acquireWakeLock() 메서드를 호출한다. 이때 FULL_WAKE_LOCK 플래그는 0×1a이며, SCREEN_BRIGHT_WAKE_LOCK 플래그는 0×a이고, SCREEN_DIM_WAKE_LOCK 플래그는 0×6이다[50].

Ⅳ 획득을 요청하는 클라이언트의 uid와 pid를 획득하고 시스템 서비스가 아니면 즉, uid가 1000이 아닐 경우 WAKE_LOCK 권한이 있는지 체크한다.

Ⅴ mLocks 배열에 바인더 객체에 해당하는 WakeLock^{PowerManagerService} 객체가 없으면 WakeLock^{PowerManagerService} 객체를 생성한다.

Ⅵ 생성된 WakeLock^{PowerManagerService} 객체를 mLocks 배열에 등록한다.

Ⅶ mWakeLockState 상태를 갱신하고 mUserState와 함께 파워 매니저 서비스 상태를 결정하여 setPowerState() 메서드를 호출한다.

Ⅷ updateLightsLocked() 메서드를 호출함으로써 화면 밝기를 조절한다.

Ⅸ updateNativePowerStateLocked() 메서드에 의해 자바 네이티브 메서드인 nativeSetPowerState()를 호출하는데 이때 메서드의 인자로서 파워 매니저 서비스 상태의 첫 번째 비트값인 SCREEN_ON 비트와 두 번째 비트값인 SCREEN_BRIGHT 비트를 전달한다.

Ⅹ JNI를 통해 SCREEN_ON 비트와 SCREEN_BRIGHT 비트를 네이티브 영역의 nativeSetPowerState() 함수로 전달한다. 네이티브 영역으로 전달된 SCREEN_ON 비트와 SCREEN_BRIGHT 비트는 각각 gScreenOn, gScreenBright 변수에 저장되어 인풋 매니저에서 해당 정보를 이용한다.

Ⅺ WakeLock^{PowerManager} 객체의 멤버 변수인 mHeld를 true로 변경함으로써 획득 과정이 완료되었음을 설정한다.

---

50 · 표 5-26을 참고하라.

5.5.6 Wake Lock 획득 예제 : FULL_WAKE_LOCK

FULL_WAKE_LOCK 플래그는 화면 밝기를 최대로 하는 역할을 하는 플래그로서 셧다운 쓰레드에서 FULL_WAKE_LOCK 플래그로 Wake Lock을 생성 및 획득하는 동작을 통해 FULL_WAKE_LOCK 플래그를 가진 Wake Lock의 획득 동작을 이해해 본다.

코드 5-50은 셧다운 쓰레드에서 Wake Lock을 생성 및 획득하는 코드이다.

```
sInstance.mScreenWakeLock = sInstance.mPowerManager.newWakeLock(
        PowerManager.FULL_WAKE_LOCK, TAG + "-screen");
sInstance.mScreenWakeLock.setReferenceCounted(false);
sInstance.mScreenWakeLock.acquire();
```

📁 frameworks/base/core/java/com/android/internal/app/ShutdownThread.java

코드 5-50 셧다운 쓰레드에서 Wake Lock 생성 및 획득

FULL_WAKE_LOCK 플래그와 'ShutdownThread-screen'이라는 태그를 가진 Wake Lock을 생성하고 setReferenceCounted(false) 메서드에 의해 mRefCounted를 false로 설정함으로써 레퍼런스 카운트의 값에 상관없이 Wake Lock 획득 및 해제 시 항상 파워 매니저 서비스를 호출하여 파워 매니저 서비스의 상태를 갱신한다.

그림 5-57은 셧다운 쓰레드에서 Wake Lock을 획득하는 과정을 나타낸 그림이다.

❶ 셧다운 쓰레드에서 acquire() 메서드를 호출함으로써 Wake Lock 획득 동작을 시작한다.

❷ setReferenceCounted(false) 메서드에 의해 mRefCounted가 false로 설정되었으므로 mCount에 상관없이 항상 파워 매니저 서비스의 상태를 갱신한다.

❸ FULL_WAKE_LOCK 플래그는 0×1a 값을 가지며 태그는 'ShutdownThread-screen'이며 바인더 객체 레퍼런스와 워크 소스를 인자로 파워 매니저 서비스의 acquireWakeLock() 메서드를 호출한다.

❹ 셧다운 쓰레드의 경우 안드로이드 시스템 서버 프로세스 내부에 존재하므로 uid는 1000이고 따로 WAKE_LOCK 권한을 체크하지 않는다.

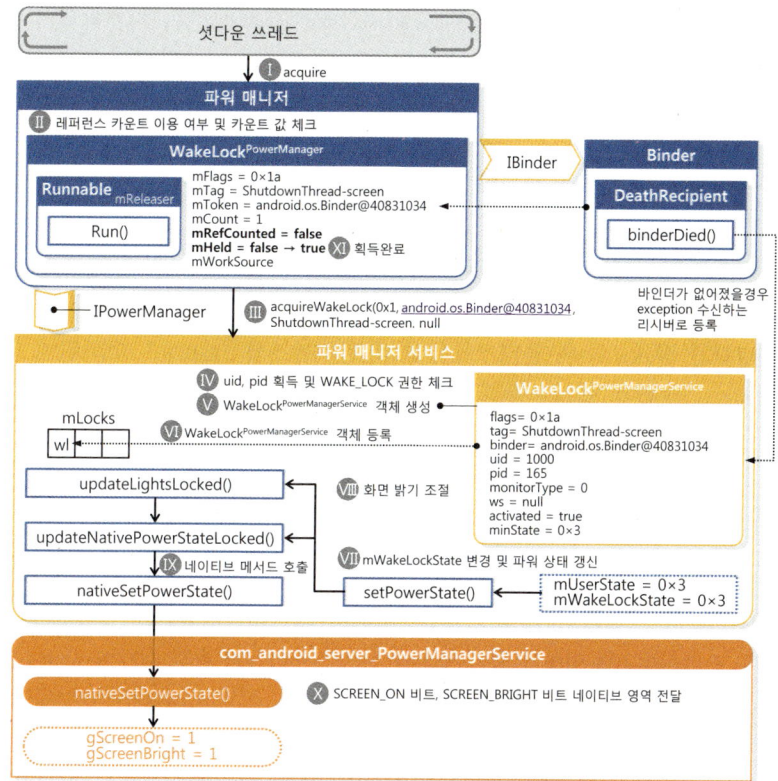

그림 5-57 셧다운 쓰레드에서 Wake Lock 획득

ⓥ 최초 획득 과정이므로 WakeLock[PowerManagerService] 객체를 생성한다.

ⓥⓘ 생성된 WakeLock[PowerManagerService] 객체를 mLocks 배열에 등록한다.

ⓥⓘⓘ mWakeLockState는 0×3[51](SCREEN_BRIGHT)이며 mUserState는 터치 동작에 의해 파워 오프를 선택했으므로 유저 액티비티에 의해 0×3(SCREEN_BRIGHT)이 된다. 결국, 파워 매니저 서비스 상태는 mWakeLockState와 mUserState와의 OR 연산에 의해 0×3이 되며 setPowerState() 메서드에 의해 파워 매니저 서비스의 상태가 갱신된다.

ⓥⓘⓘⓘ updateLightsLocked() 메서드를 호출함으로써 화면 밝기를 조절한다.

ⓘⓧ updateNativePowerStateLocked() 메서드에 의해 자바 네이티브 메서드인 nativeSetPowerState() 메서드를 호출한다. 파워 매니저 서비스 상태가 0×3이므로 SCREEN_ON 비트와 SCREEN_BRIGHT 비트는 각각 1이다.

---

51 여기서는 자동 밝기를 사용하지 않고 키보드 및 버튼이 없는 터치폰이라고 가정한다.

Ⓧ 5-57 JNI를 통해 SCREEN_ON 비트와 SCREEN_BRIGHT 비트를 네이티브 영역으로 전달하여 gScreenOn과 gScreenBright는 각각 1이 된다.

Ⓧ 5-57 WakeLock^{PowerManager} 객체의 멤버 변수인 mHeld를 true로 변경함으로써 획득 과정이 완료되었음을 설정한다.

5.5.7 Wake Lock 획득 : ACQUIRE_CAUSES_WAKEUP

이제껏 설명했던 Wake Lock 플래그들은 커널 영역에서의 Suspend 진입 금지 혹은 화면 밝기를 제어하는 역할을 했다면 5.5.7절에서 설명할 ACQUIRE_CAUSES_WAKEUP 플래그는 전혀 다른 역할을 하는 플래그이다.

플래그 이름에서 유추할 수 있듯이 ACQUIRE_CAUSES_WAKEUP 플래그는 스크린 Off 상태에서 즉각적으로 화면을 On 시켜야 할 경우에 사용된다. 스크린 Off 상태에서는 FULL_WAKE_LOCK 혹은 SCREEN_DIM_WAKE_LOCK 플래그를 가진 Wake Lock을 획득하더라도 스크린이 On 상태가 되지 않는다. 코드 5-45에서 파워 매니저 서비스의 상태를 결정하는 코드에 존재하는 gatherState() 메서드 때문이다.

코드 5-51은 gatherState() 메서드와 화면 밝기를 제어하는 플래그를 가진 경우에 Wake Lock 획득 시 파워 매니저 서비스의 상태를 갱신하는 코드이다.

```
int gatherState() {
    int result = 0;
    int N = this.size();
    for (int i=0; i<N; i++) {
        WakeLock wl = this.get(i);
        if (wl.activated) {                                    ──❶
            if (isScreenLock(wl.flags)) {
                result |= wl.minState;
            }
        }
    }
    return result;
}

public void acquireWakeLockLocked(int flags, IBinder lock, int uid, int pid,
        ↪ String tag, WorkSource ws) {
```

```
...
mWakeLockState = (mUserState | mWakeLockState) & mLocks.gatherState();    ——❷
setPowerState(mWakeLockState | mUserState);                                ——❸
...
}
```

📁 frameworks/base/services/java/com/android/server/PowerManagerService.java

코드 5-51 gatherState() 메서드와 파워 매니저 서비스 상태 갱신

5-51
❶ 파워 키 누름 등에 의해 Wake Lock이 비활성화되면 WakeLock[PowerManagerService] 객체의 멤버 변수인 activated가 false로 설정되므로 gatherState() 메서드는 0을 반환한다.

5-51
❷ gatherState() 메서드가 0을 반환하면 갱신된 mWakeLockState 또한 0이다.

❸ 파워 매니저 서비스의 상태가 변경되려면 결론적으로 mUserState이 0이 아닌 값을 가지든지 아니면 gatherState() 메서드의 반환 값이 0이 아닌 값이어야 하며 전자의 경우가 유저 액티비티에 의한 경우이고 후자의 경우가 ACQUIRE_CAUSES_WAKEUP 플래그에 의한 경우이다.

코드 5-52는 ACQUIRE_CAUSES_WAKEUP 플래그에 의해 Wake Lock 획득 시 비활성화된 Wake Lock을 활성화시키는 코드이다.

```
public void acquireWakeLockLocked(int flags, IBinder lock, int uid, int pid,
        ↵ String tag, WorkSource ws) {
    ...
    if ((wl.flags & PowerManager.ACQUIRE_CAUSES_WAKEUP) != 0) {
        mWakeLockState = mLocks.reactivateScreenLocksLocked();    ——❶
    }
    ...
}
```

코드 5-52 ACQUIRE_CAUSES_WAKEUP 플래그에 의한 Wake Lock 활성화

5-52
❶ reactivateScreenLocksLocked() 메서드는 WakeLock[PowerManagerService] 객체의 멤버 변수인 activated를 true로 변경한다.

스크린 Off 상태가 되는 경우는 유저가 파워 버튼을 누르는 경우와 스크린 타임아웃에 의한 경우가 있으며 이 경우 각각 FULL_WAKE_LOCK 플래그만 가진 경우와 FULL_WAKE_LOCK 플래그와 ACQUIRE_CAUSES_WAKEUP 플래그를 동시에 가진 Wake Lock의 획득 동작을 통해 ACQUIRE_CAUSES_WAKEUP 플래그의 동작을 이해하도록 한다. 다음 예제에서 Wake Lock의 태그는 'acw_example'이다.

1. 유저가 파워 버튼을 누른 경우

FULL_WAKE_LOCK 플래그만을 가질 때 스크린 On 상태는 그림 5-58과 같다.

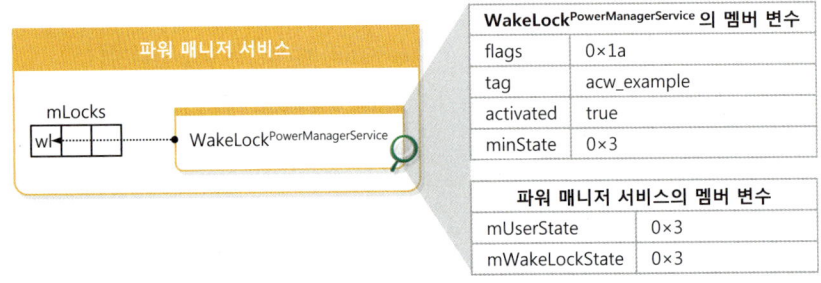

그림 5-58 스크린 On 상태에서의 파워 매니저 서비스 상태

그림 5-58 상태에서 파워 버튼에 의해 스크린 Off 상태가 되면 파워 매니저 서비스 상태는 그림 5-59와 같이 변경된다.

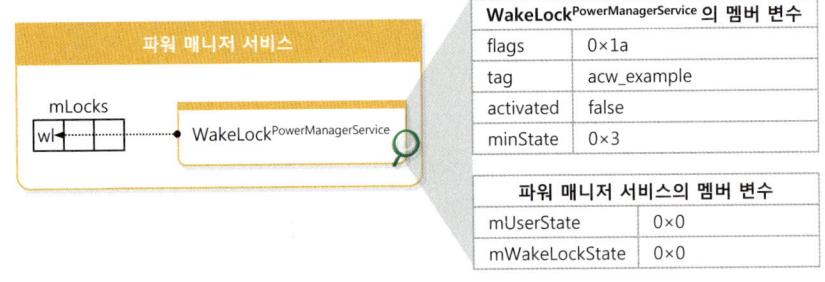

그림 5-59 파워 버튼에 의한 스크린 Off 상태에서의 파워 매니저 서비스 상태

유저가 파워 버튼을 누름으로써 스크린 Off 상태로 진입하는 경우는 goToSleep() 메서드에 의해 활성화되어 있는 WakeLock^{PowerManagerService} 객체의 activated가 false로 변경되고 mWakeLockState 및 mUserState 또한 0으로 변경된다. 이와 같은 스크린 Off 상태에서는

Wake Lock 획득 동작을 아무리 시도하더라도 파워 매니저 서비스의 상태는 변경되지 않는다. 즉, 유저 액티비티가 없는 상황이라면 스크린 Off 상태에서는 화면 밝기를 최대 밝기로 제어하는 FULL_WAKE_LOCK 플래그만을 가진 Wake Lock의 획득으로는 파워 매니저 서비스의 상태를 변경시키지 못한다.

하지만 FULL_WAKE_LOCK 플래그와 더불어 ACQUIRE_CAUSES_WAKEUP 플래그를 가진 Wake Lock을 획득하면 파워 매니저 서비스 상태는 그림 5-60과 같이 변경된다.

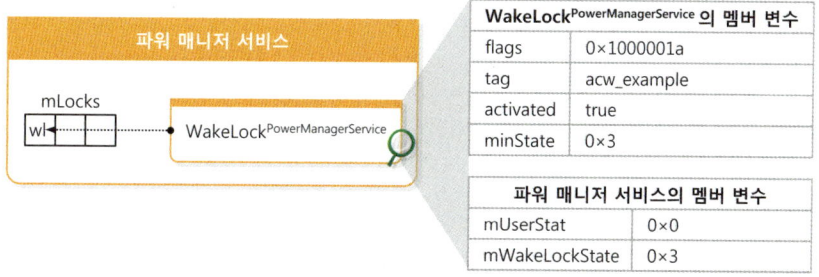

그림 5-60 FULL_WAKE_LOCK와 ACQUIRE_CAUSES_WAKEUP 플래그를 가진 Wake Lock 획득에 의한 파워 매니저 서비스 상태

reactivateScreenLocksLocked() 메서드에 의해 비활성화된 Wake Lock을 활성화시키므로 mWakeLockState는 FULL_WAKE_LOCK 플래그를 가진 Wake Lock의 최소 상태인 0×3(SCREEN_BRIGHT)으로 변경된다.

2. 스크린 타임아웃에 의한 경우

스크린 타임아웃에 의해 스크린 Off 상태로 진입하는 경우는 화면 밝기를 제어하는 FULL_WAKE_LOCK 혹은 SCREEN_DIM_WAKE_LOCK 플래그를 가진 Wake Lock이 모두 해제되어 스크린 Off 상태가 되는 경우이다. 5.5.9절에서 설명하겠지만, 해제 동작에 의해 mLocks 배열에서 WakeLock^PowerManagerService 객체가 제거되며 mWakeLockState 및 mUserState가 0으로 변경된다.

그림 5-61은 스크린 타임아웃에 의해 스크린 Off 상태로 진입 시 파워 매니저 서비스의 상태이다.

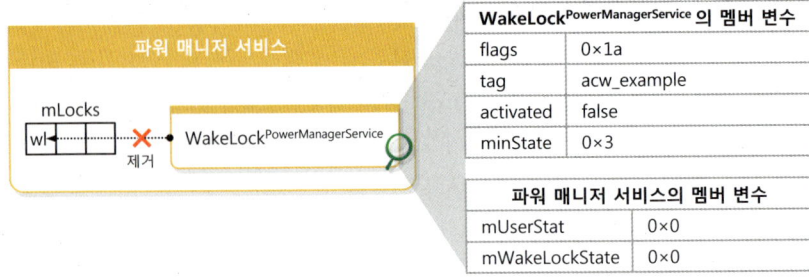

그림 5-61 스크린 타임아웃에 의한 스크린 Off 상태에서 파워 매니저 서비스 상태

FULL_WAKE_LOCK 플래그를 단독으로 가지는 새로운 Wake Lock을 생성하여 획득하더라도 mWakeLockState 및 mUserState는 0에서 변하지 않으므로 파워 매니저 서비스 상태는 절대 0에서 변경되지 않는다. 즉, FULL_WAKE_LOCK 플래그 단독으로는 절대 스크린을 On 상태로 변경시키지 못한다. 하지만 FULL_WAKE_LOCK 플래그와 더불어 ACQUIRE_CAUSES_WAKEUP 플래그를 가진 새로운 Wake Lock[52]을 생성하고 획득하면 파워 매니저 서비스 상태는 그림 5-62와 같이 변경된다.

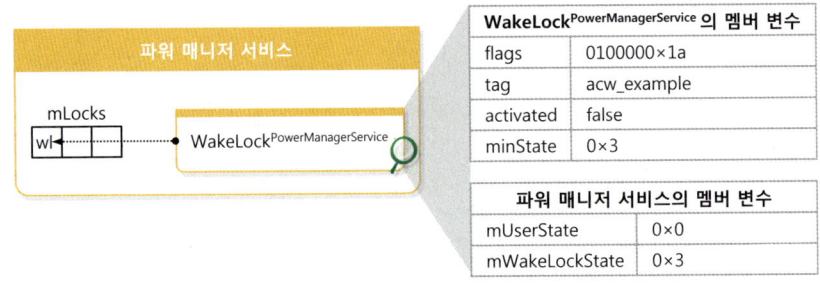

그림 5-62 FULL_WAKE_LOCK 와 ACQUIRE_CAUSES_WAKEUP 플래그를 가진 Wake Lock 획득에 의한 파워 매니저 서비스 상태

ACQUIRE_CAUSES_WAKEUP 플래그에 의해 mWakeLockState가 0×3(SCREEN_BRIGHT)로 변경되어 결국 파워 매니저 서비스의 상태가 0×3(SCREEN_BRIGHT)로 변경된다.

5.5.8 Wake Lock 해제 : PARTIAL_WAKE_LOCK

이제까지 Wake Lock의 획득 동작에 대해서 설명하였고 이제부터는 Wake Lock의

---

52 새로운 Wake Lock의 태그는 'new_acw_example'이라고 설정한다.

해제 동작을 설명한다. 획득 동작과 순서상으로 변하는 것은 없지만 mLocks 배열에서 WakeLock^{PowerManagerService} 객체를 제거하는 것과 바인더의 unlinkToDeath() 메서드를 호출함으로써 예외 처리 리시버의 등록을 해제하는 것이 주요 핵심 동작이다.

플래그별로 획득 동작이 상이했던 것처럼 해제 동작도 플래그별로 차이가 나며 5.5.8절에서는 PARTIAL_WAKE_LOCK 플래그를 가진 Wake Lock의 해제 동작을 설명하고 5.5.9절에서는 화면 밝기 제어를 담당하는 FULL_WAKE_LOCK, SCREEN_BRIGHT_WAKE_LOCK, SCREEN_DIM_WAKE_LOCK 플래그를 가진 Wake Lock의 해제 동작을 설명하며 5.5.10절에서는 해제 동작 시에만 동작하는 ON_AFTER_RELEASE 플래그를 가진 Wake Lock의 해제 동작을 설명한다.

그림 5-63은 PARTIAL_WAKE_LOCK 플래그를 가진 Wake Lock의 해제 과정을 클라이언트에서부터 커널 영역까지 순서대로 나타낸 그림이다.

5-63 ❶ 클라이언트에서 release() 메서드를 호출함으로써 Wake Lock 해제 동작을 시작한다. 그리고 release() 메서드는 플래그라는 인자를 가지는데 이것은 앞서 설명한 Wake Lock의 기능을 구별하는 플래그와는 다른 것이다. 여기서 플래그는 단순히 근접 센서에 의한 동작의 보호를 위한 용도로만 사용한다. 여기서는 근접 센서에 의한 동작은 고려하지 않고 release() 메서드의 인자는 항상 0이라고 간주한다.

5-63 ❷ 레퍼런스 카운트 이용 여부를 설정하는 mRefCounted가 true이면 mCount가 0일 경우에만 파워 매니저 서비스의 상태를 갱신하고 mRefCounted가 false이면 mCount에 상관없이 파워 매니저 서비스의 상태를 갱신한다.

5-63 ❸ 바인더(프록시) 객체 레퍼런스인 mToken과 0을 releaseWakeLock() 메서드의 인자로 파워 매니저 서비스 동작을 시작한다.

5-63 ❹ 해제를 요청하는 클라이언트의 uid를 획득하고 시스템 서비스가 아니면 즉, uid가 1000이 아닐 경우 WAKE_LOCK 권한이 있는지 체크한다.

5-63 ❺ mLocks 배열에서 바인더(프록시) 객체 레퍼런스에 1대 1 매핑되는 WakeLock^{PowerManagerService} 객체를 제거한다.

5-63 ❻ 파셜 카운트인 mPartialCount 값을 하나 감소시킨다.

5-63 ❼ 파셜 카운트가 0이면 자바 네이티브 메서드인 nativeReleaseWakeLock() 메서드를 호출하여 Wake Lock의 태그 정보인 'PowerManagerService'를 네이티브 영역으로 전달한다.

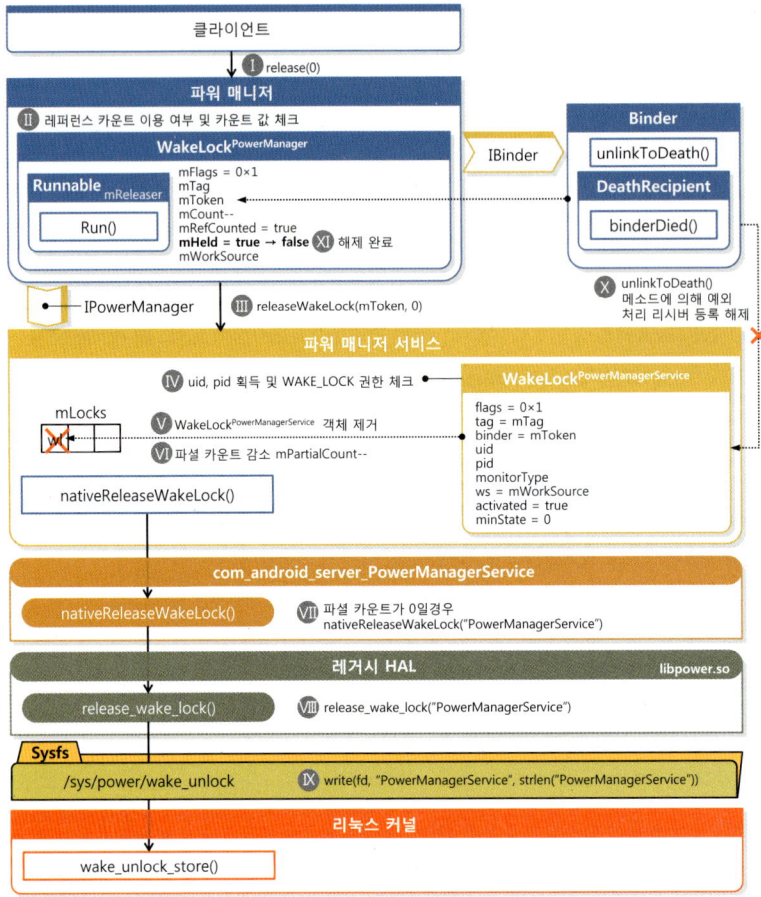

그림 5-63 Wake Lock 해제 : PARTIAL_WAKE_LOCK

Ⅷ JNI를 통해 네이티브 영역의 네이티브 함수인 nativeReleaseWakeLock() 함수를 호출하며 nativeReleaseWakeLock() 함수는 자바 영역에서 전달된 Wake Lock 태그 정보를 레거시 HAL 라이브러리인 libpower 라이브러리의 release_wake_lock() 함수의 인자로 전달한다.

Ⅸ release_wake_lock() 함수는 /sys/power/wake_unlock 파일에 Wake Lock 태그정보인 "PowerManagerService"를 입력함으로써 sysfs 파일 시스템에 의해 커널 영역으로 전달된다. /sys/power/wake_unlock 파일에 대한 쓰기 동작은 커널 영역에서는 wake_unlock_store() 함수를 트리거링시켜 커널 영역에서의 동작을 수행한다.

Ⅹ 네이티브 및 커널 영역에서의 동작이 완료되면 WakeLock^PowerManagerService 객체와 1대1 매핑되어 있는 바인더의 unlinkToDeath() 메소드를 호출함으로써 예외 처리를 위한 리시버 등록을 해제한다.

ⅩⅠ WakeLock^PowerManager 객체의 멤버 변수인 mHeld를 false로 변경함으로써 해제 동작이 완료되었음을 설정한다.

5.5.9　Wake Lock 해제 : 화면 밝기 제어 플래그

화면 밝기를 제어하는 FULL_WAKE_LOCK, SCREEN_BRIGHT_WAKE_LOCK, SCREEN_DIM_WAKE_LOCK 플래그를 가진 Wake Lock 해제 동작은 획득 동작과 마찬가지로 파워 매니저 서비스 상태의 핵심 메서드인 setPowerState() 메서드에 의해 파워 매니저 서비스의 상태를 갱신하고 네이티브 영역으로 화면 밝기에 대한 정보를 전달한다. 또한, PARTIAL_WAKE_LOCK 플래그를 가진 Wake Lock 해제 동작과 마찬가지로 mLocks 배열에서 WakeLock^PowerManagerService 객체를 제거하는 동작과 바인더의 unlinkToDeath() 메서드를 호출함으로써 예외 처리 리시버의 등록을 해제하는 동작을 동일하게 수행한다.

그림 5-64는 FULL_WAKE_LOCK, SCREEN_BRIGHT_WAKE_LOCK, SCREEN_DIM_WAKE_LOCK 플래그를 가진 Wake Lock의 해제 과정을 클라이언트에서부터 커널 영역까지 순서대로 나타낸 그림이다.

Ⅰ 클라이언트에서 release() 메서드를 호출함으로써 Wake Lock 해제 동작을 시작한다.

Ⅱ 레퍼런스 카운트 이용 여부를 설정하는 mRefCounted가 true이면 mCount가 0일 경우에만 파워 매니저 서비스의 상태를 갱신하고 mRefCounted가 false이면 mCount에 상관없이 파워 매니저 서비스의 상태를 갱신한다.

Ⅲ 바인더(프록시) 객체 레퍼런스인 mToken과 0을 releaseWakeLock() 메서드의 인자로 파워 매니저 서비스 동작을 시작한다.

Ⅳ 해제를 요청하는 클라이언트의 uid를 획득하고 시스템 서비스가 아니면 즉, uid가 1000이 아닐 경우 WAKE_LOCK 권한이 있는지 체크한다.

Ⅴ mLocks 배열에서 바인더(프록시) 객체 레퍼런스에 1대1 매핑되는 WakeLock^PowerManagerService 객체를 제거한다.

Ⅵ gatherState() 메서드에 의해 mLocks 배열에 현재 등록되어 있는 활성화된 WakeLock^PowerManagerService 객체의 파워 매니저 서비스의 최소 상태값을 획득하고 mUserState와 함께 setPowerState() 메서드를 호출함으로써 파워 매니저 서비스의 상태를 갱신한다.

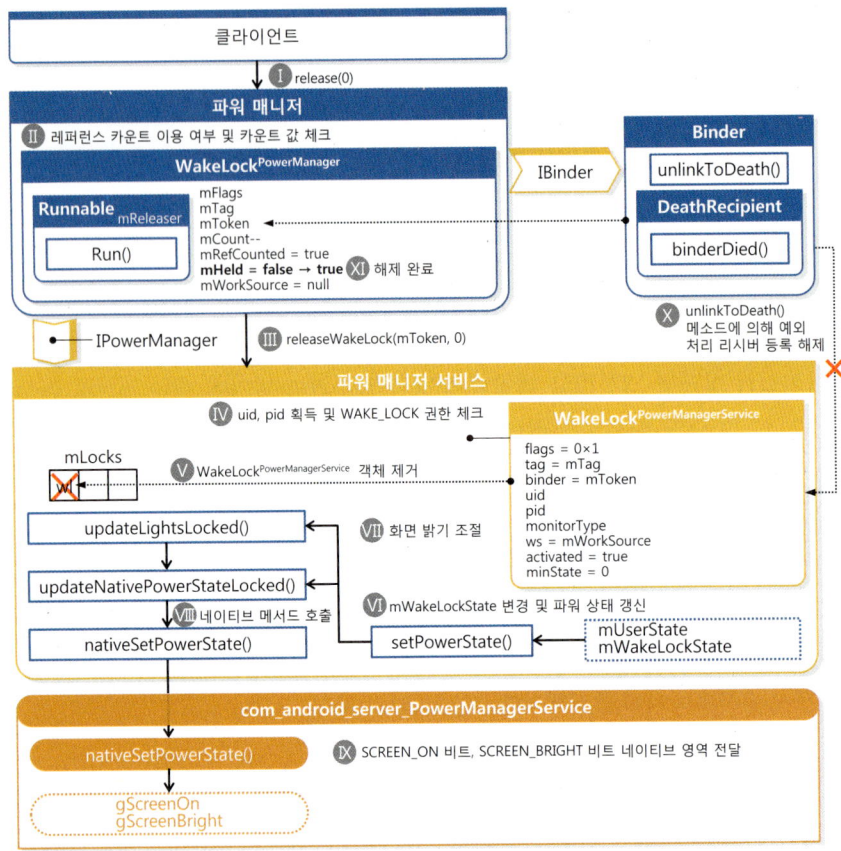

그림 5-64 Wake Lock 해제 : 화면 밝기 제어 플래그

- ⑦ updateLightsLocked() 메서드를 호출함으로써 화면 밝기를 조절한다.

- ⑧ updateNativePowerStateLocked() 메서드에 의해 자바 네이티브 메서드인 nativeSetPowerState()를 호출하는데 이때 메서드의 인자로서 파워 매니저 서비스 상태의 첫 번째 비트값인 SCREEN_ON 비트와 두 번째 비트값인 SCREEN_BRIGHT 비트를 전달한다.

- ⑨ JNI를 통해 SCREEN_ON 비트와 SCREEN_BRIGHT 비트를 네이티브 영역의 nativeSetPowerState() 함수로 전달한다. 네이티브 영역으로 전달된 SCREEN_ON 비트와 SCREEN_BRIGHT 비트는 각각 gScreenOn, gScreenBright 변수에 저장되어 인풋 매니저에서 해당 정보를 이용한다.

- ⑩ 네이티브 영역에서의 동작이 완료되면 WakeLock^PowerManagerService 객체와 1대1 매핑되어

있는 바인더의 unlinkToDeath() 메서드를 호출함으로써 예외 처리를 위한 리시버 등록을 해제한다.

5-64 WakeLock^PowerManager 객체의 멤버 변수인 mHeld를 false로 변경함으로써 해제 동작이 완료되었음을 설정한다.

5.5.10 Wake Lock 해제 : ON_AFTER_RELEASE

ON_AFTER_RELEASE 플래그는 Wake Lock이 해제될 때 유저 액티비티를 발생시켜 스크린 타임아웃 타이머를 리셋시킴으로써 스크린 타임아웃 동안 스크린을 On 시키는 역할을 한다. 획득 동작 시 설명했던 ACQUIRE_CAUSES_WAKEUP 플래그와 마찬가지로 ON_AFTER_RELEASE 플래그 단독으로는 사용될 수 없다는 점을 잊지 말아야 한다.

블루투스에서 페어링 팝업창 요청 시의 Wake Lock 동작을 통해 ON_AFTER_RELEASE 플래그의 동작을 이해한다.

코드 5-53은 BluetoothEventLoop 클래스에서 Wake Lock을 생성하는 코드이다.

```
PowerManager pm = (PowerManager)context.getSystemService(Context.POWER_SERVICE);
mWakeLock = pm.newWakeLock(PowerManager.FULL_WAKE_LOCK |
        PowerManager.ACQUIRE_CAUSES_WAKEUP | PowerManager.ON_AFTER_RELEASE, TAG);
mWakeLock.setReferenceCounted(false);
```

📁 frameworks/base/core/java/android/server/BluetoothEventLoop.java

코드 5-53 BluetoothEventLoop 생성자에서 Wake Lock 생성

FULL_WAKE_LOCK 플래그와 더불어 ACQUIRE_CAUSES_WAKEUP 플래그 그리고 ON_AFTER_RELEASE 플래그를 가진 Wake Lock을 생성한다.

페어링 팝업창을 띄우기 위한 ACTION_PAIRING_REQUEST 인텐트를 송신하기 전에 Wake Lock을 획득함으로써 만약 스크린 Off 상태였다면 FULL_WAKE_LOCK 플래그와 ACQUIRE_CAUSES_WAKEUP 플래그에 의해 화면은 유저가 설정한 최대 밝기 상태로 갱신되며 ACTION_PAIRING_REQUEST 인텐트를 송신한 후에는 Wake Lock을 해제한다.

코드 5-54는 BluetoothEventLoop 클래스에서 ACTION_PAIRING_REQUEST 인텐트를 송신하는 메서드에서 공통으로 사용하는 코드이다.

```
// Acquire wakelock during PIN code request to bring up LCD display
mWakeLock.acquire();
Intent intent = new Intent(BluetoothDevice.ACTION_PAIRING_REQUEST);
intent.putExtra(BluetoothDevice.EXTRA_DEVICE, mAdapter.getRemoteDevice(address));
intent.putExtra(BluetoothDevice.EXTRA_PAIRING_VARIANT,
        BluetoothDevice.PAIRING_VARIANT_CONSENT);
mContext.sendBroadcast(intent, BLUETOOTH_ADMIN_PERM);
// Release wakelock to allow the LCD to go off after the PIN popup notification.
mWakeLock.release();
```

📁 frameworks/base/core/java/android/server/BluetoothEventLoop.java

코드 5-54 페이링 요청 시 Wake Lock 획득 및 해제

이때 다른 애플리케이션 혹은 서비스가 획득 완료한 Wake Lock이 없고 코드 5-54에서 ON_AFTER_RELEASE 플래그가 없다면 스크린은 바로 Off 상태로 진입하겠지만, ON_AFTER_RELEASE 플래그에 의해 해제 동작 시 유저 액티비티를 강제로 발생시킴으로써 스크린 타임아웃 동안 스크린의 On 상태를 보장한다.

코드 5-55는 releaseWakeLockLocked() 메서드에서 ON_AFTER_RELEASE 플래그에 의해 유저 액티비티를 강제로 발생시키는 코드이다.

```
private void releaseWakeLockLocked(IBinder lock, int flags, boolean death) {
    ...
    if ((wl.flags & PowerManager.ON_AFTER_RELEASE) != 0) {
        userActivity(SystemClock.uptimeMillis(), -1, false, OTHER_EVENT, false);
    }
    ...
}
```

📁 frameworks/base/services/java/com/android/server/PowerManagerService.java

코드 5-55 ON_AFTER_RELEASE 플래그에 의한 유저 액티비티 발생

5.6 파워 매니저 서비스 직접 이용

5.5절에서는 파워 매니저 서비스의 래퍼 클래스인 파워 매니저 클래스의 객체를 획득하여 Wake Lock의 생성 및 획득 그리고 해제 동작을 설명하였다. 본절에서는 파워 매니저 서비스의 프록시 객체 레퍼런스를 획득해서 직접 이용하는 경우를 설명한다.

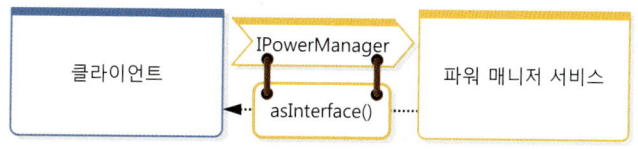

그림 5-65 파워 매니저 서비스의 프록시 객체 레퍼런스 획득

파워 매니저 서비스의 프록시 객체 레퍼런스의 획득은 5.5.2절의 코드 5-48에서 설명되었으며 ContextImpl 클래스의 registerService() 메서드를 다시 상기해 본다.

```
registerService(POWER_SERVICE, new ServiceFetcher() {
    public Object createService(ContextImpl ctx) {
        IBinder b = ServiceManager.getService(POWER_SERVICE);
        IPowerManager service = IPowerManager.Stub.asInterface(b);
        return new PowerManager(service, ctx.mMainThread.getHandler());
    }
});
```

📁 frameworks/base/core/java/android/app/ContextImpl.java

코드 5-56 registerService() 메서드

코드 5-56의 파워 매니저 서비스의 프록시 객체 획득 코드는 코드 5-57과 같이 한줄로 표현 가능하며 대부분의 경우 코드 5-57에 의해 파워 매니저 서비스의 프록시 객체를 획득하여 파워 매니저 서비스를 직접 이용한다.

```
IPowerManager.Stub.asInterface(ServiceManager.getService("power"));
```

코드 5-57 파워 매니저 서비스의 프록시 객체 획득

5.6.1 화면 밝기 설정

파워 매니저 서비스의 프록시 객체를 획득하여 파워 매니저 서비스를 이용하는 첫 번째 예제는 BrightnessPreference 클래스에서 파워 매니저 서비스의 setBacklightBrightness() 메서드를 호출하여 화면 밝기를 설정하는 동작이다.

코드 5-58은 BrightnessPreference 클래스에서 해당 동작을 수행하는 setBrightness() 메서드이다.

```
private void setBrightness(int brightness) {
    ...
    IPowerManager power = IPowerManager.Stub.asInterface(
            ServiceManager.getService("power"));  ❶
    if (power != null) {
        power.setBacklightBrightness(brightness);  ❷
    }
    ...
}
```

📁 packages/apps/settings/src/com/android/settings/BrightnessPreference.java

코드 5-58 setBrightness() 메서드

❶ 파워 매니저 서비스의 프록시 객체를 획득한다.

❷ 파워 매니저 서비스의 setBacklightBrightness() 메서드를 호출한다.

디밍 상태의 밝기 레벨은 20이고 유저에 의한 화면 최대 밝기가 255로 설정된 경우에 대해 setBacklightBrightness() 메서드에 의한 파워 매니저 서비스에서의 동작을 위주로 설명하면 그림 5-66과 같다.

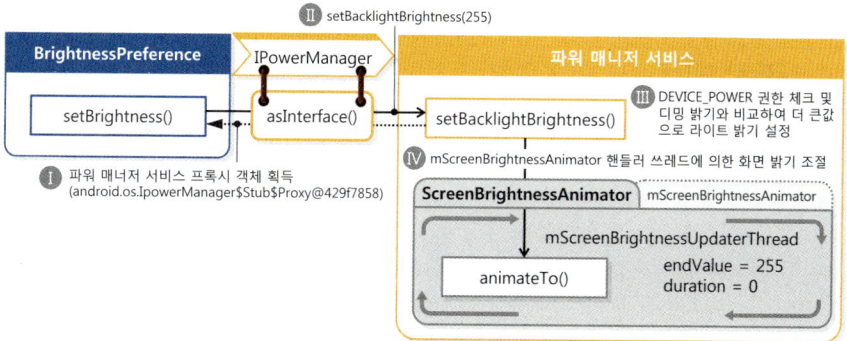

그림 5-66 setBacklightBrightness() 메서드에 의한 화면 밝기 설정

Ⅰ BrightnessPreference 클래스의 setBrightness() 메서드는 파워 매니저 서비스의 프록시 객체 레퍼런스를 획득한다.

Ⅱ 파워 매니저 서비스의 setBacklightBrightness() 메서드를 호출하여 유저가 설정한 화면 밝기 최댓값은 255를 전달한다.

Ⅲ DEVICE_POWER 권한이 있는지 체크하고 입력된 밝기 값과 디밍 상태의 밝기 값을 비교하여 큰 값으로 밝기 값을 재설정한다. 여기서는 입력된 밝기 값은 255이고 디밍 상태의 밝기 값은 20이므로 재설정된 밝기 값은 255이다.

Ⅳ 'mScreenBrightnessAnimator' 핸들러 쓰레드의 animateTo() 메서드에 의해 목표 밝기 값인 255로 화면 밝기를 전환한다. 이때 전환 시간인 duration은 0이므로 즉시 화면 밝기를 전환한다.

5.6.2 Poke Lock

mKeylightDelay에 의해 잠시 동안 현재의 화면 밝기를 유지하고 스크린 Off 상태로 바로 진입하기 위해 사용한다. 이를 위해 파워 매니저 서비스는 setPokeLock() 메서드를 지원하며 인자로서 Poke Lock의 동작을 결정하는 포크키와 바인더 객체인 토큰 그리고 Poke Lock을 설정하는 클라이언트의 이름인 태그가 있다. 이는 Wake Lock 획득 시의 플래그, 토큰 그리고 태그와 동일한 역할을 한다.

표 5-34는 포크키 매크로의 설정 값과 그 의미이다.

표 5-34 포크키 매크로 설정 값과 의미

포크키 매크로	값	의미
POKE_LOCK_IGNORE_TOUCH_EVENTS	0x1	터치 동작에 의해 파워 매니저 서비스의 userActivity() 메서드 호출 시 터치 이벤트를 무시한다.
POKE_LOCK_SHORT_TIMEOUT	0x2	mKeylightDelay는 mShortKeylightDelay가 가지고 있는 값으로 설정되는데 mShortKeylightDelay는 SHORT_KEYLIGHT_DELAY_DEFAULT 매크로에 의해 초깃값이 6초이며 SHORT_KEYLIGHT_DELAY_MS 리소스에 의해 따로 정의되어 있다면 그 값을 따른다.
POKE_LOCK_MEDIUM_TIMEOUT	0x4	mKeylightDelay는 MEDIUM_KEYLIGHT_DELAY 매크로 설정 값으로 변환되며 그 값은 15초이다.

코드 5-59는 PhoneApp 클래스에서 파워 매니저 서비스의 setPokeLock() 메서드를 호출하는 코드이다.

```
public void onCreate() {
    ...
    mPowerManagerService = IPowerManager.Stub.asInterface(          ──❶
            ServiceManager.getService("power"));
    ...
}

private void updatePokeLock() {
    ...
    int pokeLockSetting = 0;
    switch (mScreenTimeoutDuration) {
        case SHORT:
            pokeLockSetting |= LocalPowerManager.POKE_LOCK_SHORT_TIMEOUT;
            break;
        case MEDIUM:
            pokeLockSetting |= LocalPowerManager.POKE_LOCK_MEDIUM_TIMEOUT;  ──❷
            break;
    }
    if (mIgnoreTouchUserActivity) {
        pokeLockSetting |= LocalPowerManager.POKE_LOCK_IGNORE_TOUCH_EVENTS;
    }
    mPowerManagerService.setPokeLock(pokeLockSetting, mPokeLockToken, LOG_TAG);  ──❸
}
```

📁 packages/apps/phone/src/com/android/phone/PhoneApp.java

코드 5-59 PhoneApp 클래스에서 setPokeLock() 메서드 호출

❶ 파워 매니저 클래스는 Poke Lock에 대한 API를 제공하지 않고 있으므로 PhoneApp 클래스는 어쩔 수 없이 IPowerManager.Stub.asInterface() 메서드를 이용해서 파워 매니저 서비스의 프록시 객체 레퍼런스를 획득한다.

❷ 포크키를 pokeLockSetting 멤버 변수에 저장한다.

❸ 설정된 포크키를 인자로 파워 매니저 서비스의 setPokeLock() 메서드를 호출한다.

5.7 파워 매니저 서비스를 이용하지 않는 Wake Lock

이제까지는 파워 매니저 서비스를 통한 Wake Lock 획득 및 해제에 대해서 설명하였고 5.7절에서는 파워 매니저 서비스를 통하지 않고 레거시 HAL 라이브러리인 libpower 라이브러리의 acquire_wake_lock() 함수 및 release_wake_lock() 함수를 직접 호출함으로써 Wake Lock을 획득 및 해제하는 경우에 대해서 설명한다.

네이티브 서비스, 외부 라이브러리 등에서는 다음 두 가지 이유 때문에 파워 매니저 서비스를 통하지 않고 Wake Lock 획득 및 해제 동작을 수행한다.

첫 번째는 소프트웨어 계층 구조 및 관리 문제 때문이다.

자바 영역에 존재하는 애플리케이션 및 서비스의 경우는 소프트웨어 구조상 파워 매니저 서비스를 통해서 Wake Lock 획득 및 해제 동작을 수행해야만 파워 매니저 서비스에서 제공하는 화면 밝기 제어와 더불어 Wake Lock의 통합 관리가 가능하다.

두 번째는 화면 밝기를 전혀 제어하지 않기 때문이다.

네이티브 영역에서의 Wake Lock 획득 동작은 모두 해당 동작에 대한 신뢰성 확보를 위해 PARTIAL_WAKE_LOCK 플래그를 가진 Wake Lock을 획득하는 동작이다. 그러므로 굳이 JNI를 통해 파워 매니저 서비스를 이용할 필요가 없다.

⦿ RIL 데몬의 Wake Lock 동작

모뎀으로부터 Unsolicited 응답을 RIL 데몬이 처리하는 경우의 Wake Lock 획득 및 해제 동작을 통해 파워 매니저 서비스를 이용하지 않고 레거시 HAL 라이브러리인 libpower 라이브러리의 acquire_wake_lock() 함수 및 release_wake_lock() 함수를 직접 호출하는 동작을 설명한다.

그림 5-67은 RIL 데몬에서의 Wake Lock 획득 및 해제 동작을 RIL 데몬에서부터 커널 영역까지의 메서드 호출 관점에서 그린 그림이다.

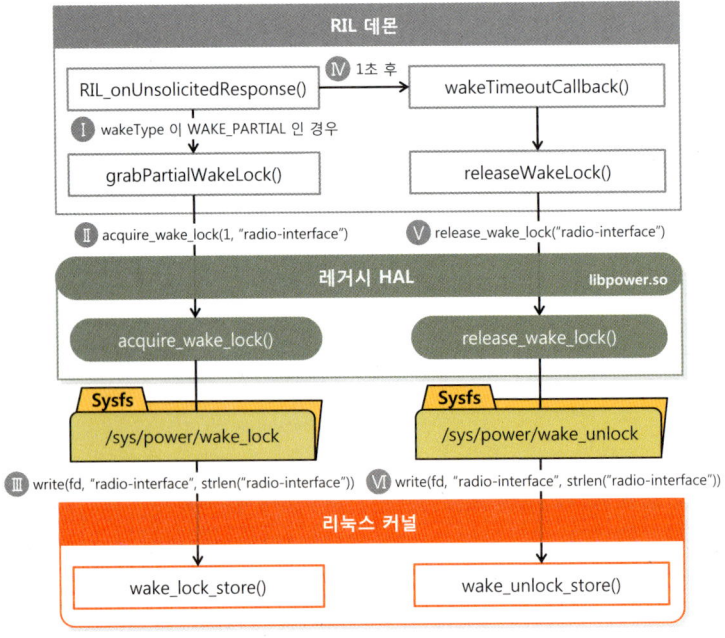

그림 5-67 RIL 데몬에서의 Wake Lock 획득 및 해제

❶ 모뎀에서 Unsolicited 응답이 오면 벤더 RIL에서는 RIL_onUnsolicitedResponse() 함수를 호출함으로써 RIL 데몬에서의 동작을 트리거시키게 되는데 이때 Unsolicited 응답에 대한 동작을 보장하기 위해 CPU Sleep 상태로의 진입을 금지할 필요가 있고 결국 PARTIAL_WAKE_LOCK 플래그를 가진 Wake Lock이 필요하게 된다. grabPartialWakeLock() 함수를 호출함으로써 해당 동작을 요청한다.

② grabPartialWakeLock() 함수는 PARTIAL_WAKE_LOCK 플래그와 "radio-interface"라는 태그를 인자로 레거시 HAL 라이브러리인 libpower 라이브러리의 acquire_wake_lock() 함수를 호출한다.

③ acquire_wake_lock() 함수는 Wake Lock 태그 정보인 "radio-interface"를 wake_lock 파일에 입력함으로써 커널 영역으로 Wake Lock 정보를 전달한다.

④ Wake Lock 획득 동작 후 1초 타이머에 의해 콜백 함수인 wakeTimeoutCallback() 함수가 호출되며 wakeTimeoutCallback() 함수는 releaseWakeLock() 함수를 호출함으로써 Wake Lock 해제 동작을 시작한다.

⑤ releaseWakeLock() 함수는 "radio-interface" 태그를 인자로 레거시 HAL 라이브러리인 libpower 라이브러리의 release_wake_lock() 함수를 호출한다.

⑥ release_wake_lock() 함수는 Wake Lock 태그인 "radio-interface"를 wake_lock 파일에 입력함으로써 커널 영역으로 Wake Lock 정보를 전달한다.

코드 5-60은 RIL 데몬에서의 Wake Lock 획득 코드이다.

```
#define ANDROID_WAKE_LOCK_NAME "radio-interface"

void RIL_onUnsolicitedResponse(int unsolResponse, void *data, size_t datalen) {
    ...
    switch (s_unsolResponses[unsolResponseIndex].wakeType) {
        case WAKE_PARTIAL:
        grabPartialWakeLock();                                      ─❶
        ...
    }

    static void
    grabPartialWakeLock() {
        acquire_wake_lock(PARTIAL_WAKE_LOCK, ANDROID_WAKE_LOCK_NAME);  ─❷
    }
}
```

📁 hardware/ril/libril/Ril.cpp

코드 5-60 RIL 데몬에서의 Wake Lock 획득 코드

5-60
❶ 모뎀에서 Unsolicited 응답이 오면 RIL_onUnsolicitedResponse() 함수는 grabPartialWakeLock() 함수를 호출한다.

5-60
❷ grabPartialWakeLock() 함수는 PARTIAL_WAKE_LOCK 플래그와 ANDROID_WAKE_LOCK_NAME 매크로("radio-interface")를 태그로 레거시 HAL 라이브러리인 libpower 라이브러리의 acquire_wake_lock() 함수를 호출한다.

06
안드로이드 커널 파워 매니지먼트
Android Kernel Power Management

개구리나 곰과 같은 동물들은 겨울이 되면 활동을 중지하고 겨울잠(Hibernation)을 잔다. 겨울에는 춥고 먹을 것이 없기에 이러한 환경에 적응하기 위한 하나의 방법이다.

개구리는 겨울잠을 잘 때 심폐기능이 완전히 정지하며 곰은 완전히 정지하지 않고 평소의 30% 정도 수준을 유지한다.

안드로이드 커널에서도 배터리 소모를 줄이기 위해 리눅스 커널에 적용된 Governor 및 STR(Suspend To RAM) 방식을 활용하며 안드로이드만을 위한 새로운 개념인 Wake Lock을 추가로 적용하였다.

본 장에서는 안드로이드 커널[1]에서의 파워 매니지먼트의 동작에 대해 설명한다. 5장에서 설명한 유저 영역에서의 파워 매니지먼트와 커널 영역에서의 파워 매니지먼트는 어떻게 연결되며 커널 영역에서는 무슨 동작을 하는지의 설명을 통해 안드로이드 플랫폼에서의 전체적인 파워 매니지먼트를 이해한다.

일반적인 리눅스 커널은 Suspend 상태와 Resume 상태에 의해 파워 매니지먼트를 하고 있으며 안드로이드 플랫폼은 Suspend 상태와 Resume 상태 이외에 Suspend 상태와 Resume 상태를 각각 두 단계로 나누어 Early Suspend 상태와 Late Resume 상태를 리눅스 커널에 추가하였으며 또한 특정 모듈 혹은 특정 장치가 Suspend 상태로 진입하지 않고 동작하게 하기 위해 즉, CPU 리소스를 사용하기 위해 Wake Lock 기능을 새로이 추가하였다[2]. 쉽게 말하자면, CPU와 주변장치들에 대해 단순히 On/Off 동작을 하는 것이 리눅스에서의 파워 매니지먼트이고 제한된 배터리 용량을 가진 모바일기기에 적합하게 좀 더 세밀하고 효율적으로 On/Off 동작을 하는 것이 안드로이드 커널 파워 매니지먼트이다.

그림 6-1은 안드로이드 커널에서의 파워 매니지먼트의 기본 정책을 간략히 도식화한 것이다.

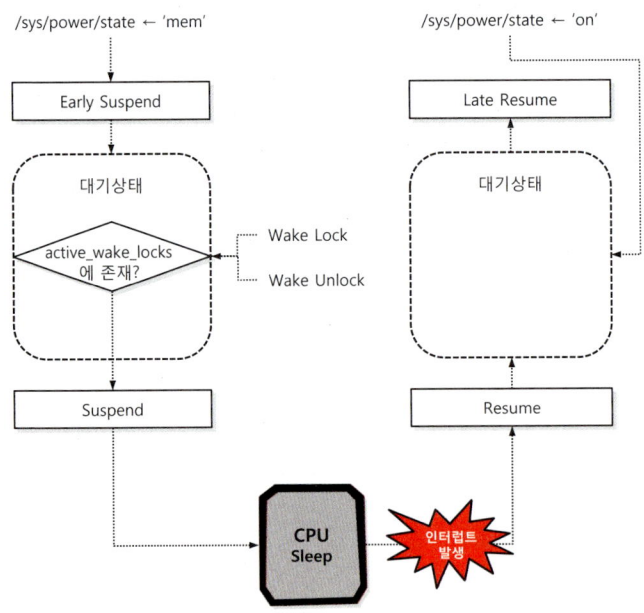

그림 6-1 안드로이드 커널 파워 매니지먼트의 기본 정책

---

1 · 안드로이드 플랫폼에서 리눅스 커널을 안드로이드 커널이라 부르겠다.

2 · 6.2.1절을 참고하라.

유저 영역에서 state 파일에 'mem'이라는 스트링을 입력하면 커널 영역에서는 Early Suspend 동작을 수행하여 스크린 Off 상태에서 대기한다. 대기 상태에서 Wake Lock 및 Wake Unlock 동작이 수행되면 이때 활성화된 Wake Lock의 정보를 담고 있는 연결 리스트인 active_wake_locks 연결 리스트에 활성화된 Wake Lock의 존재 유무를 체크하게 되고 만약 활성화된 Wake Lock이 없으면 비로소 Suspend 동작을 통해 CPU가 Sleep 상태로 진입하게 된다.

그리고 인터럽트가 발생하여 Resume 동작이 수행되면 CPU가 Run 상태로 진입하여 대기 상태에 있다가 유저 영역에서 state 파일에 'on'이라는 스트링을 입력하면 Late Resume 동작을 수행하여 스크린 On 상태가 된다.

◉ Early Suspend

Early Suspend는 Suspend 상태와 디바이스의 화면만 꺼진 상태의 중간 상태이며 유저 영역에서 state 파일에 'mem'을 입력함으로써 트리거링된다. Early Suspend 상태에서는 디스플레이, 백라이트와 터치스크린 등 스크린 Off 상태에서는 동작할 이유가 없는 장치들의 전원을 Off 상태로 변경한다. 예를 들어 사용자가 mp3 음악을 듣고 있을 경우에 일정 시간 동안 터치 혹은 키 등의 입력이 없으면 mp3는 계속해서 재생되지만, 배터리 소모를 줄이기 위해 디스플레이, 백라이트와 터치스크린 등은 Early Suspend 동작을 통해 전원 공급이 중단된다.

◉ Late Resume

Late Resume은 Early Suspend와 쌍으로 동작하며 state 파일에 'on'을 입력함으로써 트리거링된다. Late Resume은 Early Suspend 동작을 수행했던 장치들의 Late Resume 동작을 수행한다.

◉ Wake Lock / Wake Unlock

Wake Lock은 유저 영역 혹은 커널 영역에서 CPU 리소스를 요청하기 위해 사용된다. 즉, 오디오 재생 시에는 디스플레이, 백라이트 및 터치스크린과 같은 주변장치들은 동작을 멈춰도 되지만 오디오 장치는 동작을 멈추면 안 되기 때문에 오디오 장치는 Wake Lock을 생성 및 획득하며 오디오 재생이 완료되거나 멈추면 Wake Lock을 해제하게 된다. 커널 영역에서는 활성화된 Wake Lock 정보를 담아 두기 위해 active_wake_locks라는 연결 리스트를 이용한다.

6.1 리눅스 커널 파워 매니지먼트

전통적인 리눅스 커널은 데스크톱 피씨같은 BIOS가 존재하는 시스템을 고려한 OS이며 BIOS에 기반을 둔 파워 매니지먼트에는 APM(Advanced Power Management) 및 ACPI(Advanced Configuration and Power Interface)가 존재한다. 하지만 모바일 기기 같은 임베디드 시스템은 BIOS가 존재하지 않으므로 안드로이드 플랫폼에서는 APM 및 ACPI 를 사용하지 않는다.

안드로이드 커널은 리눅스 커널을 기반으로 하고 있으며 특히 디바이스 및 시스템의 파워 상태는 ACPI에서 정의하고 있는 상태에 의해 설명되므로 APM 및 ACPI와 디바이스 파워 매니지먼트에 대해서 간략히 설명한다.

6.1.1 APM과 ACPI

윈도우즈 및 리눅스 커널 등의 파워 매니지먼트를 위한 표준 API를 제공하는 APM과 ACPI를 설명한다. 특히, ACPI는 현재 리눅스 커널의 파워 매니지먼트의 표준이므로 안드로이드 커널의 파워 매니지먼트를 이해하기 위해서는 ACPI에 대한 지식이 필요하다.

1. APM

    APM은 인텔과 마이크로소프트에 의해 IBM 호환 컴퓨터를 위해 개발된 파워 매니지먼트 규격이며 1992년에 최초 릴리즈되어 1996년에 1.2 버전이 마지막으로 릴리즈되었다. 윈도우즈 비스타부터는 지원되지 않으나 리눅스 커널에는 여전히 지원되고 있다. 그림 6-2는 APM의 계층도를 간략히 나타낸 것이다.

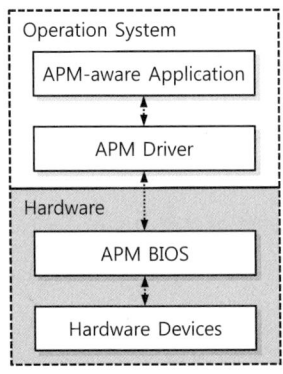

그림 6-2 APM 계층도

APM BIOS는 Standby, Suspend, Resume, Low Battery Notification 등 12개의 파워 매니지먼트 이벤트를 정의하고 있으며 APM Driver는 파워 매니지먼트의 상태 체크와 변경을 위한 21개의 함수를 정의하고 있다. APM BIOS가 APM Driver에 파워 매니지먼트 이벤트를 전달하면 APM Driver는 이벤트에 적합한 파워 매니지먼트 함수를 호출하여 디바이스의 파워 매니지먼트를 수행한다. 파워 매니지먼트 이벤트 및 파워 매니지먼트 함수는 현재 리눅스 커널에서 참고하고 있지 않으므로 따로 언급하지 않겠다.

2. ACPI

ACPI는 인텔, 마이크로소프트, 도시바 등에 의해 1996년에 처음 릴리즈되었으며 OSPM(Operating System-directed configuration and Power Management)의 핵심 인터페이스를 제공한다. APM처럼 BIOS에 기반한 파워 매니지먼트가 아니라 OS에 기반한 파워 매니지먼트를 위한 규격이다. 윈도우즈 98부터 지원하기 시작했으며 리눅스 커널뿐 아니라 FreeBSD, NetBSD, OpenBSD 등 대부분의 OS에서 지원한다. 그림 6-3은 ACPI 스펙을 포함하는 시스템의 계층도이다.

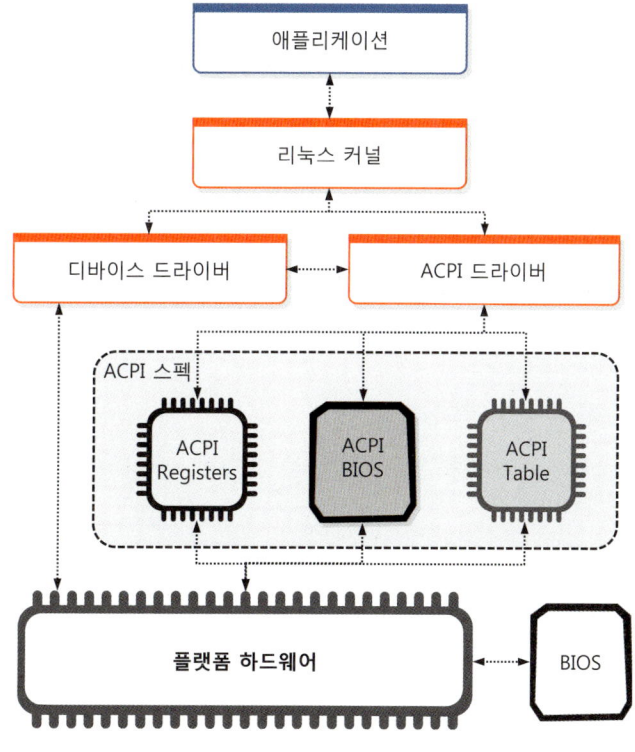

그림 6-3 ACPI 계층도

그림 6-3의 점선으로 표시된 영역이 ACPI 스펙에서 정의하고 있는 부분이며 세 개의 컴포넌트를 정의하고 있다.

- ACPI Table : AML(ACPI Machine Language)에 의해 하드웨어와의 인터페이스를 표현한다.

- ACPI Registers : ACPI Table에 의해 표현된 하드웨어와의 인터페이스 일부분이다.

- ACPI BIOS : 부팅, Sleep, Wakeup, 재시작 등의 인터페이스를 제공하며 레거시 BIOS와의 구별을 위해 ACPI System Firmware라고도 불린다. 그리고 ACPI에서는 파워 상태를 다음과 같이 Global, Device, Processor, Performance 등 네 개의 종류로 나누어 정의하고 있다.

◉ Global states

시스템의 전역 상태를 정의하며 네 개의 전역 상태, G0, G1, G2, G3로 나뉘며 또한 Sleep 상태에 의해 여섯 개의 상태, S0, S1, S2, S3, S4, S5로 정의한다. 표 6-1은 ACPI의 Global states이다.

표 6-1 ACPI의 Global states

상태		의미
G0	S0	동작 상태이다.
G1		Sleep 상태이며 S1, S2, S3, S4의 상태로 나뉜다.
G1	S1	CPU의 동작이 멈추고 디바이스의 전원 공급이 중단된 상태이다. 하지만 CPU 및 RAM의 전원은 여전히 공급된다.
G1	S2	CPU의 전원 공급이 중단된다.
G1	S3	Suspend 혹은 Sleep 혹은 Suspend to RAM(STR) 상태라고 불리며 RAM의 전원만 공급되는 상태이다.
G1	S4	Hibernation 혹은 Suspend to Disk(STD) 상태라고 불리며 현재 상태로 복귀할 수 있는 정보들을 하드디스크 같은 비휘발성 메모리에 저장하며 모든 전원이 차단된다.
G2	S5	Soft Off 상태이며 G3 상태와 거의 동일하지만 PSU(Power Supply Unit)에는 여전히 전원이 공급되고 있는 상태이다. 파워 버튼에 의해 G0(S0) 상태로 갈 수 있다.
G3		Mechanical Off 상태이며 전원 케이블마저 제거되어 PSU에도 전원 공급이 안 되는 상태이다. 하지만 RTC(Real Time Clock)에는 수은 전지 등에 의해 전원이 공급된다.

● Device states

디바이스의 상태를 네 개의 상태, D0, D1, D2, D3로 정의하며 D3 상태는 동작 상태로의 변경이 가능한지의 여부에 따라 D3 Hot 상태와 D3 Cold 상태로 나뉜다. 표 6-2는 ACPI의 Device states이다.

표 6-2 ACPI의 Device states

상태		의미
D0		동작 상태이다.
D1		D0와 D3의 중간 상태이며 이것에 대한 정의는 디바이스 별로 다르다.
D2		
D3		디바이스에 전원 공급이 중단된 상태이며 D3 Hot, D3 Cold로 나뉜다.
D3	Hot	동작 상태로 변경 가능한 상태이다.
D3	Cold	동작 상태로 변경이 불가능한 상태이다.

● Processor states

CPU의 상태를 정의하며 C0, C1, C2, C3의 상태가 존재한다. 표 6-3은 ACPI의 Processor states이다.

표 6-3 ACPI의 Processor states

상태	의미
C0	동작 상태이다.
C1	Halt 상태로 불리우며 CPU의 동작은 멈추어 있지만 언제든지 동작 상태로 바로 변경 가능한 상태이다.
C2	Stop-Clock 상태로 불리우며 캐시에 이전 상태를 저장하고 있으며 동작 상태로 변경 시 약간의 시간이 걸린다.
C3	Sleep 상태로 불리우며 캐시에 이전 상태를 저장하고 있지 않아 동작 상태로 변경 시 많은 시간이 소요된다. 동작 상태로 변경 시 소요되는 시간에 따라 Deep Sleep 혹은 Deeper Sleep이라고도 불린다.

⦿ Performance states

디바이스의 동작 상태인 D0 그리고 CPU의 동작 상태인 C0 상태에서 성능에 따라 상태가 나뉘며 P0가 최고의 성능 상태이며 P1부터 Pn까지 순서대로 낮은 성능 상태로 정의한다. 칩셋별로 상태 레벨을 따로 정의하고 있으며 표 6-4는 ACPI에서 정의하고 있는 일반적인 Performance states이다.

표 6-4 ACPI의 Performance states

상태	의미
P0	동작 상태이다.
P1	P0보다 낮은 전압과 주파수에 의한 성능 상태이다.
...	...
Pn	P(n-1)보다 낮은 전압과 주파수에 의한 성능 상태이다.

6.1.2 디바이스 파워 매니지먼트

커널 영역에서의 코드는 대부분 디바이스 드라이버로 이루어져 있고 드라이버 모델은 계층적 표현에 의해 구성되어 있으므로 리눅스 커널 파워 매니지먼트는 계층적 디바이스 드라이버 모델을 중심으로 한 동작이라고 할 수 있다. 리눅스 커널에서는 디바이스 파워 매니지먼트를 다음 두 가지 모델로 정의한다[3].

1. System Sleep model

    시스템이 저전력 상태로 변경 시 드라이버들도 저전력 상태로 변경되며 저전력 상태는 ACPI의 전역 상태인 S3(STR) 혹은 S4(STD) 상태를 의미한다. 시스템 Suspend 혹은 Resume 동작 시 디바이스, 버스, 클래스 드라이버 등도 같이 해당 동작을 수행한다.

2. Runtime Power Management model

    시스템의 전역 상태와 무관하게 드라이버들의 상태가 변경 가능한 것을 의미한다. 이것은 Rafael J. Wysocki에 의해 리눅스 커널 2.6 버전에 최초로 적용되었다[4]. Suspend

---

[3] /Kernel_340/Documentation/power/devices.txt를 참고하라. 6장에서 안드로이드 커널은 커널 3.4 버전을 기준으로 설명하며 코드 경로에서 커널 디렉터리를 /Kernel_340으로 명시하였다.

[4] http://lwn.net/Articles/347574/

동작에 대한 많은 노력들이 커널에 적용되어 온 이후 파워 매니지먼트의 초점은 Running 상태에서의 효율적인 전력 제어를 위한 방향으로 전환되었다.

안드로이드의 경우 임베디드 시스템을 고려한 플랫폼이므로 모바일 기기에 적합한 파워 매니지먼트를 위해 좀 더 간단하고 좀 더 효율적인 방법을 고안해 냈다. 즉, System Sleep 모델에 기반해서 드라이버들을 제어하면 간단하지만 한정된 파워를 가진 배터리에 의해 전원 공급이 되는 모바일 기기에는 적합하지 않으므로 System Sleep 모델을 기반으로 Runtime Power Management 모델처럼 동작하는 간단한 방법을 채택하였다. 이것이 결국 Wake Lock인 것이다.

Wake Lock 개념을 도입하면서 System Sleep 모델을 기반으로 드라이버들의 개별적 제어가 가능한 안드로이드 플랫폼만의 특별한 모델이 탄생하였다.

6.2 안드로이드 커널 파워 매니지먼트

리눅스 커널에서 안드로이드 플랫폼을 위해 수정된 내용을 이해하고 커널 영역에서의 파워 매니지먼트의 동작을 이해하기 위해 필수적인 개념인 kobject와 sysfs 파일 시스템을 설명함으로써 5장에서 설명한 유저 영역의 파워 매니지먼트와 더불어 안드로이드 플랫폼에서의 파워 매니지먼트를 이해한다.

6.2.1 안드로이드 커널 수정 내용

안드로이드 플랫폼 컵케익(1.5) 버전에 채택된 리눅스 커널 2.6.27 버전에 안드로이드만을 위한 수정 사항이 반영되었다. 그 이후에도 약간의 수정 사항들이 있지만, 커널 2.6.27 버전에 반영된 내용들이 결국 안드로이드 커널에서 파워 매니지먼트를 위한 근본적인 구조가 된다.

표 6-5는 리눅스 커널에서 안드로이드 플랫폼의 파워 매니지먼트를 위한 주요 수정 내용이다.

표 6-5 안드로이드 커널 파워 매니지먼트를 위한 주요 수정 내용[5]

---

[5] 안드로이드 공식 Gerrit 사이트인 https://android-review.googlesource.com에서는 2008년 11월 25일 이후 반영사항만 확인할 수 있고 표 6-5의 수정 내용은 하기 Git web에서 확인할 수 있다. https://www.codeaurora.org/gitweb/quic/la/?p=kernel/common.git;a=tree;f=kernel/power;h=47178ef88c5b0135e81925a83fe728a6ce915716;hb=aosp/archive/android-goldfish-2.6.27

	커널 디파인	주요 내용
Early Suspend[6]	CONFIG_HAS_EARLYSUSPEND CONFIG_EARLYSUSPEND	Early Suspend 및 Late Resume 동작을 위한 유저 영역과의 인터페이스, 등록 함수 등을 구현한다.
Wake Lock[7]	CONFIG_HAS_WAKELOCK CONFIG_WAKELOCK CONFIG_WAKELOCK_STAT	커널 영역에서 Wake Lock 생성 및 활성화, 비활성화 등의 함수를 구현한다.
유저 영역 Wake Lock[8]	CONFIG_USER_WAKELOCK	유저 영역에서 생성된 Wake Lock의 커널 영역에서의 처리를 위한 활성화, 비활성화 등의 함수를 구현한다.
프레임 버퍼 Early Suspend[9]	CONFIG_FB_EARLYSUSPEND	유저 영역과 커널 영역의 스크린 상태의 동기화를 위한 프레임 버퍼의 Early Suspend를 추가한다.

6.2.2 kobject와 sysfs 파일 시스템

커널 영역의 파워 매니지먼트 서브시스템은 sysfs 파일 시스템을 통해 유저 영역과의 인터페이스를 제공한다. /sys 디렉터리는 sysfs 파일 시스템이 마운팅되어 있고 파워 매니지먼트 서브시스템은 /sys 디렉터리 아래에 /power 디렉터리를 생성하고 커널 영역의 파워 상태를 제어하는 state 파일을 생성한다. 즉, /sys/power/state 파일에 의해 시스템의 파워 상태가 제어된다.

이렇듯 커널 영역에서의 파워 매니지먼트를 이해하기 위해서는 sysfs 파일 시스템을 이해하는 것이 필수이며 또한 sysfs 파일 시스템은 kobject를 기초로 해서 동작하므로 sysfs 파일 시스템을 이해하기 전에 kobject에 대한 이해도 필요하다.

리눅스 커널을 다루는 서적에 kobject와 sysfs 파일 시스템에 대해 자세히 나와 있으므로 여기서는 파워 매니지먼트를 이해하는 데 필요한 부분만 간단히 설명한다.

kobject는 리눅스 커널에서 디바이스들을 계층적으로 관리하기 위한 구조체이며, 리눅스 커널에서 디바이스 드라이버 모델의 기본이 된다. 즉, 계층은 kobject 구조체로 대표되며 그것은 결국 디렉터리를 의미한다. 리눅스 커널에서 sysfs 파일 시스템에 의해 생성되는

---

[6] 추가 파일 : 📁 Kernel_340/kernel/power/earlysuspend.c
[7] 추가 파일 : 📁 Kernel_340/kernel/power/wakelock.c
[8] 추가 파일 : 📁 Kernel_340/kernel/power/userwakelock.c
[9] 추가 파일 : 📁 Kernel_340/kernel/power/fbearlysuspend.c

디렉터리와 내용은 표 6-6과 같다.

표 6-6 sysfs 파일 시스템의 디렉터리 정보

디렉터리	내용
/sys/bus	버스와 연관된 디바이스에 대한 내용을 계층 구조로 표현한다.
/sys/dev	블록 디바이스 및 문자 디바이스 드라이버에 대한 정보를 체계적으로 표현한다.
/sys/class	디바이스 드라이버의 종류에 대한 분류를 체계적으로 표현한다.
/sys/devices	시스템에 존재하는 모든 디바이스에 대한 정보를 체계적으로 표현한다.
/sys/firmware	펌웨어가 제공하는 정보 중 커널에서 사용하는 정보를 체계적으로 표현한다.
/sys/fs	파일 시스템에 대한 정보를 제공한다.
/sys/power	파워 매니지먼트와 관련된 정보를 제공한다.

⦿ kobject 구조체

/sys 디렉터리 하위에 생성되는 디렉터리의 이름과 위치는 kobject 구조체에 의해 정의되며 코드 6-1은 kobject 구조체의 정의이다.

```
struct kobject {
    const char              *name;          ❶
    struct list_head        entry;
    struct kobject          *parent;        ❷
    struct kset             *kset;
    struct kobj_type        *ktype;
    struct sysfs_dirent     *sd;
    struct kref             kref;
    unsigned int state_initialized:1;
    unsigned int state_in_sysfs:1;
    unsigned int state_add_uevent_sent:1;
    unsigned int state_remove_uevent_sent:1;
    unsigned int uevent_suppress:1;
};
```

📁 Kernel_340/include/linux/kobject.h

코드 6-1 kobject 구조체

❶⁶⁻¹ name 필드는 kobject 구조체에 의해 생성되는 sysfs 디렉터리의 이름이다.

❷⁶⁻¹ parent 필드는 kobject 구조체의 부모를 가리키는 포인터이며 sysfs 디렉터리의 생성 위치를 지정한다.

⦿ kobject_create_and_add() 함수

/sys 디렉터리의 하위에 표 6-6과 같은 디렉터리의 생성은 kobject_create_and_add() 함수에 의해 수행된다. kobject_create_and_add() 함수는 kobject 구조체를 생성하고 함수의 인자로 입력된 name과 parent를 kobject 구조체에 입력한다. 코드 6-2는 리눅스 커널에서의 파워 매니지먼트를 위한 /power 디렉터리를 생성하는 코드이다.

```
static int __init pm_init(void) {
    ...
    power_kobj = kobject_create_and_add("power", NULL);  ──❶
    ...
}
```

📁 Kernel_340/kernel/power/Main.c

코드 6-2 /power 디렉터리 생성

❶⁶⁻² kobject_create_and_add() 함수의 첫 번째 인자는 디렉터리의 이름을 지정하며 두 번째 인자는 부모 kobject를 지정한다. 여기서는 NULL이므로 부모 kobject가 없는 루트 디렉터리가 되어 /sys 디렉터리 바로 하위에 power 디렉터리가 생성된다.

⦿ attribute 구조체

sysfs는 파일 시스템이므로 중요한 것은 파일이며, sysfs에서 정규 파일은 attribute 구조체에 의해 정의된다. 코드 6-3은 attribute 구조체이다.

```
struct attribute {
    const char    *name;   ──❶
    mode_t        mode;    ──❷
}
```

📁 Kernel_340/include/linux/Sysfs.h

코드 6-3 attribute 구조체

❶ name 필드는 sysfs 파일의 이름이다.

❷ mode 필드는 sysfs 파일에 대한 접근 권한이다.

⊙ kobj_attribute 구조체

유저 영역에서 sysfs 파일에 대한 read 및 write 동작 발생 시 커널 영역에서 호출되는 함수(sysfs 콜백 함수)를 지원하기 위해 kobj_attribute 구조체가 존재한다. 코드 6-4는 kobj_attribute 구조체이다.

```
struct kobj_attribute {
    struct attribute attr;
    ssize_t (*show)(struct kobject *kobj, struct kobj_attribute *attr,
            char *buf);                                              ─❶
    ssize_t (*store)(struct kobject *kobj, struct kobj_attribute *attr,
            const char *buf, size_t count); ─❷

}
```

📁 Kernel_340/include/linux/Kobject.h

코드 6-4 kobj_attribute 구조체

❶ attribute 구조체에 의해 표현되는 파일에 대한 read 동작 시 호출되는 함수의 포인터이다.

❷ attribute 구조체에 의해 표현되는 파일에 대한 write 동작 시 호출되는 함수의 포인터이다.

커널 영역에서의 kobject 구조체, attribute 구조체 그리고 kobj_attribute 구조체의 관계는 그림 6-4에 의해 요약된다.

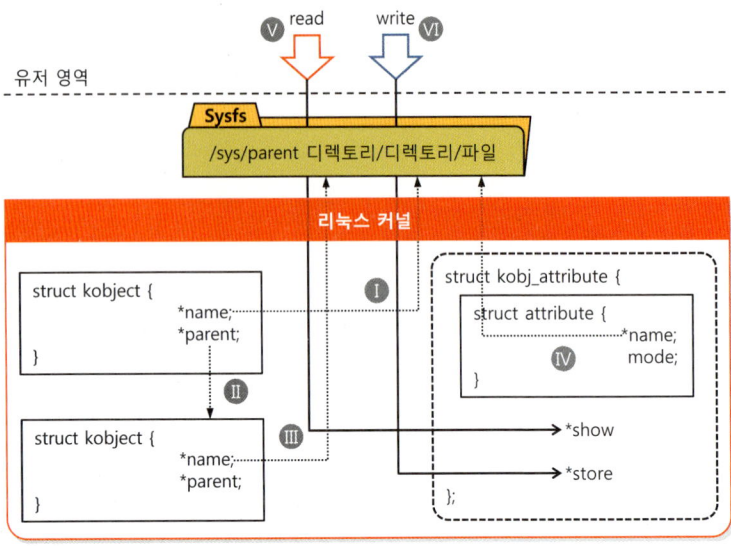

그림 6-4 kobject와 sysfs 파일 시스템

❶ kobject 구조체의 name 필드는 /sys 디렉터리에 생성되는 하위 디렉터리의 이름이다.

❷ kobject 구조체의 parent 필드는 부모 kobject의 포인터이다.

❸ 부모 kobject의 name 필드는 자식 kobject 구조체에 의해 생성된 디렉터리의 상위 디렉터리의 이름이다.

❹ attribute 구조체의 name 필드는 kobject 구조체에 의해 디렉터리에 생성되는 sysfs 파일의 이름이다.

❺ sysfs 파일에 read 동작 시 kobj_attribute 구조체에서 정의된 show 함수를 호출한다.

❻ sysfs 파일에 write 동작 시 kobj_attribute 구조체에서 정의된 store 함수를 호출한다.

6.2.3 파워 매니지먼트를 위한 sysfs 파일 생성

안드로이드 커널에서 파워 매니지먼트를 위한 sysfs 파일들의 생성 과정을 설명함으로써 kobject와 sysfs 파일 시스템을 이해하고 더불어 커널 영역에서의 파워 매니지먼트를 위한 기초 단계임을 이해한다.

안드로이드 커널에서 파워 매니지먼트를 위해 생성하는 sysfs 파일은 총 다섯 개이다. sysfs 파일과 역할은 표 6-7과 같다.

표 6-7 안드로이드 커널 파워 매니지먼트를 위한 sysfs 파일

sysfs 파일	역할
state	리눅스 커널은 기본적으로 state 파일을 통해 커널의 파워 상태가 제어된다. 유저 영역으로부터 입력되는 스트링에 따라 Suspend 혹은 Resume 동작이 시작된다. 안드로이드 커널도 state 파일에 의해 커널의 파워 상태가 제어되지만, 리눅스 커널과는 달리 입력되는 스트링에 의해 Early Suspend 혹은 Late Resume 동작이 시작된다.
wake_lock	wake_lock 파일은 Early Suspend 상태에서 Suspend 상태로 진입을 막는 역할을 하는 유저 영역의 Wake Lock의 태그 정보를 입력받는다[10].
wake_unlock	Wake Lock 해제 시 해당 정보를 입력받는다.
wait_for_fb_sleep	wait_for_fb_sleep 파일은 유저 영역의 서피스 플링어에게 프레임 버퍼의 상태가 중단된 상태임을 전달함으로써 서피스 플링어는 프레임 버퍼에 액세스를 중단한다.
wait_for_fb_wake	wait_for_fb_wake 파일은 유저 영역의 서피스 플링어에게 프레임 버퍼의 상태가 준비된 상태임을 전달함으로써 서피스 플링어는 프레임 버퍼에 액세스를 시작한다.

◉ power_attr() 매크로 함수

state, wake_lock, wake_unlock 파일의 생성과 sysfs 콜백 함수의 생성은 power_attr() 매크로 함수에 의해 수행된다. 코드 6-5는 power_attr() 매크로 함수이며 kobj_attribute 구조체를 정의한다.

```
#define power_attr(_name)
static struct kobj_attribute _name##_attr = {    ❶
    .attr   = {
        .name = __stringify(_name),              ❷
        .mode = 0644,                            ❸
    },
    .show  = _name##_show,                       ❹
    .store = _name##_store,                      ❺
}
```

📁 Kernel_340/kernel/power/Power.h

코드 6-5 power_attr() 매크로 함수

---

10 PARTIAL_WAKE_LOCK 플래그를 가진 Wake Lock만 해당되며 Wake Lock의 이름에 해당하는 태그 정보가 입력된다.

❶ power_attr() 매크로 함수의 인자인 _name과 _attr이 token-pasting 연산자인 ##에 의해 _name_attr이라는 kobj_attribute 타입의 구조체가 정의된다. 예를 들어, power_attr(state)는 state_attr이라는 kobj_attribute 타입의 구조체가 정의된다.

❷ __stringify() 매크로 함수는 스트링화 연산자인 #_name으로 정의되어 power_attr() 매크로 함수의 인자를 스트링으로 변환하여 attr 구조체의 name 필드에 입력한다. 즉, sysfs 파일의 이름이 정의된다. 예를 들어, power_attr(state)는 attr 구조체의 name 필드에 'state'라는 스트링이 입력됨으로써 'state'라는 sysfs 파일의 이름을 가지게 된다.

❸ 파일 소유자에 대해선 읽기, 쓰기를 허용하고 파일 소유 그룹 및 그 외 사용자에 대해서는 읽기만을 허용한다[11].

❹ 유저 영역에서 sysfs 파일에 대해 read 명령을 수행하면 커널 영역에서는 _name_show라는 sysfs 콜백 함수가 호출된다. 예를 들어, 유저 영역에서 state 파일에 read 명령을 수행하면 커널 영역에서는 state_show() 함수가 호출된다.

❺ 유저 영역에서 sysfs 파일에 대해 write 명령을 수행하면 커널 영역에서는 _name_store라는 sysfs 콜백 함수가 호출된다. 예를 들어, 유저 영역에서 state 파일에 write 명령을 수행하면 커널 영역에서는 state_store() 함수가 호출된다.

◉ power_ro_attr() 매크로 함수

wait_for_fb_sleep, wait_for_fb_wake 파일의 생성과 sysfs 콜백 함수의 생성은 power_ro_attr() 매크로 함수에 의해 수행된다. 매크로 함수의 이름에서도 유추할 수 있듯이 유저 영역에서 해당 파일에 read 명령만 허용한다. 코드 6-6은 power_ro_attr() 매크로 함수이다.

```
#define power_ro_attr(_name)                    \
static struct kobj_attribute _name##_attr = {   \
    .attr   = {                                 \
        .name = __stringify(_name),             \
        .mode = 0444,                           \
    },                                          \
    .show   = _name##_show,                     \
```

---

11 안드로이드 부팅 시 init.rc 파일에서 state, wake_lock, wake_unlock 파일의 접근 권한은 0660으로 변경된다. 5.3.2절을 참고하라.

```
        .store = NULL,
}
```

📁 Kernel_340/kernel/power/Fbearlysuspend.c

코드 6-6 power_ro_attr() 매크로 함수

power_attr() 매크로 함수와 동일한 구조를 가지고 있으나 파일의 접근 권한이 읽기에 대해서만 허용되고 store() 함수가 존재하지 않는다는 것이 차이점이다.

최종적으로 안드로이드 커널에서 파워 매니지먼트를 위해 생성되는 sysfs 정규 파일과 유저 영역과의 연결은 그림 6-5와 같다.

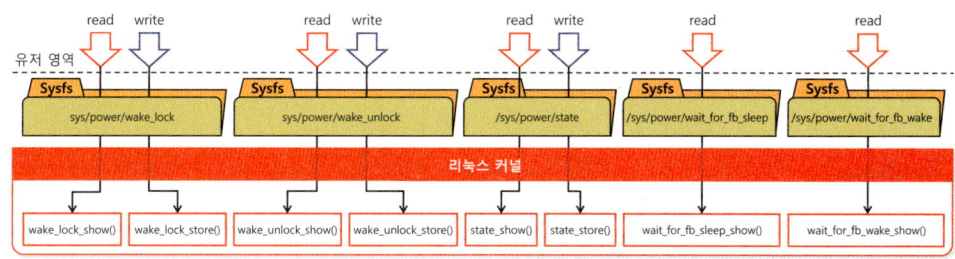

그림 6-5 파워 매니지먼트를 위한 sysfs 정규 파일 및 유저 영역과의 연결

6.3 파워 매니지먼트 초기화

안드로이드 커널에서 파워 매니지먼트 서브 시스템의 초기화는 리눅스 커널의 파워 매니지먼트 서브 시스템의 초기화 함수인 pm_init() 함수에 의한 동작과 안드로이드만을 위한 초기화 함수인 android_power_init() 함수 및 wakelocks_init() 함수에 의한 동작이 수행됨으로써 초기화가 실행된다.

그림 6-6은 안드로이드 커널에서의 파워 매니지먼트 서브 시스템의 초기화 동작을 나타낸 것이다.

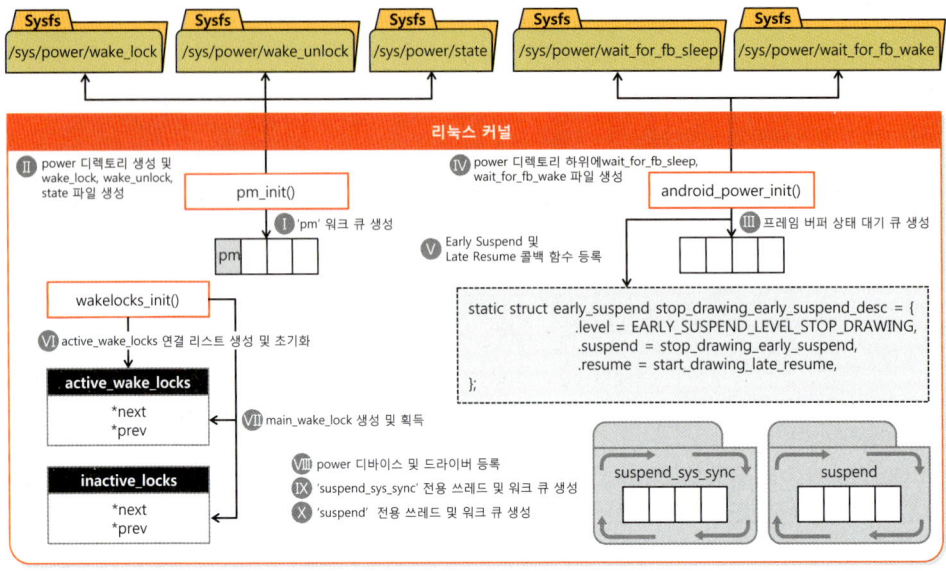

그림 6-6 안드로이드 커널의 파워 매니지먼트 서브 시스템 초기화

⁶⁻⁶ ⁶⁻⁶
❶, ❷ pm_init() 함수는 런타임 파워 매니지먼트를 위한 'pm'이라는 워크 큐를 생성하고 유저 영역과의 통신을 위한 sysfs 디렉터리 및 파일을 생성한다. 코드 6-7은 pm_init() 함수이다.

```
static int __init pm_init(void) {
    int error = pm_start_workqueue();                          ──❶
    power_kobj = kobject_create_and_add("power", NULL);        ──❷
    return sysfs_create_group(power_kobj, &attr_group);        ──❸
}
```

📁 Kernel_340/power/Main.c

코드 6-7 pm_init() 함수

⁶⁻⁷
❶ pm_start_workqueue() 함수는 CONFIG_PM_RUNTIME이 정의되어 있으면 디바이스의 Suspend 및 Resume 동작을 위한 'pm'이라는 워크 큐를 생성한다.

⁶⁻⁷
❷ 'power'라는 이름을 가진 kobject를 생성하고 부모 kobject가 없으므로 최상위 kobject가 된다. 즉, sys/power 디렉터리가 생성된다.

⁶⁻⁷
❸ sysfs_create_group() 함수는 /power 디렉터리에 하위에 attribute_group 타입의 attr_group

구조체에 의해 정의되는 state, wake_lock, wake_unlock 파일들을 위치시킨다.

코드 6-8은 /power 디렉터리에 하위에 state, wake_lock, wake_unlock 파일들을 생성하고 attribute_group 구조체의 구성을 보여준다.

```
power_attr(state);
power_attr(wake_lock);                          ❶
power_attr(wake_unlock);

static struct attribute * g[] = {
    &state_attr.attr,
    &wake_lock_attr.attr,                       ❷
    &wake_unlock_attr.attr,
};

static struct attribute_group attr_group = {
    .attrs = g,                                 ❸
};
```

📁 Kernel_340/power/Main.c

코드 6-8 파워 매니지먼트 sysfs 정규 파일 생성 및 attribute_group 구조체

6-8

❶ power_attr() 매크로 함수에 의해 sysfs 파일과 콜백 함수가 정의되며 이것은 kobj_attribute 구조체가 생성됨을 의미한다.

그림 6-7은 power_attr() 매크로 함수에 의해 생성되는 kobj_attribute 구조체이다.

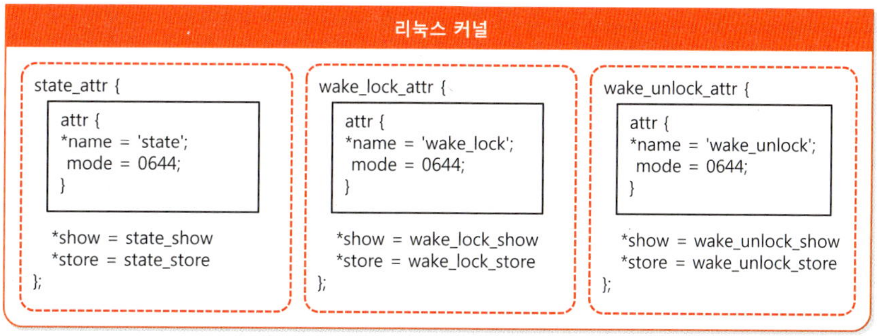

```
┌─────────────────────── 리눅스 커널 ───────────────────────┐
│ ┌───────────────────┐ ┌───────────────────┐ ┌───────────────────┐ │
│ │ state_attr {      │ │ wake_lock_attr {  │ │ wake_unlock_attr {│ │
│ │  ┌─────────────┐  │ │  ┌─────────────┐  │ │  ┌─────────────┐  │ │
│ │  │ attr {      │  │ │  │ attr {      │  │ │  │ attr {      │  │ │
│ │  │ *name = 'state'; │ │ *name = 'wake_lock'; │ │ *name = 'wake_unlock'; │ │
│ │  │  mode = 0644;│  │ │  │  mode = 0644;│  │ │  │  mode = 0644;│  │ │
│ │  │ }           │  │ │  │ }           │  │ │  │ }           │  │ │
│ │  └─────────────┘  │ │  └─────────────┘  │ │  └─────────────┘  │ │
│ │  *show = state_show│ │  *show = wake_lock_show│ │  *show = wake_unlock_show│ │
│ │  *store = state_store│ │ *store = wake_lock_store│ │ *store = wake_unlock_store│ │
│ │ };                │ │ };                │ │ };                │ │
│ └───────────────────┘ └───────────────────┘ └───────────────────┘ │
└─────────────────────────────────────────────────────────────────┘
```

그림 6-7 power_attr() 매크로 함수에 의한 kobj_attribute 구조체의 생성

❷ attribute 구조체 배열 g[]는 state, wake_lock, wake_unlock의 attribute 구조체의 집합이다.

❸ attribute_group 구조체 타입인 attr_group 구조체는 attribute 구조체 배열 g[]를 가진다.

Ⅲ, Ⅳ, Ⅴ 안드로이드 플랫폼에서는 Early Suspend 및 Late Resume의 기준이 되는 디바이스가 스크린이므로 Early Supend 및 Late Resume 동작 시 커널 영역의 프레임 버퍼와 유저 영역의 서피스 플링어의 동작이 서로 동기화를 이룬 상태에서 동작해야 한다. 이를 위해 wait_for_fb_sleep, wait_for_fb_wake 파일을 추가하며 android_power_init() 함수가 해당 동작을 수행한다. 코드 6-9는 android_power_init() 함수의 정의이다.

```
static int __init android_power_init(void) {
    init_waitqueue_head(&fb_state_wq);              ──❶
    fb_state = FB_STATE_DRAWING_OK;
    ret = sysfs_create_group(power_kobj, &attr_group);  ──❷
    register_early_suspend(&stop_drawing_early_suspend_desc);  ──❸
    return 0;
}
```

📁 Kernel_340/kernel/power/Fbearlysuspend.c

코드 6-9 android_power_init() 함수

❶ 서피스 플링어와 커널의 프레임 버퍼의 동기화를 위해 커널의 프레임 버퍼의 상태에 따른 지연 처리를 위해 대기 큐를 생성한다.

❷ /power 디렉터리에 wait_for_fb_sleep, wait_for_fb_wake 파일을 생성한다.

❸ Early Suspend 및 Late Resume 동작 시 서피스 플링어가 참고하는 프레임 버퍼 상태를 변경하는 역할을 하는 콜백 함수를 등록한다.

Ⅵ, Ⅶ, Ⅷ, Ⅸ, Ⅹ 커널에서 Wake Lock 동작에 대한 처리를 위해 활성화 연결 리스트 및 비활성화 연결 리스트의 생성과 Early Suspend 및 Late Resume과 Suspend 동작을 위한 워크 큐를 생성하는데 wakelocks_init() 함수가 해당 동작을 수행한다. 코드 6-10은 wakelocks_init() 함수의 정의이다.

```
static int __init wakelocks_init(void) {
    for (i = 0; i < ARRAY_SIZE(active_wake_locks); i++)
            INIT_LIST_HEAD(&active_wake_locks[i]);                  ──❶
    wake_lock_init(&main_wake_lock, WAKE_LOCK_SUSPEND, "main");     ──❷
    wake_lock(&main_wake_lock);                                     ──❸
    ret = platform_device_register(&power_device);                  ──❹
    ret = platform_driver_register(&power_driver);                  ──❺
    suspend_sys_sync_work_queue =
            create_singlethread_workqueue("suspend_sys_sync");      ──❻
    suspend_work_queue = create_singlethread_workqueue("suspend");  ──❼
    return 0;
}
```

📁 Kernel_340/kernel/power/Wakelock.c

코드 6-10 wakelocks_init() 함수

6-10
❶ 활성화된 Wake Lock 정보를 담고 있는 active_wake_locks 연결리스트를 Wake Lock 타입별로 초기화하는데 현재 안드로이드 커널에서는 WAKE_LOCK_SUSPEND 타입만 사용한다[12].

6-10
❷ 커널의 파워 매니지먼트 서브 시스템의 동작을 보장하기 위한 'main'이라는 이름의 main_wake_lock을 생성한다.

6-10
❸ main_wake_lock을 활성화하여 파워 매니지먼트 서브 시스템의 동작을 보장한다.

6-10
❹ 'power'라는 이름을 가진 플랫폼 디바이스를 등록한다.

6-10
❺ 'power'라는 이름을 가진 플랫폼 디바이스에 대한 드라이버를 등록한다. 드라이버는 suspend_noirq() 함수 포인터로서 power_suspend_late() 함수를 구현하고 있다. power_suspend_late() 함수는 활성화된 Wake Lock의 존재 여부를 체크하는 동작을 수행한다. 디바이스의 Suspend 동작이 마무리될 시점에 호출되어 수행된다[13]. 사실 Suspend 동작이 실행되기 위해서는 활성화된 Wake Lock이 없어야 가능하다.

6-10
❻ 페이지 캐시에 있는 모든 데이터를 물리적 메모리에 동기화시키는 즉, 더 이상

---

12 실제 사용되지 않고 있던 WAKE_LOCK_IDLE 타입은 커널 3.4 버전부터 제거되었다.
13 6.6.3절을 참고하라.

더티 페이지가 없도록 하는 작업을 하는 'suspend_sys_sync'라는 이름을 가진 전용 워크 큐와 전용 쓰레드를 생성한다. 생성된 워크 큐 구조체의 포인터는 suspend_sys_sync_work_queue 포인터 변수에 저장한다.

❼ Suspend 동작을 위한 'suspend'라는 이름을 가진 전용 워크 큐와 전용 쓰레드를 생성한다. 생성된 워크 큐 구조체의 포인터는 suspend_work_queue 포인터 변수에 저장한다.

6.4 Early Suspend

스크린이 Off 되면 동작할 필요가 없는 디바이스들은 Early Suspend 동작을 통해 저전력 상태로 진입하게 되며 이는 안드로이드 플랫폼에서 파워 매니지먼트의 근본이 되는 핵심 동작이다. 본 절에서는 안드로이드 커널에서의 Early Suspend 동작을 설명한다.

Early Suspend 동작을 이해하기 위해서는 우선 Early Suspend 구조체와 Early Suspend 구조체의 등록을 이해해야 한다. 왜냐하면, 디바이스들의 early_suspend() 콜백 함수를 호출하는 순서를 결정하는 핵심적인 내용이 등록 과정에 있기 때문이다.

기존 리눅스 커널에서는 디바이스들의 suspend() 콜백 함수는 등록된 순서대로 호출되고 resume() 콜백 함수는 등록된 순서의 반대로 호출되었다.

하지만 안드로이드 커널에 추가된 early_suspend() 콜백 함수와 late_resume() 콜백 함수의 호출 순서는 등록된 순서에 의해 결정되지 않고 Early Suspend 구조체의 레벨값에 의해 결정된다. early_suspend() 콜백 함수와 late_resume() 콜백 함수는 레벨값이 작은 순서대로 early_suspend_handlers 연결 리스트에 정렬되며 디바이스의 early_suspend() 콜백 함수는 레벨값이 작은 순서대로 수행되고 late_resume() 콜백 함수는 레벨값이 큰 순서대로 수행된다.

그림 6-8은 early_suspend() 함수의 정방향 호출과 late_resume() 함수의 역방향 호출을 보여준다.

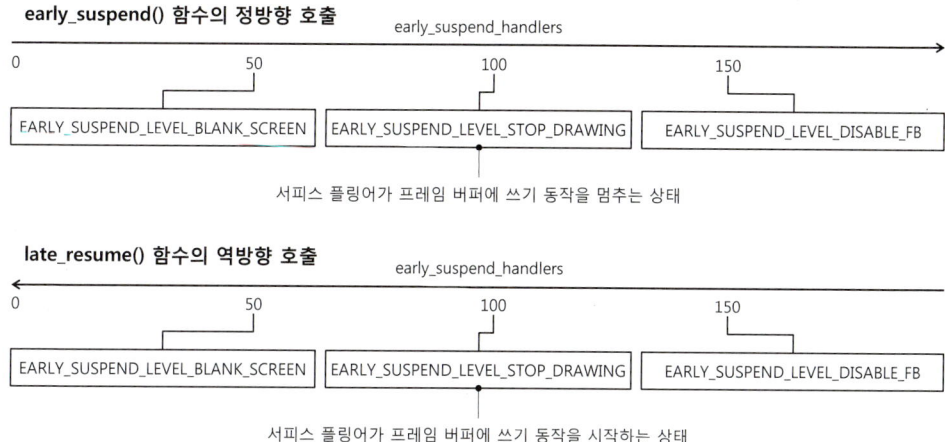

그림 6-8 early_suspend() 함수의 정방향 호출과 late_resume() 함수의 역방향 호출

6.4.1 Early Suspend 구조체와 등록

디바이스들의 Early Suspend 및 Late Resume 콜백 함수의 정보와 동작 순서를 결정하는 레벨값을 담고 있는 구조체가 early_suspend 구조체이며 코드 6-11은 early_suspend 구조체의 정의이다.

```
struct early_suspend {
    struct list_head link;                           ❶
    int level;                                        ❷
    void (*suspend)(struct early_suspend *h);         ❸
    void (*resume)(struct early_suspend *h);          ❹
};
```

📁 Kernel_340/include/linux/Earlysuspend.h

코드 6-11 early_suspend 구조체

6-11
❶ early_suspend 구조체를 연결 리스트인 early_suspend_handlers에 추가 및 삭제하기 위한 연결 리스트이다.

6-11
❷ 레벨값에 의해 디바이스들의 early_suspend 구조체의 위치가 결정된다. 즉, early_suspend_handlers 연결 리스트에 레벨값이 작은 것부터 큰 것 순서대로 정렬된다.

커널에서 정의하고 있는 레벨값 매크로 및 매크로에 해당하는 Early Suspend 동작 시의 의미와 Late Resume 동작 시의 의미는 표 6-8과 같다.

표 6-8 early_suspend 구조체의 레벨 매크로 및 의미

레벨 매크로	값	의미
EARLY_SUSPEND_LEVEL_BLANK_SCREEN	50	• Early Suspend : 스크린 Off • Late Resume : 스크린 On
EARLY_SUSPEND_LEVEL_STOP_DRAWING	100	• Early Suspend : 서피스 플링어에서 프레임 버퍼에 액세스 중단 • Late Resume : 서피스 플링어에서 프레임 버퍼에 액세스 시작
EARLY_SUSPEND_LEVEL_DISABLE_FB	150	• Early Suspend : 프레임 버퍼 Off • Late Resume : 프레임 버퍼 On

❸ 디바이스의 early_suspend() 콜백 함수의 포인터를 저장한다.

❹ 디바이스의 late_resume() 콜백 함수의 포인터를 저장한다.

early_suspend 구조체의 early_suspend_handlers 연결 리스트에 등록하는 동작은 register_early_suspend() 함수에 의해 수행된다. 코드 6-12는 register_early_suspend() 함수의 정의이다.

```
void register_early_suspend(struct early_suspend *handler) {
    struct list_head *pos;
    list_for_each(pos, &early_suspend_handlers) {    ❶
        struct early_suspend *e;
        e = list_entry(pos, struct early_suspend, link);
        if (e->level > handler->level)               ❷
            break;
    }
    list_add_tail(&handler->link, pos);              ❸
}
```

📁 Kernel_340/kernel/power/Earlysuspend.c

코드 6-12 register_early_suspend() 함수

❶ list_for_each() 함수에 의해 early_suspend_handlers 연결 리스트의 처음 위치부터 마지막 위치까지 순환한다. 즉, for 순환문과 같은 역할을 한다.

❷ early_suspend_handlers 연결 리스트에 등록되어 있는 early_suspend 구조체의 레벨값과 현재 등록하려는 early_suspend 구조체의 레벨값을 비교하여 등록되어 있는 early_suspend 구조체의 레벨값이 크면 순환문을 빠져 나온다. 즉, early_suspend_handlers 연결 리스트의 현재 위치인 pos는 등록하려는 early_suspend 구조체의 레벨값 보다 큰 레벨값을 가진 위치이다.

❸ 등록하려는 early_suspend 구조체를 현재 early_suspend_handlers 연결 리스트의 위치인 pos보다 이전 위치에 추가한다. 즉, 레벨값이 작은 early_suspend 구조체가 early_suspend_handlers 연결 리스트 상에서 먼저 위치하게 된다.

터치스크린, 와이파이 그리고 프레임 버퍼 상태 등록 함수의 예제를 통해 early_suspend 구조체의 등록 과정을 이해해 보도록 한다.

그림 6-9는 프레임 버퍼 상태, 터치스크린 그리고 와이파이의 early_suspend 구조체를 등록 순서대로 나타낸 그림이다.

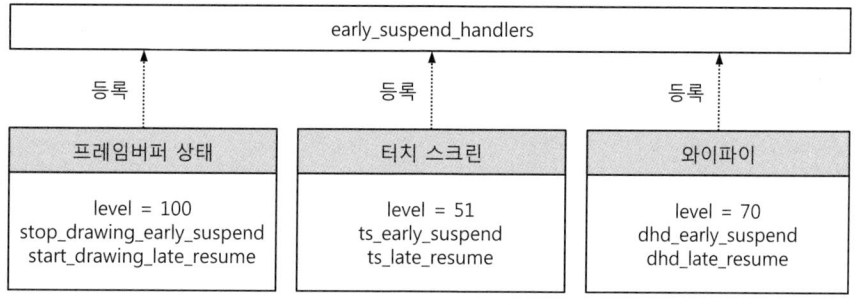

그림 6-9 early_suspend 구조체 등록 예제

그림 6-9와 같은 순서로 등록되는 경우에 early_suspend_handlers 연결 리스트에서의 early_suspend 구조체의 순서는 그림 6-10과 같게 된다.

Step 1. 초기 상태

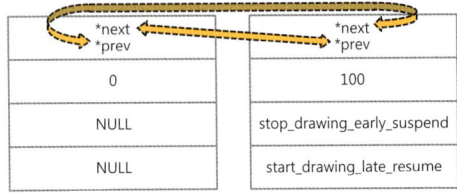

Step 2. 프레임버퍼 상태 early_suspend 구조체 등록

Step 3. 터치스크린 early_suspend 구조체 등록

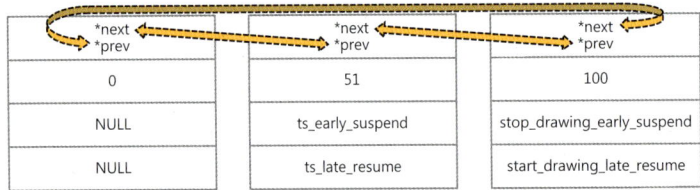

Step 4. 와이파이 early_suspend 구조체 등록

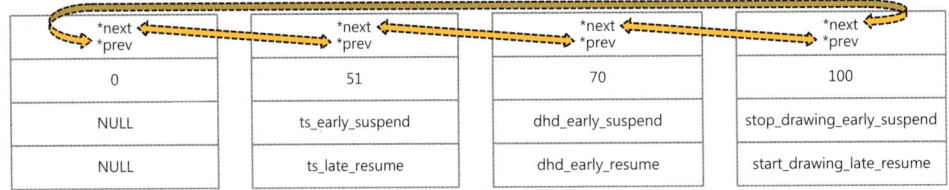

그림 6-10 early_suspend_handlers 연결 리스트에서의 early_suspend 구조체 순서

등록된 순서와 상관없이 레벨값이 작은 값에서부터 큰 값의 순서대로 정렬되므로 레벨값에 의해 원하는 위치에 early_suspend() 콜백 함수를 위치시킬 수 있다.

예를 들어, 디스플레이 장치를 그 어떤 주변 장치들보다 먼저 초기화하고 Early Suspend 동작 시 early_suspend() 콜백 함수가 다른 주변 장치들보다 나중에 수행되게 하고 싶다면 기존 리눅스에서는 디스플레이 장치의 등록을 다른 주변 장치들보다 나중에 해야 한다. 이 경우 초기화 함수와 등록 함수의 괴리와 더불어 다른 주변 장치들의 등록 시점까지 고려해야 하는 굉장히 번거롭고 어려운 작업이 된다.

하지만 안드로이드 커널에서는 레벨의 도입으로 인해 등록 시점과 무관하게 만들었다.

즉, 디스플레이 장치의 등록을 제일 먼저 해서 초기화 과정을 수행하더라도 레벨값을 제일 큰 값으로 설정하면 Early Suspend 동작 시 early_suspend() 콜백 함수는 다른 어떤 주변 장치들보다 나중에 호출되게 된다.

6.4.2 Early Suspend 동작

안드로이드 커널에서의 Early Suspend 동작은 유저 영역에서 /sys/power/state 파일에 'mem'이라는 스트링을 입력할 때 커널 영역에서 Early Suspend 동작이 트리거링된다.

5장에서 설명했듯이 유저 영역에서 시스템 코어 라이브러리인 libsuspend 라이브러리의 autosuspend_earlysuspend_enable() 함수에 의해 /sys/power/state 파일에 'mem'이라는 스트링을 쓰게 된다. /sys/power/state 파일에 write 동작이 수행되면 커널 영역에서는 sysfs 파일 시스템에 의해 state_store() 함수가 호출되면서 커널 영역에서의 동작이 시작된다.

그림 6-11은 Early Suspend 동작의 트리거링 과정을 보여준다.

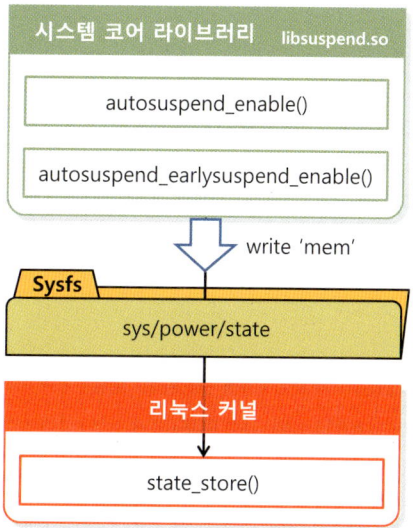

그림 6-11 Early Suspend 동작의 트리거링

state_store() 함수는 그림 6-12와 같은 순서대로 동작하며 6.4.2절에서는 Early Suspend 동작만을 설명하며 6.8절에서는 Late Resume 동작을 설명한다.

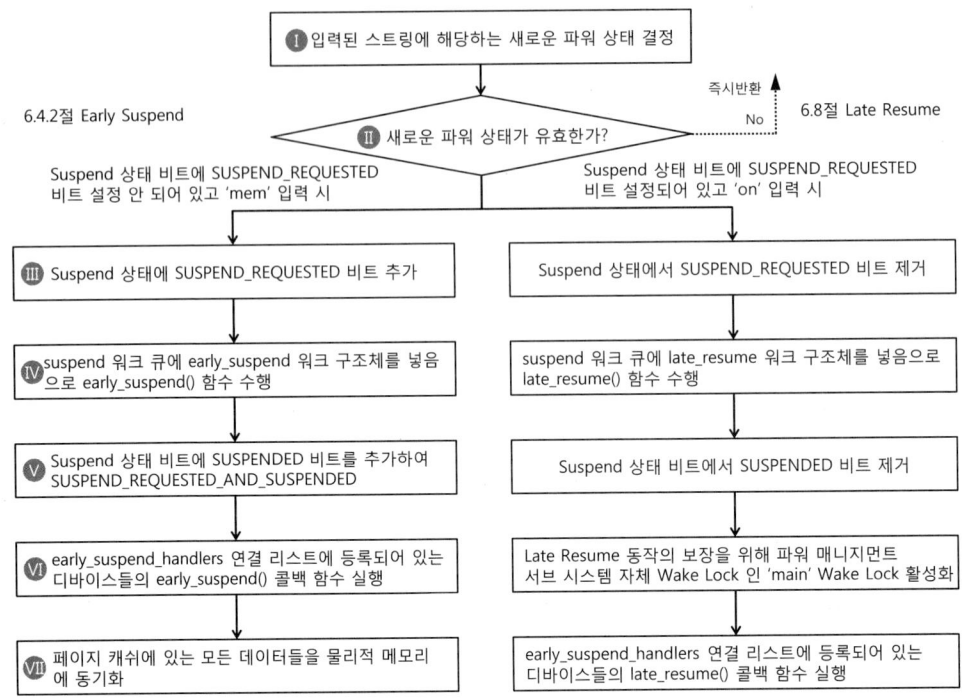

그림 6-12 state_store() 함수의 동작 순서도 : Early Suspend

그림 6-12의 동작 순서도와 관련된 코드와 함께 Early Suspend 동작을 이해해 보자.

```
static ssize_t state_store(struct kobject *kobj, struct kobj_attribute *attr,
        const char *buf, size_t n) {
    ...
    #ifdef CONFIG_SUSPEND
    for (s = &pm_states[state]; state < PM_SUSPEND_MAX; s++, state++) {
        if (*s && len == strlen(*s) && !strncmp(buf, *s, len))
            break;
    }
    if (state < PM_SUSPEND_MAX && *s) {
        #ifdef CONFIG_EARLYSUSPEND
        if (state == PM_SUSPEND_ON || valid_state(state)) {
            error = 0;
            request_suspend_state(state);
        }
        #else
        ...
```

❶ ❷

📁 Kernel_340/kernel/power/Main.c

코드 6-13 Early Suspend : state_store() 함수

❶ 유저 영역에서 /sys/power/state 파일에 입력한 스트링에 따른 새로운 파워 상태를 결정한다. 즉, 'on'이 입력되면 새로운 파워 상태는 PM_SUSPEND_ON이고 'mem'이 입력되면 새로운 파워 상태는 PM_SUSPEND_MEM이다[14]. 여기서는 Early Suspend 동작이므로 'mem'이 입력된 경우이고 새로운 파워 상태는 PM_SUSPEND_MEM이며 ❶이 해당 동작을 수행한다.

❷ 새로운 파워 상태가 PM_SUSPEND_ON이거나 PM_SUSPEND_MEM인지 체크하고 플랫폼이 STR 상태를 지원하면 request_suspend_state() 함수를 호출하며 ❷가 해당 동작을 수행한다.

```
void request_suspend_state(suspend_state_t new_state) {
    old_sleep = state & SUSPEND_REQUESTED;
    if (!old_sleep && new_state != PM_SUSPEND_ON) {      ──❶
        state |= SUSPEND_REQUESTED;
        queue_work(suspend_work_queue, &early_suspend_work);  ──❷
    }
}
```

📁 kernel/power/Earlysuspend.c

코드 6-14 Early Suspend : request_suspend_state() 함수

❸ Suspend 상태 변수인 state 정적 변수에 SUSPEND_REQUESTED 비트가 설정되어 있지 않고 새로운 파워 상태가 PM_SUSPEND_MEM일 경우 Suspend 상태 변수인 state 정적 변수에 SUSPEND_REQUESTED 비트를 추가하며 ❶이 해당 동작을 수행한다.

❹ 'suspend' 워크 큐에 early_suspend 구조체를 넣음으로써 early_suspend() 함수가

---

14 'standby' 스트링의 입력은 커널 영역에서의 Hibernation(=Suspend to Disk(STD)) 상태를 의미하며 ACPI 스펙에서 규정하고 있는 전역 상태 기준으로 S4 상태이다. 임베디드 시스템의 경우는 Suspend(=Sleep=Suspend to RAM(STR)) 상태인 S3 상태만을 고려한다. 6.1.1절을 참고하라.

수행되도록 한다. 'suspend' 워크 큐는 전용 쓰레드인 'suspend' 쓰레드에서 해당 워크 큐를 실행하며 ❷가 해당 동작을 수행한다.

```
static void early_suspend(struct work_struct *work) {
    if (state == SUSPEND_REQUESTED)
        state |= SUSPENDED;                                    ──❶
    list_for_each_entry(pos, &early_suspend_handlers, link) {  ┐
        if (pos->suspend != NULL) {                            ├─❷
            pos->suspend(pos);                                 │
        }                                                      ┘
    suspend_sys_sync_queue();                                  ──❸
}
```

📁 Kernel_340/kernel/power/Earlysuspend.c

코드 6-15 Early Suspend : early_suspend() 함수

Ⅴ early_suspend() 함수는 제일 먼저 Suspend 상태 변수인 state 정적 변수에 SUSPENDED 비트를 추가하여 SUSPEND_REQUESTED_AND_SUSPENDED 비트 값을 가지며 ❶이 해당 내용을 수행한다.

Ⅵ ❷에 의해 early_suspend_handlers 연결 리스트에 등록되어 있는 디바이스의 early_suspend 구조체의 레벨값이 작은 순서대로 early_suspend() 콜백 함수를 호출한다.

Ⅶ ❸에 의해 suspend_sys_sync_queue() 함수가 호출되어 'suspend_sys_sync' 워크 큐에 suspend_sys_sync 구조체를 넣음으로써 suspend_sys_sync() 함수가 수행되도록 한다. suspend_sys_sync() 함수는 sys_sync() 함수를 호출함으로써 페이지 캐시에 있는 모든 데이터를 물리적 메모리에 동기화시키게 된다.

6.5 Wake Lock

Early Suspend 동작 완료 후에 대기 상태에서 Wake Lock의 활성화 혹은 비활성화 동작 시 active_wake_locks 연결 리스트를 체크하고 연결 리스트에 활성화된 Wake Lock이 없으면 Suspend 동작을 수행하고 최종적으로 CPU Sleep 상태[15]로 진입한다.

---

15 6.1.1절에서 설명한 ACPI 스펙의 S3 상태이며 STR 상태이다.

안드로이드 커널에서 Suspend 동작으로의 진입은 Wake Lock에 의해 결정된다. Suspend 상태의 진입을 위한 Key를 쥐고 있는 역할을 하는 Wake Lock의 커널에서의 동작을 이해하는 것이 필수이므로 본 절에서는 Wake Lock의 구조, Wake Lock의 생성과 Wake Lock의 활성화 및 비활성화 동작을 설명한다.

6.5.1 Wake Lock 구조

커널 영역에서 생성되는 Wake Lock은 wake_lock 구조체에 의해 정의되고 특별히 유저 영역으로부터 전달되는 Wake Lock은 wake_lock 구조체에 이름의 검색만을 위한 rb 노드를 추가하여 user_wake_lock 구조체에 의해 정의한다. 왜냐하면, 유저 영역으로부터 /sys/power/wake_lock 파일에 의해 Wake Lock의 이름만 전달되기 때문에 스트링 비교에 따른 연결 리스트 추가 및 삭제 과정의 속도를 고려하여 이름 검색만을 위한 rb 노드를 추가한 것이다.

우선 wake_lock 구조체에 대해서 설명하고 그다음 user_wake_lock 구조체에 대해서 설명한다.

● wake_lock 구조체

커널 영역에서 생성된 Wake Lock이든 유저 영역에서 생성된 Wake Lock이든 결국 커널 영역에서는 wake_lock 구조체가 생성되고 inactive_locks 연결 리스트 혹은 active_wake_locks 연결 리스트에 추가 및 삭제된다. 코드 6-16은 wake_lock 구조체의 정의이다.

```
struct wake_lock {
    struct list_head    link;        ——❶
    int                 flags;       ——❷
    const char          *name;       ——❸
    unsigned long       expires;     ——❹
}
```

📁 Kernel_340/include/linux/Wakelock.h

코드 6-16 wake_lock 구조체

❶ wake_lock 구조체를 inactive_locks 연결 리스트 혹은 active_wake_locks 연결 리스트에 추가 및 삭제하기 위한 wake_lock 구조체의 자체 연결 리스트이다.

❷ Wake Lock의 타입과 상태를 나타내는 비트를 저장하는 변수이며 비트 구성은 그림 6-13과 같다.

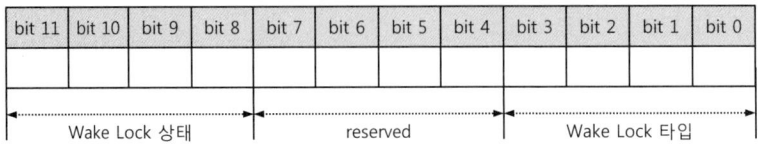

bit 11	bit 10	bit 9	bit 8	bit 7	bit 6	bit 5	bit 4	bit 3	bit 2	bit 1	bit 0
Wake Lock 상태				reserved				Wake Lock 타입			

그림 6-13 Wake Lock 플래그 변수의 비트 구성

bit 0부터 bit 3까지는 Wake Lock 타입을 저장하며 비트 구성은 그림 6-14와 같다.

bit 3	bit 2	bit 1	bit 0
reserved	reserved	WAKE_LOCK_TYPE_COUNT	WAKE_LOCK_SUSPEND

그림 6-14 Wake Lock 타입의 비트 구성

WAKE_LOCK_SUSPEND 타입만이 존재하며 WAKE_LOCK_IDLE 타입은 커널 3.4 버전에서 삭제되었다. bit 8부터 bit 11까지는 Wake Lock 상태를 저장하며 비트 구성은 그림 6-15와 같다.

bit 11	bit 10	bit 9	bit 8
WAKE_LOCK_PREVENTING_SUSPEND	WAKE_LOCK_AUTO_EXPIRE	WAKE_LOCK_ACTIVE	WAKE_LOCK_INITIALIZED

그림 6-15 Wake Lock 상태의 비트 구성

WAKE_LOCK_INITIALIZED 상태 비트는 Wake Lock이 생성되었음을 의미하며 wake_lock_init() 함수에 의해 설정된다.

WAKE_LOCK_ACTIVE 상태 비트는 Wake Lock이 활성화되었음을 의미하며 wake_lock() 함수에 의해 설정된다.

WAKE_LOCK_AUTO_EXPIRE 상태 비트는 타임아웃이 존재함을 의미하며 wake_lock_timeout() 함수에 의해 설정된다. WAKE_LOCK_ACTIVE 상태 비트도

동시에 설정된다. 그리고 wake_unlock() 함수에 의해 Wake Lock이 비활성화되면 WAKE_LOCK_ACTIVE 상태 비트와 WAKE_LOCK_AUTO_EXPIRE 상태 비트가 제거된다. WAKE_LOCK_PREVENTING_SUSPEND 상태 비트는 디버깅 용도이다.

❸ Wake Lock의 이름이다.

❹ 정해진 시간 이후에 Wake Lock을 비활성화하기 위한 용도이며 wake_lock() 함수에 의해서 expires 변수는 0으로 설정되고 wake_lock_timeout() 함수에 의해서 expires 변수는 함수의 인자로 전달되는 timeout 값으로 설정된다.

● user_wake_lock 구조체

유저 영역에서 생성된 Wake Lock은 sysfs 파일인 /sys/power/wake_lock 파일을 통해 Wake Lock의 이름[16]만 전달되므로 커널 영역으로 전달된 Wake Lock이 파워 매니지먼트 서브 시스템에 의해 제어가 되려면 커널 영역의 wake_lock 구조체에 유저 영역의 Wake Lock 이름 정보가 포함되어야 한다. 그리고 Wake Lock 이름에 의해 생성되는 wake_lock 구조체의 검색을 빠르게 하기 위해 rb 노드를 추가하였다.

wake_lock 구조체에 이름 및 노드의 정보가 추가된 새로운 wake_lock 구조체를 user_wake_lock 구조체라고 만들었으며 user_wake_lock 구조체의 정의는 코드 6-17과 같다.

```
struct user_wake_lock {
    struct rb_node      node;        ❶
    struct wake_lock wake_lock;
    char                name[0];     ❷
};
```

📁 Kernel_340/kernel/power/Userwakelock.c

코드 6-17 user_wake_lock 구조체

❶ 유저 영역에서 전달된 Wake Lock 이름 정보의 빠른 검색을 위한 rb 노드이다.

❷ 유저 영역에서 전달된 Wake Lock의 이름이다.

---

16 안드로이드 유저 영역에서는 Wake Lock의 태그 정보이다. 5.4.7절을 참고하라.

6.5.2 Wake Lock 생성

Wake Lock 생성은 wake_lock_init() 함수에 의해 수행되며 함수의 인자로서 wake_lock 구조체의 포인터, Wake Lock 타입 비트 그리고 이름이 전달되며 해당 정보를 wake_lock 구조체에 입력하고 wake_lock 구조체를 inactive_locks 연결 리스트에 추가하는 동작을 수행한다. 또한, 유저 영역에서 전달되는 Wake Lock은 wake_lock_store() 함수 내부에서 lookup_wake_lock_name() 함수를 호출함으로써 wake_lock_init() 함수를 수행한다.

코드 6-18은 커널 영역에서 Wake Lock 생성을 담당하는 wake_lock_init() 함수의 정의이다.

```
void wake_lock_init(struct wake_lock *lock, int type, const char *name) {
    if (name)
    lock->name = name;                                              ❶
    lock->flags = (type & WAKE_LOCK_TYPE_MASK) | WAKE_LOCK_INITIALIZED;  ❷
    list_add(&lock->link, &inactive_locks);                         ❸
}
```

📁 Kernel_340/kernel/power/Wakelock.c

코드 6-18 wake_lock_init() 함수

❶ wake_lock_init() 함수의 세 번째 인자인 name을 wake_lock 구조체의 name 필드에 저장한다.

❷ wake_lock_init() 함수의 두 번째 인자인 type에서 타입 비트 설정 값과 상태 비트 설정 값인 WAKE_LOCK_INITIALIZED 비트를 설정해서 flags 필드에 저장한다. 타입 비트는 항상 WAKE_LOCK_SUSPEND이다.

❸ wake_lock 구조체를 inactive_locks 연결 리스트에 추가한다.

코드 6-19는 유저 영역에서 sysfs 파일인 /sys/power/wake_lock 파일에 Wake Lock 이름 정보를 입력하면 커널 영역에서 호출되는 sysfs 콜백 함수인 wake_lock_store() 함수이다.

```
ssize_t wake_lock_store( struct kobject *kobj, struct kobj_attribute *attr,
          ↳ const char *buf, size_t n) {
```

```
        l = lookup_wake_lock_name(buf, 1, &timeout);          ——❶

        if (timeout)
            wake_lock_timeout(&l->wake_lock, timeout);    ┐
        else                                              ├—❷
            wake_lock(&l->wake_lock);                     ┘
    }
```

📁 Kernel_340/kernel/power/Userwakelock.c

코드 6-19 wake_lock_store() 함수

6-19

❶ 유저 영역의 레거시 HAL 라이브러리인 libpower.so에서 acquire_wake_lock() 함수에 의해 PARTIAL_WAKE_LOCK 플래그를 가진 Wake Lock의 이름인 태그 정보를 wake_lock 파일에 입력하면 커널 영역에서는 sysfs 파일 시스템에 의해 sysfs 콜백 함수인 wake_lock_store() 함수가 호출된다. wake_lock_store() 함수에서는 입력된 스트링에 해당하는 wake_lock 구조체가 존재하는지 여부가 lookup_wake_lock_name() 함수에 의해 체크된다.

코드 6-20은 커널 영역에서 Wake Lock을 생성하는 wake_lock_init() 함수를 호출하는 lookup_wake_lock_name() 함수이다.

```
    static struct user_wake_lock *lookup_wake_lock_name( const char *buf, int allocate,
            ↪ long *timeoutptr) {
        ...
        wake_lock_init(&l->wake_lock, WAKE_LOCK_SUSPEND, l->name);  ——❶-1
        ...
    }
```

📁 Kernel_340/kernel/power/Userwakelock.c

코드 6-20 lookup_wake_lock_name() 함수

6-20

❶-1 입력된 스트링에 해당하는 wake_lock 구조체가 존재하면 ❷(6-19)에 의해 Wake Lock 활성화 동작을 수행하지만 입력된 스트링에 해당하는 wake_lock 구조체가 존재하지 않으면 wake_lock_init() 함수에 의해 Wake Lock을 생성한다.

6.5.3 Wake Lock 활성화

Wake Lock 활성화는 wake_lock 구조체를 inactive_locks 연결 리스트에서 제거하여 active_wake_locks 연결 리스트에 추가하는 것을 의미하며 타임아웃이 없는 경우는 wake_lock() 함수에 의해 수행되고 타임아웃이 존재하는 경우는 wake_lock_timeout() 함수에 의해 수행된다.

유저 영역에서 전달되는 Wake Lock은 wake_lock_store() 함수에서 wake_lock() 함수 혹은 wake_lock_timeout() 함수를 호출함으로써 Wake Lock을 활성화하며 ❷가 해당 동작을 수행한다. Wake Lock 활성화 동작 중에 active_wake_locks 연결 리스트에 활성화된 Wake Lock이 존재하지 않으면 Suspend 동작을 시작하게 된다.

wake_lock() 함수와 wake_lock_timeout() 함수는 최종적으로 wake_lock_internal() 함수를 호출하며 wake_lock_internal() 함수가 실제 Wake Lock 활성화 동작을 수행한다. 코드 6-21은 wake_lock() 함수와 wake_lock_timeout() 함수의 정의이다.

```
void wake_lock(struct wake_lock *lock) {
    wake_lock_internal(lock, 0, 0);         ──❶
}
EXPORT_SYMBOL(wake_lock);                   ──❷

void wake_lock_timeout(struct wake_lock *lock, long timeout) {
    wake_lock_internal(lock, timeout, 1);   ──❸
}
EXPORT_SYMBOL(wake_lock_timeout);
```

📁 Kernel_340/kernel/power/Wakelock.c

코드 6-21 wake_lock() 함수와 wake_lock_timeout() 함수

❶ wake_lock_internal() 함수의 첫 번째 인자는 wake_lock 구조체의 포인터이고 두 번째 인자는 타임아웃 값이며 세 번째 인자는 타임아웃의 설정 여부이다. wake_lock() 함수는 타임아웃이 없는 경우의 Wake Lock 활성화 함수이므로 타임아웃 값과 타임아웃 설정 여부는 0으로 전달된다.

❷ Wake Lock 활성화 및 비활성화 동작은 정적으로 링크된 라이브러리 뿐만 아니라

동적으로 링크되는 라이브러리에서도 호출할 수 있으므로 wake_lock() 함수와 wake_unlock() 함수는 심볼 테이블에 추가되어 외부 모듈에서도 참조 가능해야 한다. 이러한 역할을 하는 것이 EXPORT_SYMBOL() 매크로 함수이다.

❸ wake_lock_timeout() 함수는 타임아웃이 존재하는 경우의 Wake Lock 활성화 함수이므로 타임아웃 값이 전달되고 타임아웃 설정 여부는 1로 전달된다.

코드 6-22는 실질적인 Wake Lock 활성화 동작을 수행하는 wake_lock_internal() 함수의 정의이다.

```
static void wake_lock_internal( struct wake_lock *lock, long timeout, int has_timeout) {
    type = lock->flags & WAKE_LOCK_TYPE_MASK;                           ①-1
    list_del(&lock->link);                                              ①-2
    if (has_timeout) {
        lock->expires = jiffies + timeout;
        lock->flags |= WAKE_LOCK_AUTO_EXPIRE;                           ①-3
        list_add_tail(&lock->link, &active_wake_locks[type]);
    } else {
        lock->expires = LONG_MAX;
        lock->flags &= ~WAKE_LOCK_AUTO_EXPIRE;                          ①-4
        list_add(&lock->link, &active_wake_locks[type]);
    }
    if (type == WAKE_LOCK_SUSPEND) {
        current_event_num++;                                            ①-5
        if (has_timeout)
            expire_in = has_wake_lock_locked(type);                     ①-6
        else
            expire_in = -1;                                             ①-7
        if (expire_in > 0) {
            mod_timer(&expire_timer, jiffies + expire_in);              ①-8
        } else {
            if (del_timer(&expire_timer))                               ①-9
                if (expire_in == 0)
                    queue_work(suspend_work_queue, &suspend_work);      ①-10
        }
    }
}
```

📁 Kernel_340/kernel/power/Wakelock.c

코드 6-22 wake_lock_internal() 함수

1-1 wake_lock 구조체의 flags 멤버 변수에 저장되어 있는 타입 비트 설정 값을 type 변수에 저장한다.

1-2 wake_lock 구조체를 inactive_locks 연결 리스트로부터 제거한다.

1-3 타임아웃이 설정되어 있는 경우이며 wake_lock 구조체의 expires 멤버 변수에 현재 시각과 타임아웃 설정 값을 더하여 저장하며 wake_lock 구조체의 flags 멤버 변수에 WAKE_LOCK_AUTO_EXPIRE 비트 설정 값을 추가한다. 마지막으로 wake_lock 구조체를 active_wake_locks 연결 리스트의 역방향으로 추가한다.

1-4 타임아웃이 설정되지 않는 경우이며 wake_lock 구조체의 expires 멤버 변수에 unsigned long 타입의 최댓값인 FFFFFFFF(4,294,967,295)을 저장하며 wake_lock 구조체의 flags 멤버 변수에서 WAKE_LOCK_AUTO_EXPIRE 비트 설정 값을 제거한다. 마지막으로 wake_lock 구조체를 active_wake_locks 연결 리스트의 정방향으로 추가한다.

1-5 current_event_num 정적 변수는 Suspend 동작 시 entry_event_num 변수에 저장하고 Resume 동작 시 제일 먼저 두 변수의 값을 비교함으로써 Suspend 동작의 유효성을 검사하며 Wake Lock 활성화 시 증가한다.

1-6 타임아웃이 설정된 경우 has_wake_lock_locked() 함수에 의해 활성화된 Wake Lock이 active_wake_locks 연결 리스트에 존재하는지의 여부를 반환한다. 활성화된 Wake Lock이 없는 경우는 0으로 반환하고 타임아웃의 설정 없이 활성화된 Wake Lock이 존재하면 -1로 반환하며 타임아웃이 설정되어 활성화된 Wake Lock이 존재하면 가장 큰 타임아웃 설정 값을 반환한다. 반환된 값은 expire_in 변수에 저장한다.

1-7 타임아웃이 설정되지 않은 경우는 expire_in 변수에 -1을 저장한다.

1-8 타임아웃이 설정되어 활성화된 Wake Lock이 존재하는 경우로서 현재 시각에 반환된 타임아웃 값을 더하여 타이머를 실행시킨다.

1-9 타임아웃이 설정되어 활성화된 Wake Lock이 존재하지 않거나 활성화된 Wake Lock이 하나도 없는 경우이며 타이머를 제거한다.

1-10 활성화된 Wake Lock이 하나도 없는 경우는 'suspend' 워크 큐에 suspend_work 구조체를 넣음으로써 Suspend 동작을 트리거링시킨다.

6.5.4 Wake Lock 비활성화

Wake Lock 비활성화는 wake_lock 구조체를 active_wake_locks 연결 리스트에서 제거하여 inactive_locks 연결 리스트에 추가하는 과정을 의미하며 wake_unlock() 함수에 의해 수행된다. 유저 영역에서 전달되는 Wake Lock은 wake_unlock_store() 함수에서 wake_unlock() 함수를 호출함으로써 Wake Lock을 비활성화한다.

Wake Lock 비활성화 동작 중에 active_wake_locks 연결 리스트에 활성화된 Wake Lock이 존재하지 않으면 Suspend 동작을 시작하게 된다.

코드 6-23은 Wake Lock 비활성화 동작을 수행하는 wake_unlock() 함수의 정의이다.

```
void wake_unlock(struct wake_lock *lock) {
    type = lock->flags & WAKE_LOCK_TYPE_MASK;                    ❶
    lock->flags &= ~(WAKE_LOCK_ACTIVE | WAKE_LOCK_AUTO_EXPIRE);  ❷
    list_del(&lock->link);                                       ❸
    list_add(&lock->link, &inactive_locks);                      ❹
    if (type == WAKE_LOCK_SUSPEND) {
        long has_lock = has_wake_lock_locked(type);              ❺
        if (has_lock > 0) {
            mod_timer(&expire_timer, jiffies + has_lock);        ❻
        } else {
            if (del_timer(&expire_timer))                        ❼
            if (has_lock == 0)
                queue_work(suspend_work_queue, &suspend_work);   ❽
        }
    }
}
```

📁 Kernel_340/kernel/power/Wakelock.c

코드 6-23 wake_unlock() 함수

6-23
❶ wake_lock 구조체의 flags 멤버 변수에 저장되어 있는 타입 비트 설정 값을 type 변수에 저장한다.

6-23
❷ wake_lock 구조체의 flags 멤버 변수에서 WAKE_LOCK_ACTIVE 비트와

WAKE_LOCK_AUTO_EXPIRE 비트를 제거한다.

❸ wake_lock 구조체를 active_wake_locks 연결 리스트로부터 제거한다.

❹ wake_lock 구조체를 inactive_locks 연결 리스트의 정방향으로 추가한다.

❺ has_wake_lock_locked() 함수에 의해 활성화된 Wake Lock이 active_wake_locks 연결 리스트에 존재하는지 여부를 반환하여 has_lock 변수에 저장한다. 활성화된 Wake Lock이 없는 경우는 0으로 반환하고 타임아웃의 설정 없이 활성화된 Wake Lock이 존재하면 -1로 반환하며 타임아웃이 설정되어 활성화된 Wake Lock이 존재한다면 가장 큰 타임아웃 설정 값을 반환한다.

❻ 타임아웃이 설정되어 활성화된 Wake Lock이 존재하는 경우로서 현재 시각에 반환된 타임아웃 값을 더하여 타이머를 실행시킨다.

❼ 타임아웃이 설정되어 활성화된 Wake Lock이 존재하지 않거나 활성화된 Wake Lock이 하나도 없는 경우이며 타이머를 제거한다.

❽ 활성화된 Wake Lock이 하나도 없는 경우는 'suspend' 워크 큐에 suspend_work 구조체를 넣음으로써 Suspend 동작을 시작하게 된다.

6.6 Suspend

Wake Lock 활성화 및 비활성화 동작 시 active_wake_locks 연결 리스트에 활성화된 Wake Lock이 없을 경우 Suspend 동작이 시작된다.

Suspend() 함수에 의해 실행되는 주요 동작은 그림 6-16과 같다.

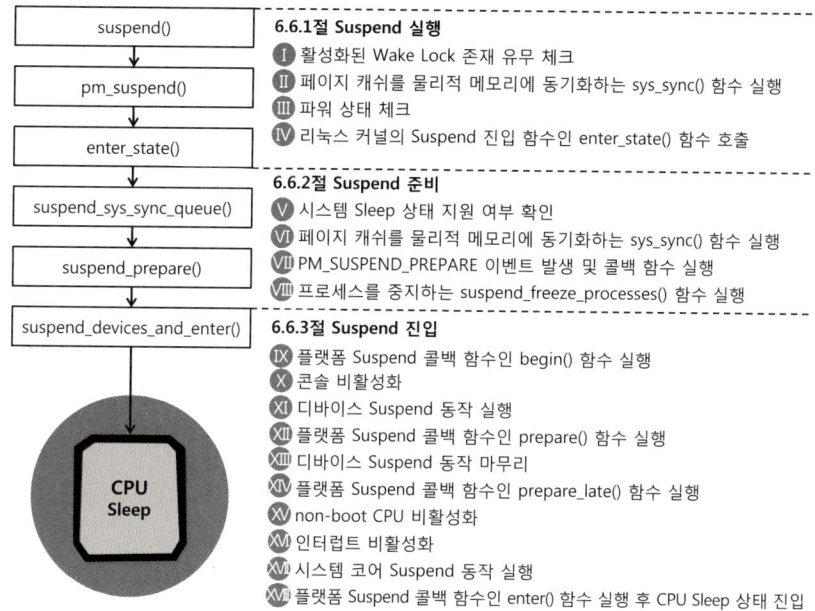

그림 6-16 Suspend 주요 동작 순서도

6.6.1 Suspend 실행

리눅스 커널의 Suspend 동작의 시작점인 enter_state() 함수의 호출까지의 동작을 설명하며 Suspend 동작을 시작하기 전에 반드시 충족되어야 할 조건들을 체크하는 동작을 수행한다. 활성화된 Wake Lock이 존재하는지의 여부, 캐시와 물리적 메모리 사이의 동기화 그리고 파워 상태 등을 체크하고 리눅스 커널의 Suspend 동작의 시작 함수인 enter_state() 함수를 호출한다.

```
static void suspend(struct work_struct *work) {
    if (has_wake_lock(WAKE_LOCK_SUSPEND)) {
        return;
    }                                              ──❶
    suspend_sys_sync_queue();                      ──❷
    ret = pm_suspend(requested_suspend_state);     ──❸
}
```

📁 Kernel_340/kernel/power/Wakelock.c

코드 6-24 Suspend 실행 : suspend() 함수

❶ 활성화된 Wake Lock 존재 유무 체크

    ❶이 활성화된 Wake Lock의 존재 유무를 체크하는 동작을 수행하며 Wake Lock 활성화 및 비활성화 동작 시 활성화된 Wake Lock이 존재하지 않았기 때문에 Suspend() 동작이 시작된 것이지만 그 사이에 Wake Lock 활성화 동작이 수행되었을 수도 있기 때문에 다시 한번 활성화된 Wake Lock이 존재하는지 여부를 체크하여 활성화된 Wake Lock이 존재하면 바로 반환한다.

❷ suspend_sys_sync_queue() 함수 실행

    ❷가 suspend_sys_sync_queue() 함수를 수행하여 suspend_sys_sync 워크 구조체를 'suspend_sys_sync' 워크 큐에 넣어서 suspend_sys_sync() 함수를 실행시키는데 suspend_sys_sync() 함수는 sys_sync() 함수를 호출한다. sys_sync() 함수는 페이지 캐시와 물리적 메모리 사이의 동기화를 수행한다.

❸ 파워 상태 체크

    ❶, ❷ 동작 수행이 정상적으로 완료되면 ❸에 의해 pm_suspend() 함수를 호출하는데 이때 함수 인자로 파워 상태 값이 전달된다. pm_suspend() 함수는 ❸-1에 의해 파워 상태가 PM_SUSPEND_MEM 상태인지 체크하여 아니면 바로 반환한다.

```
int pm_suspend(suspend_state_t state) {
    if (state <= PM_SUSPEND_ON || state >= PM_SUSPEND_MAX)   ─❸-1
        return -EINVAL;
    error = enter_state(state);                              ─❸-2
    return error;
}
```

📁 Kernel_340/kernel/power/Wakelock.c

코드 6-25 Suspend 실행 : pm_suspend() 함수

❹ enter_state() 함수 호출

    ❸-2에 의해 리눅스 커널의 Suspend 동작의 시작점이 되는 enter_state() 함수를 호출함으로써 비로소 Suspend 동작을 위한 준비 단계로 넘어간다.

6.6.2 Suspend 준비

리눅스 커널의 Suspend 준비 단계인 suspend_prepare() 함수 동작에 대해서 설명하며 PM_SUSPEND_PREPARE 이벤트를 발생시켜 CPU 주파수를 낮추거나 디바이스 인터럽트 등을 금지시키고 유저 프로세스를 중지시키는 동작을 수행한다.

```
static int enter_state(suspend_state_t state) {
    if (!valid_state(state))      ──❶
        return -ENODEV;
    suspend_sys_sync_queue();     ──❷
    error = suspend_prepare();    ──❸
    error = suspend_devices_and_enter(state);
    ================================================
    // Resume 동작 시 수행(6.7.3절 Resume 완료)
}
```

📁 Kernel_340/kernel/power/Suspend.c

코드 6-26 Suspend 준비 : enter_state() 함수

Ⓥ 시스템 Sleep 상태 지원 여부 확인

❶의 valid_state() 함수에 의해 플랫폼이 시스템 Sleep 상태를 지원하는지 여부를 확인하며 플랫폼이 시스템 Sleep 상태를 지원하지 않아 CONFIG_SUSPEND 디파인이 정의되어 있지 않다면 바로 반환한다. valid_state() 함수는 ❶의 valid() 콜백 함수를 포함한다.

Ⓥ Ⅰ suspend_sys_sync_queue() 함수 실행

❷가 suspend_sys_sync() 함수를 수행하여 suspend_sys_sync 워크 구조체를 'suspend_sys_sync' 워크 큐에 넣어서 suspend_sys_sync() 함수를 실행시키는데 suspend_sys_sync() 함수는 sys_sync() 함수를 호출한다. sys_sync() 함수는 페이지 캐시와 물리적 메모리 사이의 동기화를 수행한다.

Ⅶ PM_SUSPEND_PREPARE 이벤트 발생 및 콜백 함수 실행

❸에 의해 suspend_prepare() 함수를 호출하며 ❸-1에 의해 PM_SUSPEND_PREPARE 이벤트를 발생시켜 등록된 콜백 함수를 실행한다. CPU 주파수를 낮추거나 디바이스의 경우는 해당 인터럽트를 금지시키는 등의 용도로 사용된다.

```
static int suspend_prepare(void) {
    error = pm_notifier_call_chain(PM_SUSPEND_PREPARE);    — 3-1
    error = suspend_freeze_processes();                     — 3-2
}
```

📁 Kernel_340/kernel/power/Suspend.c

코드 6-27 Suspend 준비 : suspend_prepare() 함수

Ⅷ suspend_freeze_processes() 함수 실행

3-2가 suspend_freeze_processes() 함수를 수행하며 suspend_freeze_processes() 함수는 freeze_processes() 함수를 호출함으로써 유저 영역의 프로세스들을 중지시키고 freeze_kernel_threads() 함수를 호출함으로써 커널 영역의 쓰레드들을 중지시킨다. 이 시점부터는 안드로이드 로그인 시스템 로그, 라디오 로그, 이벤트 로그, 메인 로그 등이 더 이상 로깅되지 않는다.

6.6.3 Suspend 진입

suspend_devices_and_enter() 함수를 호출함으로써 디바이스의 Suspend 동작 및 플랫폼의 Suspend 동작을 수행하며 인터럽트를 금지시키고 마지막으로 시스템 코어 Suspend 동작을 수행함으로써 Suspend 상태로 진입하게 된다.

Ⅸ 플랫폼 Suspend 콜백 함수인 begin() 함수 실행

❶에 의해 플랫폼 Suspend 구조체에 의해 정의된 begin() 함수를 실행하여 플랫폼에서 Suspend 진입 시 사용하는 변수를 설정하는 용도로 사용한다.

코드 6-28은 플랫폼 Suspend 콜백 함수 구조체의 정의이다.

```
struct platform_suspend_ops {
    int (*valid)(suspend_state_t state);        — ❶
    int (*begin)(suspend_state_t state);        — ❷
    int (*prepare)(void);                        — ❸
    int (*prepare_late)(void);                   — ❹
    int (*enter)(suspend_state_t state);        — ❺
```

```
    void (*wake)(void);                 ──❻
    void (*finish)(void);               ──❼
    bool (*suspend_again)(void);        ──❽
    void (*end)(void);                  ──❾
    void (*recover)(void);              ──❿
};
```

📁 Kernel_340/include/linux/Suspend.h

코드 6-28 플랫폼 Suspend 콜백 함수 구조체

❶ valid() 콜백 함수는 플랫폼이 시스템 Sleep 상태를 지원하는지 여부를 반환한다. 시스템 Sleep 상태를 지원한다면 필수 구현 함수이다.

❷ begin() 콜백 함수는 시스템 Sleep 상태로의 변환을 위한 초기화 과정을 수행하며 디바이스 드라이버의 Suspend 동작이 호출되기 전에 수행되어야 한다.

❸ prepare() 콜백 함수는 시스템 Sleep 상태로의 진입을 위해 플랫폼의 준비 동작을 수행하며 디바이스 드라이버의 Suspend 동작이 완료된 후 수행된다.

❹ prepare_late() 콜백 함수는 시스템 Sleep 상태로의 진입을 위해 플랫폼의 준비 동작을 마무리하며 디바이스 드라이버의 late_suspend() 콜백 함수가 수행된 후에 호출된다.

❺ enter() 콜백 함수는 CPU를 Sleep 상태로 변경하는 동작을 하므로 반드시 구현되어야 하는 필수 항목이다

❻ wake() 콜백 함수는 non-boot CPU가 활성화되고 디바이스 드라이버의 early resume() 함수가 호출되기 전에 수행되며 prepare_late() 콜백 함수가 존재하면 반드시 정의되어야 한다.

❼ finish() 콜백 함수는 디바이스 드라이버의 Suspend 콜백 함수를 호출하기 전에 수행되며 prepare() 함수가 존재하면 반드시 정의되어야 한다.

❽ suspend_again() 콜백 함수는 시스템의 Supend 상태로의 재진입 여부를 반환하며 유저 영역의 프로세스 및 커널 영역의 다른 디바이스들을 깨우지 않고 센서 모니터링이나 알람 등의 주기적인 동작을 위해 사용한다.

❾ end() 콜백 함수는 시스템이 Run 상태로 돌아왔음을 알려주는 용도이며 begin() 콜백 함수가 존재하면 반드시 정의되어야 한다.

❿ recover() 콜백 함수는 Suspend 동작 실패 시 플랫폼을 복원하는 동작을 수행한다.

```
static struct platform_suspend_ops msm_pm_ops = {
    .enter = msm_pm_enter,
    .valid = suspend_valid_only_mem,
};
```

📁 Kernel_340/arch/arm/mach-msm/Pm-8x60.c

코드 6-29 MSM8×60 칩셋의 플랫폼 Suspend 콜백 함수 구조체

코드 6-29는 안드로이드 커널에 공개된 퀄컴 MSM8×60 칩셋[17]의 플랫폼 Suspend 콜백 함수의 구조체이다. 시스템 Sleep 상태를 지원하기 위해서는 반드시 필요한 enter() 콜백 함수와 valid() 콜백 함수만을 정의하고 있다.

```
int suspend_devices_and_enter(suspend_state_t state) {
    if (suspend_ops->begin) {
        error = suspend_ops->begin(state);        ──❶
    }
    suspend_console();                            ──❷
    error = dpm_suspend_start(PMSG_SUSPEND);      ──❸
    do {
        error = suspend_enter(state, &wakeup);    ──❹
    } while (!error && !wakeup
    && suspend_ops->suspend_again && suspend_ops->suspend_again());
    ============================================================
    → Resume 동작 시 수행(6.7.2절 디바이스 Resume)
}
```

📁 Kernel_340/kernel/power/Suspend.c

코드 6-30 Suspend 진입 : suspend_devices_and_enter() 함수

ⓧ 6-16 콘솔 비활성화

6-30
❷에 의해 suspend_console() 함수가 수행되어 콘솔을 중지시킨다.

---

17 스냅드래곤 모바일 듀얼 코어 프로세서이며 다음 링크를 참고하라.
http://www.qualcomm.com/media/documents/files/snapdragon-msm8x60-apq8060-product-brief.pdf

ⓧⅠ 디바이스 Suspend 동작 실행

❸에 의해 dpm_suspend_start() 함수가 호출되어 먼저 device_prepare() 함수를 수행한다. device_prepare() 함수는 파워 도메인, 타입, 클래스, 버스 및 드라이버의 prepare() 콜백 함수를 실행한다. 다음에 호출되는 dpm_suspend() 함수에 의해 파워 도메인, 타입, 클래스, 버스 및 드라이버의 suspend() 콜백 함수를 실행한다.

ⓧⅡ 플랫폼 Suspend 콜백 함수인 prepare() 함수 실행

디바이스 Suspend 동작이 완료되면 ❹에 의해 suspend_enter() 함수가 호출된다. suspend_enter() 함수는 디바이스 suspend_late() 함수가 호출되기 전 ❹-❶에 의해 플랫폼 Suspend 콜백 함수인 prepare() 함수를 수행한다.

```c
static int suspend_enter(suspend_state_t state, bool *wakeup) {
    if (suspend_ops->prepare) {
        error = suspend_ops->prepare();          ── ❹-❶
    }
    error = dpm_suspend_end(PMSG_SUSPEND);       ── ❹-❷
    if (suspend_ops->prepare_late) {
        error = suspend_ops->prepare_late();     ── ❹-❸
    }
    error = disable_nonboot_cpus();              ── ❹-❹
    arch_suspend_disable_irqs();                 ── ❹-❺
    error = syscore_suspend();                   ── ❹-❻
    if (!error) {
        *wakeup = pm_wakeup_pending();
        if (!(suspend_test(TEST_CORE) || *wakeup)) {
            error = suspend_ops->enter(state);   ── ❹-❼
            events_check_enabled = false;
        }
        // Suspend 진입 : CPU Sleep 상태이므로 더이상 코드 수행하지 않음
        =========================================================
        // Resume 시작 : 코드 수행 시작(6.7.1절 Early Resume)
    }
}
```

📁 Kernel_340/kernel/power/Suspend.c

코드 6-31 Suspend 진입 : suspend_enter() 함수

ⅩⅢ 디바이스 Suspend 동작 마무리

④-2에 의해 dpm_suspend_end() 함수를 호출하여 디바이스의 suspend_late() 콜백 함수와 suspend_noirq() 콜백 함수를 실행하여 디바이스 Suspend 동작을 마무리한다.

ⅩⅣ 플랫폼 Suspend 콜백 함수인 prepare_late() 함수 실행

④-3에 의해 플랫폼 Suspend 콜백 함수인 prepare_late() 함수를 실행한다. prepare_late() 함수는 디바이스의 suspend_late() 콜백 함수가 수행된 이후 그리고 non-boot CPU를 비활성화하기 전에 수행된다.

ⅩⅤ non-boot CPU 비활성화

④-4에 의해 disable_nonboot_cpus() 함수를 호출하여 CPU0만 남기고 나머지 CPU들은 중지시킨다.

ⅩⅥ 인터럽트 비활성화

④-5에 의해 arch_suspend_disable_irqs() 함수를 호출하여 인터럽트를 비활성화시킨다.

ⅩⅦ 시스템 코어 Suspend 동작 실행

④-6에 의해 syscore_suspend() 함수를 호출하여 시스템 코어 동작 연결 리스트인 syscore_ops_list에 등록된 syscore_ops 구조체의 suspend() 콜백 함수를 실행한다. syscore_ops_list 연결 리스트에는 cpufreq, 타이머, gpio 등의 suspend() 콜백 함수가 등록되어 있다.

ⅩⅧ 플랫폼 Suspend 콜백 함수인 enter() 함수 실행

④-7에 의해 플랫폼 Suspend 콜백 함수인 enter() 함수를 실행함으로써 비로소 CPU는 Sleep 상태로 진입하게 된다. CPU가 Sleep 상태로 진입했기 때문에 더 이상 명령을 수행하지 않는다. 즉, 더 이상 코드 수행이 안 되므로 로깅도 되지 않는다.

6.7 Resume

시스템을 Sleep 상태에서 시스템을 깨울 수 있는 특정 인터럽트가 발생하면 Resume 동작이 시작된다. Resume의 주요 동작은 그림 6-17과 같다.

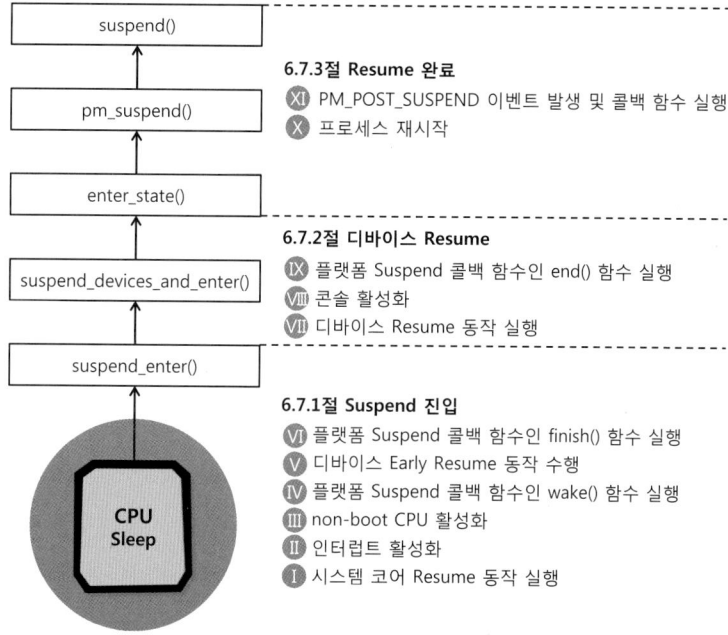

그림 6-17 Resume 주요 동작 순서도

6.7.1 Early Resume

시스템을 Sleep 상태에서 깨울 수 있는 특정 인터럽트가 발생하면 CPU가 Run 상태로 변경되어 Resume 동작을 수행한다. CPU가 Sleep 상태로 진입한 이후 코드부터 차례로 수행하며 해당 코드는 코드 6-32와 같다.

```
static int suspend_enter(suspend_state_t state, bool *wakeup) {
    // 6.6.3절 Suspend 진입
    =======================================================
    syscore_resume();                  ─❶
}
arch_suspend_enable_irqs();            ─❷
Enable_cpus:
enable_nonboot_cpus();                 ─❸
Platform_wake:
if (suspend_ops->wake)
    suspend_ops->wake();               ─❹
    dpm_resume_start(PMSG_RESUME);     ─❺
```

```
Platform_finish:
if (suspend_ops->finish)
    suspend_ops->finish();            ——❻
    return error;
}
```

📁 Kernel_340/kernel/power/Suspend.c

코드 6-32 Early Resume : suspend_enter() 함수

❶ 시스템 코어 Resume 동작 실행

6-32 ❶에 의해 syscore_resume() 함수를 호출하여 시스템 코어 동작 연결 리스트인 syscore_ops_list에 등록된 syscore_ops 구조체의 resume() 콜백 함수를 실행한다. syscore_ops_list 연결 리스트에는 cpufreq, 타이머, gpio 등의 suspend() 콜백 함수가 등록되어 있다.

❷ 인터럽트 활성화

6-32 ❷에 의해 arch_suspend_enable_irqs() 함수를 호출하여 인터럽트를 활성화시킨다.

❸ non-boot CPU 활성화

6-32 ❸에 의해 enable_nonboot_cpus() 함수를 호출하여 나머지 CPU들을 활성화시킨다.

❹ 플랫폼 Suspend 콜백 함수인 wake() 함수 실행

플랫폼 Suspend 콜백 함수인 wake() 함수가 정의되어 있다면 ❹에 의해 wake() 함수를 실행한다.

❺ 디바이스 Early Resume 동작 수행

6-32 ❺에 의해 dpm_resume_noirq() 함수를 호출하여 파워 도메인, 타입, 클래스, 버스 및 드라이버의 resume_noirq() 콜백 함수를 실행한다.

❻ 플랫폼 Suspend 콜백 함수인 finish() 함수 실행

플랫폼 Suspend 콜백 함수인 finish() 함수가 정의되어 있다면 ❻에 의해 finish() 함수를 실행한다.

6.7.2 디바이스 Resume

6.7.1절의 Early Resume 동작이 수행되면 suspend_enter() 함수가 반환되어 suspend_devices_and_enter() 함수의 suspend_enter() 함수가 반환된 코드부터 수행되어 디바이스의 Resume 동작을 완료한다. 즉, suspend_devices_and_enter() 함수에서 Suspend 동작 시 수행되었던 코드 이후의 위치로 반환되어 수행되며 해당 코드는 코드 6-33과 같다.

```
int suspend_devices_and_enter(suspend_state_t state) {
    // 6.6.2절 Suspend 준비
    ========================================================
Resume_devices:
    dpm_resume_end(PMSG_RESUME);        ──❶
    resume_console();                   ──❷
Close:
    if (suspend_ops->end)
        suspend_ops->end();             ──❸
        return error;
}
```

📁 Kernel_340/kernel/power/Suspend.c

코드 6-33 Early Resume : suspend_enter() 함수

Ⅶ 디바이스 Resume 동작 실행

❶에 의해 dpm_resume_end() 함수를 수행하며 dpm_resume_end() 함수는 dpm_resume() 함수를 호출하여 dpm_suspended_list 연결 리스트에 등록되어 있는 파워 도메인, 타입, 클래스, 버스 및 드라이버의 resume() 콜백 함수를 실행하고 dpm_complete() 함수를 호출하여 dpm_prepared_list 연결 리스트에 등록되어 있는 파워 도메인, 타입, 클래스, 버스 및 드라이버의 complete() 콜백 함수를 실행하여 디바이스의 Resume 동작을 완료한다.

Ⅷ 콘솔 활성화

❷에 의해 resume_console() 함수를 수행하여 콘솔을 활성화한다.

Ⅸ 플랫폼 Suspend 콜백 함수인 end() 함수 실행

플랫폼 Suspend 콜백 함수인 end() 함수가 정의되어 있다면 ❸[6-33]에 의해 end() 함수를 실행한다.

6.7.3 Resume 완료

6.7.2절의 디바이스 Resume 동작이 완료되면 suspend_devices_and_enter() 함수는 반환되어 enter_state() 함수의 반환된 코드인 ❶[6-34]부터 수행되어 suspend_finish() 함수가 수행된다.

```
static int enter_state(suspend_state_t state) {
// 6.6.2절 Suspend 준비
========================================================
    Finish:
    suspend_finish();        ──❶
    return error;
}
```

📁 Kernel_340/kernel/power/Suspend.c

코드 6-34 Resume 완료 : enter_state() 함수

suspend_finish() 함수에서는 프로세스의 재시작과 PM_POST_SUSPEND 이벤트 발생 및 콜백 함수 실행을 통해 Resume 동작을 완료한다.

```
static void suspend_finish(void) {
    suspend_thaw_processes();                       ──❶-1
    pm_notifier_call_chain(PM_POST_SUSPEND);        ──❶-2
}
```

📁 Kernel_340/kernel/power/Suspend.c

코드 6-35 Resume 완료 : suspend_finish() 함수

ⓧ[6-17] 프로세스 재시작

❶-1[6-35]에 의해 suspend_thaw_processes() 함수를 호출하여 프로세스들을 재시작한다. 이

시점부터는 안드로이드 로그인 시스템 로그, 라디오 로그, 이벤트 로그, 메인 로그 등이 로깅되기 시작한다.

⑪ PM_POST_SUSPEND 이벤트 발생 및 콜백 함수 실행

❶-❷에 의해 PM_SUSPEND_SUSPEND 이벤트를 발생시켜 등록된 콜백 함수를 실행한다.

6.8 Late Resume

안드로이드 커널에서의 Late Resume 동작은 유저 영역에서 /sys/power/state 파일에 'on'이라는 스트링을 입력할 때 커널 영역에서 Late Resume 동작이 트리거링된다. 5장에서 설명했듯이 유저 영역에서 시스템 코어 라이브러리인 libsuspend 라이브러리의 autosuspend_earlysuspend_disable() 함수에 의해 /sys/power/state 파일에 'on'이라는 스트링을 쓰게 된다.

/sys/power/state 파일에 write 동작이 수행되면 커널 영역에서는 sysfs 파일 시스템에 의해 state_store() 함수가 호출되면서 커널 영역에서의 동작이 시작된다.

그림 6-18은 Late Resume 동작의 트리거링 과정을 보여준다.

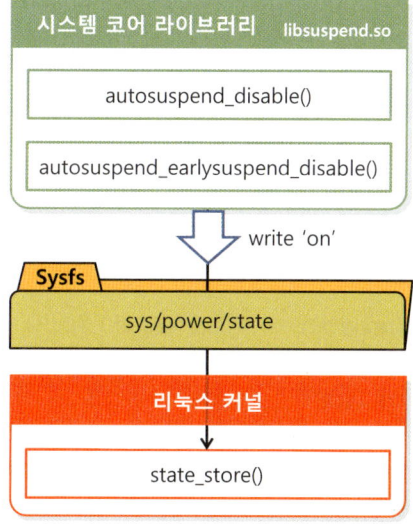

그림 6-18 Late Resume 동작의 트리거링

Late Resume 동작 시 state_store() 함수의 수행 순서는 그림 6-19와 같다.

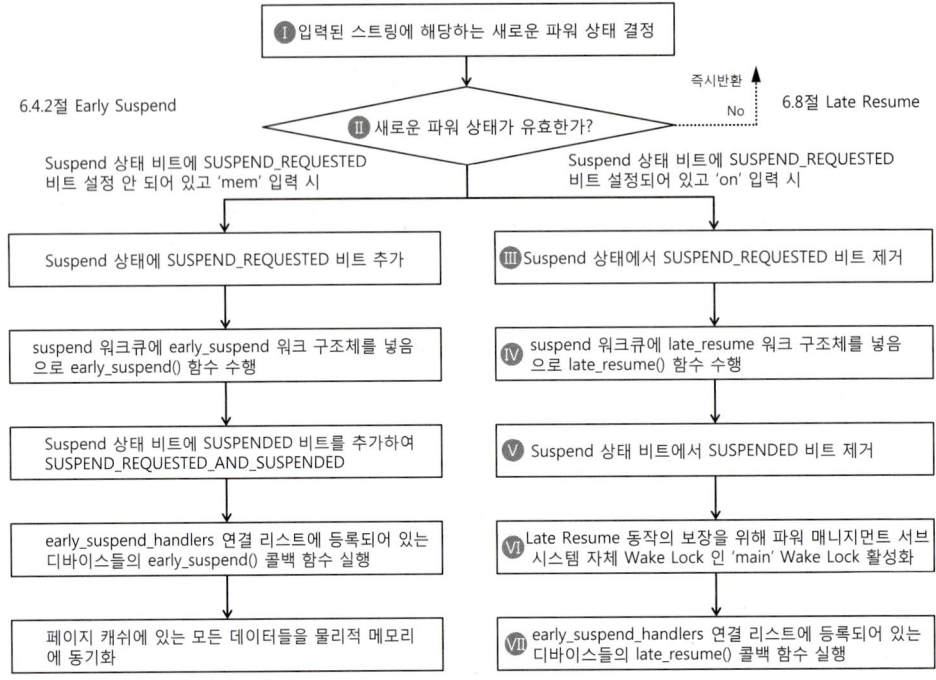

그림 6-19 state_store() 함수의 동작 순서도 : Late Resume

❶ 유저 영역에서 /sys/power/state 파일에 'on'이 입력된 상황이므로 새로운 파워 상태는 6-13❶에 의해 PM_SUSPEND_ON이다.

❷ 새로운 파워 상태가 PM_SUSPEND_ON이고 플랫폼이 STR 상태를 지원하면 6-13❷에 의해 request_suspend_state() 함수를 호출한다.

```
void request_suspend_state(suspend_state_t new_state) {
    ...
    else if (old_sleep && new_state == PM_SUSPEND_ON) {      ❶
        state &= ~SUSPEND_REQUESTED;                          ❷
        wake_lock(&main_wake_lock);                           ❸
        queue_work(suspend_work_queue, &late_resume_work);    ❹
    }
}
```

📁 Kernel_340/kernel/power/Earlysuspend.c

코드 6-36 Late Resume : request_suspend_state() 함수

Ⅲ Suspend 상태 변수인 state 정적 변수에 SUSPEND_REQUESTED 비트가 설정되어 있고 새로운 파워 상태가 PM_SUSPEND_ON이므로 ❶에 의해 Late Resume 동작을 수행한다.

Ⅳ ❷에 의해 Suspend 상태 변수인 state 정적 변수에서 SUSPEND_REQUESTED 비트를 제거한다.

Ⅴ Late Resume 동작의 보장을 위해 파워 매니지먼트 서브 시스템의 자체 Wake Lock인 'main' Wake Lock을 활성화하며 ❸이 해당 내용을 수행한다.

Ⅵ ❹에 의해 'suspend' 워크 큐에 late_resume 구조체를 넣음으로써 late_resume() 함수가 수행되게 한다.

```
static void late_resume(struct work_struct *work) {
    if (state == SUSPENDED)
        state &= ~SUSPENDED;                                      ── ❹-1
    list_for_each_entry_reverse(pos, &early_suspend_handlers, link) { ┐
        if (pos->resume != NULL) {                                   ├─ ❹-2
            pos->resume(pos);                                         │
        }                                                             ┘
    }
}
```

📁 Kernel_340/kernel/power/Earlysuspend.c

코드 6-37 late_resume() 함수

Ⅶ late_resume() 함수는 제일 먼저 Suspend 상태 변수인 state 정적 변수에서 SUSPENDED 비트를 제거하며 ❹-1이 해당 내용을 수행한다.

Ⅷ ❹-2에 의해 early_suspend_handlers 연결 리스트에 등록되어 있는 디바이스들의 late_resume() 콜백 함수를 실행한다. Early Suspend 동작과 반대로 early_suspend 구조체의 레벨값이 큰 순서대로 주변장치의 late_resume() 콜백 함수가 호출된다.

6.9 서피스 플링어와 커널 사이의 상호 동작

본 절에서는 Early Suspend 및 Late Resume 동작의 기준이 되는 스크린 장치가 유저 영역과 커널 영역에서 어떻게 유기적으로 상호 작용을 하면서 동작하는지 살펴보도록 한다.

유저 영역에서 서피스 플링어는 DisplayEventThread 쓰레드에서 /sys/power/wait_for_fb_sleep 파일과 /sys/power/wait_for_fb_wake 파일의 읽기 동작에 대한 커널 영역의 에러 없는 응답이 도착하는 것을 기준으로 프레임 버퍼에 액세스하는 기준을 세운다.

스크린 On 상태에서 DisplayEventThread 쓰레드는 /sys/power/wait_for_fb_sleep 파일에 대한 읽기 동작을 시도하고 커널 영역에서 읽기 동작에 대한 에러 없는 응답이 올 때까지 대기하며 에러 없는 응답이 도착하면 비로소 프레임 버퍼에 액세스를 중단한다. 그리고 스크린 Off 상태에서 DisplayEventThread 쓰레드는 /sys/power/wait_for_fb_wake 파일에 대한 읽기 동작을 시도하고 커널 영역에서 읽기 동작에 대한 에러 없는 응답이 올 때까지 대기하며 에러 없는 응답이 도착하면 비로소 프레임 버퍼에 액세스를 시작한다.

그림 6-20은 스크린 상태에 따른 서피스 플링어의 DisplayEventThread 쓰레드의 동작을 나타낸다.

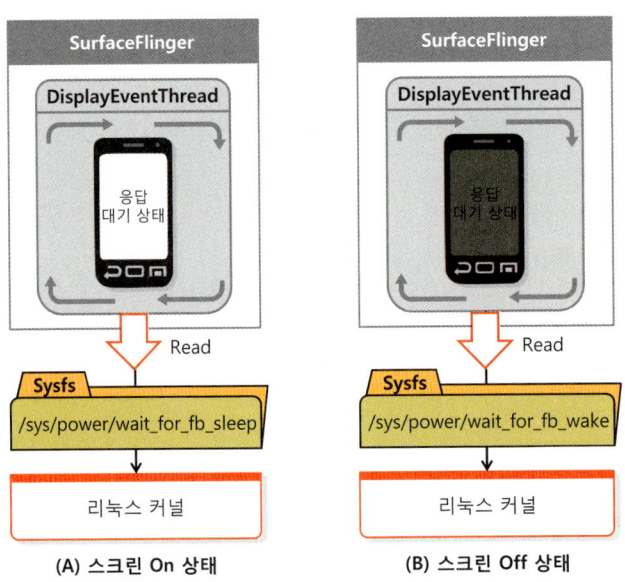

그림 6-20 스크린 상태에 따른 유저 영역의 동작

/sys/power/wait_for_fb_sleep 파일의 읽기 동작 발생 시 sysfs 콜백 함수인 wait_for_fb_sleep_show() 함수에서는 프레임 버퍼 상태가 FB_STATE_DRAWING_OK 상태에서 FB_STATE_REQUEST_STOP_DRAWING 상태로 변경될 때까지 대기 상태에 머무르며 프레임 버퍼 상태 객체의 Early suspend 콜백 함수인 stop_drawing_early_suspend() 함수가 수행되어야만 비로소 프레임 버퍼 상태는 FB_STATE_REQUEST_STOP_DRAWING 상태로 변경된다. 프레임 버퍼 상태가 변경되면 유저 영역으로 /sys/power/wait_for_fb_sleep 파일의 읽기 동작에 대한 응답을 반환하고 DisplayEventThread 쓰레드는 프레임 버퍼에 액세스를 중단한다.

/sys/power/wait_for_fb_wake 파일의 읽기 동작 발생 시 sysfs 콜백 함수인 wait_for_fb_wake_show() 함수에서는 프레임 버퍼 상태가 FB_STATE_STOPPED_DRAWING 상태에서 FB_STATE_DRAWING_OK 상태로 변경될 때까지 대기 상태에 머무르며 프레임 버퍼 상태 객체의 Late Resume 콜백 함수인 start_drawing_late_resume() 함수가 수행되어야만 비로소 프레임 버퍼 상태는 FB_STATE_DRAWING_OK 상태로 변경된다. 프레임 버퍼 상태가 변경되면 유저 영역으로 /sys/power/wait_for_fb_wake 파일의 읽기 동작에 대한 응답을 반환하고 DisplayEventThread 쓰레드는 프레임 버퍼에 액세스를 시작한다.

그림 6-21은 스크린 상태에 따른 커널 영역의 동작을 나타낸다.

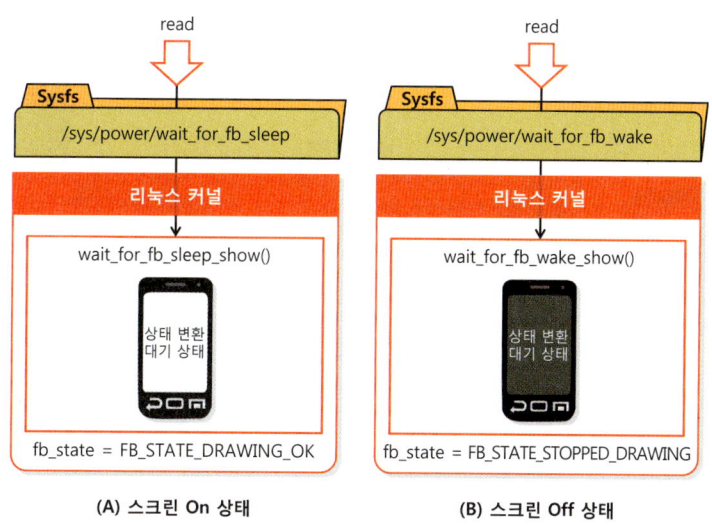

그림 6-21 스크린 상태에 따른 커널 영역에서의 동작

6.9.1 스크린 On 상태에서 Off 상태로의 변경

스크린 On 상태에서 유저 영역에서의 동작과 /sys/power/state 파일에 'mem' 스트링을 입력하여 Early Suspend 동작을 트리거링시켜 스크린 Off 상태로 변경되기까지 유저 영역과 커널 영역에서의 동작을 설명한다.

그림 6-22는 유저 영역과 커널 영역에서의 전체적인 동작을 나타내며 특히 Early Suspend 콜백 함수의 순서는 6.4.1절에서 예제로 다루었던 장치들의 레벨값을 가진다고 가정한다.

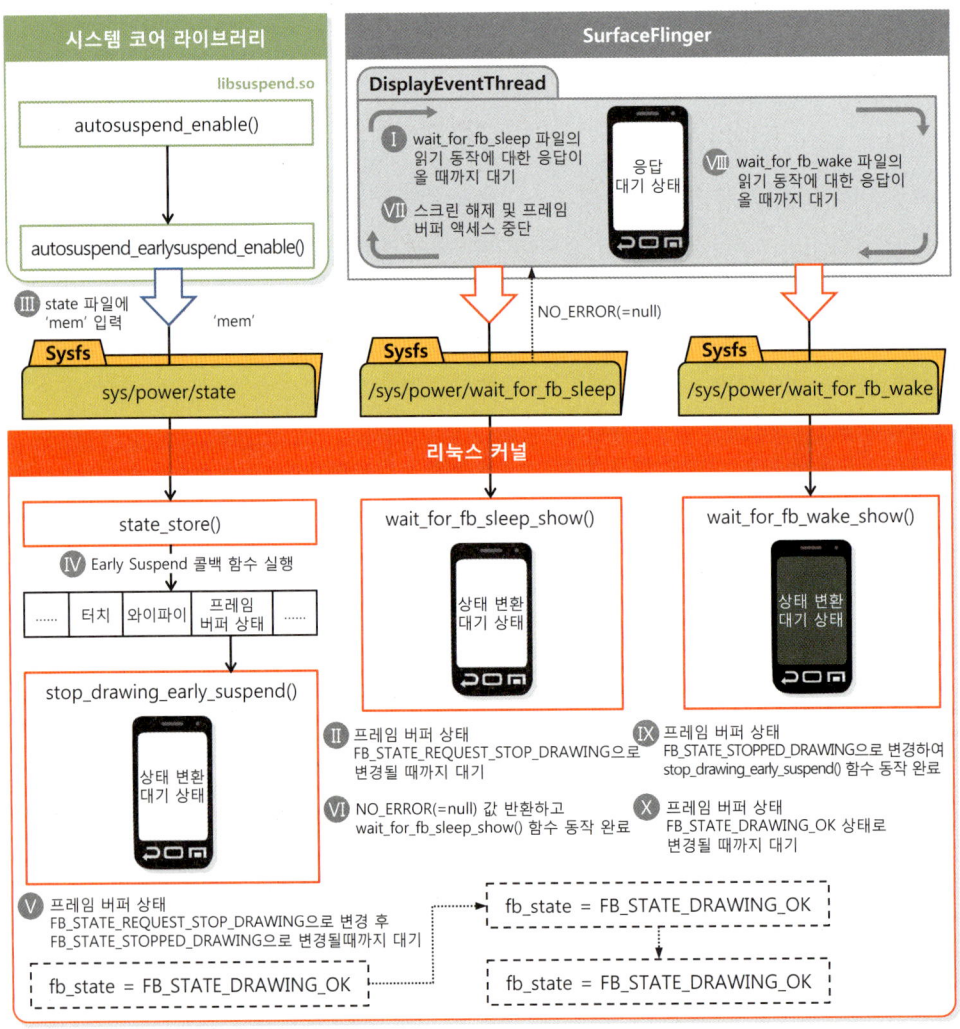

그림 6-22 스크린 On 상태에서 Off 상태로의 변경

6-22
❶ DisplayEventThread 쓰레드는 waitForFbSleep() 함수에 의해 /sys/power/wait_for_fb_sleep 파일에 대한 읽기 동작을 시도하고 커널 영역에서 읽기 동작에 대한 에러 없는 응답이 올 때까지 대기 상태에 머무르며 ❶과 ❶-1이 해당 내용을 수행한다.

```
bool DisplayHardwareBase::DisplayEventThread::threadLoop() {
    if (waitForFbSleep() == NO_ERROR) {        ─❶
        sp<SurfaceFlinger> flinger = mFlinger.promote();
        if (flinger != 0) {
            flinger->screenReleased();         ─❷
        }
        if (waitForFbWake() == NO_ERROR) {     ─❸
            if (flinger != 0) {
                flinger->screenAcquired();     ─❹
            }
            return true;
        }
    }
    return false;
}
```

📁 frameworks/native/services/surfaceflinger/displayhardware/DisplayHardwareBase.cpp

코드 6-38 DisplayEventThread 쓰레드의 threadLoop() 함수

```
status_t DisplayHardwareBase::DisplayEventThread::waitForFbSleep() {
    int fd = open(kSleepFileName, O_RDONLY, 0);
    do {
        err = read(fd, &buf, 1);               ─❶-1
    } while (err < 0 && errno == EINTR);
    close(fd);
    return err < 0 ? -errno : int(NO_ERROR);
}
```

📁 frameworks/native/services/surfaceflinger/displayhardware/DisplayHardwareBase.cpp

코드 6-39 DisplayEventThread 쓰레드의 waitForFbSleep() 함수

```
status_t DisplayHardwareBase::DisplayEventThread::waitForFbWake() {
    int fd = open(kWakeFileName, O_RDONLY, 0);
    do {
        err = read(fd, &buf, 1);            ─ ③-1
    } while (err < 0 && errno == EINTR);
    close(fd);
    return err < 0 ? -errno : int(NO_ERROR);
}
```

📁 frameworks/native/services/surfaceflinger/displayhardware/DisplayHardwareBase.cpp

코드 6-40 DisplayEventThread 쓰레드의 waitForFbWake() 함수

```
static ssize_t wait_for_fb_sleep_show(struct kobject *kobj, struct kobj_attribute
       ↳ *attr, char *buf) {
    ret = wait_event_interruptible(fb_state_wq, fb_state != FB_STATE_DRAWING_OK); ─❶
    return s - buf;                                                               ─❷
}
```

📁 Kernel_340/kernel/power/Fbearlysuspend.c

코드 6-41 wait_for_fb_sleep_show() 함수

❶⁶⁻²² 커널 영역에서는 /sys/power/wait_for_fb_sleep 파일의 sysfs 콜백 함수인 wait_for_fb_sleep_show() 함수가 호출되어 프레임 버퍼 상태가 FB_STATE_DRAWING_OK 상태에서 FB_STATE_REQUEST_STOP_DRAWING 상태로 변경될 때까지 대기 상태에 머무르며 ❶⁶⁻⁴¹이 해당 내용을 수행한다.

❶⁶⁻²², **❷**⁶⁻²² 동작이 스크린이 On 되어 있는 상태에서의 동작이며 유저 영역 및 커널 영역은 대기 상태에 머물러 있다. 이후에 파워 매니저 서비스에서 스크린 상태를 Off 상태로 변경하면 **❸**⁶⁻²² 동작이 시작된다.

❸⁶⁻²² 유저 영역의 시스템 코어 라이브러리인 libsuspend 라이브러리의 autosuspend_earlysuspend_enable() 함수에 의해 /sys/power/state 파일에 'mem'을 입력한다.

❹⁶⁻²² 커널 영역에서는 /sys/power/state 파일의 sysfs 등록 함수인 state_store() 함수를 호출하여 Early Suspend 동작을 수행한다.

```
static void stop_drawing_early_suspend(struct early_suspend *h) {
    fb_state = FB_STATE_REQUEST_STOP_DRAWING;  ──❶
    wake_up_all(&fb_state_wq);
    ret = wait_event_timeout(fb_state_wq,      ──❷
            ↳ fb_state == FB_STATE_STOPPED_DRAWING,
            ↳ HZ);
}
```

📁 Kernel_340/kernel/power/Fbearlysuspend.c

코드 6-42 stop_drawing_early_suspend() 함수

Ⓥ 프레임 버퍼 상태 객체의 Early Suspend 콜백 함수인 stop_drawing_early_suspend() 함수가 수행되어 ❶에 의해 프레임 버퍼 상태는 FB_STATE_REQUEST_STOP_DRAWING으로 변경되며 ❷에 의해 프레임 버퍼 상태가 FB_STATE_STOPPED_DRAWING으로 변경될 때까지 대기 상태에 머무른다.

이것은 유저 영역에서의 동작이 완료되면 그다음 Early Suspend 콜백 함수를 호출하겠다는 의도이다. 왜냐하면, 스크린이 Off 상태로 진입하지 않았는데 다른 장치들의 Early Suspend 콜백 함수가 수행되어 버리면 스크린 On 상태에서 화면 갱신과 관련된 장치들의 동작이 수행되지 않아 유저 영역과 커널 영역 동작의 동기화가 끊어지게 되기 때문이다.

Ⅵ 프레임 버퍼 상태가 FB_STATE_REQUEST_STOP_DRAWING으로 변경되면 대기 상태에 머물러 있던 wait_for_fb_sleep_show() 함수는 에러가 없음을 의미하는 null 값을 반환하며 wait_for_fb_sleep_show() 함수 동작을 완료한다. ❷가 해당 내용을 수행한다.

Ⅶ 유저 영역에서 DisplayEventThread 쓰레드는 null 값을 반환받고 서피스 플링어의 스크린 해제 동작과 함께 프레임 버퍼에 대한 액세스를 중지하며 ❶과 ❷가 해당 내용을 수행한다.

Ⅷ DisplayEventThread 쓰레드는 바로 /sys/power/wait_for_fb_wake 파일에 대한 읽기 동작을 시도하고 커널 영역에서 읽기 동작에 대한 에러 없는 응답이 올 때까지 대기 상태에 머무르며 ❸과 ❸-1이 해당 내용을 수행한다.

```
static ssize_t wait_for_fb_wake_show(struct kobject *kobj, struct kobj_attribute
        *attr, char *buf) {
    if (fb_state == FB_STATE_REQUEST_STOP_DRAWING) {
        fb_state = FB_STATE_STOPPED_DRAWING;                                    ―❶
        wake_up(&fb_state_wq);
    }
    ret = wait_event_interruptible(fb_state_wq, fb_state == FB_STATE_DRAWING_OK); ―❷
    return s - buf;                                                             ―❸
}
```

📁 Kernel_340/kernel/power/Fbearlysuspend.c

코드 6-43 wait_for_fb_wake_show() 함수

ⓘⓍ 커널 영역에서는 /sys/power/wait_for_fb_wake 파일의 sysfs 콜백 함수인 wait_for_fb_wake_show() 함수가 호출되어 ❶에 의해 프레임 버퍼 상태를 FB_STATE_REQUEST_STOP_DRAWING에서 FB_STATE_STOPPED_DRAWING으로 변경한다. 대기 상태에 머물러 있던 stop_drawing_early_suspend() 함수의 동작을 완료하여 그다음 Early Suspend 콜백 함수가 수행되게 한다.

ⓧ wait_for_fb_wake_show() 함수는 ❷에 의해 프레임 버퍼 상태가 FB_STATE_DRAWING_OK로 변경될 때까지 대기 상태에 머무른다.

 스크린 Off 동작이 마무리되면 유저 영역은 /sys/power/wait_for_fb_wake 파일의 읽기 동작에 대한 응답을 기다리고 커널 영역은 wait_for_fb_wake_show() 함수에서 프레임 버퍼 상태가 변경되기를 기다리고 있는 상태에 머물러 있게 된다.

6.9.2 스크린 Off 상태에서 On 상태로의 변경

 스크린 Off 상태에서 유저 영역에서의 동작과 /sys/power/state 파일에 'on' 스트링을 입력하여 Late Resume 동작을 트리거링시켜 스크린 On 상태로 변경되기까지 유저 영역과 커널 영역에서의 동작을 설명한다.

그림 6-23은 유저 영역과 커널 영역에서의 전체적인 동작을 나타내며 특히 Late Resume 콜백 함수의 순서는 6.4.1절에서 예제로 다루었던 장치들의 레벨값을 가진다고 가정한다.

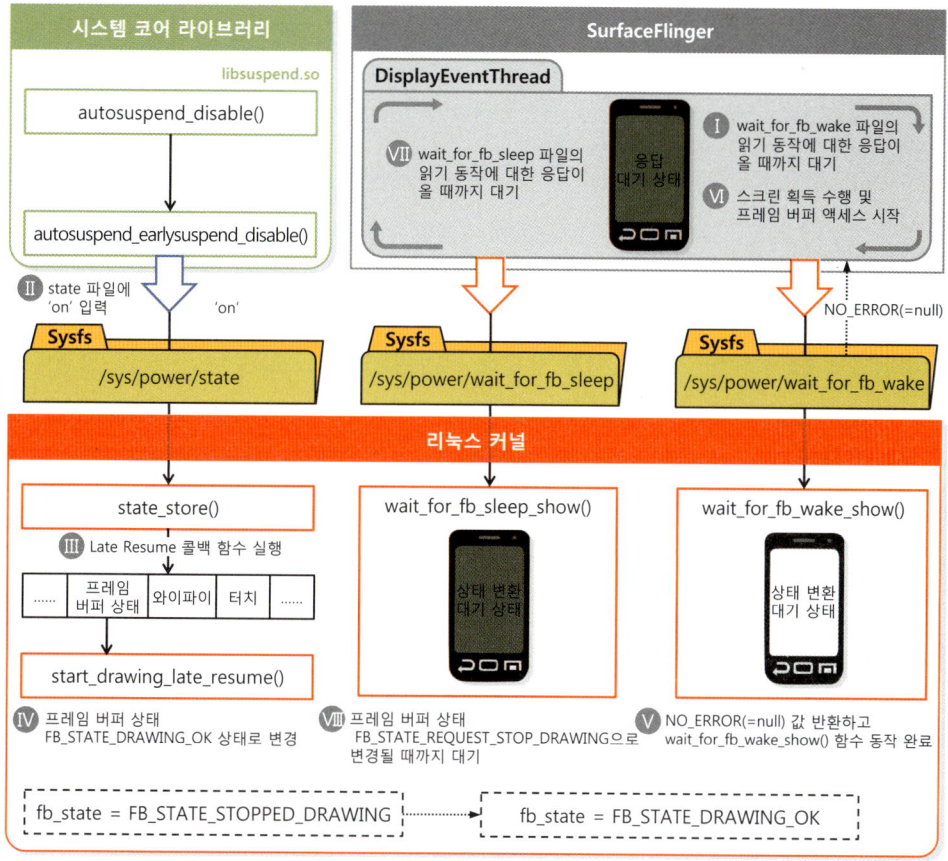

그림 6-23 스크린 Off 상태에서 On 상태로의 변경

Ⅰ 스크린 Off 상태에서는 6.9.1절에서 설명했듯이 유저 영역에서는 /sys/power/wait_for_fb_wake 파일에 대한 응답을 기다리고 있고 커널 영역에서는 프레임 버퍼의 상태가 FB_STATE_DRAWING_OK 상태로 변경되기를 기다리고 있다.

Ⅱ 유저 영역의 시스템 코어 라이브러리인 libsuspend 라이브러리의 autosuspend_earlysuspend_disable() 함수에 의해 /sys/power/state 파일에 'on'을 입력한다.

Ⅲ 커널 영역에서는 /sys/power/state 파일의 sysfs 콜백 함수인 state_store() 함수를 호출하여 Late Resume 동작을 수행한다.

```
static void start_drawing_late_resume(struct early_suspend *h) {
    fb_state = FB_STATE_DRAWING_OK;  ― ❶
    wake_up(&fb_state_wq);
}
```

📁 Kernel_340/kernel/power/Fbearlysuspend.c

코드 6-44 start_drawing_late_resume() 함수

Ⅳ 프레임 버퍼 상태 객체의 Late Resume 콜백 함수인 start_drawing_late_resume() 함수가 수행되어 ❶에 의해 프레임 버퍼 상태를 FB_STATE_DRAWING_OK로 변경하고 start_drawing_late_resume() 함수 동작을 완료한다. stop_drawing_early_suspend() 함수와 달리 대기 상태에 머무르지 않는 이유는 스크린이 On 되기 전에 다른 장치들의 Late Resume 콜백 함수를 신속히 수행하기 위함이다.

Ⅴ 프레임 버퍼 상태가 FB_STATE_DRAWING_OK로 변경되면 대기 상태에 머물러 있던 wait_for_fb_wake_show() 함수는 ❸에 의해 에러 없음을 의미하는 null 값을 반환하며 wait_for_fb_wake_show() 함수 동작을 완료한다.

Ⅵ 유저 영역에서 DisplayEventThread 쓰레드는 null 값을 반환받고 서피스 플링어의 스크린 획득 동작과 함께 프레임 버퍼에 대한 액세스를 시작하며 ❸과 ❹가 해당 내용을 수행한다.

Ⅶ DisplayEventThread 쓰레드는 다시 ❶을 호출하여 /sys/power/wait_for_fb_sleep 파일에 대한 읽기 동작을 시도하고 커널 영역에서 읽기 동작에 대한 에러 없는 응답이 올 때까지 대기 상태에 머무르며 ❶-1이 해당 내용을 수행한다.

Ⅷ 커널 영역에서는 /sys/power/wait_for_fb_sleep 파일의 sysfs 콜백 함수인 wait_for_fb_sleep_show() 함수가 호출되어 프레임 버퍼 상태가 FB_STATE_DRAWING_OK 상태에서 FB_STATE_REQUEST_STOP_DRAWING 상태로 변경될 때까지 대기 상태에 머무른다.

Ⅶ, **Ⅷ** 동작은 스크린 On 상태에서의 동작이며 6.9.1절에서 설명했던 **Ⅰ**, **Ⅱ** 동작을 의미하고 유저 영역 및 커널 영역은 대기 상태에 머물러 있다.

찾아보기

A

A(Application Processor) 9
ABB(Analog Baseband) 10
accept() 37, 166
acceptCall() 215
ACPI(Advanced Configuration and Power Interface) 540
acquire() 491
ACQUIRE_CAUSES_WAKEUP 483
acquire_wake_lock() 414
acquireWakeLock() 420
ACTION_BATTERY_CHANGED 441
ACTION_BOOT_COMPLETED 441
ACTION_DOCK_EVENT 441
active_wake_locks 연결 리스트 539
Activity Manager Service 378
adb(Android Debugging Brigde) 6
ADC(Analog-to-Digital Converter) 11
add() 269
add_environement() 97
addService() 423
ADF(Application Dedicated File) 325
AF_XXX 35
android_get_control_socket() 101
Android.mk 133
android_power_init() 556
android_server_PowerManagerService_goToSleep() 425
android_server_PowerManagerService_userActivity() 425
Android Studio 7
ANIM_SETTING_ON 430
APDU(Application Protocol Data Unit) 316
APM(Advanced Power Management) 540
Application Not Responding 62
Application Processor 8, 106
ARM 9
asInterface() 409
AsyncResult 클래스 306
ATR(Answer to Reset) 316
attribute 구조체 548
AT 명령 111
autosuspend_autosleep_disable() 411
autosuspend_autosleep_enable() 411
autosuspend_disable() 414
autosuspend_earlysuspend_disable() 411
autosuspend_earlysuspend_enable() 411
autosuspend_ensable() 414
autosuspend_wakeup_count_disable() 411
autosuspend_wakeup_count_enable() 411

B

BatteryStatsService 431
BER-TLV 382
big.LITTLE 10
bind() 36
binderDied() 486
BIOS 540

C

calcNextTimeout() 155
CallManager 클래스 209, 220
CatService 337
checkAndDequeueRequestInfo() 188
clear() 263
close() 40
Command Detail Tag 384
CommandInfo 구조체 182
CommandsInterface 인터페이스 216
Comprehension-TLV 382
config_animateScreenLights 429
config_autoBrightnessButtonBacklightValues 429
config_autoBrightnessLcdBacklightValues 429
config_autoBrightnessLevels 429
config_automatic_brightness_available 429

config_screenBrightnessDim 429
config_unplugTurnsOnScreen 429
connect() 41
Context 클래스 507
CP(Communication Processor) 333
crash() 429
create_socket() 94
CTS 5
Cyclic EF 326

D

DAC(Digital-to-Analog Converter) 12
Daydream 457
DBB(Digital Baseband) 10
ddms(Dalvik Debug Monitor Server) 6
debugCallback() 153
DEVICE_POWER 429
DF(Dedicated File) 325
dial() 277
DIM_SCREEN 430
Discrete AP 12
dispatchDial() 184
DisplayEventThread 592
Display Text Proactive Command 383
dlopen() 136
dlsym() 145
dpm_prepared_list 연결 리스트 587
dpm_resume_end() 587
dpm_suspended_list 연결 리스트 587
dpm_suspend_end() 584
dpm_suspend_start() 583
DVFS(Dynamic Voltage & Frequency Scaling) 400

E

early_suspend() 558
Early Suspend 404, 539
early_suspend_handlers 558
early_suspend 구조체 559

EEPROM 313
EF(Elementary Files) 325
enableUserActivity() 420
enforceCallingOrSelfPermission() 428
enter_state() 577
eventLoop 쓰레드 122
exec() 28
execl() 계열 함수 29
execve() 97
execv() 계열 함수 29
EXPORT_SYMBOL() 573

F

FDN(Fixed Dialing Number) 336
fd_set 조작 매크로 51
fetchSimRecords() 363
findAndRemoveRequestFromList() 296
Finite State Machine 220
firePending() 163
fork() 26
FULL_WAKE_LOCK 483, 499

G

GED(Google Experience Device) 13
getAvailableNetworks() 214
getBatteryLevel() 432
getContentResolver() 430
getEFLinearRecordSize() 366
getenv() 102
getHandler() 261
getIccCardStatus() 357
getIccCardStatusDone() 360
getInstance() 237, 343
getLight() 432
getNow() 161
getResources() 429
getSIMStatus() 334, 358
getSystemService() 409
Google Experience Device 13

goToSleep() 420
goToSleepWithReason() 420
governor 413
gPowerManagerServiceObj 425
grabPartialWakeLock() 198
GsmCallTracker 클래스 279
GSMPhone 클래스 234, 343
GsmServiceStateTracker 클래스 349

H

HAL 106
HAL(Hardware Adaptation Layer) 408
handleCallback() 81
handleCommandMessage() 394
handleIccCardStatus() 361
handleMessage() 71, 289
handleMessages() 372
handleProactiveCommand() 392
HandlerThread 클래스 82
has_wake_lock_locked() 574
Hibernation 565

I

IccCard 클래스 345
IccFileHandler 클래스 366
iccIOForApp() 368
IC 카드 312
IMSI(International Mobile Subscriber Identity) 326
inactive_locks 연결 리스트 567
InCallScreen 액티비티 228
init() 426
initInThread() 438, 439
init.rc 89, 421
init 프로세스 24, 421
Integrated AP 12
internalAnswerCall() 228
internalNotifyRegistrant() 266
internalRequestTimedCallback() 171

Inter-Process Communication 23
Inter-Thread Communication 54
I/O 멀티플렉싱 45
I/O 멀티플렉싱 모델 48
I/O 이벤트 120
IPowerManager 408
IPowerManager.Stub 410
isPowered() 432
isScreenOn() 420

J

JDWP(Java Debugging Wire Protocol) 56
JNI(Java Native Interface) 408
jobject 425

K

KeyguardViewMediator 클래스 450
kobj_attribute 구조체 549
kobject 546
kobject_create_and_add() 함수 422, 548
kobject 구조체 547

L

late_resume() 591
Late Resume 404, 539
launchTextDialog() 396
libpower 408
libsuspend 408
Linear Fixed EF 326
listen() 36
listenCallback() 165
listen ril_event 구조체 152
listen 이벤트 121
listen 이벤트 처리 콜백 함수 165
loadEFLinearFixed() 366
loadEFTransparent() 366, 368

LockList 424
lookup_wake_lock_name() 571
loop() 72
Looper 클래스 68
LOW_BATTERY_THRESHOLD 432

M

mActivityService 431
mainLoop 쓰레드 147
makeDefaultPhone() 231
mAnimationSetting 430
mAutoBrightessEnabled 446
MCC(Mobile Country Code) 326
mContext 428
mDimDelay 464
mDimScreen 430
memcpy() 157
ME(Mobile Equipment) 319
Message 클래스 63, 286
MF(Master File) 325
Micro SIM 312
Micro USIM 314
mInitComplete 435
mKeylightDelay 464
mLightsService 428
mLocks 439
M(Micro-Controller) 9
MNC(Mobile Network Code) 326
MO(Mobile Oriented) Call 275
monitor() 419
mPowerState 449
mRefCounted 489
mRequestsList 295
'mScreenBrightnessUpdaterThread' 핸들러 쓰레드 433
mScreenOffDelay 464
mScreenOffTimeoutSetting 463
MSIN(Mobile Subscriber Identifier Number) 326
MS(Mobile Station) 318
mStayOnConditions 432
mUserState 449

mUseSoftwareAutoBrightness 446
MVNO(Mobile Virtual Network Operator) 323
mWakeLockState 449
myLooper() 72

N

Nano SIM 314
nativeAcquireWakeLock() 501
nativeReleaseWakeLock() 523
nativeSetPowerState() 526
nativeSetScreenState() 411
noteScreenBrightness() 431
noteScreenOff() 431
noteScreenOn() 431
noteStartWakelock() 431
noteStartWakelockFromSource() 431
noteStopWakelock() 431
noteStopWakelockFromSource() 431
noteUserActivity() 431
notifyRegistrant() 264
notifyRegistrants() 274

O

obtain() 65
obtainCompleteMessage() 280
obtainMessage() 76
onAllRecordsLoaded() 373
onCreate() 378
onLooperPrepared() 435
onNewCommandConnect() 167
onReady() 364
onReceive() 393

P

partial Wake Lock 196

PARTIAL_WAKE_LOCK 483, 499
pending_list 124
PF_XXX 35
PhoneApp 클래스 209
PhoneBase 클래스 235
PhoneProxy 클래스 211
Phone 애플리케이션 20
Phone 인터페이스 213
pid 24, 431
PIN 336
pipe() 30
Plug-in Type Smart Card 312
PMIC 16
pm_init() 554
PM_SUSPEND_PREPARE 이벤트 579
Poke Lock 420
POKE_LOCK_IGNORE_TOUCH_EVENTS 532
POKE_LOCK_MEDIUM_TIMEOUT 532
POKE_LOCK_SHORT_TIMEOUT 532
pokey 420
post() 79
power_attr() 555
POWER_HARDWARE_MODULE_ID 413
'PowerManagerService' 핸들러 쓰레드 436
power_ro_attr() 552
POWER_SERVICE 423
ppid 24
prepare() 69
preventScreenOn() 420
Proactive Command 332, 381
processCommandBuffer() 180
processCommandsCallback() 168
processRadioState() 353
processReadReadies() 162
processResponse() 293, 303
processSolicited() 295
processTimeouts() 160
processWakeupCallback() 140
property_get() 136
PROXIMITY_SCREEN_OFF_WAKE_LOCK 499
PSU(Power Supply Unit) 542
pthread_create() 147
publish_socket() 96
Publish/Subscribe 모델 255

PUK 336

R

Radio Access Technology 208
Radio 응답 함수 119
Radio 인터페이스 209
Radio 제어 함수 151
rb 노드 569
readerLoop 쓰레드 147
reboot() 420
REBOOT 429
RecordStream 제어 함수 170
recv() 39
recycle() 66
register_early_suspend() 560
registerForCallStateChanged() 268
registerForIncomingRing() 216
registerForReady() 376
registerForRecordsLoaded() 376
registerService() 508
RegistrantList 클래스 269
Registrant 클래스 261
release() 506
release_wake_lock() 414
releaseWakeLock() 420
remove() 272
removeCleared() 270
requestEnterSimPin() 334
RequestInfo 구조체 181
requestRadioPower() 351
requestSIM_IO() 334
requestWriteSmsToSim() 334
Resources 클래스 429
responseInts() 189
responseRilSignalStrength() 198
responseSignalStrength() 306
responseVoid() 189, 296
resume() 558
Resume 415
RIL 106
rild 132

RIL_Dial 구조체 185
RIL_Env 구조체 147
ril_event_add() 126
rilEventAddWakeup() 142
ril_event_cb 164
ril_event_init() 124
ril_event_set() 125
ril_event 구조체 123
RIL ind 110
RIL_onRequestComplete() 187
RIL_onUnsolicitiedResponse() 194
RIL_RadioFunctions 구조체 148
RILReceiver 쓰레드 238
RILReceiver 클래스 241
RIL_register() 149
RIL req 110
RILRequest 클래스 283
RIL req 이벤트 121
RIL req 이벤트 처리 콜백 함수 168
RIL resp 107
RIL resp 파셀 188
RILSender 쓰레드 238
RILSender 클래스 239
RIL_startEventLoop() 137
ril_timer_add() 128
RIL 데몬 114, 116, 534
RIL 명령 109
RIL 이벤트 스케줄러 119, 122
RIL 이벤트 처리 함수 124
ro.config.headless 433
R(Real-time Processor) 9
RSSI(Received Signal Strength Indication) 299
RTC(Real Time Clock) 403
RTOS(Real Time Operating System) 333

S

SCREEN_BRIGHTNESS_MODE 430
SCREEN_BRIGHTNESS_MODE_AUTOMATIC 430
SCREEN_BRIGHTNESS_MODE_MANUAL 430
SCREEN_BRIGHT_WAKE_LOCK 499

SCREEN_DIM_WAKE_LOCK 499
SCREEN_OFF_TIMEOUT 430
select() 50, 159
send() 38
sendMessageAtTime() 78
sendMessge() 76
sendResponse() 190
sendResponseRaw() 191
sendToTarget() 286
service_start() 92
Service 섹션 89
setAttentionLight() 429
setBacklightBrightness() 420
setButtonBrightnessOverride() 420
setData() 180
setMaximumScreenOffTimeount() 420
setOnCallRing() 260
setOnCatCallSetUp() 376
setOnCatEvent() 375
setOnCatProactiveCmd() 375
setOnCatSessionEnd() 375
setOnSignalStrengthUpdate(301
setPokeLock() 420
setPowerState() 410
setPowerStateToDesired() 349
setRadioPower() 350
setRadioState() 352
setScreenBrightnessOverride() 420
setStayOnSetting() 420
setTimeoutLocked() 468
Setup Menu Proactive Command 382
SHORT_KEYLIGHT_DELAY_MS 428
Signal Catcher 56
SignalStrength 299
SIMFileHandler 335
SIMLOCK 323
SIMRecords 클래스 346
SIM(Subscriber Identifiy Module) 318
SIM Toolkit 338
socket() 34
Solicited 명령 108
SPN(Service Provider Name) 346
state_store() 416
state tracker 클래스 209, 219

state 파일 422
STAY_ON_WHILE_PLUGGED_IN 430
STD(Suspend-To-DISK) 403
StkAppService 클래스 394
StkCmdReceiver 클래스 393
STK 기본 서비스 339
STK 애플리케이션 377
STR(Suspend-To-RAM) 403
suspend() 577
Suspend 415
suspend_devices_and_enter() 580
suspend_finish() 588
suspend_freeze_processes() 580
suspend_work 구조체 574
syscore_ops_list 연결 리스트 584
sysfs 551
sysfs 콜백 함수 551
sysfs 파일시스템 416
systemReady() 426, 445

UnsolResponseInfo 구조체 196
updateEFLinearFixed() 366
updateEFTransparent() 366
updateLightsLocked() 460
updateNativePowerStateLocked() 444, 461
USAT(USIM Application Toolkit) 322
userActivity() 420
userActivityWithForce() 420
UserCallbackInfo 구조체 173
userTimerCallback() 176
user_wake_lock 구조체 569
USIM(Universal Subscriber Identity Module) 312

T

TelephonyManager 204
Text String TLV 386
TimeoutTask 424
timer_list 124
TLS(Thread Local Storage) 70
token-pasting 552
TRANSITION_ANIMATION_SCALE 431
Transparent EF(Elementary File) 325
triggerEvLoop() 139
turnElectronBeamOff() 431

W

wait_for_fb_sleep 파일 551
wait_for_fb_wake 파일 551
wake_lock() 572
Wake Lock 405, 539
WAKE_LOCK 494
WAKE_LOCK_ACTIVE 상태 비트 568
WAKE_LOCK_AUTO_EXPIRE 상태 비트 568
wake_lock_init() 570
WAKE_LOCK_INITIALIZED 상태 비트 568
wake_lock_internal() 573
WakeLock^{PowerManager} 499
WakeLock^{PowerManagerService} 499
WAKE_LOCK_PREVENTING_SUSPEND 상태 비트 569
wakelocks_init() 557
wake_lock_store() 416
wake_lock_timeout() 572
wake_lock 구조체 567
wakelock 릴리즈 이벤트 121, 170
Wake Lock 비활성화 575
Wake Lock 생성 485, 570
wake_lock 파일 414
Wake Lock 플래그 482
Wake Lock 해제 504
Wake Lock 활성화 519, 572
Wake Lock 획득 491, 509
wake_unlock() 575

U

UiccController 클래스 343
UICC(Universal Integrated Circuit Card) 313
uid 431
Unix domain Socket 41
unlinkToDeath() 523
Unsolicited 명령 108

Wake Unlock 539
wake_unlock_store() 416
wake_unlock 파일 414, 551
Watchdog 419
watch_table 124
WINDOW_ANIMATION_SCALE 430
WRITE_SECURE_SETTINGS 428
WRITE_SETTINGS 428

Z

Zygote 프로세스 25

ㄱ

근접센서 16

ㄴ

네이티브 데몬 서비스 19
네트워크 인증 320

ㄷ

달빅 가상 머신 423
데드락 439
동기(Synchronized) Wake Lock 439
디버그 ril_event 구조체 153
디버그 이벤트 121
디스패치 함수 119

ㄹ

라이트 서비스 427
레거시 HAL 라이브러리 408
레퍼런스 벤더 RIL 144, 333
레퍼런스 카운트 489
룩업 테이블 195
리눅스 커널 540
리눅스 커널의 IPC 29
리튬 이온 배터리 402
리튬 폴리머 배터리 402

ㅁ

마샬링 290
멀티 쓰레드 56
멀티 쓰레드 모델 47
멀티 코어 9
멀티 프로세스 모델 46
모뎀 106

ㅂ

발신전화 297
배터리 401
배터리 서비스 427
배터리 용량 402
배터리 통계 서비스 427, 431
벤더 RIL 114
변조 10
복조 10
비동기(Unsynchronized) Wake Lock 436

ㅅ

산화 환원 401
서버 쓰레드 423
서비스 매니저 421
서피스 플링어 서비스 430

스마트카드 312, 314
시스템 서버 프로세스 444
시스템 코어 라이브러리 408
쓰기용 파일 기술자 139

ㅇ

아파치 v2 라이선스 2
안드로이드 2
안드로이드 하드웨어 서비스 2
애플리케이션 114
액티비티 매니저 서비스 427
언마샬링 290
워크 소스 431
웨이크업 이벤트 121
웨이크업 이벤트 트리거 119
유닉스 도메인 소켓 41, 116
유한 상태 기계 220
이벤트 처리 콜백 함수 164
이온화 경향 401
인텐트 337
인텐트(Intent) 337
인풋 매니저 411
읽기용 파일 기술자 140
임베디드 시스템 540

ㅈ

전원 소스 415

ㅌ

타임아웃 이벤트 121
타임아웃 이벤트 처리 콜백 함수 170
텔레포니 스택 113
텔레포니 프레임워크 114, 202

ㅍ

파워 400
파워 HAL 413
파워 매니저 409
파워 매니저 서비스 406
파워 상태 402
파워 상태도 403
프록시 패턴 212
플랫폼 Suspend 콜백 함수 구조체 580

ㅎ

하드웨어 서비스 19
화면 밝기 제어 404